国家哲学社会科学成果文库
NATIONAL ACHIEVEMENTS LIBRARY
OF PHILOSOPHY AND SOCIAL SCIENCES

美国工业化转型时期农民状况研究

原祖杰 著

商务印书馆
创于1897
The Commercial Press

图书在版编目(CIP)数据

美国工业化转型时期农民状况研究/原祖杰著.—
北京:商务印书馆,2023
(国家哲学社会科学成果文库)
ISBN 978-7-100-22102-3

Ⅰ.①美…　Ⅱ.①原…　Ⅲ.①农民—社会生活—
历史—研究—美国—19世纪　Ⅳ.①D427.126.4

中国国家版本馆 CIP 数据核字(2023)第 043311 号

美国工业化转型时期农民状况研究

原祖杰　著

商　务　印　书　馆　出　版
(北京王府井大街36号　邮政编码100710)
商　务　印　书　馆　发　行
北京市十月印刷有限公司印刷
ISBN　978-7-100-22102-3

2023 年 5 月第 1 版　　　　开本 710×1000　1/16
2023 年 5 月北京第 1 次印刷　　印张 33½
定价:168.00 元

《国家哲学社会科学成果文库》
出版说明

为充分发挥哲学社会科学优秀成果和优秀人才的示范引领作用，促进我国哲学社会科学繁荣发展，自 2010 年始设立《国家哲学社会科学成果文库》。入选成果经同行专家严格评审，反映新时代中国特色社会主义理论和实践创新，代表当前相关学科领域前沿水平。按照"统一标识、统一风格、统一版式、统一标准"的总体要求组织出版。

全国哲学社会科学工作办公室
2023 年 3 月

目　录

CONTENTS

绪 论

    工业化和城市化转型造成的对农民生产和生活的冲击，几乎是世界近现
代史上任何国家无法避免的经历。人类历史上的现代化转型在很大程度上意
味着从以农业为主的传统社会向以工商业为主的现代社会的转型。伴随着欧
洲封建制度的瓦解而产生和发展起来的重商主义，在17、18世纪逐渐成为
各个新兴民族国家的富国之道。然而，作为人类社会安身立命的农业，长期
以来一直被视为所有正常社会经济发展的基础。近代史上对重商主义的最早
反击是18世纪中期兴起于法国的"重农主义"。以魁奈、杜尔哥为代表的
重农学派认为，农业是人类历史上最符合自然秩序的生产活动，是财富的唯
一来源和一切收入的基础。马克思从劳动价值的角度对重农学派的观点作了
更为简洁明了的界定："重农学派认为，只有农业劳动才是生产劳动，因为
只有农业劳动才提供剩余价值。"[1]这种对农业劳动和剩余价值的解释反映了
千百年来世界各国农民朴素的劳动信念，也与马克思对劳动价值的界定有相
通之处。正因为如此，魁奈被马克思称为"政治经济学奠基人之一"。[2]

    直到18世纪后期，亚当·斯密在其《国富论》中仍然认为，事物的自
然进程是社会的大部分资本应该首先投入农业，然后是制造业，最后才是对
外商贸。斯密还以北美殖民地为例，说明农业在经济发展中的重要性。他认

    1〔德〕马克思:《资本论》第一卷，中共中央马克思恩格斯列宁斯大林著作编译局译，人民出版社，
2004，第583页。

    2 同上书，第372页。

为，北美殖民地迅速走向富强的主要原因即在于把几乎所有的资本都用在了农业上。当然，斯密是将北美殖民地和其母国英国一体考察的。而对于一个独立国家来说，其强国之路仍然受到重商主义的影响。美国第一届联邦政府成立不久，财政部长亚历山大·汉密尔顿即在 1791 年提交了《关于制造业的报告》，提出以发展制造业作为美国走向富强的基本国策，自此以后历届政府遵循的基本都是重工商轻农业的经济政策，就连视小农经济为民主基础的托马斯·杰斐逊当政时期也概莫能外。由此可见，对美国农业的认知和研究，既是一个学术问题，也是一个政策问题。美国早期的农业问题研究主要是围绕这两个方面展开的。进入 20 世纪以后，美国史学界对农业史的关注与日俱增，不仅成为环境史等新的史学范式的先驱，而且带动了以日常生活和边缘群体为主要对象的社会文化史研究。作为本书的引言，我们首先对美国农业和农民问题研究的大致脉络作一简单梳理，然后将一些涉及美国农民命运的关键问题略加阐释，以加深对工业化转型时期农民状况的理解。

一、美国农业与农民问题研究综述

如前所述，美国建国后确立了一条工业立国的基本路线，除了为解决不断增加的西部土地问题而出台的一系列土地法令之外，联邦政府在建国初期乃至 19 世纪的大部分时间很少关注农民的生产和生活状况问题。而为方兴未艾的工业革命所吸引的科学家们，也无暇顾及那些长期生活于自然状态而缺少新意的美国农民。倒是来此旅行的一部分欧洲的科学家们，偶尔会关注到美国农民的生产方式和生活样态。因此，我们对美国早期农民的了解更多来自于这些欧洲人的观察。

早在美国独立之前，瑞典植物学家和农业经济学家佩尔·卡尔姆就对北美的物种展开了研究。他受瑞典皇家学会的委派赴北美寻求可以用于农业生产的新物种，于 1748 年 9 月 15 日到达美国，主要考察了宾夕法尼亚等地的农作物情况，一直待到 1751 年 2 月 18 日才离开。他对玉米种植的系统研究不仅为他所服务的瑞典皇家学会和芬兰奥博大学做出了贡献，而且让美国农民增加了对这一高产农作物的种植环境和方法的科学认识，促进了建国后玉米种植在中西部地区的普及。[1]

对独立初期北美农业社会的较早描述来自于一位曾经在那里定居的法国人 J. 赫克托·圣约翰·德·克雷夫科尔，他将在美国的经历和观感通过 12 封长信的形式表达出来，并于 1782 年在伦敦首先发表，名为《一位美国农民的来信》，为欧洲人了解这个新生国家的社会和文化特征提供了一个较为清晰的窥镜。1793 年该书在费城出版，也为美国人自我认知的建立提供了支撑。这些以亲历者的身份对美国农业生活的描述，成为我们了解美国早期东部地区农民状况的第一手资料。[2]

1841 年 4 月 20 日，在潘穆尔勋爵的安排下，巴克利船长从利物浦出发，5 月 4 日到达加拿大新斯科舍省的哈利法克斯，6 日到达波士顿，开始对美国农业进行一场为期 20 天的旅行考察。在巴克利的考察日志中详细记载和分析了波士顿和纽约周围农场的经营以及农民的生活情况，[3] 为我们了解美国早期新英格兰和中大西洋各州农民家庭的生活状况提供了第一手材料。

这些外来者的观察因其比较的眼光而比当地人的账簿和日记多出一些较为客观的评判，这也正是我们判断当时美国农民状况所需要的鉴别意识。对于一个新兴民族国家的某些领域来说，外来的评判，包括很多术语的应用，

1　Esther Louise Larsen and Pehr Kalm, "Pehr Kalm's Description of Maize, How It Is Planted and Cultivated in North America, together with the Many Uses of This Crop Plant," *Agricultural History*, vol. 9, no. 2 (April, 1935), pp. 98–117.

2　J. Hector St. John de Crevecoeur, *Letters from an American Farmer*, New York: E. P. Dutton & Co., 1912.

3　Captain Barclay, *Agricultural Tour in the United States and Upper Canada*, Edinburgh: William Blackwood & Sons, 1842.

往往会成为其知识体系构建的捷径。美国农业史作为一个学科方向，其形成背景中离不开欧洲的影响，也离不开欧洲人投来的他者的眼光。

有关美国农业和农民问题的真正意义上的学术研究始于19世纪末20世纪初。美国大学和研究机构中，最先将农业史作为一个独立的学科方向加以介绍和研究的当数艾奥瓦州立大学。1914年，路易斯·伯纳德·施密特在这里开设了第一门美国农业史课程。他专门撰文说明了为什么农业史会在艾奥瓦受到特别青睐：作为一个典型的中西部大平原州，艾奥瓦对农业史研究有着特殊的需求，要对这个州的农业经济做出长远规划，不仅要"从经济和纯技术的视角加以探索，还要有历史的和比较的眼光"。因此，艾奥瓦的农业史中有很多问题需要历史学家来解决，包括土地产权、区域差异、农业劳动力与农场设施、农业产业、交通与市场、农民组织与运动、土地租赁制度、农业教育，等等。[1]

同样热衷于农业史研究的还有距艾奥瓦州立大学不远的威斯康星大学麦迪逊分校。19、20世纪之交一批供职于此的知名学者都从不同的角度参与到农业史研究，他们来自农业经济系、历史系和农学院等不同的院系，其中最有影响的当数弗雷德里克·特纳。特纳开创的边疆学派跳出传统的历史研究范式，将地理环境等自然因素纳入历史研究的范畴。虽然他研究的主要旨趣并不是农业生产或农民的生活，但既然关注的是边疆在美国历史上的作用，自然离不开农业和农民。他在《美国历史上的边疆》一书中，基于指导西进运动的西部指南，形象描述了西部农业开发的三个阶段：第一批是以解决温饱为目标的简单粗犷的分散开发；第二批开始重视基本设施和长远生活规划，形成社区村落；第三批则是带着资本和企业的投资性开发者，将原来

---

1 Louis Bernard Schmidt, "The Agricultural History of Iowa as a Field of Research," *Agricultural History*, vol. 13, no. 4 (October, 1939), pp. 228–229.

的村落打造成更为开阔的市镇。[1]特纳和他周围的学者们将具有不同文化背景的美国边疆开拓者们置于不同的自然环境中加以考察，大大开拓了历史研究的视野。

1919年农业史学会的成立对于美国的农业史研究具有里程碑意义，该学会在八年后创办的《农业史》杂志，也成为美国农业史研究最为重要的园地。创刊于1927年的《农业史》，其发文范围既包括农作物培植、土壤退化、水源与灌溉、农具改进等与农业生产相关的生产因素，也包括区域特征、农业合作、展览、早期殖民势力和后来移民影响等社会因素；不仅汇聚了国内外农业史研究的最新资讯，而且通过有组织的讨论，在一些重要的方向上时有突破，如该刊曾经围绕科学与农业而连续几期发表专题性文章。从时间顺序上看，也正是因为农业史学会的成立和《农业史》杂志的创办，美国农业史研究迎来了第一波高潮：20世纪三四十年代，一批颇有影响的研究成果陆续问世，奠定了该学科的学术基础。

其实，从我们掌握的资料来看，美国农业史研究领域较早的一批著作的作者并非职业历史学家，比如1923年出版的《美国农业的开端》一书的作者莱曼·卡里尔。他本来是一位农学家，1919年前后还担任过美国农艺学会的秘书兼司库，却开启了美国农业史研究的先河。正如他在该书序言中所称："农业历史学家没有什么危险的建筑去拆除。这个领域实际上没有残垣断壁。缺少合适的建筑材料和劳动力才是需要克服的最大障碍。"正因为当时"还没有一部足以胜任的美国农业史被写出来"，他才决定从源头开始，写一部美国农业的开创史，"充分理解殖民者的农业成就"。[2]这部书的内容几乎涵盖了美国早期农业的所有层面，从农业在人类历史上的产生、发展及

1　Frederic J. Turner, *The Frontier in American History*, New York: H. Holt and Company, 1920, pp. 19–20.

2　Lyman Carrier, *The Beginnings of Agriculture in America*, New York: McGraw-Hill Book Company, Inc., 1923, p. vii.

其与早期文明的关系，到旧大陆农业、印第安人农业；从早期东部的植物分布，到各殖民地农业特征和局限；从法国殖民者对农业的影响，到殖民地农业与母国的关系，对于了解北美殖民地早期农业的起源与发展提供了重要参考，也为后来的美国农业史研究奠定基础。

1931 年沃尔特·普雷斯科特·韦布出版了他的成名作《大平原》，从自然环境对制度、文化和民族性格的影响这一宏观视角，探索了美国农业和农民生活方式的区域差异。[1] 可以看出，韦布的研究在一定程度上继承了以特纳为代表的边疆学派的传统，将农业文明的推进与北美各地不同的自然环境结合起来。[2] "当他将特纳用来雄辩地阐释美国西部的边疆假设运用到全球范围时，便抓住了其历史根本"；他的著作让美国人开始将"大平原"与"大边疆"区别开来，因而改变了有关边疆问题的传统观念。[3] 韦布在美国史，尤其是美国农业史研究中享有较高声誉，曾担任过美国历史协会主席（1955）。但他对"半湿润、无树木的大平原地带与灌溉充足、森林覆盖的东部地带生活方式的截然区分"，被弗雷德·A. 香农等学者认为过于武断，缺少足够的佐证材料。尽管如此，与此相关的问题，如"在一个新环境中，土壤、天气和社会遗产对限制或促进文化变化起到什么作用"还是激励了更多学者，以跨学科的方式加入讨论。[4]

就在韦布的《大平原》出版五年后，詹姆斯·C. 马林也开始发表他对大平原农业的见解，将韦布开启的大平原研究提升到一个更高的水平。十年后，马林出版了他的代表作《北美草原》，以科学的视角和丰富的材料探索

1　Walter Prescott Webb, *The Great Plains*, Boston: Ginn and Company, 1931.
2　四川大学博士研究生郭欢在她最近撰写的一篇论文中指出。
3　Walter Rundell, Jr., "A Dedication to the Memory of Walter Prescott Webb," *Arizona and the West*, vol. 5, no. 1 (Spring, 1963), p. 2.
4　William T. Hutchinson, "An Appraisal of Walter Prescott Webb's *The Great Plains*: A Study in Institutions and Environment," *American Journal of Sociology*, vol. 46, no. 6 (May, 1941), p. 915.

了从落基山脉到东部丛林地带广大地区人与自然的生态关系。该书由两部分组成，第一部分主要是以自然和生态学视角讨论了杂草、土壤和农作物等方面的问题，比较了不同地理特征造成的不同动植物分布。第二部分则主要从科学和社会科学视角，探讨了交通、人口、农业以及文化融合等人文、社会因素与地理环境之间的关系。[1]继特纳和韦布之后，马林的著作同样表现出地理学、植物学、人类学、社会学和统计学等不同学科方法在历史学中的融合，与同一时期法国崛起的年鉴学派所倡导的整体史有异曲同工之妙。

比马林的《北美草原》还要早两年出版的还有一部重量级的著作，那就是弗雷德·A. 香农的《农民的最后边疆：农业，1860—1897》。相比于韦布和马林的著作，香农的这本书的历史专业特征更浓一些，覆盖了从内战结束到 19 世纪末美国农业发展的主要方面：既强调了土壤、天气和其他自然因素对美国农业发展的重要影响，又关注到交通运输、市场、信贷和金融与农民有关的重要事项，并兼顾农业开发、国内外移民、公共土地政策、科技进步、科学与农业教育等政府作用。值得一提的是，香农还在这本书中检讨了特纳等人的"安全阀"和"农业阶梯"理论。[2]

哈利·J. 卡曼和雷克斯福德·G. 特格韦尔 1938 年 4 月在《农业史》发表的《美国农业史的重要性》一文，认为 20 世纪三四十年代美国历史学界对农业史的关注代表着一种研究范式的转向，即从原来的重大历史事件和历史人物转向人们的日常生活。他们写道："只有一种途径让我们走进我们过去生活的内部，那就是去追踪日常生活中的男人和女人，去观察他们的工作，他们的休闲，他们的喜怒哀乐，去看他们的耕作与收割、凿子与锤子、

1　James Claude Malin, *The Grassland of North America: Prolegomena to its History*, Lawrence, Kans.: privately printed, 1947.

2　Fred A. Shannon, *The Farmer's Last Frontier: Agriculture, 1860–1897*, New York: Holt, Rinehart and Winston, 1961.

烘焙与播种；去看他们的学校、教堂，更重要的是，去看看他们的家。"[1]换言之，三四十年代开始崛起的美国农业史研究带动了美国历史学的转向，与法国年鉴学派引领的关注自然环境和日常生活的总体史研究范式成遥相呼应之势。

当然，就美国农业和农民状况研究来看，我们还不能忽视同一时期的美国史学家们在其他方向上的进展，尤其是从政治、经济层面对美国农民状况的考察，其中最有代表性的著作是威斯康星大学教授约翰·D.希克斯的《平民主义者的反叛》。希克斯以西部大平原边疆地区和南方棉花王国农场主的经济状况为背景，分析了19世纪八九十年代美国农民遭遇的经济困境：农产品价格下跌、运输垄断与运费高涨、苛刻的信贷制度以及连续不断的自然灾害，促使农民们试图通过联合行动来改变现状，进而发展成一场波及全国的平民主义运动。[2]两年后，罗斯科·马丁出版了他的《得克萨斯人民党》一书，将对平民主义运动的研究推向州和地方。正如著名美国政治学者查尔斯·E.梅里亚姆在为该著撰写的序言中所说，马丁的著作"不仅大大阐明了得克萨斯的地方历史，而且帮助建立了对19世纪90年代全国性激进运动的认知，在更普遍意义上理解这种'造反'运动的成长"。[3]

希克斯和马丁的研究开启了美国学术界对美国农民中的平民主义或平民党运动研究的先河，从20世纪30年代到21世纪初，对美国农民合作与反

1　Harry J. Carman and Rexford G. Tugwell, "The Significance of American Agricultural History," *Agricultural History*, vol. 12, no. 2 (April, 1938), p. 99.

2　John D. Hicks, *The Populist Revolt: A History of the Farmers' Alliance and the People's Party*, Minneapolis: University of Minnesota Press, 1931, pp. 99–102. 本书及本书使用文献中所涉 "populist" "populism" 二词，专就 19 世纪 70 年代至 90 年代美国的农民运动而言，译为"平民党（平民主义者）"和"平民主义（的）"；但广义上此二词还可译为"民粹主义（的）"，泛指 19 世纪以来美国及全世界范围内声称"代表民意的"或"反对既得利益集团的"政治运动。参看〔英〕保罗·塔格特：《民粹主义》，袁明旭译，吉林人民出版社，2005，第 2 页；Jan-Werner Müller, *What Is Populism?* Philadelphia: University of Pennsylvania Press, 2016, p. 1.

3　Charles E. Merriam, "Preface," in Roscoe Martin, *The People's Party in Texas: A Study in Third-Party Politics*, Austin: University of Texas Press, 1933.

抗的研究一度成为热门话题，一大批相关著作纷纷问世，代表性成果包括理查德·霍夫斯塔特的名著《改革的时代》。霍氏有关平民主义运动的评判和其所谓"农业神话"的阐述标志着美国农业、农民研究进入一个更高层次，也引发了对平民主义、农民联合以及农业市场化等核心问题的更为广泛的讨论。[1]

　　20 世纪 60 年代以来的史学转型，同样影响到美国农业史研究。一方面，深受文化人类学、新社会史和新马克思主义理论影响的社会史家，已不满足于仅从经济层面解读农业发展，尝试将一些新的社会科学研究方法运用到美国农业史研究当中；另一方面，方兴未艾的新文化史潮流将性别、族裔、阶级、环境等概念纳入到农业史的研究范畴，不断丰富着该领域的研究内容，其中尤其值得一提的是对农村女性的研究获得新的突破，如唐纳德·B. 马蒂的《格兰其妇女》和德博拉·芬克的《农业妇女》，前者重点探讨了农村女性之间互助与合作，后者更深入介绍了农村女性如何平衡家庭生活和农业生产，同时还要扮演好母亲和妻子的角色。[2]

　　总起来看，20 世纪 60 年代以来新的史学范式的运用让美国农业史研究迎来了一个黄金季节，在研究深度和广度上都有所拓展，研究成果也如雨后春笋。《农业史》每年刊发上一年与农业相关的研究目录，每年的专著、文章都有数十种之多，很多研究生也将农业、农村和农民问题作为他们的论文

---

1 Richard Hofstadter, *The Age of Reform: From Bryan to F. D. R.*, New York: Vintage Books, 1955. 20 世纪 60 年代以来的相关研究还包括：Norman Pollack, *The Populist Response to Industrial America: Midwestern Populist Thought*, Cambridge, MA: Harvard University Press, 1962; Robert C. McMath, Jr., *Populist Vanguard: A History of the Southern Farmers' Alliance*, Chapel Hill: The University of North Carolina Press, 1975; Lawrence Goodwyn, *Democratic Promise: The Populist Moment in America*, New York: Oxford University Press, 1976; Robert C. McMath, Jr., *American Populism: A Social History, 1877–1898*, New York: Hill and Wang, 1993. 详见许镇梅：《美国平民主义研究的百年起伏》，《史学月刊》2019 年第 4 期。

2 Donald B. Marti, *Women of the Grange: Mutuality and Sisterhood in Rural America*, Westport, CT: Greenwood Press, 1991; Deborah Fink, *Agrarian Women: Wives and Mothers in Rural Nebraska, 1880–1940*, Chapel Hill: The University of North Carolina Press, 1992.

选题，涉及范围既包括自然环境与农业生产、金融与农民信贷、农民的不满与抗争、农民的联合与改革诉求等具有传统意义的话题，也包括农村妇女的地位与作用、农业劳动中的种族问题、商业化对农村社会结构的影响等更具前沿性的题目；既包括全国性农民组织的成立与发展，也包括农民运动在州和地方的影响。到20世纪末，有关美国"三农"问题的研究成果已成汗牛充栋之势，不胜枚举。

　　国内学术界关于美国农业问题的研究起步较晚，代表性成果是20世纪80年代初发表于《世界历史》的一系列文章。1981年潘润涵、何顺果发表的《近代农业资本主义发展的"美国式道路"》一文，基于列宁的论断分析了"美国式道路"不同于"普鲁士式道路"的主要特征，即没有根深蒂固的封建传统，在一个较"自由的"环境中发展出了美国的资本主义农业。[1]同年李存训发表了《美国南北战争后农业迅速发展的特点与原因》，对内战后到20世纪初美国农业在工业革命的带动下获得迅速发展的特点和原因做了概括。[2]翌年张友伦发表的《美国农业资本主义发展道路初探》一文，论证了美国式农业发展道路与工业革命一样代表着向现代社会的过渡，并分析了美国资本主义农业的两个发展方向，即"在兼并和集中土地的基础上建立资本主义大农场"和通过"提高集约经营水平，在较小的土地上进行大生产"。[3]此外，吴于廑于1984年和1987年先后发表了《世界历史上的农本与重商》和《历史上农耕世界对工业世界的孕育》两篇文章，从理论上诠释了"农耕世界最初怎样孕育了近代的工业世界"。[4]嗣后，陈奕平于1989年和1990年先后发表了《试论十九世纪美国工业革命与农业革命的关系》和《农

1　潘润涵、何顺果：《近代农业资本主义发展的"美国式道路"》，《世界历史》1981年第1期。

2　李存训：《美国南北战争后农业迅速发展的特点与原因》，《世界历史》1981年第4期。

3　张友伦：《美国农业资本主义发展道路初探》，《世界历史》1982年第2期。

4　吴于廑：《世界历史上的农本与重商》，《历史研究》1984年第1期；《历史上农耕世界对工业世界的孕育》，《世界历史》1987年第2期。

业人口外迁与美国的城市化》，阐述了工业化、城市化与农业革命和农村发展之间的关系，拓宽了美国农业史的研究视野。[1]

1983 年张友伦的《美国农业革命》一书，较为全面地介绍了美国从建国到 19 世纪末农业发展历程，在中国美国农业史研究领域具有里程碑意义。该书主要从制度层面阐释了美国资本主义农业的发展道路，尤其是工业革命给美国农业现代化带来的积极影响。[2]进入 20 世纪 90 年代，何顺果先后出版了《美国边疆史》（1992）和《美国"棉花王国"史》（1995），从边疆开发和南方种植园奴隶制经济两个方面探讨了美国农业发展的特殊经历。[3]

从 20 世纪 80 年代末到 90 年代初，中国学者也开始关注美国工业化转型中农民的不满和抗争。黄仁伟的《论美国人民党运动的历史地位》（1989）和林广的《论美国平民党运动的两重性》（1993）先后对平民党运动的性质、特征和历史地位进行了探讨，深化了中国学术界对美国农民问题的研究。[4]进入 21 世纪以来，美国农业和农民问题在中国学术界重新受到关注，孟海泉的《内战后美国南部的农业机械化与农业体制变革》（2007）和《内战以后美国南部租佃制的形成》（2009）对后奴隶制时代南部农业的现代化发展进行了深入探索。[5]拙文《以人民的名义：对 19 世纪晚期美国平民党运动的再思考》（2009）和《在工业化的阴影里：19 世纪后期美国农民的困境与抗议》（2010），[6]将美国历史上的"三农"问题置于人类现代化进程的语境下再

1 陈奕平：《试论十九世纪美国工业革命与农业革命的关系》，《历史教学》1989 年第 2 期；《农业人口外迁与美国的城市化》，《美国研究》1990 年第 3 期。
2 张友伦：《美国农业革命（独立战争—十九世纪末）》，天津人民出版社，1983。
3 何顺果：《美国边疆史：西部开发模式研究》，北京大学出版社，1992；《美国"棉花王国"史：南部社会经济结构探索》，中国社会科学出版社，1995。
4 黄仁伟：《论美国人民党运动的历史地位》，《世界历史》1989 年第 1 期；林广：《论美国平民党运动的两重性》，《历史教学问题》1993 年第 1 期。
5 孟海泉：《内战后美国南部的农业机械化与农业体制变革》，《美国研究》2007 年第 4 期；《内战以后美国南部租佃制的形成》，《世界历史》2009 年第 1 期。
6 原祖杰：《对美国平民党运动的再思考》，《美国研究》2009 年第 4 期；《在工业化的阴影里：19 世纪后期美国农民的困境与抗议》，《北大史学》第 15 辑（2010 年）。

加评判，重新激发了学界对美国工业化转型过程中农民命运的兴趣，中国史学界的美国农业、农村和农民问题研究也因此步入一个新的发展阶段。2016年我们申报的"美国工业化转型时期农民状况研究"获得国家社会科学基金立项，以四川大学世界史师生为主力的一批新的研究力量被带动起来，投入到美国"三农"历史的研究当中，这本书就是上述课题结项的最终成果。除了目录中所列各章大致按照时间顺序所覆盖的内容外，我们也将一些贯穿于美国农业历史并影响着美国农民命运的核心问题首先提出来略加讨论，以加深读者对后面内容的理解。

二、美国历史上的自耕农农民和资本主义农民

美国作为一个以移民为主体的新型国家，过去很长时期被想当然地看作从欧洲移植到美洲的资本主义国家，其农业经济也自然是资本主义经济的一部分。"资本主义随第一批商船一起到来的思想被占主导地位的'共识学派'奉为正统"，他们将"缺少'封建的过去'与'永恒的资本主义'画上等号"。从 20 世纪 60 年代开始，美国史学界就对这一定论提出质疑和挑战，认为"将 18 世纪初的北方农业看作利润导向，将以种植园奴隶制为基础的世界市场生产看作当然的资本主义，阻碍了对美国资本主义转型问题的严肃思考"。[1] 著名南部史学家尤金·吉诺维斯首先挑战了将南方种植园奴隶制经济视为资本主义经济的观点，认为南方种植园奴隶制从事的并非资本主义生产。从 20 世纪后期到 21 世纪初期，一批着眼于内战前北方农业性质和动力的新成果纷纷出版，依据当时税收记录和农家账簿等原始材料，运用马克思主义、新古典经济学、韦伯社会学和文化人类学等理论、方法，重新阐释了

---

1 Charles Post, *The American Road to Capitalism*, Leiden and Boston: Brill, 2011, p. 39.

内战前北方农业生产与交换的社会性质，尤其是农民家庭在农产品、工资劳工和资本等方面与市场之间的关系，进而形成了艾伦·库利科夫总结的两派观点：以威尼弗雷德·B.罗滕伯格和詹姆斯·T.莱蒙等为代表的"市场派"史学家还是坚持原来流行的说法，即北方农民追求的是利益的最大化，只要有机会就会积极投入市场生产；以迈克尔·梅里尔、克里斯托弗·克拉克和詹姆斯·A.亨雷塔等为代表的一派，强调的是北方农村非商品化生产和交换在内战前大部分时间的持续性。[1]后一派发掘的史料和遵循的方法使他们的研究更有说服力。这一派观点也印证了我们对整个美国历史的基本判断，即尽管美国历史相对较短，但仍然存在着从传统到现代的某种形式的过渡和转型。

对美国早期农业商业化程度的判断关系到美国农民的身份、地位和经济作用。美国的农民英文中通常称"farmer"，过去有学者将其译作"农场主"，以区别于没有土地而从事农业生产的其他形式的农民。美国学术界一般认为农民就是独立经营的农业劳动者，不管他们耕种的是自己的土地还是别人的土地。而那些收入主要依靠其他来源的人，即便他们拥有土地也不能称为农民。[2]比"farmer"更为明确的一个英文单词是"yeoman"，主要指英国等欧洲国家在圈地运动出现之前较为普遍的小土地所有者。前已提及的美国著名农业史学家艾伦·库利科夫对"自耕农"一词做出的解释是：

1　参见 Winifred B. Rothenberg, "The Market and Massachusetts Farmers, 1750–1855," *Journal of Economic History*, vol. 41, no. 2 (June, 1981), pp. 283–314; Winifred B. Rothenberg, "Market, Values and Capitalism: A Discourse on Method," *Journal of Economic History*, vol. 44, no. 1 (March, 1984), pp. 174–178; James T. Lemon, "Early Americans and Their Social Environment," *Journal of Historical Geography*, vol. 6, no. 2 (April, 1980), pp. 115–131; Michael Merrill, "Self-Sufficiency and Exchange in Early America: Theory, Structure, Ideology," Ph. D. Dissertation, Columbia University, 1986; Christopher Clark, *The Roots of Rural Capitalism: Western Massachusetts, 1780–1860*, Ithaca: Cornell University Press, 1990; James A. Henretta, "Families and Farms: *Mentalité* in Pre-Industrial America," *The William and Mary Quarterly*, vol. 35, no. 1 (January, 1978), pp. 3–32.

2　C. S. Walker, "The Farmers' Movement," *Annals of the American Academy of Political and Social Science*, vol. 4, no. 5 (March, 1894), p. 790.

　　"自耕农"可以理解为一个阶级术语，指的是拥有生产资料（作为绝对所有者）并参与商品市场以维持家庭自治和地方交换的特定农民群体——小生产者。从18世纪中叶到19世纪末，这些人控制着他们农场的经营。他们决定生产什么作物，如何在农场任务中分配家庭劳动，是否以及何时为遥远的商品市场种植作物。他们实行"安全第一"的农业，生产了他们消费的大部分食物，并试图通过与邻居的贸易获得其余的食物。他们主要使用家庭劳动力，偶尔也会雇用人手，但会将这些人手视为家庭的依附者。[1]

　　库利科夫基于史学界关于早期美国农民社会属性问题的讨论，将农民划分为自耕农农民和资本主义农民两种形式。按照他的标准，受市场化影响较小的美国早期的北方农民多半属于自耕农农民；而在19世纪三四十年代第一次工业革命之后，美国农民受市场化影响越来越深，大多就转化为资本主义农民了。与自耕农农民的自食其力、自给自足相比，资本主义农民则往往会受到市场左右：

　　　　后者寻求更大的市场参与度，专注于大宗农作物，偶尔还会购买金融工具。为了追求更高的利润和资产阶级的生活方式，他们购买机器、雇佣工资工人，以增加产量和利润。他们把雇佣的工人当作劳工，支付市场工资，而不是传统工资。他们拥有自己的土地，但经常将土地使用控制权移交给金融资本家，后者决定种植哪些市场作物。他们承担的风险越大，从当地店主那里购买的食品就越多。他们多半原来是自耕农，但慢慢地，不知不觉地，甚至下意识地，他们变成了小资本家，在

　　1　Allan Kulikoff, "The Transition to Capitalism in Rural America," *The William and Mary Quarterly*, vol. 46, no. 1 (January, 1989), p. 141.

独立理想对他们不再具有经济意义很久之后，他们却仍在继续拥护这种理想。[1]

当然，从自耕农农民到资本主义农民的转化并非一蹴而就，而是经历了数年，甚至数十年的历程。即使农民将他们的产品卖到市场上，哪怕是全国性市场，他们的农场在宏观上已经成为资本主义经济的一部分，也不能保证他们在微观经营上完成了向市场需求的转换，更不用说他们相对稳定的价值观和生活方式的变化。那么，欧洲传统的自耕农在新大陆的发展中形成了哪些特征？或者说，是哪些特征将他们与后来的资本主义农民区别开来？

首先，从生产的目的来看，自耕农的"首要责任是为家庭提供生存所需的基本资料，必要的食品、衣服和住宅"。他们也从附近的"商店"中购买某些非自己生产的生活用品，但这种交易大多是通过以物易物的方式完成的。因为挣钱不易，他们尽量避免使用货币购买消费品；在他们看来，货币是用来购买土地的，判断一个农民的能力就要看他能拿出多少可支配的货币用来购买土地，因为拥有更多的土地才是他们人生成功的标志。最受人尊重的农民是"一切靠自己的人"，他能够生产自己家庭所需的所有产品，也就是通常所说的自给自足。[2]

其次，从生活的目标来看，自耕农的最大期望就是"拥有一个或多个质量令人满意的农场。除了继承，获得农场的所有权，或将被改造成农场的土地，只有通过金钱追逐才能获得。所有权是通过积累流动资金获得的，当资金充足时，这些资金就被用于购买农场的股权。随着债务的偿还，更成功、更有动力的农民开始争取尽可能多的农场所有权"。[3] 更大更多的农场不仅是

1　Allan Kulikoff, "The Transition to Capitalism in Rural America," *The William and Mary Quarterly*, vol. 46, no. 1 (January, 1989), p. 141.

2　Clarence Henry Danhof, *Change in Agriculture: The Northern United States, 1820–1870*, Cambridge, MA: Harvard University Press, 1969, p. 16.

3　Ibid.

成功的标志、社会地位的象征，而且也是传统经济模式下一种投资的手段。对美国早期农民来说，土地的不断增值是致富的重要途径。

第三，从价值追求来看，自耕农及其自给自足型经济模式"强调的是自助和独立、勤俭和节约的美德"。这种美德"寓于全家成员、男女老幼共同参与的生产过程中；它关注的是家庭组织利益，而不是个体成员的利益"。[1]因此，自耕农虽然表现为一种经济、社会形式，但却与农民传统的价值取向紧密相关，其变化也就意味着农民对传统价值观的放弃。这对很多农民来说是难以接受的。

最后，从社会关系上看，自耕农的存在关系到传统纽带的维系。在自耕农时代，人们对亲属和社区纽带的看重使其对市场的考虑退居次要位置。农业史家卢·弗莱格尔写道："前工业时代的自耕农将个人主义和攫取行为置于对家庭安全和其他人社区福利的关注之后，特别是对在家庭土地上延续家族血统的渴望之后。"[2]例如，新罕布什尔的一名男子在1770年发现，没有任何价位的玉米出售，因为当地农民将其许诺给了朋友、邻居和亲戚，而不是最大化的利润。这样的例子在前工业时代的农村极为常见，在自耕农的心目中，情谊大于利益，品德重于金钱。这或许就是无数人乡愁的根源所在。

对社区的依赖不只有道德、情感上的原因，也有一定程度的现实考虑。尽管自给自足在内部一直是自耕农追求的理想目标，在外部经常被归为自耕农的主要特征，但18世纪的农民似乎很少真正实现自给自足的理想。取而代之的是，他们在社区中相互依赖，通过邻居来弥补赖以生存的产品、劳动力或机器短缺。这种依赖模式跨越了社区的所有阶层，从而也减少了家庭之

---

1 Percy W. Bidwell, "The Agricultural Revolution in New England," *American Historical Review*, vol. 26, no. 4 (July, 1921), p. 695.

2 Hal S. Barron, "Listening to the Silent Majority: Change and Continuity in the Nineteenth-Century Rural North," in Lou Ferleger, ed., *Agriculture and National Development: Views on the Nineteenth Century*, Ames: Iowa State University Press, 1990, p. 4.

间的不平等。这样，即便个别家庭无法自立，却能依赖社区而生存下来，实现了整个社区的自给自足。[1] 农民家庭之间的相互依赖增强了农村社会的安全性和满足感，进一步拉紧了社区成员之间的纽带。正因为如此，即便工业化推动的交通条件的改善在内战前就对北方农民的生产和生活方式形成冲击之势，农作物的种植也越来越受到市场引导，却并没有彻底改变自耕农文化在北方农村的连续性。家庭主义、地方主义和独立性等价值观在向商业性农业转变后很长一段时间里继续占据主导地位。因此，有学者总结说："经历了 19 世纪，北方农村的生活发生了变化，但并没有转型，所谓的自耕农和所谓的商业农民仍然有许多共同之处。"[2]

三、美国的农业传统与农业神话

美国的农业传统在 19 世纪早期被赋予更多的正面意义，并且与民主政治和共和体制紧密相连。农民的政治自由与经济独立最符合亚当·斯密的政治参与条件，因此建国初期很多政治家或者以农民自居，或者表达对农民利益的认同。在很多建国者的心目中，古罗马官员那种进而为官退而为农的从政模式应该是美国政府官员的榜样。就连家财万贯的费城律师约翰·迪金森在其发表于 1768 年的小册子中也向他的读者表明，他是一位"满足"的农民，可"免于世俗欲望和恐惧"。[3] 有学者注意到，"以最为能言善辩的托马斯·杰斐逊和他的弗吉尼亚同乡、种植园哲学家约翰·泰勒为代表的农耕主义者们，认为农民是一个好社会的中坚力量，也因为他们的政治品质和优秀

1　Hal S. Barron, "Listening to the Silent Majority: Change and Continuity in the Nineteenth-Century Rural North," in Lou Ferleger, ed., *Agriculture and National Development: Views on the Nineteenth Century*, Ames: Iowa State University Press, 1990, p. 7.

2　Ibid., p. 16.

3　参见 Gordon S. Wood, *Revolutionary Characters: What Made the Founders Different*, New York: The Penguin Press, 2006, p. 18.

道德而不遗余力地赞美农民"。[1] 以至于对农民及其农业传统的肯定和赞美成为内战前从政府到社会的主流意识形态。

美国著名历史学家理查德·霍夫斯塔特针对上述现象分析说："美国生于农村而迁入城市。其政治价值与观念从开始就不可避免地被乡村生活所形塑。"[2] 他接着指出，早期的美国政治家们，都自称平民，在语气上拉近与耕作者的关系。但是，"这些言语动听的人们——牧师、诗人、哲人、作家以及政治家对美国农业的喜爱与典型的美国农民的追求南辕北辙"。吸引前者的是：

> 美国农场生活的非商业、非金钱、自给自足的部分，对他们来说那是理想的。像托马斯·杰斐逊、J. 赫克托·圣约翰·德·克雷夫科尔那样一些作者羡慕自耕农，不是因为他寻找机会和赚钱的能力，而是因为他的诚实、勤勉，他的独立，他坦白的平等精神，他的生产能力和对简单富裕的满足。而农民自己，事实上在大多数情况下，都为金钱所激励，现实中他的自给自足通常是因为缺少交通和市场或者出于攒钱扩大其生产的需要而被强加于身的。[3]

霍夫斯塔特对美国精英们的乡愁显然是持嘲讽态度的，认为"农民子弟越迅速地迁入城市，整个文化对其乡村的过去就越发怀念"。他写道："美国精神起源于一种系于农村生活的情感，以及与农民、乡村生活相关的一系列说法，我称之为农业神话。"[4] 霍夫斯塔特也指出了农业神话的核心依据："由于自耕农被认为是既快乐又诚实的，也由于他在社会上拥有自己的土地这一安

1　David B. Danbom, *Born in the Country: A History of Rural America*, Baltimore: The Johns Hopkins University Press, 1995, p. 65.

2　Richard Hofstadter, *The Age of Reform: From Bryan to F. D. R.*, New York: Vintage Books, 1955, p. 23.

3　Ibid.

4　Ibid., p. 24.

全的财产筹码，他被视为最好的和最可靠的公民。基于这一确信，杰斐逊写道：'小土地所有者是这个国家最珍贵的部分。'"[1]霍夫斯塔特认为，农业神话源于独立革命时期，革命的成功被认为是自耕农对帝国的胜利，"证实了自耕农的道德和文明优越性，让农民成为新国家的象征"。到19世纪初，农业神话已经从知识阶层的概念"变为大众信条、国家政治风俗和民族主义意识形态的一部分"。[2]

英语世界中，与农业相关的一套生产、生活方式和价值体系被称为农耕主义。在人类的知识谱系中，农耕主义与文明同龄，尽管属于一套世俗的意识形态，却常常带有某种神圣性。托马斯·杰斐逊就认为，农民是"上帝的选民"。[3]一般认为，美国的"农业传统"源于约翰·洛克的哲学，被托马斯·杰斐逊发扬光大。[4]杰斐逊认为，判断一个社会是否健康的晴雨表就是参与农业的公民在全社会所占的比例。他对农耕意识形态的阐释深远地影响了美国思想。曾任田纳西大学农业经济学和乡村社会学系主任的乔·A.马丁教授认为，在杰斐逊阐释的影响下，"不仅农耕意识形态为美国的农业政策提供了逻辑和理性，而且农耕传统也跳出农场藩篱，传遍美国思想的每一个角落和缝隙"。[5]霍夫斯塔特也说："杰斐逊派进而将农业神话奉为大陆发

1 Richard Hofstadter, *The Age of Reform: From Bryan to F. D. R.*, New York: Vintage Books, 1955, p. 25.

2 Ibid., p. 28.

3 Joe A. Martin, "The Agrarian Tradition: Historical Perspective and Emerging Challenge," in Bradu J. Beaton and B. R. McManus, eds., *The Agrarian Tradition in American Society: A Focus on the People and the Land in an Era of Changing Values*, Knoxville, TN: A Bicentennial Forum, The Institute of Agriculture, The University of Tennessee, 1976, p. 13.

4 Bradu J. Beaton and B. R. McManus, "The Agrarian Tradition in American Society: A Focus on the People and the Land in an Era of Changing Values," in Bradu J. Beaton and B. R. McManus, eds., *The Agrarian Tradition in American Society: A Focus on the People and the Land in an Era of Changing Values*, Knoxville, TN: A Bicentennial Forum, The Institute of Agriculture, The University of Tennessee, 1976, p. 1.

5 Joe A. Martin, "The Agrarian Tradition: Historical Perspective and Emerging Challenge," in Bradu J. Beaton and B. R. McManus, eds., *The Agrarian Tradition in American Society: A Focus on the People and the Land in an Era of Changing Values*, Knoxville, TN: A Bicentennial Forum, The Institute of Agriculture, The University of Tennessee, 1976, p. 14.

展战略的基础。他们中很多人期望在无限的未来，空旷的内陆地区可以保障自耕农的优势——也就是杰斐逊主义对国家健康的控制。"[1]

美国独特的农耕传统得以形成与维护，是与其开放的、普遍的私有土地制度密切相关的。杰斐逊的另一贡献是促成了美国的土地私有权制度。他坚决拒绝了当时欧洲仍在流行的长子继承制，这样也就避免了传统等级社会在美国的重演。通过土地法律，确立了在西部边疆地区的建州原则和公共土地分配制度，从而巩固了美国农业的土地私有制基础。[2]

事实上，杰斐逊的平均主义理想并没有完全付诸实践。如我们在前文中所讨论的，同样数量的公共土地绝不意味着同样价值的公共土地。有学者指出，在威斯康星中部沙漠平原的 160 英亩农场与在伊利诺伊草原的 160 英亩农场没有什么可比性。不仅如此，尽管杰斐逊的理想主义在《1785 年土地法令》中具有导向作用，但实际操作的却是财政部长汉密尔顿，后者希望公共土地的主要购买者是投机商和土地公司，而不是个体农户。这种宽松的开放性土地授予制度一直持续到 19 世纪中期。[3] 或许是杰斐逊的理想主义与汉密尔顿的实用主义土地政策的有机结合，才促成了自耕农农业向资本主义商业化农业的顺利过渡。

四、城市化转型中的乡村情结

与上述"农业传统""农业神话""农耕主义""农耕意识形态"以及

---

1 Richard Hofstadter, *The Age of Reform: From Bryan to F. D. R.*, New York: Vintage Books, 1955, p. 29.

2 Joe A. Martin, "The Agrarian Tradition: Historical Perspective and Emerging Challenge," in Bradu J. Beaton and B. R. McManus, eds., *The Agrarian Tradition in American Society: A Focus on the People and the Land in an Era of Changing Values*, Knoxville, TN: A Bicentennial Forum, The Institute of Agriculture, The University of Tennessee, 1976, p. 17.

3 Ingolf Vogeler, *The Myth of the Family Farm: Agribusiness Dominance of U. S. Agriculture*, Buolder, CO: Westview Press, 1981, pp. 39–40.

"自耕农民主"等词语相关联的还有一个更能表达情感的用语，叫做"乡愁"。霍夫斯塔特对于 19 世纪城市化进程中弥漫于美国社会的乡愁曾做过如下描述：

> 然而，不管怎么说，（农业）神话是有威力的，因为 19 世纪上半叶的美国是由有文化并且在政治上自认为农民的多数人组成的。对这一数量上占优势的阶级加以有益无害的恭维，神话就为乡村编辑和政客们提供了标准的话语。……不仅如此，恭维他们的编辑和政客们在大多数情况下不需要故作真诚。除了少数人外，他们中更多的人似乎出身于小乡村或农场，他们的话在挑动了大批老家人情怀的同时，也拨动了他们自己的情怀，对他们早年岁月的怀念，或许可以减轻他们因抛弃父母家园和儿时经历而残存的负罪感。[1]

并非所有乡情都像霍夫斯塔特描绘的那样虚伪。至少在城市化还处在粗放阶段的 19 世纪七八十年代之前，很多来自乡村的城市人还没有完全适应城市生活。一方面是他们美好的乡村记忆，虽然缺少发展机会，但宁静的生活、熟悉的人群，都让他们魂牵梦绕；另一方面是城市中的陌生、嘈杂以及人与人之间冷冰冰的关系，都会激起他们的反感。

19 世纪六七十年代，也就是美国工业化、城市化高歌猛进的时代，曾经以一本小书改变了世界的斯托夫人（全名哈丽雅特·比彻·斯托），继其名著《汤姆叔叔的小屋》之后，先后推出两本反映时人心态的著作，一本叫做《老镇上的人们》，另一本名为《我们和我们的邻居》。前者以其丈夫斯托的故乡，马萨诸塞州的内蒂克为背景，描述了传统美国乡村长幼有序、尊卑有

1　Richard Hofstadter, *The Age of Reform: From Bryan to F. D. R.*, New York: Vintage Books, 1955, pp. 29–30.

别的和谐社会。在那里，德高望重的人受到尊重、被奉为楷模，友善与怜悯弥漫着整个社区，人们彼此以礼相待，以诚相知。她在《老镇上的人们》一书的开头即指出：

> 每个个人都是他所生活和行动的社会大场景中的一部分和一分子，如果不能重新制作他生活于其中的世界图景，他的生活就不能被绘制。对我来说，回忆中新英格兰时期留下的最为特殊也最为有趣的形象和身影现在正在快速消失。我指的是前铁路时代，当新英格兰还是一个艰苦的、崎岖荒凉的半希伯来神学、半小村庄式的极端民主共和体的时候，与旧世界的所有文明和教养远隔重洋，被遗忘被忽视，然而在这样的寂寥中，一种带有强烈的、新点燃的、特别的个体生活的热情行动却能使之像炭火一样燃烧。[1]

在斯托夫人的眼中，小村庄文化的核心是教会及其定期的宗教活动。如她所述："在过去的时光中，当一个小男孩出生在马萨诸塞的乡村时，兼具尊崇与威严的最生动的形象来自牧师。在这个由朝圣者建立于荒野的神权政体中，牧师代表着唯一的贵族秩序。"[2] 除了牧师等神职人员身上残留的贵族精神外，令人怀念的还有老镇上的人们的质朴与善良："老镇上的人们富有同情心，对于原来定居于此处而现在处于流浪状态的印第安人从来不吝啬施舍。我的祖父祖母都是仁慈的好人，经常给口渴的印第安人一扎苹果汁，我祖母不限于此，还为他们提供毯子之类的生活用品。"[3]

而斯托夫人的另一部作品《我们和我们的邻居》展示的则是一副令人不快的场景：陌生的人、嘈杂的环境、古怪的行为、无礼的举止，凡此种种，

---

1 Harriet Beecher Stowe, *Oldtown Folks*, Boston: Houghton Mifflin and Company, 1891, p. 1.
2 Ibid., p. 3.
3 Ibid., p. 19.

都与日益增长的城市人口、大量具有异质文化特征的外来移民、不断加剧的贫富分化和阶级对抗挂上钩，成为人们城市化焦虑症的一部分。

　　快速增长的城市人口，大量的贫困的外来移民，给城市管理带来了巨大的压力。贫困、犯罪、伤风败俗、破败肮脏的居住环境以及让老移民惊诧的异质文化和不断发生的骚乱，都给发展中的城市蒙上阴影。回望美国的早期史，对城市的恐惧和抵制几乎可以被看作美国的文化传统。在国家的缔造者当中，最憎恶城市的非托马斯·杰斐逊莫属。在他发表于1784年的《弗吉尼亚笔记》中，杰斐逊将城市中的乌合之众视为民主制度的疾患，与健康、独立的自耕农形成鲜明的对比。对城市物质形态的恐惧和对政府以城市为基地（首都或首府）来控制整个国家的怀疑，让大多数美国人认同了杰斐逊的担忧。

　　这种变化跨越了将近一个世纪，从19世纪初开始一直延续到第一次世界大战前夕。20世纪初的研究者在回顾这段历史时，不免感慨世事沧桑。在《城市生活及其改善》一书中，乔治·夏普感叹说：

　　　　我们的城市增长如此之快，在它们当中做生意的方法变化如此之剧，富人与穷人之间的差距是如此之大，我们早期适当限制政府行为的杰斐逊思想被抛弃了，或者至少被大大修正了。我们意识到（借用一种陈腐的表述），"摆在我们面前的是一种形势，而不是一种理论"；作为一种有机体的城市、国家与综合政府，一定是逐步形成并运用着某些我们早期历史中难以想象的权力。[1]

　　面对城市化进程中的诸多不尽如人意之处，美国人的反应分为悲观和乐观

---

[1] George Sharp, *City Life and Its Amelioration*, Boston: Richard G. Badger, 1915, p. 9.

两种情况，前者如斯托夫人，祭出其怀念东北部旧式乡村风俗的小说以表达怀旧之情；后者则对城市的未来持乐观态度，并积极投身于城市风气的改革之中。有趣的是，不管是悲观派还是乐观派，都来自于城市居民。

五、内战后工业化和城市化转型中的农业、农村与农民问题

内战结束后，美国进入第二次工业革命时期，美国的工业化全面深入到社会各分支领域，并逐渐成熟，引发美国社会和各产业的变革和转型。现代农业的第一个重要标志是科学化。通过《莫里尔赠地法》和《哈奇法》，国家向赠地大学拨发资金，并在全国范围内创办一系列农业试验站。大学和试验站的研究成果与新发明则被引介和传播到农村，以期通过新科技的应用增加农业产量。现代农业的第二个重要标志是商业化。农业的商业化扩展了农业的外延，被农业史学家称为农业的"资本主义化"。美国农民以家庭农场为起点，组织起农业销售合作社，甚至农产品公司，进而转型为"商业农业"模式，广泛深入到城市乃至海外的消费市场。现代农业的第三个重要标志是机械化。也可以说，机械化是现代农业最显著的外在特征。19世纪美国的迅速工业化为农业提供了多种多样的更为省力有效的新机械，取代了农民过去所依赖的简单农具，因而极大地提高了农业生产规模与效率。

如果说内战前美国农民对于当时比较粗放的工业化和城市化还感觉陌生而心存猜疑和畏惧的话，内战后，尤其是19世纪最后三四十年更大规模的工业化和城市化浪潮已经逐渐将过去曾经引以为傲的自耕农传统边缘化了。尽管一直到19世纪末美国的农业人口总数仍超过城市人口，但农民在国家政治、经济和文化生活中已经失去了话语权。如何面对社会转型带来的阶级重构、利益重置和道德重建，是摆在美国农民面前的重大挑战，而本书的核

心议题就是围绕这样一种挑战、应对和改良的发展逻辑展开的。

在联邦政府的重商政策引导下，美国在 19 世纪经历了两次工业革命，逐步将早期处于自给自足的自然经济状态下的美国农业纳入资本主义经济的洪流之中，给美国农民的生产、生活带来前所未有的冲击，也在很大程度上改变了农村的生存环境。而一直到 19 世纪末，美国在严格意义上都还只能算是农业国，农村人口高于城市人口，农业仍然是容纳就业人数最多的生产部类。人类生存的基本需求决定了农业持久的生命力，直到今天，美国仍然是世界第一农业大国，农业仍旧是美国对外贸易中的重要砝码。本书覆盖的时间段集中在 19 世纪，侧重点是内战前后两次工业革命带来的农民生产、生活的变化，背景介绍可溯之殖民地初建，而改革影响可延及 20 世纪 20 年代大萧条降临。

对美国工业化转型引发的农村、农业与农民生产和生活方式的变化的考察，首先应该关注的是资本主义和工业主义在全球扩张过程中对传统农业社会造成的冲击，包括全球性农作物物种的传播、农产品市场的形成、农业劳动力的流动、科技和经营方式的创新与交流，以及农民生产理念和生活方式的变化等；然后具体研究工业化对美国农业的影响，主要从以下几个方面做深入探索：第一是美国农业社会本身具有的特点、美国资本主义农业发展模式和发展水平及其在全球农业中所居地位、美国农业的区域性分布及其与全球农业物种、劳动力流动和农产品市场之间的联系；第二是工业化大潮和西进运动凯歌声中美国农民，尤其是农村妇女的艰难处境；第三是工业化引发的美国农业生产和销售方式的变化、农民地位的下降、城市化对农村生活的挤压以及农民不满情绪的积聚和抗议的爆发，以及农民为了维护自身权利而走向联合和推动改革的尝试；第四集中于工业化对农业、农村、农民发展产生的积极因素，包括政府规划和政策扶持、大学扩建及其对农业生产管理与科技应用的知识供给，以及美国农业现代化在全球农业发展中的地位和影响。除了基本面上的探索之外，本书还将研究的视角投向美国农业社会的一些深层问题，围绕几个专题展开讨论，其中包括：平民党运动与美国政党政治之间的关系，农村妇女的地位、处境和诉求，土地对农业的影响和在农民运动中的关注度，以及知识对美国农业发展和农民生活水平提高的重要作用，等等。

在马克思历史唯物主义和阶级分析方法的指导下，本书主要采用了年鉴学派和社会文化史的研究方法，对 19 世纪美国农业生产方式的变化、土地资源的开发和利用、农民家庭和社区生活及其转变进行了较为系统的研究，从不同地区的地理环境、土壤条件、水资源分布和植被情况，到家庭结构、社区文化、地域差异、生产方式和生产工具，再到制度层面的政府政策、机构设置、法律法令、党派政治，既重视传统的政治史、经济史研究方法，又借鉴新文化史中对物质文化和日常生活的关注，力图呈现美国工业化转型时代农业生产和农民生活及其演变的整体面貌。

聚焦于工业化和城市化影响下美国农民的生产、生活和心态变化，本书力图为读者勾勒出一幅反映 19 世纪美国农业生产和农民生活的动态画卷，弥补中国美国史研究领域的一些短板，为相关领域的学术进步做出贡献。但是，由于篇幅和学力所限，其中有些描述和讨论还是粗线条的，理论分析也不够透彻、深入。鉴于中国美国史学界目前对美国农业、农村与农民问题研究仍相对不足，我们希望自己的研究能起到抛砖引玉的效果，期待国内外同行不仅能够对我们讨论的问题不吝赐教，而且能与我们一道，共同关注美国的社会转型问题以及与之相关的阶级矛盾和社会冲突，对人类历史的现代化进程提供更深入的诠释。

第一章
从独立到内战时期的美国农业、农村与农民

独立之初，美国还是一个典型的农业国。殖民地时期北方发展起来的自耕农农业与南方畸形扩张的奴隶制种植园农业齐头并进，代表了美国农业的两种主要生产方式。相对而言，南方的奴隶制种植园经济是一种较为稳定的结构，轧棉机的改进和市场需求的增加只会让奴隶主们在原来的生产力水平上不断扩大种植园的规模和作为主要劳动力的黑人奴隶的数量。因此，当我们把问题集中于19世纪美国两次工业革命对农业、农村和农民的影响的时候，并没有将内战前南方的奴隶制种植园经济当作讨论的重点，而是更为关注东北部新英格兰地区、中大西洋各州和西进运动中建立起来的中西部各州的农业，是如何走出自给自足的自耕农经济模式、转向市场导向的资本主义农业的。本章旨在为这种转型提供一个大致背景和早期脉络。

一、北美殖民地时期的农业社区

北美殖民地的农业生产始于殖民地的初建。1607年，英国殖民公司在弗吉尼亚建立了第一块英属北美殖民地。1620年，在一批清教徒的领导下，移民们在东北部的普利茅斯建立了第一块清教殖民地，后来合并到稍晚建立的马萨诸塞殖民地，再从马萨诸塞殖民地派生出康涅狄格、新罕布什尔、罗得岛等殖民地，形成了以清教文化为核心的新英格兰殖民地。到17世纪80

年代，大西洋沿岸的东部殖民地已经连成一片，其中包括从荷兰人手中夺取的纽约殖民地和由教友派建立的宾夕法尼亚殖民地。在殖民地时代，有90%的人口是靠农业为生的，殖民地社会也是典型的传统农业社会。

与早期商业目的明显的弗吉尼亚殖民地不同，新英格兰殖民地从开始就以长期定居为目标，其迅速开辟的农业生产很快让殖民地实现了自给自足，也保障了早期殖民者较高的生存率。有学者注意到，"与弗吉尼亚人不同，新英格兰人成功地将英国的农业村庄移植到了美洲环境"。村庄推动了公共事业，构筑起自我防护。更重要的是，村庄在陌生的新大陆构建起一个熟悉的环境——殖民者们沿用了很多他们老家的村镇名称，如伍斯特、罗克斯伯里、布里斯托尔等，"让那些想离开英国却并不想停止当英国人的人感觉新世界没那么可怕"。[1]

与新英格兰相比，幅员辽阔的宾夕法尼亚等中部殖民地的开发对于美国早期农业有着更为重要的意义。萨莉·麦克默里分析说："由于威廉·佩恩从开始就采取的宽松的宗教和经济政策，宾夕法尼亚的社会构成更为多元化。殖民者来自德语欧洲、法语欧洲、尼德兰、瑞典和英伦各岛。这一地区长期被认为受到英国教友派的影响。威尔士人的命名仍在沿用，如格温德（Gwynned）、布林莫尔（Bryn Mawr），等等。"[2] 宾夕法尼亚肥沃的土壤让农业生产更为容易，"无论是威尔士裔、苏格兰爱尔兰裔、英国裔还是德国裔，宾夕法尼亚人都满足于粗放农业，依靠的是富饶的土地而非集约的管理"。[3]

18世纪后期，无论英国本土还是其北美殖民地，都迎来了人口的迅速增长，从1700年到1763年，十三个殖民地的人口从25万增长到200万，翻

---

1 David B. Danbom, *Born in the Country: A History of Rural America*, Baltimore: The Johns Hopkins Press, 1995, p. 31.

2 Sally McMurry, *Pennsylvania Farming: A History in Landscapes*, Pittsburgh, PA: University of Pittsburgh Press, 2017, p. 5.

3 Ibid., p. 9.

了8倍；而从1750年到1770年的二十年间，其人口就从125万增加到230万。[1] 除了源源不断的欧洲移民，殖民地本土人口也增长迅速，而其主要原因就是农业产量的增加带来了出生率的提高，平均每个妇女可以生育和养活7个孩子。

从殖民地时代开始，美国早期的农业基本上是以家庭为单位组织生产和消费的，即所谓的自耕农家庭模式。80%的美国自由男性是自耕农，拥有并劳作在自己通常被称为"宅地"[2] 的土地上，土地面积一般在50到500英亩之间。[3] 与英国和欧洲大陆的大部分地区相似，农业家庭还是保留着传统的组织方式，家庭结构是等级制的，家长大多是白人男性，居于支配地位，负责安排家中的生产和生活；子女服从长辈，女性服从男性，奴仆服从家庭成员，黑人服从白人。不过，与欧洲相比，18世纪的北美家庭结构要相对松散一些，便宜的土地让子女更容易离开父母的威权，外出建立自己的家庭和独立的经济地位。[4]

妇女在农业劳动中承担着很繁重的工作。她们不仅要履行女性传统的农业角色，如纺织、挤奶、缝纫、做饭、家禽饲养、家园管理、食物保存和烘焙等，还要参加田间劳作。农忙季节，女人和男人都是并肩协作完成各种农活的。[5] 可见无论何地，妇女在传统农业生产中的工作时间和劳动强度都是令人难以承受的，没有节假日、没有上下班时间的农妇应该是美国社会最为辛劳的群体之一。

1　Alan Farmer, *Britain and the American Colonies, 1740–89*, London: Hodder Education, 2008, p. 3.

2　"宅地"在古英语中称为"worthig"，因有表示住宅之意，所以有的译者译为"宅地"（"homestead"）。《伊尼法典》（*The Laws of Ine*）中的"worthig"是指一种农场类型，即圈围的独立农场，因此不能简单地将"宅地"理解为住宅周围的小块土地，有的面积可能很大。向荣：《敞田制与英国的传统农业》，载于侯建新主编《欧洲中世纪城市、乡村与文化》，人民出版社，2014，第140页。

3　Alan Farmer, *Britain and the American Colonies, 1740–89*, London: Hodder Education, 2008, p. 14.

4　Ibid., p. 16.

5　Sally McMurry, *Pennsylvania Farming: A History in Landscapes*, Pittsburgh, PA: University of Pittsburgh Press, 2017, p. 11.

由于自然环境的限制，从殖民地时代开始，各地的农业经营规模是不一样的。新英格兰地区缺乏肥沃的土地，农场规模一般偏小，大多停留在自给自足的经营状态。作为农业经济的补充，新英格兰地区很早就发展起自己的渔业生产，捕捞的鳕鱼可以远销西印度群岛。而土地面积较大的宾夕法尼亚和中大西洋殖民地则是粮食生产的主要基地，生产的小麦及面粉不仅满足了本地的需求，也为其他殖民地的粮食需求提供了保障，甚至出口到西印度群岛和欧洲。南方各殖民地从初建开始就以单一的经济作物为主，生产的烟草、稻米和蓝靛主要用来出口，以满足欧洲和西印度市场对这些特殊产品的需求。

尽管有外向型经济成分的存在，而且在某些地区甚至主导了经济走向，但对各北方殖民地的农业区域来说，自给自足的自然经济仍然占主导地位。在这一点上，一些关注农业史的美国学者已有共识："殖民地农场的显著而重要的特点是自给自足"；"农家为自己生产食物、衣服、家具和农具，事实上，他们需要的几乎所有东西都是自己生产的"；"任何形式的贸易在农村社区都是微不足道的"。[1] 理查德·霍夫斯塔特在他对美国农业转型的分析中，肯定了从早期殖民地时期一直到杰斐逊时代美国农业具有的自给自足特征："所需任何东西都是自家生产的，购买的东西微乎其微，每年所用现金不过一衣袋，他对于市场如同他对其他人一样独立。"正如一位杰斐逊时代的农民所称："我的农场给了我和我家人可以依靠于其生产的好的生活；而且每年还能剩下150美元的银币，因为我一年开销从未超过10美元，也就是买买食盐、钉子之类。穿的、吃的、喝的从不需要买，因为我的农场应有尽有。有了这笔积蓄，我会放贷生息、购买牲畜养肥再卖，挣了不少钱。"[2]

---

1 Michael Merrill, "Cash is Good to Eat: Self-Sufficiency and Exchange in the Rural Economy of the United States," *Radical History Review*, 1977, p. 42.

2 Richard Hofstadter, *The Age of Reform: From Bryan to F. D. R.*, New York: Vintage Books, 1955, p. 37.

对于大部分殖民地社区来说，除了自给自足或半自给自足之外，别无选择。新移民到内陆地区定居之后，将会带来一系列以物换物的交易。早期的定居者会用多余的食品、种子和牲畜来换取新移民带来的稀缺货币和制成品。一般认为，"这种地方交换制度并不构成完全意义上的市场经济。其中许多交易是不同类型商品和服务的生产者之间的直接交易，没有商人、经纪人或其他中间人的参与。农民和妇女用小麦换工具，用肉换家具，用蔬菜换布，因为他们的家人对易货贸易产品有特定的个人用途"。这些小型交易还算不上市场化贸易，因为"他们的目标不是利润，而是获得一件需要使用的物品"。新移民们定居下来以后，很快就种上了自己的庄稼，大多数农村工匠也开辟了广阔的花园，并养了几头牲畜。总体来看，在大多数北方的殖民地，"社会分工尚未完全明确，经济稳定在较低的专业化水平"。[1]

或许是因为身处新大陆而产生的对周边环境的不安全感，抑或是定居一隅的新移民往往具有共同的宗教背景，殖民地时期的新英格兰人或北方人比较重视邻里关系和社区团结。社区中生产的东西要首先满足社区内部的需要。从当时的一些个人经历中，历史学家们注意到，"有些商品是无论什么价格都买不到的，因为它们是朋友、邻居或亲戚提出要要的"。对殖民地时代北方诸多自耕农生产者来说，利润最大化不如满足家庭需求和维持邻里已建立的社会关系重要。正是这种"自给自足的农业社会"被认为是"直到18世纪末，整个新英格兰乃至整个北方最常见的类型"。[2]

即使在最市场化的中部殖民地，许多农民参与商业资本主义经济的方式也要有限得多，目标也截然不同。他们的生产和生活目标维持在自给自足的自耕农水平。大多数自耕农没有奴隶或契约佣工，甚至也雇不起短工，生产

---

1 James A. Henretta, "Families and Farms: *Mentalité* in Pre-Industrial America," *The William and Mary Quarterly*, vol. 35, no. 1 (January, 1978), p. 15.

2 Ibid., p. 16.

的规模自然不会很大。多数自耕农"每年只种 8 到 10 英亩的小麦, 这是仅由农民自己、一两个长大成人的儿子, 以及(在某些情况下)农民妻子便可以方便收割的产量。在 80 到 100 蒲式耳的正常产量中, 60 蒲式耳将被家庭消费或存起来用作种子; 剩余的 20 到 40 蒲式耳将在费城市场上出售, 在 17 世纪 70 年代初带来 5 至 10 英镑的现金收入"。[1] 从当时的账簿数据来看, 殖民地时期北美自耕农的生产规模与后来西进运动时期的大地产不可同日而语, 农民努力的目标是生存, 而不是发财。有学者总结说:

> 普通的男性农民满足于为家人生产足够的产品, 并在市场上出售剩余的产品来购买他认为的必需品。那里几乎没有创新的冒险行为; 没有坚定的利润追求。事实上, 这些农场家庭的账簿表明, 他们总是选择多样化生产的安全性, 而不是雇佣劳动力来生产更多的小麦或专门生产牛奶。经济收益对这些男性和女性来说很重要, 但这并不是他们的主导价值。它从属于(或包含)另外两个目标: 每年维持生计和家庭单位的长期财务安全。[2]

总的看来, 北美殖民地时期的农业, 除了南方开始就定位的外向型种植园经济形式外, 北方基本上继承了欧洲的自耕农传统, 生产规模维持在自给自足状态。农业的发展有待于建国后一系列土地政策的出台及其所激励的西进运动。

来自法国的定居者 J. 赫克托·圣约翰·德·克雷夫科尔, 对独立初期北美农业社会进行了的较早描述。在《一位美国农民的来信》中, 他以 12 封长信的形式表达了自己在美国的经历和观感, 让刚刚独立的美国人为之一

1　James A. Henretta, "Families and Farms: Mentalité in Pre-Industrial America," *The William and Mary Quarterly*, vol. 35, no. 1 (January, 1978), p. 18.

2　Ibid., pp. 18–19.

振。克雷夫科尔在北美殖民地十六七年的经历可能主要集中在北方，尤其是作为一个新社会"雏形和胚胎"的遍布各处的乡村与城镇。而其对南方的印象则是书中最为"文学的"部分，也最难以令人信服。[1]法国贵族出身的克雷夫科尔，似乎对北美殖民地自耕农为主的乡村生活所展现的平等、充实十分骄傲。第二封信题为"论一个美国农民的境遇、感情和快乐"，克雷夫科尔从中展示了自己为"生而为一个美国农夫而满足和感恩"。信中的"我"从父亲那里继承了371英亩土地，其中有47英亩草地，一片果园，一座房子和一座宽大的谷仓。对于一个像他这样能够幸运地从父辈那里继承一块农场的自耕农来说，未来的日子是安定、幸福和美满的：

　　我要说的是，在我父亲的地方，我怎么会不高兴？的确，他没给我留下什么好书，他给我的除了读书和写作技能外也没有其他教育；但他给了我一块好农场，还有他的经验；他让我免于债务之累，没有需要克服的困难。我结婚后，生活完美和谐；我妻子让我的房子充满欢乐；原来的阴郁和孤独一扫而光；当我到田间劳动，我劳动得更为轻松愉快；我感觉不再是为我自己劳动了，这对我鼓舞有加。我妻子经常坐在树荫底下，一边编织，一边赞赏着我笔直的犁沟和温顺的马匹；这让我心潮澎湃，干活更加轻松快乐，后悔没有早点结婚。[2]

这样一种田园诗般的生活场景对于还处在等级社会的欧洲人自然有着无穷的吸引力。但是，更为重要的是北美殖民地相对平等的社会结构。在题为"什么是美国人"的第三封信中，克雷夫科尔写道：

---

1 Warren Barton Blake, "Introduction," in J. Hector St. John de Crevecoeur, *Letters from an American Farmer*, New York: E. P. Dutton & Co., 1912, p. xii.

2 J. Hector St. John de Crevecoeur, *Letters from an American Farmer*, New York: E. P. Dutton & Co., 1912, pp. 21–23.

在这里，他拥有公平的城市、充实的村庄、广袤的田野，以及具有体面房屋、良好道路、果园、草地和桥梁的辽阔农村，一个一百年前还是荒野、丛林的未被开垦的地方！这样壮观的场景一定能激发出一连串乐观的想法；这样的前景一定能激励一个心中充满快乐的好公民。[1]

接着，克雷夫科尔将美国的平等社会与欧洲的等级社会进行了对比：

他来到了一个新大陆；一个可以让他深思的现代社会，与他以前所见形成反差。它不像欧洲那样，贵族老爷占有一切，平民百姓一无所有。这里没有贵族家族，没有官廷，没有国王，没有主教，没有神权统治，没有给予少数人的无形权力，没有雇佣上千人的制造商，也没有靠奢侈撑起的风花雪月。富人与穷人并不像欧洲那样互相远离。从新斯科舍到西佛罗里达，除了少数城镇，我们都是土地的耕种者。[2]

总之，在克雷夫科尔笔下，自耕农农业占主要成分的北美殖民地社会呈现出一派勤劳、勇敢、平等、上进的和谐景象，在一定程度上反映了工业革命前的殖民地农业、农村和农民状态。

二、建国初期的自耕农农业

美国建国初期，东部和东北部地区的农业基本上延续了原来的经营方式，以自给自足的自然农业经济为主要形式。有学者评论说：

1　J. Hector St. John de Crevecoeur, *Letters from an American Farmer*, New York: E. P. Dutton & Co., 1912, p. 39.

2　Ibid., p. 40.

1810 年新英格兰南部农民的产品既无国外市场又无国内市场，这样的市场缺失就是他们经济和社会生活的前提条件。他们不种可以出口到国外市场的大宗产品。除了少数口岸城镇，新英格兰没有非农业人口来构建一个国内市场。没有市场的后果就是：没有交换；没有雇佣划分或者分工；缺少农业方法上的改进；生活标准相对偏低；人口外流和社会停滞。[1]

经历了 19 世纪最初三十年的发展，美国建国一代领导人主导的国家发展政策已初见成效，美国继英国之后迎来了第一次工业革命。新兴的工业资本主义虽然刚刚起步，却吸引了全国上上下下的注意力。而在农业方面，全国的视线也都投向阿巴拉契亚山脉以西的西进运动。传统的农业生产越来越被笼罩在资本主义经济大势的阴影中。在这样的氛围下，原来东北部和东部的小农场情况又如何呢？

1841 年 4 月，巴克利船长在潘穆尔勋爵的安排下，从利物浦出发，途经加拿大的哈利法克斯，最终到达波士顿，开始了他对美国农业为期 20 天的旅行考察。[2] 在巴克利的考察日志中，波士顿周围的农场仍保持着殖民地时代的自然经济状态：

农场很少有超过 100 到 300 英亩的，均为业主经营。狭小的土地由粗糙的石坝围起。……我没有发现任何正常的农耕系统迹象。农业耕种

---

[1] Percy W. Bidwell, "The Agricultural Revolution in New England," *American Historical Review*, vol. 26, no. 4 (July, 1921), p. 684.

[2] 从巴克利船长对牲畜和畜牧业的关心可以判断，他此次考察的目的是为自己和其他英国牲畜养殖商人寻求美国市场。他在有关肯塔基农民的注释中还顺便介绍了他在英国的牲畜养殖业，参见 Captain Barclay, *Agricultural Tour in the United States and Upper Canada*, Edinburgh: William Blackwood & Sons, 1842, pp. 26–27.

笨拙、粗陋。一种看上去像大型的苏塞克斯种红牛被主要用在农耕中，由于季节偏晚和保护的需要，田间是看不到家畜的。[1]

　　在巴克利的眼中，波士顿周围由村镇和农家房舍构成的农村非常拥挤，"包括波士顿在内，人口据说超过了 20 万，共同构成一个勤奋、上进和繁荣昌盛的民族"。[2]离开波士顿，巴克利一行于 5 月 8 日来到纽约。当时有 30 万人口的纽约已经成为美国的商业中心。而周边少量的农田也大多缺乏管理："小麦和印第安玉米种在小块土地上。耕作可以用粗暴和笨拙来描述。一句话，这里对于农业来说是一块良田，却几乎被忽略了。"其原因是他们的"时间和注意力都用在对商业的关注上，农业对他们来说只是第二位的"。[3]从纽约到奥尔巴尼，巴克利一路又参观了几处农场，总的感觉是不满意，部分原因应该是这里与他熟悉的英国农业系统相悖，尤其是家畜饲养严重缺乏，似乎大大落后于他此行寻求的牲畜繁殖市场标准。当时的英国，已经完成了从自耕农农业到圈地农业的转型，从农作物生产到家畜家禽饲养都基本实现了专业化，对土地等自然资源的利用更为科学、理性。巴克利对美国农业的失望之处主要在于他所看到的美国"缺少那些能够将土壤和天气有机结合进而让农民受益无穷的先进的农业实践模式"。[4]

　　在参观纽约州广袤的农村社区期间，最让巴克利赏心悦目的应该是住在杰纳西奥的沃兹沃思一家，他认为他们"如果不是纽约最大的土地拥有者，也是最大的土地拥有者之一"。给巴克利留下深刻印象的首先是这个家庭的几位优秀成员，具有英国绅士风度的老沃兹沃思，真诚、坦率的儿子，和同

---

1 Captain Barclay, *Agricultural Tour in the United States and Upper Canada*, Edinburgh: William Blackwood & Sons, 1842, p. 9.

2 Ibid., p. 11.

3 Ibid., pp. 15–16.

4 Ibid., pp. 28.

样真诚、坦率且"集美丽、教养于一身"的女儿。这个令人称羡的家庭在这个县拥有大约 40 英里土地，小儿子沃兹沃思上校拥有其中的 1600 英亩，1000 英亩在杰纳西平原，属于冲积平原，他将其划分为 60 到 100 英亩的牧场出租给佃户。农场的其他部分地势较高，轮流种植各种农作物，主要是小麦和苜蓿。在巴克利看来，这是他"进入美国后第一次接触到的系统化耕作"。除此之外，他还养了 400 头牛和大概 2000 只羊，尽管巴克利认为这些牲畜，包括几头种牛的状态并不理想。[1] 每年秋季沃兹沃思上校会把成长到三四岁的牛以每头 8 到 10 英镑的价格卖到 300 英里外的纽约市场。此外，他还另有 60 头奶牛租给佃户制作奶酪和黄油。[2] 巴克利认为，如果沃兹沃思上校能够合理配置饲料资源、采用长期租种签约以保证田间施肥，他可以收获更多的利润。[3] 从巴克利的批评中可以看出，在东部和东北部的传统农业经营中，即使像沃兹沃思家这样成功的大土地所有者，每年所收获的利润也十分有限。巴克利向我们勾勒的东部农业社区景象，与其说是一种生产方式，不如说是一种生活方式。这种状态的形成，既有与宗教和传统相关的自耕农文化方面的原因，也是自建国以来联邦政府在农业发展方面缺少积极的鼓励政策的结果。

农业的有效经营依靠的是土地、劳力和资本的合理配置。由于土地资源的丰富易得，美国早期的农场经营大多采用粗放形式。几乎没有哪家农场能够像欧洲或东亚的集约化农业那样精耕细作。正因为如此，"全国的农民都被指责为懒散马虎"。根据 1857 年一位艾奥瓦农民的估计，"全国没有一位农民能够全面掌握他的业务，没有一位能够最大限度地发挥其劳动力优势，利用一切手段去获取最好的收获。作为一个阶级，农民们对科学推算用心甚

1 Captain Barclay, *Agricultural Tour in the United States and Upper Canada*, Edinburgh: William Blackwood & Sons, 1842, pp. 39–40.
2 Ibid., pp. 40, 42.
3 Ibid., pp. 43–44.

微，而是过多依赖于实际操作，对产出习惯性地听之任之"。[1]农民的主要技艺就是根据气候时节均衡地使用自己的劳动力，避免不分节气地将春秋作物一起播种，而是将农田根据土质情况划分成不同的区块，根据农作物生长期的长短，在不同的季节播种不同的作物。

成功的农场经营不仅有赖于合理地分配农场主自己拥有的劳动力，更赖于合理地利用掌握的资本，不失时节地投资到包括牛、马、犁、车以及谷仓等工具和设备的改善上。面对大面积的土地，没有哪位农场主能够靠一人之力完成四季耕作。诚如一位史学家所观察到的，"鉴于土地的拥有量通常超出了一人可以有利可图地经营的范围，有效地利用雇佣劳力的能力对于成功的事业而言就是一项重要的因素，也是对经营能力的一种考验"。[2]事实上，能通过这种考验的农场主的比例并不高。有学者注意到，19世纪上半期美国农民的社会流动性很强，无论是新的还是老的农业社区，50%到80%的新住户都坚持不到十年就离开了，有的迁往别的州继续从事农业生产，也有的离开农村迁入城市。留在农业社区的比例，似乎与农民自身的族裔和文化承传不无关系。在伊利诺伊州的比罗县，有46%的英国出生的农民家庭从1850年坚守到1860年；而同一时期只有28%的德国出生的农民留了下来。1850年来自新英格兰的农民有45%坚守到1860年；而同一时间来自肯塔基和田纳西的农民仅有24%坚守到1860年。[3]

对于大部分美国农民来说，在农作物的选择上虽有一定的自主空间，但总体上还是受到气候、土壤、水利资源等自然条件的限制，生产什么，何时生产，都要根据一个地方的自然条件因地制宜。总体而言，美国的农作物区

---

1 Clarence H. Danhof, *Change in Agriculture: The Northern United States, 1820–1870*, Cambridge, MA: Harvard University Press, 1969, pp. 135–136.

2 Ibid., p. 140.

3 Allan G. Bogue, "Farming in the Prairie Peninsula, 1830–1890," *The Journal of Economic History*, vol. 23, no. 1 (March, 1963), pp. 4–5.

域经过数百年发展逐渐形成清晰的边界：新英格兰地区农牧兼顾、中部各州向西延伸至高原地带的玉米与冬小麦带、五大湖以西的春小麦地带、西部高原地带从北到南的畜牧业、太平洋沿岸各州的粮食与水果混合种植，以及南方各州的棉花生产。当然，每个地区不同季节生产的农作物可能也不一样，如小麦产区，春季播种的作物可能是燕麦、大麦，而秋季才是小麦和黑麦。

如前文所述，巴克利船长 1841 年对东部各州的考察所见，从波士顿郊区到纽约周围，甚至在西进运动的前沿肯塔基，农民对农作物的选择非常相似：纽约周围栽种的主要是小麦和玉米，根据巴克利的记录："小块土地上栽种着小麦和印第安玉米。"[1] 奥尔巴尼附近栽种的是小麦、玉米与苜蓿。[2] 匹兹堡周围也是小麦、玉米与三叶草。[3] 肯塔基的农田也是以小麦和玉米为主：他们的地里栽种的是小麦和玉米，不施肥料。[4] 宾夕法尼亚的农作物要丰富一些，费城附近栽种的是小麦、黑麦、玉米、燕麦、土豆和三叶草。[5] 选择什么样的农作物，除了受气候、土壤、灌溉资源等因素制约外，显然还有各地农业传统和耕作习惯方面的影响。

三、从建国到内战时期的国家政策

美国史学界在评价内战前联邦和各州政府采取的农业政策时存在着两种不同的观点：一部分学者继承了"共识史学"的余续，强调政府在农业发展中的积极作用。譬如，戴维·B. 丹博姆就曾对内战前的农业政策给予全面肯定，认为"如果美国曾经有过一个农民的时代的话，那就是从革命结束到内

---

1 Captain Barclay, *Agricultural Tour in the United States and Upper Canada*, Edinburgh: William Blackwood & Sons, 1842, p. 15.

2 Ibid., p. 28.

3 Ibid., p. 82.

4 Ibid., p. 23.

5 Ibid., p. 113.

战爆发这一时期"。他对这一时期的联邦和各州政策总结说：

> 州和国家政府发展了交通运输基础设施，建立了运河、道路、桥梁和铁路，深化了港湾，清除了航道障碍。联邦政府进口了不同品种的植物、动物，发起了对西部可期农田的探查，而各州则对它们的潜在农业资源进行了全面调查。总统和国会扑灭了印第安人的要求，测量了可居土地，为获得这些土地创造了日益方便的条件。并且还为方便农产品出口提供了贸易政策。[1]

客观地说，这些有利于农业发展的政策都是存在的，也的确推动了美国农业的发展甚至农民生存环境的改善。然而，与各级政府更为积极地发展工商业的政策相比，对农业的关注和鼓励要弱得多。因此，另一派观点可能更有说服力。

事实上，美国建国初期的国家政策主要受联邦党人左右，承续了英国等欧洲国家的重商主义，一方面通过清偿国债和设立合众国银行建立稳定的信用制度和金融体系，保证国民经济的健康发展；另一方面则是鼓励、支持民族工业的发展，减少美国对欧洲制造业的依赖。至于农业，在财政部长亚历山大·汉密尔顿及其领导下的联邦党人看来，最根本的发展之道是为过剩的农产品找到国内和国际市场。美国著名史学家戈登·S.伍德对联邦党人的政策做过如下分析：

> 这样很多联邦党人希望通过政府鼓励国内工业和制造业，不仅仅是家庭型的，而且是大规模的制造业。他们认为，这样的国内工业会将农

1　David B. Danbom, *Born in the Country: A History of Rural America*, Baltimore: The Johns Hopkins University Press, 1995, p. 65.

场工人吸引到制造业中。然后，这些工人又会变成美国过剩农产品的市场，而农民转而会从美国工业家那里购买他们的制造业商品。通过以这种方式建立广泛的国内市场，美国将最终变得独立于欧洲。[1]

在汉密尔顿工业立国的重商主义政策影响之下，已经被认为存在生产过剩的美国农业的发展前景并不乐观。"内战前的半个世纪，对新英格兰南部的农场主来说，是一个艰难的时期。他们有两到三代人从事的是极为稳定的、自给自足的农业。"[2] 而从19世纪40年代工业化转型开始，他们却不得不面对老社区之外的竞争者。铁路的修建扩大了农产品的销售范围，也让新英格兰的农民忽然暴露在被连成线的市场竞争当中，他们的竞争对手不仅来自纽约西部，还来自俄亥俄和密西西比河谷。家门口的市场和外来的竞争是推动新英格兰农民采用新的科技手段的主要动力。[3]

在从建国到内战爆发半个多世纪的时间里，至少在联邦层面，北方各州的农业几乎完全被忽略了。国会中的活跃分子多是代表南方种植园经济和北方工业资本主义经济的议员，没有多少人关注在选民数量上占据多数的北方农民。美国农史专家保罗·W.盖茨对此有一段有趣的评论：

北方农民何以被忽视，一种解释是奴隶制将公众的注意力吸引到了南方的种植园经济上了。无论是废奴主义者还是奴隶制的辩护者，在谈及奴隶制时不能不讨论依赖于它的南方大宗产品经济。当南方人回应对他们的特殊制度的攻击时，他们就会举出马萨诸塞棉纺厂的"工资奴隶

---

[1] Gordon S. Wood, *Empire of Liberty: A History of the Early Republic, 1789–1815*, Oxford: Oxford University Press, 2009, p. 101.

[2] Percy W. Bidwell, "The Agriculture Revolution in New England," *The American Historical Review*, vol. 26, no. 4 (July, 1921), p. 683.

[3] Ibid.

制"来回敬他们的对手。欧洲的旅游者们同样对南方农业更感兴趣。这些参观者戴着贵族般的有色眼镜,不信任民主制度,只想跟上层社会交往。南方种植园主的豪宅、收入和休闲让他能够表达对客人的慷慨接待,而劳作中的北方农民却无缘于此。[1]

　　作为美国第一任财政部长,汉密尔顿主导了美国早期的经济政策,其三个报告——《关于制造业的报告》《关于公共信用的报告》《关于国家银行的报告》对美国早期工商业的稳定与发展起到了关键作用。然而,汉密尔顿对当时美国经济中所占比重更大的农业生产基本上是完全忽视的。汉密尔顿虽然清楚银行信贷对于发展农业生产的重要性,却并没有鼓励国家银行将贷款提供给农民。根据伍德的观察,在 1790 年,包括合众国银行在内的几家银行都没打算贷款给农民,因为以土地为抵押的农业贷款还款周期太长。只是在托马斯·杰斐逊的支持下,一批被激怒的北方共和党人推动建立了一批州银行,发行了数百万美元的纸币,"才让普通美国人获得了他们所需的借贷"。伍德对此评价说:"汉密尔顿对这些具有商业头脑的普通农民和小企业主的需求的漠视说明,他和他的联邦党人对美国资本主义未来的真正资源所知甚少。"[2]

　　一直到 19 世纪中期,重商政策影响下的美国政府在农业方面几乎没有多少激励政策。波士顿的罗伯特·C.温思罗普是较早注意到美国农民困境的知识分子,他在一封致布里斯托尔县农业学会的长信中抱怨说:"农业的利益被忽视了。政府对此无所作为。各州和全国的立法者们有时间也有兴趣去促进和保护人民中的所有其他就业和岗位。他们为了商业不遗余力,为了渔

---

1 Paul W. Gates, *The Farmer's Age: Agriculture, 1815–1860*, New York: Routledge, 2015, p. 22.

2 Gordon S. Wood, *Revolutionary Characters: What Made the Founders Different*, New York: The Penguin Press, 2006, pp. 135–136.

业不遗余力，为了制造业和机械工艺不遗余力。但农民们找不到任何人为他们做事说话。"[1] 温思罗普在信中还指出，与欧洲农业的单一性不同，美国各地农业的差异非常大，南方的种植园经济与北方、西部的农场经济存在质的差别，属于国际商业经济的一部分，被忽视的是那些"由自由人双手经营的从事粮食生产的农业"，政府的"保护体系"从来没有惠及这一部分。[2]

与温思罗普一样对美国农业持同情态度并身体力行加入到农民行列的是杰西·比尔。比尔是 19 世纪二三十年代美国著名的农业改革家，不幸的是他于 1839 年因病去世，他的最后一部著作《农民手册》翌年出版。出版人不无惋惜地称赞说，"他长期以来被认为是我们国家最重要的财富之一"。[3]比尔显然是一位有情怀的改革家。出身于机械行业家庭的比尔，在转行农业时对农业生产几乎一窍不通。如他在《农民手册》前言中所称："从小在机械行业中长大，二十多年前我选择了农业作为未来的人生事业。没有来自于一个长期从事的行业所养成的自负和狂妄，我开始耕作时带着一种意识，就是我什么都需要学，我邻居的眼睛会很快发现我工作中的缺陷。"[4] 先虚心学习，后倾囊传授，成就了比尔农业改革家的美名。比尔的选择显然不只是为了个人致富，而是心系国家的农业发展。他在《农民手册》中语重心长地阐述着农业的重要性：

一个国家的实质性繁荣一直取决于农业产业和财富所占的比例。商业和制造业可能给国家带来暂时效益，但它们永远是不稳定的依附。它们是柔弱的、腐败的；而且，除非有足够的农业人口支持，它们将

1　Robert C. Winthrop, *American Agriculture: An Address Delivered Before the Bristol County Agricultural Society*, Boston: John Wilson & Son, 1853, pp. 5-6.

2　Ibid., p. 7.

3　Jesse Buel, *Farmer's Companion, or Essays on the Principles and Practice of American Husbandry*, Boston: Marsh, Capen, Lyon, and Webb, 1840, p. 4.

4　Ibid., p. 3.

引出快速的腐朽和毁灭成分。威尼斯、热那亚、葡萄牙、西班牙，等等，因其商业活动先后获得过财富与权力。但它们现在都显露出可悲的衰落迹象。[1]

在比尔看来，与上述国家形成鲜明对比的是英国：

> 英国现在在商业和制造业上占据优势，但她的伟大之处在于这些权力和财富的源泉，基本并且主要靠其优越的农业；没有农业她就不能支撑其制造业和商业维持当前的繁荣状态，维持其大量的海外占领，或者维持其现有的人口之类的状态。[2]

充满爱国情怀的比尔是从历史和传统的角度去看待农工商各业对于国家与民族的影响的，显然没有意识到工业革命和现代化将永久性地改变世界的经济结构和农业的命运。历史知识虽然为他身体力行的农业实践和改革带来自信，却未能改变美国农业面对工业化、城市化进程而走向相对衰落的不可逆转的趋势，就像无法阻挡人类社会由传统向现代的无情转型一样。

四、西进运动与中西部农业区的开拓

西进运动开始于殖民地时期，寻求土地和财富的部分新移民尝试着越过阿巴拉契亚山脉，进入西部印第安人的活动区域。但是，因为有 1763 年英国颁布的禁止移民越过阿巴拉契亚山脉的公告在，这样的活动规模毕竟有

1　Jesse Buel, *Farmer's Companion, or Essays on the Principles and Practice of American Husbandry*, Boston: Marsh, Capen, Lyon, and Webb, 1840, pp. 9–10.

2　Ibid., p. 10.

限。然而，美国的独立打破了来自英国的限制，在 1783 年的《巴黎条约》中，英国把阿巴拉契亚山脉至密西西比河之间印第安人拥有的大片土地开放给了美国人，西进运动正式拉开帷幕。

西进运动是美国早期发展史上最为辉煌的一页，而给原住民印第安人带来的却是驱赶和屠杀。西进运动以及中西部各农业州的兴建，是以牺牲以游牧为生的印第安人为代价的。杰克逊总统任内加大了排挤、驱赶印第安人的力度，从 1829 年到 1837 年共签订了 94 项印第安人条约，迫使印第安人让出曾经是他们活动范围的数百万英亩土地，退到密西西比河以西地区。这期间还发生了著名的"黑鹰战争"，联邦军队对不肯离开自己家园的印第安人进行了野蛮屠杀。[1]因此，西进运动所经之处洒满了印第安人的血泪。

张友伦先生在其《美国西进运动探要》一书中指出：开发西部就是从印第安人手中夺取土地，"于是西进运动也就成为驱赶、屠杀和剥夺印第安人的过程"。[2]他进一步分析说："美国政府采取欺骗、强迫手段同印第安人签订了一个又一个割地协定，往往是数十万平方英里土地只给予极少的'补偿'，或者完全不给任何补偿。在协定上签字的印第安人并不能代表多数人的意愿，甚至根本没有得到部落的授权。"[3]这就不可避免地造成对抗和冲突。而对于大多数白人拓荒者来说，西进拓荒不仅要披荆斩棘艰难开发，还要面临捍卫家园的印第安人的袭扰。当两个文明群体被置于对立状态时，就会不断上演一场又一场彼此间冲突流血的悲剧；而相对于背后有国家、军队支持的白人殖民者来说，作为原住民的印第安人面临的是家园的丧失和文明的灭绝。

当然，在美国主流史学当中，西进运动一直是一条开疆拓土的强盛之

1　张友伦：《美国农业革命（独立战争—十九世纪末）》，天津人民出版社，1983，第 92 页。

2　张友伦：《美国西进运动探要》，人民出版社，2005，第 4 页。

3　同上书，第 142 页。

路。加入西进运动的开拓者们首先以艰苦奋斗精神而著称于美国历史，他们所到之处，用斧头砍倒树木，架起简陋的木屋，将他们清理出的土地用篱笆圈起，通常先种玉米，以满足基本粮食需求。[1]有学者认为，"对一个比前两个世纪的开拓还要广阔的地区的迅速征服，充分证明了美国人非凡的扩张能力，但更令人称奇的是向'远西部'的进军需要不断适应新的陌生环境这样一个事实"。[2]拓荒者再也不能使用几代前辈学到的技术了。他们要学会如何征服森林、荒地、湖泊、河流；如何在新开垦的土地上建造木屋、设置篱笆、种植玉米；如何管理新开垦的土地，年复一年地清理土地、保持肥力；在无边无际的平原上，过去的经验已经不再适用。在东部沿海，他们可能只需要 8 英亩土地就能自给自足，现在他们要学会管理 80 英亩的土地。他们发现，在密西西比河河谷，半湿润的气候需要更粗放的农业，而不是他们前辈从欧洲带来的集约化农业。[3]在印第安纳、伊利诺伊、密苏里和艾奥瓦的大草原上，向西迁移的拓荒者发现有必要调整他们的技术，以适应新的开垦环境。一个东部农民移民到这里后，最好摒弃和忘记他以前的许多习惯和做法，准备好适应土壤的性质和乡村的情况，否则他会白白浪费劳动和金钱。

推动 19 世纪美国迅速进步的一个重要因素是对印刷术的充分利用，并通过此术，将各种知识传递给需要之人。指导人们生产、生活的各种印刷品在内战之前就已经纷纷面世，在 19 世纪中期更如雨后春笋般涌现。除了从殖民地时期就是家庭必备的各种历书之外，19 世纪三四十年代开始崛起的报刊也成为指导人们生活的主要信息来源。此外，针对特殊群体带有各种具体目标的小册子也为人们的衣食住行和行为规范提供了知识上的帮助。作为

---

1 David B. Danbom, *Born in the Country: A History of Rural America*, Baltimore: The Johns Hopkins University Press, 1995, p. 77.

2 Ray Allen Billington, Martin Ridge, *Westward Expansion: A History of the American Frontier*, Albuquerque: University of New Mexico Press, 2001, p. 45.

3 Ibid.

美国历史上规模庞大的社会流动，西进运动也吸引了出版商们的注意力。从现存的档案文献中我们可以发现，推动人们越过阿巴拉契亚山脉向西部迁移的动力除了国家的土地政策，还有亲友传递的信息和各种出版物的鼓励和指导。在一本名为《农民与移民完整指南》的小册子中，出版商介绍说："一本清晰、完整的说明和指南，全面而精准，取自经验与观察，久已为需要参考的群体和新开发区域中出生长大的人们所期盼。"[1] 其内容包括购买林地、草原开垦、农场经营、农场建设、乳制品、家庭百货、牲畜医疗、健康医疗等方方面面，选文来自熟悉上述情况的不同作者。例如，第三章 "一处农场的基本经营" 出自纽约中部一位出色的农场主之手，目的是为农场主提供一些土地耕种的稳妥办法，如怎样通过施肥、深耕等措施来保持土壤的肥力，什么季节最适合施肥，肥料施到什么地方才有效而又不至于伤害禾苗，等等。作者很耐心地写道："我们相信，春季是最好的施肥季节，正当万物复苏、生机盎然之时。我们建议肥料用在锄过的作物上，因为它们从直接施肥中受益最大……"[2] 而深耕 "则可让正在成长的作物更能经受潮湿，因为水分会很快渗掉。它也可以让蔬菜更耐旱，因为其根须可以向深处伸展，比在干燥的浅层土壤中吸收更多的水分"。[3] 诸如此类的精细指导对于缺少农作经验的新移民自然有很大帮助，因为庞大的西进浪潮中裹挟了很多对农业生产知之甚少的农业新手，他们虽然为西部广袤廉价的土地所诱惑，却未必有多少农业经验。即使他们熟悉东部的集约化农业生产，如果缺乏必要的指导，他们在西部的荒地开拓和粗放式的农场经营也可能会事倍功半。

尽管拓荒者们会通过各种信息来源寻找可以耕种的土地、累积边疆开垦的知识，但并非所有人都能幸运地买到良田沃土。事实上，老西部还是有很

---

1 Josiah T. Marshall, *The Farmers and Emigrants Complete Guide, or A Hand Book*, Cincinnati: Applegate & Co., 1857, p. 5.

2 Ibid., p. 41.

3 Ibid., p. 42.

多土地并不适合农业耕作，在科技手段还十分落后的建国之初，开垦荒地对新移民的挑战性不可低估。在阅读桑德堡的《林肯传》时，读者可能会注意到一个细节：林肯的祖父老阿伯拉罕·林肯，听朋友说肯塔基的土地价格只有 40 美分一英亩，就在 1782 年卖掉了从他父亲那里继承的位于弗吉尼亚州的 210 英亩的农场，率领全家跋山涉水迁到了肯塔基，在那里申请购买了 2000 多英亩土地。林肯的父亲托马斯·林肯长大后，于 1803 年用 118 英镑的现款在哈丁县城伊丽莎白敦以北 7 英里的米尔河畔购买了 230 英亩土地，建立了自己的农场。6 年后，小阿伯拉罕·林肯就出生在这个农场的一座小木屋里。[1] 如果不了解土地质量，读者很可能会觉得这个林肯家族相当富裕，即使不去考虑林肯祖父的 2000 多英亩土地，只是林肯父亲的 230 英亩农场换算成我们国内常用的亩数也有近 1400 亩，怎么能算作贫困家庭？但其他方面的信息显示，林肯的确出生在一个比较贫困的家庭。原因就在于土地的数量不能准确反映拥有者的生活水平。

　　一位旅行者来到阿伯拉罕·林肯的父母迁入的肯塔基，看到的就是一片令人失望的场景："种植园里的宅邸总的来说是贫穷破败的，同样贫穷的还有很多富裕的种植者，如果不考虑其遍布的土地，在北方人看来只能算是穷人。"也就是说，在一些尚未开发的西部地区，即使拥有数千英亩土地，其农业产出也会低得可怜。一位法国旅行家评论说："如果一位法国人有 10 英亩土地，他就拥有了一切；如果一位美国人拥有 1000 英亩土地，他仍一无所有。"[2] 与东部和北方相比，这里的拓殖者的层次显然要低一些："在南方的一些县，你可能遇到一位年轻人，彬彬有礼，穿戴时尚，并且雄心勃勃，但他连一封信都写不了；而其他人，连读写都不会。"[3]

---

1 〔美〕卡尔·桑德堡：《林肯传》，云京译，生活·读书·新知三联书店，1978，第 1—2 页。
2 Arthur Singleton, *Letters from the South and West*, Boston: Richardson and Lord, 1824, pp. 89-90.
3 Ibid., p. 91.

　　当然，西部的状况随着西进运动的展开在不断改善。到巴克利船长 1841 年来到美国时，肯塔基的大片沃土已经获得开垦。巴克利在奥尔巴尼附近遇到两位来自肯塔基的农民，从他们口中了解到，他们在肯塔基的土地非常肥沃，不需要任何肥料，作物可以一茬接一茬种植。然而他们离市场有 1000 英里，且主要是陆路。因此，生产的农作物除了他们自己消费的部分几乎没有任何价值。他们会将牛群赶进玉米地里，在喂饱它们以后，这些田会被犁掉再种植小麦。可以看出肯塔基农民主要靠养牛赚钱，可他们的膘肥体壮的肉牛经历 1000 英里的长途跋涉被运到纽约市场后已经瘦骨嶙峋。[1] 远离商品市场成为内陆开发的瓶颈。

　　在西部的很多地区，尽管土地价格便宜，但生活用品却很昂贵。《林肯传》也反映了 19 世纪三四十年代属于老西部的印第安纳州的物价水平：1831 年商人丹顿·奥法特花 10 美元买进一块地，"他和林肯一起在这块土地上用圆木盖了一间房子，开设起一家新店铺"。林肯在店铺当伙计的工资是每月 15 美元。[2] 1837 年 4 月 15 日，28 岁的林肯骑马来到斯普林菲尔德，"在乔舒亚·斯皮德开的百货店前勒住马，他询问单人用的被褥多少钱一套，斯皮德要价十七美元，林肯说'价钱倒挺便宜，可我没有现钱……'"[3] 1842 年 11 月林肯结婚后，先是与妻子玛丽·托德住在一个"简朴的环球旅馆，每周食宿费四美元"。1843 年他们的第一个儿子出生后不久，"便搬进一幢用一千五百美元买下的木结构楼房，这里离市中心只有几条街"。[4] 1847 年开始了他国会议员的任期后，"林肯每年的收入在一千二百美元至一千五百美元之间，和州长的年俸一千二百美元以及巡回法庭法官的七百五十美元比起

---

　1 Captain Barclay, *Agricultural Tour in the United States and Upper Canada*, Edinburgh: William Blackwood & Sons, 1842, pp. 23–24.

　2〔美〕卡尔·桑德堡：《林肯传》，云京译，生活·读书·新知三联书店，1978，第 14—15 页。

　3 同上书，第 32 页。

　4 同上书，第 37—38 页。

来是相当优厚的了"。[1]一套被褥的价格超过了一块宅基地的价格,足以说明当时西部地价的便宜和生活用品的匮乏。

由此可见,19世纪上半期,联邦政府为了鼓励西部开发,几乎是在免费出售公共土地。由于购买土地都有连续耕种数年的附加条件,杜绝了大规模的土地投机,鼓励了艰苦创业。尽管有些地方农业产量并不高,但地价的上涨还是让土地投资有利可图,一个成功的农场主至少可以通过开垦土地获得地产收入。也是在这个时期,前文中提及的杰西·比尔谈到,他购置了一块并不丰腴的农场,经过几年的细心打理,每亩地的价格由30美元增加到100美元。[2]尽管加入西进运动对很多人来说不仅要付出大量艰辛的劳动,还要面对那些维护自己家园的印第安人的袭击,有很大风险,但联邦政府的土地政策还是将很多人吸引到西进的农民队伍之中。

第一波西进运动的一个直接后果就是中西部几个农业州的建立,其中包括俄亥俄、印第安纳、伊利诺伊和密苏里等。作为西进运动的第一站,俄亥俄的农业开发其实并不容易。俄亥俄4/5的土地上覆盖着厚重的硬木林,其中包括橡木、山毛榉、白蜡树、樱桃、核桃和山核桃等,这些木材为家具、建筑和燃料提供了极好的原料,但却成为土地开垦的巨大障碍。拓荒者首先在俄亥俄发现了几块树木稀少的小型草原,但如果排水不良的话也不会被选中。[3]

由于缺乏任何形式的道路,早期的定居者只能借助于俄亥俄河及其支流,在河流的两岸附近寻找土地。上述硬木林通常会集中在地势较高的地带,于是他们通常会在地势偏低的草地上建造自己的家园和村庄。但这又让他们面临着破坏性洪水的袭击。每当雨季来临,牲畜和建筑物经常被冲走,有时甚

---

1 〔美〕卡尔·桑德堡:《林肯传》,云京译,生活·读书·新知三联书店,1978,第44页。

2 Jesse Buel, *Farmer's Companion, or Essays on the Principles and Practice of American Husbandry*, Boston: Marsh, Capen, Lyon, and Webb, 1840, p. 3.

3 Paul W. Gates, *The Farmer's Age: Agriculture, 1815-1860*, New York: Routledge, 2015, p. 47.

至危及居民的生命。他们也曾经试图通过建立堤坝来保护自己的家园，但在经历了多年的斗争之后，他们的后代还是被迫搬回地势较高的地方。[1]

搬进新社区的先锋农民没有十字路口的商店或磨坊，他们不得不自己动手，用原始的方法为自己和牲畜生产食物。任何沉重的设备、工具和生活用品都运不进来，他们不得不依靠自己的聪明才智来制作简单的工具和家庭用具。刚到一个地方，他们首先要解决的严峻问题是如何分配他们的时间，在开垦、播种的同时，又要建造房屋、制作工具和家具，还要装备围栏，以保护他们为数不多的牲畜不受掠食性动物的伤害，也许还会把时间花在修路上。[2]开拓者的艰辛不是小富即安的东部人所能想象的。

与俄亥俄相比，伊利诺伊的土地资源要更为丰富一些，因而也吸引了越来越多的农民迁入该州。根据张友伦先生的研究，这个州的人口从1830年的15.7万人增加到1840年的47.6万人。到美国内战前，这个州的玉米产量已经达到11517万蒲式耳，居全国第一位。此外该州小麦产量也在全国名列前茅，还是生猪和猪肉的重要生产基地。[3]其农业大州的地位得以奠定。

在印第安纳州、伊利诺伊州和密苏里州，除了圣路易斯地区外，农耕水平相当原始，定居点也颇为稀少，几乎没有走出开拓阶段。在清理土地、围起栅栏和建造房屋的同时，农场生产者只有时间生产足以满足眼前需求的粮食。他们几乎没有牲畜，相当一部分的食物依赖猎物、鱼和野禽。[4]

农业区的进一步扩大有赖于密西西比河以西大草原地带的开发。在1850年到1859年之间，联邦政府出售了近5000万英亩的公共土地，面积大约是纽约州的1.5倍。在同一时期，耕地增加了1亿多英亩，其中一半左右是可耕种的，新建了近60万个农场。最迅速的扩张发生在边疆地带：得克萨斯

1　Paul W. Gates, *The Farmer's Age: Agriculture, 1815–1860*, New York: Routledge, 2015, p. 48.

2　Ibid.

3　张友伦：《美国农业革命（独立战争—十九世纪末）》，天津人民出版社，1983，第91页。

4　Paul W. Gates, *The Farmer's Age: Agriculture, 1815–1860*, New York: Routledge, 2015, p. 50.

的农田增加了 1200 万英亩,伊利诺伊增加了 900 万英亩,而艾奥瓦的耕地增加了 700 多万英亩。[1] 根据保罗·W. 盖茨的观察,"在 1860 年之前的十年里,这个国家的任何一个地区都没有像草原那样发生如此大的变化。以市场粮食生产和牲畜饲养为重点的现代玉米产业带初步形成"。[2] 与此同时,成千上万来自美国老区和北欧的农民成了地产的自由持有者。19 世纪 50 年代中期的繁荣因 1857 年的恐慌以及随之而来的地价、农产品和牲畜价格的急剧下降而中断,但总体来说情况在持续改善,农业继续发展,一些投机性资产被清算,西部地区很快就准备好了迎接另一个扩张时代。

五、南方各州的畸形农业——奴隶制种植园

来到新大陆的欧洲殖民者,并非都是像东北部的新教徒那样是想靠农业养家糊口的农民,还有一部分人是踩着西班牙人、葡萄牙人的脚步到新大陆来寻找金银财宝的。当他们发现在北美大陆并没有找到期望中的贵金属时,就把发财的目光投向烟草、棉花和蓝靛等经济作物的生产,并把前现代的强迫性劳役制度嫁接到北美,在这里创造出一支世界现代史上的"奇葩"——美国南方的奴隶制种植园经济。既然以生产大宗农产品盈利为目的,种植园从开始就是资本主义市场经济的一部分。但它显然又不属于资本主义的经济形式,所依靠的是对黑人的长期奴役,与地租、工资等资本主义基本要素无关。也就是说,尽管南方出口导向的农业生产从开始就是国际贸易的一部分,但从其生产目标来说却又与资本主义无关。有学者认为:"奴隶制基本上是一种劳工制度,旨在为土地所有者生产财富。"[3] 但也有学者辨析说:"因

1 Jereme Atack, *To Their Own Soil: Agriculture in the Antebellum North*, Ames: Iowa State University Press, 1987, p. 6.

2 Paul W. Gates, *The Farmer's Age: Agriculture, 1815—1860*, New York: Routledge, 2015, p. 199.

3 Gary B. Nash, et al., *The American People: Creating a Nation and a Society*, New York: Harper Collins College Publishers, 1994, p. 356.

其依靠奴隶，这些企业不仅区别于资本主义农场，而且区别于旧世界最为商业化的农民经营。""种植园主们减少劳动力投入的渠道不是通过投资生产性劳动工具，而是倾向于延长奴隶的劳动日、增加他们的劳动强度来降低劳动力成本。"[1] 如果说历史上的英国农民通过投资节省劳力的工具和方法而值得称道的话，那么美国的种植园主们则是通过他们发明的强制性的劳动监督和劳动纪律而引起关注的。[2]

殖民地时期的南方农业主要依靠烟草种植获取利润。根据农业经济史学者克里斯托弗·伊塞特等学者的观察，1750—1775 年间，是烟草种植业的辉煌时期，一些种植园主借机扩大了土地、房产，也增加了他们拥有黑人奴隶的数量。然而，由于烟草生产对土壤的损害较大，弗吉尼亚、卡罗来纳和佐治亚等老南部各州的土地消耗使得很多种植园主不得不转产其他农作物，或者转移到深南部的一些地区开辟新的土地。到 1815 年，弗吉尼亚和马里兰的烟草种植区域均呈现衰落趋势，生产过剩、市场问题、价格低迷、地力衰竭以及沉重的债务都让烟草生产难以为继。[3] 从 1790 年到 1820 年，共有 25 万白人带着他们的 17.5 万奴隶迁移到深南部地区，在那里扩大了棉花种植园经济，棉花南部（Cotton South）因而得以发展壮大。[4] 在轧棉机改进以后，棉花种植很快成为南方压倒一切的支柱产业。棉花产量从 1790 年的 3135 包增加到 1815 年的 208986 包，翻了六番，[5] 为棉花帝国的崛起拉开了序幕。

美国建国伊始，各州居民就踏上向周边地区扩张的道路。约瑟夫·P. 里

1 Christopher Isett and Stephen Miller, *The Social History of Agriculture: From the Origins to the Current Crisis*, New York: Rowman & Littlefield, 2017, p. 121.

2 Ibid., pp. 121-122.

3 Paul W. Gates, *The Farmer's Age: Agriculture, 1815-1860*, New York: Routledge, 2015, p. 5.

4 Christopher Isett and Stephen Miller, *The Social History of Agriculture: From the Origins to the Current Crisis*, New York: Rowman & Littlefield, 2017, pp. 160-161.

5 Paul W. Gates, *The Farmer's Age: Agriculture, 1815-1860*, New York: Routledge, 2015, pp. 7-8.

迪在对南方种植园奴隶制的研究中分析了建国初期种植园经济在中佐治亚的扩张。作为美国建国时的十三个州之一的佐治亚，其前期历史相对较晚。1733 年英国在建立这块殖民地时，设置了几条禁令，包括"授人以有限的土地所有权"，"不准使用含酒精的饮料，不准实行奴隶制"，等等。[1]尽管这些禁令后来在白人殖民者的压力下在建国前都被陆续取消了，但一直到 19世纪初，该州内部的人口分布、社会结构和政府组织都不十分健全。里迪出于研究方便，以现在的区域划分将中佐治亚确定为梅肯周围的六个县，每个县都有一个商业中心。他写道："像其他州的官员一样，佐治亚的立法者们以抽奖形式将土地分配。每位成年男性都有资格以名义价格获得 202.5 英亩（有时更多），革命战争的退伍军人优先。"[2]根据里迪的研究，中佐治亚的白人居民主要来自三个地区："佐治亚和卡罗来纳沿海低地，殖民地时期那里的稻米和长绒棉生产维系着一个贵族体系；佐治亚的潮水海岸，那里世世代代的烟草单一文化毁坏了种植园秩序；从卡罗来纳到宾夕法尼亚的狭长的偏僻区域，在那里背景复杂（包括苏格兰-爱尔兰人和德裔新教后代）的小土地所有者追求的是经济与宗教独立。"[3]带着自己的文化传统和殖民经验，他们到中佐治亚寻求的首先是土地和水资源。一般都是男人先到，开辟了土地、竖起了房屋之后，再把全家接过来。作为他们财产的一部分，还有数量不多的黑人奴隶。根据里迪的粗略估计，到 1830 年时，梅肯周围的六个县白人人口超过了 3.3 万人，奴隶人口低于 2.5 万人。而到 1840 年，白人人口

---

1 〔美〕约翰·霍普·富兰克林：《美国黑人史》，张冰姿等译，商务印书馆，1988，第 73 页。

2 Joseph P. Reidy, *From Slavery to Agrarian Capitalism in Cotton Plantation South: Central Georgia, 1800–1880*, Chapel Hill and London: The University of North Carolina Press, 1992, pp. 15–18. 对退伍军人采用的授地奖励政策是独立战争期间大陆会议上确定的。1776 年 9 月，大陆会议第一次许诺给参加大陆军的官兵提供军功授地，上校可得 500 英亩土地，中校 450 英亩，少校 400 英亩，上尉 300 英亩，中尉 200 英亩，少尉 150 英亩，士兵 100 英亩。参见孔庆山：《美国早期土地制度研究》，中山大学出版社，2002，第 249—250 页。

3 Ibid., p. 20.

下降到 3.1 万人，奴隶人口上升到与白人持平。[1]这一时期的中佐治亚，大规模的种植园经济尚未起步，商业化的自耕农农业居于主导地位。棉花的种植与收获都需要大量的劳动力，而当时很多家庭只有一两个奴隶，对奴隶的需求自然会不断增加。总的来说，奴隶的数量限制了种植园的规模，因此农民获利的渠道也多种多样，很多农户购买奴隶不仅是为了生产的需要，也是为了奴隶的繁育和升值。

虽然南方各州居民的经营是多样化的，但一般认为，"农业对于工业和商业仍具有统治地位"，[2]而种植园奴隶主一直以来都是南方的统治阶级。尽管美国国会从 1808 年 1 月开始禁止奴隶贸易，但由于来自南方奴隶主的压力，内战前每年仍有大批奴隶被偷运到美国。外部输入与内部繁育一起助推了黑人奴隶人口的不断增长，从 1820 年的 150 万增加到 1860 年的 400 万。奴隶成为南方的主要劳动力，几乎遍及南方经济的每一个领域、每一个环节。1850 年，有 75% 的奴隶从事农业生产，其中 55% 从事棉花生产，10% 从事烟草生产，另外 10% 从事稻米、蔗糖和亚麻生产。[3]

事实上，在很多南方州，白人自耕农的人数并不少，他们大多也没有像大种植园主那样住在豪宅中，但这并不影响南方种植园奴隶制经济在南方的主导地位。而建国后，尤其是在向西部开发的过程中，棉花生产成为支撑种植园经济的主要产业。1793 年惠特尼轧棉机的发明，让美国南方的棉花种植成为最有利可图的农业。此前南方种植的主要是对土壤要求较高的长绒棉。轧棉机发明后开始普及任何地方都可以栽种的短绒棉，种植园主们也加紧了向西部地区的扩张。到 19 世纪 30 年代，棉花生产中心已经由原来的南卡罗

---

1 Joseph P. Reidy, *From Slavery to Agrarian Capitalism in Cotton Plantation South: Central Georgia, 1800–1880*, Chapel Hill and London: The University of North Carolina Press, 1992, p. 21.

2 Gary B. Nash, et al., *The American People: Creating a Nation and a Society*, New York: Harper Collins College Publishers, 1994, p. 356.

3 Ibid., p. 359.

来纳和佐治亚转移到亚拉巴马和密西西比；到 50 年代进一步扩张到新建的阿肯色、路易斯安那和得克萨斯东部。与此同时，棉花产量也在急剧飙升，从 1817 年的 46.1 万包迅速增加到 1840 年的 135 万包，再增加到 1849 年的 285 万包，到 1860 年更是达到 480 万包的顶峰。[1] 棉花生产的扩大和产量的增加，都加强了南方的种植园奴隶制。斯文·贝克特的《棉花帝国》一书从全球史的视角探讨了棉花在各国的生产与贸易，其中第五章分析了美国南方大规模的棉花种植与奴隶制度之间的关系："棉花生产的扩大使奴隶制重新活跃起来，导致奴隶劳动力从美国南方的北部地区向南部地区转移。"[2]

在内战前的美国南方，尽管因为生产集中导致奴隶主的数量呈下降趋势，但是否拥有奴隶和拥有多少奴隶一直是南方社会等级的象征。奴隶主控制着南方社会主要的政治、经济资源，而居于顶端的是来自弗吉尼亚等地的一批名门望族。1860 年，南方 1 万家最富裕家庭一般拥有 50 名以上的奴隶，其中 3000 个家庭拥有的奴隶数量超过了 100 名；居于其下的是数量差不多的一批中等种植园家庭，一般拥有 10 到 50 名奴隶；而占奴隶主总数 70% 的小种植园家庭，数量大约在 27 万左右，拥有的奴隶一般在 10 人以下。典型的奴隶主家庭是拥有大约 100 英亩土地和八九名奴隶的小农场主。[3] 既然拥有奴隶的数量成为南方社会地位的标准，种植园主们的主要目标就是千方百计地占有更多的奴隶。有学者注意到，"因为一个奴隶社会的权力最终依赖于对奴隶的统治上，种植园主从开始就将他们的奴隶拥有量的增加置于高度优先地位"。[4]

---

1 Gary B. Nash, et al., *The American People: Creating a Nation and a Society*, New York: Harper Collins College Publishers, 1994, p. 357.

2 Sven Beckert, *Empire of Cotton: A Global History*, New York: Alfred A. Knopf, 2015, p. 109.

3 Gary B. Nash, et al., *The American People: Creating a Nation and a Society*, New York: Harper Collins College Publishers, 1994, p. 363.

4 Joseph P. Reidy, *From Slavery to Agrarian Capitalism in the Cotton Plantation South-Central Georgia, 1800–1880*, Chapel Hill and London: The University of North Carolina Press, 1992, p. 35.

这种金字塔结构的种植园奴隶制既是一种经济组织形式，又是一种稳固的社会制度和文化形态。除了极少数奴隶主会对这个制度有所怀疑外，大部分奴隶主，不管规模大小，都竭力维护这个罪恶制度。19世纪30年代以来对南方农民有所偏袒的杰克逊民主和繁荣的棉花生产，更增强了大小奴隶主们的制度信心。大批黑人奴隶的存在让奴隶主们可以从繁重的生产劳动和家务负担中解放出来，有闲暇从事体面、高雅的娱乐、社交和文化活动，将欧洲绅士传统的贵族生活在新大陆继承发扬开来，从而营造出一种与早期工业化中的血汗工厂、阶级分野等丑陋现象形成鲜明对比的上层文化。与北方的国家领导人们因自掏腰包维持国务活动而心生怨言不同，南方的种植园主大多可以不必担心从政所需的时间和经费问题，似乎更符合亚当·斯密对政治领袖应该具备独立和自由状态的要求。这些因奴隶劳动而获得闲暇自由的种植园主们模仿的对象是英国的土地贵族。[1]面对国内外日益强烈的批评之声，他们刻意回避奴隶制本身不人道的一面，大肆宣扬奴隶主的仁慈、蓄奴家庭的和谐以及农场主针对工业化国家展示的个人主义、自由精神和民主诉求。尽管还有75%的南方白人并不是奴隶主，也没有任何奴隶，但他们对奴隶制的态度与那些大小奴隶主们却是高度一致的。

关于南方种植园奴隶制经济的性质问题，过去的美国史学，尤其是强调美国历史连续性与一致性的"共识史学"，更重视其市场经济特征，并认为它与北方的市场化自耕农经济一起构成了早期美国的资本主义经济。20世纪60年代以来，新一代史学家通过更缜密的档案分析和马克思主义、韦伯社会学以及文化人类学的方法，挑战了原来的资本主义经济说。南部史学家尤金·吉诺维斯首先挑战了将南方种植园奴隶制经济视为资本主义经济的观点，认为老南部"必须被理解为一种在历史上孤立的奴隶社会，尽管在资本

---

1 Gordon S. Wood, *Revolutionary Characters: What Made the Founders Different*, New York: Penguin Press, 2007, pp. 17–18.

主义世界和世界市场上有所体现，其基本趋向却是反资产阶级的"。[1]他提出："我们必须将资本主义首先理解为一种社会制度，而不仅仅去关注一些典型的资本主义经济实践。"[2]尽管吉诺维斯的理论方法也遇到了其他学者的挑战，但其基本观点，即"南方奴隶制属于非资本主义生产形态"，仍被认为是具有说服力的。[3]马克思在讨论以魁奈为代表的法国重农学派时曾提到农业资本主义的一些基本要素，这也是吉诺维斯等人否定种植园奴隶制的资本主义属性的理论基础。马克思写道："农业按资本主义方式经营，就是说，作为大规模的资本主义租地农场主的企业经营；土地的直接耕作者是雇佣工人。生产不仅创造使用物品，而且也创造它们的价值；而生产的动机是获得剩余价值，剩余价值的出生地是生产领域，不是流通领域。"[4]何顺果则是有意区分了南方种植园经济与奴隶制，认为"种植园经济形态的产生与奴隶制无关，而是其出现之后才和奴隶制发生联系的，因而它的性质不应由奴隶制来决定"。他总结说："美国南部的，乃至整个美洲殖民地的种植园经济，在性质上应当是商业资本主义的。"[5]

　　从独立革命到南北战争将近一个世纪的时间里，南方与北方虽同处于一个联邦，但彼此的文化分野日益明显。在北方，"对贵族休闲生活的攻击早在革命前就开始了"，[6]如果说建国时期还存在着以联邦党人为代表的贵族成分的话，到19世纪初也已经衰落不堪，代之而起的是以自耕农、工匠和小商贩为代表的劳动者以及对劳动品质的普遍欣赏。而在南方人中还保留着传

1 Eugene D. Genovese, *The Political Economy of Slavery: Studies in the Economy & Society of the Slavery South*, Middletown, CT: Wesleyan University Press, 1989, p. xvii.

2 Ibid., p. 20.

3 Charles Post, *The American Road to Capitalism*, Leiden and Boston: Brill, 2011, p. 39.

4〔德〕马克思:《资本论》第二卷，中共中央马克思恩格斯列宁斯大林著作编译局译，人民出版社，2004，第399页。

5 何顺果:《美国"棉花王国"史: 南部社会经济结构探索》，中国社会科学出版社，1995，第45—46页。

6〔美〕戈登·伍德:《美国革命的激进主义》，傅国英译，北京大学出版社，1997，第289页。

统的贵族文化以及作为其核心的闲暇生活。他们还在坚守的古典传统就是将"赋闲生活"视为贵族的标志，"赋闲生活意味着不必躬亲赚钱谋利，能否过这种生活多年来一直是士绅与众不同的主要之处"。[1]但在南方之外的美国，这种贵族传统不断受到激进主义的抨击。戈登·伍德评论说："士绅们，尤其是南部的士绅，越来越难以继续维持那个不必像普通人那样劳动、远离经商、超越商业利益的古典共和标准。社会上人人都得劳动，如果他不劳动，那么他一定是出了毛病。事实上，生产劳动逐渐等同于共和主义，而游手好闲等同于君主制。"[2]奴隶制已经让南方的经济和文化偏离了正常的历史发展轨迹，成为 19 世纪全球工业化大潮中的孤岛。

有鉴于此，当我们把探索的重点放在工业化转型对美国农业和农民的影响时，并没有把内战前南方畸形发展的种植园奴隶制农业列入讨论议程，而是侧重于没有受到奴隶制侵蚀的北方自耕农农业，即便南方各州同样存在着数量不少于奴隶制种植园的白人自耕农家庭。

六、从自耕农农业向资本主义农业的过渡

关于早期美国农业经济的社会性质问题，美国史学界存在着一定的争议，农业史学家艾伦·库利科夫将争议双方分别命名为"市场历史学者"和"社会历史学者"，前者受新古典主义经济学和经济史影响，强调"市场力量对人的行为的作用，试图记录和解释市场在农业社会的扩展过程"，后者有着更广泛的理论来源，包括新社会史、爱德华·P. 汤普森的文化马克思主义、结构马克思主义理论以及各种人类学范式，"试图揭示普通乡下人的经济与社会行为模式，将他们的行为与社会生产关系以及社会、政治意识联系

---

1 〔美〕戈登·伍德:《美国革命的激进主义》，傅国英译，北京大学出版社，1997，第 288 页。
2 同上书，第 290 页。

起来"。[1] 在库利科夫看来，不管双方争论的焦点在哪里，其对早期美国农业经济的"过渡性"特征却均能认可。这种过渡，如库利科夫所称，"其准确特征可以被描述为一种资本主义生产的强化，亦可为从非商业化，至少非资本主义经济向资本主义经济的转型"。[2]

西进运动至少在形式上削弱了流行于东海岸的自耕农模式。众所周知，杰斐逊对自给自足的小农经济一直持同情态度。但在 1832 年之前，政府出售最小的农场也有 80 英亩，在当时的科技水平下，不能完全由家庭劳动力耕种。只有将公共土地的最低出让面积减少到 40 英亩，才能使现实与杰斐逊式的理想更加一致。一般认为，拥有 40 英亩土地的普通农民是自给自足的，他们的产品也可能超出了他的家庭和牲畜的需求，会有少量剩余放到市场上出售。[3] 但对国家来说，通过路易斯安那购买获得的大片土地，如果不能以迅速、有效的方式转移到私人手中显然会影响西部的开发和国力的壮大。这或许是汉密尔顿鼓励资本介入和土地投机的动机所在。

南北战争前完成的第一次工业革命在一定程度上改变了美国的经济结构和社会结构。对美国农业来说，1840 年以后铁路的修建逐步打破了美国农业社区原来的封闭状态，将各地的农产品纳入全国市场。同时，随着城市化的加速，非农业人口急剧膨胀。以南新英格兰地区为例，1810 年该地区 1 万人以上的城市只有 3 个：波士顿、普罗维登斯和纽黑文。而经历了工业革命后的 1860 年，1 万人以上的城市上升到 26 个，人口达到 68.2 万人，占到该地区人口总数的 36.5%。新增人口基本都是非农业人口。对于农民来说，这

1　Allan Kulikoff, "The Transition to Capitalism in Rural America," *William and Mary Quarterly*, vol. 46, no. 1 (January, 1989), p. 122.

2　Ibid., p. 125.

3　Jeremy Atack and Fred Bateman, "Yeoman Farming: Antebellum Americ's Other 'Peculiar Institution'," in Lou Ferleger, ed., *Agriculture and National Development: Views on the Nineteenth Century*, Ames: Iowa State University Press, pp. 37-38.

意味着他们第一次有了自己的农产品市场。[1]

市场的扩大意味着对农产品需求的增加。对农民来说，要增加农业产量，就需要改进技术，一方面通过提高劳动生产力水平和效率，让有限的人力耕种更多的土地；另一方面通过施肥等方法增强地力，让有限的土地生产更多的产品。农业史学家珀西·W. 比德韦尔写道："一种新精神在农民当中激荡着。他们开始感觉到他们生活在一个大变革时代，他们不愿被时代抛在后边。"[2] 比德韦尔以耕犁的改进说明了工业革命推动的技术革命：1828 年或 1830 年之前，铁犁在实际操作中还很少见，但从那以后数年内就人人拥有了。铁犁的应用让耕地轻松了很多，速度更快的马就取代了牛成为拉犁的主要动力。[3]

市场的变化推动了专业化分工。在其对新英格兰南部农村的研究中，比德韦尔发现，1810 年的时候，整个南新英格兰地区的农业耕作方式几乎是一样的：每个农场主将他们的土地做出几乎同样的划分，栽种几乎同样的农作物，饲养几乎同样数量的牛羊。到 19 世纪 40 年代，由于工业革命和城市化的作用，美国的农业生产越来越走向专业化。然而，对于城镇密集的新英格兰地区而言，大宗农作物的生产并非当地市场所需。在马萨诸塞东部，除了波士顿之外，一批新的工业化城市如林恩、劳伦斯、洛厄尔迅速崛起，直接带动了周边地区的产业转化。对于靠近新兴城市的农村地区，如何满足附近城镇中不断增加的非农业人口的生活需要成为新的市场导向。农民们发现，与其生产大宗农产品，不如生产可以直接销往城镇市场的蔬菜、水果、黄油和乳制品等。在罗得岛，根据 1840 年的统计，普罗维登斯周围的农业在迅

---

1 Percy W. Bidwell, "The Agricultural Revolution in New England," *American Historical Review*, vol. 26, no. 4 (July, 1921), p. 685.

2 Ibid., p. 686.

3 Ibid., p. 687. 比德韦尔也注意到，这种更替在很多地区并不一致。很多北方农民更钟情于牛耕，尽管速度不及马快，但力气却超过马，对于并不松软的土地来说，牛耕可能更为有效。

速走向集约经营，通过改善灌溉增加各种蔬菜产量。[1]

　　然而，当铁路成为主要运输工具之后，即便还没有形成全国性市场，各地农产品的竞争也将导致专业化的加速。即使那些不愿放弃原来小而全的经营模式的综合农场主也不能免于外部竞争的影响。譬如，马萨诸塞和康涅狄格久负盛名的奶酪生产，在面对纽约西部和佛蒙特新建的奶酪工厂的竞争后，产量迅速下降。而西部的猪肉在 1840 年以前就已经入侵了新英格兰的肉类市场。[2]可见，尽管有来自农民传统文化和生活习惯上的反感和抵抗，农业生产专业化的趋势已难以阻挡。人们也逐渐认识到，在工厂里生产的纺织品价廉物美，纺织就从农妇手中转移到工厂工人手中。

　　总起来看，传统自耕农农业向商业农业的转变的进度在不同地域甚至同一地域的不同农场都是参差不齐的。农民在选择上的不一致特点可以归结为几方面原因：其一是农民获得咨询的信息渠道多样且经常自相矛盾，尽管大多认为"需要放弃老式的、自足的农业"，[3]但对于传统农业如何转型却经常会开出不同的药方；其二是农民缺少商业经验，对于商业化农业中的供求关系、价格体系等所知甚少，因此在面对随时变化的市场时会反应迟钝；其三是农民缺少现代科学知识，对于土壤、肥料、轮作等现代农业知识也较为贫乏，加之农业试验周期相对较长，很多农民宁可墨守成规，也不愿大胆尝试。

　　尽管自耕农农业向市场化农业的过渡在各地的进展是不平衡的，但不能否认 19 世纪上半期这一总体趋势的存在。正如霍夫斯塔特所总结的那样："从 1815 年到 1860 年，美国农业的性质发生了转型。独立的自耕农，除了个别的或孤立的区域之外，在商业化农业的不停冲击下几乎不复存在。本土

1　Percy W. Bidwell, "The Agricultural Revolution in New England," *American Historical Review*, vol. 26, no. 4 (July, 1921), p. 688.

2　Ibid., p. 692.

3　Ibid., p. 700.

工业的崛起为农业创造了国内市场，与此同时，国外的需求也增长了，开始是对美国的棉花，然后是对美国的食品。"[1]内战之后，美国的工业化进程全面开启，不断扩大的国内外市场牵引着美国农业完成了向资本主义农业的全面转型。

* * * * * *

关于美国早期农业的性质问题，美国史学界已经进行了不少讨论。库利科夫将不同意见的两派观点概括为"市场"派和"社会"派，前者认为早期美国的农业已经具备了资本主义特征，美国农民也已经是资本主义农民；资本主义与第一批殖民者一起来到美洲，因此美国没有经历欧洲大陆那样的传统等级社会。后者认为美国虽然没有经历欧洲大陆那样的封建时代，但从殖民地时期到19世纪前半期，美国北方的农业还是以传统的自给自足的自耕农农业为主的，不发达的地方市场和微不足道的粮食出口不足以掩盖北方农业的本质特征。至于美国南方的奴隶制种植园经济，虽然从开始就是瞄准国际市场的，但根据尤金·吉诺维斯的研究，并不存在资本主义经济成分，"南方奴隶制是一种非资本主义的生产形态"。[2]而从以上讨论可以看出，19世纪20年代以来，随着西进运动的展开和第一次工业革命的出现，美国农业已经开始了向市场经济或者资本主义农业的转型，只不过这种转型在内战之前尚未完成。美国农业完全卷入资本主义市场经济是内战以后的事。

1　Richard Hofstadter, *The Age of Reform: From Bryan to F. D. R.*, New York: Vintage Books, 1955, p. 38.
2　Charles Post, *The American Road to Capitalism*, Leiden and Boston: Brill, 2011, p. 39.

第二章
西进运动凯歌掩盖下的农民困境

从某种程度上说，美国农业发展史实际上是一部西进定居史。从建国到内战，农业扩张的步伐已经跨过阿巴拉契亚山脉直达密西西比河东岸。内战后，农业定居的边界从圣保罗—沃斯堡一线继续向西推移。来自东部和海外的移民通过横跨大陆的铁路到达边疆广袤的处女地，那里的农业开发曾一度呈现出繁荣的景象：中北部的红河谷涌现出一批大规模的兴旺农场，玉米和小麦生产中心一路推移到密西西比河西岸，作物产量和粮食出口额也节节攀升。然而，对广大农民而言，西进运动的凯歌和农业资本化的繁荣景象所掩盖的，是他们所经历的一段十分艰难和悲惨的时光。19世纪后期见证了自由资本主义经济下美国农民所面临的艰难处境：自然灾害的频发，市场上铁路公司、中间商和信贷公司的盘剥，政府政策所造成的经济劣势和负担，"成本－价格"的双面夹击，粮食价格的下跌，等等。

一、内战后南方的农业与农民

内战给南方农业带来了致命打击，当邦联军队在1865年春投降时，人们发现南方的经济正处于崩溃边缘，农业衰败到让人怀疑还能不能重建的地步。奴隶解放摧毁了南方的大部分资本，据保守估计，由此导致的损失达15亿美元。与此同时，土地价值也经历了极大贬值，战后南方农场每英亩土地的价值不足战前的 60%，部分原因在于地力的衰退和战时不能进口富氨海鸟粪作为肥料，但主要的原因还在于在战争结束时资金的匮乏。由于战时对肉类和畜力的军需以及战后初期的混乱，1865 年南方农场的家畜数量只有战前的 2/3，缺乏用于农业生产动力的家畜，这严重影响了机械化程度极低的南方农业在战后恢复生产。[1]

更为重要的是，在内战后期威廉·谢尔曼等北方将领所推行的"焦土政策"，对南方农民赖以支持生产的铁路、桥梁、银行、棉花仓库、面粉厂等基础设施造成了实质性的破坏。[2]当战争结束时，整个南方都处于一种满目疮痍、百废待兴的状态，而南方人则陷入一种近乎绝望的境地。"新南方"一词的发明者亨利·格雷迪对此有过一段生动的描述。格雷迪在 1886 年底的一次演讲中提到，当从战争中幸存下来的南方士兵风尘仆仆回到家乡时，他发现了什么呢？

> 他发现他的房子成了废墟，农场被破坏了，奴隶被解放了，牲畜被杀了，谷仓空了，生意被毁了，钱变得一文不值，曾经辉煌的封建的社会制度被扫除了；他的人民没有了法律地位；他的战友被杀，别人的重担压在了他的肩上。他的传统因失败而不复存在。没有金钱、信贷、就业、物质或培训；而且除了这些之外，他还面临着人类智慧所遇到的最严重的问题——为他被解放的广大奴隶建立地位。[3]

---

1 David B. Danbom, *Born in the Country: A History of Rural America*, Baltimore: The Johns Hopkins University Press, 1995, pp. 116–117; Theodore Saloutos, *Farmers' Movement in the South, 1865–1933*, Berkeley: University of California Press, 1960, pp. 7–8.

2 J. T. Trowbridge, *The South: A Tour of its Battlefields and Ruined Cities*, Hartford: Published by L. Stebbins, 1866; James L. Sellers, "The Economic Incidence of the Civil War in the South," *The Mississippi Valley Historical Review*, vol. 14, no. 2 (September, 1927), pp. 179–191.

3 Edna Henry Lee Turpin, ed., *The New South and Other Addresses by Henry Woodfin Grady*, New York: Charles E. Merrill Co., 1904, pp. 29–30.

虽然格雷迪所描述的图景更多地代表了白人的经历，然而对于在战后获得了人身自由的 430 万黑人奴隶来说，情况也并没有更好一些。尽管在沿海的部分地区，联邦军官曾把无主的地产分成小块给前奴隶耕种；1866 年 6 月美国国会通过的《南方宅地法》，也宣布把南方五州 4600 多万英亩的公地向自由民开放。然而，黑人农民关于"四十英亩土地外加一头骡子"的梦想很快便破灭了。这一方面是因为早在战争刚刚结束时安德鲁·约翰逊总统就颁布了"大赦宣言"，命令军队把没收的土地还给宣誓效忠联邦的原主；另一方面是由于《南方宅地法》因白人的敌意、黑人的贫困和土地的缺乏等因素很难生效。[1] 一些学者估计，根据该法令的规定，黑人农民若要获得公地需要投入高达数百美元的初始资本，这对长期陷于贫困的广大前奴隶来说是难以负担的。[2] 虽然少数黑人最终克服种种障碍拥有了自己的农场，但土地的所有权在大多数自由民眼中仍然是一个可望而不可即的梦。

土地和劳动力的分离是阻碍内战后南方经济恢复和发展的第一个难题。未获得土地的自由民是南方农业最重要的劳动者，而恢复了土地所有权的大多数种植园主却失去了农业生产必不可少的劳动力。在对南方种植园经济进行改造的初期，由北方共和党人所控制的联邦政府，试图以工资劳动制取代奴隶制劳动。这项试验最早开始于 1865 年 3 月成立的自由民局，它在早期接管和处理南方的种植园土地时，就曾把小于 40 英亩的土地以三年为期租给前奴隶，每年收取低于地价 6% 的租金。此后不久，自由民局又发布了劳动力自由竞争、劳动合同公平合理、保持家庭完整三项原则，推动劳动力和土地在合同制基础上的结合。[3] 由于农业劳动力的缺乏和自由民局的立法保

---

1 David B. Danbom, *Born in the Country: A History of Rural America*, Baltimore: The Johns Hopkins University Press, 1995, p. 119.

2 吴浩:《失去的机会:1886 年美国"南部宅地法"与黑人获取土地的失败》,《史学月刊》2015 年第 2 期,第 75—85 页。

3 霍震、杨慧萍:《美国内战后至二十世纪初期的南部种植园制度》,《世界历史》1982 年第 4 期,第 31 页。

障，种植园主和前奴隶都接受了合同制。但自由民往往不愿签订长期的劳动合同，因此双方最初的合同一般是按周或月为单位签订的。这种短期的合同形式并不能解决南方农业对劳动力的需求，计年劳动合同的形式在不久之后被普遍采用。[1]

但是这种劳动制度很快就因为在实行过程发生了变异而难以为继。自由民局最初的设想是规范种植园主与前奴隶之间的契约和协议，确保双方能够在工资等问题上达成一致，进而推动农业生产的顺利进行。但是在实际上，地主和黑人农民的诉求存在着巨大的差别，短命的合同制只不过是双方妥协的产物，它本就是一种带有强制性质的劳动工资制，在种植园主的实际操作过程中更是演变为一种变相的奴隶制。虽然有许多官员拒绝强制执行他们认为不公平的合同，但推行合同制的自由民局还是成了双方的矛头指向，同时受到了种植园主和前奴隶及其支持者的抨击与谴责。[2]

这一试验之所以失败的另一个原因在于，工资劳动制是一种要求以现金资本来偿付劳动力报酬的制度，而当时南方经济的资本状况并不能满足这一点。由于现金资本的缺乏，雇主只有在作物卖出后才能支付雇员的工资，在此条件下双方达成协议、签订合约，前者以部分作物作为工资支付给后者，这就是分成工资的产生。这种工资支付的形式实际上保证了种植园主在作物收获之前能够维持足够的劳动力，与地主为了恢复生产开始使用的另一项计划即分成制有某些相似之处，都是"新南方"农业中分成制度的具

1　孟海泉：《内战以后美国南部租佃制的形成》，《世界历史》2009 年第 1 期，第 59—60 页；Roger L. Ransom and Richard Sutch, *One Kind of Freedom: The Economic Consequences of Emancipation*, New York: Cambridge University Press, 2001, pp. 60–61.

2　Harold D. Woodman, "Post-Civil War Southern Agriculture and the Law," *Agricultural History*, vol. 53, no. 1, Southern Agriculture Since the Civil War: A Symposium (January, 1979), pp. 321–324; David B. Danbom, *Born in the Country: A History of Rural America*, Baltimore: The Johns Hopkins University Press, 1995, pp. 121–122；〔美〕斯坦利·L. 恩格尔曼、罗伯特·E. 高尔曼：《剑桥美国经济史：漫长的 19 世纪》，王珏等译，中国人民大学出版社，2008，第 337 页。

体表现。[1] 在分成制下，雇主提供土地和生产资料，前奴隶提供劳动力，收获的作物由双方共享，这种安排"像野火一样在美国的棉花种植区蔓延开来"，最终实现了自由民的劳动力与种植园主的土地之间的成功结合。[2]

分成制形成于"重建"后期，盛行于19、20世纪之交，是奴隶制种植园农业向租佃制经济转变的重要标志。内战后南方的租佃制大致可以分为租金制和分成制两种形式。租金制又叫固定租金制，是租佃制的高级形式，但在南方并不占主导地位。在这种制度下，地主只需要提供土地和住房，其他的生产、生活资料则由租户自己承担，后者在收获时节要为其所租用的土地向前者支付固定的租金。分成制是南方租佃制最盛行的形式，它与一些欧洲国家历史上的"对分制"有些类似，都是由地主把土地分割成小块农场交给单个家庭经营，承租人按照作物产量的比例向出租人交纳实物地租，因此在一定程度上带有奴隶制生产关系的残余。根据承租人提供物资的能力的不同，又可以把他们分为分成佃农和分成雇农。前者一般拥有一定的生产、生活资料，需要从地主那里获取土地、住房和其所缺乏的其他物资，地主可以根据其所提供物资的比例，在收获时节得到相应比例的作物作为地租，一般占全部收成的1/4或1/3；后者除了自己的劳动力之外几乎一无所有，需要地主为其提供大部分的生产、生活资料，地主不仅可以拿走收成的1/2到3/4，还可以要求他们每周为其工作一定的天数。[3]

虽然大部分南方租佃农是由前奴隶转化而来的，但白人农民也是分成农的重要构成，这部分农业劳动者主要有两个来源：一是穷苦白人；二是破产

1　Harold D. Woodman, "Post-Civil War Southern Agriculture and the Law," *Agricultural History*, vol. 53, no. 1, Southern Agriculture Since the Civil War: A Symposium (January, 1979), p. 322.

2　Sven Beckert, *Empire of Cotton: A Global History*, New York: Alfred A. Knopf, 2015, p. 285.

3　Theodore Saloutos, *Farmers' Movement in the South, 1865-1933*, Berkeley: University of California Press, 1960, pp. 21-22; Michael Schwartz, *Radical Protest and Social Structure: The Southern Farmers' Alliance and Cotton Tenancy, 1880-1890*, New York: Academic Press, 1976, pp. 22-23; 霍震、杨慧萍：《美国内战后至二十世纪初期的南部种植园制度》，《世界历史》1982年第4期，第32—37页。

的白人自耕农。内战后，南方大约有 800 万白人主要从事农业生产，他们大致可以分成三类：大种植园主、白人自耕农和穷苦白人。穷苦白人位于白人等级的最底层，也被叫做"白人垃圾"，他们的存在一直是南方的一个社会问题。白人自耕农构成了南方人口的大多数，在战前大都拥有一个小农场，以家庭为单位从事自给自足的生产活动。他们是内战中邦联军队的主要来源，战争给他们造成了严重的人员和财产损失。当他们在战后重新组织生产时，发现自己同自由民和穷苦白人一样面临着资金困难的问题，不得不向地主或商人借贷以满足生产和生活的需求。部分自耕农在战后初期的经济困难中难以为继，无奈丧失土地、走向破产，逐渐加入了分成租佃农的行列。[1]

租佃制之所以能够实现劳动力与土地的再结合，深层次的原因在于南方经济恢复和发展所遭遇的第二个难题，即重建支离破碎的市场结构和能够为农业生产提供资金的信贷体系。对战后面临着财政混乱和通货稀缺的南方而言，北方所制定的银行政策非常不利于其重建信贷体系。例如，1864 年的《全国性银行法》规定，禁止根据该法组建的银行从事以地产为抵押的贷款，这就断绝了农民从全国性银行获取信贷的机会；1865 年的一项法案规定，根据人口和各州的银行资本、资源和业务对授权发行的 30 亿纸币进行分配，在商业和流动资产方面都处于落后状态的南方很难从中获得增加发行量的有利机会。[2] 即便如此，南方还是在努力地吸纳外部资金。在战后初期，资本流入的数量似乎足以满足种植者的资金需求，高回报也鼓励了资金充足的北方人与南方银行家和商人合作从事"建立全国性银行的有利可图的投资"。

---

1 Theodore Saloutos, *Farmers' Movement in the South, 1865-1933*, Berkeley: University of California Press, 1960, pp. 4-5; 吴浩：《借贷制度与美国南部约曼自耕农经济的转型》，《北大史学》第 14 辑（2009 年），第 340—360 页。

2 孟海泉：《内战后美国南部植棉业中的借贷制度》，《世界历史》1999 年第 1 期，第 14 页；Theodore Saloutos, *Farmers' Movement in the South, 1865-1933*, Berkeley: University of California Press, 1960, pp. 9-10.

但情况在 1866 年发生了变化，不稳定的政治环境和未能达到北方人预期的利润，迫使许多投资者将资金转移到利润更高的企业，南方农业在吸引资本投入时面临着北方工商业、西部铁路建设和经济中的其他集团的竞争。[1]

南方持续缺乏银行设施。到 1886 年，路易斯安那州除了新奥尔良以外还没有全国性银行或州银行，大多数教区根本就没有银行；到 1894 年，佐治亚州的 123 个县还没有一家任何形式的注册银行。南方农民也很难获得银行信贷，一方面，南方所争取来的外来资本中的大部分被投入到了城市和工业企业中，养活了大部分人口的农业难以获得充足的现金；另一方面，由于农民借贷的数额较小、时间较短且没有足够的抵押品，坐落在城镇中的南方银行也不愿意向他们提供这种小额借贷业务，这就意味着最需要帮助、收入在全国最低的南方农民难以获取正常的借贷来源。[2]

南方银行在农民中留下的信贷空缺很大程度上被地方商人填补了。他们凭借自有资金、向银行的贷款或向批发商行的借贷，获取农民所需的物资，以实物的形式向农民预支借贷；农民则把准备生产的作物（主要是棉花）作为抵押品，获得留置权的商人在收获时节有权卖掉这些作物来偿付农民的借贷和利息，这就是南方在内战后发展起来的作物留置权制度。需要指出的是，这里所说的商人同时也包括大种植园主，19 世纪后期二者虽然围绕作物分成和借贷业务有过一定程度的斗争，[3] 但由于商人可以通过大量购置土地

1　Theodore Saloutos, *Farmers' Movement in the South, 1865–1933*, Berkeley: University of California Press, 1960, pp. 10–12.

2　Theodore Saloutos, *Farmers' Movement in the South, 1865–1933*, Berkeley: University of California Press, 1960, p. 13; Michael Schwartz, *Radical Protest and Social Structure: The Southern Farmers' Alliance and Cotton Tenancy, 1880–1890*, New York: Academic Press, 1976, p. 34; C. Vann Woodward, *Origins of the New South, 1877–1913*, Baton Rouge: Louisiana State University Press, 1971, p. 183; Roger L. Ransom and Richard Sutch, "Debt Peonage in the Cotton South After the Civil War," *The Journal of Economic History*, vol. 32, no. 3 (September, 1972), pp. 643–651.

3　吴浩:《借贷制度与美国南部约曼自耕农经济的转型》,《北大史学》第 14 辑（2009 年），第 345 页；Michael Schwartz, *Radical Protest and Social Structure: The Southern Farmers' Alliance and Cotton Tenancy, 1880–1890*, New York: Academic Press, 1976, pp. 57–63.

成为大地主，大种植园主也可以通过向农民提供生产和生活必需品成为供货商人，商人化的地主和地主化的商人实际上成为南方农民获取借贷的主要对象。1860 年这类商人在南方只有 4.3 万，这一数字在 1870 年增加到 6.9 万、1880 年增加到 9.2 万。[1]

作物留置权制度是南方新秩序的关键，它之于内战后的南方农业就像奴隶制之于内战前的南方。正如一位学者所观察到的，这个制度代表了金融史上最奇怪的契约关系之一。债务人以还没生产的作物为担保，债权人以实物的形式提供借贷，利率和预付借贷额都由债权人视债务人的偿付能力而定。[2]留置权所涉及的少量资金意味着对此进行管理和收集的代价相对较高，为了保证用于留置的作物能够偿付其所担保的债务，乡村商人直接介入了债务人的生产过程。由于棉花是战后南方最有利可图的经济作物，供货商人和地主都最大限度地鼓励棉花种植。这反映在他们对预付借贷额的安排上，种植"10 英亩棉花让你得到的借贷比 50 英亩玉米还要多"，[3]这就推动了南方单一棉作制的形成。

根据留置权法，一旦农民出让了作物的留置权，他就不能再租用其他农场或从其他商人那里获得借贷。在这种情况下，债权人几乎不存在其他的竞争者，"债权人的词典里是找不到'竞争'这个词的"。[4]对南方的农民来说，一旦他把作物的留置权交给某个商人，他就在一定程度上陷入了债务陷阱中，因为商人总有办法最大限度地增加其对作物分成的份额。首先，商人可

1 Michael Schwartz, *Radical Protest and Social Structure: The Southern Farmers' Alliance and Cotton Tenancy, 1880–1890*, New York: Academic Press, 1976, p. 58.

2 C. Vann Woodward, *Origins of the New South, 1877–1913*, Baton Rouge: Louisiana State University Press, 1971, p. 180.

3 Michael Schwartz, *Radical Protest and Social Structure: The Southern Farmers' Alliance and Cotton Tenancy, 1880–1890*, New York: Academic Press, 1976, p. 39.

4 Charles H. Otken, *The Ills of the South, or Related Causes Hostile to the General Prosperity of the Southern People*, New York: G. P. Putnam's Sons, 1894, p. 17.

以通过收取高额利息来实现这一目的。由于竞争的缺失，商人可以自由决定借贷利息，虽然法定利率通常是 6%，但实际利率经常是 20%，有时达到每月 10%，那每年就是 120% 了。其次，商人还可以通过让债务人过度延长其借贷期限来增加份额。当债务人的第一笔借贷用完后，他被迫与同一商人执行另一笔借贷，在通常情况下，当年收获的作物是难以偿清债务的，这就意味着留置权会转移到下一年的庄稼上。最后，供货商人还通过为每种商品设定"借贷价格"来压榨债务人。借贷价格一般比现金价格平均高出 25%，约为批发价格的两倍多，在有些地方涨价幅度甚至高达 50% 到 75%。这种双价格制度意味着债务人为其贷款付了两次钱，利息是第一次，借贷价格是第二次。[1]

由于债务人的文化程度有限，账目的记录和保管通常是由债权人来做的，他们一般在年底将每季的费用制成表格。一些奸诈的商人欺负农民不擅长算术公然在账目上做手脚：签名被伪造成欠条，账目数据被篡改，缺斤少两更是不在话下。[2] 即使所有的商人都是诚实的，贫穷无知的黑人和白人农民在没有书面声明的情况下也很难有机会为自己审查一整年的交易情况。这从一位农民与调查者的对话中可见一斑：

　　——"我已经六年没算过账了。"

　　——"你会让商人在年末时把你的账目清理出来吗？"

　　——"不会！有时我会问他我们的处境如何；当他回答道'你很好'时，我就满足了。我跟他打交道已经有二十年了，从来没有向他要过账单。"

　　——"你的邻居中有很多人从来都不要账单吗？"

1　Michael Schwartz, *Radical Protest and Social Structure: The Southern Farmers' Alliance and Cotton Tenancy, 1880–1890*, New York: Academic Press, 1976, pp. 35–37; Hallie Farmer, "The Economic Background of Southern Populism," *The South Atlantic Quarterly*, vol. 29 (January, 1930), pp. 83–86.

2　Theodore Saloutos, *Farmers' Movement in the South, 1865–1933*, Berkeley: University of California Press, 1960, p. 23.

——"他们真聪明。黑鬼从来不要账单，即使要也拿不到。"[1]

南方农民在向零售商人出让作物留置权的同时，也陷入了年复一年的恶性债务循环中。如果以作物做担保不够的话，其他可以用来抵债的动产甚至是地产都会被拿来抵押偿债。这些借贷把农民拖入一种劳役偿债形式的债务陷阱中，时人对此有过一段描述："当其中一笔抵押贷款被记入南方农民的账上时，他通常就进入了一种向成为其债主的商人进行劳役偿债的无助状态。在交出这一负债证据的同时，他也交出了他的行动自由和产业自主权。"[2] 对这些农民来说，前景是黯淡的，每过一年，他们的债务负担就变得更重一点，在债务中陷得也更深一点。正如一位当时的观察者所言："这场挣扎是悲惨的。忧虑很多，微笑很少，生活缺失了满足感……对许多人来说，借贷制度的大门上用粗体大字印着的铭文是：'进入这里的人抛下了希望'，它讲述了一段凄惨、悲伤的历史。"[3]

尽管给社会和经济带来了诸多负面影响，分成租佃制和作物留置权制度也推动了南方农业的恢复。但是，与东北部发达经济区相比，战后南方经济的恢复在某种程度上是一种"殖民"形式的工业化，"尽管人们大肆吹嘘'工业革命'，依靠在世界市场上出售廉价的原料和从受保护的工商业地区购回制成品这种殖民主义的古老模式在南方继续占主导地位"。[4] 而与其他地区

1 Charles H. Otken, *The Ills of the South, or Related Causes Hostile to the General Prosperity of the Southern People*, New York: G. P. Putnam's Sons, 1894, p. 19.

2 M. B. Hammond, *The Cotton Industry: An Essay in American Economic History*, Ithaca: Press of Andrus & Church, 1897, p. 149.

3 Charles H. Otken, *The Ills of the South, or Related Causes Hostile to the General Prosperity of the Southern People*, New York: G. P. Putnam's Sons, 1894, p. 21.

4 C. Vann Woodward, *Origins of the New South, 1877–1913*, Baton Rouge: Louisiana State University Press, 1971, p. 186; Samuel P. Hays, *The Response to Industrialism, 1885–1914*, Chicago: University of Chicago Press, 1995, pp. 126–129; Richard Franklin Bensel, *The Political Economy of American Industrialization*, New York: Cambridge University Press, 2000, pp. 32–34.

以自由农场主为主体的资本主义农业发展模式相比，内战后南方农业的资本主义化实际上所走的是一条"普鲁士道路"。[1] 长期处于这种状态下的南方农业，在 19 世纪后期经济危机的影响下呈现出不景气的状态。除了分成租佃制和作物留置权制度所带来的地区性困境之外，南方农民还要承受着一些全国性的困难，如自然灾害、农产品价格下跌以及通货紧缩、保护性关税、高运费等政策方面的冲击。地区性枷锁和全国性劣势，足以把几代南方农民困在萧条的泥潭中。

二、在荒原上立足：来自大自然的挑战

在大草原及其以西的地方，"定居者面临的两个最紧迫的难题是燃料和水的问题"。[2] 早期的拓荒者寻找河流或小溪下游定居，那里能为他们提供足够的水源和木材。如果没有充足的木柴，人们就把干牛粪和植物的秸秆充当燃料取暖、做饭。例如，葵花的秸秆晒干后就是很好的柴火，这种植物曾被堪萨斯州的定居者在路边和荒地上大量种植，该州也因此被称为"向日葵之州"。[3] 拓荒者在西部边疆的生活和生产环境一直都很恶劣，最基本的挑战来自大自然。在 19 世纪下半叶的大部分时间，各种自然灾害一直伴随着西部的定居者。草原上的大火、暴风雪、飓风和河流汛期的洪水等，可能会直接卷走人畜的性命；热风、冰雹、霜冻、沙暴等，会对作物的生长和收成产生直接的影响；在作物半熟时节经常爆发的蝗灾，不仅会把所有庄稼一扫而空，而且会对边疆农民的生存环境造成威胁。19 世纪 80 年代中后

1　吴浩：《"美国式道路"还是"普鲁士道路"？——内战后美国南部农业发展道路的历史考察》，《史学理论研究》2010 年第 4 期，第 122—129 页。

2　G. M. Whicher, "Phases of Western Life II-Farm Life in Western Nebraska," *Outlook*, January 13, 1894, p. 64.

3　Fred A. Shannon, *The Farmer's Last Frontier: Agriculture, 1860–1897*, New York: Holt, Rinehart and Winston, 1961, p. 149.

期，西部干旱所带来的作物歉收，更是把许多拓荒者置于缺衣少食和疾病破产的边缘。

对第一批在大草原上定居的人来说，野火是一种最可怕的威胁。特别是在酷夏之后的秋季，哪怕是最小的火花也能酿成一场巨大的灾难。1871年的草原大火使明尼苏达州的农民损失惨重，一些拓荒者失去了干草、谷物、马厩、机器、牲畜，甚至他们的房子。这年秋冬，该州州长霍勒斯·奥斯汀任命马克·D.弗劳尔为特别调查员，调查边疆农民的贫困情况。弗劳尔在写给奥斯汀州长的信中，讲述了一个又一个拓荒者因草原大火而陷入赤贫的悲剧。一对年轻夫妇刚在温多姆附近的一块宅地上定居下来，花光所有钱盖了一处房子、储存好过冬的食物，大火就烧毁了他们的房子、家具和所有的用品。另一户人家在大火中失去了一座畜棚和一座谷仓，里面有43蒲式耳小麦、15蒲式耳燕麦、25吨干草、2头猪和农具，只剩下1头母牛和牛犊、1副牛轭。这个五口之家"一贫如洗，几乎一丝不挂"。一个靠近山区湖泊的挪威裔农民，在大火之前拥有1个马厩、150蒲式耳的小麦、30蒲式耳的玉米和26吨干草；大火过后，他只剩下20蒲式耳的土豆。一个带有生病的妻子和两个孩子的男人损失了干草、谷物和马厩，他本来打算把玉米卖了给家人买衣服穿，但大火让一切化为泡影。[1]事实上，在1871—1872年的冬天，明尼苏达州部分地区的许多农民都在寒冷和贫困中苦苦挣扎。这些拓荒者有许多是前一年才定居下来的，他们完全没有任何储备来应付这种意想不到的情况，只能写信向州长求助。例如，赖特县阿尔比恩附近的一位农民在11月7日给州长写信说，这场大火烧毁了他的马厩、鸡舍、猪圈和两头猪、一副牛轭和一张犁、四堆干草以及所有的围栏；一位来自西布里县格林岛的农民在平安夜给州长写信说，火灾让他损失惨重，他的田地空着、没有围栏阻

---

1 Gilbert C. Fite, *The Farmers' Frontier, 1865–1900*, New York: Holt, Rinehart and Winston, 1966, pp. 56–57.

挡，眼看着几头牲口在寒风中挨饿却没法为它们买一吨干草，他年纪大了还患有风湿病卧床不起。[1]

在一些学者看来，大平原是一个"极端"的地区："气候从夏天的酷热到冬天的严寒；干旱可能会严重到蓟几乎无法发芽，而偶尔暴发的洪水会摧毁人、庄稼和牲畜；在 19 世纪 70 年代、90 年代和 20 世纪 30 年代，成千上万的人处于极度贫困和饥饿的边缘，而这些都被后人遗忘了……"[2] 对这里的牧牛者而言，暴风雪是他们在冬季经常面临的考验。1886 年，从 11 月份开始的一场暴雪笼罩了北部平原。在呼啸的大风和刺骨的寒冷中，牧场主和牛仔们被困室内，而牧场上的牛群被大批冻死。到了春天，牛仔们发现成堆的腐烂牛尸一排排地靠在围栏上，一些牧场主几乎失去了所有的牧群，平均损失达到30%。即使那些幸存下来的牛群也很虚弱，尾巴、耳朵和脚都被冻伤了，沦为残废。一位牧场主写道："一项之前一直让我着迷的业务，突然之间变得令人厌恶。我再也不想拥有一只我无法喂养和庇护的动物了。"[3]

在大草原的北部，冰雹和严寒让许多拓荒者陷入极度贫困。1871 年 7 月，明尼苏达州蓝地县白胡桃谷的冰雹，给庄稼造成了难以估量的损失，使许多原本就很穷的新移民更加贫困。这年冬天，天气异常寒冷，许多拓荒者在他们填满稻草的床垫上入睡，几乎无法御寒。一封写给州长的信件说，波普县有 20 户人家失去了庄稼，"几乎一贫如洗"。一位农民给州长代表写信说："我一直试图在我的地盘上过活，疾病和庄稼的坏运气几乎花光了所有

1 Gilbert C. Fite, "Some Farmers' Accounts of Hardship on the Frontier," *Minnesota History*, vol. 37, no. 5 (March, 1961), pp. 204-206.

2 Gilbert C. Fite, "Great Plains Farming: A Century of Change and Adjustment," *Agricultural History*, vol. 51, no. 1, Agriculture in the Great Plains, 1876-1936: A Symposium (January, 1977), p. 244.

3 Richard White, *"It's Your Misfortune and None of My Own": A New History of the American West*, Norman: University of Oklahoma Press, 1991, pp. 224-225.

的东西——我已经病了好几个月了，我的妻子又冷又饿，身体不太好，我想除了请您帮我，别无他法。"[1] 为了帮助受苦受难的拓荒者，奥斯汀州长呼吁公众捐赠现金和商品。在很短的时间内，衣服、面粉和其他食物以及现金，都涌进了州长办公室。在 1871 年 10 月 14 日到 1872 年 2 月 14 日之间，明尼苏达州发放了 19508.73 美元的救济款，其中有几千美元来自富有同情心的东部人。[2]

昆虫灾害是拓荒者从 19 世纪 60 年代起就一直面临的一大自然挑战。昆虫研究局的一位博士写道："每年昆虫为害要使一百万人的劳动化为乌有。"[3] 面对各种农业害虫，普通农民几乎一筹莫展。对他们来说，蝗虫、蚱蜢是最可怕的。一种名为"山蝗"的昆虫，在 1862 年首次少量出现在内布拉斯加州，但没有造成什么大的伤害。1869 年，它们在该州的霍尔县等地摧毁了所有作物。这种昆虫的习性是成群结队地在高空飞翔，不时地扑向田野，往往把地上所有的植物都吃光才继续飞行。最常被吞食的谷物是玉米。1874 年 7 月底 8 月初，蝗虫几乎成功吞掉了所有正在生长的玉米，那些将所有劳动都集中在"草地玉米"上的拓荒者，有时被逼到了极度匮乏的地步。[4]

1873—1877 年间，蝗灾袭击了从达科他、内布拉斯加、堪萨斯等州到得克萨斯州北部和密苏里州中部的大部分地区。庄稼长到一半的时候，蝗群如乌云般袭来，遮住了太阳，以至于家禽都归巢了。它们吞噬掉一切绿色的东西：穿过田野把小麦和玉米"收割"一空，毁掉人们栽培的一切菜蔬，吃

---

　　1 Gilbert C. Fite, *The Farmers' Frontier, 1865–1900*, New York: Holt, Rinehart and Winston, 1966, p. 56; Gilbert C. Fite, "Some Farmers' Accounts of Hardship on the Frontier," *Minnesota History*, vol. 37, no. 5 (March, 1961), p. 204.

　　2 Gilbert C. Fite, *The Farmers' Frontier, 1865–1900*, New York: Holt, Rinehart and Winston, 1966, p. 57.

　　3〔美〕S. E. 莫里森等：《美利坚合众国的成长》下卷，南开大学历史系美国史研究室译，天津人民出版社，1980，第 170 页。

　　4 Arthur F. Bentley, *The Condition of the Western Farmer: As Illustrated by the Economic History of a Nebraska Township*, Baltimore: The Johns Hopkins Press, 1893, pp. 29–30.

光树的枝叶、剥光树皮。它们吃了纱窗进入室内，吃了窗帘落在床罩上，品尝着汗水和油脂的味道，啃食着一切木质的农具。它们落在树上，重量足以压断树枝；覆盖在铁轨上，能够截停火车。家禽因为啄食这些昆虫而生病，牛马不愿饮用被蝗虫尸体污染过的河水，而猪和鱼却靠吃虫养肥了，以致它们的肉中都带着一种虫味。为了消灭蝗虫，内布拉斯加州立法将其列为"公敌"，呼吁所有人与之一战，并对拒绝行动者每人处以 10 美元的罚款；明尼苏达州为了鼓励人们把捕获的蝗虫成堆烧掉，发出了每蒲式耳 50 美分的赏金。但面对仍源源不断涌入的成群蝗虫，这些努力的效果可谓杯水车薪。[1]

蝗虫入侵给灾区的农业带来了毁灭性的影响，它们在所到之处留下了贫困和绝望。堪萨斯州威奇托市的《鹰报》这样描述蝗虫的杀伤力：

> 它们来到我们这里，数量很多，数不清，像云上叠云，直到它们扇动的翅膀看似天空扫过的一场暴风雪，直到它们黑色的身体遮盖了地上一切的绿意。几小时之内，许多挂满金黄玉米穗的土地失去了它们的价值，只剩下一片光秃秃的黄色茎秆林赤裸裸地嘲笑着土地的耕种者……

在内布拉斯加州，特别是在中部和西部的一些县，大多数拓荒者的主要作物都被吃光了，农田一片荒芜。州长罗伯特·W.弗纳斯告诉州议员，这意味着移民们失去了"一整年的劳动成果"，他们"没有办法在冬天养活自己和家人并为来年的庄稼提供种子"。一位观察者写道，该州红柳县的 800 名居民中，有 544 人在即将到来的冬天需要帮助，其中有 100 人没有食物或供应不足 5 天。[2]

1　Fred A. Shannon, *The Farmer's Last Frontier: Agriculture, 1860–1897*, New York: Holt, Rinehart and Winston, 1961, p. 152.

2　Gilbert C. Fite, *The Farmers' Frontier, 1865–1900*, New York: Holt, Rinehart and Winston, 1966, pp. 61–63.

在明尼苏达州，1873 年只存在于与艾奥瓦州接壤的西南部地区的蝗灾，到 1874 年蔓延至 28 个县。一位 74 岁的农民在写给州长库什曼·K. 戴维斯的信中说道："我们有一个耕种中的小农场，只有收成好时才能养活我们，但现在我们的庄稼已经连续两年被毁了……蝗虫目前只留下了一点儿玉米和土豆。"1875 年，蝗灾还在继续。一位育有 6 个孩子的农民不得已向州政府申请救济，在他定居于此的四年里，除了一年外，蝗虫每年或多或少都会毁坏庄稼。另一位农民绝望地写道："自从蝗虫入侵以来，这里的食物从来没有像现在这么少过，我真不知道该怎么办。我家里有 8 口人，一旦蝗灾到来，就会完全吃光食物。"1876 年，来自红河谷的新蝗群，侵袭了该州 40 个县，破坏了 50 万英亩的农作物。一位农民给新州长约翰·S. 皮尔斯伯里写信说："上一季，我损失了价值 100 美元的种子，现在只有 20 蒲式耳小麦和一点儿土豆。"[1]

为了救济灾民，堪萨斯立法机关发行了 7 万多美元的债券；内布拉斯加也发行了主要用于购买下一季作物种子的债券；达科他批准了 2.5 万美元的救济款项。在明尼苏达，1871 年州长救济委员会收到了社会捐赠的 1.54 万美元现金，分发给受灾的边疆移民，获赠的衣服、床上用品和给养估计价值 1.1 万美元；1874 年，州立法机关拨款 5000 美元用于直接救济，2.5 万美元用于购买粮食种子；1875 年初，由戴维斯州长指定的一个专为该州灾民筹集资金和物资的委员会，收到了近 1.9 万美元，其中 1 万多美元是受灾地区以外的县响应州长紧急呼吁而捐赠的。联邦政府也以食品和从军队商店购买的服装、鞋子的形式，为灾民提供了 15 万美元。[2]

---

[1] Gilbert C. Fite, "Some Farmers' Accounts of Hardship on the Frontier," *Minnesota History*, vol. 37, no. 5 (March, 1961), pp. 207–211.

[2] Fred A. Shannon, *The Farmer's Last Frontier: Agriculture, 1860–1897*, New York: Holt, Rinehart and Winston, 1961, p. 153; Gilbert C. Fite, "Some Farmers' Accounts of Hardship on the Frontier," *Minnesota History*, vol. 37, no. 5 (March, 1961), pp. 207, 211.

在这波蝗灾之后，西部边疆的定居者又遭遇了让他们手足无措的旱灾。西部半干旱区的降水是周期性的，1887 年之前的十余年是降雨较为充足的时期，从 19 世纪 70 年代中期起降水开始急剧减少，1887—1897 的十年间，只有两年中部和西部的降水量达到了丰年的水平。对于西经 98 度线以西的地区，要种植庄稼，年降雨量必须在 18 到 20 英寸之间，而且雨水在整个生长季节都要均匀分布。在 1887 年以前的连续几年里，年降雨量平均为 21.63 英寸，其中一半分布在作物生长季节，尽管干旱时有发生，但收成尚好。1887 年之后，这里进入了长达十年的干旱期，降雨量远远低于平均水平，几乎使农作物全部歉收。1887 年，堪萨斯州只收获了一半的玉米和小麦；1889 年，在南达科他的埃德蒙兹县，每英亩小麦的平均产量只有 1.72 蒲式耳；1894 年，内布拉斯加州的 91 个县中有 61 个县收成被毁，其中构成该州一半土地的 26 个县几乎颗粒无收。[1]

在西部大平原上，放牧和农作活动都面临着严重的缺水问题。农业部的一位视察员写道："大平原可以描述为按周期闹饥荒的地区。……地平线上一天天地不见有雨云形成，接连几个星期以至几个月不落一滴雨。草都枯萎了，畜群无精打采地在平原上徘徊寻找水穴，庄稼衰败凋残，甚至收获不到一年的种子。"内布拉斯加州 19 世纪 90 年代初期的干旱景象在一位记录者笔下是这样的："干旱超过了一切可能的估计。玉米没有生苗。在那干硬土地的边沿上，野牛草出了芽，但还没到 5 月 1 日就都发黄了。就连河南岸较松软的土里也是什么都没生长。"[2] 得克萨斯州的牧牛大王之一安迪·亚当斯，回忆起早年的一次艰辛的旱季赶牛经历：

---

1 Hallie Farmer, "The Economic Background of Frontier Populism," *The Mississippi Valley Historical Review*, vol. 10, no. 4 (March, 1924), pp. 416–417.

2 〔美〕S. E. 莫里森等：《美利坚合众国的成长》下卷，南开大学历史系美国史研究室译，天津人民出版社，1980，第 27、169 页。

　　良好的多云天气原是会使我们得救的，但实际却不然，竟是一个
一丝儿风也没有的闷热早晨，预示着又一个酷热的日子。我们走上小
道没过两个小时，炎热就变得人畜都不堪忍受了。要不是牛群的那种
状况，一切也许可以平安无事；但是已经三天没有水饮牛，它们变得
躁狂而难以控制了。……我们迎面对着它们抛掷套索，这样做也无效时
只得开枪了；但它们却不顾枪击和硝烟，悻悻地穿过了横挡在它们面前
的骑手行列。[1]

　　干旱又经常伴随着热风，由于热风的盛行，旱灾的破坏力更大。热风以
惊人的速度蒸发掉土壤里的水分，然后使庄稼枯萎。它通常从六月开始，持
续到九月，从日出到日落，日复一日，把本来在六月底有望获得大丰收的田
地，在七月中旬变成一片枯黄。[2]这种天气不仅把缺水的庄稼烤得焦脆，而
且给人畜都带来难以承受的折磨。气温有时高达40多摄氏度，那时即便是
微风也能带来一场灾难。处于灌浆期的小麦萎缩成空壳，除了做鸡饲料别无
他用。玉米枯萎了，茎秆上的叶片变得焦脆。据说在堪萨斯州，有头骡子站
在一片快成爆米花的玉米田里，天气热到把玉米都爆熟了，它环顾四周以为
自己被埋在雪里冻死了。温度较高时，热风吹起，人体内的盐分被榨干，热
得流不出汗，夜晚睡觉时脱掉衣服、盖上湿床单，甚至一夜起来三四次，把
床单重新打湿。[3] H. W. 福格特在《卢普河流域的历史》中记录道："周复一
周，炙热的太阳从万里无云的钢蓝色的天空照耀着。可怕的热风从南方吹
来。它们日复一日不停歇。所有的饲料、杂粮和玉米都没有收成。在那些耕

1　〔美〕S. E. 莫里森等：《美利坚合众国的成长》下卷，南开大学历史系美国史研究室译，天津人民出版社，1980，第21—22页。

2　Hallie Farmer, "The Economic Background of Frontier Populism," *The Mississippi Valley Historical Review*, vol. 10, no. 4 (March, 1924), p. 417.

3　Fred A. Shannon, *The Farmer's Last Frontier: Agriculture, 1860–1897*, New York: Holt, Rinehart and Winston, 1961, pp. 150–151.

作广泛而非集中的地方，产量几乎为零。"[1]

西部周期性的充足降水吸引着往西更远的移民，然而连年的干旱和其他自然灾害又使幻想破灭的拓荒者陷入饥馑状态。约翰·艾斯在《草地与残株》一书中讲述了他母亲一家的故事。这个坚韧不拔的家庭在荒年里勉强度日，当丰年来临时就置办新房子、新谷仓来庆祝。几年里，他们遭遇各种困难，印第安人的劫掠，响尾蛇的威胁，小婴儿爬进蚂蚁堆里被咬噬中毒，猞猁在一个未完工的房子里把婴儿从床上拖走，等等。[2]以上所记录的灾难，都发生在西部边疆上。许多相似的故事也出现在试图立足于荒原的其他拓荒家庭，例如出现在加里·纳什笔下的里坡一家和艾伯森一家。[3]他们满怀希望、抛家舍业地往日落的方向迁移，却悲伤地发现胼手胝足、衣衫褴褛的跋涉和劳作，并没有为自己赢得理想中可以安身立命的土地。有些移民家庭本想开拓西部边疆，却在大自然的重重打击下无奈逃离，他们的悲惨经历揭示了被西进运动凯歌所掩盖的西进农民的经济困境。

三、商品化农业的风险：市场上的剪刀差、交通运输与资本信贷

西部定居者的经济困境不只是由自然灾害造成的，其中很大一部分是由 19世纪后期美国农业商品化过程中所面临的"3 个 M"的问题所引起的，所谓的"3 个 M"是指市场、中间商和资金（market, middlemen, money）。[4]从某种

1 John D. Hicks, *The Populist Revolt: A History of the Farmers' Alliance and the People's Party*, Minneapolis: University of Minnesota Press, 1931, p. 30.

2 Fred A. Shannon, *The Farmer's Last Frontier: Agriculture, 1860−1897*, New York: Holt, Rinehart and Winston, 1961, p. 153.

3 Gary B. Nash, et al., *The American People: Creating a Nation and a Society*, New York: Harper Collins College Publishers, 1994, pp. 564−565. 或参考原祖杰:《在工业化的阴影里: 19 世纪后期美国农民的困境与抗议》,《北大史学》第 15 辑（2010 年），第 314—315 页。

4 David B. Danbom, *Born in the Country: A History of Rural America*, Baltimore: The Johns Hopkins University Press, 1995, pp. 152−154.

程度上讲，这三个问题是南方和西部的农民在商品化农业发展过程中的普遍遭遇，它们与内战后东北部工业区在土地、市场、交通运输、信贷甚至是政府经济政策制定等方面的垄断有密切关系。第二次工业革命带来的剧烈农业变革，把农民拖入垄断资本主义经济的洪流。掩盖在西进运动凯歌和农业资本化繁荣景象背后的，是垄断资本家在土地资源、铁路运输、市场价格和货币政策等方面对农业的控制，西部的开发与南方的重建都建立在东部资本和金融的渗透与控制之上。从生产起步阶段需要购买的土地和农具，到后期的扩大再生产，农业生产者都不得不依靠东部的抵押贷款公司和银行等金融机构。农民既面临着来自国内外市场的竞争压力，又丧失了对农业事务的主导权。长期以来作为主要谋生方式的农业活动，现在成了一种投资与收入比例严重失调的高风险行业。

家庭农业自给自足的诗化图景曾广泛存在于内战前的大部分地区："面包来自玉米地和麦田；牛奶、黄油、奶酪和肉来自牧场；衣服来自不断繁殖的羊群；木材来自森林；糖来自枫树林；皮革来自附近的皮革工场。"[1]但是在内战后，不断绵延的铁路线和轰鸣的机器，把西部和南方农业区与东部和世界市场联系起来。市场成为一切农业活动的指挥棒，它是美国资本主义农业发展的根本动力，也是商品化农民的痛苦之源。在西部和南方的农产品不断进入国际市场的同时，农民对市场的依赖也在逐渐加深，这就意味着他们在面对市场竞争和价格波动时也变得更脆弱了。19世纪的后四十年，世界其他地区的农产品也像美国的一样通过交通运输革命进入全球市场。美国的小麦面临着来自阿根廷、澳大利亚和俄国的国际竞争压力，棉花不得不与埃及和印度争夺世界市场，畜牧产品面临着来自澳大利亚、新西兰和阿根廷大草

1〔美〕查尔斯·比尔德、玛丽·比尔德：《美国文明的兴起》下卷，于干译，商务印书馆，2012，第1126页。

原的竞争。[1]

这一时期，世界农业市场的整体趋势是农产品价格在供大于求的情况下逐步下跌，这一趋势从 1870—1897 年间美国三种主要农作物的平均市场价格的变化上可以清晰地看到：

表 1　1870—1897 年间三种主要作物的平均市场价格（美分）

年份	小麦（每蒲式耳）	玉米（每蒲式耳）	棉花（每磅）
1870—1873	106.7	43.1	15.1
1874—1877	94.4	40.9	11.1
1878—1881	100.6	43.1	9.5
1882—1885	80.2	39.8	9.1
1886—1889	74.8	35.9	8.3
1889—1893	70.9	41.7	7.8
1893—1897	63.3	29.7	5.8

资料来源：John D. Hicks, *The Populist Revolt: A History of the Farmers' Alliance and the People's Party*, Minneapolis: University of Minnesota Press, 1931, p. 56.

表 1 所给出的这些数字并不是农民所收到的实际价格，因为它们没有反映出远离市场的边疆和接近市场的东部在农产品价格上的差别，也没有考虑到经销商的回扣、必要的仓储费用以及产品不能被归入第一等级时的扣除额。[2]事实上，西部和南方的农产品价格要比表格中的数字更低，部分地区的粮食价格竟然低到农民把玉米用作代替煤炭的取暖燃料成为一种普遍现象。这也是为什么在一些人把这一时期农产品价格的下跌归咎于生产过剩时，农民及其辩护者却拒绝相信这一理论。

生产过剩理论的支持者认为，由于美国和世界其他地区农业边疆的迅速拓展，新开垦的耕地过多，导致过量的农牧产品进入市场。尽管消费者的数量也在随着人口的增长而相应增加，但农产品的增长更为迅速，因此大多数

1　Theodore Saloutos, "The Agricultural Problem and Nineteenth-Century Industrialism," *Agricultural History*, vol. 22, no. 3 (July, 1948), p. 165.

2　John D. Hicks, *The Populist Revolt: A History of the Farmers' Alliance and the People's Party*, Minneapolis: University of Minnesota Press, 1931, pp. 56–60.

商品的人均产量都逐年上升，世界市场达到饱和，供过于求的结果就是不可能再获得之前的价格水平。[1]农业人士坚称问题的症结在于消费不足而非生产过剩：

> 只要我们的人民还在挨饿，就不可能出现小麦或肉类的生产过剩。当人们光着脚的时候，就没有靴子或鞋子的生产过剩；当人们穿着单薄的时候，就没有衣服的生产过剩。当成千上万的人因缺乏他们所能生产的物品而受苦时，劳动力就不会过剩；当能找到工作的租户付得起房租时，也不会有太多的房屋。[2]

农民认为农产品的低价格，并不是因为不存在消费需求，而是由某些人为的消费障碍所造成的，他们把抗议的矛头指向了铁路公司、货币政策和中间商。

农民对铁路公司的不满，来自多个方面。首先是铁路公司对土地的垄断。从 19 世纪 50 年代开始，为了鼓励铁路建设，联邦政府把大量的土地赠予铁路公司作为资助。内战后修建的四条贯穿大陆的铁路线，是推动农业边疆西移的重要力量之一。19 世纪下半叶，铁路从联邦那里直接获得的土地超过 1.34 亿英亩，以州为中介获得的土地接近 4900 万英亩。[3]但除了铺设轨道所占用的一小部分土地外，铁路公司将剩余的土地以高价转卖出去，既获得了巨额利益，又控制了铁路两侧的农民。铁路公司与投机商合作推动西部的土地投机浪潮，借此攫取了政府土地政策的大部分实惠。到 19 世纪末，铁

---

1 John D. Hicks, *The Populist Revolt: A History of the Farmers' Alliance and the People's Party*, Minneapolis: University of Minnesota Press, 1931, pp. 57–58.

2 "Overproduction," *National Economist*, November 2, 1889, p. 104.

3 Fred A. Shannon, *The Farmer's Last Frontier: Agriculture, 1860–1897*, New York: Holt, Rinehart and Winston, 1961, p. 63.

路公司共获得 1.8 亿英亩的土地，投机者共购得 2 亿英亩的土地，各州取得 1.4 亿英亩土地，而宅地申请者领到的土地总额只有 0.8 亿英亩。[1]对于一部分小农来说，即使自由土地可以通过宅地的形式获得，他们也情愿花更多的钱去购买距离交通线更近的土地耕种，因为在运输费用高昂的情况下，获取自由土地或每英亩花 1.25 美元去购买距离交通线 20~50 英里的土地，还不如每英亩花 2.5~10 美元去购买铁路旁的土地划算。[2]还有许多拓荒者认为，铁路盗取了原本属于他们的自由或廉价的土地。正如堪萨斯州的国会参议员威廉·佩弗所言，"从前失去农场的人可以往西部去，现在再也没有任何西部可去了。现在他们不得不为他们的家园而战，而不是建造新家园"。[3]

农民对铁路公司的最大不满来自它们所实行的歧视性运费。大部分农产品要想到达东部和海外的市场，必须通过铁路交通来完成，而铁路公司在运费定价上采取歧视性政策。西部的每吨货物每英里的运费，往往是芝加哥到纽约之间的两三倍，而且离东北部越远运费越高。例如，从法戈到德卢斯的小麦运费是从明尼阿波利斯到芝加哥的 2 倍，即使后者的运输距离是前者的 2 倍；而同样重量的货物从达科他地区运到明尼阿波利斯的费用，要比从芝加哥一路运到利物浦的花费还高。[4]同样的问题也存在于南方的农产品运输中，例如在 1890 年底农民自发组织的一次大会上，一个关于交通和运费的委员会调查发现，在不同的铁路线上或在不同地区的同一线路上，存在着严重的差别对待。该委员会给出了以下几个例子：第一，在亚拉巴马州和佐治

1 〔美〕S. E. 莫里森等：《美利坚合众国的成长》下卷，南开大学历史系美国史研究室译，天津人民出版社，1980，第 152 页。

2 Gilbert C. Fite, *The Farmers' Frontier, 1865-1900*, New York: Holt, Rinehart and Winston, 1966, p. 18.

3 John D. Hicks, *The Populist Revolt: A History of the Farmers' Alliance and the People's Party*, Minneapolis: University of Minnesota Press, 1931, p. 72.

4 Fred A. Shannon, *The Farmer's Last Frontier: Agriculture, 1860-1897*, New York: Holt, Rinehart and Winston, 1961, pp. 300-301.

亚州运营的同一条铁路，如果运输相同数量的货物、行驶相同的距离，前者的收费将比后者高出 50% 至 100%；第二，对将一张 100 磅重的犁运输 100 英里，同一家铁路公司在纳什维尔以北的要价比以南的要价多 10 美分；第三，从纳什维尔到蒙哥马利运输一桶面粉要价 34 美分，而对完全在同一条路线上、距离不到原来的 1/3 的伯明翰到蒙哥马利路段，则收取 40 美分。[1]

农业人士指控铁路公司的这种歧视给农民造成了极大的不公，但后者却辩解说这种定价是合理的，因为它们认为运费是依据其提供的运输服务成本来计算的。在西部铁路运输成本会更高，原因有以下几点：第一，恶劣的天气大大增加了煤耗；第二，东西向的运输不平衡，东向运输更多，西向运输很少、空车率很高；第三，大部分运输是季节性的，铁路公司盈利所依赖的谷物运输集中在一年中的几个月。[2] 在南方也是一样，由于缺少大的工业和制造业中心，货物运输量较少，大多数铁路线都是单向运输。[3] 农业区铁路运输的这些特点导致其货运总量难以与东北部相比，因此其运输成本和定价自然也就相对较高了。

但是农民并不接受这种说法，在他们看来，运费应该以生产农作物的成本为基础。当铁路公司对一定数量农产品的运费要价与农民卖出这些产品所收到的价钱一样多或比后者还要高时，这种定价对农民而言是难以接受的。正如一位达科他农民所言，当铁路公司抽取了他所收到的燕麦、玉米价格的一半和小麦价格的 1/3 时，显然这种运费是不合理的。甚至在有些情况下，农民在火车站收到的玉米价格是 9 美分，而铁路公司把这些玉米从内布拉斯

1 *Proceedings of the Annual Session of the Supreme Council of the National Farmers Alliance and Industrial Union*, held at Ocala, Florida, December 2–8, 1890, Washington, D. C.: The National Economist Publishing Co., 1891, p. 51.

2 Hallie Farmer, "The Railroads and Frontier Populism," *The Mississippi Valley Historical Review*, vol. 13, no. 3 (December, 1926), pp. 388–389.

3 Theodore Saloutos, *Farmers' Movement in the South, 1865–1933*, Berkeley: University of California Press, 1960, p. 25.

加运到芝加哥却要价 15 美分。[1]农民也认为，边疆地区的铁路运营成本高、空车率高的部分原因是过度建造。这里的铁路有一部分是推动者在没有考虑或高估未来回报率的情况下建造的，还有一些是专门规划到人烟稀少的地区以便为未来的扩张抢土占地。在农民看来，铁路公司把他们过度建设的损失以极高的运费定价转移到农业生产者身上。但在上述两种情况下，即便收取很高的运费，这些新路线的运营还是有可能亏本。[2]同时，铁路公司还被指控，通过股票注水和过度资本化把需要支付给债券和股票所有人的利息与股息，以高运费的方式转嫁到农民身上。堪萨斯州的铁路委员会曾表示："路线和设备以超过建设时实际成本的 25%~50% 和超过当前价值的 35%~75% 的比例资本化了。"[3]据农业改革者杰瑞·辛普森计算，堪萨斯州 8000 英里的铁路价值只有 1 亿美元，但它们实际上被资本化到 3 亿美元，并发行了 3 亿美元的债券。[4]

　　农民对铁路的敌意也部分来源于后者对政治生活的干涉。各州的政治局面很大程度上受到铁路公司的主导，例如，圣达菲公司在堪萨斯州是力量最强的，伯灵顿和联合太平洋公司共同控制着内布拉斯加州。铁路公司在选择官员和制定法律方面都具有决定性影响，为了确保不会有任何敌视铁路的人出任公职，它们几乎对每一场重要的提名大会都施加了影响。堪萨斯的一份共和党喉舌报刊甚至公然宣布，任何反对圣达菲铁路的候选人都不能当选从乡镇官员到州长之间的任何公职。[5]每当立法机关开会时，铁路游说团体总

1　Hallie Farmer, "The Railroads and Frontier Populism," *The Mississippi Valley Historical Review*, vol. 13, no. 3 (December, 1926), p. 388.

2　John D. Hicks, *The Populist Revolt: A History of the Farmers' Alliance and the People's Party*, Minneapolis: University of Minnesota Press, 1931, pp. 64–65.

3　Hallie Farmer, "The Railroads and Frontier Populism," *The Mississippi Valley Historical Review*, vol. 13, no. 3 (December, 1926), p. 389.

4　John D. Hicks, *The Populist Revolt: A History of the Farmers' Alliance and the People's Party*, Minneapolis: University of Minnesota Press, 1931, p. 66.

5　Hallie Farmer, "The Economic Background of Frontier Populism," *The Mississippi Valley Historical Review*, vol. 10, no. 4 (March, 1924), p. 424.

是在场，以便暗中消除对其不利的提案。在对铁路征税这个特殊而又受到极大关注的敏感问题上，铁路公司往往能成功地避免高税收。为了达到这一目的，铁路公司进行了多少贿赂、腐败和阴谋我们不得而知，不过可以肯定的是铁路通行证是收买人心最有效力的一种方式。州长、法官、铁路专员以及所有其他的公职人员都被赠予免费的通行证，知名律师、编辑、牧师和地方政客也都乐于接受这项特权，甚至连一些反铁路的煽动者在其早期生涯中不仅接受而且还曾乞求这一"殊荣"。[1]一位农民领袖写道："在达科他州，买不起一张2000英里车票的穷人需支付每英里4美分的客运费，而富人以2美分的价格乘车，政客、法官和政府官员则免费通行。"[2]

铁路公司还通过与谷仓塔的所有者、仓储商和中间商合作来控制农业区的经济生活，在西北部的小麦产区这种情况尤为严重。谷仓塔和仓库一般建在火车站附近，有些还为铁路公司所有，它们通过与铁路公司勾结实现对谷物交易的垄断。这种操作方式反映在内布拉斯加州的一个农民组织提交给该州运输委员会的一份声明中：

> 铁路在该州所采用的规则是，授予个人在邻近其铁轨的地面上建设谷仓塔的权利，目的在于运输在火车站购买的粮食，通过这条规则他们有权决定谁能在其铁路线上运输粮食。谷仓塔的运营商从生产者那里购买粮食，通过这个系统在该州的谷物运输中发展出一种绝对的垄断权，由铁路公司所选择的谷仓塔所有者对粮食贸易拥有绝对的控制权，在该州没有人能在这条铁路上运输粮食，除非他是被铁路公司选中的……[3]

---

1 John D. Hicks, *The Populist Revolt: A History of the Farmers' Alliance and the People's Party*, Minneapolis: University of Minnesota Press, 1931, pp. 70–71.

2 Alonzo Wardall, "The Situation in the Northwest," in N. A. Dunning, ed., *The Farmers' Alliance History and Agricultural Digest*, Washington, D. C.: Alliance Publishing Company, 1891, p. 306.

3 Hallie Farmer, "The Railroads and Frontier Populism," *The Mississippi Valley Historical Review*, vol. 13, no. 3 (December, 1926), p. 391.

这种相互勾结造成了竞争的缺失，使得谷仓公司可以通过不平等的产品分级操纵粮食价格。以小麦为例，收购商会按照小麦质量的优劣将其分为几个等级并给出相应的价格，但是由于购买者在谷物交易中处于垄断地位，他们可以任意给产品分级，借此机会压低小麦的价格，而作为交易一方的农民在出售其产品的过程中鲜少享有议价的权利。[1]铁路公司与粮库之间的利益勾连，也部分地决定了它们在收取大小托运人的运费时进行区别对待。与拥有谷仓塔的大托运商相比，没有谷仓塔的地方粮商和农民在运输过程中面临着更大的困难，出货量较小的乡镇在与运输量较大的城镇竞争时也处于不利地位。一些铁路公司明文规定，只给储粮或运输能力达到一定额度的买家或卖家配备车厢。在收获季节，车厢总是不够用，铁路公司更是将它们优先提供给与自己利益相干的粮库。例如，伯灵顿-密苏里铁路公司指示其代理人，从记录中找出五月到十月这半年的时间里"每个发货人所装载的车厢数量，现在把空车厢按他们装载的比例分给他们"，结果就是几乎把所有的车厢指派给了那些粮库。[2]重要的城市、有资本的个人或公司，能得到铁路公司的内部运费、回扣和车厢优惠等待遇。这种不平等现象促使一些人呼吁，"法律面前人人平等是政治自由的一条准则，铁路面前人人平等也应该成为工业自由的一条准则"。[3]

如果说农民在农产品定价的过程中作用微弱，那么他们对自己所需要购买的生产和生活必需品的定价则几乎是完全没有作用的。在一个由托拉斯、联合与联营公司以及垄断商所主导的大企业时代，制造商和经销商之间也没有太大的竞争可言。从农具到化肥，从吃穿到住用，每个行业几乎都形成了

1　John D. Hicks, *The Populist Revolt: A History of the Farmers' Alliance and the People's Party*, Minneapolis: University of Minnesota Press, 1931, pp. 74–78.

2　Hallie Farmer, "The Railroads and Frontier Populism," *The Mississippi Valley Historical Review*, vol. 13, no. 3 (December, 1926), p. 393.

3　John D. Hicks, *The Populist Revolt: A History of the Farmers' Alliance and the People's Party*, Minneapolis: University of Minnesota Press, 1931, p. 68.

自己的托拉斯。西部的农民抱怨有牛肉托拉斯、农具托拉斯和麻绳托拉斯，南方农民则抱怨存在肥料托拉斯、黄麻托拉斯和棉籽油托拉斯。这些垄断力量和铁路、仓储公司一样，对农民所需要的工业制成品随意定价，以个人主义和自由放任之名行经济特权之实。在农民看来，"他的运输费用是由铁路公司给规定了的，他的肥料费用是一个化肥托拉斯给规定了的，他的农具费用是由麦考密克收割机公司给规定了的，他的围栏的费用是由一个有刺铁丝托拉斯给规定了的"。[1]这些费用有一个共同的特点，那就是高昂。

托拉斯规定的工业制成品的出厂价本就不低，在运输过程中铁路公司又收取极高的运费。一些农民认为，高运费使重要商品的零售价格增加了多达50%，这是铁路公司从他们那里收取的一笔间接运费。[2]农民所支付的高价，也有很大一部分落入了一层又一层的中间商手中。得克萨斯州农民曾经算过一笔细账，揭示了制成品在经过零售商、批发商、代理商和厂家等一切中间商之手后，售价比成本价高出了多少。从每件生活用品到每件生产工具，得克萨斯州农民支付的费用一直比制造成本高出 100%~500%。例如，一架自动割捆机的成本价只有 57 美元，却被卖到 335 美元；一台缝纫机的制造成本只有 7.5~10 美元，售价却高达 46~65 美元；一张工厂价为 20 美元、运费为 5 美元的乘式犁，却需要农民支付 65 美元才能买到。仅四轮货车、收割机和轻型马车这三种农具，得州的中间商每年就能赚取 200 万美元的差价。[3]

这一时期政府所实行的保护性关税政策更加助长了垄断集团的气焰，它以保护性价格为东部制造商提供国内市场，而西部和南方的农产品价格却是由国际自由贸易市场上的销售顺差所决定的。高关税保护了工业资本免受国

---

1 〔美〕S. E. 莫里森等：《美利坚合众国的成长》下卷，南开大学历史系美国史研究室译，天津人民出版社，1980，第 173 页。

2 Hallie Farmer, "The Railroads and Frontier Populism," *The Mississippi Valley Historical Review*, vol. 13, no. 3 (December, 1926), p.388.

3 William L. Garvin and S. O. Daws, *History of the National Farmers' Alliance and Cooperative Union of America*, Jacksboro: J. N. Rogers & Co., 1887, pp. 90–91.

际市场的竞争，却给农民带来了双重灾难。一方面，国内的工业制成品价格不断上涨，昂贵的农业用具花费了农场主大部分的生产投入；另一方面，保护性关税阻挡了国外工业制成品的进入，欧洲国家把减少美国的农产品进口作为报复手段，农民沦为直接的受害者。在此情况下，农民成为一个最不受保护的阶级，他们是自由贸易销售和保护性购买制度的牺牲品。在这种经济关系中，作为消费者，农民为高关税商品支付高昂价格；作为生产者，他们中的大多数人是在与世界市场的竞争中销售农产品的。保护性关税因此成为农民大力批判的对象，他们指控这是一种以一个阶级（农民、穷人）的利益为代价保护另一个阶级（制造商、富人）的方式。[1]

这种关税政策把美国农民拖入了"成本－价格"的双重压迫中，是资本主义工农业剪刀差的集中反映。对南方棉农来说，这种情况最为严重，他们不得不在欧洲市场上低价出售生棉，同时又不得不以极高的价格购买棉制品。高关税政策和制成品的垄断力量之间存在着复杂的利益关系，正如一位南方的农民领袖所观察到的，棉农"在世界上最高的市场买进，在最低的市场卖出，日复一日地在烈日下劳作，种植棉花，然后以低于生产成本的价格出售"；而在从生棉运往加工厂到棉纺产品回到棉农手里这一来一往的过程中，棉花经过了层层中间商之手，他们"从顶端开始剥皮"，棉农"从棉花中获得最低的价格，却为棉布支付最高的价格"。[2]伊利诺伊州一位颇具洞察力的农业改革者指出，财富阶层所主导的垄断企业及其背后的政治家总是宣称，对一些产品的进口原材料和国外制成品征以重税是为了保护雇佣劳动力，但每年却有成千上万的农民被国内制成品的高价推搡着挤进已经人满为患的工资阶层。他不禁要替不断走向无产阶级化的广大农民发问："联合

---

1 John D. Hicks, *The Populist Revolt: A History of the Farmers' Alliance and the People's Party*, Minneapolis: University of Minnesota Press, 1931, p. 80.

2 "Speech of Ben Terrell," *National Economist*, March 30, 1889, p. 30.

企业的先生们，请你们告诉我们，当你们把捆扎绳的价格提到高于关税的150%时，用关税保护你们的生意的正义性何在？"[1]

"成本－价格"的双重挤压进一步加剧了美国农民资本短缺的困境，这就涉及他们所面临的第三个难题——资金问题。内战后，为了适应工业资本的要求，联邦政府实行紧缩的货币政策，停发纸币、限制银币、恢复金本位制，导致货币供应不足、物价下跌。从 1865 年到 1870 年，美国的货币储量减少了 1/4，人均流通量从 31.18 美元下降到 20.10 美元。[2] 为了在一个商品化的市场上保持竞争力，农民需要不断地投入通过借贷获得的资金来改良土地、购买机械和组织生产。投机商趁机抬高利率、加紧高利贷活动，负债累累的农民不得不用升值的美元和贬值的农产品来偿还本息，债务成为他们挥之不去的梦魇。在南方，信贷的短缺把大部分农民紧紧束缚在作物留置权制度中。在西部，农民一般选择以农场作为抵押物从贷款公司那里获得来自东部投资者的资金，同时为此支付高额的利息。在农业繁荣的时期，无论是债权人还是债务人都对未来充满希望，因此西部的抵押贷款总量也在迅速地增长。例如，内布拉斯加州用于农场抵押的贷款总额从 1880 年的 758 万美元增长到 1887 年的 2621 万美元。[3] 与此同时，西部各州也背上了沉重的债务负担，负债额相当于其农场土地价值的 1/4。堪萨斯、内布拉斯加和南达科他三州的人均土地抵押负债额分别为 170、126 和 110 美元。在南达科他和堪萨斯的一些县，90% 的农场被用于抵押贷款。[4]

1　Hon. A. J. Streeter, "How to Investigate," *National Economist*, July 6, 1889, p. 242.

2　Fred A. Shannon, *The Farmer's Last Frontier: Agriculture, 1860–1897*, New York: Holt, Rinehart and Winston, 1961, p. 184.

3　Stanley B. Parsons, *The Populist Context: Rural Versus Urban Power on a Great Plains Frontier*, West Port: Greenwood Press, 1973, p. 27.

4　Hallie Farmer, "The Economic Background of Frontier Populism," *The Mississippi Valley Historical Review*, vol. 10, no. 4 (March, 1924), p. 420. 关于西部各州的土地抵押贷款，详见 Allan Bogue, *Money at Interest: The Farm Mortgage on the Middle Border*, Lincoln: University of Nebraska Press, 1955.

1887年西部的土地投机泡沫破碎之后，农民面临着更为严峻的资金困境，这主要表现在以下几个方面。其一，1887年之后，随着东部流向西部的资金总量的减少，农场抵押贷款的利率大幅度增长，数量和款项却骤减。1892年南达科他州只有26%的农场抵押贷款是在1887年之后签订的。1884—1887年间，内布拉斯加州的农场抵押贷款有6000笔，总价值为548万美元，在接下来的三年里，同类贷款减少到500笔，总价值也将降至66万美元。[1] 其二，无法获得农场抵押贷款的农民，被迫转向以动产和一切可以做担保的东西来充当抵押品，尤其是农民的牲畜和农用机械等，贷款利率要比前者高得多。在达科他，许多想要前往东部谋生的家庭，因为他们的马和马车被抵押了而无法离开州境。[2] 其三，作物歉收和农产品价格的下跌，导致农民无力支付在繁荣时期签订的借贷本息，因此丧失了抵押农场的赎回权。以堪萨斯州为例，1889—1893年间，有11122个农场被取消了赎回权，根据抵押合同还有一部分土地未经止赎程序就落入了借贷公司的手中；1895年，在该州的15个县，贷款公司的土地占有率位于75%~90%之间。[3]

在一个财政紧缩的经济环境中，货币价值是在不断升值的，这就意味着农民后来如约偿付的贷款在价值上已经超过了当初他所借的那笔钱。他们逐渐意识到这种经济体制在本质上的邪恶，一位西部农民不无嘲讽地写道：

> 内布拉斯加种植了三种重要的农作物。一种是玉米，一种是运费，另一种是利息。一种是由农民在其农场上辛苦劳动生产的，另外两种则是由那些坐在办公室里或银行柜台后面、以农民为经营对象的人生产

---

[1] Hallie Farmer, "The Economic Background of Frontier Populism," *The Mississippi Valley Historical Review*, vol. 10, no. 4 (March, 1924), p. 419.

[2] John D. Hicks, *The Populist Revolt: A History of the Farmers' Alliance and the People's Party*, Minneapolis: University of Minnesota Press, 1931, p. 83.

[3] Hallie Farmer, "The Economic Background of Frontier Populism," *The Mississippi Valley Historical Review*, vol. 10, no. 4 (March, 1924), p. 420.

的。玉米连产量的一半都算不上，运费完全能达到平均数，而利息这种作物充分展示了内布拉斯加的无限资源和繁荣。当玉米歉收时，利息的产出却大幅度提高了。[1]

许多拓荒者是在经济能力不足的情况下获得土地的，他们希望用农场的直接利润来支付购买土地的费用。他们中有许多人为了改良土地而把土地抵押了，还有更多人为了生计陷入债务泥淖。当这些人最终发现西部的农业收益非常不稳定时，他们的抵押贷款已经到期了。在丧失农场和其他抵押品赎回权的农民中，有能力者带上全部家当迁回东部，那些被困在西部的则以佃户的身份留在了农场。[2]

在农产品价格下跌、运费高昂、中间商盘剥、信贷不足、利息偏高、债务负担过重、收成失败等不利因素的综合作用下，农民陷入了"成本-价格"的双重危机中。一方是不断上涨的生产生活成本，另一方是持续下滑的收入水平，农业在 19 世纪末已经成为一种入不敷出的行业。

表2　1893 年中西北部三州每英亩土地的农业投入与产出（美元）

中西北部三州	成本		售价		近十年的平均售价	
	玉米	小麦	玉米	小麦	玉米	小麦
堪萨斯	8.6	9.04	6.6	3.53	7.9	9.41
内布拉斯加	9.41	9.32	6.8	3.48	7.58	6.87
南达科他	8.89	8.57	5.93	5.93	8.67	7.52

资料来源：Hallie Farmer, "The Economic Background of Frontier Populism," *The Mississippi Valley Historical Review*, vol. 10, no. 4 (March, 1924), p. 419.

如表2所示，这一时期的农业生产对农民来说已经很难再维持生计了。农业生产日益加剧的不稳定性，给整个社会带来的后果就是农民群体的挫

---

1 John D. Hicks, *The Populist Revolt: A History of the Farmers' Alliance and the People's Party*, Minneapolis: University of Minnesota Press, 1931, pp. 83-84.

2 C. F. Emerick, "An Analysis of Agricultural Discontent in the United States, II," *Political Science Quarterly*, vol. 11, no. 4 (December, 1896), p. 614.

败、不满、迁移和动荡不安。与工业化和城市化高歌猛进的状态相比，整个乡村社会弥漫着一种农业萧条的愁云。在此情况下，农业生产者发生了分化——少数人上升为机械化的大农场主，大部分人则成为惨淡经营的租佃农场主和农业工人，由后者组成的"庞大的佃农和债务人阶级（这个阶级在每一次周期性萧条中都扩大了）"，[1] 为了降低农业经济的不确定性，从 19 世纪 70 年代起便开始投身于各种互助组织的经济自救活动中。面对商品化农业给他们带来的种种风险，这些农民在 19 世纪的后三十年里团结起来向政府和社会发出抗议与改革之声，要求农业群体的利益得到重视和保护。

四、孤立分散的生活方式

"孤立的农庄是美国乡村生活的特色，它控制着农舍的布局和农家的物理环境。"[2] 美国大多数地区的农民家庭遵循一种分散的定居模式，每个农场一般只有一个住所，也只有经营者一户人家生活在那里，不管这个农场是为他们自己所有还是其租来的。在这种由家庭经营的农场单位制度之下，美国大多数农户的近邻相对较少，分散的农场虽然与其他农场的土地直接毗连，但农户的住宅很少有与其他住宅尽可能接近的。因此，农户在原则上和事实上都是彼此分离的，许多农民在自家农舍里看不到别的房子，也找不到别的农家，每个家庭单位都被隔离在自己的日常生活中，与人口较为密集的村镇或城市之间隔着很远的距离。这样的居住环境使得美国农民的生活方式不仅有别于城市居民，也与许多欧洲国家普遍存在的居住习惯和乡居模式大不相同。无怪乎有研究者会感慨道："世界上没有任何一个国家像美国这样，有

1〔美〕查尔斯·比尔德、玛丽·比尔德：《美国文明的兴起》下卷，于干译，商务印书馆，2012，第 1134 页。

2 Charles Josiah Galpin, *Rural Life*, New York: The Century Co., 1920, p. 15.

如此多的农民家庭以分散和孤立的方式生活着。"[1]

19世纪末，一位西部定居者经过十年观察后，如此比较了欧洲农民和美国草原农民的生活。在欧洲，村里有学校和教堂，妇女们时常互相串门或在井边闲聊，孩子们在附近玩耍，老人们聚在一起抽着烟斗、谈论着庄稼，年轻人在草地上运动、游戏，邮差、驻镇士兵、神甫、小贩等经常出现。乡村生活的快乐一面，可以减轻人们的劳苦和困顿，打破了日常生活的单调。而在美国，农场之间的平均距离都在半英里以上，许多定居者必须走一到两英里才能到达邻居的家。这种情况不仅出现在西部边疆，而且出现在人口相当稠密的农业区。在西北部大草原，"每一英里都几乎和另一英里一模一样"，邻里之间因为相隔甚远而很少走动，孩子们的学校在一到三英里之外，冬天一到每户人家都关在小木屋里生活，驾车进城几乎是唯一的消遣。大草原枯燥乏味的农场生活最容易让那些来自活泼小乡村的斯堪的纳维亚人失去精神平衡，毕竟"从挪威峡湾的白墙红顶的村庄、教堂和学校，蓝色海湾上的渔船，高耸入云、入雪原的绿色山墙，到达科他大草原上的一间孤立的小屋"之间，存在着难以形容的巨大变化。[2]

至于美国农民为何会形成这种孤立分散的生活方式，存在着不同的说法。有些人将这种居住习惯追溯至殖民地时期，认为西部宅地式的孤立农庄是从那些通过分割大地产以定居的中部殖民地发展而来的。[3]这并不意味着殖民地时期的农民是彼此孤立的，因为孤立与否的衡量标准不仅只有距离远近，也包括人际接触的多寡。殖民地的农场不大，基本上能实现自给自足，农户们通常住在一起，交往也很便利。但随着西进运动从18世纪末以来的

1 Carl C. Taylor, et al., *Rural Life in the United States*, New York: A. A. Knopf, 1949, p. 86.

2 E. V. Smalley, "The Isolation of Life on the Prairie Farms," *Atlantic Monthly*, vol. 72, 1893, pp. 378–380.

3 Paul H. Johnstone, "Old Ideals Versus New Ideas in Farm Life," in *Farmers in a Changing World, U. S. Department of Agriculture Year-book*, Washington, D. C.: United States Government Printing Office, 1940, p. 120.

全面铺展，个人和家庭从紧凑的殖民地中分离出来，大批迁往内陆。由于距离、气候和地形，这些西迁寻求宅地的农场家庭或多或少地走向孤立，这一趋势一直持续到 19 世纪末西部农业边疆关闭。在西部的小麦产区，最早的经济和社会生活中心是喧闹的牛镇。当新移民到达时，放牧人并不欢迎他们。农场的家庭坐落于孤立的宅地上，房子通常是用草皮或柏油纸建造的。[1]在驿站沿线的那些公路牧场上的生活固然是孤寂的，但被肥沃土壤和自由宅地吸引而来的拓荒者们，常常住在更为偏僻的地区，过着一种更为孤寂的生活。[2]

　　一些人认为，这种隔离与孤立是出于农民心理上的自愿。躲藏在茂密树林里的农舍远离路人的凝视，农民在那里过着不为人知的私人生活，孤独空旷的农庄同样也被用以逃避来自拥挤城市的精神压力。[3]例如，加利福尼亚州的范考特太太在其回忆录中曾写道，自己生长于纽约州奥尔巴尼以东 18 英里的一个乡村，后移居到离家 7000 英里的旧金山。1856 年，她的丈夫厌倦了城市生活，在圣克拉拉山谷租了一个奶牛场。这个山谷遍布着高大的老橡树，她们一家看上去像是住在森林里，最近的邻居也在半英里之外，一眼望去不见房屋。[4]这种有意为之的孤立生活通常遭到诟病，尤其是考虑到那些随父母一起过着这种离群索居生活的年轻人。对他们而言，外界的社交活动还有着强大的魅力，他们很难在孤立的农场得到充分的发展，因此这种"不必要的孤立就是对灵魂的一种犯罪，因为它放弃和牺牲了宝贵的机会"。即使父母在养育孩子的过程中做出了很大的牺牲，对城市生活的渴望还是会

1　Carl C. Taylor, et al., *Rural Life in the United States*, New York: A. A. Knopf, 1949, pp. 391, 522-523.

2　Everett Dick, *The Sod-house Frontier, 1854-1890: A Social History of the Northern Plains from the Creation of Kansas & Nebraska to the Admission of the Dakotas*, New York: D. Appleton-Century Co., 1937, p. 103.

3　Charles Josiah Galpin, *Rural Life*, New York: The Century Co., 1920, p. 17.

4　Mr. E. A. Van Court, "Reminiscences," quoted from Ruth Barnes Moynihan, Susan Hodge Armitage, Christiane Fischer Dichamp, eds., *So Much to be Done: Women Settlers on the Mining and Ranching Frontier*, Lincoln: University of Nebraska Press, 1998, pp. 18-19.

促使年轻人有朝一日抛下他们、前往城镇谋生。[1]

也有人将孤立的农场生活习惯归因于美国的土地制度和农民的群体性格。按照美国的土地法，拓荒者必须要在其所申领的土地上生活几年才能获得土地所有权，他们所申领的土地一般被划分成棋盘格的形状，大小通常为 160、320 或 640 英亩。由于部分土地是为州政府、投机者或抵押公司所有的空地，还有一些是被早期定居者抛弃了的荒地，因此除了若干由门诺派教徒组建的特殊宗教社区，那些追求宅地的西迁移民只能在离群索居的地方建立家园。此外，普通的美国农民身上有一种顽固的个性，不喜欢亲密的交往。他们承袭了几代人所坚持的孤立的生活习惯，认为农民必须生活在自己耕种的土地上。在西进拓荒的过程中，存在着一些为了改掉这一习惯而进行的小规模的尝试，但这些试图创建一种更友好的生活方式的努力都以失败告终。例如，在达科他的拓荒早期，一些宅地相邻的家庭曾有意在邻近的角落建立临时住所，但几年后他们便搬到了盖在宅地另一边的更好的农舍，原因是自家的鸡和邻居家的鸡总爱混在一起。[2]

关于农业的著述，通常把农民孤立的生活习惯与他们操劳农事的辛苦相提并论，甚至有人指出"孤立是实现个人的美好生活和一种强大、富有、同质的民族文化的最困难障碍之一"。[3] 在 19 世纪后期的一些讨论中，孤立分散的农场生活遭到了严厉的指责。例如，一位有识之士在 1872 年指出，说他们缺少社交机会可能会让有些农民觉得是一种蔑视和侮辱，毕竟他们经常会驾着马车去市场或邮局。但他们那些总是待在家里的孩子们却是在实实在

---

1 Dr. J. G. Holland, "Other People's Opinions: The Loneliness of Farm Life," *The Advance*, May 30, 1872, p. 7.

2 E. V. Smalley, "The Isolation of Life on the Prairie Farms," *Atlantic Monthly*, vol. 72, 1893, pp. 379–381.

3 Howard R. Tolley, "Some Essentials of a Good Agricultural Policy," in *Farmers in a Changing World*, *U. S. Department of Agriculture Year-book*, Washington, D. C.: United States Government Printing Office, 1940, p. 1163.

在地遭受着孤立之害：

> 随着年龄的增长，他们不会变得更明智、更好，而是在无意义的乏味中失去生命所有的魅力；他们的思想和心灵不是变得成熟了，而仅仅是干涸或腐烂了。我们完全确信美国农业生活的一大祸患是它的孤立。……如果我们想要有更多、更好的人口从事农业，就必须避免孤立，且今后的整个定居政策必须受到社交因素的控制或由它来大幅度修订。

在他看来，所有人都应该定居在乡村而非分散的农场，会议、演讲、公众娱乐、社交集会等都应该是容易触及的，"如果农民的社交生活更丰富，他的生活也会更有吸引力"。自然，在当时距离是妨碍自由社交生活的最重要因素，漫长的路途是阻碍邻里交往的主要屏障。[1]

到 19 世纪 90 年代，有人建议通过制度安排引导农民抛弃孤立的农舍、在紧凑的定居点聚集成村落。这种观点认为，随着边疆的终结，西部各州的土地所有权已然相当完善，完全可以将土地重新划分成肥沃度和价值几乎一致的地区。定居者们通过将其住所搬到一片位于中心位置的绿地上，形成一个作为核心定居区的中央村落，那里会逐步建立起校舍、教堂、商店和邮局，成为一个邻里之间互帮互助的友好社区。农民不必生活在他们所耕种的特定土地上，只需白天结伴出去劳作，晚上回到村里的家中休息。如果能把人们聚集到这样的小村庄里，还有可能恢复几十年前的家庭手工业以开源节流，人们也就不会再在长达四五个月的漫长冬日里无所事事了。这种新制度最好先由农民群体的顶端阶层（如兴旺农场的所有者）来实施，通过建立模

1　Dr. J. G. Holland, "Other People's Opinions: The Loneliness of Farm Life," *The Advance*, May 30, 1872, p. 7.

范农业村来带动底层农民的参与。[1]

从 20 世纪的乡村发展来看，这一建议只是一种关于农业生活的美好畅想。尽管随着通讯、交通条件的改善美国农民生活的孤立状态已经大大弱化，但与城市里的其他从业者相比，农业生产者的个人和社会孤立程度更高，与他们每花一个小时跟非农业人员接触相对应的是，他们会花一百个或更多的小时在其农场或完全在其家庭圈子里相对孤独地工作。[2]

孤立分散的居住环境对农民的生产、生活产生了诸多影响。首先，这种定居模式制约着农民家庭的贸易习惯。由于农业城镇一般不是农民家庭的居住地，农户通常有三个买卖中心：十字路口的乡村商店、乡村小镇和城市。[3]每周的市场日是农民与"外部"世界接触的难得机会。19 世纪 90 年代的典型农夫在这一天会套好他的马车或骡车，载着他的家人前往县城或附近大一点的城镇。在那里，他们购买一周的所需用品，把农产品出售或委托给当地的代理商，取回这周的信件和报纸。对于大多数乡下人而言，每隔几天进城一次，使他们有机会定期感受到"城市生活"的魅力。[4]在大草原上寒冷的冬天，庄稼人为了能瞥见比孤立的农场更为广阔、舒适的生活，宁愿顶着肆虐的狂风聚集到附近城镇的商店，设法享受一点社交的乐趣。[5]零度以下的恶劣天气也不能妨碍农民的马车出行，他们把干草或麦秆放在车床上，用厚厚的衣服和毯子将自己包裹起来，毫不犹豫地赶往 8 或 10 英里外的城镇、教堂等地。[6]

1 E. V. Smalley, "The Isolation of Life on the Prairie Farms," *Atlantic Monthly*, vol. 72, 1893, pp. 380–382.

2 Carl C. Taylor, et al., *Rural Life in the United States*, New York: A. A. Knopf, 1949, p. 9.

3 Charles Josiah Galpin, *Rural Life*, New York: The Century Co., 1920, p. 86.

4 James Turner, "Understanding the Populists," *The Journal of American History*, vol. 67, no. 2 (September, 1980), pp. 364–365.

5 E. V. Smalley, "The Isolation of Life on the Prairie Farms," *Atlantic Monthly*, vol. 72, 1893, p. 380.

6 Gilbert C. Fite, *The Farmers' Frontier, 1865–1900*, New York: Holt, Rinehart and Winston, 1966, p. 221.

其次，相对孤立的生活方式影响了农民的心理和思维。一方面，与其他从业者相比，农民与家庭以外的人相接触的需求和机会都少得多，因此造就了他们深思熟虑、坚忍不拔和独立自强的品性。另一方面，受社会孤立的影响，农民的思维也较为狭隘，主要关心家庭和邻近社区发生的事情。[1]分散的居住特征导致农民的职业过程也是孤立的。土地的所有者和经营者是独立的，他们的生产、生活很少受其他人员的控制；土地上的劳动者也是独立的，他们独自在田中劳作，以家畜为伴，在劳动速度和节奏上按照自己的方式进行，思想不受外界的刺激和干扰。[2]

此外，农场家庭与其他家庭的相对隔绝，致使农民在日常生活中比任何其他主要职业群体花在家庭和社交活动上的时间都要多。[3]农民尽管身处孤立、分散的生活环境中，但"家庭依恋和农庄亲密的价值观是这种独立生活方式的条件"。[4]对西部拓荒者而言，家庭事务最能令他们感到宽慰和快乐。堪萨斯的一位拓荒者伊拉姆·巴塞洛缪记录了他们一家1881年是如何装饰圣诞树的，他说这个愉快的夜晚给年幼的孩子们留下了深刻印象，成为他们记忆中的一个亮点。内布拉斯加州的约翰·桑伯恩同样记录了他们家在1887年的平安夜布置了一棵漂亮的圣诞树，他父母从伊利诺伊州寄来给所有人的礼物，另外三对夫妇带着孩子参加了这场"非常成功"的聚会。[5]与亲戚之间的走动，也是支持定居者坚守在边疆宅地的力量源泉之一。一位明尼苏达的妇女把对她娘家亲戚的拜访看作一项"盛事"，即使这意味着她要坐着牛车跋涉15英里。[6]

---

1 Carl C. Taylor, et al., *Rural Life in the United States*, New York: A. A. Knopf, 1949, pp. 499–500, 507.

2 Charles Josiah Galpin, *Rural Life*, New York: The Century Co., 1920, pp. 22–23.

3 Carl C. Taylor, et al., *Rural Life in the United States*, New York: A. A. Knopf, 1949, p. 39.

4 Charles Josiah Galpin, *Rural Life*, New York: The Century Co., 1920, p. 18.

5 Gilbert C. Fite, *The Farmers' Frontier, 1865–1900*, New York: Holt, Rinehart and Winston, 1966, p. 220.

6 Glenda Riley, *The Female Frontier: A Comparative View of Women on the Prairie and the Plains*, Lawrence: University Press of Kansas, 1988, p. 74.

　　欧洲移民在刚到达新大陆的西部时还是陌路人，其民族起源上的差异加剧了这种陌生感，他们不同的工作和生活方式也为彼此之间的社会联系和融洽相处制造了障碍。尽管如此，拓荒者内心无处不在的孤独和相互帮助的渴望，还是将这些陌生人变成了邻居。毕竟"人人都需要社会交往，这是除了食物、燃料、住处和衣物之外快乐生活最必要的东西"。[1]边疆生活中的社交活动包括邻居互访、独立日和圣诞聚会、集中在当地学校的各种社团比赛等。伊拉姆·巴塞洛缪保存了一份在 1880 年拜访过他家的客人名单，总数高达 1081 人。为了打破边疆地区单调乏味的农场生活，一些农民几乎每天都有外出计划。[2]冬季的狩猎比赛带有鲜明的西部特色，是草原定居者主要的娱乐活动，"每个社区都期待着这一天的到来，就像东部城市盘算着感恩节橄榄球赛一样"。各种猎物被标好了分数，人们在两个猎手的带领下分成两队，从拂晓到日落都忙着争夺荣誉。夜幕降临时，猎人们带着战利品凯旋。分出胜负后，女人们从输掉比赛的一方那里挑出一些猎物做成美味的盛宴，男人们一边享受热气腾腾的兔子馅饼或多汁的烤鹿肉，一边讲述着白天的狩猎趣事。宴毕，出席的老老少少都会伴着乡村小提琴手的乐器跳上一整夜的舞。[3]

　　被家内杂事所困的农家妇女，尤其依赖邻居之间的互访来缓解孤独之感。她们通常会带着孩子和一些缝补之类的活计去拜访一位女性朋友，后者在接受拜访的同时也会继续手头上洗衣、做饭的工作。或者是来访者只身前来帮助被访者料理家务，后者在下次回访时也同样会给前者帮忙。有时她们会因一场大家缝或薅羊毛的活动聚集到一起，借机享受彼此的陪伴。[4]事实

1 E. V. Smalley, "The Isolation of Life on the Prairie Farms," *Atlantic Monthly*, vol. 72, 1893, p. 380.
2 Gilbert C. Fite, *The Farmers' Frontier, 1865–1900*, New York: Holt, Rinehart and Winston, 1966, pp. 219–220.
3 Charles Moreau Harger, "Phases of Western Life III-Winter on the Prairies," *Outlook*, January 20, 1894, p. 126.
4 Sandra L. Myres, *Westering Women and the Frontier Experience, 1800–1915*, Albuquerque: University of New Mexico Press, 1982, p. 169.

上，农场上的女性比男性更渴望社交生活，因为她们通常家务缠身，不像男人们那样有更多进城的机会。在西部的历史中，边疆妇女为人熟知的一个形象是孤独，她们远离故土和伴侣，是孤立的荒野生活的受害者。女性定居者遭受的最普遍折磨是缺少陪伴，因为男人经常不在家，她们大多数时候都是一个人待着。堪萨斯州的艾玛·米切尔·纽在回忆起早期的拓荒生活时，印象最为深刻的是发现自己有了一位邻居太太之后的无限喜悦。她表示，自己通常不忍走到窗前向外看，因为目之所及都是草原，没有一处房子；但定居在那里三个月后，她的孩子们因为看到一个正从山上过来的女人而兴奋地冲进家门，原来邻居的草泥墙房隐藏在一座小山之后。[1] 新墨西哥州的一位农家妇女居住在牧场上，两个月没见到马车和其他女性，她不禁哀叹道："没有一个人从这里经过，噢，我是如此孤独，真是太糟糕了。"另一位边疆妇女记录道："噢，我感觉一天天、一周周都是多么孤独，多么孤独啊，我还得在这个偏僻的地方待多久啊……"[2]

　　孤独是 19 世纪的农村女性普遍遭受的一种情感困境，但在西部的边疆生活中它是对女性心理状况影响最大的一个因素。尤其是在某个地区的拓荒初期，女性的日记、信件记录了她们的不满、孤独和思乡之情。一些女性患上抑郁和头痛，一些身心俱疲，还有一些人甚至发疯了。[3] 这种孤独有时源于孤立的生活环境。1870 年随丈夫西迁到科罗拉多进行定居试验的安妮·格林表示，她家在新土地上搭起的帐篷几乎每天都会被风吹倒在地，"说我想家、沮丧和孤独，只是对我的感觉的模糊描述"。移居亚利桑那的安吉莉·米切尔·布朗在 1880 年 9 月 23 日的日记中写道，自己有生以来

1　Carol Fairbanks and Sara Brooks Sundberg, *Farm Women on the Prairie Frontier: A Sourcebook for Canada and the United States*, Metuchen: Scarecrow Press, 1983, p. 44.

2　Quoted from Sandra L. Myres, *Westering Women and the Frontier Experience, 1800–1915*, Albuquerque: University of New Mexico Press, 1982, p. 167.

3　Glenda Riley, *The Female Frontier: A Comparative View of Women on the Prairie and the Plains*, Lawrence: University Press of Kansas, 1988, p. 71.

第一次感受到被抛弃和想家的滋味，她周围的居住环境"本身就是一片荒凉"，没有田野、没有树木，房子附近没有阴凉、周围没有门廊、里面也没有家具。[1]

　　虽然随着西进运动的加速，新的拓荒者不断到来，大部分土地都在被占用、开垦，边疆农民在物理意义上的隔绝并不会持续很长时间，但他们的孤独之感却没有随着孤立状态的弱化而终结，毕竟孤立和孤独不是一回事。孤独更多地源于拓荒者对故土、老朋友和家人的悲伤思念。男性并非没有经历女性频频表现出的那种思乡和孤独之痛，只是他们通常比较克制，不太能将自己所遭受的与传统家庭和友谊体系分离的情感创伤直接说出来。达科他一位年轻的宅地追求者，在描述了他与城镇和邻居之间的隔绝后说道："在我习惯之前，我所申领的宅地是一处孤独之地。"[2]一位作为当地三位女性之一的北达科他定居者直接表示："我自然很孤独，渴望女性朋友。"对女性陪伴的渴望，甚至能使边疆妇女超越年龄、种族、肤色、语言和文化的界线。20世纪初定居在俄克拉何马州的莱奥拉·莱曼在家里晾衣服时，遇见了一位找上门的土著妇女，两人很快成为密友。[3]

　　正是因为周围是孤立分散的生活环境，农民才更需要互相帮助、彼此依赖，各种互助组织也由此应运而生。内战后，农民俱乐部如雨后春笋般出现在乡村地区，其目的是"克服被首次广泛视作社会障碍的孤立状态，并培养农村人民的智识兴趣和能力"。[4]格兰其作为内战后第一个影响波及全国的农

1　Quoted from Ruth Barnes Moynihan, Susan Hodge Armitage, Christiane Fischer Dichamp, eds., *So Much to be Done: Women Settlers on the Mining and Ranching Frontier*, Lincoln: University of Nebraska Press, 1998, pp. 124, 270-271.

2　Sandra L. Myres, *Westering Women and the Frontier Experience, 1800-1915*, Albuquerque: University of New Mexico Press, 1982, pp. 167-168, 170.

3　Glenda Riley, *The Female Frontier: A Comparative View of Women on the Prairie and the Plains*, Lawrence: University Press of Kansas, 1988, p. 99.

4　Paul H. Johnstone, "Old Ideals Versus New Ideas in Farm Life," in *Farmers in a Changing World, U. S. Department of Agriculture Year-book*, Washington, D. C.: United States Government Printing Office, 1940, p. 133.

民互助组织，不仅将分散孤立的农民聚集、整合成一支具有议价能力的强大经济力量，更为他们单调乏味的农场生活注入了活力和乐趣。格兰其所组织的社交活动对农民形成了持久的吸引力，"对于孤立的农民，看到马车长队连成一支有力纵队的确是一种鼓舞。在美国人的生活中，可能还没有出现过其他的社会力量更有助于提高乡民的生活水平、激发勇气和自信、缓解孤立的农村家庭的孤寂"。[1]

哈姆林·加兰在他那本名为《中部边境之子》的著作中，描述了西部农民对格兰其社交事务的密切关注。格兰其在冬天组织"牡蛎晚餐"、辩论会和歌文诵读会等，在春夏则举办盛大的野餐，"出席的人几乎和看马戏的人一样多"。在 19 世纪 70 年代早期，格兰其会议是农民的日历上非常重要的日子。年轻人盼望了好几个星期，就等着在这一天把自家的敞篷马车拉出来洗净、擦亮，带着装满食物的篮子和漂亮的姑娘去赴会。各分会依次聚集在会场，在写着各自格言的大横幅下，由系着红腰带的领队带领着前进，有些还有乐队相伴。看着那些长长的马车队蜿蜒在车道上，在十字路口彼此连接，最后聚集成一支大纵队向前推进，总能让农民感到鼓舞人心。"在美国的乡村生活中，没有比这更如画、更令人愉快、更有益的东西了。每一次聚会都是对农场暗淡的寂寞生活的一种极大解脱。"[2]继格兰其之后的其他农民组织也都承袭了其社交功能，这推动了 19 世纪后期的农民联合和平民主义运动的兴起。根据詹姆斯·特纳的研究，成为平民党人的农民，大都是生活在主流社会之外或边缘的乡下人。"平民主义对渴望社会生活的农民家庭很有吸引力——因此它的特点是政治集会、野餐和不断的亲善。"[3]

---

1 Everett Dick, *The Sod-house Frontier, 1854–1890: A Social History of the Northern Plains from the Creation of Kansas & Nebraska to the Admission of the Dakotas*, New York: D. Appleton-Century Co., 1937, p. 314.

2 Hamlin Garland, *A Son of the Middle Border*, New York: The Macmillan Company, 1920, pp. 164–166.

3 James Turner, "Understanding the Populists," *The Journal of American History*, vol. 67, no. 2 (September, 1980), p. 367.

* * * * * *

　　内战前便已开始的从自给自足农业向资本主义农业的转型，在 19 世纪后期的第二次工业革命的推动下，更为快速和彻底地向全国铺展开来。被工业化和商品化农业大潮裹挟向前的广大农民，丧失了自耕农社会中的田园生活和安稳状态，面临着来自市场经济的各种风险。在南方，分成租佃制和作物留置权制度将众多的自由民和中下层白人农民困在穷困潦倒的境遇中长达半个多世纪。在西部，西进运动的凯歌掩盖了草原和平原上的拓荒者在承受由恶劣的自然环境和灾害带来的苦难与艰辛时所发出的哀鸣。随着工业资本主义的强势崛起，美国农民还遭受着垄断资本通过金融操控、通货紧缩、贷款高利率、铁路高运费和保护性关税等政策强加于身的种种限制和盘剥。而美国乡村社会中长期以来存在的孤立分散的生活方式，加剧了身处经济困境之中的农业家庭的孤立无援。原本代表着独立、自由、平等、民主等美德的农耕生活，现在变成了一种难以维持个人体面、入不敷出的高风险行业。经济和社会劣势促使个体农民走向联合，在自发结成的各种互助组织中寻求帮助和慰藉。

第三章
19 世纪晚期美国农妇的困境

    到 19 世纪中期，从城市中产阶级文化中发展出来的"分离领域"的学说已经在美国文化中占据支配地位。随着工作与家庭的空间分离，人们相信，"男人和女人生活在不同的世界里，有着不同的道德准则"。在女性所属的私人领域，"对家庭生活的崇拜"既赞美女性在家中的角色，又把她们限制在家中。[1] 它强调上帝赋予女性的角色是妻子和母亲，女性在家中扮演中心的角色，她们应该为家人树立道德榜样，创造一个远离外部世界残酷现实的、舒适而安宁的避风港。

    尽管这些关于家庭生活和性别身份的观念起源于城市文化，但到 19 世纪中期也开始渗透到农村地区。农村没有经历发生在城市的工作与家庭的空间分离，但"农村人也区分了女性和男性的领域"，只是农村没有完全封闭的性别分工，"与城镇相比，农村划分女性和男性领域的界线没有那么明显，而且更常被跨越"。[2] 工业化和农业商业化为一些富裕农场的女性创造了退出田间劳动的可能，这些女性可能经历了性别分工和家庭经济角色的变化。但

---

1 Lynn D. Gordon, Review on Karen J. Blair, *The Politics of Domesticity: Women, Evangelism and Temperance in Nineteenth-Century America*, and on Barbara Leslie Epstein, *The Clubwoman as Feminist: True Womanhood Redefined, 1868–1914*, *Signs: Journal of Women in Culture and Society*, vol. 7, no. 4 (July, 1982), pp. 891–892.

2 Donald B. Marti, *Women of the Grange: Mutuality and Sisterhood in Rural America, 1866–1920*, New York: Greenwood Press, 1991, p. 9.

即便是在富裕的、进步的农场家庭中，"对家庭生活的崇拜"也被农场生活的现实所削弱和改变，它在农村社会不太富裕和不太开明的阶层中所产生的影响更是微乎其微。[1] 在很多较小的农场，即便在农业商业化很久之后，女性的劳动仍然很重要。尽管如此，夫权社会的男性往往对女性的贡献视而不见，不承认农村女性的经济活动是农业经济的一部分。

农妇劳动从属地位的一个表现，是农场家庭对女性使用的设备缺乏资本投资，这也被认为是导致农妇过度劳累的主要原因之一。而在 19 世纪末20 世纪初，农妇过度劳累的话题甚至上升为一种主流公共话语。[2] 为此，农业专家批评那些让妻子在田间劳作的农场主，建议农妇像城市家庭主妇一样专注于家庭生活。然而，这些男性农业专家可能并不了解农妇。在很多情况下，农妇们把自己的劳动视为苦差事可能与她们缺乏对工作的选择权和支配权有关。[3]

一、农妇繁重家务的主要"苦差事"

最早在 19 世纪 40 年代末，农业报刊上关于农妇苦差事的抱怨明显增多，不过这在当时还是不寻常的。但到了 19 世纪 70 年代中期，农妇针对她们充满苦差事的生活表达不满情绪已经是普遍现象了。[4] 通过在 1865 年到 1895年间的报纸、书籍和大量发行的杂志中查找有关农村女性的信息，诺顿·贾

---

1 Hal S. Barron, "Listening to the Silent Majority: Change and Continuity in the Nineteenth-Century Rural North," in Lou Ferleger, ed., *Agriculture and National Development: Views on the Nineteenth Century*, Ames: Iowa State University Press, 1990, pp. 14–15.

2 Ronald R. Kline, "Ideology and Social Surveys: Reinterpreting the Effects of 'Laborsaving' Technology on American Farm Women," *Technology and Culture*, vol. 38, no. 2 (April, 1997), pp. 358–359.

3 Barbara Handy-Marchello, *Women of the Northern Plains: Gender & Settlement on the Homestead Frontier, 1870–1930*, St. Paul: Minnesota Historical Society Press, 2005, p. 78.

4 Sally McMurry, *Families and Farmhouses in Nineteenth-Century America: Vernacular Design and Social Change*, New York: Oxford University Press, 1988, pp. 88–89.

斯特发现，"苦差事作为一个描述性的词在大众文学中被反复使用"。[1]19 世纪晚期的女性权利演说家克拉拉·比伊克·科尔比在 1880 年发表的题为《农场主的妻子》的演讲中强调，不仅农妇们自己认为她们的生活是不幸的，类似的看法在其他人中间也很盛行。[2]

19 世纪晚期，一些农业报刊和农业学会报告中的文章把农妇描述成"男人的奴隶或苦力"。[3]比如这段描述："她像奴隶一样，24 小时中有 18 小时做苦工，年复一年，在各种不规律的时间里起床和入睡……仅有的几个小时休息时间里，也是辗转反侧、忧心忡忡地度过，有时是为那个体弱多病的小家伙祈祷……"[4]在所有起早贪黑、精疲力竭的女性中，农妇似乎是最辛苦的。[5]农场主的妻子通常不鼓励她们的女儿嫁给农场主。1888 年，H. C. 亚当斯在《农场主妻女的权利》一文中谈道："在考察农场主家庭时，我们注意到，作为一个阶级，农场主的妻子不希望自己的女儿嫁给农场主，过她们那样的生活。"[6]一些农场主的女儿很早就下决心将来"不要嫁给一个农场主"，当她们有机会选择职业时，她们通常更倾向于接受那些与农场工作无

1　Norton Juster, *So Sweet to Labor: Rural Women in America, 1865–1895*, New York: The Viking Press, 1979, p. 131.

2　Clara Bewick Colby, "Farmers' Wives," *Transactions of the Wisconsin State Agricultural Society*, vol. 19 (February, 1881), p. 255. 需要强调的是，农妇这个群体不是铁板一块的，她们中的一些人可能由于良好的环境、知足常乐的心态或未被唤醒的敏感性等原因，认为自己的生活是幸福的。由于这里主要探讨 19 世纪晚期的作为一个阶层的农妇的困境，对上述例外情况将不予讨论。

3　M. Benjamin, "Woman's Work on the Farm—Her True Position and Influence," *Report of the Secretary of the State Board of Agriculture of the State of Michigan*, vol. 23 (October, 1884), p. 215. 值得一提的是，把女性与奴隶两者的处境进行类比的描述在 19 世纪的文献中经常出现，南北战争前的南方种植园女主人甚至被描述成"奴隶中的奴隶"，参见 Catherine Clinton, *The Plantation Mistress: Woman's World in the Old South*, New York: Pantheon, 1982, pp. 17–21.

4　J. L. Trowbridge, "Relations of Women to the Labor and Duties of Agriculture," *Fourth Annual Report of the Wisconsin Dairymen's Association*, vol. 3 (December, 1875), p. 38.

5　Juliet H. Severance, "Farmers' Wives," *Transactions of the Wisconsin State Agricultural Society*, vol. 24 (February, 1886), p. 274.

6　H. C. Adams, "The Rights of Farmers' Wives and Daughters," *Wisconsin State Horticultural Society Transactions*, vol. 18 (February, 1886), p. 209.

关的职业。[1]

当然，也有人试图反驳那些认为农妇是不幸的观点。《新英格兰农民》曾发表过一封署名为"一位淑女"的信，这位"淑女"因为无意中听到其他两位城市女性在聊天中贬低她们一个嫁给了农场主的朋友，遂决定向该报刊投稿，希望破除人们对"农场主的妻子"的刻板印象。她在信中写道：

> 有人真的认为，在这个国家，没有哪个阶层的女性能像农场主的妻子那样辛苦工作。客观环境往往需要这样，否认是没有用的。但是，一个女人总是在工作，没有闲暇，因为她是一个农场主的妻子，这是我要否认的。一个拥有小农场的男人，不需要雇太多的帮手，他的妻子的劳动量不会很大。如果一个人拥有较大的农场，需要在"户外"雇用帮手……他应该也能在"室内"雇用所有需要的帮手。如果一个男人拥有大农场，但仍然不能为妻子雇用她所需要的帮手，我们推断这是例外，不是普遍情况。[2]

正如这位"淑女"在信中所言，人们所描述的农场主的妻子的不幸可能有很多夸张成分，那些诉说者和传播者也存在把个别情况当作普遍现象的倾向，从而忽视了农场主的妻子这个群体的多样性和复杂性。然而，在1886年的威斯康星州农业学会会议上，朱丽叶·H. 塞弗伦斯强调，"也许有些幸运的人能够获得足够的帮助摆脱苦差事，但这只是例外，不是常态"。[3]显然，塞弗伦斯的看法和前面那位写信的"淑女"截然相反。那么，19世纪中后期

1 D. C. Ayres, "The Farm and the Farmer's Wife," *Transactions of the Northern Wisconsin Agricultural and Mechanical Association*, vol. 6 (February, 1879), p. 133.

2 A Lady, "Farmer's Wives," *The New England Farmer*, vol. 4, no. 5 (May, 1852), p. 222.

3 Juliet H. Severance, "Farmers' Wives," *Transactions of the Wisconsin State Agricultural Society*, vol. 24 (February, 1886), p. 274.

人们所描述的农妇们的苦差事究竟是例外，还是普遍现象？

从这位写信的"淑女"选择向《新英格兰农民》这个地区性农业报刊投稿来看，可以暂且推断她本人可能住在新英格兰地区。如果她是一个"只熟悉东部舒适家园的人"，那她可能无法理解科尔比所描述的那些刚迁到西部边疆的农场主妻子的无助感："房子又小又不方便，而且只能逐步建成……燃料没法遮盖，水很难抽出来。由于缺乏便利的设施，她的工作很繁重。西部广阔的农场在很多方面对女性不利。"[1]

那位给《新英格兰农民》写信的"淑女"似乎还低估了父权制对农场家庭决策和财务开支的决定性影响，农场主通常掌握购置哪些物品或设备，以及是否需要雇用家务帮手的决定权。另外，父权制的劳动分工决定了男性很少从事女性的工作。因为男人的工作更重要，他们不必参与家务劳动，但他们的妻子却经常迫于需要而参与田间劳作。[2]这使得男性往往容易忽视女性负责的家庭生活领域的需求。大部分农场主更倾向于把钱花在农场规模的扩大和农业机械的置办上。他们"会在农场改良的机器上花费两三百美元，但在减轻家务劳动方面却不花一美元"。[3]农场主们似乎普遍接受这样一种观点，即投资新机器或建造更大的谷仓是明智的支出，会带来一些经济回报，而建造新房子、雇用家务帮手或购买家用设备则是非必要的、"奢侈的"。其结果是，农场女性多半继续以类似她们的母亲和祖母的方式完成工作。[4]科尔比

---

1 Clara Bewick Colby, "Farmers' Wives," *Transactions of the Wisconsin State Agricultural Society*, vol. 19 (February, 1881), p. 257.

2 Carolyn E. Sachs, *The Invisible Farmers: Women in Agricultural Production*, Totowa: Rowman and Allanheld, 1983, p. xi.

3 J. L. Trowbridge, "Relations of Women to the Labor and Duties of Agriculture," *Fourth Annual Report of the Wisconsin Dairymen's Association*, vol. 3 (December, 1875), p. 39.

4 Dorothy Schwieder, "Agricultural Issues in the Middle West, 1865–1900," in Lou Ferleger, ed., *Agriculture and National Development: Views on the Nineteenth Century*, Ames: Iowa State University Press, 1990, p. 112; United States Department of Agriculture, *Economic Needs of Farm Women*, Report no. 106, Washington, D. C.: Government Printing Office, 1915, pp. 7–8.

也讲述了农场购买机器的需求对家用需求的影响：

> 为了收获大量的粮食，农场主需要很多机器和帮手，而要获得这些，就必须在家用上节省。由于农场主的粗心大意……一台昂贵的收割机或打谷机（需要一家人在很长时间里保持节约来偿还）终年暴露在恶劣的天气中。然后它很快就会磨损，在最需要的时候无法使用，导致延误和损失。[1]

当农场经营陷入经济困难时，农场主的妻子更有可能是被牺牲的对象，她们负责的家务活很少能得到帮手。即便农场主愿意花钱雇用家务帮手，也不是那么容易找到，因为很多年轻未婚女性更倾向于去城镇找活干。[2]此外，农场家庭的女儿传统上是母亲的帮手，但在 19 世纪末，特别是当农场经营陷入困难时，很多农场主的女儿都要外出打工赚钱以贴补家用，这样母亲的家务负担也就加重了。[3]

19 世纪晚期的一些农业协会已经在强调科学对减轻家务劳动起到的作用，有人认为这可能使“成为农场主的妻子不再是世界上最不幸的事情”。[4]然而，实际情况没那么简单。工业化和技术进步对女性的农场生活的影响，因为农场贫富差异而有很大不同。一些较为富裕的农场女性已经能享受从商店购买的衣服、家具、各种加工食品，改进的学校和医疗服务，可能还有节省劳力的家用设备或受雇的女孩帮工来减轻家务负担。而不那么富裕的农场

1 Clara Bewick Colby, "Farmers' Wives," *Transactions of the Wisconsin State Agricultural Society*, vol. 19 (February, 1881), pp. 257-258.

2 Ibid., p. 258.

3 Carolyn E. Sachs, *The Invisible Farmers: Women in Agricultural Production*, Totowa: Rowman and Allanheld, 1983, p. 10.

4 M. Benjamin, "Woman's Work on the Farm—Her True Position and Influence," *Report of the Secretary of the State Board of Agriculture of the State of Michigan*, vol. 23 (October, 1884), pp. 215-216.

女性由于没有钱来支付这些"奢侈品",就会继续从事她们的祖母辈们所从事的大部分繁重劳动。一般而言,富裕的农场女性要比那些相对贫穷的农场女性早一些享受到工业化和新技术带来的福利。[1]

　　工业化给家庭生活带来了更多的休闲时间,因为工作要么从家里转移到工厂,要么因使用新的节省劳动力的家用设备而减轻。缝纫机刚出现时曾被《农场》杂志称赞为"宝贵的节省劳动力和维护健康的设备"。然而,萨莉·麦克默里发现缝纫机的出现可能增加了女性的家务,因为它使得对农场家庭的服装进行精细加工成为可能。一位女性在 1873 年谈到,自从有了缝纫机,她家里的缝纫活也增加了。她喜欢为女儿做"泡芙袖、荷叶边、褶边",这些比以前简单的缝纫要花更多时间。[2]露丝·施瓦茨·考恩认为,现代节省劳动力的设备可能减少了男性的工作,却增加了女性的家务。炉灶是 19 世纪家庭技术最显著的进步之一,考恩对炉灶的讨论充分证明了她的观点。炉灶实际上减少了男人收集、分解和搬运燃料的工作量,因为炉灶比开放式壁炉消耗的燃料少。但是由于炉灶允许多种烹饪方式同时进行——例如煮沸、煨炖、烘焙——它可能会鼓励每餐准备不同的菜肴,从而增加女性的工作量。考恩向我们展示了早期工业化的技术是如何有助于将家务定义为女性专属的工作的。女性从其他家庭成员那里得到的帮助比以前更少了。[3]

　　在 19 世纪晚期关于农妇的苦差事的描述中,使用频次较高的形容词主

1　Elizabeth Fox-Genovese, "Women in Agriculture during the Nineteenth Century," in Lou Ferleger, ed., *Agriculture and National Development: Views on the Nineteenth Century*, Ames: Iowa State University Press, 1990, p. 287.

2　Sally McMurry, *Families and Farmhouses in Nineteenth-Century America: Vernacular Design and Social Change*, New York: Oxford University Press, 1988, p. 96. 随着缝纫机的出现,农场家庭的穿衣标准也相应提高,这往往增加了农妇的负担,相关内容还可参见: E. P. Allerton, "Dairy Factory System—A Blessing to the Farmer's Wife," *Fourth Annual Report of the Wisconsin Dairymen's Association*, vol. 3 (December, 1875), p. 18.

3　Ruth Schwartz Cowan, *More Work for Mother: The Ironies of Household Technology from the Open Hearth to the Microwave*, New York: Basic Books, 1983, pp. 61–62.

要有：辛劳的、乏味的、卑微的、令人不快的。这表明农妇们所抱怨的苦差事不仅包括由于任务繁重造成的身体上的过度劳累，还涉及精神上的空虚和苦闷，特别是她们在农场生活中很难获得满足感和意义感。农场主的妻子的不满与19世纪晚期农村生活的孤立、贫困，西部边疆恶劣的自然条件，以及男性主导的家庭关系等有关。

在所有关于农妇的不幸的描述中，过度劳累都是必然被提及的一个方面。农场女性最繁重的工作仍然是大量的体力劳动。即使是改进后的炉灶，也需要搬运木材和小心防火。洗烫衣服需要提很多桶水并加热，食物都是从最原始的形式加工出来。女性每周定期烤面包，每天要挤牛奶，制作黄油仍然是通过手工搅拌来完成。家用乳酪生产需要细致的、繁重的劳动。定居在亚利桑那州的露西·汉娜·怀特·弗莱克在日记中记录了1896年3月16日，一个周六早上的家务：

> 我只写我早上的杂务。起来把我的鸡放出来，打一桶水，送到惠普尔兄弟的鸡那里，把它们放出来，然后打水，把水倒进锅里，生火，把一些土豆放进去煮，然后把地板上半英寸的灰尘刷掉……喂了三窝鸡，然后拌了饼干，做了早饭、牛奶，还在屋里干活，今天早上还得追着小牛跑半英里。这就是农场的生活方式。[1]

每个农场都有菜园，由农妇和孩子种植及打理。从19世纪70年代开始，女性种植的很多东西都是要罐装保存的。在此之前，农妇们先把蔬菜和水果晾干，然后把它们装进地窖里，用稻草或沙子覆盖。家居用品的制造也需要相当长的时间。在19世纪中期，浸脂蜡烛或模塑蜡烛是农民家庭的主要光

---

1 Joan M. Jensen, *With These Hands: Women Working on the Land*, Old Westbury: Feminist Press, 1981, p. 137.

源，农妇们一年要做几次蜡烛。肥皂每年制作一次，通常在春天，因此整个冬天都要收集灰烬和油脂做准备。首先，将水倒入一桶灰中，过滤出碱液；然后把碱液和油脂一起煮，直到形成肥皂。许多农场都依赖于广泛的家庭生产是：衣柜里的大部分衣服都是手工缝制的，织长袜是大多数农妇日常生活的一部分。她们还花很多时间缝纫和编织碎呢地毯，这些地毯是客厅、卧室和楼梯的主要地板覆盖物。[1]除此之外，农妇还要照料牲畜和家禽。在播种和收获期间，如果她自己不在田里干活，她就要为那些在田里干活的雇工提供食宿。因此，随着农场规模的扩大，富裕的、进步的农场妻子的负担可能实际上比雇工较少的邻居更重。[2]除了这些日常家务，农妇们还要养育孩子，并在必要时协助丈夫完成农场的其他工作。

同时代观察者的描述也反映了农妇们的过度劳累。1862年，农业部的第一份报告包括一篇题为"农场主妻子的艰辛"的文章。作者 W. W. 霍尔在这篇文章中直言："一般说来，在19世纪后半叶的文明中，农场主的妻子就是一个操劳的苦工。"霍尔进一步指出，很多农妇比她的丈夫、"农场工人""厨房帮手"都"更工作努力，更吃苦耐劳"，但许多农场主对妻子说话的语气，往往比他对厨房帮手或农场雇工"更专横、更不耐烦、更暴躁"。[3]农场主的妻子为整个家所做的牺牲通常无法得到应有的肯定，更别提报酬了，这可能是最让她们感到沮丧的：

　　生活在这样一种令人疲惫不堪的负担之下，却从没有听到过一句赞

1 Dorothy Schwieder, "Labor and Economic Roles of Iowa Farm Women, 1840–1880," in Trudy Huskamp Peterson, ed., *Farmers, Bureaucrats, and Middlemen: Historical Perspectives on American Agriculture*, Washington, D. C.: Howard University Press, 1980, pp. 156–157.

2 Sally McMurry, *Families and Farmhouses in Nineteenth-Century America: Vernacular Design and Social Change*, New York: Oxford University Press, 1988, p. 91.

3 W. W. Hall, "Hardships of Farmers' Wives," in U. S. Department of Agriculture, *Annual Report, 1862*, Washington, D. C.: Government Printing Office, 1862, pp. 462–463.

美、同情或鼓励的话，从没有从那些发誓要"爱护和珍惜她"的人那里得到过爱的目光或温柔的爱抚。而只是一种冷漠，那就是说你只是在尽你的职责，夫人，这只是你一个农场主的妻子应该做的，或者更严厉一点，那就是说，你为什么不做的更多呢？[1]

观察者霍尔还强调了生活用水问题给农妇们带来的负担。"成千上万的农场，供应饮用水和烹饪用水的泉水可能离家有四分之一到半英里远，一次提一桶水的话，一天要走五到十英里，这样的情况可能持续数月乃至数年，直到少量机械精巧装置或几美元的花费就能把水送到门口。"[2]如果需要从相当远的地方提水的话，就会加重农妇的房屋清洁和洗衣负担。彻底的房屋大扫除往往需要清洗和熨烫所有的窗帘，擦洗地板。一些女性把衣物带到附近的小溪里洗，然后放在草地上晾干，这样就解决了远距离提水的问题。但很多农妇通常在远距离提水的同时还要兼顾年幼的孩子。1875年，玛丽·芬尼根与丈夫定居在艾奥瓦州的卡罗尔县。芬尼根家的供水系统离房子有相当远的距离，而且还有三个小孩需要照顾。由于这位农场主的妻子在搬到艾奥瓦州之前对农场生活不太熟悉，她对生活在这一地区的野生动物产生了不切实际的恐惧，尤其是大群的鹅和鹤。她担心鹤会叼走她的孩子，就把每个孩子都绑在桌腿上或炉子上，然后匆忙去提水。据施维德考察，当时许多农场女性都记录过类似的难题。[3]

孤立是农场女性生活中的另一个不利因素。特别在人烟稀少的社区，最

1 J. L. Trowbridge, "Relations of Women to the Labor and Duties of Agriculture," *Fourth Annual Report of the Wisconsin Dairymen's Association*, vol. 3 (December, 1875), p. 38.

2 W. W. Hall, "Hardships of Farmers' Wives," in U. S. Department of Agriculture, *Annual Report, 1862*, Washington, D. C.: Government Printing Office, 1862, pp. 463–464.

3 Dorothy Schwieder, "Labor and Economic Roles of Iowa Farm Women, 1840–1880," in Trudy Huskamp Peterson, ed., *Farmers, Bureaucrats, and Middlemen: Historical Perspectives on American Agriculture*, Washington, D. C.: Howard University Press, 1980, p. 158.

近的邻居可能在几英里之外，缺少邻里交往和亲友陪伴往往使得农场家庭的日常工作变得更加阴郁和单调。农场主每年要到城里去很多次，卖粮食，取邮件，也在街角了解新闻，谈论政治。妻子可能一年去两三次，带着孩子们一起吃顿饭，但她太忙太累了，无法享受城里的变化。科尔比讲述了自己认识的一个农场女性，曾经两年不进一次城，甚至不能去邻居那儿串门，因为她的丈夫不愿带她去，"她走不了多远，她说自己生不如死"。而她不是这片地区唯一一个陷入这种困境的女性。[1]

让农场女性感到不满的还有农场生活的枯燥乏味。一位农场主声称自己没有多余的钱用在家里："经营一个农场要花那么多钱，我真的买不起那些新奇玩意儿来取悦这个女人。"[2]农场主为女儿提供吃穿，却很少会愿意花钱买书本，或是为家里添置一些小装饰品。[3]另外，早婚在19世纪的美国农村很普遍，过早结婚往往妨碍了女性接受更多的教育，加之很多人没有充分的闲暇时间阅读和与他人交流，也就失去了一些慰藉和陪伴来缓解烦恼，更不用说提升精神追求了。她们通常对广阔的外部世界知之甚少，对事态的发展也不感兴趣，与世隔绝的生活使她们不能获得丰富的生活经验，单调乏味的工作日复一日地循环，这不仅拖垮了她们的身体，也使她们在精神上日渐枯萎。[4]

19世纪晚期的很多农民家庭都忍受了贫困，但农妇们通常对贫困有最深切的体会。特别是南方地区的农民家庭，自内战战败后一直深受贫困之苦。

---

1 Clara Bewick Colby, "Farmers' Wives," *Transactions of the Wisconsin State Agricultural Society*, vol. 19 (February, 1881), p. 260.

2 J. L. Trowbridge, "Relations of Women to the Labor and Duties of Agriculture," *Fourth Annual Report of the Wisconsin Dairymen's Association*, vol. 3 (December, 1875), p. 39.

3 R. F. Johnston, "Home Work for Women," *Report of the Secretary of the State Board of Agriculture of the State of Michigan*, vol. 23 (October, 1884), p. 211.

4 Clara Bewick Colby, "Farmers' Wives," *Transactions of the Wisconsin State Agricultural Society*, vol. 19 (February, 1881), p. 261.

这种极为糟糕的经济状况无疑使南方女性的农场生活愈加艰难，因为经济状况决定了一个家庭的衣食住行。对农民的妻子来说，缺钱是万恶之源，债务和贫穷需要做出很多牺牲。曾经娇生惯养的女人不得不卖掉自己以前的家当，甚至是多余的衣服，来购买生活必需品。农妇们可能忍受着各种各样的不适和匮乏，为了家人和更美好的未来，她们隐忍不发，仍然保持着日常的劳碌和自我牺牲。但很多女性没有这种勇气和力量，随着时间的流逝，她们失去了希望和爱，正如有一句古老的格言说："贫从门入，爱由窗出。"[1]

1844年，作家兼文学评论家玛格丽特·富勒从波士顿出发去西部旅行，据她观察，许多美国女性不适合在西部定居。她注意到，去西部一般是"男性的选择，女性跟随而来但通常是闷闷不乐和疲惫不堪的状态"。此外，她观察到这些女性的角色比她们的丈夫更困难，她们工作量大却少有帮衬，也很少有娱乐和消遣作为发泄渠道。富勒认为大部分女性对她们的农场生活不满意。[2]直到19世纪晚期，那些跟随丈夫搬迁到西部边疆的农妇的状况并没有明显的改善。西部农妇们自己留下的日记、信件和回忆录充满了关于乘有篷马车向西旅行、扑灭草原大火、和男人一起在田里工作以及操持吃穿和维持一个农场家庭的无休止的责任的描述。[3]

大部分西部女性的生活条件很恶劣，有时甚至很残酷。玛丽·桑多斯记录说，她的父亲朱尔斯在宅地经营过程中先后娶过四任妻子，其中两个逃了，一个疯了。[4]1873年，《草原农民报》的一个专栏追溯了一对农场主夫

1 Clara Bewick Colby, "Farmers' Wives," *Transactions of the Wisconsin State Agricultural Society*, vol. 19 (February, 1881), p. 258.

2 Quoted from Dorothy Schwieder, "Labor and Economic Roles of Iowa Farm Women, 1840–1880," in Trudy Huskamp Peterson, ed., *Farmers, Bureaucrats, and Middlemen: Historical Perspectives on American Agriculture*, Washington, D. C.: Howard University Press, 1980, p. 152.

3 Dorothy Schwieder, "Labor and Economic Roles of Iowa Farm Women, 1840–1880," in Trudy Huskamp Peterson, ed., *Farmers, Bureaucrats, and Middlemen: Historical Perspectives on American Agriculture*, Washington, D. C.: Howard University Press, 1980, pp. 152–153.

4 Sheryll Patterson-Black, "Women Homesteaders on the Great Plains Frontier," *Frontiers: A Journal of Women Studies*, vol. 1, no. 2 (Spring, 1976), pp. 73–74.

妇的生命历程：最初两人并行发展；五年后随着农场主丈夫日渐富有，拥有
更多的土地和更好的农具，妻子却在操持家务中加速衰老，25 岁的年龄看
上去像 40 岁；二十年后，丈夫过着健康的、富足的中年生活，而妻子却是
满脸皱纹、消瘦如柴、疼痛常伴，最后这位农场主的妻子在干家务的时候瘫
倒在地死去。《农场》杂志的专栏作者愤怒地追问："这样的死亡，罪责在哪
儿？"在这里，这位专栏作者将农妇的悲剧归因于过度的体力劳动，并声称
这种情况在当时是很有代表性的。[1]

　　当然，西部边疆女性并非都是不情愿的拓荒者，也有一些例外情况。20
世纪 70 年代中期以后，女性拓荒者经历的多样性和复杂性逐渐被学者们发
掘出来。学者们发现，对拓荒生活的期望和现实感受往往因人而异，一些人
认为大草原的自然环境严酷而压抑，其他人则在这种野性中看到了自由，在
无边无际、没有树木遮挡视线的大草原上兴奋不已。西部和大草原新的农业
环境对女性而言意味着什么，女性是欣然接受还是极为担心边境生活，与她
们在更安定的东部地区的经历相比，移民和边境的经历是否为女性提供了摆
脱男性统治的更大程度的自由？这些问题仍然是研究西部女性史的学者探讨
的焦点。[2]伊丽莎白·福克斯-吉诺维斯认为，虽然大多数女性作为农家的成
员迁移，但至少有一些女性是独自前往西部的，通常是为了从事教师职业。[3]

---

1 Sally McMurry, *Families and Farmhouses in Nineteenth-Century America: Vernacular Design and Social Change*, New York: Oxford University Press, 1988, pp. 93-94.

2 Elizabeth Fox-Genovese, "Women in Agriculture during the Nineteenth Century," in Lou Ferleger, ed., *Agriculture and National Development: Views on the Nineteenth Century*, Ames: Iowa State University Press, 1990, p. 283. 关于女性对去西部的态度以及搬迁到西部对女性的影响的更多讨论，参见：Julie Roy Jeffrey, *Frontier Women: The Trans-Mississippi West, 1840-1880*, New York: Hill and Wang, 1979; John Mack Faragher, *Women and Men on the Overland Trail*, New Haven: Yale University Press, 1979; Lillina Schlissel, *Women's Diaries of the Westward Journey*, New York: Schocken Books, 1982; Christine Stansell, "Women on the Great Plains, 1865-1890," *Women's Studies*, vol. 4, 1976, pp. 87-98.

3 Elizabeth Fox-Genovese, "Women in Agriculture during the Nineteenth Century," in Lou Ferleger, ed., *Agriculture and National Development: Views on the Nineteenth Century*, Ames: Iowa State University Press, 1990, p. 283.

谢里尔·帕特森-布莱克指出，随着《宅地法》的通过，西部定居者可以免费获得土地，女性也有机会获得土地。这一政策激励了一些女性拓荒者，特别是单身女性和寡妇，她们要么想要逃离过去不如意的生活方式，要么是觉得边疆生活可以提供其他地方没有的机会。帕特森-布莱克统计了科罗拉多州拉马尔（1887 年和 1907 年）和怀俄明州道格拉斯（1891 年、1907 年和 1908 年）土地管理局的初始数据，发现在这个样本中平均有 11.9% 的宅地获得者是女性，这证明了女性作为无助的、不情愿的拓荒者的理论不可全信。[1] 卡罗尔·费尔班克斯在考察了一些女性的拓荒经历后发现，并不是所有的女性都是被不情愿地拖到大草原去的，一些女性在去草原的决策过程中是积极参与者，并在新环境中收获了作为拓荒者的成就感和自我实现的满足感。当然，大多数女性离开美国东部州或欧洲家乡是顺从了丈夫或父亲的决定，也有积极反抗的例子，甚至有自己不愿去却被丈夫和儿子骗去的。[2] 相比之下，即便遭遇的客观环境相差不大，那些因为顺从丈夫的意志而成为不情愿的拓荒者的女性，对西部边疆生活的感受更有可能是悲观的，反之，那些自愿去西部的女性往往更有可能充满热情，开拓进取。

19 世纪晚期关于农妇的苦差事的抱怨明显增多有多方面原因。首先，农业机械和技术大大减轻了男性的劳动，相比之下，女性觉得自己承担的家务活成了唯一的苦差事。田间和厨房之间在购置省力设备方面的不平等分配是造成这种心理落差的重要原因。正如前文提到的那样，农场主通常更愿意把钱花在购买农业机械设备上，而不愿购买他们的妻子负责的家务领域所需的省力设备。"她的丈夫在工作中会有割草机、收割机，所有的现代机器——

1　Sheryll Patterson-Black, "Women Homesteaders on the Great Plains Frontier," *Frontiers: A Journal of Women Studies*, vol. 1, no. 2 (Spring, 1976), pp. 67–68, 71–72.

2　Carol Fairbanks, "A Usable Past: Pioneer Women on the American Prairies," in Carol Fairbanks and Sara Brooks Sundberg, *Farm Women on the Prairie Frontier: A Sourcebook for Canada and the United States*, Metuchen: Scarecrow Press, 1983, pp. 40, 42–43.

她有什么呢？她只有两只手，厨房里十有八九都布置得乱七八糟，打水，担柴，做任何事情都处于不利的境地。"[1]内战后出现了一些节省家务劳动的设备：水泵、缝纫机、轻便的餐具和炊具、厨房炉灶、新型黄油搅拌器，以及各种各样的小器具。这些工具或设备无疑节省了劳动，但它们的影响力无法与收割机这类农业机械带来的变化相比，因为它们适用于更有限的任务，而且许多装置的开发还不够完善。另外，很多新技术设备的出现还伴随着家政标准的提高，这可能意味着女性需要付出更多的精力和时间。例如，随着缝纫机的出现，人们对穿衣标准有了更高要求，饮食标准的提高与厨房炉灶的改善也有一定联系。[2]操作手册、杂志和报纸文章为正直、清洁和快乐设定了尽可能高的标准，每天、每月和每年都有大量任务要完成，这一现实使那些能吃苦耐劳的女性也感到有压力。

其次，女性对农场生活的不满还与城乡差距给她们带来的落差感有关。19世纪晚期，关于城市生活的信息通过各种途径传播到面向城市市场的农场。随着城乡交流互动的增加，人们对城乡差距的了解也增多。农场女性有了更多机会了解城市生活，她们被城市生活的便利性所吸引。到19世纪70年代的时候，城市生活用水已经很方便了，"打开水龙头，水就在手边"。城市居民可以买到便宜的黄油，可以在面包房买到面包，牛奶小贩也会上门卖牛奶。在经济条件允许的情况下，城市家庭主妇还可以选择新兴的食品保鲜业生产的各种罐头食品。她也可以买现成的衣服。[3]在使用省力设备减轻家务负担方面，城市女性通常领先于她们的农村姐妹。更重要的是，农村女性与城市女性的家务活意味着不同的内容，农村女性不仅要承担养育孩子、准

1　Norton Juster, *So Sweet to Labor: Rural Women in America, 1865–1895*, New York: The Viking Press, 1979, p. 211.

2　Sally McMurry, *Families and Farmhouses in Nineteenth-Century America: Vernacular Design and Social Change*, New York: Oxford University Press, 1988, pp. 90–93.

3　Ibid., pp. 101–102.

备食物、打扫卫生等任务，还要参与种植粮食，负责栽培蔬菜瓜果，饲养牲畜，挤牛奶等。总之，在农村女性看来，城市生活相对更悠闲。城市女性每天可以抽出几个小时来穿衣打扮、阅读、写作、散步、聊天，而农村女性则缺少这样的休闲时间。

另外，随着大众文学的大量传播以及通过新闻和其他手段扩大交流，农村女性在影响美国的地理、工业、技术和政治变化中看到了自己的机会。例如，工厂、零售店和办公室都为单身女性提供了就业机会，给她们带来了新的选择；在许多州，男女都必须接受教育，女性也寻求高等教育，首先是在女子学院，然后是在男女同校的环境中；在政治方面，以争取女性选举权为首要目标的女权运动也取得了进展。然而，农村女性的生活被家庭和孩子，以及无休止的不被承认的工作所束缚、很少有机会与外界接触或者获得各种体验，很少能从日常琐事中解脱出来。卢·弗莱格尔认为，19 世纪晚期农村女性的不满情绪在很大程度上是对农场生活的觉醒。在 19 世纪晚期漫长的农业萧条时期，农场女性对农业生产和农场生活的不满都在累积。通常人们对农业的不满还可能留有一些乐观的空间，比如明年的收成可能会更好，价格可能会上涨。然而，对农场生活的觉醒意味着一种新的不满，这种不满不可能通过农产品价格上涨或玉米的丰收轻易消除。这种觉醒涉及一系列的问题，包括孩子们受教育的机会有限，在农村家中缺乏便利，缺乏社交机会，以及从日出到日落的无休止的体力劳动，等等。[1]

直到 19 世纪晚期，在一些婚姻中，女人受到的尊重非常有限，她的价值只能用她所能做的工作来衡量。[2] 婚姻伙伴关系只是一种很少能实现的理

---

1 Dorothy Schwieder, "Agricultural Issues in the Middle West, 1865–1900," in Lou Ferleger, ed., *Agriculture and National Development: Views on the Nineteenth Century*, Ames: Iowa State University Press, 1990, pp. 111–113.

2 Sheryll Patterson-Black, "Women Homesteaders on the Great Plains Frontier," *Frontiers: A Journal of Women Studies*, vol. 1, no. 2 (Spring, 1976), p. 74.

想。一些农民甚至用这样一句谚语来表达他们对婚姻关系的看法："你的是我的，我的是我自己的。"[1] 进步的农村女性对自己的从属地位有了觉醒，她们对自己一无所有而不得不依附于丈夫的境况表达了不满：

> 农场是他的，家畜是他的，妻子是他的，孩子是他的。他有一些劳动报酬……而工作时间比他多的妻子什么都没有，甚至连她自己、她的丈夫或孩子都不归她所有。他在他认为最必要的时候给她钱，她可以用这些钱买衣服，或者他自己给她买，有时他还以炫耀他那穿着考究的妻子为荣……事实上很少有这样的情况：他让她处于与他自己同样独立的位置，并且像他一样有权支配金钱。[2]

至少有一部分农妇的苦差事与她们缺乏对工作的支配权有关。芭芭拉·汉迪－马尔凯洛认为，"苦差事"和"苦工"指的是奴性的劳动和从事这种劳动的人，把女性的工作称为"苦差事"，表明她们是在一项事业中受剥削的劳动者，她们对这项事业没有任何权力，也不指望从中获得任何回报。虽然这个词的使用是善意的，是为了表达对那些似乎在工作和家庭中负担过重的女性的同情，但"苦工"这个词表明，农场女性对自己的工作没有控制权，在农场中没有发挥管理作用。[3]

总体来看，19 世纪晚期关于农妇的苦差事的抱怨大多是围绕家庭领域展开的，尽管大部分农妇也需要参加农业生产。或许正如卡罗琳·E. 萨克斯所言，比起家务，农妇更喜欢田间工作，田间工作也更可取，因为它可以完

1　R. F. Johnston, "Home Work for Women," *Report of the Secretary of the State Board of Agriculture of the State of Michigan*, vol. 23 (October, 1884), p. 211.

2　Juliet H. Severance, "Farmers' Wives," *Transactions of the Wisconsin State Agricultural Society*, vol. 24 (February, 1886), p. 275.

3　Barbara Handy-Marchello, *Women of the Northern Plains: Gender & Settlement on the Homestead Frontier, 1870–1930*, St. Paul: Minnesota Historical Society Press, 2005, p. 77.

成，而家务似乎是永无休止的。[1]另外，比起直接面向市场的农业生产，家务劳动的价值也更难得到肯定。

二、农场的性别分工和被忽视的女性的贡献

对工业化前的农场而言，家庭是基本的生产单位。农妇是其丈夫的帮手，是家庭经济福祉的重要贡献者。除了照顾孩子和一般的家务之外，农妇们还负责打理果菜园、饲养家禽、照料牲畜以及从事其他各种家庭生产，包括纺纱、编织和农产品加工等，她们的部分劳动成果还能进行交换或拿到市场上出售。女性工作的多样性和复杂性表明了她们在家庭经济中的关键地位。伊丽莎白·福克斯-吉诺维斯总结了19世纪的女性为农户做贡献的三种方式：首先，女性同时在家庭和农场内工作，为农业家庭成员生产基本用品和服务，特别是保存和准备食物以及制作衣服，也会直接参与生产口粮和可以出售的余粮；其次，她们自己直接为市场生产商品，特别是鸡蛋、黄油、纺织品；最后，她们可能在外面工作赚钱，为家庭提供经济收入。[2]

农场规模和家庭内部关系影响了女性的利益和能力。一些学者发现，在

1 Carolyn E. Sachs, *The Invisible Farmers: Women in Agricultural Production*, Totowa: Rowman and Allanheld, 1983, p. 28.

2 Elizabeth Fox-Genovese, "Women in Agriculture during the Nineteenth Century," in Lou Ferleger, ed., *Agriculture and National Development: Views on the Nineteenth Century*, Ames: Iowa State University Press, 1990, p. 269. 关于19世纪女性对农户的贡献，还可参见 Deborah Fink, *Open Country, Iowa: Rural Women, Tradition and Change*, Albany: State University of New York Press, 1986; Bengt Ankarloo, "Agriculture and Women's Work: Directions of Change in the West, 1700–1900," *Journal of Family History*, vol. 4, 1979, pp. 111–120; Thomas Dublin, "Women and Outwork in a Nineteenth-Century New England Town: Fitzwilliam, New Hampshire 1830–1850," in Steven Hahn and Jonathan Prude, ed., *The Countryside in the Age of Capitalist Transformation: Essays in the Social History of Rural America*, Chapel Hill: University of North Carolina Press, 1985, pp. 51–70; Joan Jensen, *Loosening the Bonds: Mid-Atlantic Farm Women, 1750–1850*, New Haven: Yale University Press, 1986; Jonathan Prude, *The Coming of the Industrial Order: Town and Factory Life in Rural Massachusetts, 1810–1860*, Cambridge: Cambridge University Press, 1983.

较小的农场，女性在生产和决策中发挥着更重要的作用。[1]小家庭农场的农业生产不能仅仅靠男性农业生产者的活动来实现，而需要许多家庭成员的贡献，[2]这使得小农场没有完全封闭的性别分工，因为必要性常常要求男性和女性共同承担彼此的任务。在日常杂务中，取水、收集干牛粪作为燃料和挤牛奶相对没有性别含义。在一个特定的家庭中，丈夫或妻子都可能执行这些任务，尽管这些责任往往随着孩子长大而转移到他们身上。[3]亚利桑那州的一位名叫露西·汉娜·怀特·弗莱克的农妇在日记里提到自己与丈夫一起剥玉米的经历，以及丈夫在菜园里犁地的情况。[4]当丈夫生病或雇工突然辞职时，农妇们常常被召去田间帮忙。在一些家庭，妇女在特定的季节帮忙，比如剥玉米皮的时候。在米切尔县，玛蒂尔达·保罗在丈夫的健康状况开始恶化后，经常帮他干农活。她学会了使用割草机和干草耙，还帮忙犁地。挤牛奶成了她的责任。到了剥玉米皮和挖土豆的时候，为了安全，她把最小的孩子放在一个大箱子里，然后自己动手干活。有些妇女发现，由于丈夫去世或长期不在家，家庭和农场的管理工作都强加给她们。[5]

虽然农妇的记录主要强调她们的日常工作，但也有很多女性提到她们的家庭生产经常会有剩余，她们将其兑换成现金或以物易物的方式购买所需的商品或服务。据琼·M.詹森考察，到19世纪晚期的时候，随着工业经济的发展，密西西比州以西地区"农村自给自足的愿景正在农场经营的经济现实

---

1 Shelley Feldman and Rick Welsh, "Feminist Knowledge Claims, Local Knowledge, and Gender Divisions of Agricultural Labor: Constructing a Successor Science," *Rural Sociology*, vol. 60, no. 1 (March, 1995), pp. 33–34.

2 Ibid., p. 30.

3 Katherine Harris, "Sex Roles and Work Patterns among Homesteading Families in Northeastern Colorado, 1873–1920," *Frontiers: A Journal of Women Studies*, vol. 7, no. 3, 1984, p. 45.

4 Joan M. Jensen, *With These Hands: Women Working on the Land*, Old Westbury: Feminist Press, 1981, pp. 137, 139, 140.

5 Dorothy Schwieder, "Labor and Economic Roles of Iowa Farm Women, 1840–1880," in Trudy Huskamp Peterson, ed., *Farmers, Bureaucrats, and Middlemen: Historical Perspectives on American Agriculture*, Washington, D. C.: Howard University Press, 1980, pp. 160–161.

面前消退"。在此背景下，该地区的农妇面临的主要挑战包括："寻找能在市场上销售的农产品"；"尽量避免把稀缺的资金花在购买商品上"。[1] 随着城市消费需求的增加，小农场的女性发展了一种分散的黄油工业，她们把多余的黄油——就像早期多余的家纺布，直到被工业纺织品所取代——运到乡村商店以换取必需品。根据农妇埃莉诺尔·斯图尔特的描述，她自己种植了大部分食物，她的十头牛可以提供足够的黄油来支付面粉和汽油的费用——这两种东西她在怀俄明州的牧场上无法生产。[2]

　　在科罗拉多州东北部，黄油和鸡蛋是家庭经济中极为重要的两个因素。农妇们在当地出售黄油，她们也把黄油运到丹佛，甚至东部，每磅赚10到30美分，每周生产的黄油多达50到100磅。在19世纪80年代末90年代初，相比之下，一磅黄油通常卖12美分，一打鸡蛋卖5美分，一蒲式耳玉米卖7美分。[3] 生活在亚利桑那州的露西·汉娜·怀特·弗莱克在1898年9月和10月零星记录的日记中频繁出现挤奶、制作黄油的记录，可能平均每周至少有三天要制作黄油，每次制作8到10磅左右。1898年10月7日，一个周五，她写道："这周我已经做了27磅黄油了，这些来自9头牛。"[4] 在1898年9月后半个月的日记中，她提到了两次去城镇卖黄油和奶酪的经历。24日周六，带着"1打鸡蛋，10磅黄油，40磅奶酪"打算到城镇集市上去卖，27日周二，"把黄油和奶酪拿到城镇的商店去卖"。[5] 芭芭拉·汉迪-马尔凯洛指出，19世纪晚期北达科他州的农妇们通过生产黄油和鸡蛋，不仅为家人的衣食提

　　1　Joan M. Jensen, *With These Hands: Women Working on the Land*, Old Westbury: Feminist Press, 1981, p. xxii.

　　2　Ibid., pp. 107–108.

　　3　Katherine Harris, "Sex Roles and Work Patterns among Homesteading Families in Northeastern Colorado, 1873–1920," *Frontiers: A Journal of Women Studies*, vol. 7, no. 3, 1984, pp. 43–49.

　　4　Joan M. Jensen, *With These Hands: Women Working on the Land*, Old Westbury: Feminist Press, 1981, p. 139.

　　5　Ibid., p. 138.

供了稳定的收入来源，还帮助农场在歉收的年份生存下来。[1]

　　事实上，西部农妇们不仅履行了她们的基本家庭责任，而且她们常常远远超出这些任务，去提供广泛的社会和经济服务。她们的日常工作通常包括担任医生、护士、助产士、药剂师、教师、裁缝、农工、殡仪业者，等等。[2]她们通过为旅行者、教师等提供食宿，为邻居缝制衣服，以及提供医疗服务等为家里赚取额外的商品或收入。苏珊·怀亚特在贾斯珀县当了多年的助产士，她得到的报酬经常是用玉米粉和面粉代替金钱。[3]

　　然而，直到19世纪末20世纪初，女性的劳动很少获得认可。在1910年的人口普查中，"人口普查局没有找到包括厨师、女服务员、洗碗工、奶场女工、女裁缝师、洗衣女工和婴儿护理师在内的职业名称，所以他们把农场主的妻子定为'无职业'。"[4]关于农业或农村生活的严肃文章很少提及女性为自己的利益或以自己的方式所做的贡献。[5]专业的农业学家倾向于忽视——或者通过选择性的数据收集来掩盖——农妇生产工作的重要性。汉迪-马尔凯洛在研究19世纪晚期北达科他州的情况时发现，来自联邦农业普查的数据与农妇和零售店店主记录的更高、更分散的数字相矛盾，使得农妇劳动的"确切贡献很难计算"。[6]另外，总的来说，农场男性对于农妇们为促进家庭利益所做的努力并没有给予太多的肯定。一个田纳西州的男人说，"当一个女人养小鸡、火鸡、奶牛，一年到头卖蔬菜，然后买咖啡、肉、面粉等，看

　　1　Barbara Handy-Marchello, *Women of the Northern Plains: Gender & Settlement on the Homestead Frontier, 1870-1930*, St. Paul: Minnesota Historical Society Press, 2005, pp. 119-120.

　　2　Dorothy Schwieder, "Labor and Economic Roles of Iowa Farm Women, 1840-1880," in Trudy Huskamp Peterson, ed., *Farmers, Bureaucrats, and Middlemen: Historical Perspectives on American Agriculture*, Washington, D. C.: Howard University Press, 1980, pp. 152-153.

　　3　Ibid., pp. 161, 164.

　　4　United States Department of Agriculture, *Economic Needs of Farm Women, Report no. 106*, Washington, D. C.: Government Printing Office, 1915, p. 15.

　　5　Norton Juster, *So Sweet to Labor: Rural Women in America, 1865-1895*, New York: The Viking Press, 1979, p. 131.

　　6　Barbara Handy-Marchello, *Women of the Northern Plains: Gender & Settlement on the Homestead Frontier, 1870-1930*, St. Paul: Minnesota Historical Society Press, 2005, pp. 117, 120-121.

起来她没有为自己和家庭做任何事"。[1]一位"来自北达科他州偏远地区的女士读者"写信给《达科他农民报》的编辑，对忽视女性劳动价值的现象提出抗议，她在信中写道："没有哪个地方的女性像农场女性那样工作如此努力，得到的认可却如此之少……如果女性完全用鸡蛋、黄油和奶酪来养家糊口，那都要归功于男人。"[2]

由于对工作和任务的评价机制往往"是根据对更强大的性别和阶级有利的东西制定的"，女性的贡献总是更容易被低估或忽视。[3]男人拒绝从事那些被认为是"女人的工作"，并且"正是因为这是女人的工作，这种劳动被认为与农场经济关系不大或毫无价值"。[4]女性从劳动中获得的收入经常是店铺赊销而不是现金，女性的"无报酬的和非货币化的"劳动往往"被认为是没有生产力的"。然而，当同样的任务——例如鸡蛋和乳制品生产——被商业化并由男性负责时，"它们就被定义为生产性的"。[5]

随着农业机械化、专业化和商业化的发展，在一些较富裕的农场，性别分工和女性在生产中的边缘地位都被强化了。到 19 世纪中期的时候，北方市场经济日益增长的影响降低了家庭制造业的重要性，扩大了农场家庭对用来购买基本商品的现金的依赖。[6]一些关于农场性别关系的研究认为，随着

1　United States Department of Agriculture, *Economic Needs of Farm Women, Report no. 106*, Washington, D. C.: Government Printing Office, 1915, p. 19.

2　Barbara Handy-Marchello, *Women of the Northern Plains: Gender & Settlement on the Homestead Frontier, 1870–1930*, St. Paul: Minnesota Historical Society Press, 2005, p. 117.

3　Shelley Feldman and Rick Welsh, "Feminist Knowledge Claims, Local Knowledge, and Gender Divisions of Agricultural Labor: Constructing a Successor Science," *Rural Sociology*, vol. 60, no. 1 (March, 1995), p. 31.

4　Barbara Handy-Marchello, *Women of the Northern Plains: Gender & Settlement on the Homestead Frontier, 1870–1930*, St. Paul: Minnesota Historical Society Press, 2005, p. 135.

5　Shelley Feldman and Rick Welsh, "Feminist Knowledge Claims, Local Knowledge, and Gender Divisions of Agricultural Labor: Constructing a Successor Science," *Rural Sociology*, vol. 60, no. 1 (March, 1995), p. 31.

6　Nancy F. Cott, *The Bonds of Womanhood: "Woman's Sphere" in New England, 1780–1835*, New Haven: Yale University Press, 1997, p. 43.

科学管理和技术的采用以及农业专业化程度的提高,美国农业生产的工业化进程促进了家庭关系的转变,从而重构了农场关系,重组了生产活动。例如,随着专业化的发展,许多自我供给和多样化的创收活动逐渐离开了农场。在乳制品生产方面,传统上由女性控制的奶酪和黄油的生产已经从农场转移到了集中的工厂,而鸡蛋生产已经从多样化农场家庭的一部分发展到专业化的独立活动。[1]

　　农业生产的专业化逐渐使农场女性从她们以前承担的一些农产品的生产中退出。随着奶牛养殖、园艺产业、商品果蔬栽培的发展呈现出扩大化和集约化的趋势,女性的传统职责在家庭经济中的重要性降低,女性的工作重心逐渐被局限到家庭范围内。一些乳制品产区受益于铁路连接,能够供应更大范围的城市地区。这促使农场主专门为生产牛奶而饲养奶牛。1870年至1900年间,康涅狄格州农场的液态奶产量增加了5倍。在威斯康星州和艾奥瓦州东北部,奶牛业也变得很重要。在靠近城市的地方,商品菜园扩大为商品蔬菜农场,农场主们在那里种植各种蔬菜。土豆和洋葱等不易腐烂的蔬菜可以在离城市稍远一些的地方种植。水果产业在纽约、俄亥俄、宾夕法尼亚、密歇根和伊利诺伊州,特别是在五大湖区占据了主导地位。在新兴的玉米带,玉米和生猪生产占主导地位,不过该地区的农场主们还专门从事牲畜饲养、干草生产,或水果种植。到19世纪晚期,乳制品厂生产的黄油尽管未能完全取代家庭生产的黄油,但前者确实已打入市场。乳制品工厂将奶酪和黄油这些商品的制造从个体的农场家庭生产中排挤出去已然成为一种趋势。此外,由于一些农场专门从事乳品业,农场主已经把照料牲畜纳入了自己的职责范围。家庭果园或花园并没有消失,但大规模的专业化农场经营

1　Shelley Feldman and Rick Welsh, "Feminist Knowledge Claims, Local Knowledge, and Gender Divisions of Agricultural Labor: Constructing a Successor Science," *Rural Sociology*, vol. 60, no. 1 (March, 1995), p. 33.

可能在城市的市场销售中占越来越大的比例。这使得农妇们通过出售自己生产的剩余农产品来赚钱变得越来越困难。即使是在农妇继续生产农副产品以获得现金收入的情况下，与主农场之收益和资本投入的不断扩大相比，她们的贡献在 19 世纪晚期对农业利润的影响，也似乎没有 19 世纪上半叶那么重要了。[1]

当农场主专门种植某种经济作物并依赖农业机械时，农场家庭内部传统的性别分工发生了变化。在 19 世纪晚期，使用重型农业机械以及向银行贷款购买更多土地和设备往往是男子的事。农业机械化、改良的农业技术、更多可用的雇佣劳动力等在一定程度上减少了农妇的田间劳动，使得把她们留在一个独立的家务工作领域成为可能。在这种情况下，农村的父权制劳动分工主要表现为男性试图把女性排除在农业生产领域的工作之外。男性农场主之间的等级制度赋予那些有能力让妻子远离农业生产的男性更高的地位，因而更富裕的农场主通常不希望自己的妻子参与田间耕作。特别是在北方，很多农场出现了本特·安卡卢所称的农业劳动的"去女性化"趋势。[2] 不过这种趋势可能首先出现在富裕的农场家庭中。[3] 许多农场主被"成本–价格"双重压力困住，无法让自己的妻子远离农业生产。当女性确实也在男性主导的农业生产领域工作时，男性会决定女性要做哪些工作。[4]

由于富裕的农场主几乎承担了农业生产的全部责任，他们的妻子更专注

1 Sally McMurry, *Families and Farmhouses in Nineteenth-Century America: Vernacular Design and Social Change*, New York: Oxford University Press, 1988, pp. 93–95.

2 Bengt Ankarloo, "Agriculture and Women's Work: Directions of Change in the West, 1700–1900," *Journal of Family History*, 1979, pp. 111–120. 关于农业的"去女性化"的讨论，还可参考 Corlann Bush, "The Barn is His, the House is Mine: Agricultural Technology and Sex Roles," in George Daniels and Mark Rose, eds., *Energy and Transport*, Beverly Hills: Sage Publications, 1982, pp. 235–259.

3 Sally McMurry, *Families and Farmhouses in Nineteenth-Century America: Vernacular Design and Social Change*, New York: Oxford University Press, 1988, p. 95.

4 Carolyn E. Sachs, *The Invisible Farmers: Women in Agricultural Production*, Totowa: Rowman and Allanheld, 1983, p. xi.

于家务工作，特别是抚养孩子和料理家务。男性的经济作物收入的增加也促使人们越来越觉得女性应该为家庭而不是为市场工作。女性继续从事在市场上不容易交换的劳动，比如养育子女、承担家务等。女性卖黄油和鸡蛋获得的收入，以及家庭手工生产和果蔬生产等在家庭经济中所占比例变小，因为农场主的经济作物成为家庭收入的基础。[1]萨莉·麦克默里根据19世纪中期前后北方各州村舍设计的变化分析了农场女性形象的转变，发现从19世纪30年代到50年代初，农场主为了提高妻子们的工作效率把厨房设在牛奶场和畜棚附近，这样妻子们就可以充分为农业生产做贡献。高效农舍的理念得到了农妇的支持，她们重视自己在农业生产中的作用。据麦克默里分析，大约在1855年之后，"能赚钱的农场主妻子"的理想形象被另一种形象所取代，那就是一个农场主的妻子的主要任务通常是为家庭服务——养育孩子、做饭、缝纫、打扫卫生——而不是参与农场的市场化生产。[2]

总体而言，农业生产的商业化、家庭制造业的衰落和现金经济的日益渗透这些因素一起削弱了女性在农场经济中的重要性。一方面，由于农业生产主要是为了在市场上销售商品，女性很可能被排除在劳动过程之外。根据本特·安卡卢的研究，市场导向的农业生产倾向于男性劳动力而非女性劳动力。另一方面，女性以前在家生产的商品，如黄油和奶酪，越来越多地由家庭以外的工厂生产。[3]一般认为，在工业化前的农民和工匠家庭中，女性在生产中的重要角色曾使她们"在家庭中拥有一定的权力"。[4]然而，农业经济

---

1 Carolyn E. Sachs, *The Invisible Farmers: Women in Agricultural Production*, Totowa: Rowman and Allanheld, 1983, p. 11.

2 Sally McMurry, *Families and Farmhouses in Nineteenth-Century America: Vernacular Design and Social Change*, New York: Oxford University Press, 1988, p. 88.

3 Bengt Ankarloo, "Agriculture and Women's Work: Directions of Change in the West, 1700–1900," *Journal of Family History*, vol. 4, 1979, pp. 111–120; Carolyn E. Sachs, *The Invisible Farmers: Women in Agricultural Production*, Totowa: Rowman and Allanheld, 1983, pp. 45–46.

4 Louise Tilly and Joan Scott, *Women, Work, and Family*, New York: Holt Rinehart, and Winston, 1978, pp. 54–55.

的重组以及基于性别的劳动分工，扩大了男女之间的经济差距。农场主的经济作物收入增加，而女性获得经济权力的机会却有限。

在性别分工变得更为明显的富裕农场，女性的个人体验还是有很大差别的。阶级、婚姻状况和其他机会等变量决定了农妇的前景，从而决定了她们愿意或不愿意接受这种变化。对一些人来说，远离农业生产是一种解脱；对另一些人来说，这可能是痛苦的损失。乳制品给一些女性带来了地位和经济权力。对另一些人来说，这是一份沉重而不愉快的工作，没有什么缓解压力或向上流动的希望。[1]

关于农村女性对退出田间劳作的反应，乔恩·耶勒发现，对那些长期在田间和畜棚工作的来自挪威的移民女性而言，当她们的丈夫专攻经济作物小麦和采用新的生产技术时，她们很快就愉快地放弃了美国边疆的户外工作。[2]朱莉·罗伊·杰弗里在研究边疆女性时，假设边疆对这些女性的影响使她们能够打破传统的性别分工，结果却发现，她们试图重建以前在东部的生活模式。[3]这些对边疆女性的研究强调了女性重建她们自己领域的尝试。卡罗琳·E. 萨克斯认为，19 世纪的女性退出田间和畜棚的工作，是她们逃避男性权威的一种方式。她们可以拥有自己的领地，而不是直接在丈夫手下工作。此外，男性也受益于并鼓励了农场的性别分工。在某种程度上，父权权威依赖于将女性排除在男性领域之外。无论是父权的控制，还是女性对这种控制的抵制，都重建了边境上的性别分工。[4]

---

1 Deborah Fink, "'Not to Intrude': A Danish Perspective on Gender and Class in Nineteenth-Century Dairying," *Agricultural History*, vol. 83, no. 4 (Fall, 2009), pp. 447–448.

2 Jon Gjerde, *From Peasants to Farmers: The Migration from Balestrand, Norway, to the Upper Middle West*, Cambridge: Cambridge University Press, 1985, pp. 234–236.

3 Julie Roy Jeffrey, *Frontier Women: The Trans-Mississippi West, 1840–1880*, New York: Hill and Wang, 1979, pp. xv–xvi.

4 Carolyn E. Sachs, *The Invisible Farmers: Women in Agricultural Production*, Totowa: Rowman and Allanheld, 1983, pp. 13–14, 16.

也有研究认为农妇积极参与构建自己的生活。这种观点强调，人们作为抵制者和创新者在塑造日常生活时做出选择和参与选择。[1]南希·格雷·奥斯特鲁德认为19世纪晚期的农村女性为了应对不平等，"努力在婚姻中创造相互性，在劳动中创造互惠，并在社交模式中创造融合"，这是一种"赋权策略"。奥斯特鲁德指出，19世纪晚期，在农场家庭经济的自给生产和商品生产方面，"性别分离和性别融合的劳动形式并存"。虽然有些任务是按性别划分的，但有些女性确实做男性的户外工作，行使她们的权力。男人和女人在一些乳品加工过程中一起工作。女性和男性工作的灵活性意味着"女性和男性对自己的工作做出了选择"。[2]在格兰其等社区活动的社会关系中，分离领域的意识形态似乎并不重要。女性还参加了楠蒂科克山谷组织的性别融合活动，将私人和公共领域联系起来。

然而，女性的这种"赋权策略"也可能被19世纪晚期的农业专家破坏了。当时著名的农业专家亨利·华莱士，倡导将农场女性从奶牛场的劳作中解放出来。在他看来，奶牛场的劳动是一项繁重的工作，如果女性能摆脱这项工作，她们的生活就会得到改善。芭芭拉·汉迪-马尔凯洛指出，当亨利·华莱士在1880年宣布女性的奶牛场工作是"苦差事"时，他"干净利落、毫无罪恶感地切断了她们的重要收入来源，同时将奶牛场重新定义为男性的工作领域"。[3]帕特里克·农纳利得出了类似的结论，即当专家们贬低了女性的奶牛场工作，并成功地将这种生产工业化时，19世纪艾奥瓦州的农场女性还失去了宝贵的经济角色。在农纳利看来，乳制品行业看

1　Shelley Feldman and Rick Welsh, "Feminist Knowledge Claims, Local Knowledge, and Gender Divisions of Agricultural Labor: Constructing a Successor Science," *Rural Sociology*, vol. 60, no. 1 (March, 1995), pp. 33–34.

2　Nancy Grey Osterud, *Bonds of Community: The Lives of Farm Women in Nineteenth Century New York*, Ithaca, NY: Cornell University Press, 1991, p. 275.

3　Barbara Handy-Marchello, *Women of the Northern Plains: Gender & Settlement on the Homestead Frontier, 1870–1930*, St. Paul: Minnesota Historical Society Press, 2005, p. 79.

似进步，但从农村女性的角度来看，并非如此。[1] 不过也有学者从另一种角度看待这个问题，认为女性摆脱了奶牛场的家务，使她们个人在家庭、农村社区和其他地方有了不同的、更广泛的选择。萨莉·麦克默里将19世纪纽约州奶酪制作的工业化称之为"双刃剑"。奶酪生产对农妇和她们的孩子来说是艰难的。当女性不再承担家庭奶酪制作的责任时，她们就有更多的时间从事不那么繁重的家禽生产，她们能够更多地参与社区生活。尽管她们放弃了一个重要的经济角色，但她们的生活在其他方面更加广泛和多样化。[2]

19世纪末20世纪初，越来越多的人强调家务劳动是农妇的适当领域。家庭生活观念为男女之间的分工和女性的从属地位提供了合法性。这种观念的核心是认为女性是服务于家庭的观念。虽然农村没有经历发生在城市的工作与家庭的空间分离，但农村劳动的性别分工变化并没有完全不同于城市。和城市中产阶级女性一样，农村中产阶级女性的角色越来越局限于家庭领域。内战之后，白人女性在中等或较好的农场的户外工作已经明显减少。富裕的农场主的妻子和女儿不再在田间劳作，不像以前那样经常在菜园里干活，她们制作的黄油越来越少。她们可能会照顾家禽和蜜蜂，做家务，采集蔬菜以备饭食，做饭和保持住所的秩序。她们的家务劳动基本上就是她们在农场的劳动。[3] 不过，贫穷的家庭不能免除女性的生产劳动，大部分农村女性经历了较少的领域分离，因为她们继续生产一些家庭消费的产品，并在农场里贡献自己的劳动。人们期望已婚女性从事家务和养育子女的工作，而不论她们是否参与田间劳动。在劳动力短缺时期，女性必须从事田间劳动，但

1 Patrick Nunnally, "From Churns to Butter Factories: The Industrialization of Iowa's Dairying, 1860–1900," *Annals of Iowa*, vol. 49 (Winter, 1989), pp. 567–569.

2 Sally McMurry, *Transforming Rural Life: Dairying Families and Agricultural Change, 1820–1885*, Baltimore: Johns Hopkins University Press, 1995, pp. 170, 235.

3 Carolyn E. Sachs, *The Invisible Farmers: Women in Agricultural Production*, Totowa: Rowman and Allanheld, 1983, pp. 45–46.

她们的家务工作量很少因参与田间劳动而减少。[1]很多时候，农妇的劳动量并没有减少，但她们的贡献却更难得到承认。"分离领域"的概念也使得女性的经济贡献更容易被低估或被掩盖，因为"工作"可能意味着家庭以外的劳动，女性在家庭中所从事的劳动逐渐被视为一种"爱的劳动"，而不是"工作"。[2]

三、解决农妇的苦差事问题的努力

19世纪晚期农妇的"苦差事"问题引起了广泛关注。早在19世纪七八十年代，进步的农村女性就已经在通过一系列公开演说提醒人们重视并改善农妇的状况；格兰其的女性成员也在19世纪末20世纪初试图通过倡导家政学和女性教育为解决农妇的困境而努力；20世纪初，美国农业部及乡村生活委员会都发布了一系列调查报告来回应关于农妇的问题。当时由城市中产阶级女性主导的妇女运动专注于女性选举权问题，对农妇的具体困境很少关注。

（一）进步农村女性的演说活动

内战后的几十年里，关于农村生活、劳动、家庭和性别身份的改革思想不断涌现。农村和城市的进步人士都努力把女性塑造成一个自觉的社会和政治群体，并且她们是可以从改革倡议中受益的。农村女性也参与了这一进程。[3]19世纪五六十年代，生活富裕的年轻女性可能通过教育接触到新的文

---

1 Carolyn E. Sachs, *The Invisible Farmers: Women in Agricultural Production*, Totowa: Rowman and Allanheld, 1983, pp. 13-14.

2 S. Jay Kleinberg, *Women in the United States, 1830-1945*, London: Macmillan Press LTD, 1999, pp. 32-33.

3 Kristin Mapel Bloomberg, "Women and Rural Social Reform in the 1870s and 1880s: Clara Bewick Colby's 'Farmers' Wives'," *Agricultural History*, vol. 89, no. 3 (Summer, 2015), p.404.

化价值观，特别是内战结束后，许多年轻女性在文法学校毕业后被送到女子学院和神学院。这些学院开始提供对智力要求高且不涉及家庭生活的科目，如希腊语和拉丁语、数学、历史、文学，以及音乐、绘画和舞蹈，等等。当这些年轻女子在寄宿学校待了几个学期回到农场后，她们可能会面临着严重的价值观冲突。她们可能有了新的爱好和品味，但作为农场主的女儿却又不得不为母亲分担农场家庭那些枯燥乏味的劳动。这些受过教育的女性难免会感到迷茫和不满，正是她们成为了进步农场家庭里女性觉醒的推动者。[1]

19世纪七八十年代的农村女性演说，阐明了一些女性改革者是如何界定农村女性的问题并为之提供解决方案的。[2]这些女性的演讲是在农业或教育协会的会议上面向富有同情心的、通常是男女混合的听众而发表，后来登载在会议会刊、地区杂志或报纸上。她们指出，农村女性的身份困境主要在于，人们期望她们在社会身份上表现出顺从的女性气质，在劳动身份上像男人一样工作。她们过着与世隔绝、劳累过度的生活，而她们的丈夫则发展了技能和社会关系，控制着家庭的财富。不过，这些演说家为解决农妇问题提出的建议并不包括离开丈夫、放弃农耕生活或放弃社会习俗；相反，这些演

1 Sally McMurry, *Families and Farmhouses in Nineteenth-Century America: Vernacular Design and Social Change*, New York: Oxford University Press, 1988, p. 102.

2 Clara Bewick Colby, "Farmers' Wives," *Transactions of the Wisconsin State Agricultural Society*, vol. 19 (February, 1881), pp. 254–255; M. Benjamin, "Woman's Work on the Farm—Her True Position and Influence," *Report of the Secretary of the State Board of Agriculture of the State of Michigan*, vol. 23 (October, 1884), pp. 214–216; Juliet H. Severance, "Farmers' Wives," *Transactions of the Wisconsin State Agricultural Society*, vol. 24 (February, 1886), pp. 273–283; H. C. Adams, "The Rights of Farmers' Wives and Daughters," *Wisconsin State Horticultural Society Transactions*, vol. 18 (February, 1886), pp. 208–215; D. C. Ayres, "The Farm and the Farmer's Wife," *Transactions of the Northern Wisconsin Agricultural and Mechanical Association*, vol. 6 (February, 1879), pp. 132–138; J. L. Trowbridge, "Relations of Women to the Labor and Duties of Agriculture," *Fourth Annual Report of the Wisconsin Dairymen's Association*, vol. 3 (December, 1875), pp. 38–40; R. F. Johnston, "Home Work for Women," *Report of the Secretary of the State Board of Agriculture of the State of Michigan*, vol. 23 (October, 1884), pp. 210–213.

说家把重点放在教育、技术、提升妇女的家庭文化以及与其他女性的交往上，以此作为改善农村女性生活的手段。

进步的农村女性希望改变男女不平等的地位，为女性争取更多权利。为此，她们呼吁建立真正的婚姻伙伴关系，特别是在家庭财产的管理和支配方面，她们认为"农场主的妻子首先应该是财务上的共同伙伴，而不是'没有工资的高级仆人'；丈夫管理外部事务；妻子照顾家人和操持家务。而且，像其他商业合作伙伴一样，每个人都有平等的财务权利，并且所有的支出都应征求她们的意见"。[1]另外，农场主不应对他们的妻子负责的家庭事务漠不关心。在田间劳作的男子和在房屋里劳动的女性，应该对土地和家庭的改善同样关注，分担彼此的辛劳和焦虑。[2]

农村进步女性提出了农妇应该追求自我进步与自我实现的更高层次需求。19世纪晚期关于农妇的苦差事的抱怨往往会归结到一点上，即费时费力的家务活使得她们没有时间和精力去读书、看报、社交、娱乐，其精神需求没有得到满足，更别提自我提升了。在抱怨"苦差事"之余，农村进步女性往往呼吁农妇们以"自我提升"取代"自我牺牲"，放弃一些不必要的家务负担，注重改善精神世界。[3]而关于这种主张的合理性的解释主要是围绕女性作为未来新一代农民的母亲的重要性展开的，即女性应该有足够的思想和智慧，引导未来的农民"走上正直、光荣、进步的道路"，使得"农民的智力和相应的国力得到提升"。[4]

---

1 Juliet H. Severance, "Farmers' Wives," *Transactions of the Wisconsin State Agricultural Society*, vol. 24 (February, 1886), p. 276.

2 D. C. Ayres, "The Farm and the Farmer's Wife," *Transactions of the Northern Wisconsin Agricultural and Mechanical Association*, vol. 6 (February, 1879), p. 133.

3 M. Benjamin, "Woman's Work on the Farm—Her True Position and Influence," *Report of the Secretary of the State Board of Agriculture of the State of Michigan*, vol. 23 (October, 1884), pp. 214–215.

4 D. C. Ayres, "The Farm and the Farmer's Wife," *Transactions of the Northern Wisconsin Agricultural and Mechanical Association*, vol. 6 (February, 1879), p. 134.

如果她没有机会阅读、旅行或与更开明的人交往，她如何获得智慧和知识呢？如果她的一生都被狭窄的厨房墙壁所束缚，……那她对生活的看法会变得狭隘和偏执，并会培养出一个心胸狭隘的民族，……如果 2/3 的母亲是无知的，我们还能指望什么呢？[1]

农村进步女性强调女性对家庭生活的影响力以及母职的重要性，主张减轻农妇的负担，以便给她们留出更多空闲时间来阅读和思考，因为家庭和社会不仅需要勤劳的女性，更需要有智慧的女性。[2] 这种着眼点与 19 世纪晚期全美范围内的女性改革活动有一定联系，后者就是以母亲职责的重要性为依据推行和参与社会改革和道德改革的。

（二）格兰其女性的改革倡议

格兰其的女性成员认识到"单调的、重复的、累人的苦差事是农妇最基本的问题"，"苦差事是农家的万恶之源"。[3] 新的家用技术设备的应用和农业的"去女性化"，并没有免除大部分农妇在户外和家里做的大量艰苦工作。[4] 格兰其女性认为，苦工和孤独压垮了农妇的"生活和精神"，使她们比任何其他群体都更容易患精神疾病。格兰其女性成员也注意到，关于农场主丈夫独享金钱控制权的抱怨很普遍，农妇们为自己经常不得不向丈夫要钱感到耻

1 J. L. Trowbridge, "Relations of Women to the Labor and Duties of Agriculture," *Fourth Annual Report of the Wisconsin Dairymen's Association*, vol. 3 (December, 1875), p. 39.

2 Fannie B. Dennett, "The Proper Advancement of Woman," in *Transactions of the Wisconsin State Agricultural Society*, vol. 13 (January, 1875), pp. 463–468.

3 Donald B. Marti, *Women of the Grange: Mutuality and Sisterhood in Rural America, 1866–1920*, New York: Greenwood Press, 1991, pp. 73–74.

4 Ruth Schwartz Cowan, *More Work for Mother: The Ironies of Household Technology from the Open Hearth to the Microwave*, New York: Basic Books, 1983, pp. 98–99; Sally McMurry, *Families and Farmhouses in Nineteenth-Century America: Vernacular Design and Social Change*, New York: Oxford University Press, 1988, p. 96.

辱，"她们痛恨这一点"。[1]

格兰其女性否认那种认为"农村生活固有的缺陷造成了女性困境"的说法，她们认为，农场主及其妻子都有需要改进的地方。缅因州的格兰其机关报曾转载另一份杂志的观点，认为农民由于无知，对女性的欣赏程度低于其他阶层的男性。她们批评农场主对妻子和女儿经常很冷漠，让她们去地里干活，"脱离了自己的工作范围"。但格兰其总体上对农民表现出很大的同情，对他们的批评也不是很严厉，反而经常暗示女性应该为自己的困境承担一部分责任，该组织的女性成员直言农妇效率低下或经常做不必要的工作。这种判断是基于她们相信"女性可以控制自己的工作"，认为"女人在自己的领域里是至高无上的"。格兰其女性曾在缅因州和威斯康星州的格兰其杂志上发表了一种激进的想法：农妇们如果觉得制作过多的黄油造成了过度劳累，可以选择把一部分奶油喂猪，刚开始，失去奶油可能会让她们的丈夫感到痛苦，但"男人们很快就会学会少养奶牛"。1888年，一位女性在纽约州奥农多加县的格兰其会议上的演讲中批评农妇对家庭细节过分关注，敦促她们在精神修养上多花些时间，以便能赢得孩子们的尊重。她认为，女性如果愿意，可以少工作、多读书，然而实际上很多女性任性、固执、忙碌、无知。[2]

格兰其女性试图帮助过度劳累的农妇，劝诫她们区分必要和不必要的任务，并有效地完成前者。家政学也宣扬同样的福音。格兰其女性相信，家政学"令人敬畏的科学权威"使它成为"治疗苦差事的万能良药"。农妇们可以决定少做些工作，这就要求她们合理地区分"必要和非必要"，全国格兰其家政委员会第一主席伊丽莎白·帕特森认为，女性之所以承担不必要的工作，是因为她们没有学会区分。她们期望家政学这门学科能使女性从盲目的

1　Donald B. Marti, *Women of the Grange: Mutuality and Sisterhood in Rural America, 1866–1920*, New York: Greenwood Press, 1991, pp. 76–78.

2　Ibid., pp. 79–80.

苦工中解脱出来，就像农业科学本应使农民摆脱传统的习惯一样。为此，格兰其所做的努力主要包括：首先，格兰其的女性成员批评农业学院忽视家政学，鼓励和推动家政学这门学科的发展；其次，格兰其的女性演讲者们研究农业院校的家政简报，并就其主题组织讨论会：以伊丽莎白·帕特森和汉娜·麦克莱昂斯为代表的格兰其领袖，极力促使农学院家政系的大量信息和建议出现在格兰其的出版物上。[1]

格兰其的女性成员寄希望于家政学来使农妇摆脱苦差事，她们鼓励和推动农村女性接受教育，至少是增加女性在农学院的受教育机会，提升农村女性对家政学的认识和接受度。然而，由于预先认定"女性可以控制自己的工作"，格兰其的女性成员没有把农妇的苦差事与她们缺乏对工作的支配权联系起来。

（三）美国农业部和乡村生活委员会的调查报告

20 世纪初，美国农业部发起了一系列调查研究，试图反驳农场生活对女性不利的说法。自 19 世纪晚期以来，民间流传着这样一种说法：农场生活使女性特别容易精神错乱。有人认为，农场生活的孤立、苦差事、缺乏多样性等因素造成农场女性精神错乱的比例比在任何其他生活或职业中的女性都要高。在 1912 年美国农业部发布的一份公告中，主持调查的乔治·K.霍姆斯引用一名精神病院院长的证词来反驳上述说法。霍姆斯强调，关于农场女性更容易精神错乱的传言是"一种持续存在的毫无根据的诽谤"，这种"没有任何事实或权威支持"的空话因为经常出现而产生了极坏的影响，它破坏了农场生活对女性的吸引力。这份调查报告的负责人在报告的结束部分描述了农场生活的优势及其对女性的益处："农场生活是最健康和最独立的。夫

---

1 Donald B. Marti, *Women of the Grange: Mutuality and Sisterhood in Rural America, 1866–1920*, New York: Greenwood Press, 1991, pp. 81, 84–85.

妻之间、父母与子女之间的家庭关系是最自然的。农场家庭成员有充足的食物，充足的睡眠，有很多事要做；他（她）们的习惯是有规律的和良性的。"农场的状况对女性来说是"最有利的"，因为"女性的生活越自然、越健康，就越不容易精神错乱。农场主的妻子和她的孩子们经常在户外活动，照顾小鸡，在花园里种花，种菜，种水果"。霍姆斯认为，这种环境使得农场主及其妻子和孩子比生活在城市的人更不可能变得精神错乱。他试图让人们相信农场女性的生活比城市女性更健康、更有吸引力：农场女性的丈夫大部分时间都在家，通常还有几个健康的、有爱心的、独立的、勤劳的、品行端正的孩子陪伴，这比城里一个普通的俱乐部女性的状况好多了；城里的女性一般孩子很少，还可能没有孩子，她把大部分时间都花在了文学上，把许多晚上的时间花在参加社交活动上，甚至经常持续到深夜，她们的丈夫大部分时间都不在家。[1] 这份报告充满了对农场生活的理想化描述，它强调农场生活的优势，倡导女性接受传统的相夫教子的生活，而不是向往城市女性那种"不健康的"生活。

在从 1914 年起的为时十年的时间里，美国农业部支持了一项名为"农场生活的好处"的研究，这项研究是在与约 8000 名农妇的通信和采访基础上完成的。该报告的作者发起这项研究意在揭示普遍认为女性的农场生活是苦差事的谬论。这项调查的受访对象主要是坚强、足智多谋、有能力的女性，在她们的社区中具有领导作用，她们过着充实而积极的生活，看到了农场生活最好的一面，并选择将不利因素和不良特征视为暂时的和次要的，倾向于强调农场生活的可能性。因而，这份报告整体上描绘了一种理想化的农场生活景象，强调农场为女性提供了建立婚姻伙伴关系的最佳条件，农妇能真切地感受到她为农场做了贡献，而且农场里的许多女性与她们的丈夫在经

---

1 George K. Holmes, "Insanity of Farm Women," *Wages of Farm Labor*, Bulletin 99 (November, 1912), pp. 71–72.

济上是平等的。一个农妇总是可以凭借她的花园、黄油、母鸡开始她的伙伴关系或经济独立。她们能在伙伴关系中互惠互利，在农场帮忙并不是单方面的。农场主经常帮助他的伴侣打理菜园和较繁重的室内工作，丈夫在农场的工作性质使他能够分担对孩子的管教和培养。农场里的男男女女经常就工作交换意见，很多时候如果农场主缺乏某种品质或能力，他的妻子就能来帮助他，由于长年累月地在一起工作，农场主和妻子建立了难得的信任。[1]农场生活使女性感到满意的原因，还在于农场工作使她们有机会从她的孩子们身上获得快乐。农场里的动物、森林里和田野里有那么多好玩的，农妇们发现她们的孩子不太需要操心。农场有足够的空间让孩子们玩得开心，而不会打扰邻居。一位来自北卡罗来纳州的女性相信，劳动教会了她的孩子人生中最美好的东西，她的孩子现在已经长大成人。[2]一些女性表达了她们对农场生活的热爱和满足，能言巧语的农妇也为自己的生活方式辩护道："任何真正的工作都会有困难和烦恼，但只要你热爱这份工作，它就不是苦差事。"[3]然而，这种把农妇的生活浪漫化和理想化的做法往往忽略了农村男性对女性劳动、生育和性的控制。[4]

农妇与其丈夫在经济地位上的不平等在1915年发表的一份报告中被揭露出来，这份报告公开了农场女性对"美国农业部如何能更好地满足农妇的需求"的调查的回信。来自44个州的回信者们表达了这样一些看法：首先，农场男性应该为女性的不幸承担一部分责任。因为农场的男性在提供改善妻子和女儿状况的措施方面粗心、无知或固执，他们更愿意购买现代化的田间机械，以减轻劳动量或提高生产，但在投资家用机械或改进家用机械方面却

1 Bureau of Agricultural Economics, United States Department of Agriculture, *The Advantages of Farm Life*, Washington, D. C., March, 1924, pp. 2, 4–6.

2 Ibid., pp. 7–8.

3 Ibid., p. 12.

4 Carolyn E. Sachs, *Gendered Fields: Rural Women, Agriculture, and Environment*, Boulder, CO: Westview Press, 1996, p. 134.

很落后。也有一些农妇否认丈夫的不负责任，声称她们的"丈夫是完全周到的，并真诚地希望减轻妻子的苦差事"，但由于信贷利息高和农产品价格低使得农场赚不到足够的钱，才造成了农妇的不幸。[1] 其次，女性渴望她们在农场的工作能获得经济上的认可。农妇们在信中表示，"男人们对于女人为促进家庭利益所做的努力并没有给予太多的肯定"，"女性在农场的工作不被认为是农业生产和农场利润的一个重要因素"。有些人抱怨说，农妇们并没有实际处理她们自己专门养鸡、打理花园、处理牛奶和黄油所产生的利润。"她们从来没有拿过现金，买东西也没有自由"，所以她们无法改善家庭的便利设施、卫生设施和审美品质。因此，有人提出农妇需要公平的劳动报酬，主张农妇的报酬应该与其所做的工作和所表现出的能力相称。[2] 此外，许多人要求农业部为女性提供更多增加收入的信息，比如教女性如何能从家庭菜园、饲养家禽、制作黄油以及其他针线活中获得更大的利润。[3] 由于农妇的产品，如鸡蛋和黄油，在农作物的报告中都被忽视了，农妇们还要求参与制作农作物报告。

另外，西奥多·罗斯福在 1908 年底成立的乡村生活委员会认为"农村生活的成功在很大程度上取决于女性"。该委员会在 1911 年的报告中指出，通常情况下，人们对乡村生活的期望是：由于家务安排得很好，劳动不会过多，丈夫和儿子也要友好地配合，而且要有家用机器和各种便利设施；全国各地的许多农家都有书刊、乐器和所有必要的设施；有很好的花园和吸引人的房屋，整个家庭对自然和农场生活怀有同情的爱。[4] 当然，乡村生活委员会也认识到往往会出现与上述这些理想相反的情况，他们认为那

1 United States Department of Agriculture, *Economic Needs of Farm Women, Report no. 106*, Washington, D. C.: Government Printing Office, 1915, p. 8.

2 Ibid., pp. 17–19.

3 Ibid., p. 20.

4 *Report of the Commission on Country Life*, New York: Sturgis & Walton Company, 1917 (Original published March, 1911), p. 103.

些糟糕的情况有时是由于拓荒的条件局限，更多的是由于缺乏繁荣和理想。他们认识到，户外工作的便利可能优先于家庭工作的便利。在任何一个特定的农场里，无论有什么普遍的困难，例如贫穷、与世隔绝、缺乏节省劳力的设备，这些困难的负担更多地落在农场主的妻子而不是农场主本人的身上。[1]因此，乡村生活委员会提出，解除农妇的痛苦必须通过农村生活水平的普遍提升来实现。

为减轻农妇的负担，为农妇提供更多的帮助，乡村生活委员会提出了一些具体的建议。比如，在家庭中培养合作精神，简化饮食，建设方便卫生的房屋，在家里提供自来水，也提供更多的机械帮助，提供更好的通信手段和交流方式，如电话、道路和读书会，以及鼓励女性组织的发展。母亲俱乐部、读书俱乐部、教会协会、家庭经济组织、农民协会和其他协会可以为农妇做很多事情。同样重要的是，所有主要由男性参加的农村组织都应该讨论家务问题，因为很多困难往往在于男性的态度。最迫切的需要是在所有学校教授家庭生活和健康问题。[2]该委员会认为，通过这些改进，农妇会对农场生活更满意，并将有助于美国农村生活的繁荣和稳定。[3]

在建议农妇采用现代家庭和通信设备时，委员会成员实质上是建议农妇采用城市中产阶级女性的标准和设备。委员会的成员主要是城市中上层阶级的男性，他们显然认为城市中产阶级家庭主妇的角色适合于所有女性。乡村生活委员会的成员与农妇接触很少，显然没有意识到他们的建议在多大程度上忽视了她们所要帮助的女性的文化和经济现实。委员会成员没有认识到农妇在家庭、经济和生产责任方面的多样性。委员会成员指出，"农妇的日

---

1 *Report of the Commission on Country Life*, New York: Sturgis & Walton Company, 1917 (Original published March, 1911), p. 104.

2 Ibid., pp. 105–106.

3 Katherine Jellison, *Entitled to Power: Farm Women and Technology, 1913–1963*, Chapel Hill: University of North Carolina Press, 1993, p. 3.

常工作是每天准备三餐"。事实上，农妇的责任更加多样化。当农民在田里干活时，农妇为家人和雇工做饭、打扫卫生、洗衣、缝补衣服。她还腌制肉类、烤面包和糕点、搅拌黄油、照料花园、装水果和蔬菜罐头、养鸡，并定期到田里干活。她还主要负责销售剩余的奶制品、菜园和家禽产品。除了这些职责外，她们还保持了比城市女性更高的生育率。农妇一直既是生产者又是家庭主妇，她们工作的多样性和她作为农业生产者的重要角色使她们的情况明显不同于城市中产阶级的家庭主妇。[1]后来的一项研究表明，在乡村生活委员会的调查中，只有1%的受访者是农场主的妻子，那些对"农场住宅的条件、农场的卫生条件和通讯服务"表示满意的受访者无法代表农妇们的真实声音。这是由于该委员会发通告的邮寄名单与罗斯福所说的"农民（farmer）"的含义基本保持一致，即"包括所有生活在田野，与从事农活的人有密切联系的人——牧师、学校教师、医生、乡村报纸编辑，简言之，所有在农场工作和生活或与那些在农场工作和生活的人有关的男男女女"。[2]

关于农妇对自己生活方式的不满的揭露和来自乡村生活运动各个方面的压力，促使国会在1914年通过了《史密斯-利弗法》。该法资助了两组负责农业技术推广及乡村教育的专员：男性农业技术推广员负责教农场主科学耕作，女性家政示范指导员负责教农妇科学的家政方法。[3]通过把推广服务分为农场工作和家务劳动两类，《史密斯-利弗法》促进了美国农场的分离领域的理念，即男人的工作在户外进行，而女人的工作在家里进行，[4]标志着区分

1　Katherine Jellison, *Entitled to Power: Farm Women and Technology, 1913-1963*, Chapel Hill: University of North Carolina Press, 1993, pp. 3-4.

2　Olaf F. Larson and Thomas B. Jones, "The Unpublished Data from Roosevelt's Commission on Country Life," *Agricultural History*, vol. 50, no. 4 (October, 1976), pp. 588, 597.

3　Ronald R. Kline, "Ideology and Social Surveys: Reinterpreting the Effects of 'Laborsaving' Technology on American Farm Women," *Technology and Culture*, vol. 38, no. 2 (April, 1997), p. 360.

4　Katherine Jellison, *Entitled to Power: Farm Women and Technology, 1913-1963*, Chapel Hill: University of North Carolina Press, 1993, p. 16.

农妇总是对家庭农场的运作做出贡献，但她们的投入并不总是被统计人员重视。当电力进入农场时，它首先应用于田野工作，而家庭的应用排在第二位。根据凯瑟琳·杰利森的研究，二战后，农场主有了更多的钱，各种制造商和政府机构都鼓励在家庭中使用新技术，因为他们希望女性成为全职家庭主妇，并在农场主妻子的角色中获得快乐。然而，在通过新技术减轻家务劳动的同时，很多女性增加了她们在田里劳动的时间，或者通过在农场以外的工作来为家庭创造更多的收入。当女性参与购买技术的决定时，她们进一步说明她们有自己的安排与日程，这是由她们的生产职能和她们对更大平等的愿望所决定的。因此，尽管专家建议她们优先购买家政设备，但农妇们更喜欢收音机，它能提供娱乐和信息，以及汽车，它能提供流动性，有时还能让她们在城里找工作，甚至还有拖拉机，这使农妇更容易从事田间工作，也使她们可以不雇用增加女性家务负担的帮手。[1]

19世纪末20世纪初，城市的吸引力已经超过农村，许多年轻人选择离开农场去城市闯荡，导致农业人口流失严重。为了应对这种情况，同时也因为意识到农村女性对她们的丈夫特别是她们的子女的影响力，20世纪初的农业部调查报告尤其重视农场女性的困境。然而，这些报告要么强调19世纪晚期关于农场女性的不满情绪的传言是不实的，即便有劳累过度的例子，也被归因于这些女性个人缺乏对家务活的协调能力；要么认为只要购买更多的家用省力设备就能使农妇摆脱"苦差事"。但是，大部分农村女性常常感到辛苦和沮丧，她们的大部分不满在于男性主导的家庭关系和女性不被承认的劳动贡献。

1　David B. Danbom, Review on Katherine Jellison, *Entitled to Power: Farm Women and Technology, 1913-1963*, *Agricultural History*, vol. 68, no. 2 (Spring, 1994), pp. 270-271; Evelyn Leasher, Review on Katherine Jellison, *Entitled to Power: Farm Women and Technology, 1913-1963*, *Michigan Historical Review*, vol. 21, no. 2 (Fall, 1995), pp. 155-156.

＊＊＊＊＊＊

19 世纪晚期，随着农业商业化和专业化的发展，农场的性别分工更为明确，农妇的工作越来越局限到家庭领域。特别是在中等或较好的农场里，基本形成了"男人在户外工作，女人留在家里"的分离领域模式。农妇们把家务劳动视为"苦差事"，不仅因为家务是繁重的、无休止的，更是由于女性在家中的劳动贡献得不到重视。在男性主导的农村家庭中，女性的家庭地位往往不能因她们的劳动贡献而得到合理的提升。男性农场主控制着家庭财务，主导了家庭决策，农妇们大多不能支配自己卖鸡蛋、黄油、奶酪等产品赚取的收入，并且农场家庭通常对女性使用的设备缺乏资本投资。随着农妇们的觉醒，她们对农场生活的抱怨和不满与日俱增，在世纪之交，农妇们的不满情绪引发了广泛关注，进步的农村女性演说家、格兰其的女性成员、美国农业部和乡村生活委员会都对农妇的境况进行分析或展开调查，并提出了一些改进方案，但大多没能触及农妇困境的本质。

第四章
从格兰其到农民联盟：联合的尝试

美国进入"镀金时代"后，工业资本主义加快了扩张步伐，自由竞争不断扩大。在自由放任的政策下，社会上不同的利益集团为保护自身的权益而结成各种行业组织，各行各业进入协会化、组织化的发展阶段。正如一位农业改革者所观察到的："社会的所有不同阶层和职业，都在以一种比世界历史上的任何时候都更大的程度，参与出于相互促进和保护的组织化。事实上，我们可以说各行各业都组织起来了。"[1] 在资本主义企业兼并与联合的发展趋势下，工商业部门尤其以托拉斯、卡特尔等垄断组织的面貌活跃在社会化大生产中，并逐渐接管了整个国家经济。[2] 在此情况下，为了集体捍卫他们的利益，一向分散、孤立的农民也做出了联合的尝试。这一努力依托于19世纪后期众多的农民互助组织，特别是70年代的格兰其和80年代的农民联盟。在这些农民组织的动员下，农业生产者的抗议和改革热情不断高涨，掀起了一波又一波反抗社会不公的农民运动。

1　N. A. Dunning, ed., *The Farmers' Alliance History and Agricultural Digest*, Washington, D. C.: Alliance Publishing Company, 1891, p. 49.

2　Alfred D. Chandler, Jr., *The Visible Hand: Managerial Revolution in American Business*, Cambridge: Harvard University Press, 1977.

一、19 世纪 70 年代的格兰其运动

早在殖民地时期，拓荒者们就经常组织起来应对印第安人的袭击，他们聚集在后来发展为城镇的地方定居，邻里之间互帮互助。在第一批农民组织的创始人中，有一些是美利坚的建国之父。例如，在 1785 年成立的费城农业促进会便是源于本杰明·富兰克林的想法。这个农业组织由费城地区 23 位主要的商人和地主创立，其中有 4 位是《独立宣言》的签署者，重视农业发展的乔治·华盛顿很快也成为该组织的荣誉会员。[1] 这类组织由热心的农业精英主导，致力于传播农业科学和经验，到 1800 年全国大约有 12 个类似的协会。19 世纪上半叶，许多农业人士都有过把农民组织起来的想法。例如，格兰其的七位奠基者之一威廉·桑德斯，在 1855 年就曾建议 "组建一个全国性组织，接纳所有对农业事务感兴趣的人，把他们的力量和影响联合到其中，从而确保他们能够充分、适当地参与州和国家的政府"。内战前夕，地方性的农业协会发展迅猛，仅 1858 年到 1860 年的两年之间，就从 90 多个增加到 1300 个左右，其中大多数是县级规模的组织。[2] 但第一个影响遍及全国的农民组织——格兰其，是由奥利弗·哈德逊·凯利在 1867 年组建的。

（一）奥利弗·凯利与格兰其的起源

奥利弗·凯利，1826 年出生于波士顿的一个裁缝家庭。富有想象力和写作天赋的他，16 岁便出版了一本讽刺漫画；21 岁时，离开家乡西去寻找发展机会，先后做过通讯员、电报员。1849 年，他与新婚妻子露西·厄尔

1　http://pspaonline.com/history/overview/

2　Thomas Clark Atkeson, *Semi-Centennial History of the Patrons of Husbandry*, New York: Orange Judd Company, 1916, pp. 3–5.

一起在明尼苏达的圣保罗市安顿下来。由于与领地总督相识，他们很快融入主流的社交圈，凯利还担任过几份公职。当立法者开始游说将首府从圣保罗迁往伊塔斯卡时，凯利在该镇购买了一块土地。虽然这项动议以失败告终，但夫妻俩却在伊塔斯卡的农场定居下来。1851 年，露西在分娩时不幸离世，她生下的女婴 6 个月后也夭折了。1852 年，凯利与同样来自波士顿的女教师坦普瑞斯·莱恩结婚，先后生养了四个女儿。[1]

此后的十多年间，凯利一直在伊塔斯卡经营自己的农场。但与大部分老实本分的拓荒者不同，他是一名典型的农业创新者。[2]由于没有任何的务农经验，他的农业知识大多是通过试验、与他人讨论以及阅读书籍报刊而习得的，因此他是一位名副其实的"照书务农者"。凯利相信，技术和知识能把农业从一种苦差事转变为一种有利可图、有尊严的职业。他对新的发明和机械持有开放的态度，主动将这些农具应用到实际的耕作中；他从不拒绝使用新技术，不仅积极与专利局联系获取和推广新的作物品种，还自己动手试验、选育；他喜欢详细记录自己的试验结果，观察当地的天气、气候和物候情况，有关于此的日记多达几千页。此外，凯利还在 1852 年创立了明尼苏达地区的第一个农业协会——本顿县农业学会，相关的组织经验为他后来组建格兰其奠定了基础。[3]19 世纪 60 年代初，干旱袭击了明尼苏达北部，凯利深受其害，长期的技术投入和试验创新使他负债累累。但凯利的活跃思想、超凡见地和对农事的热爱，使他在 1864 年得以进入农业部工作。[4]

1　Thomas A. Woods, *Knights of the Plow: Oliver H. Kelley and the Origins of the Grange in Republican Ideology*, Ames: Iowa State University Press, 1991, pp. 22–23.

2　关于农业创新者的特点，参见 Clarence Danhof, *Change in Agriculture: The Northern United States, 1820–1870*, Cambridge, MA: Harvard University Press, 1969, pp. 52–53.

3　Thomas A. Woods, *Knights of the Plow: Oliver H. Kelley and the Origins of the Grange in Republican Ideology*, Ames: Iowa State University Press, 1991, pp. 26–31.

4　Oliver Hudson Kelley, *Origin and Progress of the Order of the Patrons of Husbandry in the United States*, Philadelphia: J. A. Wagenseller, Publisher, 1875, p. 11.

从1864年冬到1866年春，凯利一边为农业部工作，一边继续照料农场。在华盛顿期间，他不仅为农业部的月度和年度报告撰文，还同时担任几家报纸的通讯员和编辑。这些经历赋予凯利一种新的全国性视角，使他逐渐摒弃了原来的地方、县级甚至州级的视野，开始考虑让农民在全国范围内共同努力、联合互助。1865年春，他带着为农业部收集明尼苏达农业统计数据的任务回到了自己的农场。这年夏秋，凯利为了收集农业信息走遍了明尼苏达，这为他次年的南方之行积累了经验，而正是后者使他关于建立一个全国性农民组织的想法具体化了。[1]

1865年10月，凯利收到了一封来自农业部专员艾萨克·牛顿的书信，信中要求他立即前往华盛顿处理特殊事务。到达那里后，他被告知牛顿计划派他去南方收集战后农业状况的统计数据。在等了几周之后，凯利发现牛顿对此事犹豫不决，于是他便设法与安德鲁·约翰逊总统会面，这一举动确保了他的南方之行。1866年1月，凯利正式受命到南方游历，报告内战后的农业状况。在与南方种植园主打交道的过程中，凯利作为一名共济会员，受到友好而诚挚的接待。在南方的经历使他确信，"政客们永远不可能恢复这个国家的和平；即使和平到来，那也一定是通过友爱。北方和南方的人民必须作为同一个大家庭的成员互相认识，必须废除所有的地域主义"。南行途中，凯利在与外甥女卡罗琳·阿拉贝尔·霍尔通信时提及了一个想法，即"把农业人士的秘密协会作为一种恢复人民之间友好感情的要素"，并得到后者的赞赏。建立一个农民协会的念头在凯利心中盘桓难消，他曾把一个全国性组织与其地方分支的关系比作密西西比河与其支流，并将关于组建协会的粗略计划告知了亚特兰大的一位朋友。南行结束后，凯利开始与朋友们讨论建立农民组织的想法，但他们并没有立即采取行动。在波士顿，凯利

---

1 Thomas A. Woods, *Knights of the Plow: Oliver H. Kelley and the Origins of the Grange in Republican Ideology*, Ames: Iowa State University Press, 1991, pp. 83–86.

会见了正在这里访亲的霍尔小姐，再次谈到了他的计划，后者建议应该在这个组织中给予妇女完整的会员资格，正是这个建议使格兰其向成千上万的女性敞开了怀抱。[1]

南方之行巩固了凯利一向坚持的重农观点，使他更加相信"农业是这个国家所有财富的基础，农业部应该是所有部门中最突出的"。但在华盛顿的工作，令他对刚成立不久的农业部深感失望。1867 年 1 月，凯利接受了邮政部的一个职务，但很快他就请求后来成为农民运动领袖之一的明尼苏达州议员伊格内修斯·唐纳利帮忙更换职务。这一努力以失败告终，凯利不得不继续留在原来的职位上。[2] 为了打发时间，5 月他向同事威廉·爱尔兰介绍了他关于组织农民的计划，后者决定加入其中，并鼓励他设计一套组织仪式。7 月，凯利认识了在农业部任职的威廉·桑德斯，他们详细讨论了那个计划。桑德斯表示，他即将前往圣路易斯参加一个农业会议，凯利可以起草一份计划大纲交给与会者，听取他们的意见。在这个大纲中，凯利建议组建一个分级的秘密农业组织，接纳对农事有直接兴趣的人为会员，通过鼓励教育来提高农业的地位，并像共济会一样保护其成员的利益。这个计划在圣路易斯得到了积极的反馈，凯利和爱尔兰在华盛顿得知后大受鼓舞，每天都在一起讨论组织的前景。这段时间，凯利的一位密友、在财政部任职的约翰·特林布尔也加入了这项事业。[3] 后来，农业部的亚伦·格罗什、财政部的约翰·汤普森和纽约州的果树学家弗朗西斯·麦克道尔也参与制定了新组织的原则、仪式，他们与凯利、爱尔兰、桑德斯和特林布尔四人并称为格兰其的"七位奠基者"。[4]

1 Oliver Hudson Kelley, *Origin and Progress of the Order of the Patrons of Husbandry in the United States*, Philadelphia: J. A. Wagenseller, Publisher, 1875, pp. 13-15.

2 Thomas A. Woods, *Knights of the Plow: Oliver H. Kelley and the Origins of the Grange in Republican Ideology*, Ames: Iowa State University Press, 1991, pp. 90-92.

3 Oliver Hudson Kelley, *Origin and Progress of the Order of the Patrons of Husbandry in the United States*, Philadelphia: J. A. Wagenseller, Publisher, 1875, pp. 16-21.

4 *Golden Jubilee History: Ohio State Grange, 1872-1922*, Salem, Ohio: Lyle Printing Co., 1922, pp. 16-20.

随着加盟者的增多，凯利的计划也被告知于越来越多的农业精英，他们对该计划提出了许多建议。为了吸引全国农民的兴趣，凯利甚至印制了300份传单发往各地，也收到了不少来信。关于这个全国性组织的命名有大量的讨论，但在桑德斯的坚持下，奠基者们最终同意采用"农业协进会"这个名称。至于地方分会，大家都同意用一个代表农场的词语来称呼，提议中的词汇有近10个，最后"格兰其"一词被选中。[1]关于为何会选择"格兰其"，存在着以下两种说法：第一，据凯利回忆，这个词由他借用自当时正在做广告的一本小说名；[2]第二，这个词在古英语时代指农场家园，因此特别适合一个由农民及其家庭组成的宏大协会，该组织后来的诸多行政职务的名称，如会长、督察、守门人等，都与古英国的庄园农场上的工作职务有关。[3]

1867年11月中旬，七位奠基者在桑德斯的办公室里举行了第一次会议，筹备组建计划中的农业组织。桑德斯受命起草一个序文，会议正式决定将新组织命名为"农业协进会"，地方分支称为"格兰其"。会后奠基者们又商定了一些细节，如采用"永存不朽"（Esto Perpetua）作为组织格言，把男女成员的入会费分别定为5美元和2.5美元。12月4日，他们举行了第二次会议，选出了全国格兰其的领导班子，由桑德斯担任会长、凯利任秘书长，这一天也被作为该组织的生日。至此，全国格兰其正式成立了。凯利下定决心"要建立一个格兰其分支，把我们的仪式操练一遍，使它臻于完美"。为此，他于1868年1月邀请一些同事及其夫人在华盛顿开会，会上演练、调整出新的分级计划。按照这个计划，格兰其成员从下至上分成七级，其中地

1　Thomas Clark Atkeson, *Semi-Centennial History of the Patrons of Husbandry*, New York: Orange Judd Company, 1916, pp. 16–18.

2　Oliver Hudson Kelley, *Origin and Progress of the Order of the Patrons of Husbandry in the United States*, Philadelphia: J. A. Wagenseller, Publisher, 1875, p. 45.

3　*Golden Jubilee History: Ohio State Grange, 1872–1922*, Salem, Ohio: Lyle Printing Co., 1922, p. 9.

方分支有四级，州一级为第五级，全国格兰其的议事会为第六级、元老会为第七级。2 月，1000 份阐释格兰其目标的通知从费城发往全国各地。凯利再也抑制不住对格兰其的热情，辞去了邮政部的职务，以便全身心地投入到新组织的发展中。[1] 但他或许未曾预料到，前方还有一段艰难的历程在等待着他和他所创建的格兰其。

（二）格兰其组织网络的拓展

正如当时的一位观察者所言："在这个组织的时代，几乎没有一个产业分支不是为了促进其利益而组织起来的。第一个寻求把农民出于共同保护、鼓励和启蒙的目的联合起来的强大组织是全国格兰其……"[2] 如果说，凯利是创造这个组织的"天选之人"，那么他"最大的荣耀不在于构思出这个想法，而在于以满腔的英雄主义精神把这个想法变成了现实"。[3] 尤其是考虑到，在格兰其最初两年的艰难成长中，凯利丝毫不惧逆境和困难，"带着极大的信念和热情"，使该组织在西部各州生根发芽，他是当之无愧的"格兰其之父"。[4]

1868 年 4 月初，凯利离开了华盛顿，由此开启了他在各地组建格兰其的新征程。他先后去了宾夕法尼亚州的哈里斯堡和纽约州的彭延，希望建立分支组织，但都以失败告终。接着，他前往肖托夸县的弗里多尼亚，与一直关心格兰其组建工作的 A. S. 莫斯会面。4 月 16 日，他们组建了第一个名副其实的格兰其——弗里多尼亚格兰其 1 号。凯利把这一成果归功于莫斯，称

1　Oliver Hudson Kelley, *Origin and Progress of the Order of the Patrons of Husbandry in the United States*, Philadelphia: J. A. Wagenseller, Publisher, 1875, pp. 48–71.

2　Florence J. Foster, "The Grange and the Co-Operative Enterprises in New England," *The Annual of American Academy of Political and Social Science*, vol. 4 (March, 1894), p. 102.

3　Thomas Clark Atkeson, *Semi-Centennial History of the Patrons of Husbandry*, New York: Orange Judd Company, 1916, p. 6.

4　*Golden Jubilee History: Ohio State Grange, 1872–1922*, Salem, Ohio: Lyle Printing Co., 1922, p. 16.

他为"第一个活着的、呼吸着的、有生命的真正格兰其之父"。[1]此后，凯利途径俄亥俄州，到达芝加哥，又北上威斯康星州的麦迪逊，却都没能成功组织起一个格兰其。他的开销都是靠捐赠和沿途的救济来支付的，最后他甚至不得不向一位共济会长借用15美元才能回到明尼苏达的农场。[2]不久，凯利收到了一封来自艾奥瓦州纽顿市的书信，信中说那里成立了一个格兰其。这个消息让当时很沮丧的凯利大为振奋，激励他重新制定组织传播的计划。与此同时，全国格兰其在华盛顿的领导班子却陷入了财政困境，印刷商和房东经常上门催债，依靠凯利的组织工作为他们带来些许进账的指望也落空了。奠基者中有些开始打退堂鼓，凯利躲在农场里拼命工作，既要躲避债主，又要操心购买邮票的费用从何而来，这段时间被他称为"我们的组织历史上最黑暗的时刻"。[3]

8月，情况有所好转。首先，凯利的外甥女霍尔小姐从波士顿回到明尼苏达，接手了凯利与其他人通信联络的工作，并很快成为其得力助手。在此后的12年中，凯利这位生长于波士顿、后来搬到明尼苏达教书的外甥女，一直担任他和全国格兰其的联络秘书，经手的组织资金高达40万美元。霍尔小姐在格兰其组建之初表现出卓越的组织能力，在扩大组织宣传、编写组织仪式与歌集等方面做了很多工作。[4]因此，有观点认为她虽然不是"七位奠基者"之一，却完全可以称得上是"格兰其之母"。[5]其次，中西部五家影响较大的报纸——芝加哥的《草原农民报》、哥伦布的《农民纪事报》、

1　Thomas Clark Atkeson, *Semi-Centennial History of the Patrons of Husbandry*, New York: Orange Judd Company, 1916, p. 24.

2　Thomas Clark Atkeson, *Outlines of Grange History*, Washington, D. C.: The National Farm News, 1928, p. 13.

3　Oliver Hudson Kelley, *Origin and Progress of the Order of the Patrons of Husbandry in the United States*, Philadelphia: J. A. Wagenseller, Publisher, 1875, pp. 99–117.

4　Leonard L. Allen, *History of New York State Grange*, Watertown, NY.: Hungerford-Holbrook Co., 1934, pp. 32–33.

5　*Golden Jubilee History: Ohio State Grange, 1872–1922*, Salem, Ohio: Lyle Printing Co., 1922, p. 20.

克利夫兰的《俄亥俄农民报》、圣路易斯的《乡村世界报》和明尼阿波利斯的《农民联合报》，公布了对格兰其的支持，其他县级报刊也表现出友好态度。[1]

9月初，明尼苏达的第一个格兰其——北极星格兰其1号在圣保罗组织起来。很快，该州农民就收到了一张介绍格兰其的传单，它声称该组织自建立以后"取得了令人鼓舞的成功，保证它将很快成为美国最有用、最强有力的组织之一。它的宏伟目标不仅是全面提高务农水平，而且是增加美国的总体幸福、财富和繁荣"。[2]显然，这张传单里隐藏了凯利的组织策略，他极力营造出一种错觉，让农民误以为格兰其是一个总部位于首都的强大组织。为此，所有的资金几乎都被用来印发奠基者的照片和大量宣称来自华盛顿全国办公室的通告和文件。从表面上看，所有重要问题都由凯利在同一个地方提交给执行委员会，让成员们对这个神秘组织的决定和权力抱有极大的敬畏。[3]为了帮助凯利维持一个强大的中央组织的虚构形象，全国格兰其的领导层在10月还特别召开了一场会议，通过了若干决议，向农民展示了这个组织的"生机"。格兰其在明尼苏达州的组建，重新燃起了凯利发展和传播该组织的热情，他的努力很快就收到了理想的效果。1868年底，该州又成立了两个活跃的格兰其。到1869年2月，该州11个地方分会的代表联合组建了格兰其的第一个州级组织，该组织的星星之火就是在这个基础上逐渐发展成燎原之势的。[4]

---

1 Thomas Clark Atkeson, *Semi-Centennial History of the Patrons of Husbandry*, New York: Orange Judd Company, 1916, p. 26.

2 Oliver Hudson Kelley, *Origin and Progress of the Order of the Patrons of Husbandry in the United States*, Philadelphia: J. A. Wagenseller, Publisher, 1875, pp. 124–125.

3 Charles W. Pierson, "The Rise of the Granger Movement," first published in *Popular Science Monthly*, December, 1887, quoted from Thomas Nixon Carver complied, *Selected Readings in Rural Economics*, Boston: Ginn and Company, 1916, p. 647.

4 Thomas Clark Atkeson, *Semi-Centennial History of the Patrons of Husbandry*, New York: Orange Judd Company, 1916, pp. 26–28.

在 1869 年余下的时间里，凯利先是前往华盛顿参加全国格兰其的第二届年会，顺路拜访了已经发展出 100 多名成员的弗里多尼亚格兰其；而后又回到明尼苏达，与霍尔小姐一起在寄发传单和信件的工作中忙碌不休。[1]1869年初在圣保罗首发的《明尼苏达月刊》是格兰其的第一份刊物，并很快成为格兰其向西部传播消息的重要工具。兼具通讯员身份的凯利，自然很清楚报刊对其组织工作的重要作用，他写给西部各州报纸编辑的信件仅 1869年一年就达到了 1600 封。[2] 这一年，格兰其的组织工作初见成效。根据凯利 1870 年 1 月底在全国格兰其年会上的报告，1869 年他一共发出了 39 份许可证，截止到开会时，在全国的 6 个州一共组织了 49 个分会。[3]

1870 年，凯利继续活跃在中西部各州开展组织工作，越来越多的农民对格兰其表现出兴趣。但面对正在崛起的各种垄断力量，奠基者们所设计的教育和社交计划并不能使地方分会感到满意。一些人向凯利建议，当"铁路公司、保险公司、仓库和电报公司正在挤压生产者阶层的生活"时，应该把反垄断的斗争加入格兰其的计划中。凯利同意了这项提议，后来的事实证明反垄断是格兰其发展壮大的一个重要因素。到这年年底，全国有 71 个地方分会（其中一半以上位于明尼苏达），组织网络扩展到 9 个州，共有 3 个州级格兰其。[4]

尽管组织发展的重心在中西部地区，但凯利坚持把总部放在华盛顿，一是因为这样能与国会的立法活动尽可能保持联系，二是从首都发出的信息能

1　Solon Buck, *The Granger Movement: A Study of Agricultural Organization and Its Political, Economic and Social Manifestations, 1870–1880*, Cambridge: Harvard University Press, 1913, p. 47.

2　Thomas Clark Atkeson, *Semi-Centennial History of the Patrons of Husbandry*, New York: Orange Judd Company, 1916, p. 32.

3　Oliver Hudson Kelley, *Origin and Progress of the Order of the Patrons of Husbandry in the United States*, Philadelphia: J. A. Wagenseller, Publisher, 1875, pp. 124–125.

4　Thomas Clark Atkeson, *Semi-Centennial History of the Patrons of Husbandry*, New York: Orange Judd Company, 1916, pp. 35–38.

给他的组织工作增加威信。他于 1871 年初举家迁往华盛顿，甚至不惜为此背上债务。[1]与此同时，各级格兰其也开始将经济合作的计划落到实处。例如，弗里多尼亚格兰其完成了第一次合作购买；明尼苏达格兰其为了便于购买和运输，建议由 10 个以上的分会组成县格兰其；桑德斯会长也起草了第一份关于合作销售的通知。随着合作事业的发展，西部的格兰其不断增加。[2]这年 5 月，格兰其通过查尔斯顿传播到南方，南卡罗来纳州的 17 名农夫和 7 名农妇成立了第一个南方分会——阿什利格兰其 1 号。[3]不久之后，在密西西比州和肯塔基州都组建了格兰其。在新泽西、佛蒙特、马萨诸塞等东北部州，也都出现了组织格兰其的努力。到这一年结束时，组织工作取得了前所未有的成效，新增格兰其 130 个，组织火种蔓延至全国 16 个州，艾奥瓦和威斯康星也成立了州格兰其。[4]

对格兰其而言，"1872 年到 1875 年是一个显著增长的时期"。[5]究其原因，有以下几点。第一，农民普遍认为，铁路公司过高的运费导致他们在商品市场上高价买进、低价卖出；而格兰其在合作贸易方面的举措，让他们看到了从这种双面夹击的困境中逃脱的一线机会，因此成千上万人加入了该组织。[6]第二，1873 年的金融危机和随后的工业萧条，加剧了农民的不满情绪。第三，格兰其的组织网络逐步扩大，呈现出有望成为一个永久性农民组织的

---

1 *Golden Jubilee History: Ohio State Grange, 1872-1922*, Salem, Ohio: Lyle Printing Co., 1922, p. 11.

2 Thomas Clark Atkeson, *Semi-Centennial History of the Patrons of Husbandry*, New York: Orange Judd Company, 1916, pp. 39-41.

3 J. H. Easterby, "The Granger Movement in South Carolina," *The Proceedings of the South Carolina Historical Association*, 1931, pp. 23-24.

4 Thomas Clark Atkeson, *Semi-Centennial History of the Patrons of Husbandry*, New York: Orange Judd Company, 1916, pp. 41-42.

5 Florence J. Foster, "The Grange and the Co-Operative Enterprises in New England," *The Annual of American Academy of Political and Social Science*, vol. 4 (March, 1894), p. 103.

6 Leonard L. Allen, *History of New York State Grange*, Watertown, NY: Hungerford-Holbrook Co., 1934, p. 20.

迹象，而对许多农民来说，它仍是颇具吸引力的全新组织。[1]

　　1872 年见证了格兰其的发展进入繁盛期。仅这年 1 月，就有 54 个分会成立，到年底一共有 1105 个新组织得以组建，其中有一半以上是在艾奥瓦州格兰其会长达德利·亚当斯的领导下问世的。亚当斯也是第一位参与全国格兰其年会的州会长，因为从西部到华盛顿漫长而昂贵的旅途普遍阻碍了地方代表的出席。在中西部，格兰其传入密歇根、内布拉斯加和堪萨斯等州后，很快就组建了州组织。在南方，南卡罗来纳和密西西比成立了州组织，弗吉尼亚、路易斯安那、亚拉巴马、阿肯色和佐治亚等州都组建了地方分支。[2] 到这年年底，格兰其活跃在 25 个州的管辖范围内，在 10 个州建立了州组织。正如最早的格兰其研究者索伦·巴克所说，该组织的力量虽然集中在西北部，但到 1872 年底，已经可以把它视为一个名副其实的全国性组织了。[3]

　　1873 年 1 月，全国格兰其的第一次代表性例会在凯利的家中举行，来自 11 个州的 20 多名代表出席了会议。会上，凯利表示，除了尚未支付给他的 3000 多美元工资，该组织的所有账单都已付清，他将把这个临时组织移交给法人实体。一些奠基者放弃了现有的职位，甚至没有保留投票权，这个由农业精英们开创的农民组织，现在完全掌握在其成员手中了。艾奥瓦州的亚当斯接任全国会长一职，凯利继续当选为秘书长，这个拥有新章程和新领导层的法人协会实际上转变为一个新组织。[4]1873—1874 年间，其组织工作情况如表 3 所示：

1　*Golden Jubilee History: Ohio State Grange, 1872–1922*, Salem, Ohio: Lyle Printing Co., 1922, p. 12.

2　Thomas Clark Atkeson, *Semi-Centennial History of the Patrons of Husbandry*, New York: Orange Judd Company, 1916, pp. 43–46.

3　Solon Buck, *The Granger Movement: A Study of Agricultural Organization and Its Political, Economic and Social Manifestations, 1870–1880*, Cambridge: Harvard University Press, 1913, pp. 56–57.

4　Oliver Hudson Kelley, *Origin and Progress of the Order of the Patrons of Husbandry in the United States*, Philadelphia: J. A. Wagenseller, Publisher, 1875, pp. 414–421.

表 3　1873—1874 年间每月新增的格兰其数量（个）

	1月	2月	3月	4月	5月	6月	7月	8月	9月	10月	11月	12月
1873年	158	338	666	571	696	623	611	829	917	1050	974	1235
1874年	2119	2239	2024	1487	937	752	419	396	412	410	363	383

资料来源：Oliver Hudson Kelley, *Origin and Progress of the Order of the Patrons of Husbandry in the United States*, Philadelphia: J. A. Wagenseller, Publisher, 1875, p. 422.

1874 年 2 月，为期一周的全国格兰其年会在圣路易斯召开，来自 34 个州的 33 名男性代表和 12 名女性代表出席了会议。那时，格兰其在全国各地拥有 1.2 万个分会和 24 个州格兰其，显然它已经发展成为一场蔚为壮观的运动，成员们期盼领导层能在这次会议上确定运动的目的和原则。会上通过了一份"目的宣言"，从商业、教育和非党派性等方面解释了格兰其的宗旨，建议成员为了保证"我们精神、道德、社会和物质上的进步"而"一起开会、讨论、工作、买卖"。简言之，在必要时为了互保而共同行动。[1] 奥利弗·R. 英格索尔在为这份文件所写的历史中如此称赞它：

> "目的宣言"是一份令世界赞叹不已的文件，它甚至可以拿来与由托马斯·杰斐逊撰写的、由美国的建国之父们签署的文件——《独立宣言》相媲美。
>
> ……
>
> 它是这个伟大国家的广大农业阶级的宣言，在多年的沉默甚至是彼此分离之后，他们来自东西南北，第一次"聚集起来召开大会"，就像一个人一样庄严地、默默地、一致地通过了他们的"目的宣言"。它瞬间挑战了世界的尊重，随着时间的流逝，它的影响力与日俱增，它的伟

---

[1] *Proceedings of the 7th Session of the National Grange of the Patrons of Husbandry*, New York: S. W. Green, Printer, 1874.

大之美越来越受到人们的欣赏。[1]

圣路易斯会议之后的一两年，格兰其的力量达到顶峰。截止到 1875 年，全国格兰其已经发放了 2.3 万个许可证，在发展最快的半年里，平均每个月组建 350 个格兰其，除了罗得岛之外在所有州都有一个州格兰其。[2] 不仅如此，格兰其还在印第安人领地上成立了分会，组织的福音传播到加拿大并在那里生根发芽，后来甚至被人带到英国、法国、德国、澳大利亚和塔斯马尼亚岛等地。[3]

格兰其的成员，有相当大一部分来自南方各州。尽管格兰其带有很鲜明的西部特点——"它是由一个西部农民构想出来的；它在中西部各州开展了最大的活动，取得了最大的成就；更重要的是，它本质上是西部的精神"，但同时也不能忽视正是南方之行促使凯利下定决心，为南北双方的农民创建一个摒弃地域仇恨、互相团结友爱的农业组织。根据一些学者的分析，在南方构成格兰其的主要力量是白人小农而非大种植园主，尽管后者也是格兰其的成员，甚至经常成为领导者，但他们在数量和影响力上都不及前者。[4] 格兰其在南方遭遇的一个困境是如何处理黑人的成员资格，在这个问题上存在着两种看法。一种认为应该接纳黑人进入该组织，这种观点曾得到全国会长亚当斯的口头支持，但他也认为接纳与否应取决于各个地方组织，结果就是

---

1 Oliver R. Ingersoll, *Declaration of Purposes of the Patrons of Husbandry: An Authentic History of Its Inception, Additions, Alterations, Completion, and Promulgation*, New York: Press of Wm. M. Halsted, 1885, p. 1.

2 Oliver Hudson Kelley, *Origin and Progress of the Order of the Patrons of Husbandry in the United States*, Philadelphia: J. A. Wagenseller, Publisher, 1875, p. 422.

3 Charles W. Pierson, "The Rise of the Granger Movement," first published in *Popular Science Monthly*, December, 1887, quoted from Thomas Nixon Carver complied, *Selected Readings in Rural Economics*, Boston: Ginn and Company, 1916, p. 648.

4 J. H. Easterby, "The Granger Movement in South Carolina," *The Proceedings of the South Carolina Historical Association*, 1931, pp. 21, 24.

许多格兰其把黑人拒之门外。另一种认为最好单独组建一个像格兰其一样的黑人组织，于是就有了由白人帮助成立的劳动者理事会。[1]该组织的名字本身就"揭示了南方格兰其人希望黑人在内战后的社会中扮演的角色"，而且在种族主义盛行的背景下，白人对有组织的黑人始终怀有敌意。劳动者理事会的组织大纲于 1875 年 10 月出现在蒙哥马利的《南方种植报》上，那时整个格兰其运动已经显现出衰落的趋势，因此可以想象这个黑人农民组织很难有好的发展前景。[2]

（三）格兰其的社交、教育与合作活动

格兰其运动主要是一场农民联合运动，旨在通过社会交往、农业教育、经济合作等各个方面的共同努力改善农业生产者的境遇。凯利在构思建立格兰其的计划时，主要是想利用它来帮助农民学习农业知识、加强社会交流。随着垄断力量的日益猖獗，成员之间的经济互助与合作很快成为该组织的活动中心，合作的热情甚至一度遮盖了格兰其组建的初衷。但社交和教育活动却是作为一个永久性组织的格兰其所具有的最重要特征，正是因为该组织在 19 世纪 70 年代的格兰其运动衰落之后把重心回归到这些活动上，它才能成功地延续至今。正如格兰其历史的编撰者托马斯·克拉克·阿特基森所写道的：

> 尽管所有格兰其分支的重点都在该组织的经济方面，但它的社交和教育原则带来了很多好处。各地的农民第一次为了一个共同的目标聚在一起，他们会议上的社交乐趣大大缓解了枯燥的日常和农场生活的孤立。农民及其家人开始认识到他们在美国历史上前所未有的重要性和力

---

1 Theodore Saloutos, "The Grange in the South, 1870–1877," *The Journal of Southern History*, vol. 19, no. 4 (November, 1953), pp. 476—478.

2 Dale Baum and Robert A. Calvert, "Texas Patrons of Husbandry: Geography, Social Contexts, and Voting Behavior," *Agricultural History*, vol. 63, no. 4 (Autumn, 1989), p. 37.

量。在特殊的场合，他们会举行庆祝活动和野餐，有长达几英里的游行
队伍，也有地方汇报说上万人曾聚集在一起。格兰其会议上的讨论揭露
了以下事实：一般的农民对其经营所依据的科学原理一无所知，人们迫
切需要这方面的信息。[1]

　　格兰其在社会方面的活动以各种社交安排为中心。地方组织定期举行的
会议，为成员们提供了最主要的社交机会。这些会议一般是在乡村学校、礼
堂或者成员的家里举行，也有许多分会建造了专门用来举办活动的格兰其大
厅。为了不耽误农活，会议通常在晚上举行，一家之主会带上妻儿参加格兰
其的秘密会议，在举行过合适的仪式后，他们开始议事或学习，还会插入一
些文学、音乐节目，或玩会儿游戏，进行一番自由交谈。在重要节日里的大
型野餐是成员们最盼望的活动，通常会有若干个地方分会的一大群成员一起
出现在这种场合。在这一天里，邻近社区的农民互相结识，讨论大家感兴
趣或当地的事情。人们一起玩游戏、听演讲，享受音乐和篮子里提前准备
好的午餐。独立日经常被选为野餐的日子，在格兰其风头正盛的 1874 年，
成员们举行了不计其数的野餐和庆祝活动，这一天甚至被称为"农民的 7 月
4 日"。[2]

　　格兰其的社交活动对农民的妻子和女儿尤其具有难以抗拒的吸引力，她
们将其视为一种前所未有的愉快交流方式。在社交时间里，她们会用格兰其
的管风琴伴奏，从格兰其的歌集里选出喜欢的歌曲唱诵，大家聚在一起共进
晚餐，享受着难得的轻松时光。[3]作为第一个接受女性成员并给予她们与男

1 Thomas Clark Atkeson, *Semi-Centennial History of the Patrons of Husbandry*, New York: Orange Judd Company, 1916, p. 48.

2 Solon Buck, *The Granger Movement: A Study of Agricultural Organization and Its Political, Economic and Social Manifestations, 1870–1880*, Cambridge: Harvard University Press, 1913, pp. 280–281.

3 J. H. Easterby, "The Granger Movement in South Carolina," *The Proceedings of the South Carolina Historical Association*, 1931, p. 27.

人们平等地位的秘密协会，格兰其对妇女的地位和影响很是看重，1874年在圣路易斯大会上通过的"目的宣言"中就强调了要"对女性的能力和领域有正确的认识"。[1]

地方组织的社交活动为孤立分散的农场生活注入了乐趣，但格兰其的社会影响远远超越了地方层面。它不仅为同一个社区的农民提供了睦邻友好的机会，也有助于一个州不同地区和整个国家不同地域的农民之间进行更好的了解。州格兰其会议汇集了来自一个州所有地方的成员，他们所持有的不同想法在会上交流、碰撞，迸发出新的思想火花。在全国格兰其的会议上，东部各州的园艺师、南方的烟农和棉农、中西部的玉米种植者以及远西部的麦农齐聚一堂，彼此交换着思想。[2]

尤为重要的是，这些交流正在帮助愈合内战留下的地域创伤，就像当初凯利所设想那样。格兰其刚开始在南方传播时，内战残留的地域仇恨使许多南方人认为来自北方的组织者是别有用心，一些人甚至将该组织视为一种煽动南方种族冲突的邪恶工具，它位于华盛顿的总部和接受女性为成员的改革派色彩都让南方人产生过怀疑。[3]但几年过后，格兰其在南方获得了极大发展。南方和北方的农民在这个友爱组织中，为了提高本阶层的境况而共同努力，他们之间的地域偏见也在逐渐淡化。在1874年的圣路易斯会议上，佛罗里达州格兰其的会长本杰明·沃德洛在演讲中提到，他曾在1860年的查尔斯顿民主党大会上哀悼过当年猝死的佛蒙特州长，并表示如果佛蒙特州格兰其的代表在场，他愿意与之握手示好。这时，佛蒙特州格兰其的

---

1 *Proceedings of the 7th Session of the National Grange of the Patrons of Husbandry*, New York: S. W. Green, Printer, 1874, p. 59.

2 Solon Buck, *The Granger Movement: A Study of Agricultural Organization and Its Political, Economic and Social Manifestations, 1870–1880*, Cambridge: Harvard University Press, 1913, pp. 281–282.

3 Theodore Saloutos, "The Grange in the South, 1870–1877," *The Journal of Southern History*, vol. 19, no. 4 (November, 1953), p. 475.

会长走上前来，两人在与会者长时间的热烈欢呼中握手言好。[1]同年，一位阿肯色人在谈到自从格兰其进入拉法耶特之后当地地域情绪的减弱时表示，在农民中还没有什么制度能赶上格兰其在消除地域偏见和个人仇恨方面所做的工作。[2]

在社会方面，格兰其成员之间互帮互助的一个重要体现是慈善活动。和大多数兄弟会组织一样，格兰其也在特殊困难时期为成员提供了急需的帮助。1874年春，路易斯安那州和亚拉巴马州的许多格兰其成员遭受了密西西比河的洪灾，他们立即向州格兰其会长请求救助。全国格兰其拿出1000美元交由路易斯安那州格兰其会长支配，后来又在西部购买价值约为3000美元的面粉和熏肉分配给受灾的成员。其他的州格兰其和地方分会以及全国各地的个体成员，也为灾民筹集了大量资金，有些州的捐款甚至高达5000美元。同年夏，西部各州出现了严重的蝗灾，成员们再次向全国格兰其发出求救呼声，并得到后者的慷慨回应，它向艾奥瓦、明尼苏达、达科他、堪萨斯和内布拉斯加等地的格兰其会长拨发了约1.1万美元的救济款，第二年又向其他南方和西部的受灾州拨付了上万美元的资金，用于抵偿会费或购买救灾物资和种子。[3]1876年，由于农作物歉收，南卡罗来纳州许多农民陷入了绝境。当他们向全国格兰其求助时，后者为他们拨出了1000美元用作救济，该州格兰其会长表示自己以"从未体验过的所有热情"感激该组织。[4]

1　Solon Buck, *The Granger Movement: A Study of Agricultural Organization and Its Political, Economic and Social Manifestations, 1870–1880*, Cambridge: Harvard University Press, 1913, p. 282.

2　D. Sven Nordin, *Rich Harvest: A History of the Grange, 1867–1900*, Jackson: University Press of Mississippi, 1974, p. 111.

3　Solon Buck, *The Granger Movement: A Study of Agricultural Organization and Its Political, Economic and Social Manifestations, 1870–1880*, Cambridge: Harvard University Press, 1913, pp. 283–284.

4　J. H. Easterby, "The Granger Movement in South Carolina," *The Proceedings of the South Carolina Historical Association*, 1931, p. 27.

格兰其的慈善工作不只局限于影响整个地区的重大灾难，还包括成员在地方社区里的互相帮助。在 1874 年的"目的宣言"中，格兰其将"事以团结为本、以自由为末，凡事皆要仁爱"作为其座右铭。[1]格兰其人经常会探访生病的成员，一起为他们收割庄稼，或帮人重建被火灾或龙卷风毁坏的房子。为了节省诉讼费用和防止由琐事引发的邻里纠纷，格兰其还提供了一些具体的机制来仲裁成员之间的争端，尽量不让成员诉诸法庭。[2]

教育是凯利创建格兰其的另一个初衷，1874 年的"目的宣言"也将其列为该组织的具体目标之一。该文件明确表示："我们将尽己所能地在自己和孩子之间推进教育事业。我们特别向我们的农学院和工学院倡导，在其课程中教授实用农业、家政学和装饰家庭的一切艺术。"[3]格兰其为其成员提供的教育大致可以分为非正式和正式两种。[4]所谓的非正式教育，主要是指该组织通过会议、演讲者和报刊等媒介向成员传授农业知识的过程。格兰其的地方会议承担了非常重要的教育职能，每个格兰其都是一个文学社团，成员们可以在其中训练自己的演讲和辩论能力。通常，会有一位演讲者在会上引导成员的讨论和思考。在这方面，州格兰其会为地方组织提供人员或问题指导，而全国格兰其也为各州组织提供建议和引导。一旦资金允许，州或全国格兰其的会长和演讲者就会到各地走访，向成员们发表演讲、传播实用的农业信息。[5]事实上，每一场格兰其会议，无论大小，"都有一部分内容是有教

---

1 *Proceedings of the 7th Session of the National Grange of the Patrons of Husbandry*, New York: S. W. Green, Printer, 1874, p. 56.

2 Solon Buck, *The Granger Movement: A Study of Agricultural Organization and Its Political, Economic and Social Manifestations, 1870–1880*, Cambridge: Harvard University Press, 1913, pp. 284–285.

3 *Proceedings of the 7th Session of the National Grange of the Patrons of Husbandry*, New York: S. W. Green, Printer, 1874, p. 58.

4 丹尼斯·斯文·诺丁在其研究中将格兰其的教育分为低等教育、高等教育和成人教育三个方面，参见 Dennis Sven Nordin, *Rich Harvest: A History of the Grange, 1867–1900*, Jackson: University Press of Mississippi, 1974, pp. 45–108.

5 Solon Buck, *The Granger Movement: A Study of Agricultural Organization and Its Political, Economic and Social Manifestations, 1870–1880*, Cambridge: Harvard University Press, 1913, pp. 285–287.

育意义的"，这些活动可能是一次演讲、一篇讨论文章或一场关于某个主题的辩论，成员们在这些交流与联系中"共同锻造其坚如磐石的心灵，创造出一种照亮整个农业社会的智慧火焰"。[1]

格兰其的领导层坚持认为，农民应该养成订阅农业报纸杂志和该组织出版物的习惯。很多兴盛的格兰其都有自己的图书室，它们通常会一次订阅好几份农业报纸供成员传阅、讨论。格兰其人在农业、经济甚至政治话题上的激烈讨论，有助于培养他们对书籍报刊的阅读兴趣，也刺激了他们对社会现状的思考。随着格兰其力量的壮大，许多报刊为了吸引农民订阅，都在其版面中投入了大量的篇幅谈论农民感兴趣的话题，一些甚至还增设了专门报道农民行动的专栏。后来，越来越多的格兰其有了自己的机关报，它们或是与当地支持农民利益的报纸合作，或是自行创办、发行一份新的报刊，以求借助这些媒介加强与成员之间的联系，及时公布组织动态。[2] 为了让成员及时获取与该组织相关的信息，同时也对他们的阅读兴趣加以鼓励，全国格兰其印发了大量具有教育性质的小册子、传单、手册、指南和会议记录等出版物。例如，它仅在 1873 年就印制了 17 万份章程、13.5 万份手册和 88.4 万份小册子，向全国各地散发的各种文件和印刷品总数多达 190 万份。[3] 这些努力，对成员的智识发展都大有裨益。

在正式教育方面，格兰其对从小学到大学的公共教育都施加了一定的影响。该组织对乡村基础教育的态度是鼓励和支持，通常要求为农家子弟提供更好的教师、教材，并在课程中引进如农业化学这样实用的农业科目。面对南方各州地方学校在数量上的严重不足，一些格兰其采取了增设学校的措施。北卡

1 J. H. Easterby, "The Granger Movement in South Carolina," *The Proceedings of the South Carolina Historical Association*, 1931, pp. 26–27.

2 Solon Buck, *The Granger Movement: A Study of Agricultural Organization and Its Political, Economic and Social Manifestations, 1870–1880*, Cambridge: Harvard University Press, 1913, pp. 287–289.

3 *Proceedings of the 7th Session of the National Grange of the Patrons of Husbandry*, New York: S. W. Green, Printer, 1874, p. 22.

罗来纳州格兰其建议由地方组织在当地建立学校，也有人提议格兰其应与社区取得联系，以便在当地共建小学甚至中学。在亚拉巴马、北卡罗来纳、路易斯安那等州的部分地区，地方组织开办了数量有限的格兰其学校。1879 年有报道称，在密歇根州的一个县有 7 所格兰其学校在积极运作，格兰其大厅的一部分被用作教室。全国格兰其的秘书长 1877 年提出的组建格兰其小学供成员的孩子们玩耍、学习的建议，后来在加州的试验中取得了不错的效果。[1]

19 世纪 70 年代，各种农业机械学院和州立大学刚刚起步。格兰其成员抱怨道，农民并没有从中得到什么切实的好处，根据 1862 年《莫里尔法》拨用于农业职业教育的资金大都被浪费了。一些格兰其人非常坚决地要纠正农民受到的这种不公正待遇，试图影响甚至控制联邦的教育补贴政策。许多州格兰其都曾做出过这种尝试，它们或是考虑创办私立的农业大学，或计划掌控已有的农工学院（Agricultural and Mechanical College，即缩写的 A&M College），或是敦促农学院将实用的农学课程纳入教学内容。在路易斯安那州的格兰其人争夺教育控制权的努力失败后，该州农工学院与州立大学合并，丧失了独立权。密西西比州的格兰其人在创办一所私立农学院的努力夭折后，便将注意力放在支持一所公立的农工学院上，后者为农民子弟提供了接受实用教育的机会，它的许多理事都是格兰其成员。在得克萨斯州，农工学院从 1876 年成立时起就与格兰其保持着良好的关系，其政策受到该组织的影响，后者也积极帮助它从立法机关获得拨款、保护它免受州立大学的支配。[2]在加利福尼亚州，州格兰其的一个委员会于 1873 年调查了州立大学，

1　Solon Buck, *The Granger Movement: A Study of Agricultural Organization and Its Political, Economic and Social Manifestations, 1870–1880*, Cambridge: Harvard University Press, 1913, pp. 290–291.

2　Theodore Saloutos, "The Grange in the South, 1870–1877," *The Journal of Southern History*, vol. 19, no. 4 (November, 1953), pp. 485–486. 关于格兰其对美国高等教育的影响，也可参考 D. Sven Nordin, *Rich Harvest: A History of the Grange, 1867–1900*, Jackson: University Press of Mississippi, 1974, pp. 62–83; Scott M. Gelber, *The University and the People: Envisioning American Higher Education in an Era of Populist Protest*, Madison: University of Wisconsin Press, 2011, pp. 24–33.

发现其在农业教育上存在疏忽和资金的管理不善。俄亥俄州的格兰其在 1877 年调查了位于哥伦布的农工学院，自那以后该学院变成了俄亥俄州立大学。[1]

经济合作是格兰其活动的一个鲜明特点，也是对农民吸引力最大的因素，毕竟这些活动关系到他们的物质利益，能为其带来直接的经济好处。早在凯利刚于明尼苏达州建立了几个格兰其的时候，成员们就呼吁采取方便他们自己碾磨和运输谷物的集体行动。审慎的奠基者们起初并不同意这么做，但当这批最早的成员威胁说要脱离组织时，他们让步了，并在圣保罗安排了一名代理人。后者的首单业务是为某位成员购买一头驴，于是后来的说法是格兰其的购买业务是从买驴开始的。[2] 从此以后，商业合作成为格兰其运动的主要特点，也为该组织的壮大注入了发展动力。

尽管格兰其的商业合作活动是将矛头对准各种中间商的，其领导层却认为这些行动是一种合理的自保方式，而不是要向商人们宣战。这一点直截了当地被写入 1874 年的"目的宣言"中：

> 为了我们的商业利益，我们希望与生产商、消费者、农民和制造商建立尽可能直接和友好的关系。因此，我们必须避免过多的中间人，这不是说我们对他们不友好，而是说我们不需要他们。他们的盈余和榨取减少了我们的利润。
>
> 我们不向任何其他利益集团发动侵略战争。相反，我们的一切行动和努力，就商业而言，不仅是为了生产者和消费者的利益，也是为了能将双方带入快速、合算的关系之中的所有其他人的利益。因此，我们认为，各种运输公司都是我们成功的必要条件，他们的利益与我们的利益

1 Solon Buck, *The Granger Movement: A Study of Agricultural Organization and Its Political, Economic and Social Manifestations, 1870–1880*, Cambridge: Harvard University Press, 1913, p. 292.

2 Charles W. Pierson, "The Outcome of the Granger Movement," first published in *Popular Science Monthly*, vol. 32（January, 1888）, quoted from Thomas Nixon Carver complied, *Selected Readings in Rural Economics*, Boston: Ginn and Company, 1916, pp. 658–659.

密切相关，和谐的行动对双方都有利……

我们不反对铁路和用于通航或灌溉的运河，不反对任何促进我们产业利益的公司，也不反对任何劳动者阶级。

在我们的高贵组织中，没有共产主义，没有农业主义。

我们反对的是一切公司和企业的这种压迫人民、掠夺人民正当利益的精神和管理方式。我们不是资本的敌人，但我们反对垄断的暴政。我们渴望看到，通过共识和一种 19 世纪的开明政治家风度能消除劳资对立。我们反对过高的工资、过高的利率和过高的贸易利润。它们极大地增加了我们的负担，与生产者的利润不成适当的比例。我们只希望通过合法交易、合法贸易和合法利润来自我保护，并保护我们土地上的每一项真正利益。[1]

"目的宣言"中关于格兰其商业目标的上述表述，不仅揭示了引起农民运动在 19 世纪后期不断高涨的经济原因，也表明了与后来的其他农民组织相比，格兰其的反垄断态度虽同样坚决却略显柔和。但上述商业目标实际上成为格兰其公开的经济诉求和改革纲领，"其原则在很大程度上被纳入了后来美国所有农业组织的纲领中"。[2]

每个地方分会成立后，首先采取的行动几乎都是合作购买。格兰其通常与当地商人达成协议，以较为优惠的价格集体购买物资。但这种"贸易集中"的计划很难避开中间商的盘剥，因此没有维持太久。[3]后来指导格兰其合作活动的是代理制度，这是一种主要针对中间商的集体购销计划，一般由

---

1 *Proceedings of the 7th Session of the National Grange of the Patrons of Husbandry*, New York: S. W. Green, Printer, 1874, pp. 57-58.

2 Saunders B. Garwood, "Florida State Grange," *The Florida Historical Society Quarterly*, vol. 47, no. 2 (October, 1968), p. 168.

3 Joseph G. Knapp, *The Rise of American Cooperative Enterprise: 1680-1920*, Danville: The Interstate Printers & Publishers, Inc., 1969, p. 48.

代理人和地方代理机构直接与制造商和批发商接触，争取与他们就特别费率制定一些特殊条款，或通过大量订购获得更低价的商品供应，或将农产品直接运往大型市场以消除中间商的部分利润。1873—1874 年间，全国各地的格兰其主要是通过这种方式来为成员们实现节省的。[1] 以艾奥瓦州为例，格兰其声称其代理人在 1873 年安排了 500 万美元的购买业务，在家庭用品上至少节省了 15%，在农具上至少节省了 20%。[2]

从 1871 年起，全国格兰其开始参与指导成员的合作事业。这年 1 月，凯利向成员发出通知，告诉他们在哪里能够买到特价的食物和农具。以后每年全国格兰其都会提前与商家做好安排，然后将完整的商品目录告知成员。这种安排面临的一大挑战是保密性，一旦格兰其的商品目录落入外人之手，制造商就会撤回他们的报价。[3] 在此情况下，各级格兰其开始考虑创办自己的工厂。这股制造热潮在 1874 年夏达到高潮，全国格兰其受到一些成功案例的鼓舞之后，决定生产农民所需的各种机械，它甚至还购买了中耕机、播种机、割草机、干草叉、联合收割机等农具的专利。[4]

格兰其的地方代理慢慢发展成了一些合作商店，试图以极低的价格向成员出售商品，获得的利润由持股人按持股比例进行分配。但是这类合作商店往往由于低廉的价格而遭到其他商家的反对，最后因陷入激烈的竞争而走向

---

1 Solon Buck, *The Granger Movement: A Study of Agricultural Organization and Its Political, Economic and Social Manifestations, 1870–1880*, Cambridge: Harvard University Press, 1913, pp. 240–241. 关于各州格兰其的商业合作情况，参考 Solon Buck, *The Granger Movement: A Study of Agricultural Organization and Its Political, Economic and Social Manifestations, 1870–1880*, Cambridge: Harvard University Press, 1913, pp. 242–255; George Cerny, "Cooperation in the Midwest in the Granger Era, 1869–1875," *Agricultural History*, vol. 37, no. 4 (October, 1963), pp. 187–193, 195–205.

2 Joseph G. Knapp, *The Rise of American Cooperative Enterprise: 1680–1920*, Danville: The Interstate Printers & Publishers, Inc., 1969, p. 49.

3 Solon Buck, *The Granger Movement: A Study of Agricultural Organization and Its Political, Economic and Social Manifestations, 1870–1880*, Cambridge: Harvard University Press, 1913, pp. 256–257.

4 Joseph G. Knapp, *The Rise of American Cooperative Enterprise: 1680–1920*, Danville: The Interstate Printers & Publishers, Inc., 1969, p. 50.

失败。19 世纪 70 年代后期，人们逐渐对代理计划失去了信心，发源于英国的罗奇代尔制度很快取而代之。[1] 该计划是兰开夏郡罗奇代尔镇的一群纺织工人在 1844 年想出的一种合作方案，他们通过股份制的形式募集了 28 英镑作为启动资金，用这笔钱以批发价格购置了一些生活资料，然后以与其他商人一样的零售价格卖给工人。经过一段时间的积累，他们的资本稳步扩大，越来越多的工人决定入股。这种合作商店很快传播到其他地区，在不列颠发展成一场拥有上千个支部的合作社运动。与此同时，罗奇代尔计划也从英国逐渐扩散到法国、德国、俄国、美国、澳大利亚等工业化国家，成为现代合作社运动的基础。[2]

罗奇代尔计划的精髓在于它所设计的一系列经济合作原则，它们为此后所有合作事业的运作原则提供了一个重要基础。首先，该计划只接受现金交易。在其成员看来，即付现金不仅能够培养人们经济、节俭的消费习惯，从长期来看也能获得比赊贷记账更便宜的商品价格。其次，合作社的商品要按照正常的零售价格出售，这样才不会引发其他商人的恶性竞争和联合反对。最后，也最引人注目的一点是，把合作社的股息和回扣全部返还给股东。罗奇代尔计划的特别之处就在于它是按照股份制原则运作的，合作社的运营资金是通过成员入股的形式筹集的，对个人持有的股份数量有所限制，成员的收益包括股息和回扣两部分，即在分红时将售货所得的所有利润按成员持股和购货的多寡分给他们。[3] 综合来看，罗奇代尔计划主要是通过集资经营积累资本的方式，提高合作社成员的收入来缓解其经济困境。

虽然罗奇代尔计划是在整个格兰其运动走向式微时才得到宣传和推广

---

[1] Solon Buck, *The Granger Movement: A Study of Agricultural Organization and Its Political, Economic and Social Manifestations, 1870-1880*, Cambridge: Harvard University Press, 1913, p. 261.

[2] 参考 George Jacob Holyoake, *The History of the Rochdale Pioneers*, London: Swan Sonnenschein & Co., 1893.

[3] J. E. Bryan, *The Farmers' Alliance: Its Origin, Progress and Purposes*, Fayetteville, Ark., 1891, pp. 141-142.

的，此前合作商店的失败也一定程度上引发了成员的消极情绪，但在运动依然高涨的那些地方，该计划受到了成员的热烈欢迎。依此计划成立的合作社商店，在得克萨斯州取得了引人注目的成功，直到 19 世纪 80 年代仍呈现出勃勃生机。1878 年，在地方合作社的支持下，得克萨斯州格兰其在加尔维斯顿成立了得克萨斯州合作协会，主要负责为各地方合作社批发商品，同时也进行棉花交易。该协会以 250 美元的实收股本起家，到 1887 年实收股本已经超过 5 万美元，经营的业务金额超过 50 万美元，净利润分红将近 2 万美元。它的股本主要来自力量更强大的地方合作社，1882 年共有 92 家在其中占有股份，到 1887 年又增加到 150 家左右。这些地方商店的总资本约为 75 万美元，在 1885 年的总销售额接近 200 万美元，利润分红超过 25 万美元。[1]

1875 年，全国格兰其提出了一个在密西西比河流域与英国直接进行国际贸易的宏大计划。按照这个计划，格兰其将为必要的航运仓库投资 12.5 万美元，所有的贸易都将通过一家名为"英美合作公司"的企业直接进行。英国方面派了三人到美国与格兰其商洽，经过调查他们打算在四个沿海城市建立仓库，以 10% 的折扣为格兰其成员提供衣服和农具，并且以市场价购买各种农产品，只要格兰其能把他们要买的东西集中起来。[2]但此时成员们的合作热情已经随着格兰其运动的式微而逐渐冷却下来，这个计划也没有落到实处。

（四）"格兰其立法"与运动的式微

虽然格兰其的奠基者起初并不看好成员们的经济合作，更不同意他们采取任何形式的政治行动，但是随着反垄断运动的发展，部分地方组织还是

1 Solon Buck, *The Granger Movement: A Study of Agricultural Organization and Its Political, Economic and Social Manifestations, 1870–1880*, Cambridge: Harvard University Press, 1913, pp. 265–266.

2 Charles W. Pierson, "The Outcome of the Granger Movement," first published in *Popular Science Monthly*, vol. 32（January, 1888），quoted from Thomas Nixon Carver complied, *Selected Readings in Rural Economics*, Boston: Ginn and Company, 1916, p. 660.

勇敢地尝试运用政治武器与垄断势力尤其是铁路公司进行斗争。格兰其和其他农业协会，通过组织决议和请愿书对各州的立法活动产生了直接影响。1871—1875 年间，伊利诺伊、威斯康星、明尼苏达和艾奥瓦等中西部的农民，推动各州立法机关制定了一些管制铁路的法律，对铁路运输的最高限价、收费标准、长短途和小额货运的差价等都做出了规定，史称"格兰其立法"。[1]这些立法确立了作为公共事业的铁路公司不能不为其缔造者即政府所控制的原则，基于这一原则，农民在接下来的半个多世纪里一直在为政府立法管制铁路运输而斗争。[2]

　　但铁路公司却指责它们侵犯了法人财产权，触犯了联邦宪法中有关州际贸易的条款。由此引发了铁路公司与中西部各州的政治与法律冲突，构成了一系列所谓的"格兰其案"。1872 年，芝加哥的芒恩公司因其在伊利诺伊州收取的谷物存储价格高于该州 1871 年相关立法的最高限价而被控违法，双方就这一立法是否正当产生争论，这便是最终被上诉到联邦最高法院的"芒恩诉伊利诺伊州案"。芒恩公司对伊利诺伊州的"格兰其法"提出两项指控：其一，它违反了宪法第十四条修正案中规定的各州未经正当法律手续不得剥夺任何人之财产权的条款；其二，伊利诺伊州无权监管跨州的芒恩公司，因为只有国会才有权管制州际贸易。1876 年，最高法院的判决驳回了这两条控诉：第一，政府有权管制有关公众利益的营业价格，铁路关系到公共利益，因此必须服从公共管理；第二，州际商业关系内政，在国会有所行动之前，各州可以行使部分治理之权。在此后几年的一系列类似案件中，最高法院直接将前案作为判例，裁决州政府的铁路管制为合法行为。但这些立法并不能对铁路垄断活动构成有效的制约，由于铁路公司频繁勾结各州政府修改或破

1　George H. Miller, *Railroads and the Granger Laws*, Madison: University of Wisconsin Press, 1971, pp. 165-171.

2　*Golden Jubilee History: Ohio State Grange, 1872-1922*, Salem, Ohio: Lyle Printing Co., 1922, p. 13.

坏"格兰其法"，后者在 19 世纪 80 年代便失去了效力。1886 年，最高法院在"瓦巴希、圣路易斯与太平洋铁路公司诉伊利诺伊州"一案中改变了之前的判决依据，强调联邦立法在州际贸易中的重要性。[1] 这些案例第一次向最高法院提出了州政府是否有权确定铁路货运、客运票价和仓储要价的最高价格问题，虽然一些判决后来被推翻了，但这些判例所确立的政府有权管理公共事业的原则却一直沿用至今。

尽管这些管制铁路的立法被称为"格兰其法"，但一些学者却认为并不能将它们完全归功于格兰其，这在本质上是一场农民运动的结果。由于当时格兰其正处于鼎盛时期，所有来自农民的立法都被贴上了"格兰其法"的标签。[2] 根据查尔斯·皮尔逊的分析，是当时的报纸把"格兰其人"这个称谓首先用于一般的西部农民，继而又用于那些与铁路斗争的农民。尽管像《纽约论坛报》《纽约时报》这样的报纸曾指出这种误用，但以《纽约国家报》为代表的东部媒体都没有区分格兰其与其他反对铁路的农民组织。例如，在"格兰其法"最早问世的伊利诺伊州，实际上是州农民协会在推动相关的立法活动，那时格兰其在该州的力量还很弱小。前者的主席在出席听证时明确表示自己属于一个开放的政治组织，而非来自那个否认、阻止一切政治行动的秘密组织格兰其。[3]

凯利早在 1867 年给一位咨询者的回信中就表示过，"为了不引起动乱，我建议在分会中禁止讨论宗教和政治问题"。[4] 这一提议后来也成为格兰其的

1 Solon Buck, *The Granger Movement: A Study of Agricultural Organization and Its Political, Economic and Social Manifestations, 1870–1880*, Cambridge: Harvard University Press, 1913, pp. 206–214.

2 Florence J. Foster, "The Grange and the Co-Operative Enterprises in New England," *The Annual of American Academy of Political and Social Science*, vol. 4 (March, 1894), p. 103.

3 Charles W. Pierson, "The Rise of the Granger Movement," first published in *Popular Science Monthly*, December, 1887, quoted from Thomas Nixon Carver complied, *Selected Readings in Rural Economics*, Boston: Ginn and Company, 1916, pp. 652–653, 655.

4 Oliver Hudson Kelley, *Origin and Progress of the Order of the Patrons of Husbandry in the United States*, Philadelphia: J. A. Wagenseller, Publisher, 1875, pp. 22–23.

一条明文规定，该组织不断强调它不是一个政治或党派组织。但由于上述原因和部分成员与分会不顾这项组织法则而参与政治行动的事实，格兰其被越来越多地与反铁路运动联系在一起。起初，一些格兰其领导人试图以解释章程的方式禁止成员参与立法活动。例如，1873年，明尼苏达州格兰其会长在得知该州某些分会派代表参加了州反铁路大会时，命令违规的格兰其召回其代表；1875年，得克萨斯州格兰其否决了一项支持铁路立法的决议。对该组织因"格兰其法"而招致怨恨的现实，其领导层中也有许多人愤愤不平。例如，南卡罗来纳州格兰其的会长曾在演讲中说到，人们因为格兰其攻击运输公司而咒骂它，但每个成员都知道，该组织"自始至终都没有参与这场战斗"。[1] 在1874年的圣路易斯会议上，全国格兰其的执行委员会在其述职报告中也曾表示："对该组织而言，不幸的是，人们在某种程度上普遍认为其主要使命是打击铁路公司、谴责资本家，现在需要时间来消除这些错误印象，并证明我们没有对任何利益集团发动无意义的侵略战争。"[2]

　　总体上，全国格兰其还是维持住了非政治的性质，没有卷入党派政治和第三党运动。然而，随着反铁路运动的高涨，格兰其的政治禁令对地方组织的约束力越来越小，许多分会与那些开放的政治组织一起参与了组建新政党的行动。一些怀着政治目的加入格兰其的政客，也在积极鼓动成员们的政治参与。1873—1876年间，在中西部各州涌现出了一系列诸如反垄断党、改革党和独立党之类的农民政党，它们的纲领主要集中于敦促政府制定铁路管制立法和实行合理的税收、货币和土地政策等。在地方组织的推动下，1876年全国格兰其制定了一个试图影响国会立法的计划，甚至成立了一个专门进

1　Charles W. Pierson, "The Rise of the Granger Movement," first published in *Popular Science Monthly*, December, 1887, quoted from Thomas Nixon Carver complied, *Selected Readings in Rural Economics*, Boston: Ginn and Company, 1916, p. 652.

2　*Proceedings of the 7th Session of the National Grange of the Patrons of Husbandry*, New York: S. W. Green, Printer, 1874, p. 30.

行院外游说的特别委员会。[1]

从 1875 年起，格兰其呈现出衰落的趋势。根据凯利在 1876 年年会上的述职报告，这一年新组建的分会只有 885 个，但却有 650 个放弃了组织许可证（其中 550 个被全国格兰其收回），800 个与其他分会合并，7000 个向各自的州组织拖欠超过 1/4 的会费，全国的格兰其总数下降到 1.58 万个，成员人数为 55 万。凯利承认与上一年相比，格兰其的成员数量有了明显下降，但认为这是因为该组织淘汰了无用或不活跃的成员，它无疑比上一年更强大了。[2] 但这并不能掩饰格兰其正在走向衰落的事实。在 1877 年的述职报告中，他有意避免提及分会和成员的数量，用一些来自各州的成员好评取而代之，而从中还是可以获知格兰其这一年在全国的 31 个州只成立了 165 个新组织。[3]

1878 年，凯利辞去秘书长一职，执行委员会在审查他留下的账目时发现，这一年只组建了 69 个新分会。[4] 此后，爱尔兰先生继任为秘书长，他的述职报告中只汇报其经手的账目往来，不再涉及格兰其及其成员的数量信息。1879 年，格兰其在全国只组织了 17 个分会，最高领导层不得不承认："除非扭转这一趋势，否则在下次年会召集之前，我们组织的安魂曲将在不止一个州被吟唱。"[5] 通过对比全国格兰其每年收缴的会费，也可以大致推断该组织成员人数减少的情况。1875 年，它收到总计近 4.3 万美元的会费，到 1880 年这笔收入已经减少到 6000 美元，来自大概 4000 个地方分会的 15 万

---

1 Solon Buck, *The Granger Movement: A Study of Agricultural Organization and Its Political, Economic and Social Manifestations, 1870−1880*, Cambridge: Harvard University Press, 1913, pp. 81−102.

2 *Journal of Proceedings of the 10th Session of the National Grange of the Patrons of Husbandry*, at the Palmer House, Chicago, Louisville: Printed by John P. Morton, 1876, pp. 18−19.

3 *Journal of Proceedings of the 11th Session of the National Grange of the Patrons of Husbandry*, at the Grand Hotel, Cincinnati, Louisville: Printed by John P. Morton & Co., 1877, pp. 35−43.

4 *Journal of Proceedings of the 12th Session of the National Grange of the Patrons of Husbandry*, at the House of Delegates, Richmond, Philadelphia: J. A. Wagenseller, 1878, p. 42.

5 Thomas Clark Atkeson, *Outlines of Grange History*, Washington, D. C.: The National Farm News, 1928, p. 19.

名成员。[1] 从 19 世纪 80 年代起，格兰其基本上维持着这种状态，其关注重心回到之前的教育和社交活动上，这种远离政治的审慎立场帮助它一直延续至今。但正如皮尔逊所言："格兰其依然存在，但它的荣耀已经逝去了。"[2]

　　关于格兰其运动衰落的原因，存在各种各样的分析，归纳起来大概有以下几点。首先是格兰其组织网络过度扩张的问题。格兰其在兴盛时期吸引了大批农民的加入，他们对组织目标和原则缺乏理解，只是为了追逐风潮或对联合互助抱有一线希望才加入该组织；等这股风潮逐渐消退，他们发现该组织并不能解决实际问题之后，便纷纷退出了。[3] 组织的迅速扩张也导致纪律的缺失。有人向格兰其的成员分级制度提出挑战，斥责它是与民主精神相悖的贵族制。有人觊觎全国格兰其丰厚的会费收入，这直接导致最高领导层决定在 1875 年的查尔斯顿会议上向地方组织分发 5.5 万美元的资金。[4] 组织管理的松懈，使许多不问农事甚至敌视农民的人混进格兰其。在格兰其的上升时期，各地的政客、商人和专业人士为谋求个人发展都寻求加入该组织，这破坏了它作为一个农民组织的声誉。格兰其欢迎所有对农业"感兴趣"的人，这一条件具有很大的解释空间，同时也带来了许多混乱和误解。亚当斯会长曾警告说："该组织已被公认为这片土地上的伟力之一，成群的投机者、

1　Solon Buck, *The Granger Movement: A Study of Agricultural Organization and Its Political, Economic and Social Manifestations, 1870–1880*, Cambridge: Harvard University Press, 1913, p. 70.

2　Charles W. Pierson, "The Rise of the Granger Movement," first published in *Popular Science Monthly*, December, 1887, quoted from Thomas Nixon Carver complied, *Selected Readings in Rural Economics*, Boston: Ginn and Company, 1916, p. 645. 丹尼斯·诺丁认为，在 19 世纪的最后二十年里，格兰其在东部各州得到复兴，格兰其人为使该组织在 19 世纪 70 年代的运动衰落后免于消失进行了一系列努力。他把这些努力称为"第二次格兰其运动"，详见 Dennis S. Nordin, "A Revisionist Interpretation of the Patrons of Husbandry, 1867–1900," *The Historian*, vol. 32, no. 4 (August, 1970), pp. 630–643.

3　Solon Buck, *The Granger Movement: A Study of Agricultural Organization and Its Political, Economic and Social Manifestations, 1870–1880*, Cambridge: Harvard University Press, 1913, pp. 70–71.

4　Charles W. Pierson, "The Outcome of the Granger Movement," first published in *Popular Science Monthly*, vol. 32（January, 1888）, quoted from Thomas Nixon Carver complied, *Selected Readings in Rural Economics*, Boston: Ginn and Company, 1916, pp. 663–664.

煽动者、小政客、粮食买家、棉花商人和律师正在从四面八方涌来围堵大门，他们突然发现自己'对农业事务感兴趣'了；但只是像老鹰对麻雀感兴趣一样。"[1]据说，连纽约的百老汇都成立了一个格兰其，由银行行长、批发商、制造商和华尔街投机者等45名百万富翁组成，在波士顿和泽西城也都发现了类似的披着格兰其外衣的精英组织。[2]

其次，与格兰其合作事业的受挫密切相关。格兰其合作企业的资本都是从成员那里筹集的，一旦管理不当或经营失败，就会在组织内部造成不满和怨愤，更会破坏组织的声誉，为其留下难以偿付的债务负担。当西部各州的格兰其合作社一个接一个地倒下时，与之一起丧失的是成员对该组织的信心和信任。在内布拉斯加和阿肯色等州，一些地方组织因担心自己会承担州格兰其的债务而自行解散了。[3]在伊利诺伊州，有格兰其因为经济因素和全国格兰其的专制作风而投票解散。皮尔逊认为，合作事业的失败是致使格兰其式微的深层次因素。他指出，经济合作和反中间商的特点的确比其他因素加起来都更具吸引力，但它"几乎有可能把我们的农业人口变成一个贸易民族，这同样是格兰其衰落的主要原因"。[4]

最后，这很大程度上归咎于格兰其的政治和立法活动。虽然格兰其强调它并不反对铁路公司，但作为"格兰其法"的冠名者，它却被铁路公司视为必须拼力对抗的劲敌。至少在中西部各州，那种认识到格兰其不能有效对抗铁路垄断力量的悲观情绪，是导致该组织迅速衰落的重要原因。同样，宣称

1　Thomas Clark Atkeson, *Semi-Centennial History of the Patrons of Husbandry*, New York: Orange Judd Company, 1916, p. 74.

2　Charles W. Pierson, "The Outcome of the Granger Movement," first published in *Popular Science Monthly*, vol. 32（January, 1888）, quoted from Thomas Nixon Carver complied, *Selected Readings in Rural Economics*, Boston: Ginn and Company, 1916, p. 663.

3　Solon Buck, *The Granger Movement: A Study of Agricultural Organization and Its Political, Economic and Social Manifestations, 1870-1880*, Cambridge: Harvard University Press, 1913, p. 73.

4　Charles W. Pierson, "The Outcome of the Granger Movement," first published in *Popular Science Monthly*, vol. 32（January, 1888）, quoted from Thomas Nixon Carver complied, *Selected Readings in Rural Economics*, Boston: Ginn and Company, 1916, p. 658.

自己是非政治组织的格兰其，很难约束其成员不去参与各州当时蓬勃发展的第三党运动，不管该组织是否承认，这些政治运动都是农业阶级联合自保努力的有机组成部分。[1] 在地方组织通过压力政治和第三党行动参与选举政治的过程中，成员之间沿着党派界线发生了分裂，该组织也不可避免地走向了衰落。

二、19 世纪后期的各种农民互助组织

格兰其开启了农业组织的大规模联合尝试，其思想和理想或多或少都被后来的每个农民互助组织所承袭。19 世纪 80 年代，在东部的一些地方，格兰其还在继续为农民的福祉奋斗不止；而在 19 世纪 70 年代上半叶格兰其最为活跃、最繁盛的西部和南方地区，新的农民组织已经出现了，并很快成长为下一场更广泛的农民运动的领导力量。农民联盟运动是继格兰其运动之后的另一波影响遍及全国的农民抗议和改革浪潮，它由三个全国性组织——南方联盟、北方联盟、有色农民联盟共同推动。但在这三个组织之外，还存在许多其他的农民互助组织，它们中有些在农民联合的大趋势下被联盟吸收，有些仍保持着独立性，并与联盟一起推动了美国平民主义运动的高涨。

（一）各种协会和大会

在秘密的、非政治性的格兰其在中西部成长迅速的那段时间里，当地也涌现了一些开放的、政治性的农民协会，它们以早期关注实用农业的农民俱乐部为依托，致力于借助各种方法保护农民阶级的利益。在这方面，最早组织起来同时也组织得最成功的是伊利诺伊州的农民。1872 年秋，该州 13 个

---

[1] Solon Buck, *The Granger Movement: A Study of Agricultural Organization and Its Political, Economic and Social Manifestations, 1870–1880*, Cambridge: Harvard University Press, 1913, pp. 72–73.

农民俱乐部的代表在基瓦尼开会，商讨建立一个永久性的州组织，会上任命了一个由威拉德·C.弗拉格担任主席的州中央委员会。1873 年初，委员会在布卢明顿召集该州所有的地方机构，组建了一个州农民协会，由弗拉格任主席，宗旨是促进农民道德、智识、社会和物质利益的改善。[1] 会后，组织工作进展迅速，在全州各地成立了许多俱乐部。7 月 4 日，该州农民举行野餐和庆祝活动，并发表煽动性的政治演讲谴责铁路和垄断。这年夏秋，政治性质的农民大会非常频繁，许多县协会承担了政党的职能，并提名了公职候选人。到这年年底召开第二次会议时，协会已经在全州的 80 个县组建了 830 个俱乐部，到下次会议时这个数字翻了近一倍。在州农民协会成立的过程中，格兰其提供了帮助，但两个组织很快就发展成竞争甚至对立的关系。这主要是因为双方的政治立场不同，格兰其反对介入政治，州农民协会却迅速发展为反垄断党，它们实际上代表了农民运动的两个发展阶段。尽管如此，两个组织的成员却存在重合，它们在全州有 3000 多个地方组织，成员达到 15 万人，相当于整个州近一半的农业人口。[2]

在许多西部州，类似的开放俱乐部和合作协会如雨后春笋般涌现。堪萨斯州第一个效仿伊利诺伊州成立了这类组织，1873 年 3 月，一场在托皮卡召开的州农民大会组织了堪萨斯农民合作协会，宗旨是帮助农民合作购买、控制农产品价格、降低和管制铁路运费、改革税收等。类似的筹建大会在华盛顿、纽约等地都有召开。[3] 在密苏里、马里兰、威斯康星等州，每年也会召开这种农民大会，但都只是讨论和决议，没有任何永久性的组织产生。不过，田纳西州 1873 年 9 月在纳什维尔召开的会议，以及印第安纳州 1874 年

1　John Lee Coulter, "Organizations among the Farmers of the United States," *Yale Review*, vol. 18 (November, 1909), pp. 283-284.

2　Solon Buck, *The Granger Movement: A Study of Agricultural Organization and Its Political, Economic and Social Manifestations, 1870-1880*, Cambridge: Harvard University Press, 1913, pp. 76-77.

3　John Lee Coulter, "Organizations among the Farmers of the United States," *Yale Review*, vol. 18 (November, 1909), pp. 284-285.

6月召开的会议，都成立了一个州农民协会，它们代表了农业组织的总体发展趋势。[1]

在南方，还出现了组建全国性协会的努力。1870年，南方各州的代表召开会议，成立了一个农业大会。大约同一时期，田纳西农业和机械技术协会也在尝试全国化，它于1871年10月在纳什维尔召开了一次农业大会。1872年5月，上述两个大会在圣路易斯举行联席会议，合并为全国农业大会。[2]1873年5月，该组织在印第安纳波利斯召开会议，有来自25个州的大约200名代表参加，会议讨论了组织、交通、农业院校、公共土地等问题。此后，每年都会举行类似的会议，但是它的组织似乎过于松散，无法发挥重大影响。[3]与北方的协会不同的是，南方的组织在很大程度上致力于长期困扰农业的实际问题，尽量避免提及近来的不满。[4]

19世纪80年代，又出现了一个名为"全国农民大会"的组织。它的代表一般是从每个国会选区挑选的，由各州州长任命，代表更富有、受教育程度更高的农民。它的行动具有非党派性、协商性和咨议性，并对公众舆论的形成和引导方向施以影响。该组织在华盛顿设立了一个全国农业委员会，研究全国的一般农业利益，并确保不使相互冲突的立法损害任何州的产业。[5]正如其第一任主席罗伯特·贝弗利曾解释的，该组织的宗旨首先是促使农业人士认识到人口中的绝大多数是土地的耕作者，其次是让那些管理州和国家

---

1 Solon Buck, *The Granger Movement: A Study of Agricultural Organization and Its Political, Economic and Social Manifestations, 1870–1880*, Cambridge: Harvard University Press, 1913, pp. 77–78.

2 John Lee Coulter, "Organizations among the Farmers of the United States," *Yale Review*, vol. 18 (November, 1909), p. 282.

3 Solon Buck, *The Granger Movement: A Study of Agricultural Organization and Its Political, Economic and Social Manifestations, 1870–1880*, Cambridge: Harvard University Press, 1913, pp. 78–79.

4 John Lee Coulter, "Organizations among the Farmers of the United States," *Yale Review*, vol. 18 (November, 1909), pp. 282–283.

5 Charles S. Walker, "The Farmers' Movement," *Annals of the American Academy of Political and Social Science*, vol. 4, no. 5, (March, 1894), p. 96.

政府的人民代表认同这一点。该组织历年的大会都有十几或二十多个州派代表参加，贝弗利称之为"农民联盟运动真正的先驱"。[1]

1887 年 8 月，十个南方州的数百名代表齐聚亚特兰大，召开了一场围绕南方农业的萧条状况、原因和补救措施而展开的州际农民大会。会议由佐治亚州的农民协会和农业厅联合主办，大多数代表由其所在州的州长亲自委派。与会发言人分别从农民自身、政府、单一棉作、化肥的使用、信贷、劳动力和耕作方式等多个方面，对会议主题进行了深入讨论。代表们在会上成立了一个结构松散的州际农民协会，选举北卡罗来纳州农民协会的掌舵人利奥尼达斯·拉斐特·波尔克出任主席。[2]波尔克出身于带有革命荣光的名门望族，曾积极推动农业部的建立并担任北卡州的专员，他在南方农民精英中拥有极高的威望，在此后三年连续当选为州际农民协会的主席。1886年，波尔克在温斯顿创办了农业改革报刊《进步农民报》，开始着手组织农民俱乐部以推动农业教育和农业劳动力的增长，并在 1887 年初建立了北卡州农民协会，该组织后来被南方联盟吸收，波尔克也因此成为联盟运动的重要领导者。[3]

以波尔克为代表的农业精英主导了亚特兰大会议的话语权，他们承认"没有农民之间的组织与合作，对他们有好处的任何事也办不成"这一不言而喻的事实。为此，会议决定"任命一个委员会来想出一些能够使所有阶层的所有农民之间进行更完美合作的方法"。[4]南北两个农民联盟也在会上发

1　Carl C. Taylor, *The Farmers' Movement, 1620-1920*, New York: American Book Co., 1953, pp. 220-221.

2　*Proceedings of the Inter-State Convention of Farmers*, held at Atlanta, Georgia, August 16-18, 1887, Atlanta: Jas. P. Harrison & Co., Printers.

3　Anne L. Diggs, "The Farmers' Alliance and Some of Its Leaders," *The Arena*, vol. 5, no. 29 (April, 1892), pp. 593-594; Stuart Noblin, *Leonidas La Fayette Polk, Agrarian Crusader*, Chapel Hill: University of North Carolina Press, 1949.

4　*Proceedings of the Inter-State Convention of Farmers*, held at Atlanta, Georgia, August 16-18, 1887, Atlanta: Jas. P. Harrison & Co., Printers, pp. 90-91.

出了来自底层农民的改革之声。北方联盟主席在会上风趣幽默的发言，得到了与会者积极而又热烈的回应；他所提出的通过第三党行动来解决问题的提议，引起了与会者的激烈讨论，但却几乎遭到南方农业精英的一致反对。[1]南方联盟的主席从对南方农业弊病的经济分析中寻找农业问题的解决之道，即出于商业目的把农民组织起来，他表示"只有通过一种更紧密的联合与一个牢固的组织纽带才能实现我们这个阶级所有人之间的合作"。这一倡议并没有引起南方农业精英的讨论，他们对南方联盟的唯一关注竟是该组织的秘密性。其中一位代表满怀偏见地说："我不会加入任何一个隐藏在暗处的农民协会。"[2]1889 年 8 月，州际农民协会在蒙哥马利召开年会。那时，南方农民正处于抵制黄麻托拉斯的风潮之中，该组织一致通过决议，建议农民停止使用黄麻产品，采用其他产品取而代之，并声明这一建议"无论被视为一种报复措施，或仅仅是一种自我保护措施，都是同样正当的"。[3]

（二）路易斯安那农民联合会

路易斯安那农民联合会是发源于该州北部林肯教区的一个农民组织，它的前身可以追溯到 1880 年组建的一个农民俱乐部。最初这个俱乐部是为了清扫达邦教堂的墓地而组建的，后来成员从十几人增长到 40 多人。他们每个月举行两次会议，讨论政治、社会和农业问题，探索改善自身状况的最好方法。一年多后，成员们由于各种原因陆续退出了，该组织实际上也解散了。1884 年秋天，俱乐部的发起者之一约翰·泰特斯，在街上碰到了和他一样刚低价卖掉作物的塞缪尔·斯金纳。两人经过认真讨论之后，决定把农民组织起来互相保护和帮助。但由于种种原因，他们直到 1885 年 3 月才再

---

1 *Proceedings of the Inter-State Convention of Farmers*, held at Atlanta, Georgia, August 16–18, 1887, Atlanta: Jas. P. Harrison & Co., Printers, pp. 31–34, 37–38.

2 Ibid., pp. 49–53.

3 *National Economist*, August 31, 1889, p. 376.

次碰头，9 位农民基于泰特斯提供的俱乐部旧章程成立了第一个秘密性质的联合会。7 月，成员们开会组建了一个更大的地方组织，加入了格兰其之前采用的仪式，印刷了 1000 份章程。[1]

农民联合会的章程规定，每个地方俱乐部要由至少 10 人组成，他们应该是实际以耕作为生的农民。它的宗旨是：

> 首先为提高农业在我国产业中的地位而努力，通过提高成员的智识、道德、社会和经济水平，实现这些的最好方法包括：频繁的会议和自由的讨论，培养和发展他们的最佳才智与业务；试验，采用一种比较合理的耕作制度——以多用脑子为指导——从而使所用的劳动得到更好的回报；在买卖中鼓励实行现金制度；反对特殊和阶级立法，谴责误导性的、腐败的立法；努力确保提名和选举优秀的人担任公职，并将所有职业政客视为对自由和经济的危险而摒弃；尽可能地谴责和摧毁所有政治帮派，击败所有的机器候选人。在这个俱乐部里，我们应该享有最大的自由，可以讨论所有可能使我国真正农民感兴趣的政治、经济和内政问题。[2]

为了更迅速地促进组织扩展，1885 年 8 月的一次会议又组建了一个州联合会，并设立一个由泰特斯负责的通信秘书办公室，以便尽可能广泛地分发章程、联络农业报刊。10 月，州联合会再次开会，泰特斯表示他已经给询问该组织情况的各方回复了数百封信，其中有一封来自阿肯色州一个农民组织的主席。会议授权泰特斯联络其他的农民组织，并设法促成合并。他后来与

1　N. A. Dunning, ed., *The Farmers' Alliance History and Agricultural Digest*, Washington, D. C.: Alliance Publishing Company, 1891, pp. 218–221.

2　Carl C. Taylor, *The Farmers' Movement, 1620–1920*, New York: American Book Co., 1953, p. 200.

南方联盟（当时还只局限于得克萨斯一州）的领导层取得联系，双方于1887年初实现合并，共同组建了一个全国性组织。[1]农民联合会主动寻求与其他组织的整合，既是农民日趋联合的大势所迫，也是出于保存自身的考虑。因为当时它的成长十分缓慢，影响非常有限，成员也只有几千人。与此同时，邻州的一些力量更大的农业组织（如南方联盟）正在向该州渗透。其领导层意识到，他们力量弱小的组织迟早会被更强大的同类组织吸收。为了抢占先机，他们主动寻找与它们合并的可能，甚至不惜牺牲自己的独立行动。

（三）自由兄弟会

自由兄弟会起源于阿肯色州，是由艾萨克·麦克拉肯等人在1882年创建的秘密组织，拥有一个由共同理事会、县理事会、大理事会组成的三级组织网络。它在"目的宣言"中表示，鉴于作为财富的真正生产者的劳动阶级"正逐渐受到资本组合的压迫，他们的劳动成果被一个不仅打算靠别人的劳动生活而且打算以别人的劳动为代价迅速积累财富的阶级所吸收"，有必要把农业生产者组织起来，该组织的目的是"保护我们自己不受上述资本组合的压迫，确保劳动阶级在为诚实劳动的果实获得正当的报酬方面进行合作"。[2]自由兄弟会在数量上持续增长，到1885年与同样发源于阿肯色州的另一个农民组织——农业轮会合并时，它已经拥有643个分会。两个组织合二为一后，沿用了农业轮会之名，自由兄弟会放弃了自己的名称和身份，但其创始人麦克拉肯一直担任着新组织的主席，继续推动农民力量的进一步联合。[3]

1 N. A. Dunning, ed., *The Farmers' Alliance History and Agricultural Digest*, Washington, D. C.: Alliance Publishing Company, 1891, pp. 221–222.

2 Ibid., pp. 216–217.

3 W. Scott Morgan, *History of the Wheel and Alliance, and the Impending Revolution*, Fort Scott, Kansas: J. H. Rice & Sons, Printers and Publishers, 1889, p. 86.

（四）农业轮会

轮会是阿肯色农民针对垄断力量和抵押贷款的压迫而组建的。在该州，将尚未成熟的作物用作抵押品的贷款和留置制度，被农民称为"蟒蛇"，因为它们的可怕程度堪比能把猎物囫囵吞下的巨蟒。[1]1882年初，该州草原县的7位长期遭受"巨蟒"压迫的农民，在一间校舍里成立了一个邻里之间相互支持和保护的农民俱乐部，其最初的章程将目标定为"提高成员的农业理论与实践，传播有关农村和农耕事务的知识"。在给这个秘密组织命名时，有"穷人之友会"和"农业轮会"这两个选择。后者被选中是因为有几层寓意：其一，任何机器没有驱动轮就无法运转，农业之于世界产业这台"机器"也是如此；其二，如圣经中所说的"轮中套轮"一样，农民被各种各样的帮派尤其是政治帮派包围着。[2]1883年，成员达到500多名，于是组建了一个州轮会。此后，该组织迅速传播到阿肯色各地，到1884年初召集会议时已拥有5000多名成员。这次会议讨论了一些主题，通过的决议谴责了抵押牲畜和正在生长中的作物的制度；还向国会请愿，要求立法禁止期货交易；并希望州立法机关颁布法律，"给予所有人平等的权利"。[3]

1885年，阿肯色州轮会与自由兄弟会合并，新组织在当时拥有1000多个基层组织和4万多名成员，其影响也扩展到邻近的田纳西、密西西比和得克萨斯三州，组建一个全国性组织的议题开始提上日程。1886年7月，阿肯色、田纳西、肯塔基三个州级组织的代表在利奇菲尔德召开大会，成立了全国农业轮会，选举麦克拉肯出任主席。关于从成员资格条款中删除"白人"

1　Frank M. Drew, "The Present Farmers' Movement," *Political Science Quarterly*, vol. 6, no. 2 (June, 1891), p. 284.

2　W. Scott Morgan, *History of the Wheel and Alliance, and the Impending Revolution*, Fort Scott, Kansas: J. H. Rice & Sons, Printers and Publishers, 1889, pp. 62–68.

3　N. A. Dunning, ed., *The Farmers' Alliance History and Agricultural Digest*, Washington, D. C.: Alliance Publishing Company, 1891, pp. 200–201.

一词的问题，在会上引起了激烈的争论，最终采取的解决方案是帮助黑人建立一个单独的组织，并为其提供帮助和指导。在接下来的一年里，全国轮会迅速成长为一个庞大的农民组织，在密苏里、密西西比、亚拉巴马、得克萨斯和印第安人领地组织了州级轮会，另有其他七个州提出了组织申请。[1]

1887年底，全国轮会号称代表50万名成员在田纳西州的麦肯齐召开年会，麦克拉肯主席在会议演讲中表达了该组织对第三党运动的消极态度，会议批准了他所提出的像南方联盟一样通过"诉求"施压于立法机构的建议。会议审查了南方联盟的合作贸易制度，并决定在轮会中推广。南方联盟的代表出席了会议，并在会上介绍了两个组织的合并计划。1888年底，全国轮会与南方联盟在密西西比州的默里迪恩举行了联席会议。来自阿肯色州、密苏里州、得克萨斯州、田纳西州、密西西比州、亚拉巴马州、肯塔基州、威斯康星州和印第安人领地的轮会代表出席了会议，会上他们与南方联盟的代表们商定了合并的安排。[2]两个旗鼓相当的庞大组织，在接下来近一年的时间里陆续完成了各级组织的合并，轮会放弃了自己的名称，加入到不断壮大的联盟队伍中。

（五）农民互惠协会

农民互惠协会是西北部地区力量稍次于北方联盟的一个农民组织，在组织上只有基层、县级和全国三级结构，发源于19世纪80年代初的伊利诺伊州。作为该州南部农民经济联合的主力军，该组织的组建过程充满了经济互助的色彩。1882年或1883年秋，住在约翰逊县东北部的5名农民在他们的县城维也纳相遇，每个人都带着一车小麦要卖。买主以市场动荡为由拒绝在

1　W. Scott Morgan, *History of the Wheel and Alliance, and the Impending Revolution*, Fort Scott, Kansas: J. H. Rice & Sons, Printers and Publishers, 1889, pp. 86–87.

2　N. A. Dunning, ed., *The Farmers' Alliance History and Agricultural Digest*, Washington, D. C.: Alliance Publishing Company, 1891, pp. 202–214.

那天接收这些粮食，这五人也不愿意再把小麦拉回家，就来到电报局向圣路易斯市场寻求咨询。那里的买家声称小麦市场很稳定而且价格还在上行，并给出了令人满意的报价。随后，他们成功地弄到了一节现成的火车车厢，自己把这些粮食直接装运给买家，收到的付款超出了他们的预期。这件事被当作新闻成为当地农民谈论的话题，他们也开始团结起来在附近的校舍见面，对采取类似的行动做出必要的安排。这年冬天，该县一共出现了 5 个分会，随后他们在新伯恩赛德举行了一次联合会议，成立了农民互惠协会。[1]在最初的两三年里，这个组织发展缓慢，范围仅局限于该州南部的几个县。1887年修改过组织章程之后，它获得了快速成长，从 1887 年 10 月的 389 个分会和大约 1.5 万名成员，发展到 1890 年 6 月的 4224 个分会和 20 多万名成员，力量分散在中西部和上南部的 12 个州。[2]农民互惠协会与南方联盟曾多次协商合并，虽然未能如愿，但双方一直保持着友好关系。

同格兰其、南方联盟等组织一样，成员们的经济合作是农民互惠协会的一个显著特征。它在其早期的邻里合作销售的基础上，逐渐发展出许多地方性商业合作项目。例如，在该组织的根据地伊利诺伊州，它在合作采购方面通过贸易协定和代理人制度为成员提供基本的生产、生活资料，还通过经营合作社商店和其他小型企业进行经济合作。从 1888 年开始，在互惠协会的倡导下，该州南部地区出现了数量可观的合作社企业，受其控制的这类商店在两年后占到全州的 2/3。在乡村商店的基础上，位于中心市场的县交易所逐渐建立起来，乡镇的居民通过它们集体采购物资，并出售粮食和其他农副产品。成员们在建立粮库、面粉厂、黄油奶酪厂和农具制造公司方面，也表现出很大的兴趣和热情。在该州农民所注册的股份公司中，大多数是在南部

---

1 F. G. Blood, *Handbook and History of the Farmer's Alliance and Industrial Union*, Washington, D. C., 1893, p. 59.

2 N. B. Ashby, *The Riddle of the Sphinx*, Chicago: Mercantile Publishing and Advertising Co., 1892, pp. 465–469.

低地地带运行的，而且有相当一部分与处理粮食的面粉厂和粮库有关。他们还计划建立一个为地方组织服务的产业合作协会，但由于种种困难它并未付诸实施。1891年，其商业代理人迈克尔·科芬牵头成立了一家同时经营谷物和牲畜的经销公司——伊利诺伊交易联合会，资本为5万美元，由7名股东筹集，其中科芬持有近60%的股份。他向该州所有的农业组织都发出了通过该公司销售农产品的邀请，但它们只给予了有限的支持，该机构成立一年后便进入了破产管理。[1]

（六）全国农民联会

全国农民联会是一个倡导政治行动的农民组织。它在1889年起源于马萨诸塞州，当时围绕着人造奶油的涂色问题，农民们决定成立一个政治性质的组织，将其要求更好地保护乳制品免受假冒伪劣产品侵害的诉求直接带入政治，并使之成为所有政党的初选、预选会议和代表大会的议题。1889年，马萨诸塞州组建了第一个州农民联会，后来该组织在新英格兰诸州迅速传播开来。1890年左右，成员们几乎只局限于缅因州、马萨诸塞州、康涅狄格州、宾夕法尼亚州和纽约州，总共不到5万人。[2]1891年，全国农民联会的秘书长声称，他们已经组织了6个州组织，其他22个州的地方组织也在朝着完善一个州组织的目标努力。[3]该州宣称要在北纬36度（从缅因州到加利福尼亚州）以北的各州行动，并建议在1892年之前把北方每个州的州级组织都建成。[4]

---

1 Roy V. Scott, *The Agrarian Movement in Illinois, 1880–1896*, Urbana: The University of Illinois Press, 1962, pp. 69–76.

2 N. A. Dunning, ed., *The Farmers' Alliance History and Agricultural Digest*, Washington, D. C.: Alliance Publishing Company, 1891, pp. 228–229.

3 Carl C. Taylor, *The Farmers' Movement, 1620–1920*, New York: American Book Co., 1953, p. 221.

4 Frank M. Drew, "The Present Farmers' Movement," *Political Science Quarterly*, vol. 6, no. 2 (June, 1891), p. 289.

农民联会是一个开放的、独立的无党派组织，目的是促进农民的政治利益、确保农民在所有影响其福祉的公职选举、任命中得到应有的承认和公正的代表。美国或加拿大的农民，只要支付 50 美分，并签字保证"将尽我所能，通过投票和影响，在不与全体人民的福祉相冲突的情况下，在政治和立法上促进农民的利益"，就能成为农民联会的终身成员。农民联会在组织结构上分为地方、镇、县、州、全国五级，各级组织的职责就是在各自的立法机构或辖区内关注、促进农民的利益。它与农民联盟、农业轮会、农民联合会、格兰其以及相关的农业协会和农民俱乐部等组织并不冲突，虽然这些组织大都是非政治性的，且都在其章程中禁止直接的政治行动。事实上，农民联会并不想与其他农民组织争夺成员，而是为它们提供一个政治工具，借此帮助农民执行他们的立法诉求。它只想成为这些农民组织在政治方面的补充，让它们的成员借助自己从事他们所属的组织禁止他们去做的那些政治工作，做它们所不做的、不能做却必须要做的工作。农民联会的计划是与一切农民组织相协调、相促进的，决不干涉其他农民组织的目标和工作。[1]

（七）产业协进会

19 世纪 80 年代末，出现了一个在名称和结构上都模仿格兰其的生产者组织——产业协进会。它并不是严格意义上的农民组织，而是试图将农民和劳工组织起来，"通过独立的政治合作行动保护他们的权利和利益"，使其免受有组织的垄断力量的劫掠和压迫。它起源于密歇根州，到 1890 年宣称已经拥有 8 万名成员，组织网络扩展到西北部的 13 个州。[2] 该组织似乎对南方联盟不是很友好，其机关报和领导人都曾指责联盟，称其为"一个伪装的政

1　N. B. Ashby, *The Riddle of the Sphinx*, Chicago: Mercantile Publishing and Advertising Co., 1892, pp. 454–458.

2　Carl C. Taylor, *The Farmers' Movement, 1620–1920*, New York: American Book Co., 1953, p. 221.

治附庸"，并对联盟纲领中的商业改革诉求进行谴责。在 1891 年的年会上，
该组织决定将其成员资格向女性开放。它一直宣称其宗旨是"共同努力，以
促进农民和雇员以及我们所属国家的利益"。[1]

　　类似的生产者组织还有威廉·H. 厄尔 1874 年在马萨诸塞州创立了产业
主权会。它的名字同样也是格兰其的仿制品，结构上有分会、州级和全国
组织三个级别。1875 年，全国组织在费城召开的会议上通过了一份章程序
言，宣布其宗旨是提高和改善各行各业的劳动者阶级的状况，"对现有工商
业体系中的垄断和其他邪恶力量的有组织侵犯进行有组织地抵制"。这似乎
是第一次尝试大规模地把各行各业的工作者团结在一起，以促进整个劳动阶
级的福祉。该组织有一段时间蓬勃发展，在新英格兰和中部各州、除印第
安纳之外的老西北部各州、肯塔基州、马里兰州和哥伦比亚特区都建立了州
级组织，组建地方分会约 500 个，成员总数近 4 万人。然而，有一半以上
的成员来自马萨诸塞州和康涅狄格州，到 1880 年该组织实际上已经解体。[2]

三、19 世纪 80 年代的农民联盟运动

　　19 世纪 80 年代，在众多的农民组织中，名声最大的是农民联盟。当时，
美国有三个同时共存且相互独立的全国性组织被称为农民联盟。一是"全国
农民联盟与产业联合会"，发源于得克萨斯州东北部，是一个由白人农民组
成的无党派的秘密组织，又被称为"南方农民联盟"或"南方联盟"[3]；二是

1　Frank M. Drew, "The Present Farmers' Movement," *Political Science Quarterly*, vol. 6, no. 2 (June, 1891), pp. 288–289.

2　Solon Buck, *The Granger Movement: A Study of Agricultural Organization and Its Political, Economic and Social Manifestations, 1870–1880*, Cambridge: Harvard University Press, 1913, pp. 306–307.

3　全国农民联盟与产业联合会的机关报《国民经济学家》，曾否认外界给予它的"南方联盟"的别称，认为这一称呼暗示了该组织带有地域色彩，与其要消除地域主义的目标不符，参见 "Southern Alliance," *National Economist*, January 31, 1891, pp. 319–320。但为了区别该组织与其他两个组织，这一称呼一直沿用至今。

"全国农民联盟"，是一个没有种族界限且政治倾向明显的开放组织，发源于
芝加哥附近，又被称为"西北联盟""北方联盟"或"开放联盟"；三是"有
色农民全国联盟与合作联合会"，简称"有色农民联盟"，是南方黑人农民
在白人的协助下组建的一个秘密组织。这三个组织在发展过程中有着紧密的
联系和接触，它们共同推动了联盟运动的高涨和农民力量的联合。

（一）南方联盟

　　南方联盟的前身是得克萨斯州农民联盟，它是该州东北部的定居者为了
应对边疆条件下的社会、经济动乱在 19 世纪 70 年代中后期建立的一个互助
组织。关于该组织的起源目前尚无定论，比较可信的一种说法是它起源于得
克萨斯州兰帕瑟斯县的欢乐谷。该地的一群农民于 1877 年 9 月在 J. R. 艾伦
的农场上建立了"互助骑士团"，不久后将其更名为农民联盟，这便是欢乐谷
联盟 1 号。[1] 它在组织结构与仪式、原则章程、经济合作、成员教育等方面，
都吸收了格兰其的很多经验，它的兴起加速了得克萨斯州格兰其的衰落。

　　1878 年初，联盟组织又传播到附近的几个县，同年夏成立了大州联
盟，随后又通过了一份组织章程和"目的宣言"。这份"目的宣言"有很
多内容都来源于格兰其的文件，宣称坚持"事以团结为本，凡事皆要仁
爱"的箴言，通过共同努力确保成员在精神、道德和政治上的进步。[2] 成员
们对于联盟该如何帮助农民进行自救和互助看法不一：有人鼓励通过独立
的政治行动改善公地、信贷和运输政策；有人希望通过温和的组织策略获
得切实的利益；一些人拒绝联盟与政治有任何接触；另一些人大力提倡联

　　1 关于得克萨斯州农民联盟起源的考证，参见 Lawrence Goodwyn, *Democratic Promise: The Populist Moment in America*, New York: Oxford University Press, 1976, pp. 33, 620; Robert C. McMath, Jr., *Populist Vanguard: A History of the Southern Farmers' Alliance*, Chapel Hill: The University of North Carolina Press, 1975, pp. 5, 167–168.

　　2 "The Farmers' Alliance, A Brief History of This Great Order," *Southern Mercury*, August 22, 1895, p. 1.

盟在经济合作方面进行努力；甚至还有一些人只关心阻止盗贼偷盗牲畜的活动。[1]其他人对联盟职能的设想则更为新奇，一些别有用心者妄图把该组织变成一个巨大的政治机器；还有人想要将联盟变成一个庞大的社会慈善组织；狂热的信徒希望联盟能培养"农家子弟"演说家；还有少数人认为，该组织必须建立在上帝和《圣经》的基础上，致力于在真理和友爱中形成一种弟兄情谊。[2]由于联盟内部对该组织的具体行动目标和未来发展方向莫衷一是，所以它很快就卷入了第三党政治，羽翼未全的联盟组织就这样葬送了自己的命运。[3]

联盟组织虽然覆灭了，但其火种却幸存下来。1879 年春，一位成员移居到帕克县，随身携带了一份联盟章程。7 月底，他在定居地组建了普尔维尔联盟 1 号。联盟组织很快扩散到附近的几个县，州级联盟也在年底得到重建。根据相关的会议记录，联盟在 1880 年频繁召开会议，讨论的主要问题是修改和完善组织章程和仪式。[4]是年夏，联盟章程完成初步修订并付印，考虑到旧联盟的前车之鉴，新联盟的"目的宣言"剔除了所有的"政治"字眼，将该组织的宗旨改为"确保我们在精神、道德和经济方面的进步"。[5]频繁的会议反映出联盟领导者还在继续摸索前路，该组织在 19 世纪 80 年代初期的发展并没有超出附近若干县的范围。一些成员认为，影响联盟组织成长的最大不利因素在于它缺乏教育大众的合适文献。这一方面是因为联盟缺乏

---

1 Lawrence Goodwyn, *Democratic Promise: The Populist Moment in America*, New York: Oxford University Press, 1976, pp. 33–34; Donna A. Barnes, *Farmers in Rebellion: The Rise and Fall of the Southern Farmers Alliance and People's Party in Texas*, Austin: University of Texas Press, 1984, pp. 51–52.

2 Theodore Saloutos, *Farmers' Movement in the South, 1865–1933*, Berkeley: University of California Press, 1960, p. 71.

3 Robert C. McMath, Jr., *Populist Vanguard: A History of the Southern Farmers' Alliance*, Chapel Hill: The University of North Carolina Press, 1975, pp. 7–8.

4 William L. Garvin, *History of the Grand State Farmers' Alliance of Texas*, Jacksboro: Printed by J. N. Rogers & Co., 1885, pp. 28–35.

5 N. A. Dunning, ed., *The Farmers' Alliance History and Agricultural Digest*, Washington, D. C.: Alliance Publishing Company, 1891, p. 28.

印刷和传播教育材料的资金，另一方面是因为联盟缺乏一份可以免费发布组织信息与动态的机关报。经过 1881 年 2 月的会议讨论，联盟决定选择《韦瑟福德先锋报》来承担这一职责。[1]

在接下来的两三年里，联盟不仅发展缓慢，而且还面临外界对其的不信任和成员的冷漠态度。例如，《韦瑟福德时报》在其竞争对手《韦瑟福德先锋报》被联盟选作机关报之后怀恨在心，借机指控联盟是一个藏纳小偷、强盗甚至是杀人犯的秘密团伙。担心这种煽动舆论的诽谤会颠覆尚处于襁褓时期的联盟，该组织的 15 位领导者于 1881 年 7 月 7 日在韦瑟福德法院组织召开了一场公开听证会，邀请公众和公共人物公开调查其原则和宗旨。经过仔细审查，反对者最后承认了自己的错误，也遭到了该县参议员的谴责。[2]此外，联盟一再重申其非政治的立场，使许多新成员感到失望。例如，在 1882 年这个政治选举年，地方组织曾一度增加到 120 个；但在联盟通过了一项坚持不介入政治的决议后，很多成员对 1883 年的会议丧失了兴趣，这次会议只有 30 个联盟支部的 56 名代表出席，州级联盟的一些官员甚至都未露面。[3]

这段时期，联盟对组织结构进行了一些调整。和格兰其一样，联盟一直接纳妇女为其成员，但它只向白人农民、农场劳工和乡村牧师、教师、医生以及畜牧者、技工和工厂帮工开放。最初，联盟效仿格兰其，每次开会时都把成员分成三个级别分别进行。在 1882 年 2 月的会议上，它打破这种等级制，把三级简化、整合成一级，所有成员都拥有平等的地位，即使是最卑微的成员也可以参与到该组织的任何一次会议，由此联盟"成为第一个没有特

---

1 W. Scott Morgan, *History of the Wheel and Alliance, and the Impending Revolution*, St. Louis: C. B. Woodward Company, 1891, p. 97.

2 William L. Garvin and S. O. Daws, *History of the National Farmers' Alliance and Cooperative Union of America*, Jacksboro: J. N. Rogers & Co., 1887, pp. 23–29.

3 William L. Garvin, *History of the Grand State Farmers' Alliance of Texas*, Jacksboro: Printed by J. N. Rogers & Co., 1885, pp. 49, 53–54, 57–61.

权阶级"的秘密组织。[1]

　　情况在 1884 年初有所好转，当时的两项举措将联盟从冷漠的困境中解救出来，该组织也由此进入第一个快速发展期。第一，为推动组织扩散和加强各级联盟之间的联系设立了巡回演讲者一职，并由组织动员能力极强的 S. O. 道斯出任。经过道斯的努力，在次年的联盟会议上，活跃的联盟支部已经达到 550 个，成员共计 2.2 万人，仅出席会议的代表就有 600 人。[2] 第二，联盟开始借鉴和改进格兰其的合作经验，组织成员进行集体购销，一定程度上缓解了他们的经济困境。联盟的合作举措吸引了越来越多的关注，农民的参与热情日渐高涨，该组织也在得州迅速传播开来。正如它后来的领导者查尔斯·W. 马库恩所言："联盟在 1885 年和 1886 年的快速成长，不是因为它是一个抓盗马贼的组织，而是因为它是一个以商业为目的的组织。"[3] 在此情况下，农民的参与热情日渐高涨，联盟的组织者活跃在得克萨斯州的农业区，不断传来新联盟成立的消息。到 1886 年初，联盟支部已经增加到了近 1000 个，据称拥有 5.5 万名成员。[4]

　　与此同时，两个议题在联盟成员中引发了越来越危险的争议：一是联盟能否介入这个政治年的选举活动，二是联盟是否要加入西南铁路大罢工的抵制行动。这两个议题实则指向同一个问题——联盟能否在抗议过程中采取激进反叛的措施，有关于此的争论持续了数月，从州联盟主席到该组织的大部分领导者最后到所有成员都卷入其中，涉及联盟与劳工运动的关系、联盟机

1　N. A. Dunning, ed., *The Farmers' Alliance History and Agricultural Digest*, Washington, D. C.: Alliance Publishing Company, 1891, p. 35.

2　William L. Garvin and S. O. Daws, *History of the National Farmers' Alliance and Cooperative Union of America*, Jacksboro: J. N. Rogers & Co., 1887, pp. 38, 141–142.

3　Charles W. Macune, "The Farmers Alliance," Dolph Briscoe Center for American History, The University of Texas at Austin, 1920, p. 11.

4　*Rural Citizen*, July 30–December 31, 1885, February 11, 1886.

关报的编辑政策等问题。[1]争论双方的意见分歧，一路发展为这年联盟年会上的分裂危机。1886年8月，得克萨斯州联盟的年度例行会议按照上一年的计划如期在克利本举行，来自84个县联盟的二三百人代表15万名成员出席了会议。会议进行到第四日，由激进派成员组成的一个委员会提交的一份报告以92：75的微小差额获得了通过。它以联盟代表的名义向得克萨斯州和美国政府提出了17项"诉求"，涉及劳工、土地、铁路、财政等多个方面的改革主张，并要求州联盟成立专门的委员会把这些诉求提请州和国家立法机关注意。[2]"克利本诉求"是联盟有史以来提出的第一套诉求，这份报告被认为是"农民起义的第一份主要文件"，它把劳工、土地、交通运输和金融等这些成为19世纪90年代平民党运动焦点的问题区别看待，诉求中有关禁止外国人拥有土地、防止一切农产品期货交易、政府对铁路公司进行管制和允许自由铸银的改革主张，也成为后来平民党政治纲领的源头。[3]

　　会上的少数派将"克利本诉求"的通过视作州联盟的一次政治行动，认为这已然违背了联盟章程中的政治禁令。当晚，他们便起草了一份抗议声明，对表决会议的民主性提出异议，并宣布他们决意"摒弃一切政治问题、决议、诉求或纲领"，继续维持联盟组织的纯洁性。[4]几天后，他们举行了一次秘密会议，宣布脱离原联盟，重建一个与前者拥有同样名称和"目的宣言"的新联盟。这一举动使刚刚选出的原联盟领导层陷入瘫痪，州主席和副主席因缺乏勇气和信心一起辞去了领导职务。在此紧急关头，刚加入联盟

　　1 Lawrence Goodwyn, *Democratic Promise: The Populist Moment in America*, New York: Oxford University Press, 1976, p. 55.

　　2 "Grand State Alliance of Texas," *Dallas Mercury*, August 13, 1886, p. 5; *Proceedings of the Farmers' State Alliance of Texas, 1886*, held at Cleburne, Dallas: Dallas Mercury.

　　3 Charles W. Macune, "The Farmers Alliance," Dolph Briscoe Center for American History, The University of Texas at Austin, 1920, p. 14; Lawrence Goodwyn, *Democratic Promise: The Populist Moment in America*, New York: Oxford University Press, 1976, p. 81.

　　4 "The Minority Protest," *Dallas Morning News*, August 8, 1886, p. 10.

不久就跻身于州领导层的查尔斯·马库恩挺身而出，与分裂势力进行斡旋协商，最终成功挽救了联盟。[1]

为了彻底弥合由克利本诉求所造成的分裂，马库恩决定于 1887 年初召集地方代表在小城韦科开会，共商联盟发展大计。他深刻地分析了时局，认为成员之间的分歧和不满大多是由误解、个人利益和地方偏见造成的，联盟组织已经发展到一定的规模，却仍然缺乏可以把所有成员都团结起来的核心议题和战斗口号，以至于他们的力量被分散去应对政治、劳工等局部性问题；该组织若想维持长久，一定要有一个可以团结每支力量的总议题，而在经济合作的基础上把"棉花地带的所有农民都联合到一个组织中"就是这样一个总议题。[2] 为此，马库恩在会上提出了两条行动路线，一是设计一整套帮助联盟成员进行集体购销的合作机制；二是组建一个全国性组织，把联盟网络推广到整个棉花地带。沿着这两条路线，南方联盟进入了第二个快速发展期（1887—1889）。一方面，他基于联盟早期的地方性合作项目，发展出了一个依托联盟的层级组织网络、以州级商业机构为核心的"交易所计划"，形成了被称为"马库恩商业体系"或"马库恩主义"的大规模商业合作体系。[3] 另一方面，他一边向南方各州派遣组织者，传播联盟火种，组建联盟支部；一边积极联络当时的其他农民组织，试图吸收、整合当地已经组织起来的抗议力量。经过先后与路易斯安那农民联合会和全国农业轮会的合并，

---

1 N. A. Dunning, ed., *The Farmers' Alliance History and Agricultural Digest*, Washington, D. C.: Alliance Publishing Company, 1891, pp. 45–46.

2 "Macune's Address," in *Proceedings of the Annual Session of the Farmers and Laborers Union of America, 1889*, held at St. Louis, Missouri, Washington, D. C.: The National Economist Print, 1890, pp. 18–19. "棉花地带"是南方联盟的领导层经常用到的一个地理概念，它涵盖了亚拉巴马、阿肯色、佐治亚、肯塔基、路易斯安那、密西西比、北卡罗来纳、南卡罗来纳、田纳西、得克萨斯、弗吉尼亚等十多个植棉州。

3 "The Alliance State Exchange," *National Economist*, July 27, 1889, p. 297; Ralph Smith, "'Macuneism' or the Farmers of Texas in Business," *Journal of Southern History*, vol. 13, no. 2 (May, 1947), pp. 220–244.

南方联盟将棉花地带的农民成功地联合到一个庞大的组织中，自己也一跃成为当时美国实力最强、影响最大的农民组织。

（二）北方联盟

北方联盟是当时西部最大的农民组织，它的起源和发展主要是由芝加哥的一份农业报刊《西部乡村报》及其编辑米尔顿·乔治所推动的。内战后中西部农民在垄断势力的压迫下处境十分艰难，虽然他们曾积极参与格兰其领导的反对铁路垄断的立法斗争，但到 19 世纪 70 年代末格兰其运动已经走向式微，同类农民组织的保守态度也受到指责。有鉴于此，乔治决定建立一个能够讨论政治和其他议题的更激进、开放的农民组织。1880 年 4 月，他与芝加哥附近的一些农民一起组建了库克县联盟 1 号，并通过了组织章程和议事流程。同年 10 月，在《西部乡村报》的资助下，来自十多个州的五百多名代表齐聚芝加哥组建了一个全国性组织，命名为"全国农民联盟"。其章程中规定的组织目标是：

> 团结美国农民，保护他们免受阶级立法、集中资本的侵犯和垄断暴政的侵害；防止被骗子和公开出版物上的诈骗广告欺诈；在我们各自的政党中，反对选举任何不完全同情农民利益的州或国家公职候选人；要求现有政党提名农民或同情他们的人担任人民赋予的所有职务，以合法的方式，做任何对生产者有利的事。[1]

北方联盟选出的第一位主席是来自纽约州的 W. J. 福勒，他同时也是纽约州农民联盟的秘书长，因此北方联盟的组织源头经常被追溯到 19 世纪 70

---

[1] *Industrial Struggle: A History of the Alliance Movement and its Work*, Chicago: published by the Western Rural, 1893, pp. 33–34.

年代中期在纽约州出现过的联盟。据说，在 1875 年初，纽约州的一群农民在罗切斯特的法院开会，组建了一个农民联盟，凡是从事畜牧业任何分支的人只要缴纳年费就可享有成员资格。不久之后，在纽约州西部农民的支持下，又组建了一个州农民联盟。该组织的目标是改革影响农业利益的州法律，并敦促让农民阶层在州立法中享有平等的代表权。它是一个非党派的政治组织，倡导成员参加每个政党的初选，提名对他们有利的候选人。此后，这个州组织似乎又召开了两次会议，相传在德国和英国都有仿效它成立的组织。[1] 乔治声称，他当时正是觉得英国的农民联盟是一个好名字，才决定用它来称呼自己要组建的这个全国性协会，尽管他知道在纽约州已经存在一个名叫农民联盟的组织了。[2]

此后一两年，北方联盟迅速扩散到其他地区。到 1881 年在芝加哥召开年会时，内布拉斯加、纽约、艾奥瓦、威斯康星、伊利诺伊和堪萨斯等州都已经组建了州级组织，成员数量达到 5 万人。这次会议通过了一些决议，要求政府管制铁路、禁止免费的通行证、减少公共官员的工资、限制专利权、实行更公平的所得税制、打击食品掺假等，并敦促所有农民"通过农民联盟或其他组织，组织起来进行有系统和持久的政治行动"，把其他政治问题放在将人民从铁路垄断的压迫下解放出来之后。此后不到一年，明尼苏达和密歇根也成立了州联盟，北方联盟的成员总数达到 10 万多人，同时它也在向田纳西、阿肯色和密苏里等南方州扩展。[3]

由于北方联盟在结构上是一个松散的联合体，除了《西部乡村报》的资

---

1 N. A. Dunning, ed., *The Farmers' Alliance History and Agricultural Digest*, Washington, D. C.: Alliance Publishing Company, 1891, pp. 230–232. 福勒曾声称纽约的农民联盟组建于 1877 年，参见 John D. Hicks, *The Populist Revolt: A History of the Farmers' Alliance and the People's Party*, Minneapolis: University of Minnesota Press, 1931, p. 97.

2 *Industrial Struggle: A History of the Alliance Movement and its Work*, Chicago: published by the Western Rural, 1893, p. 33.

3 *History of the Alliance Movement*, National Farmers' Alliance, Chicago, 1882.

助外几乎没有募集经费的制度，所以它一直缺乏一支集中、有效的力量来加强和推动组织建设，甚至连召集全国性会议这样的事情都难以得到成员的积极回应。这种情况在1883—1886年间对组织的扩展和成员之间的合作造成了阻碍，直到1887年的明尼阿波利斯年会上，北方联盟才开始通过设立会费制度等措施向制度化的方向发展。[1]尽管如此，该组织仍然在19世纪80年代末成为一支举足轻重的农民改革力量。到1887年底，北方联盟已经扩散到20多个州和领地。南方联盟估计其拥有12.5~17.5万名成员，[2]而乔治却认为"在南方和北方，可能有60万人加入了联盟的大军"。明尼阿波利斯年会完善了组织章程，在"目的"一节中加入了"反对一切形式的垄断，认为它有损公众的最大利益"、"要求禁止外国的牲畜和土地辛迪加"等内容。[3]

在1887年加强了组织管理之后，北方联盟的发展更加迅速了，尤其是在内布拉斯加、艾奥瓦和明尼苏达等州的立法活动中发挥着越来越重要的影响。1889初，北方联盟在得梅因召开年会，会上提出了一系列经济和政治改革诉求，如要求修订《州际贸易法》、增加货币流通量、参议员直选、实行澳大利亚式投票制度等。[4]为了谋求与北方联盟的联合，南方联盟的主席马库恩率代表团出席了这次会议。他在会上重点介绍了得克萨斯州联盟通过交易所进行的合作工作，并举例说明了该计划给农民带来的节省。受南方联盟

1　J. E. Bryan, *The Farmers' Alliance: Its Origin, Progress and Purposes*, Fayetteville, Ark., 1891, pp. 59–63.

2　N. A. Dunning, ed., *The Farmers' Alliance History and Agricultural Digest*, Washington, D. C.: Alliance Publishing Company, 1891, pp. 255–256.

3　*Proceedings of the National Farmers' Alliance at Its 7th Annual Meeting*, held at Minneapolis, October 4, 1887, Beatrice, Neb.: Express Publishing Company, Printers, pp. 2, 5. 关于北方联盟在前七年的发展情况，详见 Roy V. Scott, *The Agrarian Movement in Illinois 1880–1896*, Urbana: The University of Illinois Press, 1962, pp. 22–36.

4　N. B. Ashby, *The Riddle of the Sphinx*, Chicago: Mercantile Publishing and Advertising Co., 1892, pp. 414–415.

的影响，一向将反垄断活动集中在经济立法和政治行动上的北方联盟，在会上通过了一份关于商业方法的报告，敦促各州级组织立即组建帮助成员进行集体购销的商业机构。不仅如此，会议还建议"所有的商业会议和商业交易应该对外人保密"，虽然各州联盟可以选择是否接受秘密工作，但"每个成员都必须对联盟的商业事务做出保密承诺"。[1]这表明，作为一个开放组织的北方联盟，认识到南方联盟的商业合作和秘密工作有利于成员招募和维持，并决定从中吸收一些经验。两个联盟还决定，1889年底在圣路易斯召开联席会议，商讨合并事宜。

（三）有色农民联盟

由于南方联盟只接受白人入会，北方联盟在南方的力量有限，黑人农民只得通过单独的联盟组织进行联合。据历史学者小罗伯特·C.麦克马思考证，1886年前后，在得克萨斯州出现了三个类似于南方联盟的黑人组织。第一个是1886年在得克萨斯州中部和东部出现的黑人联盟，它们于这年10月组织了一个"州有色农民大联盟"，并要求与白人联盟合作。得克萨斯州联盟的演讲者E. B.沃伦参加了此次会议，帮助建立了这个新组织。第二个总部设在得克萨斯州中部德李县，1887年它已经开始在其他州开展组织工作，到1889年它被称为"统一联盟"，其主要组织者安德鲁·J.卡罗瑟斯是一位白人联盟成员。[2]

第三个源于1886年底白人浸礼会牧师R. M.汉弗莱在休斯顿县创建的有色农民联盟，是三者中力量最大、最为著名的黑人联盟。该组织很快扩散到得克萨斯州其他地区，不久便成立了一个得克萨斯州有色农民联盟，

1　"National Farmers Alliance Proceedings (Continued)," *Western Rural and American Stockman*, March 30, 1889, p. 201.

2　Robert C. McMath, Jr., *Populist Vanguard: A History of the Southern Farmers' Alliance*, Chapel Hill: The University of North Carolina Press, 1975, p. 44.

其宗旨与南方联盟非常相似，只是多了一条特别针对黑人农民的，即"协助其成员成为更熟练和有效率的工人，提升他们的普遍智力，提高他们的品格，保护他们的个人权利；为病残成员或其困难家属筹集资金；在所有够格成为该协会成员的有色人种中形成一种更紧密的联合"。会上汉弗莱被选为总干事，负责组织工作。与白人的联盟组织相比，有色农民联盟面临着更多的困难，正如汉弗莱所言："新组织没有钱，没有借贷，没有朋友，人们指望它改革和振兴一个由于长期忍受压迫和奴隶制而变得极其糊涂和无知的种族。"[1] 尽管如此，它还是很快蔓延到其他南方州。1888 年，一个全国性组织被组建起来。此时，得克萨斯州的白人农民正在通过联盟交易所进行大规模的购销活动，该计划也对刚刚成长起来的黑人组织产生了巨大吸引力，"如果白人生产者的最大利益可以通过合作社企业得到满足，对黑人来说也是如此"。[2] 以白人农民的达拉斯交易所为蓝本，黑人农民联盟在得克萨斯州的休斯顿、路易斯安那州的新奥尔良、亚拉巴马州的莫比尔、南卡罗来纳州的查尔斯顿和弗吉尼亚州的诺福克都成立了交易所。[3]

　　有色农民联盟与南方联盟之间存在着微妙的关系，它的领导者汉弗莱一直拥护后者，但是后者却并未挑明其态度。在 1888 年底的默里迪恩会议上，南方联盟还曾与农业轮会就黑人的成员资格进行了长达数小时的争论。会议最终确定了如下关系：一方面，"白人组织应积极禁止有色人种加入其

　　1 R. M. Humphrey, "History of the Colored Farmers' National Alliance and Co-operative Union," in N. A. Dunning, ed., *The Farmers' Alliance History and Agricultural Digest*, Washington, D. C.: Alliance Publishing Company, 1891, pp. 288–289.

　　2 Theodore Saloutos, *Farmers' Movement in the South, 1865–1933*, Berkeley: University of California Press, 1960, p. 94.

　　3 R. M. Humphrey, "History of the Colored Farmers' National Alliance and Co-operative Union," in N. A. Dunning, ed., *The Farmers' Alliance History and Agricultural Digest*, Washington, D. C.: Alliance Publishing Company, 1891, p. 290.

组织。有色人种积极禁止白人加入他们的组织"，换言之，两个联盟仍保持各自独立的组织身份；另一方面，建议将"合作社努力完全留给州组织"，即由州联盟来决定是否同意黑人成员在白人联盟的经济合作中享有一定的权益。[1] 此后，南方的黑人和白人农民便通过这两个独立的组织进行有限的跨种族联合行动。尚不能确定白人究竟在多大程度上控制着有色农民联盟的运行，但该组织的合作互助活动和计划很大程度上是南方联盟的复制品和追随者。尽管其领导层中也存在着大量的黑人，却不能以此断定黑人享有很大的独立性。毕竟从该组织后来修订的宗旨中便能清楚看到白人留下的种族主义印记：

> 提升美国的有色人种，教导他们热爱自己的国家和家园；更多地关心他们的无助、疾病和贫困；更认真地为他们自己及其子女的教育而努力，特别是在农业事务上；成为更好的农民和劳动者，在他们的生活方式上减少浪费；更服从民法；成为更好的公民，更真诚的夫妻。[2]

1889 年初，有色农民联盟创办了自己的机关报《全国联盟报》，不久又宣布将在与白人联盟相同的时间和地点召开例行会议。是年底，它的代表出席了圣路易斯会议，南方联盟、农民互惠协会、北方联盟等同类组织，都在会上向其表达了善意。当这些组织在 1890 年底商讨建立一个更大的生产者同盟时，这个黑人组织也被考虑在内。汉弗莱对这一举动寄予很大的期望，认为它"在未来的时代将被认为是种族冲突的葬礼，最终是种族偏见的葬礼。它的宣布使许多人的心中燃起新的希望，为人民的进步提供了

1　"National Alliance," *Southern Mercury*, January 3, 1889, p. 5.

2　Frank M. Drew, "The Present Farmers' Movement," *Political Science Quarterly*, vol. 6, no. 2 (June, 1891), p. 288.

新的动力，并将在愈合全国各地的地域和民族误解与偏见方面产生巨大的影响"。[1]

以肤色为界的南方联盟和有色农民联盟，是当时最大的两个农民组织，但是关于它们究竟有多少成员，却存在着许多不同的记载。从 1888 年起，有色农民联盟在南方各州迅速扩散，到 1889 年的圣路易斯年会前后，已经有 10 个南方州和 1 个印第安人领地成立了州级组织，据说成员总数达到了 50 万人。[2]1890 年 1 月底，在它与卡罗瑟斯所在的统一联盟合二为一时，汉弗莱宣称它已经有 100 万名成员，在 20 多个州从事商业活动，而此时距圣路易斯会议只有短短一个月的时间。[3]四个多月后，在参议院的农林业委员会的听证会上，汉弗莱再次宣称，有色农民联盟是"一个扩展到 30 个州、拥有 100 多万成员的组织"。[4]是年 12 月初的奥卡拉年会上，在被问及成员人数时，汉弗莱回答道，"我们现在有 120 万人……在 31 个州组织起来，我们的大部分成员在南大西洋和海湾各州"。[5]在此后不久的另一份成员人数分析中，汉弗莱称它"在 20 多个州中存在着规模或大或小的组织。成员总数接近 120 万，其中有 30 万是女性，15 万是 21 岁以下的男性，其余 75 万为成年男性"。[6]而在差不多同一时期，该组织的一位黑人主席 J. S. 杰克逊声称，它在 12 个州代表了 200 万名黑人农民。[7]有色农民联盟内部官员关于该组织

---

1 R. M. Humphrey, "History of the Colored Farmers' National Alliance and Co-operative Union," in N. A. Dunning, ed., *The Farmers' Alliance History and Agricultural Digest*, Washington, D. C.: Alliance Publishing Company, 1891, p. 290.

2 "Colored Farmers' Alliance," *National Economist*, December 14, 1889, pp. 200–201.

3 "The Reform Press," *National Economist*, January 25, 1890, p. 292.

4 "Indorsed by the Colored Alliance," *National Economist*, June 7, 1890, p. 186.

5 "The Colored Alliance," *Progressive Farmer*, December 23, 1890, p. 1.

6 R. M. Humphrey, "History of the Colored Farmers' National Alliance and Co-operative Union," in N. A. Dunning, ed., *The Farmers' Alliance History and Agricultural Digest*, Washington, D. C.: Alliance Publishing Company, 1891, p. 290.

7 Gerald H. Gaither, *Blacks and the Populist Revolt: Ballots and Bigotry in the "New South"*, Tuscaloosa: University of Alabama Press, 1977, pp. 11–12.

成员人数的莫衷一是，表明他们在一定程度上夸大了联盟组织的成员数量，这样的情况同样也存在于白人农民联盟中。根据 1890 年 7 月的一份联盟官方统计，该组织在 22 个州和 1 个领地的成员总数为 126.95 万人（南方各州的具体情况详见图 1）。《阿普尔顿年度百科全书》指出，在这份数据汇编之后的一段时间，"该组织在几乎所有的州都有很大的增长，而联盟声称其拥有 300 万成员的说法也许是正确的"。[1]

两个农民联盟对其组织成员的夸大，并不意味着他们的力量不够强大，后世学者的计量分析充分表明了这一点。迈克尔·施瓦茨通过建模分析推理出，在顶峰时期（1890 年）南方联盟的成员人数大约为：最低估计 75 万，最高估计 96.4 万，最佳估计 85.7 万。这一数据仅仅代表了经常出席联盟会议的人数，而不是基于缴纳会费（可能会更少）或支持联盟主张与活动（可能会更多）的人数。[2]杰拉尔德·盖瑟的研究指出，虽然历史学者对有色农民联盟的成员人数评估大多在 80 万~100 万之间，但一手和二手的资料表明其成员数量在其顶峰时期（1890 年）很可能达到了 100 万左右。[3]1890 年底，汉弗莱仍称有色农民联盟拥有 120 万名成员，并给出了他们在南方各州的分布情况（如图 1 所示）。[4]奥马尔·阿里认为这"很可能是根据每个州的黑人农场主、分成农和农业工人的数量而非该组织实际缴纳会费的成员人数计算出来的"。[5]

1　*Appleton's Annual Cyclopedia and Register of Important Events of the Year 1890*, New York: D. Appleton and Company, 1891, p. 301.

2　Michael H. Schwartz, "An Estimate of the Size of the Southern Farmers' Alliance 1884–1890," *Agricultural History*, vol. 51, no. 4 (October, 1977), pp. 759–769.

3　Gerald H. Gaither, *Blacks and the Populist Revolt: Ballots and Bigotry in the "New South"*, Tuscaloosa: University of Alabama Press, 1977, p. 13.

4　"The Colored Alliance," *Progressive Farmer*, December 23, 1890, p. 1.

5　Omar H. Ali, *In the Lion's Mouth: Black Populism in the New South, 1886–1900*, Jackson: University Press of Mississippi, 2010, p. 49.

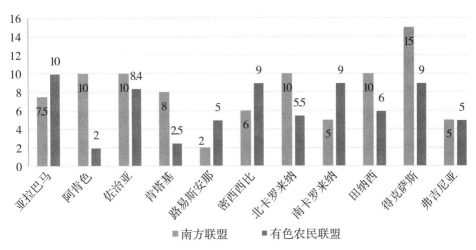

图 1　1890 年两个联盟在南方各州的成员分布情况（万人）

资料来源："The Colored Alliance," *Progressive Farmer*, December 23, 1890, p. 1; *Appleton's Annual Cyclopedia and Register of Important Events of the Year 1890*, New York: D. Appleton and Company, 1891, p. 301.

（四）农业生产者逐渐走向联合

把所有农民甚至是生产者都整合到一支力量更强大的改革队伍中，是当时整个抗议运动合乎逻辑的发展趋势。农业生产者的联合主要依托于南方联盟的不断壮大，通过先后与路易斯安那农民联合会、全国农业轮会的合并，它已经将棉花地带的农民团结到一个单一的互助组织中。此后，为实现与当时西北部主要的农民组织进行联合，南方联盟又做出了一系列努力，这股农民联合热潮也在 1889 年底的圣路易斯会议上达到顶峰。虽然这些合并尝试大都以失败而告终了，但各改革组织在这次大会上的交流与协商，却为生产者阶级在后来的改革中采取一致行动奠定了基础。

1886 年的克利本分裂危机发生后，接管得克萨斯州联盟事务的查尔斯·马库恩，把与其他农业组织的联合视为化解危机、拯救联盟的合适议题。根据他后来的回忆，他一上台就给北方联盟写信咨询其起源、历史、方式和目的。但经过充分调查之后，他认为这两个组织在当时不适合联合，理由有以下三点：其一，北方联盟是一个开放和松散的组织，不收取任何会费，对申请资格缺乏足够的审查；其二，北方联盟接受有色农民入会；其三，北方联盟认为在农场长大的人就是农民，不管他当前从事什么职业。[1] 正当马库恩一筹莫展之时，他发现了路易斯安那农民联合会的泰特斯写给前任联盟主席的信。他立即给泰特斯回信，表达了合作的意向。泰特斯随后邀请马库恩派遣代表参加农民联合会的会议，商讨联合的基础。埃文·琼斯受命代表联盟与泰特斯进行会晤，双方相互介绍了各自组织的性质和发展情况，发现两个组织的目标、宗旨和成员资格都很相似。农民联合会随后选举泰特斯为代表，出席得克萨斯州联盟即将召开的韦科会议，全权负责合并事宜。[2] 1887 年 1 月中下旬，韦科会议如期举行。会上农民联盟与农民联合会通过合并组建了一个全国性组织，命名为"全国农民联盟与合作联合会"，由马库恩和泰特斯分别出任主席和第一副主席；在沿用得克萨斯州联盟"目的宣言"的基础上通过了新章程；并决定在什里夫波特召开下次年会，欢迎所有的劳动者组织派遣代表出席。[3]

韦科会议上两支农民力量的成功合并，为同类农业组织的联合树立了一个榜样，激发了相关的讨论和思考。例如，一位观察者就曾倡议，为了加速把每个农民都纳入到联盟羽翼的保护之下，有必要吸收南方现存的各种组织，将其团结到一个组织的领导下联合行动。因为成立分会需要一段时间，在一些地区甚至是不可能的，那么为何不（至少是暂时地）利用这些现存的组织呢？联盟的"目的宣言"公平、正义、可敬，无关党派与政治，许多组

---

1 *Proceedings of the Annual Session of the Farmers and Laborers Union of America, 1889*, held at St. Louis, Missouri, Washington, D. C.: The National Economist Print, 1890, p. 19.

2 William Ivy Hair, *Bourbonism and Agrarian Protest: Louisiana Politics, 1877–1900*, Baton Rouge: Louisiana State University Press, 1969, pp. 142–151.

3 N. A. Dunning, ed., *The Farmers' Alliance History and Agricultural Digest*, Washington, D. C.: Alliance Publishing Company, 1891, pp. 56–62.

织会乐意通过采纳联盟的章程准则进行重组；而对那些想要保持其地方特色的组织，为了确保它们在所有重要议题上的合作，必须做出一些让步，可以安排它们在所有具有全国重要性的问题上派出代表与南方联盟一起工作，听从来自后者的指示。因此他认为："不存在任何反对的理由，每个农民和农民俱乐部都可以签署这份'原则宣言'。"他还建议任命一个协商委员会，负责访问各个农业学会，争取它们在即将进行的重大改革中给予合作与援助，并在可行的情况下，将它们团结在联盟的旗帜下。[1]这些观察和思考反映了美国农民在一个不公平的经济秩序中探索出路时的基本思路，即通过组织和联合把分散的抗议力量整合成最有效的集体行动。

1887年10月，南方联盟在什里夫波特开会。会议向国会提出了一份包含18项内容的新诉求，其中有10项源自"克利本诉求"，新增的8项涉及公共通信、关税、移民等问题，吸收了征收累进所得税、实行参议员直选等当时盛行的改革主张，进一步为后来的平民党政纲奠定了基础。会议还启动了南方联盟与全国农业轮会的合并议程，宗旨原则、组织方式和分布区域的相似性，最终把这两个组织引向了合并之路。南方联盟在韦科会议上发出的号召得到了全国轮会的回应，后者派代表出席了什里夫波特会议。会上决定由双方共同制定一份合并计划，同意把接受联盟的秘密工作和章程作为两个组织联合的基础之一，接受这一点的各州如果愿意的话可以保留现有的名称。[2]1887年11月，南方联盟的代表出席了全国轮会的麦肯齐年会，在会上介绍了获得双方一致同意的合并计划。为了实现合并，会议决定将轮会的下次年会安排在与联盟相同的时间和地点举行。[3]

1　"A Voice from Mississippi," *Dallas Mercury*, March 18, 1887, p. 4.

2　*Proceedings of the National Farmer's Alliance and Co-operative Union of America*, Regular Session at Shreveport, Louisiana, October 12–14, 1887, Mercury Print.

3　N. A. Dunning, ed., *The Farmers' Alliance History and Agricultural Digest*, Washington, D. C.: Alliance Publishing Company, 1891, pp. 202–215.

1888 年 12 月 5 日，南方最大的两个农民组织在密西西比州的默里迪恩市召开联席会议，公布了关于组织合并的安排。会议决定把合并后的组织命名为"美国农民与劳动者联合会"，选举埃文·琼斯和艾萨克·麦克拉肯分别担任主席和副主席，采纳一份与南方联盟相似的新章程细则。由于当时南方联盟已经发展出一个拥有 12 个州联盟、800 个县联盟、1 万个支部、40 万名成员的庞大组织网络，全国轮会也达到了类似的组织规模，会议将两个组织的合并过程安排如下：在一年的时间里把合并决议和新组织的章程提交给各州级组织批准，获得两个全国性组织 3/4 的多数成员批准后，再由各自的主席发布批准声明，最后由新组织的主席宣布合并生效。在此期间，所有组织的官员继续承担现有职务，南方联盟的章程细则不得有任何变动。如果合并按计划获得了批准，新组织的下一次大会将于 1889 年底在圣路易斯举行。[1] 按照上述计划，合并与组织工作在 1889 年春夏取得了快速进展，密苏里、田纳西和肯塔基等州在 8 月份就已经完成了州级层面的合并。9 月 24 日，马库恩、麦克拉肯和琼斯三位主席联合发布了公开声明，宣布新章程已经获得两个组织多数成员的批准，联盟和轮会的合并将从 1889 年 10 月 1 日起生效。[2]

韦科会议之后，南方联盟认为没必要浪费一年的时间要求北方联盟改变其组织方式以实现它们之间的联合，也不应该进入西部地区争夺北方联盟的地盘，所以它主要致力于在棉花地带建立自己的地盘。然而，两个组织也没有完全放弃联合的可能，例如，马库恩在什里夫波特会议上任命了一个专门的委员会，负责与北方联盟接洽，希望"根据那些符合我们章程的指示，快速实现农民阶级整个利益的联合"。[3] 乔治在北方联盟 1887 年会议的秘书长

1 "The National Farmers' Alliance and Co-operative Union of America," *National Economist*, March 14, 1889, pp. 3-4.

2 N. A. Dunning, ed., *The Farmers' Alliance History and Agricultural Digest*, Washington, D. C.: Alliance Publishing Company, 1891, pp. 93-95.

3 *Proceedings of the National Farmer's Alliance and Co-operative Union of America*, Regular Session at Shreveport, Louisiana, October 12-14, 1887, Mercury Print, p. 13.

述职报告中，也曾传达出合作的意向，他认为"这两个组织之间存在着最诚挚的感情……只要我们的目的是实现建立一种人与人、阶级与阶级之间普遍的正义状态这一共同目标，我们组织方式如何并不重要"。[1]

此后，两个组织的领导层就联合问题进行了多次沟通。1888 年 2 月，南方联盟应邀派代表出席北方联盟的得梅因会议，双方在会上表示支持联合，北方联盟还任命了一个委员会参加南方联盟的默里迪恩会议，但后来未能出席。1889 年初，南方联盟的代表又参加了北方联盟的得梅因年会，介绍了联盟与轮会的合并安排，北方联盟决定与南方联盟一起在圣路易斯召开下一次年会，将南北联合问题提交给各州级联盟决定。[2]同年 9 月，北方联盟主席杰伊·伯罗斯发布了一份公告，表明自己支持联合并将采取一切积极的官方行动推动联合，同时要求其成员认真考虑整个问题，选出合适的代表参加圣路易斯会议。他在公告中满怀期待地说：

> 来自这么多州和领地的普通农民为了协商与联合行动被召集在一起，这在美国历史上还是第一次。来自寒冷北方和炎热南方的强壮且敏锐的人们，来自东部和西部的人们，来自大内河流域的人们，都将齐聚圣路易斯进行兄弟般的友好交流……是由人还是金钱来统治这个国家——是维持共和国还是建立金钱寡头政治，还有待决定。在圣路易斯的一次会议将成为解决这一问题所迈出的一大步。[3]

与此同时，南方联盟也与农民互惠协会取得了联系。1888 年，南方联

---

1 *Proceedings of the National Farmers' Alliance at Its 7th Annual Meeting*, held at Minneapolis, October 4, 1887, Beatrice, Neb.: Express Publishing Company, Printers, p. 2.

2 此次会议的会议记录后来连载于《西部乡村报》上，详见 *Western Rural and American Stockman*, February 16- April 13, 1889.

3 "From the Northwest," *National Economist*, October 19, 1889, pp. 72–73.

盟在与轮会商讨合并事宜时，也向农民互惠协会递出了橄榄枝。后者的领导层对此的意见分成两派，一派以弗雷德·布拉德为代表，热情回应联合的倡议；另一派以约翰·斯特尔为首，表现出更大的谨慎。双方经过长期讨论，最终决定派代表出席默里迪恩会议，但最终选择的却是 T. D. 欣克利而非布拉德。不过，布拉德以个人身份出席了会议，并参与起草了一份合并方案。由于斯特尔一派的阻挠，这项安排始终未能获得批准，也很少出现在互惠协会的机关报上。[1]欣克利在互惠协会 1889 的年会上汇报了联盟与轮会合并的情况，并建议采纳南方联盟的章程。随后，组织成员自愿组成了一个五人委员会，向大会提交了一份支持合并建议的报告；另有成员提出了一个替代方案，主张将合并推迟到下一次年会；其他成员对合并提出了反对意见，认为合并会使该组织丧失其所属的财产和存在的合法性，获取新的许可证、印刷品等也会花费巨大。会议最后通过一项决议，并委派一个五人委员会带着这份决议到圣路易斯会议上寻求合作。[2]

（五）1889 年的圣路易斯大会

1889 年 12 月 3 日，圣路易斯会议如期举行，参会的代表分别来自 27 个州，共 400 多人，其中有一半以上是南方联盟的代表。关于此次会议，南方联盟的计划远不只是实现南北两个联盟之间的合并这么简单，它还试图在南方和西部的所有农民力量乃至更大范围的生产者阶级之间建立同盟。除了北方联盟的 70 多名代表外，农民互惠协会、有色农民联盟和劳动骑士团的领袖或代表都出席了此次会议。在会议召开之前的几个月，南方联盟的机关报已经进行了充分动员，并断言这次会议"毫无疑问会促使全体产业人口在维护其不可剥夺的权利、建立公正和平等以及净化政治体制和方

1　Roy V. Scott, *The Agrarian Movement in Illinois 1880–1896*, Urbana: The University of Illinois Press, 1962, p. 52.

2　"Corrected and Explained," *National Economist*, January 4, 1890, p. 242.

法等方面努力采取协调行动，并且可能标志着美国历史上一个非常重要的时代"。[1]

会上南北两个联盟组成了一个十人联合委员会，负责提出确保有效合作的计划。它们在合作方式上存在一定的分歧：北方联盟想要把各农业与产业组织组成一个松散的联合体，建议为之准备一些条款；南方联盟则希望通过两个联盟的合并实现有机联合，要求为之准备一份章程。针对北方代表的提议，南方联盟直接回应道，"本机构不会审议并且会恭敬地谢绝联合体这一议题"。针对南方代表准备的新章程，北方联盟则提出了如下建议：第一，把组织名称更改为"全国农民联盟与产业联合会"；第二，删去成员资格限制中的"白人"一词；第三，由各州自由选择是否接受秘密工作。南方联盟接受了前两条，对第三条则不予批准，但提出一个替代方案，即允许还没有准备好立即接受秘密工作的州再准备一年。这一让步并没有得到北方代表的认可，他们以艾奥瓦和明尼苏达的代表没有获得关于联合问题的指示为由，拒绝了南方联盟的合并提议。同时，他们还建议两个组织作为独立的机构进一步完善各自的组织方式，通过联席会议商讨建立一个新组织的计划。对此，南方联盟已经失去了耐心，激烈地回应道"本机构已经通过采纳新章程、选举新官员完善了其组织方式，并宣布已经准备好用各种方式为农民的利益而战"，它欢迎来自北方联盟的"加入和帮助，但鉴于缺乏时间谨此谢绝加入提议中的新联合体"。次日，南方联盟告知北方代表，它将坚定地支持前一天的决定。至此，两个联盟在全国层面的联合努力以失败而告终。[2]

组织工作是否应该秘密进行，是两个联盟在圣路易斯会议上的争论焦点，组织方式其实关乎能否对整个联盟网络进行有效的管理。按照马库恩的说法，南方联盟的管理所依靠的是成文法和不成文法两套相辅相成的体系，

---

1 "The St. Louis Meeting," *National Economist*, November 16, 1889, p. 129.

2 *Proceedings of the Annual Session of the Farmers and Laborers Union of America, 1889*, held at St. Louis, Missouri, Washington, D. C.: The National Economist Print, 1890, pp. 37–39, 52–53, 57.

成文法包括许可证、各级组织的章程细则和立法法令等，不成文法就是秘密工作，前者是一种民主的管理形式，后者是一种类似于有限君主制的管理形式。[1]正是由于这样高度集中的管理体系，南方联盟才会成为一个自上而下、令行禁止的高效组织。反观北方联盟在此方面则颇为逊色，不但全国性组织不能有效地约束下级组织，而且各州联盟还拥有极大的自主权。

　　当然，两个联盟未能实现有机联合并不仅仅是由于组织方式上的分歧，更是因为双方存在着诸多难以轻易化解的差异。其一，两个组织的成员在实际利益方面存在分歧。虽然他们可能会联合起来反抗土地、金融和交通运输这三大垄断力量，但就纯粹的市场关系而言他们却通常分立于生产者与消费者这两个利益对立的阵营，因为其生活资料彼此来源于由对方生产的原材料。其二，两个组织所关注的改革重点也有所不同。对北方联盟来说，公共土地的消失和铁路公司的只手遮天是心腹大患，而南方联盟则更关心信贷资金问题，即使两个组织实现了有机的合并，恐怕也难以在工作重心上达成一致。其三，两个组织对政治行动的态度不同。北方联盟是作为一个政治行动组织而建立的，它的反垄断活动主要集中在经济立法和政治行动上；而南方联盟一直坚持以无党派精神行事的原则，原本允许政治讨论的轮会在与联盟合并之后也采纳了无党派的立场。其四，从内战中延续下来的地域主义自然也阻碍了两个组织的联合，它们的成员还需要更多的时间和努力才能彻底地"埋葬血衬衫"。[2]

---

1 *Proceedings of the Annual Session of the Farmers and Laborers Union of America, 1889*, held at St. Louis, Missouri, Washington, D. C.: The National Economist Print, 1890, pp. 25–27.

2 关于两个组织的诸多差异，详见 "Annual Address by President C. W. Macune, of the F. A. and C. U. of A.," *National Economist*, December 14, 1889, pp. 196–197; N. B. Ashby, *The Riddle of the Sphinx*, Chicago: Mercantile Publishing and Advertising Co., 1892, pp. 417–419; Herman Clarence Nixon, "The Cleavage within the Farmers' Alliance Movement," *The Mississippi Valley Historical Review*, vol. 15, no. 1 (June, 1928), pp. 22–33; John D. Hicks, *The Populist Revolt: A History of the Farmers' Alliance and the People's Party*, Minneapolis: University of Minnesota Press, 1931, pp. 121–124; Theodore Saloutos, *Farmers' Movement in the South, 1865–1933*, Berkeley: University of California Press, 1960, p. 82.

虽然南方联盟与西部的农民组织未能实现合并，但它在整合两个地区的农民力量方面却并非一无所获。一方面，面对两个联盟合并失败的现实，南达科他和北达科他两个州联盟决定脱离北方联盟加入南方联盟的大家庭，南北两个联盟在堪萨斯州的分支也自行决定实现州级合并。[1]另一方面，农民互惠协会内部亲南方联盟的一派，对其领导层拒绝合并安排深感失望，他们在布拉德和欣克利等人的带领下，脱离原组织加入了南方联盟，伊利诺伊州的南方联盟分支就是这样建立起来的。[2]

南方联盟在圣路易斯会议上的另一大收获，是与主导着19世纪80年代美国工人运动的劳动骑士团正式结成了改革同盟。劳动骑士团1869年起源于费城，是一个没有种族和性别限制的工会组织。这个基于秘密活动、合作社和教育三项原则之上的劳工组织，在组织工作上与南方联盟很相似。两个组织之间不仅有着强烈的共鸣而且共有一部分成员，它们的领导层也长期保持着通信。南方联盟的代表曾在劳动骑士团1889年的年会上，邀请其决策层参加不久之后的圣路易斯会议，并表示"我们没有理由不走到一起"。[3]劳动骑士团对此做出了积极回应，派其主要领导者出席了会议，并与南方联盟的决策层组成一个联合立法委员会，向国会提出了著名的"圣路易斯纲领"。这份文件将南方联盟之前的18项诉求压缩到8项，保留了废除全国性银行体系、自由铸银、阻止部分产品的期货交易、控制外国人和铁路等大公司的土地所有权、政府管理通信和交通系统等主张，集中体现了生产者阶级在金融、土地和交通运输方面的改革诉求，是后来各种劳动者组织进一步联合的一个重要基础。[4]

---

1 *National Economist*, December 14- December 21, 1889, January 4, 1890.

2 Roy V. Scott, *The Agrarian Movement in Illinois 1880–1896*, Urbana: The University of Illinois Press, 1962, pp. 53–54.

3 *Proceedings of the 13th Regular Session of the General Assembly of the Knights of Labor of America*, held at Atlanta, Georgia, 1889, p. 92.

4 *Proceedings of the Annual Session of the Farmers and Laborers Union of America, 1889*, held at St. Louis, Missouri, Washington, D. C.: The National Economist Print, 1890, pp. 50–52.

　　圣路易斯会议被视为美国"宣布独立以来最重要的会议",它试图在当时主要的农民组织之间建立一个产业同盟,进一步整合北方农民、南方黑人和城市工人的改革力量。虽然农民期待已久的南北两个全国性联盟的合并未能实现,但对圣路易斯会议的推动者南方联盟来说,它仍然是一次巨大的成功。这次会议"不仅在产粮的北方各州与植棉的南方各州之间实现了有效合并,而且还与劳动骑士团达成了一项安全、保守和有效的结盟计划,从而使该组织成为当今世界最强大的组织"。[1]

　　这次会议使南方联盟意识到,整合北方乃至全国农民改革力量的正确方向是在地方层面收编而非在全国层面兼并。1889 年前后,南方联盟组织工作的重心逐渐向北方和西部两个地区转移。东北部各州是继棉花地带之后组织扩张最迅速的地区,到 1891 年,马里兰、宾夕法尼亚、纽约和特拉华等州都组建了州级联盟。稍晚一些,组织者又沿着向西、向北两个方向把联盟运动推进到大湖区各州,1890 年前后,乳牧带的每个州都组织了联盟支部,印第安纳、密歇根、俄亥俄和伊利诺伊等州都成立了州联盟。在中西北部地区,南方联盟通过吸纳与合并,成功收编了北方联盟的一些分支,使后者的力量进一步受到削弱。1890 年之后,其组织工作又逐步向大平原、落基山脉和太平洋沿岸推进。[2] 正如一位成员所感慨的:"其影响已经扩散并渗透到整个大陆,从大西洋到太平洋,从冰封千里的北部湖泊到花开溪畔、阳光明媚的热带水域。"[3]

---

　　1 "The National Meeting," *National Economist*, December 21, 1889, p. 209.

　　2 关于南方联盟在各州的发展情况,详见 N. A. Dunning, ed., *The Farmers' Alliance History and Agricultural Digest*, Washington, D. C.: Alliance Publishing Company, 1891, pp. 237–248; F. G. Blood, *Handbook and History of the Farmer's Alliance and Industrial Union*, Washington, D. C., 1893, pp. 45–58; W. Scott Morgan, *History of the Wheel and Alliance, and the Impending Revolution*, St. Louis: C. B. Woodward Company, 1891, pp. 111–134.

　　3 Symmes M. Jelley, *The Voice of Labor*, Chicago: Royal Publishing House, 1891, p. 382.

＊＊＊＊＊＊

19 世纪后期形形色色的农民协会，是这一时期不断高涨的农民抗议和改革运动最初的组织依托。格兰其作为第一个影响遍及全国的农民组织，在组织结构、仪式章程、社交活动、农业教育、经济合作和政治立场等方面的创新和探索，为其后的农民协会树立了一个蓝本。全国格兰其在 1874 年公布的"目的宣言"，是"镀金时代"农业生产者抗议诉求的彰显和改革主张的先声，其原则或多或少地被后来的农业组织所吸收，有些条款甚至被原封不动地纳入它们的纲领。在格兰其的组织基础上发展起来的农民联盟主导了 19 世纪 80 年代的农民运动，尤其是其中规模最大的南方联盟，一直在尝试联合全国各地正在从孤立分散走向团结互助的诸多农民力量。农民之间的联合尝试在 1889 年的圣路易斯会议上达到顶峰，其主要推动者南方联盟在通过横向扩展整合更多农民抗议力量的同时，也在纵向维度上逐渐从组织合作滑向了政治联合，这就为 19 世纪 90 年代上半叶的平民党政治准备了条件。

第五章
农民政治与平民党运动

内战后，美国政治的一个显著特点是民主党与共和党主导了全国性政治，而这两个主要政党又基本上由党内的保守派所控制。他们的利益与那些造成过去党派分裂的种族、地域冲突紧密相连，因此他们竭力将政治争论维持在这些旧议题上，尽可能地把普通民众的注意力从那些可能会破坏党派忠诚的新议题上转移走。随着工业资本主义的强势崛起，无论是南方或北方，还是在共和党或民主党之间，美国的政党制度都由工商业资本家有效地控制着。受到他们限制和盘剥的生产者阶级，在 19 世纪后期通过组建第三党提出新议题和改革诉求。虽然在平民主义爆发之前，两大政党的大多数选民在其党派忠诚上基本未受到工业化社会和经济变革的影响，[1] 但农业生产者的第三党行动从 19 世纪 70 年代起就已经对两党发出了越来越大的挑战。这波政治反叛浪潮，从七八十年代的反垄断政党发端，经由 80 年代的绿背党和农民联盟政治，在 90 年代的平民党运动中达到高潮。由工业资本主义扩张所引起的产业、地域发展不平衡和社会不公等新议题，通过这些连绵不断的政治抗议得以最终进入公众视野和政治舞台。

---

1 Lawrence Goodwyn, *Democratic Promise: The Populist Moment in America*, New York: Oxford University Press, 1976, pp. 9–10.

一、19 世纪七八十年代的农民政党

提到 19 世纪后期的农民抗争，许多人首先想到的都是平民党运动。其实在 19 世纪 90 年代之前的二十年间，全国各地尤其是中西部地区出现了不少代表农民利益的新政党。从 70 年代中期在西部 11 州活跃的各种以管制铁路为主要纲领的反垄断政党，到长达十多年的以货币改革为主要诉求的绿背党运动，再到 80 年代后期开始兴起的农民与劳工在独立政治中的联合行动，农民激进一翼的第三党行动一直未曾断绝。通过这些活跃于地方政治和全国性选举舞台上的独立行动，农民群体的困境及其改革诉求开始受到更多的关注。他们利用各种第三党组织进行的抗争，成为 90 年代异军突起的平民党运动的先声。

（一）早期的反垄断政党

从 1873 年到 1876 年，在中西部、西部的各州发生了一场以农民选民为主力的第三党运动，这些州包括印第安纳州、伊利诺伊州、密歇根州、威斯康星州、明尼苏达州、艾奥瓦州、密苏里州、堪萨斯州、内布拉斯加州、加利福尼亚州和俄勒冈州。不同的州对这种第三党有不同的称呼，包括反垄断党、改革党、独立党、独立改革党、国民改革党和人民独立党等。它们的纲领谴责政党政府的腐败和垄断力量的"暴政"，要求管制铁路公司、减少税收、节约公共开支、修订关税法、改革公务员制度，等等。农民通过这些第三党开展政治活动，要么与当地的少数党（一般都是民主党）合作，要么独自提名候选人，在地方和州县的竞选活动中取得了一些胜利，不仅冲击了共和党的主导地位，也为 19 世纪八九十年代的农民政治奠定了基础。

以铁路管制为主要纲领的第三党运动在伊利诺伊州首次抬头，基本上是由该州的农民协会组织推动的。1873 年初，州最高法院宣布 1871 年的一项"格兰其法"违宪，这一举动刺激了该州农民进入选举政治。这年 4 月，州农民协会在斯普林菲尔德召集会议，通过了一系列有关铁路立法和即将组建一个新政党的决议。农民们抗议的直接结果是促使立法机关在这年 5 月通过了一项更加激进和有效的铁路管制法。在 6 月的法官选举中，农民的独立政治取得了很大的胜利。在巡回法院的八九个空缺中，几乎每个选区都选出了农民提名或支持的候选人，就连年初否决"格兰其法"的首席大法官劳伦斯也被支持管制铁路的艾尔弗雷德·M. 克雷格所取代。[1]

这些胜利鼓舞了该州农民更加积极地投身于这年秋季的县政府官员选举，首先行动起来的是利文斯顿县的一群农民。早在 5 月底，该县的农民协会就已经召集各乡镇的成员为提名县官员的候选人做准备。他们发表了一份"原则宣言"，其中的纲领提出了管制铁路公司和对税收、货币制度、公务员制度等进行改革的主张。这些行动得到州农民协会的认可，它还敦促地方协会把独立日作为一个动员契机，在各地召开农民大会，制定、宣读"农民的独立宣言"。在 7 月 4 日，伊利诺伊和邻州的许多地方的农民聚集到附近的市镇参加庆祝活动，政治集会与格兰其的野餐、丰收节结合在一起，激起了农民们的无限热情。最终的选举结果是，在全州的 102 个县中，有 66 个县出现了新政党的提名，它们的候选人在其中 53 个县成功当选，获得了 176263 张选票中的 94188 张。[2]

在邻近的艾奥瓦州、明尼苏达州和威斯康星州，1873 年的州选举中也出现了类似的情况。8 月中旬，艾奥瓦州的反垄断党召开大会，通过的纲领

1　Frederick Emory Haynes, *Third Party Movements Since the Civil War*, Iowa City: The State Historical Society of Iowa, 1916, pp. 53–54.

2　Solon Buck, *The Granger Movement: A Study of Agricultural Organization and Its Political, Economic and Social Manifestations, 1870–1880*, Cambridge: Harvard University Press, 1913, pp. 85–88.

中要求"摧毁银行业垄断"、禁止再向铁路公司授地、降低关税和公职人员的工资等。民主党决定支持第三党的候选人，与少数党融合的结果是，共和党的多数票优势从 6 万张减少到 2.2 万张；州参议院由 34 名共和党人和 16 名融合派组成，而在下院双方势均力敌；在总计 187721 张选票中，反垄断党与民主党的融合力量获得了 82578 张，州长和大多数州议员都是格兰其成员。9 月初，明尼苏达州的反垄断党大会在奥瓦托马举行，通过的纲领包含了近 20 条改革倡议。通过与民主党的融合，第三党提名的候选人当选为州务卿和财政主管，共和党的多数票优势减少了 1 万多张，在下院中的优势席位也减少到只有 2 个，许多当选的共和党人也是支持铁路管制的格兰其成员。威斯康星州的改革党大会于 9 月下旬在密尔沃基举行，比它晚一天召开的民主党大会决定与之一起采用一个联合纲领。出人意料的结果是，试图连选连任的共和党州长候选人虽建议立法管理铁路，却输给了改革党提名的州长竞选者；融合派凭借 20 多个优势席位控制了州众议院，而共和党在州参议院仅保有 1 个多数席位。[1]

在内布拉斯加州和堪萨斯州，1873 年没有州选举，但农民在一些县提名的候选人成功地影响了地方选举。例如，在堪萨斯州，第三党人的当选使得共和党在众议院的多数席位降低至大约 20 个，作为农民和独立党人的前州长詹姆斯·M.哈维当选为国会参议员。在加州，铁路公司控制了两个旧党，人民与垄断企业的斗争已经持续了几年。在州长牛顿·布思和前参议员尤金·卡瑟利的领导下，该州的第三党吸引了许多共和党人的归附。结果是第三党人选出了 41 名立法机构成员，而共和党人和民主党人则分别为 37 名和 42 名；同时，布思和反对铁路的民主党人约翰·S.黑格也当选为国会参

1　Carl C. Taylor, *The Farmers' Movement, 1620–1920*, New York: American Book Co., 1953, pp. 176–180; Solon Buck, *The Granger Movement: A Study of Agricultural Organization and Its Political, Economic and Social Manifestations, 1870–1880*, Cambridge: Harvard University Press, 1913, pp. 89–92.

议员。[1] 俄亥俄州和印第安纳州也有一些独立的政治活动，但直到次年才组建新政党。

《纽约国家报》对 1873 年中西部独立政治运动的总结是"彻底失败了"，《芝加哥每日论坛报》为此刊发了一篇回应文章，称这并不是西部的主流观点。这场第三党运动在其发源地取得了很大的进步，"作为一个单独的组织，它们非但没有消亡，反而比以往任何时候都更迅速地摆脱了对旧党的效忠，并宣布自己独立于旧政党"。[2] 格兰特总统在国会中的第五次年度讲话也认同了这一观点，他说："在全国的大繁荣中发生了一场带来了巨大财富损失的金融危机，政治党派性几乎已不复存在，特别是在农业地区。"[3]

1874 年，这些中西部州的第三党运动继续进行。在伊利诺伊州，上一年非常成功的地方选举迅速发展为一个州政党——独立改革党。在 6 月上旬的斯普林菲尔德大会上，该党提名了州财务主管和督学的候选人，将州农民协会的决议作为竞选纲领。在 8 月召开的州民主党大会采纳了与第三党一致的议题和督学候选人，但提名了自己的财务主管候选人。在随后的选举中，融合派的候选人以 3 万多张的选票优势当选为督学，共和党候选人以 3.5 万张的选票优势当选为财务主管。国会代表团的选举结果如下：19 个选区中分别有 7 个共和党人、8 个民主党人和 3 个独立改革党人当选，还有 1 个属于第三党与共和党的融合派。在州议会中，共和党失去了多数优势，而新政党以 3 名参议员和 27 名众议员的票数在两个旧党之间取得平衡。[4]

在邻近的威斯康星州、艾奥瓦州和明尼苏达州，共和党人在州议会两

1　Frederick Emory Haynes, *Third Party Movements Since the Civil War*, Iowa City: The State Historical Society of Iowa, 1916, pp. 56-57.

2　"The Farmers' Movement," *Chicago Daily Tribune*, January 26, 1874, p. 4.

3　*A Compilation of the Message and Papers of the Presidents*, Vol. IX, New York: Bureau of National Literature, Inc., 1897, p. 4189.

4　Solon Buck, *The Granger Movement: A Study of Agricultural Organization and Its Political, Economic and Social Manifestations, 1870-1880*, Cambridge: Harvard University Press, 1913, pp. 94-96.

院中都压倒了反对力量。结果就是明尼苏达州废除了一年前颁布的"格兰其法",但威斯康星州和艾奥瓦州的共和党人中有足够强大的反对铁路的力量阻止了"格兰其法"的废除。在威斯康星州,国会代表团由5名共和党人和3名改革党人组成,州议会中分别有15名参议员和35名众议员是改革党人。在堪萨斯州,独立改革党人在8月的托皮卡提名大会上,通过了与其他州类似的第三党纲领。最后,共和党人以1.3万张的选票优势获胜,改革党在州立法机构选出了9名参议员和12名众议员。在内布拉斯加州,独立党在9月的林肯大会上提名了州长、财政主管和国会议员的候选人,由于其纲领中的部分条款被共和党人和民主党人所吸收,该党在州选举中的影响较小。[1]

此外,中西部和西部的其他州也加入了这场反垄断的政治运动。在中西部,印第安纳、密歇根和密苏里等州都组建了新政党。印第安纳州的第三党人在这年6月的印第安纳波利斯会议上成立了独立党,为州选举提名了候选人,并通过了一个以货币改革为主要诉求的纲领,要求以法定货币支付政府债务,并发行可兑换政府债券的绿背纸币。但这次大会上的提名遭到两位候选人的拒绝,独立党人在8月又举行了填补候选人空缺的提名大会。最终,竞选州公职的民主党候选人获胜,民主党也控制了众议院,但独立党选出了5名参议员和8名众议员,并在州参议院获得了权力平衡。在密歇根州,农民在8月组建了国民改革党,试图通过它来打破共和党的主导地位。该党9月举行了提名大会,它的一些候选人被民主党人接受,二者的融合使得共和党人虽然取得了胜利,却大大减少了获胜的票数优势。[2]在密苏里州,民主党的反对者以人民党的名义组织起来,并于这年9月在杰斐逊市召开了大

1　Frederick Emory Haynes, *Third Party Movements Since the Civil War*, Iowa City: The State Historical Society of Iowa, 1916, pp. 60–62.

2　Solon Buck, *The Granger Movement: A Study of Agricultural Organization and Its Political, Economic and Social Manifestations, 1870–1880*, Cambridge: Harvard University Press, 1913, pp. 93–94.

会，通过了呼吁人民"独立于一切旧党组织"的政纲。民主党在州长选举中以近 4 万张的选票优势获胜，人民党候选人获得了 11 万多张选票，共和党人没有提名候选人。[1] 在西部，俄勒冈州的独立党采纳了一个反垄断的政纲，提名候选人参加了这年 6 月的选举。两个旧党在该州势均力敌，据说为了击败第三党，它们还在一些地区联合起来。但独立党人得到了大部分格兰其成员的支持，几乎囊括了全州的农民。在州官员和国会议员的投票中，民主党、共和党和独立党分别获得了 9700、9200 和 6500 张选票。在州立法机构的选举中，独立党超越共和党（28 名）和民主党（20 名）选出了 29 名众议员，6 名独立党人在州参议院保持着两党的权力平衡，2 名最高法院法官和许多县官员也都是独立党人。[2]

1875 年，第三党的影响力大不如从前，只在几个州还比较活跃。在威斯康星州，改革党与民主党的再次融合取得了一定的胜利，但共和党重新获得了对州议会两院的控制权。在明尼苏达州，出现了一个强调禁酒的改革党，但在全部的 8 万张选票中只获得了 1600 张。在俄勒冈州，独立党候选人所得的选票比前一年少得多，民主党候选人以微弱优势当选。在加州，选举几乎完全围绕灌溉、运输垄断、税制和市政改革等地方议题进行，人民独立党在州长选举中获得了近 3 万张选票，民主党候选人以 3 万张的选票优势当选。[3] 这些第三党的事业和成果是短命的，在威斯康星州和艾奥瓦州，它们斗争而来的"格兰其法"在共和党重新控制州议会后被废除。但在印第安纳州和伊利诺伊州，独立政党成为下一波全国性第三党运动的组成部分。[4]

---

1 Frederick Emory Haynes, *Third Party Movements Since the Civil War*, Iowa City: The State Historical Society of Iowa, 1916, pp. 60-61.

2 Solon Buck, *The Granger Movement: A Study of Agricultural Organization and Its Political, Economic and Social Manifestations, 1870-1880*, Cambridge: Harvard University Press, 1913, pp. 97-98.

3 Frederick Emory Haynes, *Third Party Movements Since the Civil War*, Iowa City: The State Historical Society of Iowa, 1916, pp. 63-64.

4 Solon Buck, *The Granger Movement: A Study of Agricultural Organization and Its Political, Economic and Social Manifestations, 1870-1880*, Cambridge: Harvard University Press, 1913, pp. 98-99.

1873—1875 年的第三党运动，既是一场反对铁路垄断的运动，也是一场改革运动。各州第三党的政治纲领清楚地体现了这场运动的目的和特点，但它们没能联合成一个全国性的第三党，因此也就很难在 1876 年的总统选举中存活下来。然而，由农民所推动的这场运动却开启了"美国思想的一场激进但冗长的革命，这场革命正慢慢地将工业置于民主的政治力量之下"。[1] 正如《芝加哥每日论坛报》在反驳《纽约国家报》的那篇文章中所总结的："这场农民运动的主要意义在于，它为那些希望改革公共行政、寻求却没能在旧党中确保这一点的人提供了一个机会，为整个国家——不仅仅是为农民而是为所有以其产业为生的人谋福利，这些人不同于那些以政治、投机和阶级立法为生的人。"[2]

（二）绿背党运动

绿背党或多或少是西部反垄断政党的继承者，它是在内战后农民要求扩大货币发行量的背景下发展起来的，其名称源于它要求恢复使用绿背纸币的主张。绿背纸币是内战期间林肯政府为了筹措经费而发行的一种不可兑赎金银硬币的无息纸币，因背面为绿色而得名。内战后，政府开始恢复硬币支付，将数亿美元的绿背纸币撤回，造成严重的通货紧缩。[3] 这遭到农民、劳工等资金匮乏群体的激烈反对，因为紧缩货币意味着他们要用升值的硬币来等额偿还之前借贷的纸币，债务负担会变得更为沉重。因此，在 19 世纪 70 年代出现了一场反对收缩通货的绿背运动。这场运动最初是在东部的劳工组织中兴起的，后来才在西部农民组织的推动下成为 19 世纪后期农民运动浪

---

1 John R. Commons, et. al, ed., *A Documentary History of American Industrial Society*, Vol. IX, Cleveland: The Arthur H. Clark Company, 1910, p. 49.

2 "The Farmers' Movement," *Chicago Daily Tribune*, January 26, 1874, p. 4.

3 Donald J. Green, *Third-Party Matters: Politics, Presidents, and Third Parties in American History*, Santa Barbara: Praeger, 2010, p. 29.

潮的一部分。

早在 19 世纪 40 年代，纽约商人爱德华·凯洛格就在其著作《劳动与其他资本》中提出，赋予纸币以法定货币地位。内战后，这一学说受到要求通货膨胀的农民和领薪工人的推崇，发展成"绿背主义"。它旨在剥夺商人和富豪对信贷的控制，通过政府补贴向实物产品的生产者提供廉价借贷。绿背主义经历了两个阶段的发展：第一个阶段是从 1867 年到 1872 年，由全国劳工联盟推动；第二个阶段是 1873 年以后，由绿背党和劳工政党共同推动。[1]

1866 年，来自各行各业的劳工代表在巴尔的摩集会，成立了全国劳工联盟。除了要求保障劳工权益的诉求之外，经济合作社的失败也促使工人们意识到信贷问题的重要性。在 1867 年的大会上，该组织抨击了银行的货币垄断行为。[2]1870 年在辛辛那提召开大会时，它通过了一些纲领和决议，要求废除全国性银行体系，将纸币作为可以免费兑换政府债券的法定货币，还建议成立一个全国劳工改革党。在 1870 年的选举中，马萨诸塞州和新罕布什尔州都出现了劳工改革党，它们把全国性银行描述为货币垄断者，认为绿背纸币是"我们有过的最好纸币"，要求用它来代替银行券。这两个州都提名了劳工改革党的候选人，但投票结果并不理想。全国劳工联盟在 1871 年大会上采纳的纲领，再一次提议成立一个全国性第三党，并指出银行和货币垄断是"所有其他垄断行为存在和运作的主要根源"。[3]1872 年初，全国劳工改革党在俄亥俄州的哥伦布市举行大会，有来自东部和中西部 12 个州的约 200 名代表出席。大会通过了一份纲领，其中涉及货币的条款呼吁政府发

---

1 Frederick Emory Haynes, *Third Party Movements Since the Civil War*, Iowa City: The State Historical Society of Iowa, 1916, pp. 92-93.

2 William B. Flesseltine, *Third-Party Movements in the United States*, Princeton: Van Nostrand, 1962, p. 50.

3 Frederick Emory Haynes, *Third Party Movements Since the Civil War*, Iowa City: The State Historical Society of Iowa, 1916, pp. 93-97.

行更多法定货币，以绿背纸币支付国债，停止发行免税债券。在大会提名的总统候选人——伊利诺伊州的法官戴维·戴维斯拒绝参选之后，原民主党人查尔斯·奥康纳被推选出填补这一空缺。最终，奥康纳只获得了不足3万张选票，劳工改革党在这次大选中惨败。[1]

1873年初，在国会两院通过的《1873年铸币法》由格兰特总统签署生效。该法没有提及银币的铸造标准，实际上是默认废除白银作为本位币的地位，这进一步加剧了货币短缺。随着1873年金融恐慌的破坏性影响逐渐显现，越来越多的人将萧条归咎于流通媒介的短缺，谴责新的铸币法是"1873年罪行"。在经济萧条的余波中，国会通过了一项"通货膨胀法案"，计划将绿背纸币的数额增加到4亿美元、重建自由铸银行业，但是格兰特总统却否决了这项法案。[2]1875年初，国会又通过了《恢复铸币支付法》，规定进一步回收绿背纸币、增发银行券、恢复金本位制。[3]这些措施激起了农民的政治怒火，刺激绿背主义进入第二个阶段。农民对货币问题的关注，很早就反映在一些州格兰其的决议中，对全国性银行体系的抨击也是反垄断运动的重要内容。事实上，在19世纪70年代中期，格兰其主义、反垄断政党运动和绿背主义存在着很大程度的重合，后者在某种意义上是前两者的继续。[4]

1874年底，在印第安纳州独立党的号召下，中西部的农民改革者闻风而动，聚集到印第安纳波利斯，为1876年的选举做准备。大会授权一个委员会同各州改革者联络，以便成立一个全国性政党，进行"一场支持货币改

1　William B. Flesseltine, *Third-Party Movements in the United States*, Princeton: Van Nostrand, 1962, p. 51.

2　Carl C. Taylor, *The Farmers' Movement, 1620–1920*, New York: American Book Co., 1953, pp. 184–185.

3　Donald J. Green, *Third-Party Matters: Politics, Presidents, and Third Parties in American History*, Santa Barbara: Praeger, 2010, p. 30.

4　Irwin Unger, *The Greenback Era: A Social and Political History of American Finance, 1865–1879*, Princeton: Princeton University Press, 1964, pp. 195–208.

革的政党运动"。这个委员会起草的一份"原则宣言",主张"建立一个新的民有、民治、民享的政治组织"以纠正时弊,认为"货币问题的妥善解决比其他任何问题都更深刻地影响人民的物质利益,它直接或间接地影响到摆在人们面前的所有其他经济问题"。委员会主席詹姆斯·布坎南被称为"新党的政治摩西",他的改革计划是让政府直接发行绿背纸币。[1] 按照会议的安排,1875 年 3 月,在克利夫兰召开了全国代表大会,来自 12 个州的大约 60 名代表参加了会议,决定成立一个独立的政党,并计划召开提名大会。[2] 克利夫兰大会通过了一份以货币改革为核心的全国性政纲,完成了绿背党的组织工作。同时,它对劳工的利益也给予了很大关注,工人协会还参与和指导了它的筹备工作。同月在费城举行的反垄断大会,也要求废除《恢复铸币支付法》和全国性银行体系、直接发行作为法定货币的纸币,并决定与克利夫兰大会的参与者一起行动。[3]

1876 年 5 月,来自 18 个州和哥伦比亚特区的 200 多名代表在印第安纳波利斯召开绿背党大会,提名纽约的慈善家彼得·库珀为总统候选人。政纲序言声称,这个政党的诞生是出于人民的需要,由于两大政党拒绝改变剥夺劳动者应有报酬的政策,"我们宣布我们的原则,并邀请所有独立和爱国的人士在这场为了金融改革和产业解放的运动中加入我们的行列"。[4] 会后,马库斯·M. 波默罗伊受命在全国各地组织绿背党俱乐部。他借助一份机关报和一系列小册子,在两年的时间内组建了 4000 多家俱乐部,这些地方组织是绿背党最坚实的支持力量。在纽约、印第安纳、伊利诺伊等州,绿背党人

1　Frederick Emory Haynes, *Third Party Movements Since the Civil War*, Iowa City: The State Historical Society of Iowa, 1916, pp. 105−108.

2　Carl C. Taylor, *The Farmers' Movement, 1620−1920*, New York: American Book Co., 1953, p. 185.

3　Frederick Emory Haynes, *Third Party Movements Since the Civil War*, Iowa City: The State Historical Society of Iowa, 1916, pp. 109−110.

4　Carl C. Taylor, *The Farmers' Movement, 1620−1920*, New York: American Book Co., 1953, p. 186.

组织了许多竞选集会。但这些活动在实际投票中带来的效果并不显著，在总计 800 多万张选票中，只有 8 万多张是投给绿背党的。在格兰其和反垄断运动力量最集中的中西部，绿背党人获得的选票最多，从伊利诺伊州的 1.7 万张到堪萨斯州的 6000 张不等。[1] 中西部 10 州为绿背党提供了 6.5 万多张选票，超过其全部选票的 3/4。由此可见，在各州的反垄断政党衰落之后，兴起于劳工组织中的绿背党到 1876 年已成为一个以农业选区为基础的农民政党。[2]

在 1876 年大选中的落败促使绿背党和劳工改革党的直接合作。1877 年，马萨诸塞、宾夕法尼亚、俄亥俄等州的选举都表现出这种迹象，两个政党就纲领达成妥协，联合提名了一批候选人。1878 年 2 月，为努力确保金融改革和产业解放，这两个全国性第三党在托莱多大会上结成同盟，联合为一个名为"国家党"的政治组织，通常称之为"绿背劳工党"。会议有来自 28 个州的 800 多名代表参加，通过的纲领和决议以货币改革和自由铸银为中心，也包含了建立劳工局、限制工作时长等保障工人权益的诉求，还囊括了改革税收、公平分配、节约行政开支等盛行已久的主张。在 1878 年的选举中，绿背党运动达到了顶峰。整合后的绿背劳工党在州选举中获得的选票，从 1887 年的 18.7 万张飙升至 100 万张，其中有一半以上来自从俄亥俄到内布拉斯加的中西部各州。东部各州贡献了 35 万张选票，其中大部分来自那些大城市更多、劳工改革党力量更强大的工业州。[3] 有 15 名绿背劳工党人被选为国会议员，其中东部和中西部各有 6 名，其余 3 名来自南方。这是第三党人第一次在南方政治中掀起大的波澜。在得克萨斯州，绿背党候选人独立参选，

1 Frederick Emory Haynes, *Third Party Movements Since the Civil War*, Iowa City: The State Historical Society of Iowa, 1916, pp. 114–118.
2 Carl C. Taylor, *The Farmers' Movement, 1620–1920*, New York: American Book Co., 1953, p. 187.
3 Frederick Emory Haynes, *Third Party Movements Since the Civil War*, Iowa City: The State Historical Society of Iowa, 1916, pp. 120–125.

获得了 5 万多张州长选票，并选出了 1 名国会代表和 10 名州议会众议员。[1]
南方的绿背党人通常寻求与共和党人的融合，这使得民主党的反对力量在密
苏里州获得了 6 万多张选票，在田纳西州获得了 10% 的选票，在密西西比
州获得了 22% 的选票，在西弗吉尼亚州和阿肯色州分别选出了 18 名和 14
名州议员。[2]

　　1878 年选举之后，《恢复铸币支付法》被废除，国家经济也开始从 1873
年金融恐慌的打击中逐渐复苏，这些都促成了绿背党运动的衰落。1879 年，
绿背劳工党人试图在众议院的议长选举中充当平衡两党席位的力量，结果事
与愿违，民主党人取得了绝对优势。在这年举行选举的大约 12 个州，绿背
劳工党候选人获得的选票都比前一年有所减少。1880 年 6 月，绿背劳工党
在芝加哥召开全国代表大会，为参与这年的总统大选做准备。围绕着是否与
民主党融合的问题，党内两派进行了相当激烈的斗争。在波默罗伊领导下的
绿背党俱乐部成员是反对融合的主要力量，他们在法韦尔大厅举行会议，强
烈要求提名一位纯粹的绿背党候选人；另外一翼则聚集在展览厅。在认证代
表资格时，场面一度十分混乱，社会劳工党、妇女选举权协会等组织都要求
获得代表或在纲领中加入其诉求。最后，波默罗伊一翼占据了上风，大会提
名艾奥瓦州的詹姆斯·B. 韦弗将军为总统候选人。[3]

　　韦弗将军是绿背党推出的第三位总统候选人，与 1872 年的奥康纳和
1876 年的库珀相比，他是一位有经验、有能力、正处于盛年的演说家。在
1880 年的选举中，他进行了一场声势浩大的游说活动，甚至可以凭此说他
是第一个直接向选民发出号召并承诺亲自走遍全国的总统候选人。严格来

1　Carl C. Taylor, *The Farmers' Movement, 1620–1920*, New York: American Book Co., 1953, p. 188.

2　William B. Flesseltine, *Third-Party Movements in the United States*, Princeton: Van Nostrand, 1962, p. 53.

3　Frederick Emory Haynes, *Third Party Movements Since the Civil War*, Iowa City: The State Historical Society of Iowa, 1916, pp. 131–138.

说，是这场由第三党人参与的激烈竞选而非这次选举结果，标志着农民运动达到了一个高潮。韦弗将军认为尽管绿背劳工党很可能不会获胜，但它有望成为平衡国会中两党席位的关键性力量。在这年 10 月的一次竞选活动中，他表示自己已经发表了 100 多场演讲，旅行了 2 万英里，与 3 万人握手，向 15 个州的 50 万人发表演说。三个月来，从阿肯色州到缅因州的东北角，从密歇根湖的东岸到莫比尔，他每天都向 3000 到 3 万人发表演讲。在得梅因的一次演讲中，他要求听众保持秩序，因为在户外连续近百天的动员已经使他的嗓音疲惫不堪。大选的结果是韦弗获得了 30 万张选票，他的家乡艾奥瓦州贡献了 3 万多张选票，在领先的 10 个州中有 6 个是中西部的格兰其州。[1] 虽然与 1876 年的 8 万张选票相比，绿背党人的力量增加了近 4 倍，但与 1878 年的 100 万张选票相比，对该党的支持在两年之内已经减少了 2/3。此后，绿背劳工党快速地衰落下去。

早在 1882 年，就有消息说绿背党已不复存在。尽管后来其领导层努力想恢复它的力量，但党内的派系分歧已经造成了支持者的大量流失。从 1881 年起，一场新的反垄断运动逐渐取代了绿背党运动。1884 年 5 月，来自全国 17 个州的代表在芝加哥召开反垄断党的大会，通过的纲领敦促政府管制州际贸易、控制托拉斯企业，农民、劳工政党的一些常规诉求也包括在内。大会呼吁推翻各种形式的垄断力量，并提名马萨诸塞州的律师本杰明·F. 巴特勒为总统候选人。不久之后，绿背党在印第安纳波利斯召开全国大会，接受了巴特勒的候选人资格，这是该党最后一次出现在全国性政治舞台上。巴特勒的提名从表面上看似乎只是绿背劳工党的延续，但实际情况要更为复杂。他不仅是这两个全国性第三党的候选人，还作为马萨诸塞州的民主党代表参加了芝加哥大会，并且是在民主党选择了与其意见相左的政纲和候选人之后才

---

1 Carl C. Taylor, *The Farmers' Movement, 1620-1920*, New York: American Book Co., 1953, pp. 189-190.

决定接受第三党提名。在那份宣布接受提名的长篇声明中，他主张将所有反对和不满人士整合成一个"人民党"，在任何有机会获得利益的地方与少数党融合。[1] 尽管最终的选举结果是巴特勒只获得了 13.5 万张选票，得票率仅占总票数的 1.33%，但这是一次把不同的激进团体合并成一个政党的全面尝试，它为后来更成功的政治联合努力提供了经验。[2]

（三）联合劳工党与农民政治

从 1884 年到 1888 年，人们试图在劳工政党的领导下联合全国的激进改革人士。早在 1886 年选举之前，就已经存在试图将各种临时性的生产者组织联合起来的努力。这年夏天，《芝加哥快报》应 500 多位请愿者的恳求，向劳动骑士团、北方联盟、南方联盟、农业轮会的成员以及格兰其人、绿背党人和反垄断人士发出号召，邀请他们参加 9 月在印第安纳波利斯举行的一场建党大会。但是这场会议只有来自 6 个州的代表出席，他们决定在次年召开辛辛那提大会重商建党大计。[3]

在这年的选举中，独立的劳工政党在许多州以不同的名称存在，它们联合了各种工农组织中的激进派，在州政治中继续挑战主导性大党的统治。例如，在阿肯色州，农业轮会中的激进派把小石城年会变成了第三党的提名大会，他们不顾其他成员的反对，批准了一份基于绿背主义的政纲，准备了一份候选人名单。会议提名小石城的商人、民主党政客约翰·G.弗莱彻为州长候选人，他接受提名后不久又在民主党的压力下拒绝了这项殊荣。轮会纲领在不久之后的州民主党大会上遭到无情嘲笑，这刺激了农民激进

---

1 Frederick Emory Haynes, *Third Party Movements Since the Civil War*, Iowa City: The State Historical Society of Iowa, 1916, pp. 146–150.

2 William B. Flesseltine, *Third-Party Movements in the United States*, Princeton: Van Nostrand, 1962, p. 54.

3 John Rogers Commons, et al., *History of Labour in the United States, Vol. II*, New York: The Macmillan Company, 1918, p. 464.

派将该州格兰其领袖、绿背党曾经的国会议员竞选者查尔斯·E.坎宁安推上州长候选人的位置。坎宁安的提名也得到了该州联合劳工党的认可，他在竞选小册子中自称是"一名劳工候选人"。与民主党和共和党的州长候选人分别所获得的9万多张和5万多张选票相比，投给坎宁安的选票不足2万张。[1]

在得克萨斯州北部的20多个县中，农民与劳工联合起来采取第三党行动。在遭受严重旱灾的科曼奇县，以农民联盟为组织基础的人道党在竞选中大获全胜。全体选民都参加了投票，共投出近4000张选票。人道党所提名的9位县公职候选人，全部以不少于200票的多数票优势当选。[2]在该州的第六国会选区，联盟和劳动骑士团联合组织了一个反垄断党，提名了独立的沃斯堡市长候选人。这个被敌对报刊称为"黑灯笼党"的新政党，呼吁"打倒银行家、打倒律师、打倒帮派"。在11月，该党成功选举出一位州议员。[3]这些独立政治行动刺激了得克萨斯州联盟内部激进情绪的上涨，推动着该组织在年会上通过了引发分裂的"克利本诉求"。

1887年初，来自劳动骑士团、农业轮会、农民联盟、绿背党和格兰其等组织的400多名代表在辛辛那提召开大会，组建了全国联合劳工党。尽管这个第三党的名称中包含"劳工"二字，它却是一个农民占主导地位的政党。其全国执行委员会的所有成员都是农民，东部劳工几乎没有代表出席会议，中西部城市中的一些劳工组织虽然派出了若干代表，但在数量上无法与农民组织的代表相较。该党成立后绿背劳工党的全国执委会即宣布

1　F. Clark Elkins, "State Politics and the Agricultural Wheel," *The Arkansas Historical Quarterly*, vol. 38, no. 3 (Autumn, 1979), pp. 252-258.

2　B. B. Lightfoot, "The Human Party: Populism in Comanche County, 1886," *West Texas Historical Association Year Book*, vol. 31 (October, 1955), pp. 28-40.

3　Matthew Hild, *Greenbackers, Knights of Labor, and Populists: Farmer-Labor Insurgency in the Late-Nineteenth-Century South*, Athens: The University of Georgia Press, 2010, pp. 85-86.

解散，新政党的政纲中接受了劳动骑士团纲领序言中的所有诉求。[1]在 1887 年的秋季选举中，联合劳工党在东北部的几个工业州和中西部的一些农业州都提名了公职候选人。在宾夕法尼亚州，它所提名的财务主管候选人获得了 1 万多张选票，而在马萨诸塞州，它的州长候选人在总计 25 万张选票中只获得了不到 600 张。联合劳工党人在中西部的得票情况要稍好一些，他们为密歇根的法官候选人和俄亥俄的州长候选人都投出了 2 万多张票，尽管得票率不足 1/10；但在肯塔基和内布拉斯加，他们的候选人只得到了几千张选票。[2]

正如其名称中所明示的，联合劳工党人希望通过这个新政党来联合两大政党的反对者。在 19 世纪 80 年代末，以生产者阶层为主体的大众改革运动已经显现出政治联合的趋势。劳工运动的领导者之一约瑟夫·R. 布坎南在其自传中如是描述：

> 把独立的政治力量分成一个、两个或半打政党，在这个国家一直是进步的祸根。1888 年之前的十六年里，这些政党在十几个不同的旗帜下和许多纲领之上，试图从这片土地上的垄断性金钱权势的控制下夺取（市级、州级和全国性）政府。我曾参加过几次这样的尝试。我们几乎每次都彻底失败了，我们的成功微不足道且没有实际好处。……因为我们还没有联合，也从没有联合过。我们允许自己被敌人和我们自己的缺点所分裂。……如果缺乏联合是过去挫败的原因，那么要争取的就是联合；所有独立改革的政治力量必须在一个大旗下团结起来。[3]

1　John Rogers Commons, et al., *History of Labour in the United States, Vol. II*, New York: The Macmillan Company, 1918, p. 465.

2　Frederick Emory Haynes, *Third Party Movements Since the Civil War*, Iowa City: The State Historical Society of Iowa, 1916, p. 212.

3　Joseph R. Buchanan, *The Story of a Labor Agitator*, New York: The Outlook Company, 1903, pp. 426-429.

1888 年，联合劳工党试图通过与统一劳工党的合作来实现政治联合。后者是 1886 年纽约市竞选的产物，《进步与贫困》一书的作者亨利·乔治在当时被提名为市长候选人，并取得了比共和党候选人西奥多·罗斯福还多出近 8000 张选票的战绩。这促使支持他所提出的将所有税收简化成一种土地价值税计划的人，即单一税派，积极参与该州的竞选活动。乔治本人也在 1887 年被提名为州务卿，且最终获得了 7 万多张选票。统一劳工党在伊利诺伊州也很活跃，它所提名的候选人在 1887 年芝加哥市长选举中的得票率为 30%，选出了一名市议员。[1]

1888 年 5 月，联合劳工党在辛辛那提召开提名大会，来自 25 个州的近 300 名代表参加了大会。伊利诺伊州的安森·J. 斯特里特被提名为总统候选人，他同时也是北方联盟的主席，副总统候选人是阿肯色州的查尔斯·坎宁安。纲领中的条款包含反对土地垄断、契约劳工和华工移民，支持人民对交通和通讯的所有权、累进所得税和直接选举国会参议员等。统一劳工党的辛辛那提大会在第二天开始召开，通过的纲领以"单一税制"改革为主，也加入了政府拥有铁路、电报和实行澳大利亚式投票制度等主张，提名伊利诺伊州的罗伯特·H. 考德利为总统候选人。当该党的一些成员开始考虑与联合劳工党合并时，后者却拒绝在其纲领中加入"单一税"计划，并要求他们撤回整个候选人名单。最终，双方未能达成任何协议，统一劳工党退出了竞选。[2]

斯特里特在 1888 年的选举中获得了近 14.7 万张选票，其中西部和西北各州贡献了 9.7 万张，南方和西南部各州投出了 4 万多张，中部各州只有 6011 张，太平洋沿岸各州和新英格兰各州分别为 1600 多张。由此可见，联

---

1 Frederick Emory Haynes, *Third Party Movements Since the Civil War*, Iowa City: The State Historical Society of Iowa, 1916, pp. 209–210.

2 William B. Flesseltine, *Third-Party Movements in the United States*, Princeton: Van Nostrand, 1962, p. 56.

合劳工党的大部分支持来自西部和南方，该党继承了这些地区此前十多年的
第三党行动，无怪乎有学者会说"联合劳工党在很大程度上是绿背劳工党的
新名字"。[1] 斯特里特在工业中心几乎没有得到任何像样的支持，在密尔沃基
这个联合劳工党曾表现出优势的大城市，他也只获得了几千张选票。堪萨斯
是为该党贡献出最多选票的州，斯特里斯在这里获得了 3.8 万张选票，该州
一些有组织的劳工也对其表示了支持。但是，联合劳工党名字和政纲中的亲
劳工倾向并没有为其赢得来自城市工人的支持，而作为一个农民政党，这一
点却对其获得农民选民的支持产生了阻碍，其候选人甚至被谴责为无政府主
义者。在堪萨斯，报纸上流传着对该州联合劳工党的核心领导集团"哨兵团"
的披露，甚至出现了指控该组织参与寄送内含炸弹的快递包裹的流言。在阿
肯色州，也出现了针对联合劳工党竞选的类似指控。[2]

　　在得克萨斯州，联盟和劳动骑士团中的激进情绪不断上涨。1888 年 5
月，农牧民和劳动者聚集到韦科，召开了一场农民－劳工－畜牧者大会，商
讨在即将到来的竞选中采取某种统一的行动方针，就其共同利益向各政治机
构和政治力量表达诉求和不满。大会任命的一个政纲委员会制定了一份常规
的改革纲领，宣布独立于所有政党、帮派、大佬和派系。7 月，一场小型的
非党派大会在沃思堡召开，提名了一份州选举的候选人名单。三天后在这里
召开的联合劳工党大会，批准了这份名单，其中得克萨斯州联盟的时任主席
埃文·琼斯被提名为州长竞选人。由于担心这一提名会将联盟带入政党政
治、引发组织内部的分裂，琼斯谢绝了这一殊荣。8 月下旬，联合劳工党和
非党派大会的执委会在达拉斯举行了一次联席会议，决定支持禁酒党的候选
人马里昂·马丁竞选州长，不久后共和党人也加入了这个阵营。尽管民主党

---

1 Frederick Emory Haynes, *Third Party Movements Since the Civil War*, Iowa City: The State Historical Society of Iowa, 1916, p. 211.

2 John Rogers Commons, et al., *History of Labour in the United States*, Vol. II, New York: The Macmillan Company, 1918, pp. 468–470.

在后来的州选举中大获全胜，但 1888 年得克萨斯州第三党行动的政治影响超过了东南部的任何一个州，它不仅代表了绿背劳工党和独立的农民劳工政治活动的延续，而且预示了不久将席卷该州的平民党叛乱。[1]

尽管与之前的绿背党和之后的平民党相比，联合劳工党表现得都不是很像一个全国性政党，它在全国范围内的选举活动中也从未取得任何像样的成就。但是，比其自身的成败更为重要的是，它在 19 世纪 80 年代中期组织松散的农民－劳工政治活动和 90 年代的平民党之间发挥了桥梁作用。1890 年之前十几年的独立政治，为之后的联盟政治和平民党政治储备了许多经验丰富的第三党人。他们作为农民抗议和改革队伍中的激进一翼，推动着 19 世纪末各种各样的非党派组织进入政治，不断挑战两大政党的统治地位。正如最早关注第三党运动的学者弗雷德里克·埃默里·海恩斯所言："每一个新政党——格兰其，绿背党，平民党——就像海滩上前进的波浪，前进得更远一点，上升得更高一点，更严重地威胁着两大政党的统治。"[2] 但是，农民激进主义的高涨，也始终面临着来自改革阵营中反政党、反党派一翼的反对和阻挠。

二、农民运动中的反党派思想

由于共和党和民主党在 19 世纪后期一直主导着美国的选举政治和政府决策，政治史的大部分研究者长期以来都将两党制和党派忠诚作为分析这一时期政治文化的关键范畴。在这种以主要政党为中心的解释框架下，两大政党之外的政治组织在公共生活中的政治实践被低估，美国政治文化中与之密

---

1 Matthew Hild, *Greenbackers, Knights of Labor, and Populists: Farmer-Labor Insurgency in the Late-Nineteenth-Century South*, Athens: The University of Georgia Press, 2010, pp. 112–114.

2 Frederick Emory Haynes, *Third Party Movements Since the Civil War*, Iowa City: The State Historical Society of Iowa, 1916, p. 216.

切相关的反政党传统也遭到忽视。[1]事实上，在这段时期，美国人从革命的共和理念中承袭的反政党冲动，被他们对政党政治的不满不断地唤起，并在党外自发组织所开启的非党派政治的基础上，形成了挑战两党制的第三党运动。借助于内战后此起彼伏的社会抗议和改革浪潮，美国政治中的反政党思想和非党派文化得以丰富和发展。[2]在"镀金时代"的农民运动中，反党派（甚至是反政治）的声音从未断绝，持有这种观点的温和派与前文所述的第三党人士是这一时期农民政治紧密相连的一体两面。

（一）美国政治文化中的反政党传统

自独立建国以来，美国的政治文化中一直存在着一种反感、怀疑、畏惧和贬低政党的观念。这种观念的形成，首先与"政党"和"派系"在 18 世纪政治语境下的普遍混用密不可分。根据当代政治思想家乔瓦尼·萨托利的考证，"派系"一词的拉丁词源本就具有贬义内涵，它很早就被用来代指破坏性的政治团体，从罗马时代到 19 世纪都是一个令人反感的术语；而"政党"一词的拉丁词源是中性的，它在 17 世纪才成为一个政治词汇，用来指代政治团体。从法国的伏尔泰、孟德斯鸠，到英国的博林布鲁克子爵、大卫·休谟和埃德蒙·伯克，启蒙思想家们都曾尝试对二者进行区分，但只有伯克厘清了这两个概念。因此，也只有伯克对政党的看法是积极的，其他人都将之等同

1　此类研究的代表性著作有 Joel H. Silbey, *The American Political Nation, 1838–1893*, Stanford: Stanford University Press, 1991; Michael E. McGerr, *The Decline of Popular Politics: The American North, 1865–1928*, New York: Oxford University Press, 1986.

2　Mark Voss-Hubbard, "The 'Third Party Tradition' Reconsidered: Third Parties and American Public Life, 1830–1900," *The Journal of American History*, vol. 86, no. 1 (June, 1999), pp. 121–150. 得益于《美国历史杂志》在 1999 年主办的一场圆桌讨论会，一些学者在反思和质疑"政党时期"（party period）的概念时，发现了反政党文化和非党派思想在美国政治中的重要性。马克·沃斯-哈伯德对此有非常精彩的分析，他甚至认为，在由政党时期主导的 19 世纪政治中，存在着一个与党派政治平行共存且相互作用的非党派框架，它很可能和全国性两党政治的党派框架一样影响巨大，这两个框架的互动是美国政治制度演变的一个关键来源。类似的研究还有 Ronald P. Formisano, "The Party Period Revisited," *The Journal of American History*, vol. 86, no. 1 (June, 1999), pp. 93–120.

于派系，并将人们对派系由来已久的厌恶和谴责延伸到政党身上。[1]

　　根据理查德·霍夫斯塔特的研究，美国的反政党传统，源于英国启蒙思想家对政党[2]的消极看法。他将18世纪英国政治作家的政党观分为三种：第一种以博林布鲁克为代表，认为政党是邪恶的，必须通过一个单一的临时性政党来根除；第二种以休谟为代表，将政党视为可以通过宪法设计和权力平衡加以控制的必要之恶；第三种以伯克为代表，把政党辩护为能够发挥积极作用的必要之善。[3]由于博林布鲁克和休谟将政党视为派系的同义词，因此他们对政党的谴责实际上是针对派系的。在被霍氏称为"反政党思想之源头"的博林布鲁克看来，二者若有差别也仅在于邪恶程度上，"政党是一种政治之恶，而派系则是一切政党中的最恶者"。[4]

　　在美国的开创者中，很少有人能在概念上和实际运作中把政党与派系加以区分，因此他们都受到前两种观点的影响，将政党视为邪恶的。这种反政党思想是早期美国政党哲学中的主流，充分体现在建国之父们的政治言论

　　1　Giovanni Sartori, *Parties and Party Systems: A Framework for Analysis*, Colchester: The ECPR Press, 2005, pp. 3-9. 需指出，"faction" 一词在现代政治语境中多指政党内部的次单元，萨托利建议用 "fraction" 一词来代替这层意思，以示与其固有贬义内涵相区分，详见前引著作第64—66页。此外，"faction" 还有 "宗派""党争""派别" 等译法，参见〔意〕G. 萨托利：《政党与政党体制》，王明进译，商务印书馆，2006；〔美〕亚历山大·汉密尔顿等：《联邦党人文集》，张晓庆译，中国社会科学出版社，2009。这里将其译为 "派系"，以示与 "sect"（宗派）相区别。（按照萨托利的说法，"party" 是在17世纪替代 "sect" 而成为政治词汇的，此后后者通常与宗教派别相联系。）

　　2　需注意，此时的政党（party）不同于现代意义上的政党。组织良好、政纲明确的现代大众政党最早出现于19世纪30年代，在此之前的政党更像我们今天所说的党派和利益集团，因此有人将其直接译为 "党派""派别"，以示与现代政党相区别，参考〔美〕亚历山大·汉密尔顿等：《联邦党人文集》，张晓庆译，中国社会科学出版社，2009。这里出于行文连贯的考虑，将 "party" 均译作 "政党"，只是前后内涵有所不同。关于政党概念的古今含义，参见 John F. Hoadley, *Origins of American Political Parties, 1789-1803*, Lexington: University Press of Kentucky, 1986, pp. 8-17.

　　3　Richard Hofstadter, *The Idea of a Party System: The Rise of Legitimate Opposition in the United States, 1780-1840*, Berkeley: University of California Press, 1969, pp. 9-39. 也有研究者根据美国领导者对政党的这三种态度将其区分为废除派（abolitionists）、管制派（regulators）和捍卫派（defenders），详见 Austin Ranney, *Curing the Mischiefs of Faction: Party Reform in America*, Berkeley: University of California Press, 1975, pp. 30-47.

　　4　Henry St. John Bolingbroke, *The Idea of a Patriot King*, in David Mallet, ed., *Letters*, London: Printed for A. Millar, 1749, p. 148.

或著作中。例如，华盛顿总统在告别演说中提醒人们警惕党派精神的有害影响，其继任者约翰·亚当斯认为把共和国分裂为两大政党是宪法下最可怕的政治之恶，富兰克林警告说政党之间的相互谩骂会撕毁人性中最好的一面，汉密尔顿和麦迪逊在《联邦党人文集》中都指责党派之争的破坏性，杰斐逊甚至希望能将政党带去天堂。[1]他们虽分属于不同的政治阵营，却都持有一种反对党派性的信念，即认为政党组织不应该在共和国的政治生活中发挥经常性、持续性的作用。[2]

反政党的倾向之所以能在18世纪英美主流的政治思想中得到认可，除了是由于其历史中那些动荡不安的政治经历总是与党派分歧紧密相关之外，还因为一种关于国家和社会的共识理想在当时的政治哲学中占据了主导地位。在博林布鲁克等政治作家看来，理想的国家是一个没有政治竞争的、团结和谐的社会，由一种接近于一致的共识所管理，而政党之恶会破坏这种共识、引发或加剧社会冲突，因此政党是社会动荡和混乱的根源。[3]美国的共和实验正是由这一共识理想发展而来的，它预设人民的利益在本质上是一致的，强调公共利益的崇高性。美德，即个人为了公共福祉而自愿牺牲私利的爱国主义，"是共和主义的精髓"。而那些出于私欲的党派行为与美德是背道而驰的，因此政党和派系被视为道德沦丧的表现和一种反常、扭曲的政治病态。[4]共和理念中的这种反政党因素与早期危及共和自治实验的党争教训相

1　参见 Richard Hofstadter, *The Idea of a Party System: The Rise of Legitimate Opposition in the United States, 1780-1840*, Berkeley: University of California Press, 1969, pp. 2-3; 或 John H. Aldrich, *Why Parties? A Second Look*, Chicago: The University of Chicago Press, 2011, p. 97.

2　Jeffrey S. Selinger, "Rethinking the Development of Legitimate Party Opposition in the United States, 1793-1828," *Political Science Quarterly*, vol. 127, no. 2 (Summer, 2012), p. 266.

3　Michael Wallace, "Changing Concepts of Party in the United States: New York, 1815-1828," *American Historical Review*, vol. 74, no. 2 (December, 1968), pp. 453, 471-472; Richard Hofstadter, *The Idea of a Party System: The Rise of Legitimate Opposition in the United States, 1780-1840*, Berkeley: University of California Press, 1969, pp. 11-13.

4　〔美〕戈登·伍德：《美利坚共和国的缔造》，朱妍兰译，译林出版社，2016，第47—68页。

互作用，在美国孕育出一种反党派主义文化。它将政党看作利己主义者针对公共利益的阴谋，认为它们出于自私的原因保留了分歧、分裂了社会，并将某些人的私利置于人民的福祉之上。[1]

在这种反政党的共和思想盛行时，新生的美国却出现了全国性的联邦党和民主-共和党。其创建者与共和试验的开启者是同一批人，他们都是党派精神和派系主义最强有力的谴责者。建国之父们在反政党思想和建党行为上的矛盾，通常被视为一种讽刺或伪善。然而，如果从博林布鲁克的政党观来看，他们的言与行之间并不冲突。博林布鲁克认为，借助一个基于公共利益的统一政党可以终结所有政党，这个政党并不是真正的政党，只是"被不恰当地称为政党"。[2]他所提供的这个"非政党之党"的概念[3]，为美国早期的建党活动提供了理论上的合法性，任何政党只要承诺自己最终将消灭所有政党、消除党派斗争，它的存在就是合理的。作为第一批反政党的建党者，杰斐逊派的共和党人以遏制党派纷争之名捍卫自己的政党。[4]

19世纪初，现代意义上的政党组织开始萌芽。随着政党的结构、功能、规模和范围的变化，以马丁·范布伦为代表的年轻政客，基于民主-共和党在纽约州的派系政治经验，重新定义了政党，向旧的政党观提出挑战。通过比较新旧政党，他们指出：旧政党是邪恶而短暂的贵族式个人小集团，这种政治组织形式实为派系而非政党；新型政党是一种民主结构式的永久性组织，对其成员负责，且为民众平等地参与政治提供机会。范布伦等人借此成功区分了政党与派系，赋予政党以民主性和合法性，并发展出一套政党纪律

1　Richard L. McCormick, *The Party Period and Public Policy: American Politics from the Age of Jackson to the Progressive Era*, New York: Oxford University Press, 1989, pp. 5, 238.

2　Henry St. John Bolingbroke, *A Dissertation upon Parties*, London: printed by H. Haines, 1735, p. 43.

3　Giovanni Sartori, *Parties and Party Systems: A Framework for Analysis*, Colchester: The ECPR Press, 2005, p. 6.

4　Richard Hofstadter, *The Idea of a Party System: The Rise of Legitimate Opposition in the United States, 1780-1840*, Berkeley: University of California Press, 1969, pp. 17-18, 23.

和选举程序。而这一理论创新的反对者却诉诸传统的政党观，重申了共识理想和公共利益，并于 1823 年在纽约州组织了一个名为"人民党"的"反政党之党"，希望以此来终结各政党。[1]这一做法被后来的政治不满者频频借鉴，他们以反政党的共和话语指责主要政党的腐朽，把新政党作为其组织起来维护共同利益的工具。19 世纪的反共济会党、辉格党、一无所知党和平民党，都被视作"反政党之党"。[2]

随着杰克逊派的民主党作为第一个大众政党组织的兴起，现代美国的政党政治文化开始形成，但这并不意味着反党派主义就此消退了。事实上，新兴民主党的倡导者在介入竞选和将其党派活动合法化的过程中，不得不与强大的反政党传统做斗争。反政党人士借助共和意识形态，对新政党的组织结构、政治伦理与权谋、分赃制度等展开猛烈抨击。[3]在一种将无党的民主秩序视为政治之常态的环境下，伊利诺伊州的民主党人不得不迎合当时的反党派主义信仰，将其政党组织描绘成共和政府和反政党共识的捍卫者，才成功地创建起政党制度。[4]

19 世纪 30 年代之后，政党的含义和人们对待政党的态度在马萨诸塞等地发生了积极转变，党派政治文化在北方大部分地区蓬勃发展起来。[5]这似乎暗示了反政党传统的消退，但事实却是反党派主义文化在内战前的 30 年

1　Michael Wallace, "Changing Concepts of Party in the United States: New York, 1815–1828," *The American Historical Review*, vol. 74, no. 2 (December, 1968), pp. 453–481.

2　参见 Ronald P. Formisano, "Political Character, Antipartyism and the Second Party System," *American Quarterly*, vol. 21, no. 4 (Winter, 1969), p. 691; Christopher J. Olsen, *Political Culture and Secession in Mississippi: Masculinity, Honor, and the Antiparty Tradition, 1830–1860*, New York: Oxford University Press, 2000, pp. 43, 64; Stewart Burns, "The Populist Movement and the Cooperative Commonwealth: The Politics of Non-Reformist Reform," Ph. D. Dissertation, University of California-Santa Cruz, 1984, p. 117.

3　Edward L. Mayo, "Republicanism, Antipartyism, and Jacksonian Party Politics: A View from the Nation's Capital," *American Quarterly*, vol. 31, no. 1 (Spring, 1979), pp. 3–20.

4　Gerald Leonard, "The Ironies of Partyism and Antipartyism: Origins of Partisan Political Culture in Jacksonian Illinois," *Illinois Historical Journal*, vol. 87, no. 1 (Spring, 1994), pp. 21–40.

5　详见 Ronald P. Formisano, *The Transformation of Political Culture: Massachusetts Parties, 1790s–1840s*, New York: Oxford University Press, 1983, pp. 84–106.

里仍具有惊人的广度、深度和持久活力。在以密西西比州为代表的下南部地区，政党组织和制度在内战前并未得到公众的广泛接受和稳定支持，反党派主义仍是政治文化的主要特征。作为政治讨论核心的反政党话语，频繁地传达出民众对政党和职业政客的怀疑、不满与敌视。就连民主党的活动家也被迫屈服于主流的反党派主义政治，努力将其组织描绘成选民们想要的那种"反政党之党"。[1]在北方的密歇根州，福音派人士将初获政治权力的组织化政党与教皇制、共济会相提并论，指责它们剥夺个人的独立思想，迫使个人盲从和效忠于中央权威。这种反组织化、反权力的态度，与共和思想中的反政党冲动相互作用，催生了反共济会党和美国历史上第一波全国性的反政党运动，也为民主党塑造了辉格党这个不太像政党的对手。与它的反对党相比，辉格党更缺乏组织能力和纪律约束，常常蔑视政治、贬低政党忠诚。[2]

　　当大众政党组织开始逐渐主导美国的政治生活，反党派主义文化也在党外自发组织和社会改革运动的非党派活动中获得了新发展。内战前的妇女尚未获得选举权，她们主要依赖于自发的互助协会参与公共生活，尤其关注那些事关公众利益且具有道德性的议题，如废奴、戒酒、慈善、劳资冲突和妇女参政等问题。[3]同样致力于解决这些公共议题的改革运动，采取了类似的非党派组织策略。其所依赖的废奴社团、戒酒协会和工会等党外组织，同当时的妇女团体一样，都是由中下层民众依据友爱互助精神自发结成的，在接纳成员时超越了党派界线。从最初强调自我改善、成员互助和道德改革的非

1 Christopher J. Olsen, *Political Culture and Secession in Mississippi: Masculinity, Honor, and the Antiparty Tradition, 1830–1860*, New York: Oxford University Press, 2000, pp. 55–69.

2 Ronald P. Formisano, *The Birth of Mass Political Parties: Michigan, 1827–1861*, Princeton: Princeton University Press, 1971, pp. 56–80.

3 参考 Lori D. Ginzberg, *Women and the Work of Benevolence: Morality, Politics, and Class in the 19th-Century United States*, New Haven: Yale University Press, 1990; Jean Fagan Yellin and John C. Van Horne, eds., *The Abolitionist Sisterhood: Women's Political Culture in Antebellum America*, Ithaca: Cornell University Press, 1994; Nancy A. Hewitt, *Women's Activism and Social Change: Rochester, New York, 1822–1872*, Ithaca: Cornell University Press, 1984.

政治行动，到后来的立法请愿和从主要政党内部影响其决策的压力政治，改革者通过党外组织在公共生活领域积累了丰富的非党派实践经验。[1]

19 世纪中期，本土主义者将其承袭的党外政治技巧和传统运用到独立选举中，非党派的自发组织被他们改造成推动独立政治的工具。这一政治创新为一无所知党确立了其作为两大政党替代品的反政党身份，也为改革者提供了一种取代当时两党制政治的非党派政治理想。通过质疑主要政党的代表性和治理能力，本土主义者赋予自己的政党以对旧党的替代性，这一点在一无所知运动的早期阶段便已彰显。1845 年，本土主义者在首次尝试组建全国性政党的费城会议上表示，由于旧党都害怕被外来选民抛弃，靠它们的政策永远不可能"纠正由在入籍问题上不设防的党派立法所导致的政治弊病"，执行这一伟大措施的只能是"一个由那些放弃了其之前政治偏好的人所构成的组织，像我们自己的这样"。[2] 随后十几年的一无所知运动，从内战前互助组织的非党派传统中发展出一种试图替代党派政治的组织和文化框架。[3] 反党派主义文化的这一新发展，在 19 世纪后期演变成社会改革者普遍持有的非党派政治愿景。

内战期间，南部邦联基于约翰·卡尔霍恩重新构想的无党政治的理念，进行了一次建立共识性的无党政府的尝试。卡尔霍恩蔑视政党分赃制，视政党为北方打击奴隶制的工具。他主张通过对联邦法律行使否决权来抑制一致的多数派，扼杀政党的组建和人为冲突，创造一个真正有序、友爱的共和国。受此影响，南部邦联的缔造者们将党争和政党政治看作危险之恶，甚至

1 Mark Voss-Hubbard, *Beyond Party: Cultures of Antipartisanship in Northern Politics Before the Civil War*, Baltimore: The Johns Hopkins University Press, 2002, pp. 60–66.
2 Hector Orr, ed., *The Native American: A Gift for the People*, Philadelphia, 1845, pp. 159–160.
3 沃斯－哈伯德认为，一无所知运动是一种从其最初的非党派组织形式中发展而来的、替代党派政治的反政党运动，它的反党派主义不同于共和理念中的政党之恶理论，而是对替代性政治的一种理想主义呼吁。这一观点构成了他分析这场运动的基础和相关研究著作的主题，详见 Mark Voss-Hubbard, *Beyond Party: Cultures of Antipartisanship in Northern Politics Before the Civil War*, Baltimore: The Johns Hopkins University Press, 2002, pp. 71–137.

在制宪会议上以法律之力支持反政党热情；南方的媒体抨击政党的不道德行为，声称将选举具有独立思想的开明人士而非顺从的党徒担任公职。政党组织的缺乏在南方滋生了政治麻木和散乱选举，而邦联的辩护者却在战败后将这种政治混乱归咎于党派痼习，反对党派性成为南方"失败的事业"神话的一部分。[1]

内战重塑了美国的政党制度，共和党人和民主党人保留了其在战时的党派忠诚，并在战后的政治斗争中不断点燃地域和种族的爱国主义余烬。这两个根深蒂固的大党在"重建"结束后主导了政治舞台，建立起高度稳定的两党制框架。选民们沿着地域、种族和宗教的界线组织起他们对两党的忠诚，政党组织和党派文化由此进入黄金时代。但换个角度来看，美国政治也进入了"最腐败的党派时代"。[2]美国人关于政党的第一批专著产生于19世纪后期，其中有相当一部分出自艾伯特·斯蒂克尼、查尔斯·克拉克等激进的反政党人士之手。在他们看来，政党政客控制下的政府存在严重弊病——无能的官员、低效的行政、混乱的立法和广泛的腐败与浪费；究其根源，政党是罪魁祸首，它们通过独家控制提名、选举以及当选之后的公职分赃获得了巨大权力；政党政府不仅腐化政治进程、阻碍有能力者担任公职，而且让手握大权的政党领导人不承担政府管理不善的责任。斯蒂克尼等人认为，只有废除政党组织，采用新的方法挑选公职人员，政府才能摆脱这些弊病。[3]反政党人士对政党政府的上述抨击，反映了"镀金时代"普遍存在的腐败指控，

1　Sean Wilentz, "The Mirage: The Long and Tragical History of Post-partisanship, from Washington to Obama," *The New Republic*, vol. 242, no. 17 (November, 2011), pp. 28–29.

2　John H. Aldrich, *Why Parties? A Second Look*, Chicago: The University of Chicago Press, 2011, p. 163.

3　详见 Albert Stickney, *The Political Problem*, New York: Harper & Brothers, 1890; Charles C. P. Clark, *The "Machine" Abolished and the People Restored to Power*, New York: G. P. Putnam, 1900; Samuel E. Moffett, *Suggestions on Government*, Chicago: Rand, McNally & Company, 1894; James S. Brown, *Partisan Politic: The Evil and Remedy*, Philadelphia: J. B. Lippincott Company, 1897. 或参见理查德·麦考密克对这四位学者的激进反政党思想进行的专门讨论，Richard L. McCormick, "Antiparty Thought in the Gilded Age," in Richard L. McCormick, *The Party Period and Public Policy: American Politics from the Age of Jackson to the Progressive Era*, New York: Oxford University Press, 1989, pp. 228–259.

也说明了这一时期的反党派主义深深根植于人们对政党实践的具体不满。斯蒂克尼等人要求废除政党的激进计划，蕴含着当时党内外的改革者都怀有的一种政治理想，即削弱党派权力、净化政治环境。19、20 世纪之交，在各个社会层面的改革行动中都爆发出这种以非党派、反党派面孔出现的反党派主义。

一方面，两党内部对"机器政治"多有不满的自由派改革者，主张减少政治中的党派性，削弱政党控制政府的能力。以共和党"中立派"为代表的精英改革者，倡导通过文官制度改革来消灭分赃制度。在此基础上，影响广泛的市政改革运动发展起来，中产阶级进步派在 19 世纪末加入运动后逐渐取代了大党内部的独立派精英。在进步主义时代初期，纽约、费城等大城市的改革者，试图通过一些非党派的竞选组织在地方政治中建立起"城市好政府"，并承诺以非党派的方式进行廉洁、高效、独立的市政管理。[1]一种倡导在政府事务中注入商业原则、用专业人士取代无能党徒的非党派政府理论，在世纪之交的政治讨论中引起了激烈争论。[2]在学者肖恩·威伦茨看来，中上层自由派改革者摒弃旧式党派倾轧而开创的这一更为冷静、超然的政治风格是反对党派性的一种新形式，他称之为"清高的独立政治"。[3]

另一方面，由底层改革者自发结成的各种党外互助组织和在此基础上

1　Francis S. Barry, *The Scandal of Reform: The Grand Failures of New York's Political Crusaders and the Death of Nonpartisanship*, New Brunswick: Rutgers University Press, 2009, pp. 1-2, 60-63.

2　详见 Edward Lauterbach, "Non-Partisan Politics," *Gunton's Magazine of American Economics and Political Science*, (January, 1896), pp. 27-33; "Theory and Practice of Non-partisanship," *Gunton's Magazine of American Economics and Political Science*, (October, 1897), pp. 259-266; "Which, Partisan or Non-Partisan?" *Outlook*, vol. 69, no. 7 (October, 1901), pp. 399-401; Samuel M. Jones, "The Non-Partisan in Politics," *The Independent: A Weekly Magazine*, vol. 55, no. 2855 (August, 1903), pp. 1963-1966.

3　Sean Wilentz, "The Mirage: The Long and Tragical History of Post-partisanship, from Washington to Obama," *The New Republic*, vol. 242, no. 17 (November, 2011), p. 30. 在这篇文章中，威伦茨借用奥巴马总统在 2008 年竞选承诺中关于"一个后党派的新时代"（a new era of post-partisanship）的表述，把美国政治史中反党派主义的一脉称为"后党派政治"（the politics of post-partisanship）。

形成的社会运动席卷了整个美国。他们的动员话语和组织策略，无论是温和的非党派原则还是激进的反党派行动，都传达出一种想要超越两党制党派政治的强烈渴望。平民主义运动揭示了 19 世纪后期的大众改革事业从温和走向激进的趋向，它虽由处境不断恶化的农民所发起，却不同程度地吸收了来自劳工、禁酒和妇女运动的改革力量。和这些在内战前便已开始的社会改革一样，农民运动是以非党派的动员模式兴起的。内战后出现的大多数农民组织，"最初都公开表示自己是非党派的，而且在很大程度上是非政治的"。[1]它们用共和主义的话语号召农业生产者不分党派地组织起来，以团结互助对抗垄断力量的侵夺。在被迫进入政治后，这些党外组织首先希望通过游说和压力技巧在主要政党内部推动改革，号召其成员按照候选人的改革承诺而非党派归属进行投票；当其在传统的非党派政治中所传达出的改革诉求遭到两党的冷遇时，它们才决心组建平民党以挑战党派政治。

综上所述，经过百余年的发展，反政党文化已经积淀了丰富的内涵。到 19 世纪末，反党派主义不仅包含了与共和主义相关的反党争、反派系冲动，也涵盖了围绕组织化政党而展开的反政客、反权力和反对"机器政治"、腐败及权谋的价值观。更重要的是，它还以非党派、反党派的面目频繁出现在政治讨论中，代表着一种试图净化、超越甚至替代党派政治的政治理想。

（二）农民组织的反政党立场

在奥利弗·凯利的计划中，格兰其一直都是一个回避政治的农民互助组织。早在 1867 年的数封信件中，他就已经明确表示过，禁止在该组织中讨论政治问题，它的代表也应该是不担任公职的那些人；该组织不仅要避开政治和宗教，还应打击这一原则的破坏者。1868 年初，在全国格兰其从费城发往全国各地的通告中，有一段话专门解释了该组织的政治立场："我们不

---

1 Carl C. Taylor, *The Farmers' Movement, 1620-1920*, New York: American Book Co., 1953, p. 228.

在该组织内考虑任何政治或宗教讨论；除非基于该组织的内在价值，我们不以任何理由请求任何宗派、团体或个人的赞助。它不需要这样的赞助，如果需要的话，它就不会是现在的样子了。"后来，这段话又一字不落地出现在他发给明尼苏达州农民的格兰其推介传单上。[1]

1870年，当格兰其开始在中西部地区呈现出发展活力时，伊利诺伊州的 W. W. 科比特给凯利写了一封长信，其中论及了该组织的政治立场。科比特指出，格兰其不应像一般人认为的那样政治化，而是要控制政客和公职人员，让他们一直站在人民的立场上说话、立法和做决定，这样才能保护农民的正当利益；该组织最好是能成为保持两党平衡的第三方力量，无论哪个政党宣称支持其立场，无论哪位候选人无条件承诺实施其所要求的改革，他们都应该得到农民的选票；"如果我们组织里有最优秀的人，我们就必须给他们职位，但一般来说，我们不需要自己去成为一个政治组织"。科比特关于格兰其非政治立场的主张得到凯利的肯定，这封信被他印发给各地的格兰其，引发了一些讨论。艾奥瓦州的达德利·亚当斯在给凯利的信中说到，科比特的想法有些困难，如果在政治组织中都难以使所有人就统一的政治行动达成一致，那么在格兰其这样的非政治组织中他们又如何能相互融合呢？弗里多尼亚格兰其的会长乔治·D. 欣克利也给凯利去信，他认为所有成功的秘密协会都避开了政治和宗教，因为其中包含着迟早会导致组织解体的因素；不过，在一定程度上，把政治引入格兰其也许是可取的，但要在它本身具有政治色彩之前"快事缓办"。[2] 这些讨论对格兰其是否应涉入政治都持一种十分谨慎的态度，至于那种将它与政党相提并论的想法更是它们唯恐避之不及的。

1 Oliver Hudson Kelley, *Origin and Progress of the Order of the Patrons of Husbandry in the United States*, Philadelphia: J. A. Wagenseller, Publisher, 1875, pp. 23–24, 30, 70, 128.

2 Ibid., pp. 258–259, 275, 276.

格兰其的一条明文规定是禁止成员将其作为一个政治或党派组织，尽管随着反垄断运动的高涨，它的部分成员与分会参与了独立政治行动，但全国格兰其始终坚持其非政治的性质。这一点在1874年的"目的宣言"中有几段专门的讨论：

> 我们强调并真诚地主张我们的组织法中一再教导的真理，即格兰其，无论是全国的、州级的还是地方的，都不是一个政治或政党组织。任何一个格兰其，如果忠于自己的义务，都不能讨论政治或宗教问题，也不召集政治大会，不提名候选人，不在会上讨论它们的优点。
>
> 然而，我们所教授的原则是一切真正的政治和真正的政治家才能的基础，如果得到正确执行，这些原则将有助于净化我国的整个政治气氛。因为我们为最广大的人谋求最大的利益。
>
> 我们必须永远记住，没有人会因为成为格兰其人而放弃每个美国公民在其国家的政治中取得适当利益的不可剥夺的权利和义务。
>
> 相反，每个成员都应该在其权力范围内合法地尽其所能，对他所属的任何政党的行动施加正面影响。他的职责是在自己的党内尽其所能打击贿赂、腐败和诡计；看到只有能干、忠诚、诚实的人才被提名担任所有值得信赖的职位，他们将坚定不移地维护我们的产业利益；并且实行了应当始终体现每一个格兰其人特点的原则，那就是公职应当来寻找贤人，而不是庸人去钻营公职。[1]

中西部各州的格兰其成员在反垄断政党运动中的政治参与，通常被视为致使该组织走向分裂和衰落的一个重要因素，这也成为后起农民组织规劝其成员

---

1 *Proceedings of the 7th Session of the National Grange of the Patrons of Husbandry*, New York: S. W. Green, Printer, 1874, pp. 58–59.

远离政治的反面教材。在格兰其之后兴起的众多农民组织中，大多都是非政治或非党派的。

农民运动中的这种反政治、反党派思想，在这一时期规模最大的南方农民联盟的成长过程中体现得最为明显。由于最初缺乏明确的政治态度，南方联盟与当时深受政治行动困扰的格兰其一样，经历了由内部争论造成的分裂。这一痛苦的成长经历，与党外互助组织的非政治传统一起，促使南方联盟在政治上采取了非党派原则。据其创建者之一 A. P. 亨盖特回忆，政治纷争几乎与南方联盟相伴而生。由于缺乏具体的行动路线，领导层在联盟的政治立场上意见不一。有人拒绝它与政治有任何接触，也有人建议把它作为非党派的压力集团和反垄断教育工具；还有人鼓动它参与独立政治。这一分歧也体现在制定组织章程的过程中：身为温和派的亨盖特，强烈反对联盟秘书所拟的激进章程，认为它若被采纳将成为联盟的"催命符"；但在联盟主席的支持下，倡导政治行动的章程稍作修改后获得通过。于是，联盟的领导者大都卷入了 1878 年的选举政治，该组织也公开表示支持绿背党候选人。结果，亨盖特一语成谶，幼小的联盟很快葬送于绿背党与民主党在兰帕瑟斯县的政治角逐中。[1]

1879 年，联盟在普尔维尔重建后，新章程中的"目的宣言"剔除了旧版中所有的"政治"字眼，将新组织定性为一个致力于改善农民阶层的精神、道德、社会和经济状态的互助协会。1882 年，为了避免卷入政治选举，联盟规定"参与政治与我们的章程精神是相悖的，我们不会提名或支持任何个人或群体作为一个不同的政党或政治实体去谋求公职"。[2] 这项决议初步明

---

[1] A. P. Hungate Memoir Notebook, Part II, pp. 8-26, quoted from Lawrence Goodwyn, "The Origin and Development of American Populism," Ph. D. Dissertation, The University of Texas-Austin, 1971, pp. 29-32; Robert C. McMath, Jr., Populist Vanguard: A History of the Southern Farmers' Alliance, Chapel Hill: The University of North Carolina Press, 1975, pp. 7-8.

[2] William L. Garvin, History of the Grand State Farmers' Alliance of Texas, Jacksboro: Printed by J. N. Rogers & Co., 1885, pp. 53-54.

确了新联盟的非政治立场，使它避免了重蹈旧联盟的覆辙，但也抑制了其发展甚至是生存活力，导致很多成员对组织事务丧失兴趣。联盟领导层迫切需要制定新策略以激发成员的参与热情，否则新联盟将会因为成员的漠不关心而瓦解。

在巡回演讲者的努力和联盟经济合作的吸引力下，该组织在 1884 年之后获得迅速发展。随着联盟力量的不断壮大，其政治立场也受到更多关注，这时它最大的担忧还是卷入派系斗争。联盟对派系的警惕超出了党派的范围，甚至还囊括了宗派。例如，联盟机关报曾明言："得克萨斯州联盟是非政治的，成员从一开始就被告知和保证该组织不会与其政治或宗教观点有任何冲突"；1885 年的州联盟年会又再次强调，禁止在任何联盟会议上进行政治或宗教讨论。[1] 相比于宗派，农民和联盟更关心的是党派问题。在向得克萨斯州范围内扩散的过程中，联盟总被问及它是否是一个政治组织或者是否会掺杂政治议题。联盟官方也多次重申，其目的不是挑起党派斗争、激起政治仇恨，而是团结生产者从事一切能够改善该阶级的非政治状态的活动，该组织与当时那些出于分赃和自私目的而建立的政党组织之间存在着根本不同。一些联盟组织者还用格兰其的殷鉴来提醒其成员防范政治骗子和雇佣政客，指出只要坚持非政治的原则联盟就是安全的，一旦允许政治骗子进入并听从其建议，联盟就将永久地失去力量。[2]

然而，联盟成员最终还是在 1886 年陷入了因是否采取政治行动而起的纷争中。联盟力量的猛增，不仅加剧了组织内部在政治问题上的立场分歧，还引起了一些政客的恐惧和焦虑，他们一边警告联盟成员不要介入政治，一边又预言联盟一定会在这个选举年有所行动，这些敲打和鼓动助长了联盟内

---

1 *Rural Citizen*, April 10, 1884, p. 2; William L. Garvin, *History of the Grand State Farmers' Alliance of Texas*, Jacksboro: Printed by J. N. Rogers & Co., 1885, p. 81.

2 "What are We Organized for?" *Rural Citizen*, May 15, 1884, p. 2; "Correspondence," *Rural Citizen*, September 17, 1885, p. 4; "Wertham," *Rural Citizen*, November 26, 1885, p. 4.

的激进情绪。随着意见分歧的日益公开化，联盟内部的各方力量也基本选定了立场。从州联盟领导层到机关报编辑都坚持不介入政治，他们表示"虽然我们同情被压迫者，但是我们决不支持反对自由、法律和秩序这些基本原则的任何政党"。[1] 帕洛平托、蒙塔古和达拉斯这三个县联盟以及一些支部，则计划与劳动骑士团联合提名公职竞选人。以联盟演讲者道斯为代表的中间派，试图调和双方的观点。在面向联盟成员的一篇文章中，道斯一边声称农民没能积极参与政治是其缺少代表的原因，一边又指出将联盟变成政治机器会对该组织造成破坏。他认为可行的方法是：由联盟成员以公民身份，召集各个社区组建反垄断协会，通过这样的第三方组织讨论政治议题、提名公职候选人。[2]

学者劳伦斯·古德温将道斯所提出的这条折中之道称为"道斯方案"，并称它"代表了联盟公共姿态的一种根本改变"。他认为，道斯方案中的三个关键词组——"召集各个社区""组织反垄断协会"和"提名公职候选人"，加在一起为政治反叛行动提供了"一句话命令"，它"指向一个新的政治机构——第三党"。[3] 但是，如果对道斯的文章加以全面审视就会发现，其显著特点是完全避免就政党提出任何意见。它不仅没有任何建议第三党行动或对既存政党保持忠诚的内容，而且敦促成员"可以把联盟的原则带入你们的政治会议，但不要把政治带入你们的联盟"。与其说它揭示了联盟政治立场的激进转向，不如说它是在捍卫联盟自重建之后一直坚持的非党派立场。尽管道斯仍赞成将联盟继续作为"一个非政治组织"，但他的妥协建议却更倾向于将之视为向现有政治机制施压的非党派组织。[4] 换言之，道斯方案暗示了

---

1 *Rural Citizen*, April 1, 1886, p. 2.

2 "S. O. Daws, to Alliance Men, in Ft. Worth Gazette," *Rural Citizen*, May 20, 1886, p. 4.

3 Lawrence Goodwyn, *Democratic Promise: The Populist Moment in America*, New York: Oxford University Press, 1976, pp. 67–73.

4 "S. O. Daws, to Alliance Men, in Ft. Worth Gazette," *Rural Citizen*, May 20, 1886, p. 4.

联盟非政治立场的松动。

中间派的调和未能有效缓和争论双方的矛盾，相反，他们相互之间的不满和怀疑情绪随着政治争论的继续发酵而日渐高涨，终于在克利本会议上酿成了组织分裂的恶果。围绕"克利本诉求"的争论在联盟分裂后依然激烈，分歧的焦点在于是否要进入政治。少数派将非党派等同于非政治，以章程中并未提及"政治"为由，敦促联盟远离任何形式的政治。多数派认为联盟的使命包括净化政治，人们的道德、社会和经济状况也与国家的政治和法律制度不可分割，因此联盟必须在政治中被感受到。[1]这些讨论在成员中造成了极大困扰，就连新机关报的编辑也向当时代行联盟决策权的查尔斯·马库恩去信，询问联盟官方是否希望"以一种严格非政治（中立）的路线，或仅仅以一种非党派的精神"来管理该报。[2]

和很多联盟人一样，马库恩将介入党派政治视为联盟的一大威胁。鉴于成员们激进情绪的增长，他所提议的"严格按照非党派精神"行事的原则，在年会上被写进"目的宣言"，这被他称为"建立联盟上层建筑的基石"。[3]由于分裂双方都同意联盟不应与政党有任何关联，马库恩以一种非党派话语在他们之间进行斡旋。他在回信的开篇写道："农民联盟，在这个词的某种意义上，是严格的非政治的；在另一种意义上，它是我们所拥有的最好的政治学校。它没有也永远不会与党派或'机器政治'有任何关系。"[4]通过一边强调联盟的非党派性以安抚少数派对政治的恐惧，另一边突出联盟的经济和政治教育功能以弱化多数派的激进倾向，马库恩为联盟确立了一种"政治但

1 "Politics and The Alliance," *Dallas Mercury*, October 22, 1886, p. 4; "Is The Alliance Political?" *Dallas Mercury*, November 5, 1886, p. 4.

2 "Interesting Correspondence," *Dallas Mercury*, November 5, 1886, p. 5.

3 N. A. Dunning, ed., *The Farmers' Alliance History and Agricultural Digest*, Washington, D. C.: Alliance Publishing Company, 1891, p. 47.

4 "Interesting Correspondence," *Dallas Mercury*, November 5, 1886, p. 5.

非党派[1]"的新立场。他对联盟政治倾向的这种界定，是该组织内部各种力量相互妥协的结果。

马库恩利用非党派话语的模糊性，将联盟人的策略分歧暂时掩盖并最小化了。这阻止了农民力量的继续分化，却并未消除联盟人在政治意见上的紧张关系。马库恩认为，联盟急需一个团结性的核心议题来转移人们对政治分歧的关注。1887年初，他在韦科会议上宣布，这个议题就是在经济合作的基础上把棉花地带的农民组织起来，他为此提出了组织扩展和经济联合两条行动路线。[2] 韦科会议重申了"克利本诉求"，将其裁定为"在政治意义上是非党派的"。[3] 这意味着联盟官方认可了多数派所倡导的政治举动，即以该组织的名义就农民的立法诉求向两党和议会施压。为了回避曾引发联盟覆灭和分裂的党派政治因素，马库恩告诫联盟人要将政治行动限制在非党派的范围内。他在1887年的联盟年会上表示，对占选民大多数的农民阶层而言，其最大的政治影响应该通过适当、明智地行使请愿权在立法大厅而非竞选活动中发挥出来。"我们组织的成员不应以联盟人而应以公民的身份参与到党派政治中，因为政治是为公民服务的。"[4] 此次会议的代表在为联盟"目的宣言"增加的一篇导言中也明确指出："在不扰乱政党路线和党派关系或不挑拨党派感情和纷争的情况下，我们要大胆地参与讨论和调查与这个国家的生产性产业及其一般物质福利直接或间接相关的所有法律、公共措施和政府政

---

1 "政治但非党派"（political but non-partisan）是洛伊丝·斯科金斯·塞尔夫在研究联盟运动的话语体系时凝练出的一个概念，用以概括联盟官方为调解成员之间的策略分歧而采用的一种模棱两可的自我定义，详见 Lois Scoggins Self, "Agrarian Chautauqua: The Lecture System of the Southern Farmers' Alliance Movement," Ph. D. Dissertation, The University of Wisconsin-Madison, 1981, pp. 75-87.

2 "Annual Address by President C. W. Macune, of the F. A. and C. U. of A.," *National Economist*, December 14, 1889, p. 196.

3 N. A. Dunning, ed., *The Farmers' Alliance History and Agricultural Digest*, Washington, D. C.: Alliance Publishing Company, 1891, p. 54.

4 William L. Garvin and S. O. Daws, *History of the National Farmers' Alliance and Cooperative Union of America*, Jacksboro: J. N. Rogers & Co., 1887, pp. 67-68.

策。"[1] 在 1888 年的联盟年会上，马库恩再次强调，要把党派忠诚留给个人，但农民作为一个阶层需要学习和讨论政治经济学。他还建议，制定一些禁止各级联盟在党派政治或宗派宗教中有所行动的细则。[2]

出于对党派政治的恐惧及自私政客的警惕，马库恩将经济联合放在联盟活动的核心位置。他试图通过宣传联盟的商业性质尽可能地弱化其政治色彩，"让联盟成为一个出于商业目的的商业组织"成为他不断重申的一句口号。[3] 在南方联盟的组织网络向得克萨斯州之外扩展的过程中，吸收、整合当地原有的农民组织和抗议力量是一种重要的方式。在收编其他同类组织时，非党派立场是联盟的一个重要考量因素。例如，联盟与轮会能够实现合并的基础之一便是非党派原则，二者拥有相似的发展历程，在讨论垄断时都会涉及政治。轮会成员虽希望它有朝一日能强大到左右立法，但"不是从党派的角度，也不是作为一个政党，而是作为一个独立的因素，忠诚到不能被哄骗或收买，强大到不能被粉碎"。[4] 在协商合并的过程中，较为激进的轮会迅速向联盟的政治倾向靠拢。其主席艾萨克·麦克拉肯在 1887 年的会议上引用马库恩原话表明其非党派立场，并呼吁借助改革诉求向各政党和立法机关施压。会议效仿联盟诉求通过的一份轮会诉求在次年被提交给民主党全国大会，麦克拉肯在附信中声明："作为一个农业组织，我们在政治上是非党派的，因此我们是从非党派的立场提出我们的诉求的。"[5]

导致南北两个农民联盟合并失败的诸多因素之一，是双方关于政治行动

---

1 *Proceedings of the National Farmer's Alliance and Co-operative Union of America, 1887*, Regular Session at Shreveport, Louisiana, Dallas: Mercury Print, p. 12.

2 "The National Alliance," *Southern Mercury*, December 13, 1888, p. 7.

3 John D. Hicks, *The Populist Revolt: A History of the Farmers' Alliance and the People's Party*, Minneapolis: University of Minnesota Press, 1931, p. 132.

4 W. Scott Morgan, *History of the Wheel and Alliance, and the Impending Revolution*, Fort Scott, Kansas: J. H. Rice & Sons, Printers and Publishers, 1889, p. 82.

5 N. A. Dunning, ed., *The Farmers' Alliance History and Agricultural Digest*, Washington, D. C.: Alliance Publishing Company, 1891, pp. 205–208, 214.

的分歧，这在 1887 年的亚特兰大州际农民大会便已显露无遗。北方联盟的主席、1888 年联合劳工党的总统候选人安森·斯特里特在会上指出，农民的困境是由阶级立法造成的，纠正不公的方法是把农业生产者"组织到一个自我防御的政党中"。这番激进言论引起南方代表的一片哗然，在他们看来，第三党行动是装满腐败的潘多拉魔盒和破坏组织事业的特洛伊木马；如果允许第三党进入南方各州，无异于敲响了俄亥俄河以南白人至上的丧钟。[1] 马库恩代表南方联盟在会上提出解决农业弊病的唯一方法是农民基于组织与联合的经济合作，并特别强调南北联盟是两个完全不同的组织。"我们的组织是一个严格的商业性组织，我们回避党派政治，只要现在属于这个组织的成员还控制着它，我们就永远不会涉足政治。"[2]

由此可见，非党派原则实际上是被马库恩等人用来反对联盟介入政治尤其是采取第三党行动的。这主要是出于避免分裂、确保团结的考虑，但为了安抚激进派，他们也同意以联盟的名义进行政治请愿。这种有限的政治行动和一种强调经济联合的非党派话语，暂时压制了激进一翼推动联盟进入选举政治的冲动，因为他们认为农民阶层的经济联合有助于一个农业政治大联合的出现。"事实上，正是由于坚信将农民联合成一个在超越党派目的的原则刺激下的大众压力集团可能会'净化政治'，才激发了联盟的组织运动和巨大发展。"[3] 到1889年底，南北两个联盟的合并计划宣告失败，农民组织的经济合作也初显颓势。这表明互助性质的非政治活动并不能实现农民的自救，他们若想挣脱困境、纠正时弊，还需要政府的立法干预。与此同时，南方联

---

1 *Proceedings of the Inter-State Convention of Farmers, 1887*, Atlanta: J. P. Harrison & co., pp. 31–34, 37–38.

2 Charles Macune, "Organization," in *Proceedings of the Inter-State Convention of Farmers, 1887*, Atlanta: J. P. Harrison & co., pp. 49–53.

3 Lois Scoggins Self, "Agrarian Chautauqua: The Lecture System of the Southern Farmers' Alliance Movement," Ph. D. Dissertation, The University of Wisconsin-Madison, 1981, pp. 78, 266.

盟的西扩也吸引了西部那些经验丰富的第三党人的加入，这势必会增强该组织内部激进一翼的力量，推动着农民运动走向新的政治联合。

三、联盟政治与平民党的诞生

1889 年底，南方联盟主导下的农民运动在全国层面上发展到了一个重要的转折点。在此之前，联盟运动按照非政治或非党派的精神行事，一直朝着经济联合的方向探索出路；圣路易斯大会之后，农民运动开始在南方联盟的带领下真正进入政治。这与会上的两项举措密切相关：一是联盟与劳动骑士团联合通过了"圣路易斯纲领"，二是马库恩等人提出了国库分库计划。[1] 二者虽然反映的仍是生产者的经济改革诉求，但都呼吁政府对垄断资本采取直接行动，并在后来成了平民党政纲。进入 1890 年，南方联盟的工作重心迅速转向了以"国库分库法案"为基石的立法改革浪潮。这一财政立法努力在全国层面的失败，刺激了联盟人积极参与 1890 年的选举政治。西部各州的第三党人在选举中组建了一批新政党，为一个全国性平民党的到来揭开了序幕。

（一）国库分库议题与 1890 年南方的联盟政治

在 1889 年的圣路易斯会议上，由马库恩和 L. L. 波尔克等南方联盟的核心领导层所组成的货币制度委员会提交的一份报告获得了批准，代表着联盟最具标志性的财政改革信条——国库分库计划的正式问世。该报告首先指出，美国的金融体系中存在的最大弊端是，允许一些特权阶级通过发行货币获得"金钱的压迫力量"，使其能够凭借控制流通媒介的数量操纵物价的涨落，进而压榨生产性阶级的劳动成果。随后，报告提出了将生产性劳动从金

---

1 *Proceedings of the Annual Session of the Farmers and Laborers Union of America, 1889*, held at St. Louis, Missouri, Washington, D. C.: The National Economist Print, 1890, pp. 50–52, 60–63.

钱的压迫下解放出来的有效方法，包括两点：第一是联盟承袭自绿背主义者的自由铸银主张，这是该组织长期以来一直坚持的一项货币理念；第二便是由联盟领导层刚刚推出的国库分库计划。按照该计划，由政府在每年的农产品出售价值超过 50 万美元的各个县设置一个国库分库部门，并配备相应的仓储设施，农民在收获了棉花、小麦、玉米等作物后，可将其存入分库作为担保，获取一笔利率仅为 1%、面值约为所存农产品价值 80% 的现金借贷；分库会向农民提供一份入库存单，并在保管期间收取合理的搬运、仓储和保险费用，农民可在一年内农产品价格合适的时候将其赎回卖掉，或委托管理者对之进行公开竞拍，收款时扣除理应支付给分库的利息和其他费用。通过这种安排，农民不仅能从政府那里获得下一季生产所需的廉价借贷，还能在他们不想将农产品投入市场时使用政府所提供的储存设施，甚至还能在销售过程中获取更有利的市场地位。[1]

1890 年初，借助国库分库议题，南方联盟开始进入国家政治舞台。通过马库恩等人在华盛顿的游说活动，联盟将其货币改革主张转化成"国库分库法案"（即 H. R. 7162 或 S. 2806）。[2] 该法案几乎涵盖了原计划的所有要点，并规定了财政部长和分库管理者的具体职责以及分库的运行细节。自此之后，它就成为联盟政治事业的根本性议题，甚至"可以被合理地视为联盟的首要诉求，也是该组织成败的关键"。[3] 这年春夏，在联盟组织者的指导下，地方支部关于该法案的请愿书如潮水般涌入了国会两院。最早的一份联盟请愿书，似乎是由北卡州的一个地方组织在 1890 年 1 月签署的。在"国库分

1　"Eureka! Key to the Solution of the Industrial Problem of the Age," *National Economist*, December 28, 1889, pp. 225-226.

2　"Bill H. R. 7162, in the House of Representatives," in *Congressional Record*, 51ᵗʰ Congress, 1ˢᵗ Session, February 18, 1890; "Bill S. 2806, in the Senate of the United States," in *Congressional Record*, 51ᵗʰ Congress, 1ˢᵗ Session, February 24, 1890.

3　N. A. Dunning, ed., *The Farmers' Alliance History and Agricultural Digest*, Washington, D. C.: Alliance Publishing Company, 1891, p. 735.

库法案"被提交给国会之后，各地联盟提交的请愿书在西弗吉尼亚州的带领下从 3 月开始猛增，在 4 月到 7 月形成了一股全国性的请愿热潮。在 5 月近一半的时间里，国会每天都能收到 30 份左右的请愿书，其中联盟成员在 5 月 26 日提交的请愿和决议高达 50 份，而行动活跃的北卡州仅在 5 月 15 日这一天就向国会输送了 24 份请愿书。[1] 据说，法案出台 5 个月后，仅北卡州就有超过 1500 个联盟支部表示了对它的支持。[2] 马库恩声称，联盟成员"向国会提交的请愿书汇集了大约一百万农民的签名"。[3]

　　与广大联盟成员对"国库分库法案"的热情支持形成鲜明对比的，是来自国会内外的反对者对它的敌视和嘲弄。联盟的死对头《纽约太阳报》将其政治原则描述为"一种可怕的家长制制度"，轻蔑地称呼该计划的支持者为"乡巴佬社会主义者"。[4] 其他反对者也为他们奉上了"土豆银行"的设计者、"疯狂膨胀"的阴谋家等饱含嘲讽意味的绰号。[5] 芝加哥的《美国谷仓塔与贸易报》指责联盟的财政改革是一项社会主义措施，认为其立法倡议是一部"堂吉诃德式的法案"。[6] 国库分库计划被《纽约时报》称为"头脑清醒的人严肃提出的最疯狂、最梦幻的项目之一"。[7]《华盛顿邮报》将其一篇相关社论直接命名为"国库分库的异端邪说"。[8]"国库分库法案"的提出在国会议员中引起了巨大骚动，一位观察者将其效果比做"就像谷仓院子里突然掉

---

1 *Congressional Record*, 51th Congress, 1st Session, Vol. 21, Part 1–8. 文中所引的相关信息参见第 894、2109、4109–5321 页。

2 Robert C. McMath, Jr., *Populist Vanguard: A History of the Southern Farmers' Alliance*, Chapel Hill: The University of North Carolina Press, 1975, p. 93.

3 Charles W. Macune, "The Farmers Alliance," Dolph Briscoe Center for American History, The University of Texas at Austin, 1920, p. 50.

4 "The Press and the Sub-Treasury Plan," *National Economist*, March 22, 1890, p. 1.

5 J. E. Bryan, *The Farmers' Alliance: Its Origin, Progress and Purposes*, Fayetteville, Ark., 1891, p. 109.

6 *National Economist*, June 28, 1890, p. 238.

7 "An Abortive Movement," *New York Times*, December 10, 1890, p. 4.

8 "Nonsense for Argument," *National Economist*, August 8, 1890, p. 333.

下一只鹰"。[1] 反对派借助于一些德高望重的议员，对法案发起了违宪、阶级立法和父权制作风的指控，谴责该计划在许多方面都是"廉价借贷妄想在这个国家彰显自己的最极端形式"。[2]

在大多数情况下，联盟选择用积极对话探讨的方式来回应大多数的反对者。4月，联盟的两位主要领导人波尔克和马库恩，在参议院的农业委员会面前就"国库分库法案"进行演讲。针对家长制作风的指控，波尔克主席反问道：如果指控对该法案成立的话，那么实行已久的政府向银行发行债券、为威士忌提供仓储设施的做法是否也可被视为父权立法呢？马库恩则表示，农业萧条是过去几百年世界主要农业国家所面临的共同问题，原因即在于农业对货币的季节性需求的差异，补救措施便是使流通媒介的数量与农业需求的波动相适应，联盟所提出的改革立法兼具了农业和金融双重特点。[3]5月，马库恩和阿朗佐·沃德尔又代表联盟的立法委员会在众议院的筹款委员会进行了听证，有色农民联盟的总干事汉弗莱也获得了在国会相关委员会进行演讲陈述的机会。马库恩指出，法案所涉及的原则早就引起了美国农业人士的注意和讨论，它被联盟所采纳是"全国各地自发运动的结果"。[4]

一些支持这项法案的议员，也在国会发言中或改革报刊上为联盟的改革倡议辩护。一时之间，关于"国库分库法案"的指控与反指控争辩，成为划分国会内外不同阵营的关键议题。尽管国库分库立法被联盟领导层视为"目前让民众获得货币流通的最佳解决方案"，尽管联盟在这方面的努力被波尔

1　J. M. Whitehead, "Some Objections to the Sub-Treasury Answered," *National Economist*, July 5, 1890, p. 245.

2　"The Sub-Treasury Cheap Money Plan," *Century Illustrated Magazine*, vol. 42, no. 5 (September, 1891), p. 786.

3　*National Economist*, May 3, 1890, pp. 97–102, 105–112.

4　关于这几位联盟领袖的发言稿，详见 *National Economist*, May 24–June 7, 1890.

克称为"自联邦宪法通过以来这个国家所有人所采取的最重要的行动"，[1] 但它还是遭到了国会的否决，人们也逐渐对法案能在第 51 届国会上获得通过失去了希望。立法努力在全国层面的失败，刺激了联盟成员决定在这个政治选举年采取激进行动，斗争的焦点从国会迅速转向了州和地方立法机关。《纽约太阳报》虽然对"乡巴佬社会主义者"嗤之以鼻，却也警觉到"如果他们在政治上团结一致，那么在未来的一两年里，可能会出现一些美国历史上最活跃、最令人惊讶的政治活动"。确如该报所言："一场可能导致一些惊人的政治变化的大型政治运动已经开始了"。[2]

从政治角度来看，国库分库计划是"一个具有相当大暗示的理论和心理突破"，它提议动员国家的货币权威，建立一种旨在帮助生产者阶级的货币体系，让其为最贫困的公民服务。[3] 这样一项只有通过立法才能实现的改革措施，一旦成为联盟运动的核心倡议，就不可避免地会动摇该组织一直所恪守的非党派立场。事实上，不只是货币改革主张，还有"圣路易斯纲领"中的所有条款，都与两大政党所代表的利益格格不入，除了通过政治很难看出它们还有别的实现途径。从联盟决定起草"国库分库法案"的那一刻开始，它就已经"解除了对政治目标的禁忌"。[4] 作为一个日益滑向政治边缘且具备完整改革纲领的全国性农民组织，联盟势必会在 1890 这个选举年制造一场政治"地震"。

随着初选在 1890 年夏秋季节的启动，联盟纲领在南方的民主党内造成了一次内战后最严重的撕裂，这在很大程度上是由不久前刚被国会否决的国

---

1 "How It Is Being Received," *National Economist*, February 8, 1890, p. 328; Stuart Noblin, *Leonidas La Fayette Polk, Agrarian Crusader*, Chapel Hill: University of North Carolina Press, 1949, p. 218.

2 "The Press and the Sub-Treasury Plan," *National Economist*, March 22, 1890, p. 1.

3 Lawrence Goodwyn, *Democratic Promise: The Populist Moment in America*, New York: Oxford University Press, 1976, p. 150.

4 C. Vann Woodward, *Origins of the New South, 1877–1913*, Baton Rouge: Louisiana State University Press, 1971, p. 202.

库分库立法所引起的。国库分库计划并不是联盟的唯一诉求，它甚至都没有被纳入"圣路易斯诉求"中，但在 1890 年它几乎已经成为南方各州农民的中心诉求，这与该计划的南方地域性特征密不可分。国库分库计划最鲜明的特点是，它契合了南方农民除了作物之外别无他物可供抵押贷款的现实。急需信贷，是南方作为一个地区在内战后所面临的突出性难题，也是促使"它成为 19 世纪 80 年代货币和银行改革运动的核心并在接下来的三十年里一直如此"的主要推动力。[1]

虽然"国库分库法案"未能使国会就财政改革采取任何行动，但其南方支持者的愤怒并不足以驱使他们离开民主党。相反，他们试图通过在地方上控制民主党以实现其改革诉求。从这年夏天开始，联盟在各州发起了一场通过控制州内民主党提名大会来占领州立法机构的运动，所有候选人都被要求接受"联盟准绳"的检测。一般情况下，他们只有在以书面承诺的方式表示了对"圣路易斯纲领"、国库分库计划和其他地方性诉求的支持之后，才会获得联盟成员的选票。[2]将国库分库这个造成巨大社会争议的议题纳入"联盟准绳"的范围，遭到了联盟内部的保守派的反对，作为忠实的民主党人，他们无法接受将对国库分库的忠诚置于对民主党的忠诚之上。国库分库的支持者要求以此议题划分敌友阵营的努力，遭遇了可想而知的困难，也破坏了联盟在经济合作中辛苦经营起来的组织团结和盟友关系。

民主党内的改革派与保守派在国库分库问题上的较量，引发了当时的观察者乔治·温斯顿所说的"北卡州政治史上最糟糕的混乱局面"。党内的保守派和联盟-改革派的斗争，将民主党候选人置于进退两难的尴尬境地，北卡州民主党也在彻底分裂的边缘摇摇欲坠。在双方中的温和派的斡旋和不断

---

1 Elizabeth Sanders, *Roots of Reform: Farmers, Workers, and the American State, 1877–1917*, Chicago: University of Chicago Press, 1999, p. 112.

2 C. Vann Woodward, *Origins of the New South, 1877–1913*, Baton Rouge: Louisiana State University Press, 1971, p. 202.

上升的共和党威胁之下，两派在 9 月下旬达成了暂时休战，民主党最终得以在 11 月的选举中大获全胜。然而，在当选的 9 名国会议员中有 6 人是联盟人或联盟纲领的支持者，州议会的 170 个席位中有 110 个被联盟人占领。大选虽然落下了帷幕，但这场冲突在民主党内所引起的痛苦和分裂并没有随之消失。作为冲突分界线的国库分库计划，在联盟内部的激进派和民主党内的保守派之间造成了"像墨西哥湾一样宽的分歧"，双方之间不可调和的矛盾为下次大选中的平民党反叛埋下了种子。[1]

和北卡州一样，对联盟纲领的坚持在南方其他州也造成了类似的政治混乱，并取得了振奋人心的成绩。在佐治亚州，联盟人占据了 10 个国会席位中的 6 个，选出了一位支持改革的州长；州参议院的 44 名议员中有 31 名是联盟成员，174 个州众议院席位中的 137 个落入了联盟人及其盟友之手。[2] 在田纳西州，州联盟主席当选州长，州立法机构中近一半的席位被联盟成员控制，他们占据了参议院 33 个席位中的 14 个、众议院 90 个席位中的 40 个。[3] 在亚拉巴马州，州立法机构的 133 名议员中有 75 人以上支持联盟纲领；在佛罗里达州，联盟组织占据了 100 个州议会席位中的 52 个；在弗吉尼亚州，即便这年没有举行州选举，5 位国会议员仍然给出了支持改革纲领的承诺。[4] 南方联盟的领导层在大选之后收集"战利品"时，兴奋地宣称该组织"完成了一项远比最乐观的预期更伟大的工作。……使国家的政治发生了革命性的

---

1 Alan B. Bromberg, "'The Worst Muddle Ever Seen in N.C. Politics': The Farmers' Alliance, the Subtreasury, and Zeb Vance," *The North Carolina Historical Review*, vol. 56, no. 1 (January, 1979), pp. 30-40.

2 Alex Mathews Arnett, *The Populist Movement in Georgia: A View of the "Agrarian Crusade" in the Light of Solid-South Politics*, New York: Columbia University Press, 1922, p. 116; Lawrence Goodwyn, *Democratic Promise: The Populist Moment in America*, New York: Oxford University Press, 1976, pp. 214-215.

3 Theodore Saloutos, *Farmers' Movement in the South, 1865-1933*, Berkeley: University of California Press, 1960, p. 114; C. Vann Woodward, *Origins of the New South, 1877-1913*, Baton Rouge: Louisiana State University Press, 1971, p. 203.

4 C. Vann Woodward, *Origins of the New South, 1877-1913*, Baton Rouge: Louisiana State University Press, 1971, p. 203; Lawrence Goodwyn, *Democratic Promise: The Populist Moment in America*, New York: Oxford University Press, 1976, p. 215.

变化"。[1] 在密西西比河以东，联盟控制了七八个州的立法机关，选出了 3 名
州长，在国会中拥有 44 名众议员和 6 名参议员。[2]

　　与联盟领导层普遍的乐观情绪形成鲜明对比的，是联盟激进派的警觉和
不满。在他们看来，"1890 年南方的政治完全是一场骗局"，所谓的改革只
是表面现象，根本没有任何实质内容。这种看法并非毫无依据，一些政治家
对联盟纲领的支持，在一定程度上是为了维持民主党团结的权宜之计，甚至
部分农业改革者也表现出这种倾向。最重要的是，民主党的政党机器仍然掌
握在守旧派手中，"几乎在所有地方，议会程序的控制机制——强大的委员
会的主席职位——以及通过企业游说的影响可获得的持续影响力，都被那些
以商业而非以联盟为导向的政治家所保留"。[3] 这使联盟的激进派确信，该组
织对民主党的明显控制不过是一种幻象，现实情况可能恰好与此相反，不是
联盟控制了民主党，而是民主党控制了联盟。[4]

　　联盟领导层与民主党内的温和改革派的合作，以及他们对国库分库问
题的压制，把联盟的左翼往政治反叛的边缘又推进了一步。这在得克萨斯州
表现得尤其明显，在国库分库主张遭到民主党提名大会的否决之后，以威
廉·兰姆为代表的克利本会议上的老激进分子，认为民主党的纲领已经偏离
农民，并公开表明了反对该党的立场。在这年 8 月的州联盟年会上，激进派
要求整个组织的领导层必须在忠于他们父辈的政党和忠于国库分库这个联盟
的核心诉求之间做出选择。经过两天的激烈辩论，各县被要求就是否批准国

---

　　1 "The Result," *National Economist*, November 15, 1890, p. 133.

　　2 Carl C. Taylor, *The Farmers' Movement, 1620-1920*, New York: American Book Co., 1953, pp. 292-293.

　　3 Lawrence Goodwyn, *Democratic Promise: The Populist Moment in America*, New York: Oxford University Press, 1976, pp. 216-217.

　　4 Robert C. McMath, Jr., *Populist Vanguard: A History of the Southern Farmers' Alliance*, Chapel Hill: The University of North Carolina Press, 1975, p. 97; C. Vann Woodward, *Origins of the New South, 1877-1913*, Baton Rouge: Louisiana State University Press, 1971, p. 204.

库分库计划进行投票，结果是 16 个县弃权、23 个县反对、74 个县赞成。[1] 这一结果表明，至少在国库分库这个根本问题上，得克萨斯州联盟已经站到了民主党的反对面。和得克萨斯州联盟一样，尽管面临着州组织内部的反对，迫使联盟领导层和候选人必须对国库分库计划做出表态的决议，还是在密西西比、北卡罗来纳、佛罗里达和佐治亚等州获得了批准，而弗吉尼亚和密苏里的州联盟则对此投出了反对票。[2]

经过 1890 年的大选，南方各州的政治格局已经被联盟成员的介入彻底打乱了。不管是联盟人对民主党改革派的争取，还是民主党投机派对联盟人的拉拢，都给南方农民提供了他们能够通过父辈的政党获得外部救助的虚幻愿景。而对政治现实认识更为清醒的激进派，利用国库分库这个强有力的武器，进一步推动了联盟内部的政治独立倾向。在南方联盟新开拓的中西部各州，愤怒的粮农已经借用"圣路易斯纲领"开启了新一轮的第三党行动。联盟内部的这两支力量，已然打破了该组织多年来的远离党派政治的禁忌。到1890 年底的奥卡拉会议召开时，组建全国性第三党已经成为一个联盟领导层再也无法回避的问题。

（二）1890 年大选与西部各州的第三党政治

到 1890 年，包括南方联盟在内的生产者组织大都已经介入政治，差别在于采取何种方式。如霍夫斯塔特所观察到的，美国农业组织的政治参与一直在两种方式之间来回切换，一种通过非党派行动进行，另一种倾向于第三党行动。[3]1890 年前后几年的农民政治，经历了从非党派政治到第三党政治

1 Lawrence Goodwyn, *Democratic Promise: The Populist Moment in America*, New York: Oxford University Press, 1976, pp. 221–223; *Proceedings of the 11th Regular Annual Meeting of the Texas Farmers Alliances*, held at Dallas, Commencing August 19, 1890, Dallas: Robt T. Bibb, Printer, 1891, p. 24.

2 Robert C. McMath, Jr., *Populist Vanguard: A History of the Southern Farmers' Alliance*, Chapel Hill: The University of North Carolina Press, 1975, p. 95.

3 Richard Hofstadter, *The Age of Reform: From Bryan to F.D.R.*, New York: Vintage Books, 1955, p. 96.

的过渡。大部分西部州走在了南方州的前面，在 1890 年的选举中便已转向第三党行动，而南方各州和全国层面的农民政治直到 1892 年大选开始前才完成这种演进。

在 1889 年，非党派政治仍然主导着西部的农民组织，它们希望能通过现有政党的机制实现改革。例如，堪萨斯州联盟敦促其成员"要在联盟内避免所有的政治行动或党派政治讨论，因为我们将这种行动看作在政治上对我们毫无价值，是我们组织中的某种不和因素"。[1]类似的情况也出现同一时期的其他西部州联盟中，那时它们都还属于北方联盟。由于不愿离开共和党且担心独立政治会造成组织分裂，艾奥瓦、内布拉斯加和南达科他的第三党领导者，最初都希望将农民的政治参与限制在非党派活动上。[2]甚至有研究称，所有中西部州的农民组织最初都反对第三党行动，认为"组建第三党天生就具有争议性，有分裂组织并将其精力从重要的非政治目的上转移走的风险"。[3]

然而，情况却在次年的选举政治中发生了急剧变化。沿着达科他-内布拉斯加-堪萨斯-俄克拉何马一线，出现了农民组织与共和党的彻底决裂。在这条中部边界线以西的地区，包括落基山脉和西海岸的一些州，涌现出一批争取地方和州级公职的独立候选人。[4]这些西部州的农民之所以能在政治策略上率先转向第三党行动，与其所处的政治环境关联很大。首先，他们有一批经验丰富的第三党人。这些政治激进派，先是在建立各自州的第三党

1　W. P. Harrington, "The Populist Party in Kansas," *Collections of the Kansas State Historical Society*, vol. 16 (January, 1923), p. 407.

2　Peter H. Argersinger, *The Limits of Agrarian Radicalism: Western Populism and American Politics*, Lawrence: University Press of Kansas, 1995, p. 3.

3　Jeffrey Ostler, *Prairie Populism: The Fate of Agrarian Radicalism in Kansas, Nebraska, and Iowa, 1880–1892*, Lawrence: University Press of Kansas, 1993, p. 8.

4　参考 David B. Griffiths, *Populism in the Western United States, 1890–1900*, Lewiston: Edwin Mellen Press, 1992; Robert W. Larson, *Populism in the Mountain West*, Albuquerque: University of New Mexico Press, 1986.

时，后来又在新建一个全国性政党的过程中，发挥了关键性的推动作用。其次，在这些州一家独大的共和党官员，无视农民的改革诉求，排挤党内的农民领袖。例如，堪萨斯州的国会参议员约翰·英戈尔斯在拒绝了联盟人的改革纲领后，嘲讽他们所要求的"政治净化是一个色彩斑斓的美梦"。[1]对中部草原州的一项比较研究发现，州级政党制度对农民诉求的反应是决定农民政治采取何种方式的关键。在民主党与共和党势均力敌且竞争激烈的政党体制中（如艾奥瓦、密苏里、伊利诺伊和印第安纳等州），农民的改革诉求能得到有效回应，这有利于保持并加强农民组织的非党派政治立场。而在那些缺乏两党竞争的政治环境中（如内布拉斯加、堪萨斯等州），主导性的旧党对农业诉求的漠视，往往会造成非党派的改革议程无法在州一级推进，进而导致政治疏离和第三党行动。[2]这在一定程度上解释了农民在中部边界线两侧毗邻的几个州为何会采取不同的政治策略。

当南方各州的联盟成员试图通过国库分库立法和"圣路易斯纲领"向民主党施加政治压力时，他们的西部同行已经放弃了压力集团政治，进入到州一级的政治反叛阶段，并组建了与共和党争夺1890年选票的人民党。在南方联盟的西部成员中，南达科他和堪萨斯州联盟的独立行动给共和党带来了巨大震动，也给其南方成员中的激进派带来了极大鼓舞。尤其是著名的堪萨斯反叛，设计出一个新机构——公民联盟作为农民联合其他生产者进行第三党行动的政治武器。正如古德温所总结的："如果说得克萨斯人带领农民加入了联盟，堪萨斯人则带领联盟加入了人民党。"[3]

南达科他州联盟是南方联盟的成员州中最先组建第三党的。和中西部的

1　O. Gene Clanton, *Kansas Populism: Ideas and Men*, Lawrence: University Press of Kansas, 1969, p. 57.

2　Jeffrey Ostler, "Why the Populist Party Was Strong in Kansas and Nebraska but Weak in Iowa," *Western Historical Quarterly*, vol. 23, no. 4 (November, 1992), pp. 451–474.

3　Lawrence Goodwyn, *Democratic Promise: The Populist Moment in America*, New York: Oxford University Press, 1976, p. 195.

其他州一样，达科他领地的农民在面对 19 世纪 80 年代的经济困难时，一直具有较强的政治抗议倾向。从 1885 年起，领地联盟就不断介入要求管制铁路和谷仓塔体系的州立法过程中。1889 年，联盟成员中开始有人发出组建第三党的声音，这一提议遭到亨利·劳克斯主席的反对，他建议继续将联盟作为一个压力政治集团运作。但在接下来的几个月里，共和党对农民政治价值的否认及其改革主张的强硬反对态度，促使联盟放弃了与之合作的策略。在 1890 年 6 月的休伦年会上，州联盟以压倒性的多数票决定与劳动骑士团联合成立一个独立政党。一个月后，新政党召开了党代会，采纳联盟纲领为其党纲，提名劳克斯为州长。在 11 月的选举中，劳克斯赢得了三成以上的选票，仅比其共和党对手少了 1 万张，新政党还有 70 名候选人进入了州立法机构。[1]在北达科他州，联盟成员先是拒绝了州主席沃尔特·缪尔关于独立政治行动的倡议；但到 9 月，第三党行动的支持者还是与禁酒主义者组成了一个独立政党。缪尔主席被提名为州长，但他在选举中只获得了不到 5000 张选票。[2]

　　给南方联盟带来更大影响的，是距离南方各州更近的堪萨斯州的第三党行动。如果说达科他联盟的叛乱是酝酿了 6 年才发生的，那么这个政治演化过程在堪萨斯被缩短到了 19 个月，该州资深的第三党人在其中发挥了重要作用。州联盟中的第三党情绪也是从 1889 年开始迅速升温的，东部的一些县联盟最早开始支持独立候选人争夺地方公职。11 月，各县联盟主席在纽顿召开了一次会议，选举老绿背党人本杰明·克洛弗为州联盟主席，并起草了

1　Robert C. McMath, Jr., *Populist Vanguard: A History of the Southern Farmers' Alliance*, Chapel Hill: The University of North Carolina Press, 1975, pp. 101-102; Kenneth E. Hendrickson, Jr., "Some Political Aspects of the Populist Movement in South Dakota," *North Dakota History*, vol. 34, no. 1 (Winter, 1967), pp. 78-84; Warren S. Tryon, "Agriculture and Politics in South Dakota, 1889 to 1900," *South Dakota Historical Collections*, vol. 13 (1926), pp. 288-290.

2　D. Jerome Tweton, "Considering Why Populism Succeeded in South Dakota and Failed in North Dakota," *South Dakota History*, vol. 22, no. 4 (Winter, 1992), pp. 330-332; Robert C. McMath, Jr., *Populist Vanguard: A History of the Southern Farmers' Alliance*, Chapel Hill: The University of North Carolina Press, 1975, p. 102.

一份联盟纲领。在资深第三党人的鼓动下，克洛弗指示地方组织将这份纲领提交给当地的国会和州立法机构代表，要求他们给出明确答复。这一行动遭到代表们的冷淡回应，除了一位州参议员对其表示支持之外，其他所有人都闪烁其词。[1]

议员们的消极反应，刺激了联盟中的第三党人士采取更为激进的行动。1890 年 3 月底，克洛弗召集各县联盟主席在托皮卡开会，62 个县的代表把大部分时间都花在了讨论政治问题上。会议通过的一项决议表示："我们决心不再按党派界线划分，我们将只把选票投给民有、民享、民治的候选人。"[2] 这一政治声明揭示了州联盟内部不断高涨的反共和党情绪，几乎暗示了某种形式的直接政治行动。尽管一些县联盟试图反对独立政治，但越来越多的联盟支部还是批准了托皮卡声明。6 月，经过克洛弗的协商，来自州联盟、格兰其、劳动骑士团等改革组织的 90 名代表在托皮卡举行会议，一致同意在即将到来的大选中采取独立行动。不过，不是通过将主导改革力量的州联盟直接转变成一个党派组织，而是单独组建一个新政党，人民党就这样在堪萨斯应运而生了。新政党的组织结构在各个层面上都与联盟平行，其政纲也是联盟所采纳的"圣路易斯诉求"。[3]

这年夏天，人民党在堪萨斯州的各个选区陆续召集了代表大会，提名了各自的国会候选人。8 月，来自各改革组织的 250 名代表出席了人民党的提

1　W. F. Rightmire, "The Alliance Movement in Kansas-Origin of the People's Party," *Transactions of the Kansas State Historical Society, 1905–1906*, vol. 9 (January, 1906), pp. 4–5; W. P. Harrington, "The Populist Party in Kansas," *Collections of the Kansas State Historical Society*, vol. 16 (January, 1923), pp. 409–410.

2　O. Gene Clanton, *Kansas Populism: Ideas and Men*, Lawrence: University Press of Kansas, 1969, pp. 55–56.

3　W. P. Harrington, "The Populist Party in Kansas," *Collections of the Kansas State Historical Society*, vol. 16 (January, 1923), pp. 410–411; Peter H. Argersinger, "Road to a Republican Waterloo, The Farmers' Alliance and the Election of 1890 in Kansas," *Kansas Historical Quarterly*, vol. 34, no. 4 (Winter, 1967), pp. 443–463.

名大会，中央委员会主席约翰·威利茨被推举为州长候选人。在会议的前一天，威利茨协助组建了另一个州级组织——公民联盟。该组织是由该州的改革者在几个月前刚刚发明的，主要由那些没有资格加入农民联盟却认同联盟原则和"圣路易斯诉求"的店主、商人和城市居民组成，其目标就是辅助农民联盟和类似组织的运动。鉴于公民联盟已明确宣布支持一个以"圣路易斯诉求"为其纲领的人民党，1890 年大选期间它在该州的所有城市之间迅速扩展，成为农民联盟联合城市改革力量的重要工具。[1]到 11 月竞选结束时，人民党取得了惊人的成绩。尽管威利茨以 1/10 的选票之差落选州长，但人民党已经成为该州的第二大党，它的选票是民主党的两倍，共和党与之相比也只有 5000 张的优势。在立法代表的选举中，人民党几乎取得了绝对优势，6位农业改革者当选国会议员，州立法机构中有 91 位是平民党人。该州的报纸纷纷打出了共和党惨败的头条，就连"老大党"（G. O. P.）的喉舌也不得不承认其新对手的压倒性优势已经形成。[2]

如果说在 1890 年的选举中，联盟在南方各州的政治参与给民主党带来了巨大冲击，那么西部各州的第三党行动给共和党造成的震动则是有过之而无不及。除了达科他和堪萨斯之外，内布拉斯加、明尼苏达、密歇根、印第安纳等州都组织了自己的第三党。在北方联盟、农民互惠协会和格兰其等农民组织领导下的中西部各州的农民政治，显示出惊人的力量。在内布拉斯加州，新政党控制了州参议院，并选出了一半的州众议员；在明尼苏达州，45名北方联盟人进入州立法机构，1 名被选入国会；在印第安纳州，人民党的

---

1 *National Economist*, August 2, August 30, 1890; W. F. Rightmire, "The Alliance Movement in Kansas-Origin of the People's Party," *Transactions of the Kansas State Historical Society, 1905–1906*, vol. 9 (January, 1906), p. 6.

2 Peter H. Argersinger, "Road to a Republican Waterloo, The Farmers' Alliance and the Election of 1890 in Kansas," *Kansas Historical Quarterly*, vol. 34, no. 4 (Winter, 1967), pp. 443–463; W. P. Harrington, "The Populist Party in Kansas," *Collections of the Kansas State Historical Society*, vol. 16 (January, 1923), p. 415; O. Gene Clanton, *Kansas Populism: Ideas and Men*, Lawrence: University Press of Kansas, 1969, p. 88.

出现造成十几名民主党人进入国会。[1] 这些产粮州的政治激进主义都在一定程度上冲击了共和党的主导地位，美国总统本杰明·哈里森在得知选举结果后，颇受触动地形容共和党在西部的表现是"我们的选举灾难"。西部农民高涨的第三党情绪或已付诸实施的独立竞选，无疑会削弱共和党的力量。在南方大多数农民仍保有对民主党的忠诚的情况下，共和党支持率的下降使其对手党占据了更多的国会席位。两年前，共和党和民主党在众议院中的力量处于均衡状态，二者的代表人数分别为 166 和 159；而现在形势发生了急转，这一数字变成了 88 和 235，民主党取得了绝对优势。[2]

1890 年农民在南方和西部参与政治的两种不同方法，反映了广泛存在于农民组织中的两种政治立场，也代表了农民群体在一个基本上不受新经济理念影响的全国性政治环境下，对可行的政治形式的一种痛苦摸索。这两种方法或许在 1890 年的政治斗争中是较为成功的，但它也表明了早期的联盟政治并不存在一个全国性的组织规划，其领导层在全国层面缺乏共识，在州和地方一级也存在诸多分歧。1890 年大选结束不到一个月，大部分农民组织的代表便聚集到佛罗里达州的奥卡拉小镇，一年一度的南方联盟全国大会也在这里举行。奥卡拉大会见证了该组织有史以来最为高涨的第三党情绪，也肩负着为整个农民运动的下一步发展指明方向的艰巨任务，联盟代表们就其是否应该采取全国性的独立政治行动展开了激烈争论。

（三）一个全国性平民党的到来

由于南方农民政治的发展滞后性，在经历了南方联盟内部左右两翼的多次争论和妥协之后，全国层面的第三党行动才得到认可。在 1890 年底的

1　Carl C. Taylor, *The Farmers' Movement, 1620-1920*, New York: American Book Co., 1953, pp. 290-292.

2　Lawrence Goodwyn, *Democratic Promise: The Populist Moment in America*, New York: Oxford University Press, 1976, pp. 200-201.

奥卡拉大会上，联盟运动中的激进派和温和派进行了第一次大规模的正面交锋。与会代表在两大议题上争论激烈，其中组建第三党成为关键问题，仅次于它的是国库分库议题。经过近一年的宣传和讨论，财政改革立法已经成为联盟的核心议题，但两党并未表示出任何的改革意愿。现在代表们需要制定一个在下一年集结联盟力量的新纲领，是否将国库分库计划纳入其中成为他们争论的焦点。西部代表强烈要求将土地纳入抵押范围，最终大会同意在计划中加入土地贷款，但规定要对土地数量和金额进行适当限制。[1] 在新通过的"奥卡拉纲领"中，除了增加国库分库计划之外，还有对"圣路易斯纲领"做出的以下调整：删除了原来的货币改革条款；在要求自由铸银的条款中加入了对新购银法的谴责；增加了废除生活必需品的现行高关税和建立累进所得税制度的诉求；直言政府可用对铁路、电报系统的所有权来代替对它们的管制；增加了人民有权直接选举国会参议员的立法诉求。[2] 这些修正给联盟的新纲领注入了更多的激进因素，至此，平民党的一个全国性政纲的所有条款都已就位。

　　奥卡拉会议也是"第三党理念的所有主要倡导者的麦加"，[3] 他们在这里把联盟内部的第三党热情推向了顶峰。正如一位亲历者所描述的，"来到奥卡拉的不仅有来自西北地区的正式代表，还有一大群随时准备为一个新政党呐喊助威的同情者"。[4] 受到西部第三党成就鼓舞的有色农民联盟，这时也在

――――――――

1　H. R. Chamberlain, *The Farmers' Alliance: What it Aims to Accomplish*, New York: The Minerva Publishing Company, 1891, pp. 46-50; J. E. Bryan, *The Farmers' Alliance: Its Origin, Progress and Purposes*, Fayetteville, Ark., 1891, p. 125.

2　或许是出于反对，一些联盟文献在列举"奥卡拉纲领"时只有六条，删去了参议员直选的条款，参见 "The Amended Demands," *National Economist*, December 13, 1890, p. 204; H. R. Chamberlain, *The Farmers' Alliance: What it Aims to Accomplish*, New York: The Minerva Publishing Company, 1891, pp. 68-69.

3　John D. Hicks, "The Birth of the Populist Party," *Minnesota History*, vol. 9, no. 3 (September, 1928), p. 226.

4　H. R. Chamberlain, *The Farmers' Alliance: What it Aims to Accomplish*, New York: The Minerva Publishing Company, 1891, p. 34.

奥卡拉召开了它的年会。其领导者汉弗莱很早就投身于激进的农民政治中，是一名老练的联盟左翼人士。他的年度讲话直言不讳地表明了其独立政治倾向："应联盟内外成千上万最优秀、最有影响力的有色人种的要求，我有责任提请你们注意政治行动中独立的必要性。……我们大家现在肯定会清楚看到，对现有两党中的任何一个进行改革，或在它们的主持下进行任何重大的实际改革的希望，都是微乎其微的。"[1]

推动运动向第三党方向发展的还有公民联盟和劳动骑士团。前者在会议期间组建了一个临时的全国性组织，其章程细则明确规定它在本质上是政治性的，目的是推动"圣路易斯纲领"中的原则。在其领导层中，秘书长拉尔夫·博蒙特是一位经验丰富的政治反叛者、劳工组织者和立法游说家，他作为劳动骑士团的立法委员会主席，已经在华盛顿奋战了五年。[2] 劳动骑士团在 11 月召开的丹佛大会，已经决定采取独立政治行动。虽然该组织的最高领袖特伦斯·鲍德利是一个保守派，但其执行委员会的成员却几乎都是第三党支持者。博蒙特作为劳动骑士团的代表，为奥卡拉大会准备了一篇激进的第三党演讲。他建议中西部粮农"多造乱子，少种谷子"的言论，得到堪萨斯人的热情回应。[3]

然而，在南方各州的大部分联盟人看来，他们没有必要与旧政党决裂。11 月的选举已经让他们赢得了民主党的支持，在该党内部进行改革的路线似乎是可行的，至少它应该在 1891 年的立法机构会议中得到检验。由于南方人仍然控制着大会的最高理事会，所以从来没有就联盟是否应该公开支持第

1 "The Colored Alliance: Annual Address of the National Superintendent," *National Economist*, December 27, 1890, p. 235.

2 "National Citizens Alliance," *National Economist*, December 13, 1890, p. 204.

3 H. R. Chamberlain, *The Farmers' Alliance: What it Aims to Accomplish*, New York: The Minerva Publishing Company, 1891, pp. 55–57; Robert C. McMath, Jr., *Populist Vanguard: A History of the Southern Farmers' Alliance*, Chapel Hill: The University of North Carolina Press, 1975, p. 94; Lawrence Goodwyn, *Democratic Promise: The Populist Moment in America*, New York: Oxford University Press, 1976, p. 166.

三党的问题进行过投票。但会上的第三党情绪已经发酵到无法控制的地步，西部的代表们表示，如果组建第三党的要求得不到批准，联盟必将倒退。面对这种地域性僵局，马库恩提出了一个妥协方案，即召集全国的生产者组织在1892年2月召开一次大会，对各个组织的诉求进行全面彻底的讨论，以便在下一次大选之前在它们之间达成一套联合诉求和实施计划。"如果直接由它们代表的人民同意有必要采取第三党行动，那就不必担心。"[1]然而，第三党人士中的极端分子对妥协方案并不满足，他们认为独立行动的启动不宜被推迟太久。虽然大会采纳了妥协计划，但他们还是决定在技术层面超越联盟结构，强行推动组建第三党的计划。为此，堪萨斯州的第三党人和公民联盟、劳动骑士团中的激进派，联合准备了一份号召书，呼吁所有支持"圣路易斯纲领"的产业组织选出代表参加1891年在辛辛那提举行的大会，目的是"基于金融、交通、劳工和土地以及其他合法业务的交易的基本理念之上，成立一个全国性联合政党"。[2]

尽管联盟官方尚未制定出明确的第三党政策，尽管激进派呼吁与会者以个人名义而非各个组织代表的身份自由签署上述号召书，但这一先发制人的举动还是将整个运动带进了全国范围的政治独立行动阶段。在这次大会之前，第三党政治只在若干个州内被认为具有地方和暂时的意义，奥卡拉会议把它上升到一场即将到来的政治革命的高度。这表明整个运动内部确实存在着推动政治反叛自然发生的动力，但同时也存在着一股抑制这一进程的阻力，这对相互作用的力量决定了一个全国性第三党必将产生，但其组建过程也将充满曲折。

1 *Proceedings of the Annual Session of the Supreme Council of the National Farmers Alliance and Industrial Union*, held at Ocala, FL., Dec. 2–8, 1890, Washington, D. C.: The National Economist Publishing Co., 1891, p. 25.

2 H. R. Chamberlain, *The Farmers' Alliance: What it Aims to Accomplish*, New York: The Minerva Publishing Company, 1891, pp. 59–61.

这两个倡议为支持不同政治策略的农民在全国层面开启了两条行动路线。一方面，按照马库恩妥协方案，南方联盟在 1891 年初联合劳动骑士团、农民互惠协会和有色农民联盟、公民联盟的代表，以"奥卡拉纲领"为基础成立了产业组织同盟。这个松散的同盟邀请所有的产业组织派代表出席该机构在 1892 年 2 月召开的下一次年会。在两次会议之间的这段时间，同盟的主要任务是尽其所能的传播其诉求，并就这些诉求对民众进行政治教育，目的是"使其中一个大党接受他们的诉求，或使所有赞成他们的人都联合起来组成独立的政党"，其结果在任何意义上都不需要将同盟的各成员组织变得"党派化"。[1] 在所有的组织中，南方联盟是 1891 年政治教育运动的主力军，这项工作主要由其遍及全国的改革报刊和演讲者网络来承担。为此，马库恩领衔成立了全国改革报刊协会。该组织成立时只有不到 20 个成员，后来发展成一个囊括了 1000 多家报纸的庞大网络，几乎在各州都建立了分支协会。据统计，到 1891 年 9 月，仅在第三党运动的桥头堡堪萨斯州，就有 150 份改革报刊。这些改革报刊彼此引用、互相辩护，成为联盟和后来的第三党重要的宣传工具。[2]

另一方面，西部的第三党人依据辛辛那提号召积极推动独立政治，在 1891 年 5 月召开了建党大会，"打响了 1892 年竞选的第一枪"。[3] 来自全国 30 多个州和领地的 1400 多名代表中，有 3/4 是来自堪萨斯、俄亥俄、印第安纳、伊利

1　Ben Terrell, "Industrial Organizations and Politics" in F. G. Blood, *Handbook and History of the Farmer's Alliance and Industrial Union*, Washington, D. C., 1893, p. 67.

2　*National Economist*, January 17, January 24, 1891; *Populist Hand-book for Kansas*; *A Compilation from Official Sources of Some Facts for Use in Succeeding Political Campaigns*, Indianapolis: Vincent Bros. Pub. Co., 1891, pp. 283–284; Robert C. McMath, Jr., *Populist Vanguard: A History of the Southern Farmers' Alliance*, Chapel Hill: The University of North Carolina Press, 1975, pp. 111–112; Lawrence Goodwyn, *Democratic Promise: The Populist Moment in America*, New York: Oxford University Press, 1976, p. 175. 根据联盟机关报的统计，到 1892 年 7 月，全国就已经出现了近千份改革报刊，在堪萨斯和内布拉斯加两州均突破了百份。关于各州改革报刊的数量，详见 "Reform Papers of the United States," *National Economist*, July 16, 1892, p. 286.

3　Theodore Saloutos, *Farmers' Movement in the South, 1865–1933*, Berkeley: University of California Press, 1960, p. 122.

诺伊和内布拉斯加等中西部州，南方各州的代表只有几十人，这反映了南方农民对第三党行动的抵制态度。面对南方人的大规模缺席，西部的与会代表出现了策略分歧。明尼苏达的伊格内休斯·唐纳利建议通过选举一个全国执行委员会当场成立一个第三党，得到大部分人特别是堪萨斯人的热情支持；以詹姆斯·韦弗为代表的保守派，认为不可能只基于密西西比河以西的支持组建一个全国性第三党，提议推迟独立行动以争取更多的南方支持。最终，唐纳利设计出了一个妥协方案：会议先采纳一个以"奥卡拉诉求"为核心的纲领，并为第三党任命一个临时的全国中央委员会；再由该机构代表全国人民党参加产业组织同盟的二月会议，与参会的其他改革组织进行联合；若会上无法就统一行动做出满意的安排，则由该委员会在1892年6月之前召开新政党的全国提名大会。这既确保了第三党的必然性，又将主要的独立行动推迟到了次年二月。[1]各地的第三党虽在具体名称上不尽相同，但它们都声称代表了人民，因此这个全国性新政党被称为"人民党"。堪萨斯代表团的一位成员在返程中，凭借自己对拉丁语"populous"（人民）一词的错误记忆，为该党的追随者提供了一个更短的称谓——"Populist"（平民党人），它和由此衍生的"Populism"一词就此流传下来。[2]

在南方，由马库恩领导的非党派人士与由威廉·兰姆等人带领的第三党支持者，在这年4月的韦科会议上进行了一次对决。这次会议原本是由得克萨斯州联盟的激进派以政治教育之名召集的，马库恩在意识到它的政治重要性后，连忙赶回得克萨斯州，并邀请其他州联盟的非党派改革者一起来阻止这次第三党举动，激进派见状请来了一批西部州的独立政治活动家。双方在

1　John D. Hicks, "The Birth of the Populist Party," *Minnesota History*, vol. 9, no. 3 (September, 1928), pp. 231–234; Larry G. Osnes, "The Birth of a Party: The Cincinnati Populist Convention of 1891," *Great Plains Journal*, vol. 10, no. 1 (Fall, 1970), pp. 11–24.

2　George B. Tindall, "Populism: A Semantic Identity Crisis," *The Virginia Quarterly Review*, vol. 48, no. 4 (Autumn, 1972), p. 507; O. Gene Clanton, *Populism: The Humane Preference in America, 1890–1900*, Boston: Twayne Publishers, 1991, pp. 70–71.

团结友好的气氛下进行了一番争论，最后兰姆一派占得上风，得克萨斯州联盟决定响应辛辛那提号召，南方州的第一个人民党呼之欲出了。[1]

随着政治教育运动的进行，第三党情绪逐渐主导了南方的州联盟，其中一个关键的刺激因素是它们在立法机构会议中的惨败。被上一年的联盟政治打击得措手不及的民主党人这时已回过神来，像之前的西部共和党人一样释放出反对联盟的恶意。一个接一个的州议会公然违背竞选承诺，拒绝实施联盟的立法计划。南方农民此时才意识到，所谓的联盟议员与其前任相比无甚差别，上一年联盟的政治成就更像是一种幻象。在国会参议员选举中，几个州都选出了国库分库计划的反对者。这种形势有利于激进派的第三党动员，因为该计划被南方农民视为经济救赎的最后希望。国库分库立法的通过需要政治上的支持，既然联盟在不同层面的政治尝试都没能赢得主要政党的支持，那么这种支持只能由一个独立的第三党来提供。具有讽刺意味的是，该计划和改革报刊协会一样，当初都是由反对第三党行动的马库恩所发起的，最后却被激进派适时地利用了。"马库恩将它设计成一种经济改革的工具，而兰姆将其转变成一种政治反叛的工具。"[2]

联盟诉求在南方立法机构中遭受的冷遇表明，通过民主党进行改革的非党派路线失败了。在这年年底的印第安纳波利斯年会上，联盟人再次对第三党问题进行了彻底讨论，结果是争论双方都未赢得决定性胜利。尽管联盟主席强调它"必须避免与任何一党发生纠葛"，但随着激进派在新领导层中占据了优势，该组织显然会继续推动第三党行动，甚至连它一直以来的非党派性质都受到挑战。[3]

---

1 "Waco Meeting, Proceedings of the Great Alliance Conference," *Southern Mercury*, April 30, 1891, pp. 1, 4–5; Lawrence Goodwyn, *Democratic Promise: The Populist Moment in America*, New York: Oxford University Press, 1976, pp. 236–240.

2 Lawrence Goodwyn, *Democratic Promise: The Populist Moment in America*, New York: Oxford University Press, 1976, p. 243.

3 Frederick Emory Haynes, *Third Party Movements Since the Civil War*, Iowa City: The State Historical Society of Iowa, 1916, p. 254.

1892 年 2 月，马库恩妥协方案中的最后节点到来了。22 个生产者组织的代表们齐聚圣路易斯，为这年的第三党行动确定最终方案。这次大会是非党派人士与第三党支持者之间的一次关键性决战，由于担心独立政治行动会威胁白人至上政治，南方的民主党—联盟人甚至表示在必要时将退出大会。当一个基于联盟诉求的政纲被宣读时，会场群情激昂。所有的联盟诉求在纲领中被归为金融、交通、土地三个类目，该文件在地域妥协的基础上再次认可了政府对铁路的所有权和国库分库计划，其主要内容可以被简单地概括为"更多的钱和更少的税"。[1] 由唐纳利执笔的政纲序言，在篇幅和措辞上都使无甚新鲜感的纲领正文稍显逊色。它刻画了引起生产者奋起抗争的政治腐败和社会不公：

> 我们在一个正处于道德、政治和物质毁灭边缘的国家开会。腐败主导着投票箱、立法机关、国会，甚至触及法官席上的貂皮。人们士气低落。许多州被迫在投票地点隔离选民，以防止普遍的恐吓或贿赂。报纸接受贿赂或受到钳制，舆论被压制，商业萎靡，我们的家园被抵押贷款所覆盖，劳动者贫困，土地在资本家手里集中。……为了积累巨额财富，数百万人的劳动果实被大胆窃取，这在世界历史上是前所未有的，而其拥有者却蔑视共和、危及自由。从政府不公的同一多产子宫里孕育出两大阶级——穷人和巨富。

接着，它把矛头指向主要政党："我们指控，主导两党的控制性权势，放手让目前的可怕情况继续发展而未认真加以阻止"；并表示要恢复革命的共和原则："满怀着激励那伟大一代的情感，我们寻求把共和政府归还到其所

1　"The Conference," *National Economist*, March 5, 1892, p. 385; John D. Hicks, *The Populist Revolt: A History of the Farmers' Alliance and the People's Party*, Minneapolis: University of Minnesota Press, 1931, pp. 223–227.

起源的'普通民众'手中"。[1]面对这份被奉为"第二次独立宣言"的文件，非党派政治的代表人物马库恩戏剧性地改变了其往日立场，敦促大会立即将产业组织同盟与人民党的行动结合起来。[2]至此，联盟中左右两翼的政治争论暂时告一段落，全国层面的农民政治也完成了从非党派向第三党的演进。

四、平民党政治：1892—1896

从 19 世纪 70 年代开始逐渐高涨的农民政治抗议浪潮，终于在全国性平民党问世之后达到了高潮。在 1892—1896 年间，美国政治经历了内战之后最严重的撕裂和震荡。尤其是在农民组织最活跃的南方和西部各州，农业改革者放弃了对旧党的忠诚，转向新成立的平民党。他们或独立提名候选人，或与当地的少数党融合，在这五年之间的三场大选中不断冲击着各州多数党的主导性地位。

（一）1892 年大选

1892 年 2 月的圣路易斯大会，见证了一个全国性平民党的正式到来，此时距离这年的总统大选只剩几个月的时间了。农民改革队伍中的左右两翼在会上就新政党提名大会的时间和地点进行了一番较量，最后决定于独立日这一天在奥马哈召开，初步计划将有 1776 名代表出席。对崭新的第三党而言，其所面临的艰巨任务是自上而下建立起一套完整的政党机制，使全国执行委员会能够调动州、选区、县、乡镇各级的支持者。二月会议发出的一份号召书，启动了提名大会代表的初级遴选程序。它敦促所有支持平民党纲领

---

1 "Second Declaration of American Independence," *National Economist*, March 12, 1892, p. 401.

2 "St. Louis Convention," *National Economist*, March 5, 1892, pp. 396-397.

的公民于 3 月底在各自的村镇举行公开会议，批准这些诉求，并为选举全国大会的代表做准备。[1]随后，人民党的全国执行委员会又发出了新指示，为从党小组到县、选区和州级党组织的组建及其后续工作提供了指导。出席提名大会的代表一旦选定，就要尽快将信息寄给全国委员会，并恳请支持者向竞选资金捐款。[2]在组建平民党各级机构的过程中，许多农民组织的分会被直接改造成第三党的俱乐部，它们的群众基础也遭到侵蚀或篡夺。

　　在圣路易斯会议与奥马哈提名大会之间的四个月里，平民党领导层最担心的是南方政治行动的发展。为了在即将到来的政治斗争中将南方农民团结在一起，联盟及其在南方 12 个州的领导层在伯明翰召开了一次团结大会。这一举动在西部引起了相当大的焦虑，那里的第三党人士担心这次会议会导致南方人撤出独立行动。尽管支持第三党行动的波尔克主席一再要求，联盟的其他领导人还是以 21∶16 的投票结果拒绝了对人民党的公开、完全的支持。[3]促使联盟人集体转向人民党的事件发生在 6 月。首先，6 月 11 日，颇受南方人爱戴的波尔克主席突然去世，副主席劳克斯接过了联盟的领导大旗，他同时也是平民党全国委员会的秘书。其次，6 月 22 日在芝加哥召开的民主党全国党代会，不顾农民的金融诉求选择了自由铸银的坚定反对者——格罗弗·克利夫兰作为其总统候选人。[4]这成为"压倒骆驼的最后一根稻草"，也断绝了南方人通过民主党进行改革的所有念想。

　　7 月 2 日，人民党提名大会已经准备就绪，由于一些地方并没有足够的第三党支持，大会只确认了 1366 个代表席位。之前数次农民大会所通过

1　"St. Louis Convention," *National Economist*, March 5, 1892, p. 397.

2　"National Executive Committee, People's Party," *National Economist*, April 2, 1892, pp. 40–41.

3　Lawrence Goodwyn, *Democratic Promise: The Populist Moment in America*, New York: Oxford University Press, 1976, pp. 268–269.

4　Robert C. McMath, Jr., *Populist Vanguard: A History of the Southern Farmers' Alliance*, Chapel Hill: The University of North Carolina Press, 1975, pp. 139–140.

的关于货币、土地和铁路的改革诉求，在此次会议上再次获得接纳，构成了"奥马哈政纲"的各项条款。关于人民党的总统候选人，波尔克若还在世几乎会成为不二人选。他的突然去世使南方失去了唯一的强有力提名竞争者，也给平民主义事业带来了巨大损失。现在，聚集在奥马哈的大部分代表都希望曾以法官身份影响铁路管制的著名共和党人沃尔特·格雷欣能接受提名。在接到格雷欣无条件拒绝提名的电报后，大会又推出了代表绿背主义"老卫士"的韦弗和代表"新鲜血液"的詹姆斯·凯尔。作为绿背党 1880 年的总统候选人，韦弗与一个少数党的长期联系被党内的一些新成员视为一种负担，因此他们推出了南达科他州的参议员凯尔。但凯尔在韦弗面前几乎构不成任何威胁，会上后者以近乎三倍于前者的支持票数优势轻松获胜。关于副总统候选人，弗吉尼亚州的詹姆斯·菲尔德因为前邦联将军的身份而获得提名。[1] 在一位前联邦将军和一位前邦联将军的带领下，数百万要求改革的生产者大军就这样步入了给 19 世纪末美国政治带来巨大震动的平民党运动。

七、八月间，在各州召开的联盟会议上，平民党的影响都很明显。几乎各州联盟都在会议上采纳了"奥马哈政纲"，选举平民党人担任领袖。第三党人士基本控制了联盟的州会议，该组织在很大程度上沦为平民党的附庸。南方农民政治从联盟向人民党的这种转移，与主导性的民主党密不可分。一方面，各州的民主党保守派着意排挤党内的联盟人，理由是那些接受"奥卡拉诉求"（包括国库分库计划）的联盟人不可能属于民主党，那些支持国库分库的人不可能成为合格的民主党人，也没有权利要求成为民主党的一员。另一方面，民主党重新提名支持通货紧缩的克利夫兰，导致许多联盟人转向

1　John D. Hicks, *The Populist Revolt: A History of the Farmers' Alliance and the People's Party*, Minneapolis: University of Minnesota Press, 1931, pp. 230–236; Frederick Emory Haynes, *Third Party Movements Since the Civil War*, Iowa City: The State Historical Society of Iowa, 1916, pp. 261–262.

要求货币改革的平民党。这些人不仅拒绝回归民主党阵营，而且还想寻求与共和党人的融合，呼吁与黑人选民的合作，试图以此确保新政党能获得足够多的选票。[1]

在西部，竞选在第三党传统深厚的老西北部和落基山脉各州火热进行。在中西部边境上的五个州——堪萨斯、内布拉斯加、南达科他、北达科他和明尼苏达，平民党纲领中的各项条款是当地农民们长期以来的诉求。对这些州的平民党人而言，需要抉择的是为了终结共和党的霸权，他们是否要与民主党联合提名候选人，当地的民主党人之间也存在着类似的考虑。最终，平民党与民主党在堪萨斯和北达科他进行了彻底的融合，在其他州两个在野党也有一定程度的合作与联合。在那些被称为"白银州"的山地各州，平民党作为唯一公开支持自由铸银的全国性政党而得到支持。这个随时准备纠正由"1873 年罪行"所造成的不公的政党，对这些生产白银的州具有不可抗拒的吸引力。[2]

人民党的总统候选人韦弗，从 7 月底开始在全国巡回拉票，像他在 1880 年竞选时所作的那样。在西部地区，韦弗将军得到热情接待，每一场演说都有成千上万的听众出席，但南方之行却给他带来许多不愉快的经历。在田纳西州，政治对手利用其前联邦将领的身份散布各种谣言，企图恐吓他取消行程。韦弗将军没有被吓退，上百名平民党人骑着骡马护卫着他的马车和会场。在佐治亚州，他遭到了南巡过程中最粗暴的对待，以致无法争取到一个和平、体面的会场。亚特兰大和梅肯的一些受人煽动的城市青年，在韦弗一行的所到之处制造混乱，甚至还有人向韦弗太太扔臭鸡蛋；而当地警方似乎并不想维持秩序，在某些情况下还公开支持骚乱。确信在其他地方还有类似

---

1 Theodore Saloutos, *Farmers' Movement in the South, 1865–1933*, Berkeley: University of California Press, 1960, pp. 124–132.

2 John D. Hicks, *The Populist Revolt: A History of the Farmers' Alliance and the People's Party*, Minneapolis: University of Minnesota Press, 1931, pp. 254–256.

的局面等着他们，韦弗拒绝继续在该州的竞选活动。[1] 曾经颇受南方第三党人欢迎的韦弗之所以会在南方遭到这种对待，是因为他代表了一场正在分裂南方和民主党的新运动。

11 月中旬，总统选举的结果揭晓了，克利夫兰以微弱的优势从哈里森手中夺回了白宫。在 1200 万张普选票中，韦弗获得了近 105 万张，得票率为 8.8%，而两大政党的候选人则分别获得了 47.1% 和 43.8% 的选票。平民党的选票大部分来自农民组织盛行的西部和南方地区，其中有 60% 是西部人投出的，南方各州贡献了 30% 多。在选举人团的 444 张选票中，韦弗获得了 22 张，全都是由西部州投出的，其中仅堪萨斯就占了 10 票，科罗拉多、爱达荷、内华达、俄勒冈等"白银州"和北达科他包揽了剩余的 12 票。这是 1860 年以来第三党候选人第一次在选举人团中赢得一席之地，也是当时第三党获得的最好成绩。[2]

在南方和西部的大部分地区，第三党都未能在大选中赢得必要的多数票，但仍选出了 5 名参议员和 10 名众议员进入国会，大约 50 名州官员和超过 1500 名县官员、立法者是由平民党人提名的。平民党所取得的这些成就，一方面是通过与当地的民主党或共和党融合而获得的，另一方面是主导性大党为了避免更严重的分裂而对党内改革派做出的让步。在那些农民组织力量深厚的农业州，平民党人的选举成果更突出。例如，在北达科他州，除了州务卿外，融合而来的其他州候选人都当选了；堪萨斯州所有公职候选人和 5/7 的国会议员都是由平民党提名的；在明尼苏达州，平民党人在州议会中

1 Theodore Saloutos, *Farmers' Movement in the South, 1865–1933*, Berkeley: University of California Press, 1960, pp. 133–134; Fred Emory Haynes, *James Baird Weaver*, Iowa City: The State Historical Society of Iowa, 1919, pp. 319–329.

2 Frederick Emory Haynes, *Third Party Movements Since the Civil War*, Iowa City: The State Historical Society of Iowa, 1916, p. 368; Donald J. Green, *Third-Party Matters: Politics, Presidents, and Third Parties in American History*, Santa Barbara: Praeger, 2010, p. 35.

保持着权力平衡，并选出了一名国会议员。[1]

　　然而，这年的选举结果与 1890 年相比远不如人意，在南方各州尤其如此。8 月，亚拉巴马州和佐治亚州竞选州政府职位的第三党候选人遭遇惨败；10 月，佛罗里达平民党的州长候选人以较大的差额被击败；11 月，南方其他州的联邦代表和州公职候选人同样落败。联盟的政治教育并没有将其南方成员都转变成第三党人，只有亚拉巴马、佐治亚、路易斯安那、北卡罗来纳和得克萨斯这五个州在总统选举中获得了超过联盟鼎盛时期一半的选票。[2] 联盟长期以来的非党派立场，无形中削弱了其对第三党行动的支持。非党派原则一直是联盟组织在与所有政党进行适当互动时的一贯立场，一些成员要求它恪守当初的承诺，宣称联盟作为"一所纯政治但严格非党派的学校"，无权决定个体成员的政党归属，组织中多数派也无权在政治行动上强迫少数派，更无权把组织托付给任何特定的政党。[3] 在竞选期间，南方的民主党人指责平民党人与北方的共和党人合谋破坏了南方的铁板一块。这种指控并非空穴来风，至少在劳动骑士团的领袖鲍德利那里可以得到佐证，他在名义上支持平民党的候选人，却拒绝加入该党，且一直与共和党的领导层联系密切。[4] 共和党的此类谋划，没有将南方农民吸引到第三党中，反而造成民主党人成群结队地离开了联盟。

　　1892 年的大选落下了帷幕，平民党人并没有获得对单个州政府的绝对控制，但他们却在美国政治上制造了二十年来最大的震动。对于选举结果，得州联盟的机关报如此说道："斗争结束了，虽然民主党人选出了总统、副总

　　1 Carl C. Taylor, *The Farmers' Movement, 1620–1920*, New York: American Book Co., 1953, pp. 300–302.

　　2 Robert C. McMath, Jr., *Populist Vanguard: A History of the Southern Farmers' Alliance*, Chapel Hill: The University of North Carolina Press, 1975, pp. 141–142.

　　3 Robert Worth Miller, *Populist Cartoons: An Illustrated History of the Third-Party Movement in the 1890s*, Kirksville, MO: Truman State University Press, 2011, p. 67.

　　4 Robert C. McMath, Jr., *Populist Vanguard: A History of the Southern Farmers' Alliance*, Chapel Hill: The University of North Carolina Press, 1975, p. 143.

统、国会的多数席位，并将控制参议院，但人民党仍取得了巨大胜利。他们赢得了六个州的支持（三十年来首次有个第三党在选举人团中享有发言权），击败了共和党，正在走向最终的胜利。"[1]

（二）1894 年选举

1893 年，美国爆发了严重的金融恐慌。经济萧条导致农产品价格进一步下跌，许多农民因还不起抵押贷款而丧失了赖以生存的农场，甚至陷入食不果腹的悲惨状态。西部和南方对此的报道不断增加，来自穷苦农民的控诉，比任何政治宣传都更有效果。例如，一位濒临绝望的堪萨斯农妇在写给州长的信中说道："我手握纸笔是为了让您知道，我们快要饿死了……我的丈夫出去找活儿了，昨晚回来告诉我说，我们肯定会饿死的。他去了十个县，都没找到活儿干。"[2] 经济恐慌导致大批企业、铁路公司和银行的破产，造成严重的社会动荡。到 1893 年年底，全国有 1.5 万多家公司破产，300 万人失业。像 1873 年经济危机的受害者一样，面临饥饿和贫困的生产者将其所遭遇的浩劫归咎于紧缩的货币政策。越来越多的人重拾绿背主义学说，抨击支持金本位的克利夫兰和民主党政府，要求无限制地铸造银币和增加通货总量。[3]

随着经济形势的恶化，农民组织所关心的货币问题日渐成为影响选举政治的核心议题，但不是以它们所希望的改革全国性银行体系的方式，而是以讨论白银是否有资格作为本位币的形式。这个议题沿着地域界线在两党内部引发了明显的不和，"甚至到了可能造成党内分裂的地步"。[4] 自《1873 年铸

1　"The Duty of Populists," *Southern Mercury*, November 17, 1892, p. 9.

2　Lawrence Goodwyn, *The Populist Moment: A Short History of Agrarian Revolt in America*, New York: Oxford University Press, 1978, p. 209.

3　Donald J. Green, *Third-Party Matters: Politics, Presidents, and Third Parties in American History*, Santa Barbara: Praeger, 2010, p. 35.

4　Joseph Columbus Manning, *Fadeout of Populism: Presenting, in Connection, the Political Combat between the Pot and the Kettle*, New York: T. A. Hebbons Publisher, 1928, pp. 14–15.

币法》默认放弃铸造标准银币之后，美国社会就一直存在对实行单一金本位制的抗议，两党内部反对东北部"金甲虫"[1]的成员也大有人在。在这些支持银币继续流通的力量的压力之下，国会于1878年不顾总统的反对强行通过了《布兰德-艾利森法》，规定财政部每月必须收购200万到400万美元的白银用于铸造法定比价的银币。由于财政部总是按最低限额消极执行此法，人均货币流通量并没有实质性的提高，白银价格也在继续下跌。1890年国会被迫通过《谢尔曼购银法》，规定财政部每月购买450万盎司白银，以此为基础发行可以兑换金银铸币的国库券。[2]1893年的金融恐慌发生后，总统克利夫兰坚信货币不稳是这次经济危机的主要诱因，要求召开国会特别会议讨论废除《谢尔曼购银法》，民主党黄金派和白银派议员就此争论激烈。最终，《谢尔曼购银法》被废除，两党内部的白银派和黄金派在本位币上的分歧也演变成公开的分裂。[3]

当1894年的大选逼近时，平民党人满怀希望，因为他们相信艰难的时事意味着会有更多的选民支持第三党的候选人。在第三党传统深厚的西部地区，平民党人甚至自信到选择摒弃与少数党融合的路线。唐纳利等资深的第三党人认为，既然平民党支持显现出快速增长的趋势，那么该党就应该单独提名候选人，不与两大政党合作，保持在中间道路上。持有这种观点的人被称为"中间道路派"，他们与融合派的斗争，构成了此后几年平民党政治的一个显著特点。与1892年相比，1894年发生在西部"白银州"和中西部各州的融合都减少了。由于平民党人不愿对民主党做出任何重要让步，民主党

---

1 "金甲虫"即主张金本位的人。在1896年的美国总统大选中，共和党候选人威廉·麦金莱的拥护者，用经常佩戴金甲虫别针、金色领带和金色发带等方式来表示对黄金的支持，反对恢复将白银作为本位币。参见 Yanek Mieczkowski, *The Routledge Historical Atlas of Presidential Election*, New York: Routledge, 2001, p. 76.

2 John D. Hicks, *The Populist Revolt: A History of the Farmers' Alliance and the People's Party*, Minneapolis: University of Minnesota Press, 1931, pp. 305–306.

3 Robert C. McMath, Jr., *American Populism: A Social History, 1877–1898*, New York: Hill and Wang, 1992, p. 183.

人也厌倦了追随第三党的领导，这两股曾经联合反对共和党人的力量在山地各州分道扬镳。在中西部各州，这两股力量也表现出对融合的强烈抵制。尽管白银派出于控制国会的强烈渴望会联合提名国会议员候选人，但双方在州公职的提名方面更容易出现独自行动的情况。[1]

然而，在南方的大多数州，共和党人与平民党人的融合却取得了进一步发展。对克利夫兰总统和民主党政府的共同不满，使得反对党在 1894 年的融合比两年前更容易。例如，在北卡罗来纳州，民主党人不仅没理会农民的困境和诉求，反而剥夺了许多穷苦公民的选举权，为克利夫兰的立场摇旗呐喊，甚至尝试将国家政治与州政治分离。结果就是促成了平民党人与共和党人的政治联姻，他们基于对民主党的共同愤恨和对大选胜利的预期，在州议会中获得了绝大多数席位，并选出了 7 位代表进入国会。[2] 在亚拉巴马州，国会议员威廉·登森宣布退出克利夫兰的阵营，以平民党人的身份寻求连任。在他的带领下，一些倾向于改革的民主党人，要么明确反对金本位制，要么叛离民主党、转向平民党。该州国会代表团中的 9 名民主党人，只有 3 人在 1894 年的选举政治中幸存下来。正如参议员约翰·T. 摩根在选举之前预测和警告的那样，自由铸银是悬崖边的最后抓手，如果民主党人抓不住它，整个亚拉巴马州就会陷入平民主义的浑水中。[3] 在佐治亚州，平民党人的得票率高达 44.5%，是上次选举的 2 倍多，民主党的多数选票优势从 8 万张削减至 2 万张。在南卡罗来纳州和田纳西州，分别选出了一位民主党改革派和一名共和党州长。在其他州，第三党将大批议员送到州议会，平民党的

1 John D. Hicks, *The Populist Revolt: A History of the Farmers' Alliance and the People's Party*, Minneapolis: University of Minnesota Press, 1931, pp. 325–328.

2 Theodore Saloutos, *Farmers' Movement in the South, 1865–1933*, Berkeley: University of California Press, 1960, pp. 142–143.

3 Lawrence Goodwyn, *Democratic Promise: The Populist Moment in America*, New York: Oxford University Press, 1976, pp. 404–406.

原则为越来越多的民主党人所接纳。[1]

　　经济萧条背景下对克利夫兰政府的强烈不满，促使南方的许多选民转向了第三党，却也使许多西部选民选择回归共和党，这导致平民党在其曾取得过巨大成功的大多数西部州遭遇了意想不到的失败。在科罗拉多、爱达荷和内华达等"白银州"，平民党人都失掉了选举。在达科他、明尼苏达、内布拉斯加和艾奥瓦等中西部地区，共和党人赢得了彻底的胜利。[2]在堪萨斯州，尽管平民党人所获得的选票总数比四年前增加了 1 万张，但他们提名的候选人几乎全军覆没。共和党人提名的州公职候选人悉数当选，还选出了 8 名国会代表中的 7 人和 125 名州议员中的 91 人。由于平民党内部存在分歧以及它缺乏民主党的支持，共和党轻而易举地夺回了州立法机构，民主党在该州几乎被彻底摧毁。堪萨斯州的选举结果表明，民主党人给融合带来的选票虽不多，却可能是决定性的，若没有他们的选票，平民党的候选人就会失败。[3]

　　尽管平民党候选人在西部各州的选举中不如 1892 年那么成功，但从总体上看 1894 年的选举政治却为平民党力量的进一步巩固提供了机会。在这年的选举中，该党的力量达到顶峰，获得了 147 万张选票，比 1892 年增加了 40 多万张。在阿肯色、科罗拉多、佐治亚、伊利诺伊、艾奥瓦、密歇根、明尼苏达、内布拉斯加、北卡罗来纳、俄亥俄、宾夕法尼亚、得克萨斯、弗吉尼亚、华盛顿和威斯康星等州，平民党选票的增幅都超过了 1 万张。[4]在明尼苏达州，平民党的选票从不足 3 万张增加到接近 9 万张；在加州，投给平民党人的选票从 4.5 万张增长到 6.8 万张。在国会中，有 6 名参议员和 7

1 Theodore Saloutos, *Farmers' Movement in the South, 1865-1933*, Berkeley: University of California Press, 1960, p. 145.

2 John D. Hicks, *The Populist Revolt: A History of the Farmers' Alliance and the People's Party*, Minneapolis: University of Minnesota Press, 1931, p. 333.

3 Lawrence Goodwyn, *Democratic Promise: The Populist Moment in America*, New York: Oxford University Press, 1976, p. 408.

4 Carl C. Taylor, *The Farmers' Movement, 1620-1920*, New York: American Book Co., 1953, p. 304.

名众议员受平民党控制。此外，平民党人还选出了 21 名州官员、150 名州参议员和 315 名州众议员。[1]

（三）自由铸银与 1896 年大选

随着平民党政治逐渐取代了农民联盟政治，农民在选举政治中核心的经济改革诉求也从国库分库转向了自由铸银。一方面，平民党反叛在南方造成的政局动荡，迫使民主党人重新考量以克利夫兰总统为首的黄金派的政治行为。他们意识到民主党的根基正在因为黄金派对金本位教条的执着而遭受侵蚀，如若该党在货币问题上不改变立场，它很有可能会成为政党重组的牺牲品，因此党内白银派的力量逐渐上升。[2]另一方面，共和党力量在西部的复兴，促使那里的平民党人考虑与民主党人进行更多合作的可能性，自由铸银议题成为实现融合的一个基础。对企图在 1896 年大选中挑战共和党霸权的西部平民党人而言，民主党白银派是其可以联合的一支重要力量；事实上，他们还认为，第三党只要将其纲领集中到自由铸银条款上，就可以团结全国的改革力量，为即将到来的"革命"事业添火加薪。这些人大都是担任过公职且深谙选举政治的融合派，他们清醒地认识到平民党所面临的政治现实：它"需要扩大自己的基础，否则改革事业就会彻底失败"，而且"改革者必须在任才能实施改革"；基于激进的联盟诉求之上的"奥马哈政纲"，难以成为它扩大其选举基础的议题，而其中的自由铸银条款既是农民运动长期的经济诉求之一，又不含联盟纲领中的激进色彩，是联合其他改革力量的一个合适口号。[3]

---

1 Frederick Emory Haynes, *Third Party Movements Since the Civil War*, Iowa City: The State Historical Society of Iowa, 1916, pp. 280-281.

2 Lawrence Goodwyn, *The Populist Moment: A Short History of Agrarian Revolt in America*, New York: Oxford University Press, 1978, p. 232.

3 Ibid., p. 233.

　　白银议题至少可以帮助平民党人在以下群体中获得一些竞选资源：其一，南方、西部和中西部的白银派民主党人；其二，那些感受到农业信贷困难的影响却认为国库分库计划太过激进的北方农民；其三，那些希望通过扩大银币铸造来刺激西部矿业州繁荣的矿工和矿主；其四，对自由铸银主张表示欢迎的劳工组织和城市工人。恰如当时正在成长为工人运动和社会主义斗士的尤金·德布斯所言，劳工阶层支持自由铸银，并不是因为将其视为"医治我们全国性弊病的灵丹妙药"，而是因为"自由铸银问题不仅给了我们战斗口号，而且提供了平民能够团结起来反对托拉斯、辛迪加、公司、垄断（简言之，金钱权势）的共同基础"。[1]

　　然而，在那些跟随联盟运动一起成长起来的"中间道路派"看来，融合派提出的这种对"奥马哈政纲"进行过度剪裁的策略，存在着摧毁其财政和经济体制改革大业的危险。不少民主党人可能会认为自由铸银是一项伟大的改革，但对信奉绿背主义的平民党人来说，白银问题只是其改革事业中"最微不足道的一部分"，而且许多人毫不掩饰他们的观念，即它"根本不是改革"。平民主义者真正想要的是"一种可以用来兑换人类劳动的所有产品的货币"，不论它是金币、银币还是纸币，而自由铸银除了可能会带来有限的货币扩充之外，似乎意义不大。[2]甚至早在1891年就有人对自由铸银条款能够被纳入联盟纲领表示疑惑："领导人们说，他们支持自由铸银作为获得更多货币的一步。但他们并没有解释为什么他们会为了少数拥有银锭者的利益而支持目前银币的无限制铸造。"[3]

　　"中间道路派"认为，在自由铸银基础上进行政治联合的主张，不仅对

---

　　1 Elizabeth Sanders, Roots of Reform: Farmers, Workers, and the American State, 1877–1917, Chicago: University of Chicago Press, 1999, pp. 138–139.

　　2 Quoted from Carl C. Taylor, The Farmers' Movement, 1620–1920, New York: American Book Co., 1953, p. 306.

　　3 H. R. Chamberlain, "Farmers' Alliance and Other Political Parties," The Chautauqua: A Monthly Magazine, vol. 13, no. 3 (June, 1891), p. 340.

实现农民的核心诉求帮助不大，而且如果这一行动取得了成功，"实际上将排除对美国货币体系的现行形式进行重大变革的可能性"。其原因有二：第一，它完全避开了铁路和土地问题，不会对资本主义工商业正在加速的集中和垄断趋势产生遏制作用，也不会将人们从根植于货币体系的政治腐败中拯救出来；第二，它不会改变现有的银行体系，也不会终结金钱权势通过发行货币来获取利益的破坏性特权，更不会将生产者从货币的压迫力量下解放出来，"就在资本主义下进行一次决定性的货币突破而言，自由铸银因此成了倒退的一步"。[1]

1895—1896年间，融合派与"中间道路派"在平民党内就下次大选的核心议题展开了激烈斗争。那些熟谙融合政治的第三党人，要求平民党抛弃"奥马哈政纲"的其余部分，专注于自由铸银，以吸引两党内部的白银派，并为1896年的总统大选招兵买马。他们的代表（同时也是平民党的全国主席）赫尔曼·E.陶贝内克，缺乏与农民运动一起成长的经历，对农民组织在南方和西部长期的经济斗争几乎一无所知，自然也无法理解作为平民主义基础的"奥马哈政纲"对改革事业的重大意义。他只是凭借着职业政客的敏锐感，捕捉到了新政党可以利用的一次吸引选票的计划，并为此要求其成员和喉舌报刊停止对"奥马哈政纲"的坚持和宣传。融合派的这一主张遭到了那些从联盟人转化而来的平民党人的激烈反对，后者在改革报刊的鼎力支持下，在数次平民党会议中与前者展开较量，坚决捍卫"奥马哈政纲"的完整性和激进性。[2]

与此同时，两个旧党内部正在经历着以本位币为争论的撕裂。白银派在民主党内占据了上风，他们采用自由铸银作为大选议题，只是尚未确定合适

1 Lawrence Goodwyn, *The Populist Moment: A Short History of Agrarian Revolt in America*, New York: Oxford University Press, 1978, pp. 234-235.

2 Lawrence Goodwyn, *Democratic Promise: The Populist Moment in America*, New York: Oxford University Press, 1976, pp. 426-463.

的总统候选人。共和党的准总统候选人威廉·麦金莱及其支持者，原打算以关税为主要议题，但民主党的议题迫使他们改变了计划，在东部商业利益的敦促下，他们决定支持金本位制，这造成了部分白银派代表的退出。1896 年 7 月初，白银派威廉·詹宁斯·布赖恩以著名的"黄金十字架"演说在芝加哥党代会上脱颖而出，被提名为民主党的总统候选人；白银派民主党人在这次大会上还通过对克利夫兰政府的谴责，吸收了平民党的大部分诉求。[1] 这番操作使民主党一夕之间变成了一个改革的政党，而被"窃取"了政纲和使命的平民党则陷入了面临着丧失自身政党身份的困局之中。

　　两周后，平民党的提名大会在圣路易斯举行，事态呈现出有利于融合派的发展趋势。他们向代表们提出了弱化纲领中的激进诉求、接受布赖恩及其副手亚瑟·休厄尔作为候选人的建议，这几乎是在劝说第三党人回归民主党。这项倡议遭到大部分南方平民党人的坚决反对，他们痛下决心才与父辈的政党决裂，双方的关系已经紧张到难以挽回的地步。"在南方，旧民主党和平民党之间的界线基本上是一排鲜血淋漓的坟墓"，如果平民党人"被毫无保护地送回其宿敌手中"，结果可能会要了他们的命。[2] 而对"中间道路派"而言，不仅让他们背离"奥马哈政纲"是不可能的，而且让他们支持休厄尔这个来自缅因州的银行行长、铁路公司的董事和劳工的富有雇主作为副总统候选人也是不可接受的。在他们的努力下，联盟纲领中的"三驾马车"——有关土地、金融和交通的激进改革主张得到了重申，佐治亚州的平民党领袖汤姆·沃森取代了休厄尔的竞选人职位。但是，由于缺乏合适的知名人士和担心反黄金派的力量会被分散，"中间道路派"也不得不与融合派妥协，提

---

1 Frederick Emory Haynes, *Third Party Movements Since the Civil War*, Iowa City: The State Historical Society of Iowa, 1916, pp. 285−289.

2 Theodore Saloutos, *Farmers' Movement in the South, 1865−1933*, Berkeley: University of California Press, 1960, p. 146.

名布赖恩为平民党的总统候选人。[1]

　　从第三党的角度看，1896 年的总统大选与 1880 年大选之间有一些相似之处。除了第三党内部在融合问题上争论激烈之外，其总统候选人也都进行了足迹遍及全国许多个州的巡回拉票演讲。和韦弗在 1880 年所做的那样，布赖恩在竞选期间向 500 多万名选民发表了 600 多次演讲，行程超过 1.8 万英里。而他的对手麦金莱却足不出户，甚至声称出门反对布赖恩还不如待在家门口的草坪上娱乐。共和党人的竞选是通过 1400 名代理人和 1000 万篇用 30 多种外语印刷的书面材料进行的，麦金莱向商界募集了 300 多万美元的竞选资金，而布赖恩只有 50 万美元。[2] 在 1896 年的那场 "我们历史上工业时代的第一次现代阶级斗争的政治角逐"[3] 中，布赖恩在总共近 1400 万张普选票中以 60 万票的微弱差距落选，他获得的选举人票比麦金莱少了近 100 张（176∶271），而在投给他的 650 万张普选票中来自平民党的只有不到 25 万张，比韦弗在 1892 年的收获减少了 80 万张。与作为两个政党的总统候选人的布赖恩所获的选票相比，投给平民党的副总统候选人沃森的选票更能体现第三党人的力量。作为一名资深的平民主义者，沃森只获得了 27 张选举人票和近 22 万张普选票，其中仅堪萨斯和得克萨斯两州贡献的普选票就超过了一半。[4] 这些数据表明，当农民政治在 1896 年完成了从农民组织向新政党的转移时，作为联盟政治遗产的平民党在选举政治中的力量流失到不及其前身的一半。[5]

1　Lawrence Goodwyn, *The Populist Moment: A Short History of Agrarian Revolt in America*, New York: Oxford University Press, 1978, pp. 256-262.

2　Donald J. Green, *Third-Party Matters: Politics, Presidents, and Third Parties in American History*, Santa Barbara: Praeger, 2010, p. 37.

3　S. K. Stevens, "The Election of 1896 in Pennsylvania," *Pennsylvania History*, vol. 4, no. 2 (April, 1937), p. 67.

4　Frederick Emory Haynes, *Third Party Movements Since the Civil War*, Iowa City: The State Historical Society of Iowa, 1916, pp. 299-300.

5　John D. Hicks, "The Sub-Treasury: A Forgotten Plan for the Relief of Agriculture," *The Mississippi Valley Historical Review*, vol. 15, no. 3 (December, 1928), p. 372.

1896 年的竞选在美国社会政治史上具有重要意义：

> 它标志着我们政治生活的一个新时代，在这个时代中，贫富之间的界线开始被划定——民主和财富的力量卷入公开的冲突。它代表了可追溯至 70 年代初旨在消除特权的各种骚动的高潮，在过去的 25 年里，这些特权的影响变得越来越糟。动乱的一部分是一场对环境的、不顾后果的盲目抗议，但是，一些具有社会远见的人认为，在这些表面现象的背后，他们看到了"美国人民反对垄断的第一次伟大抗议——我们国家的民众反对特权阶级的第一次伟大斗争"。让富豪领袖们害怕的并不是自由铸银。那时他们所害怕的，现在他们所害怕的，都是自由的人。[1]

布赖恩的落选，表明了平民主义在选举政治中的惨败，平民党从此一蹶不振。一些第三党人在总结教训时曾指出，如果布赖恩没有出现，如果自由铸银没有被写入民主党纲领，平民党在农业组织活跃的地区会获得更为可观的支持。[2] 后来的一些学者也持有类似的观点，例如，曾有研究者写道："自由铸银派民主党人把平民党人逼到破产，就像平民党人曾对农民联盟和农民联盟曾对其他同时代的农民团体所做的一样。融合也从平民党中赶走了许多对原则比对政治交易更感兴趣的真正改革者……"[3] 然而，平民党的挫败并不只是由一些政治事故引发的，同时也是因为底层民众对它的支持正在逐渐流

---

1 Frederick Emory Haynes, *Third Party Movements Since the Civil War*, Iowa City: The State Historical Society of Iowa, 1916, p. 301.

2 Joseph Columbus Manning, *Fadeout of Populism: Presenting, in Connection, the Political Combat between the Pot and the Kettle*, New York: T. A. Hebbons Publisher, 1928, p. 9.

3 Theodore Saloutos, *Farmers' Movement in the South, 1865-1933*, Berkeley: University of California Press, 1960, p. 150.

失。事实上，在 1893 年自由铸银初显出要成为一个全国性议题的势头时，就已经有观察者颇为冷静地预见了第三党的宿命。他指出："平民党人想要的不是自由铸银，而是更多的货币。当他们抛弃了所有的其他信条并把自己的存在押在无基础的法定货币上时，作为一个全国性政党，人民党必定失败，就像失败的绿背党一样。"[1]

1896 年之后，平民党不再是美国政治中的一个重要因素，尽管它在沃森的带领下于 1908 年之前一直都参与了选举政治，但它再也没有获得过选举人票和超过普选票总数 1% 的竞选结果。虽然在南方和西部的州政治中，平民党通过与少数党融合继续发挥着影响，但还是有越来越多的第三党人逐渐回到了旧政党的怀抱。[2]

随着平民党的消亡，美国的农业激进主义也陷入了沉寂，"那些使农民运动在美国历史上达到其高潮的农民组织都随着平民党运动而没落了，而在 1896 年之后的六年里，农民运动处于比四十年来或者从那以后的任何时期都要低的低潮"。[3]平民主义的式微，标志着由农民所主导的、以解决资本主义农业发展过程中出现的各种问题为目标的改革暂时告一段落。虽然农民的主要经济诉求几乎都没有被转化成法律，但其所提出的许多改革倡议和立法计划却得到了保留。在 20 世纪的前几十年，由中产阶级知识分子领导的新一波旨在解决资本主义工业化遗留弊病的社会改革浪潮席卷了整个美国，城市改革者和农业专家接手了底层农民未竟的事业，带领后者在农业调整和立法方面取得了丰硕成果。

1　Frank B. Tracy, "Rise and Doom of the Populist Party," *Forum*, vol. 16 (October, 1893), pp. 248–249.

2　Carl C. Taylor, *The Farmers' Movement, 1620–1920*, New York: American Book Co., 1953, pp. 310, 319–323.

3　Ibid., p. 310.

＊＊＊＊＊＊

　　在 19 世纪的最后三十年，激进的农村选民一直是搅动美国选举政治风云的一支不稳定力量。在 19 世纪 70 年代中期，他们组建了活跃于西部 11 州的各种反垄断政党，要求管制铁路垄断力量、整顿腐败的政党政府；在长达十多年的绿背党运动中，他们要求改革货币制度、增加流通媒介和借贷资本；在 19 世纪 80 年代后期的农工联合政治中，他们要求底层民众联合行动，从精英财阀手中夺回政府。农民运动中左翼人士的第三党行动，一直遭到右翼人士的反对和阻拦，后者深受美国政治文化中的非政党传统的影响，坚持要求运动与政党政治保持距离。经过这两支力量的多番博弈和妥协之后，出现了 19 世纪后期最引人注目的农民联盟政治和平民党运动。在这些一浪高过一浪的政治抗议风潮中，生产者的联合力量越来越强大，第三党人对两大政党统治地位的挑战也越来越有力。在此期间，农民群体的改革诉求日臻完善，尽管他们的政治反叛未能取得立竿见影的效果，却为 20 世纪初期的立法调整留下了丰厚遗产。

第六章
美国农民运动中的土地问题

　　19 世纪下半叶是美国工业化突飞猛进的时期，但与此同时美国农民的生活却日益潦倒。贫困是当时全国农民面临的普遍窘境，无论是南方的佃农，中西部艰苦生存环境下的自耕农，还是大平原地区的牧农。导致贫困的原因很多，如工农业剪刀差、农产品价格下降、铁路公司的盘剥、自然环境恶劣、气象灾害频发，等等。此外一个重要因素就是土地问题。"土地问题"是一个概括的称谓，包含一系列与土地相关的问题，如可按《宅地法》分配的全国公共土地的缩减，密西西比河以西地区可供分配的土地的质量渐趋恶劣，以及不同农业类型之间在土地资源上的争夺，等等。正是这些与"土地"相关的贫困，催生了 19 世纪后期的美国农民运动，一般认为 1892 年人民党的总统竞选是该运动的"高潮"。[1]土地问题的重要性使之引起了 19 世

1　对于平民党 1892 年的总统竞选，政治学家劳伦斯·古德温明确使用了"高潮"一词，他认为尽管平民党人也参加了 1896 年总统选举，但已进入"退潮"（receding）和尾声，见 Lawrence Goodwyn, *Democratic Promise: The Populist Moment in America*, New York: Oxford University Press, 1976, p. 244. 类似的说法还可见于 John D. Hicks, *The Populist Revolt: A History of the Farmers' Alliance and the People's Party*, Minneapolis: University of Minnesota, 1931c, reprinted in 1981 by Greenwood Press; Robert C. McMath, Jr., *Populist Vanguard: A History of the Southern Farmers' Alliance*, Chapel Hill: University of North Carolina Press, 1975; Lawrence Goodwyn, *The Populist Moment: A Short History of the Agrarian Revolt in America*, New York: Oxford University Press, 1978; 参 看 "Agricultural History Roundtable on Populism: Robert C. McMath, Jr., Peter H. Argersinger, Connie L. Lester, Michael F. Magliari, and Walter Nugent," *Agricultural History*, vol. 82, no. 1 (Winter, 2008), pp. 1–35. 国内关于美国平民党运动的综述，可参看许镇梅:《美国平民主义研究的百年起伏》,《史学月刊》2019 年第 4 期。

纪后期一些社会改革者的关注，也许其中一个名气最大的代表即是亨利·乔治。在 1879 年发表的《进步与贫困》一书中，乔治提出了一套以"土地"为核心概念的经济学理论，并在此基础上提出了"单一税制"这样一种社会改革方案，时人一般将这套学说总称为"乔治主义"。[1]

　　需要指出的是，亨利·乔治所说的"贫困"并非专就农民而言，而是对社会整体经济状况的一种评估，更多时候他关注的其实是城市劳工生活水平的下降，但由于农业、农民与土地的天然关联性，《进步与贫困》一书依然涉及了大量与农业生产和农民生活相关的内容。如果再考虑到乔治在中西部也有不少信徒，以及他在世界范围内的土地改革中的影响和地位，农民和"乔治主义"之间本该很容易发生关联的。[2] 可是在一般的印象里，尽管乔治被认为启发了后来的一大批进步主义改革者，但总体上他是被排除于美国社会改革史的主流的。学院派的自由主义改革者们认为他的理论掺杂了过多的道德说教，[3] 保守派把他看成了一个社会主义者，左派则称他的学说是"资本主义的最后防线"。[4] 后世研究者也很少专门论及 19 世纪八九十年代的平民党运动与亨利·乔治及其理论之间的关联，似乎农民对乔治的理论不仅谈不

---

　　1 尽管亨利·乔治名气很大，但他在经济学史上的地位较为模糊。探究美国"社会科学"起源的史家多萝西·罗斯很少提到他，但约翰·杜威认为他"肯定是美国最伟大的哲学家之一"，今天也有经济学领域的学者称其为"美国早期经济学家中最伟大的一位"。参看 Phillip J. Bryson, *The Economics of Henry George: History's Rehabilitation of America's Greatest Early Economist*, New York: Palgrave MacMillan, 2011; Dorothy Ross, *The Origins of American Social Science*, New York: Cambridge University Press, 1991.

　　2 参看 T. H. Bonaparte, "Henry George's Impact at Home and Abroad: He Won the Workers of Marx's Adopted Country but through Leninism Marxism Has Won Half the World," *The American Journal of Economics and Sociology*, vol. 46, no. 1 (January, 1987), pp. 109–124.

　　3 Robert V. Andelson, "Henry George and the Reconstruction of Capitalism: An Address," *The American Journal of Economics and Sociology*, vol. 52, no. 4 (October, 1993), pp. 493–501.

　　4 语出卡尔·马克思, quoted from Phillip J. Bryson, *The Economics of Henry George: History's Rehabilitation of America's Greatest Early Economist*, New York: Palgrave MacMillan, 2011, p. 176.

上赞同，简直就没有加以重视。[1] 结果是美国历史上留下了这样一个吊诡现象：一场由"土地耕作者"发起的抗议或改革运动，却与一项以"土地"为基础概念的改革主张失之交臂。这是为什么？美国农民与亨利·乔治的关系究竟如何？他们是否相互了解对方的改革主张，从而意识到彼此有不少共同点？哪些因素妨碍了他们深度接触乃至结盟？这些因素对整个美国"镀金时代"的改革运动又意味着什么？本章试图对上述问题给出一个回答。

一、内战后美国农民面临的土地问题

现代历史的奇怪现象之一是，经济高度发展或工业化飞速推进之际，往往也是贫困现象大量产生或加剧的时期。这一点在最先启动工业革命的英国最为明显，一马当先的工业化让英国在拿破仑战争之后成为全世界的头号强国，但国内劳工阶级却陷入赤贫，查尔斯·狄更斯的早期小说是对这一现实的反映，恩格斯的《英国工人阶级状况》则对贫困现象进行了直

---

[1] 在关于平民党人的文献中，按其对平民党人与亨利·乔治之间关系的评价，大致可分三类。第一类文献零星地提到了"单一税派"在平民党运动中的参与，但基本上忽略了乔治本人与农民运动的联系，往往是较为早期的研究，如 John D. Hicks, *The Populist Revolt: A History of the Farmers' Alliance and the People's Party*, Minneapolis: University of Minnesota, 1931c, reprinted in 1981 by Greenwood Press; Carl C. Taylor, *The Farmers' Movement, 1620-1920*, New York: American Book Company, 1953; Richard Hofstadter, *The Age of Reform: From Bryan to F.D.R.*, New York: Vintage Books, 1955; Robert C. McMath, Jr., *Populist Vanguard: A History of the Southern Farmers' Alliance*, Chapel Hill: University of North Carolina Press, 1975; Lawrence Goodwyn, *The Populist Moment: A Short History of the Agrarian Revolt in America*, New York: Oxford University Press, 1978, 但也包括较晚近的研究如 Elizabeth Sanders, *Roots of Reform: Farmers, Workers and the American State, 1877-1917*, Chicago: The University of Chicago Press, 1999. 第二类文献认为乔治不重视平民党运动，甚至对其怀有偏见，参看 Lawrence Goodwyn, *Democratic Promise: The Populist Moment in America*, New York: Oxford University Press, 1976, p. 308; Charles A. Barker, *Henry George*, New York: Oxford University Press, 1955, p. 599. 较为晚近才出现第三类文献，认识到了平民党运动与乔治及其"单一税运动"之间存在较为密切的联系（尤其是在州层面），如 James M. Youngdale, *Populism: A Psychohistorical Perspective*, Port Washington: Kennikat Press Corp, 1975, pp. 130-132; Charles Postel, *The Populist Vision*, New York: Oxford University Press, 2007, pp. 228-233. 但即便在第三类文献中，目前尚未发现国内外关于两者关系的较具体深入的研究。

接分析。拿破仑战争以后法国启动的工业化所带来的贫困，则引发了 19 世纪三四十年代里昂工人的长期骚动。资本主义和工业化的进展所伴随的这种贫困加剧的现象，引起了 19 世纪大批知识分子的注意，古典经济学开始修正自身的原理，社会主义思想则开始萌芽，提供了思考社会问题的另一种途径。

　　但在 19 世纪，这种关于工业发展与贫富分化或社会阶级矛盾激化的共生现象，更多地被认为是一种欧洲现象。与法国差不多同时启动工业化的美国，常常被认为是超脱于这一现象的。美国被认为土地广袤而肥沃，人口稀少，生存资源可谓取之不尽，其民主制度则保证了这些资源可以平等地分配到每个公民手中。因此，即便马克思也曾提到，资本主义在美国的发展要比在任何其他国家都"更加无耻"，这个国家的社会矛盾却被认为是较为缓和的（至少在不考虑奴隶制的情况下）。[1]1842 年，狄更斯在旅美期间曾造访了美国工业化的早期发祥地之一——洛厄尔小城，并考察了当地的"工厂制度"。狄更斯惊讶地发现洛厄尔的女工们过着一种"欢乐舒畅"的生活，感叹美国工厂和英国工厂之间简直是"善与恶、光明与黑暗"的差别。[2]19 世纪上半叶对美国社会最为深刻的观察者托克维尔，以及该世纪下半叶堪与托克维尔比肩的詹姆斯·布赖斯子爵，也都认为美国得天独厚的自然条件有助于阶级之间的和谐。[3]到了 20 世纪初，美国的这种"例外性"更是几乎成了一种共识，在维尔纳·桑巴特关于美国"为什么没有社会主义"这一问题的

　　1 可见于 Morris Hillquit, *History of Socialism in the United States*, New York: Funk & Wagnalls Company, 1906, p. 150. 马克思的说法转引自 Eric Foner, "Why Is There No Socialism in the United States?" *History Workshop*, No. 17 (Spring, 1984), pp. 57-80.

　　2 〔英〕狄更斯：《游美札记》，张谷若译，上海译文出版社，1982，第 95、97 页。也可见于 Melvyn Dubofsky and Foster Rhea Dulles, *Labor in America: A History*, Wheeling, IL: Harlan Davidson, Inc., 2010 (Eighth Edition), p. 66.

　　3 〔法〕托克维尔：《论美国的民主》，董果良译，商务印书馆，1989，第 389、793—795 页；James Bryce, *The American Commonwealth, Vol. II.*, New York: The Macmillan Company, 1913, pp. 467, 810-811. 布赖斯的书初版发表于 1888 年，此后经历了多次再版和增补。

解释中得到了最充分、最著名的阐发。[1]

　　如今这种关于"美国例外论"的观点则颇显陈旧。越来越多的研究表明，尽管美国在 19 世纪，尤其是内战以后的时期，经历了现代史上最为成功的工业化进程之一，国民财富得到巨大提升，但正如"镀金时代"这一名称所暗示的，"财富"并非这段历史的全部。经济飞速发展的同时，美国同样发生了与世界其他地方类似的贫富分化，甚至很多人陷入了赤贫。[2] 随着竞争的加剧、生产的扩大和科技应用在生产中越来越普及，资方和劳工的地位越来越不平衡，劳工受剥削的情况也越来越严重。19 世纪 70 年代和 90 年代的"经济恐慌"更让劳动者的生存境况雪上加霜。[3]1870 到 1900 年是美国劳工历史上组织化抗争运动最为激烈的一段时期，也反映了"镀金时代"美国劳动者总体生存境况之恶劣。而实际上劳工群体在当时的所有劳动者中只是占了一小部分，且不说较晚才被纳入历史学研究视野的家庭主妇，大量农民的生存状况也常常被忽略了。就拿 1880 这一年来说，当年的全国人口约为 5019 万人，其中劳工总人口（年龄 16 岁以上）约 1739 万，包括约 771 万的农业工人，即是说城市劳工人口其实只占全国人口的 19%，而同一年的农业人口约为 2197 万，占总人口的 43.8%。[4] 鲜明的"无产阶级"身份，使人总是将"贫困"与劳工群体联系在一起，而约占人口一半比例的乡村居民，包括各种收入水平线上的农民和农业工人，其生存处境却长期处于模糊中。

　　"镀金时代"的美国农民并不缺少堪与历次工人大罢工相比拟的抗争运动，19 世纪 70 年代的格兰其运动，80 年代后期的农民联盟运动，以及 90

1 〔德〕W. 桑巴特：《为什么美国没有社会主义？》，赖海榕译，社会科学文献出版社，2003，第 32、36 页。

2 Russell M. Lawson and Benjamin A. Lawson, ed., *Poverty in America: An Encyclopedia*, Westport: Greenwood Press, 2008, p. xvii.

3 Melvyn Dubofsky and Foster Rhea Dulles, *Labor in America: A History*, Wheeling, IL: Harlan Davidson, Inc., 2010 (Eighth Edition), pp. 70, 103–104.

4 Bureau of the Census, U.S. Department of Commerce, *Historical Statistics of the United States: Colonial Times to 1970*, Washington, D. C.: Government Printing Office, 1975, pp. 8, 127, 457.

年代前半期声势浩大的平民党运动，都产生了全国性影响。然而对农民作为"有产者"的模糊印象，时常构成一种障碍，让人难以真切地体会他们遭受的贫困。农民被认为即便算不上"中产阶级"，至少也是持有田产的"自耕农"。[1]然而事实上，"镀金时代"美国农民经历的真实苦难是令人震惊的。应当指出的是，今日美国农业的专业化分区格局正是在19世纪最后三十年奠定的，因此这一时期农民的处境，也按地域和农作物类型而有所差异。大体来讲，新英格兰和大西洋沿岸中部各州的农民处境稍好，中北部地区东部、大西洋沿岸南部次之，剩余其他地区——包括俄亥俄河以南以及整个密西西比河以西地区——的农民则都面临较为艰难的困境。[2]导致南方、西部农民贫困的原因，有一些是共通的，如19世纪70年代以后农产品价格的普遍下降，以及内战以后货币的普遍短缺。西部农民的情况比起南方还有一些特别的困难，那就是西部地区艰苦的气候条件。内布拉斯加-堪萨斯一线以西，除了太平洋沿岸少数河谷地带，都饱受干旱之苦，在北方还有酷寒，这些是东北部和南方的农民所不常经历的。[3]

　　导致农民贫困的另一大原因就是土地。《宅地法》的名气之大，容易让人误认为19世纪的美国西部总是有充足的土地提供给源源不断从东部移来的居民。然而实际上，在1862年到1900年之间分配出去的5亿英亩公共

　　1　农民作为自给自足的"有产者"的形象，和18世纪法国"重农学派"的经济思想、英美世界的农业神话观念有关，这方面的介绍可见于 Richard Hofstadter, *The Age of Reform: From Bryan to F. D. R.*, New York: Vintage Books, 1955, pp. 23-28.

　　2　分区参见 Bureau of the Census, U.S. Department of Commerce, *Historical Statistics of the United States: Colonial Times to 1970*, Washington, D. C.: Government Printing Office, 1975, p. 458; Willard W. Cochrane, *The Development of American Agriculture: A Historical Analysis*, Minneapolis: University of Minnesota Press, 1993, pp. 91-92.

　　3　农民的困境及原因参见 Willard W. Cochrane, *The Development of American Agriculture: A Historical Analysis*, Minneapolis: University of Minnesota Press, 1993, pp. 84-86; 原祖杰：《对美国平民党运动的再思考》，《美国研究》2009年第4期；原祖杰：《在工业化的阴影里：19世纪后期美国农民的困境与抗议》，《北大史学》2010年第1期；安然：《从平民主义的兴衰看美国社会矛盾的化解》，《史学月刊》2014年第2期；林广：《论美国平民党运动的两重性》，《历史教学问题》1993年第1期。

土地中，仅有 8000 万英亩系在《宅地法》下分配；剩下的 4 亿多英亩中，25% 通过拍卖等方式落入了土地投机商之手，余下的 3 亿亩则直接赠予各州和铁路公司，后者再度将其卖给了土地投机商。[1] 因此，整个"镀金时代"农民获得土地的主要方式其实不是享受《宅地法》的关照，而是从土地投机商手中购买，并因此饱受盘剥。不仅如此，对大多数西部农民来说，无论依照《宅地法》取得，还是从地产投机商手中购买，其实是很难获得优质土地的，因为靠近河流、交通路线的优质土地本就很少，早已被占据完毕。尤其是在大平原以西到落基山脉东麓，水源稀缺、气候恶劣的地区，按《宅地法》获得的 160 英亩土地，其价值其实已大打折扣。然而即便是这种劣等的土地，农民也不能独享，因为大平原西部干燥的草原带也正是西部牧民的天然牧场，耕地农民和牧民对优质土地的争夺一直贯穿"镀金时代"。此外还应指出的是，农民在 19 世纪后期商品价格的总体下降趋势中获利是最少的，由于多数农民的土地都是通过抵押贷款购得，他们几乎一直是在产品价格下降的趋势下去支付固定的土地成本，在沉重债务下往往注定破产，抵押的土地再也无法收回，最终沦为佃农。[2] 可见，土地问题其实是造成农民贫困的至关重要的因素，对中西部农民尤其如此。不管农产品价格、交通条件、国内外市场环境如何变化，农民首先必须保证拥有他们最根本的生产资料——土地本身。

　　农民当然针对导致他们贫困的根源发出了抗议。19 世纪 60 年代末到 70 年代中期的格兰其运动，长期以来主要被认为是一场针对铁路公司、旨在降

1　Willard W. Cochrane, *The Development of American Agriculture: A Historical Analysis*, Minneapolis: University of Minnesota Press, 1993, p. 83.

2　关于农民的贫困与土地紧缺之间的关系，参见 Willard W. Cochrane, *The Development of American Agriculture: A Historical Analysis*, Minneapolis: University of Minnesota Press, 1993, pp. 81–82, 87, 93. 美国历史学家弗雷德里克·特纳于 1892 年提出著名的"边疆理论"，其主旨并不在于表现农民的贫困，但"自由土地的耗竭"是该理论的关键背景，参看 Frederick Jackson Turner, "The Significance of the Frontier in American History," in Frederick Jackson Turner, *The Frontier in American History*, New York: H. Holt and Company, 1920.

低铁路运价的农民抗议运动。[1]但其实铁路只是较为显眼的表象，背后的根源很大程度上是土地问题。该组织于 1873 年大幅修订后的"序言"中，就明言"土地是所有财富的来源，没有它，就没有农业，没有制造业，也没有商业"。[2]一位作家在一则为格兰其运动撰写的小史里追溯了铁路公司之垄断的根源，认为症结在于 19 世纪 50 年代以来铁路公司一直从联邦源源不断地得到赠地，迄该书出版的 1874 年为止，这类赠地的总量竟达到了"一个得克萨斯加上两个弗吉尼亚那么大"。[3]然而如何解决土地问题，格兰其却并未能提出具体方案，回避政治的倾向让它在 19 世纪 70 年代后半期执着于对铁路公司垄断的立法监管。从农民的角度来说，土地问题除了表现在土地本身的稀缺之外，另一个表现就是他们缺少用来购买土地及农具的"钱"——这两方面原本是相互关联的。而关于"钱"的问题怎么解决，19 世纪 70 年代初的农民也只有两个模糊的改革方向。一个指向税收改革，农民似乎隐约地感到自己的贫困与国家的财富分配制度有关，在 1869 年 4 月伊利诺伊州农民召开的第一次"布卢明顿大会"上，代表们就提出"当前的税率是不合理的和带有压迫性的"。[4]在另一个方向上，农民开始思考怎样的货币发行量和

---

1 "格兰其运动"这一术语由美国农业史家索伦·巴克于 1913 年首次提出，与铁路公司的斗争被认为是这场运动的"主干"。参见 Solon Buck, *The Granger Movement: A Study of Agricultural Organization and Its Political, Economic and Social Manifestations, 1870–1880*, Cambridge: Harvard University Press, 1913, p. v; Charles M. Gardner, *The Grange, Friend of the Farmer*, Washington, D. C.: National Grange, 1949, p. 13; D. Sven Nordin, *Rich Harvest: A History of the Grange, 1867–1900*, Jackson: University Press of Mississippi, 1974, p. vii; Thomas Clark Atkeson, *Outlines of Grange History*, Washington, D. C.: The National Farm News, 1928, pp. 17–19.

2 John R. Commons and John B. Andrews, ed., *A Documentary History of American Industrial Society, Vol. X, Labor Movement, 1860–1880, Volume 2*, New York: Russell & Russell, 1958, pp. 85, 86, 87.

3 Edward Winslow Martin, *History of the Grange Movement; or, The Farmer's War against Monopolies*, Chicago: National Publishing Company, 1874, pp. 35, 36, 40.

4 Jonathan Periam, *The Groundswell: A History of the Origin, Aims, and Progress of the Farmers' Movement*, Cincinnati: E. Hannaford & Company, 1874, p. 229; John R. Commons and John B. Andrews, ed., *A Documentary History of American Industrial Society, Vol. X, Labor Movement, 1860–1880, Volume 2*, New York: Russell & Russell, 1958, p. 45.

货币制度才能让自己脱离贫困，这便是未来的绿背党运动、自由铸银运动、关税改革、所得税运动的萌芽。

当参与格兰其运动的农民们对于"土地"和"钱"的问题尚无明确解决方案之际，一位民间经济学家却提出了他的一份初步解决方案。1871年，尚自籍籍无名的亨利·乔治在旧金山发表了小册子《我国的土地和土地政策》，其一生的改革理念已初具雏形。这份报告，也许是当时美国对土地问题这个"斯芬克斯之谜"的最佳分析，尽管并非专为农民所写，其内容与当时农民的观念却惊人地相符。乔治关于土地稀缺问题的判断，与其说是通过观察得来，不如说是进行数据分析的结果。[1]得克萨斯州一位农民在1890年注意到身边"自己持有农场的农民已越来越少"，[2]乔治却在约二十年前就预见了这一点，就此而言他无愧"先知"的称谓。[3]乔治对这一社会隐忧之原因的诊断也与格兰其运动不谋而合，指向了铁路公司对土地的垄断。比农民高明的是，他还看出了铁路垄断背后的制度性因素，即各种形式的"捐赠"和"赠予"政策，以及伴随该政策的一种关于这个国家土地"真实取之不竭"的自满心态。[4]乔治当然也看到了与土地相关的"钱"的问题。实际上，他的另一个超越农民的地方在于，他为"钱"的问题找到了一个方案——"对土地征税"[5]。

尽管《我国的土地和土地政策》得到了经济学家戴维·A.韦尔斯等人的

---

1 Henry George, *Our Land and Land Policy: National and State*, San Francisco: White & Bauer, W. E. Loomis, 1871, pp. 1–4. 乔治之子小亨利·乔治将其父发现"土地垄断"问题的过程描述成了一次带有宗教启示意味的顿悟，见 Henry George, Jr., *The Life of Henry George*, New York: Doubleday and McClure Company, 1900, p. 220.

2 J. C. Peoples to A. W. Buchanan, Dec. 12, 1890, J. A. Rose Papers, quoted from Norman C. Pollack, ed., *The Populist Mind*, Indianapolis and New York: The Bobbs-Merrill Company, Inc., 1967, p. 22.

3 参看 Louis F. Post, *The Prophet of San Francisco*, Chicago: L. S. Dickey, 1904.

4 Henry George, *Our Land and Land Policy: National and State*, San Francisco: White & Bauer, W. E. Loomis, 1871, pp. 1, 5, 9.

5 Ibid., p. 39. 这是当时的表述，后来为了避免引起农民的反感，乔治主义者一般称"征收土地价值税"。

赞誉，但这本小册子几乎没有产生多大公共影响。[1] 乔治的理论当然还有待完善，尤其是在经济学原理方面。而在整个 19 世纪 70 年代，土地问题并未成为农民抗议运动的焦点，甚至没有激发太多严肃的讨论，作为农民贫困的一个源头，它还在继续恶化下去。

二、亨利·乔治的改革理念及其在农民中的传播

完善理论的工作，乔治在 1879 年出版的《进步与贫困》一书中完成了。从书名来看，乔治一改 1871 年那本小册子的朴素风格，把"土地问题"与一个更具思想冲击力和道德感召力的话题联系了起来——那就是"进步"与"贫困"的共生现象。乔治提出，当存在"土地所有权的不平等"时，"土地价值的投机性上涨"看似一种"进步"，结果却必然是"贫困"。乔治政治经济学最具特色的地方在于，出于一种强烈的道德或宗教关怀，乔治对西方古典道德哲学中关于"财产"的观念进行了再阐释，将"土地"同人的其他财产区分开来。[2] 他认为，位于土地之上的、"作为个人劳动产品的财产"，由于是人凭其劳动所得，是具有"正义性"的；而"个人的土地财产"，包括土地之下的矿藏等资源，由于与人的劳动无关，则是"非正义的"。[3] 由此推论，因土地增值而产生的财富便不那么理所当然地应归个人所有，而应当是一种公共财富了。因此，解决社会贫困的办法就是实行"一种土地共有制"，让土地因增值而产生的财富泽被于所有人，其方式当然不在于均分田地，而是采用对所有地产的市场价值实施征税的办法，即"把地租变成国家的税收"。由

---

1 Henry George, Jr., *The Life of Henry George*, New York: Doubleday and McClure Company, 1900, p. 234.

2 需要指出的是，"财产"的古典观念也并非全无宗教渊源。比如洛克就与乔治不同，认为"土地"是"财产"的一部分，而洛克判断"property"的标准是作为上帝造物的人的"生存所必须之物"。见〔英〕洛克：《政府论·上篇》，瞿菊农、叶启芳译，商务印书馆，1996，第 75 页。

3 有经济学家认为这种财产观念是"古怪的"，参看 Charles Collier, "Henry George's System of Political Economy," *History of Political Economy*, vol. 11, no. 1 (Spring, 1979), pp. 64-93.

于社会的土地增值是一笔如此巨大的财富，乔治相信，有了这样一种税，其他所有税赋便都可免征了。[1]

　　乍看起来，对土地征税的提议会被理解为对农民的进一步盘剥，乔治本人也曾担心该提议会令"小农场主和小宅地主感到害怕"。[2] 但在更多场合下，乔治对取得农民支持是充满信心的。实际上，他认为尽管完全不拥有土地的、"靠工资生活的人们"——也就是城市劳工——是"单一税制"的最大受益者，但农民将成为第二大获益群体，尤其是美国为数众多的"实际参与劳动的农民"。乔治深知农民困于各种苛捐杂税已多时，他们不仅承担了沉重的商品税，甚至连农场上的房屋、谷仓、篱笆、农作物和牲畜等也要纳税。但在他提出的新税制下，一方面，"对土地征税"将使得较重的税收负担被限定于地价高昂的城市，乡村地区的负担就变轻了；另一方面，那些地处边远、因土质恶劣而尚未用于耕种的土地，则很可能根本不需上缴任何税赋，因为低税额对已开垦和未开垦的乡村土地都同样适用。[3] 按此设想，农民在未来将有一个相当宽松的经济环境。不仅如此，新税制还将给乡村的精神生活带来可喜变化——乔治似乎认为这是其学说的道德性之所在。由于土地投机将变得无利可图，乡村地区的土地价格将下降，人口从稠密地区向稀

---

1 Henry George, *Progress and Poverty: An Inquiry into the Cause of Industrial Depressions and of Increase of Want with Increase of Wealth, The Remedy*, New York: Doubleday and McClure Company, 1898, pp. 261, 293, 336, 404. 关于乔治政治经济学理论的内核，经济学领域已有非常丰富的文献，以上仅就本章主题作一归纳。还可参看 Phillip J. Bryson, *The Economics of Henry George: History's Rehabilitation of America's Greatest Early Economist*, New York: Palgrave MacMillan, 2011, pp. 78-79; Charles Collier, "Henry George's System of Political Economy," *History of Political Economy*, vol. 11, no. 1 (Spring, 1979), pp. 64-93; Dominic Candeloro, "The Single Tax Movement and Progressivism, 1880-1920," *The American Journal of Economics and Sociology*, vol. 38, no. 2 (April, 1979), pp. 113-127; Michael Hudson, "Henry George's Political Critics," *The American Journal of Economics and Sociology*, vol. 67, no. 1 (January, 2008), pp. 1-46.

2 Ibid., p. 445.

3 Ibid., pp. 447-448. 其实在 1871 年的《我国的土地与土地政策》中，乔治已提到农民将是新税制的受益者，Henry George, *Our Land and Land Policy: National and State*, San Francisco: White & Bauer, W. E. Loomis, 1871, p. 41.

少地区的迁移便有了动力，乡村的邻里社交网络就能逐步建立，农民便有望摆脱以往那种"毫无必要地显得枯燥乏味的"生活了。[1]"简言之，"乔治总结道，"'实际参与劳动的农民'既是土地所有者，也是劳动者，还是资本家，他赖以生活的是劳动和资本。因此他的损失将微不足道；他的收获却将是真实而丰足的。"[2]

不论乔治的理论客观上是否于农民有利，大多数农民此时还不知亨利·乔治是何人，《进步与贫困》一书的畅销历程也并非一帆风顺。实际上直到 1881 年初，该书都未给乔治带来可观的收入和名声。乔治的名声是先从海外建立起来的。从 1882 年到 1885 年，他先后三次应来自英伦三岛的邀请，前往都柏林、格拉斯哥、曼彻斯特、伯明翰、利物浦、普利茅斯、加的夫等地巡回演讲，邀请人包括英格兰的"土地国有社"、苏格兰"还土于民社"和爱尔兰"全国土地联盟"等。这段时间里，《进步与贫困》的德文版也在欧洲大陆发行开来。[3]这一系列的公共活动既扩大了乔治的名气，也拓宽了《进步与贫困》的销路。在英格兰，据说"亨利·乔治"一度是人们谈论得最多的名字之一，仅比首相"格莱斯顿"稍逊一筹。[4]1885 年，英国"皇家工人阶级住房委员会"向议会提出了一份关于开征某种地方税的建议，该税种与乔治在《进步与贫困》中所提出的极为相似。[5]几乎可以说，到了 1885 年，"乔治主义"已经向世界传播开去，《进步与贫困》一书更是获得

1　Henry George, *Progress and Poverty: An Inquiry into the Cause of Industrial Depressions and of Increase of Want with Increase of Wealth, The Remedy*, New York: Doubleday and McClure Company, 1898, p. 449. 关于"单一税制"如何有益于农民，还可参见 Charles Postel, *The Populist Vision*, New York: Oxford University Press, 2007, p. 229.

2　Henry George, *Progress and Poverty: An Inquiry into the Cause of Industrial Depressions and of Increase of Want with Increase of Wealth, The Remedy*, New York: Doubleday and McClure Company, 1898, pp. 449–450.

3　D. C. Pedder, *Henry George and His Gospel*, London: A. C. Fifield E. C., 1908, pp. 18–19; Henry George, Jr., *The Life of Henry George*, New York: Doubleday and McClure Company, 1900, p. 341.

4　Henry George, Jr., *The Life of Henry George*, New York: Doubleday and McClure Company, 1900, p. 419.

5　D. C. Pedder, *Henry George and His Gospel*, London: A. C. Fifield E. C., 1908, p. 20.

了惊人的销量。

但就学界而言，整个英语世界却还没有任何一位重要学者对乔治的理论表示认可，更不必说给以较高评价了。在英国，代表正统古典政治经济学的赫伯特·斯宾塞、亨利·福西特对乔治的意见基本是批判性的，代表新古典主义的阿尔弗雷德·马歇尔则认为乔治的观点"新的地方不对，对的地方不新"。[1]美国国内的经济学仍处在它的古典时期，其主要代表者威廉·G.萨姆纳和弗朗西斯·沃克都对乔治的一些具体观点提出了质疑。[2]当然，这并不是说乔治的理论没有受到任何注意。事实上，有人认为经济学家阿诺德·汤因比的英年早逝，乃因负气批驳乔治的"异端"理论所致。[3]而在普通读者和演讲听众当中，乔治在英伦三岛更是取得了巨大成功。相形之下，美国国内媒体界却普遍视他为"社会的威胁"，这一方面当然是由于乔治与爱尔兰激进主义力量"全国土地联盟"联系勤密；另一方面，尽管乔治曾向英国的社会主义改革者亨利·钱皮恩表明社会主义并非自己的主张，但他的确说过要在英格兰"发起一场革命！"这样的话。[4]

1880年以来，乔治仍在继续打磨他的理论。1881年他撰写的小册子《土地问题》，虽是针对爱尔兰的局势所写，但也是为了激起美国国内的注意。乔治提出，美国与爱尔兰、英格兰面临着一样的"社会病症"，甚至病因也一样，就是"让土地成为了私有财产。只要这一点不改变，我们的民主制度就毫无价值，我们引以为傲的平等就是一种悲哀的反讽，我们的

1 Henry George, Jr., *The Life of Henry George*, New York: Doubleday and McClure Company, 1900, pp. 370, 419, 435.

2 Ibid., pp. 408–409.

3 Frederick Rogers, *Labour, Life and Literature: Some Memories of Sixty Years*, London: Smith, Elder & Co., 1913, p. 109; Henry George, Jr., *The Life of Henry George*, New York: Doubleday and McClure Company, 1900, p. 419.

4 D. C. Pedder, *Henry George and His Gospel*, London: A. C. Fifield E. C., 1908, p. 20; Henry George, Jr., *The Life of Henry George*, New York: Doubleday and McClure Company, 1900, pp. 390, 422–423.

公立学校就只是在播种不满的种子。只要这一点不改变，物质进步就只能让我们的人民大众陷于更加艰难、更加无望的奴隶制之下。……就是把共和国建筑在流沙之上"。[1]1883 年乔治又出版了《社会问题》一书，重申他以前的观点，但已不局限于土地垄断问题，而开始讨论所有行业里"集中化的推进"。[2]乔治开出的药方自然仍是征收土地税，并且依然对农民充满信心。针对当时流行的一种看法，即认为"典型的美国农民"总是把土地看成一种"普通的财产"，他们不可能承认、也无法理解"土地是一种共有的权利"，乔治提出应该给农民接受的时间。[3]他自信地宣称："我所提议的税收改革，对于那些租种他人土地的农民，那些通过抵押贷款购买土地的农民，以及那些正在寻找农场的农民，都是有利的。……一旦农民理解了我的改革主张，他们就会支持而不是反对它。"[4]至于那些试图蛊惑农民，称"把所有征税集中于土地价值上，就是要加所有税收于农民身上的那些人，将会像那些劝说黑人，称北方军队将把他们拐卖到古巴去的蓄奴者一样，毫无成功的可能"。[5]

但乔治的主要关注群体仍然不是农民。进入 19 世纪 80 年代后，乔治最感兴趣的其实是关税问题，因为在他的理论中，对土地征税最终是要通过废除其他税种来解决的，当时最有可能废除的便是关税，因此他高呼"自由贸易"。[6]

---

1 Henry George, *The Land Question: What It Involves, and How Alone It Can Be Settled*, New York: Doubleday and McClure Company, 1898 (c1881), p. 75.

2 该书实际上是乔治应《弗兰克·莱斯利新闻画报》主编之邀撰写的一批文章的结集，这些文章是对《哈珀周刊》上一系列文章的回应，后者的作者是耶鲁大学教授威廉·G. 萨姆纳，见 Henry George, Jr., *The Life of Henry George*, New York: Doubleday and McClure Company, 1900, p. 408.

3 Henry George, *Social Problems*, New York: Doubleday and McClure Company, 1898 (c1883), p. 219.

4 Ibid., pp. 220-221.

5 Ibid., pp. 219-220.

6 1882 年，乔治本已计划就关税问题写一本书，但因《弗兰克·莱斯利新闻画报》求稿在先而搁浅，1885 年乔治才得闲完成了论关税问题的《保护还是自由贸易？》（*Protection or Free Trade*）一书，于 1886 年出版。见 Henry George, Jr., *The Life of Henry George*, New York: Doubleday and McClure Company, 1900, pp. 408, 456.

他写作的主要对象是"劳工阶级"，他想要告诉"工人们"：他们当前的偏工联主义、社会主义的斗争路线"很大程度上是缘木求鱼"，真正的问题是土地问题。[1]乔治对农民的态度是复杂的。一方面他期待农民成为他改革主张的重要支持者，但另一方面，他对这个群体的前景似乎又不太有信心。他富于洞察力地看出，"随着美国人口的增加和工业的发展，农业的相对重要性已下降"，[2]而那种认为"小规模独立农民构成了美国人民的多数"的想法则是错误的。[3]就当时情况而言，他认为农业虽仍是美国的第一大产业，但其他产业的总值之和已经大大超过农业。农民在美国人口中所占比重已是少数，自身拥有农场的农民则少之又少。因此他判断，时下美国农业的主要形式——"抵押式耕作"，是一种过渡状态，此前的主流是小规模农业，今后则是"兴旺农场"和"租佃式耕作"两极分化的图景。[4]或许这样一种总体上不甚重视或不太看好农业和农民的心态，让乔治对农民问题的复杂性和他们真实的疾苦未能产生更富于同情心的体察。以至于当 1885 年他与律师小戴维·达德利·菲尔德对话时竟说：一位拥有价值 1000 美元的农场的农民，和另一位拥有等量土地但已在土地上投入资金超过 10 万美元的土地经营者，应当上缴相同数额的税金，理由是"资本家的资金投入于农民无害，却于整个社会有益，我是不会亏待他们的"。[5]对农民来说，这样的言论显

1　Henry George, *Protection or Free Trade: An Examination of the Tariff Question with Especial Regard to the Interests of Labor*, New York: Doubleday and McClure Company, 1898 (c1886), p. ix; Henry George, Jr., *The Life of Henry George*, New York: Doubleday and McClure Company, 1900, p. 407.

2　Henry George, *Social Problems*, New York: Doubleday and McClure Company, 1898 (c1883), p. 225.

3　乔治在此处提出了一种类似历史学家理查德·霍夫斯塔特在六十多年以后提出的关于农业神话的观点，参看 Richard Hofstadter, *The Age of Reform: From Bryan to F.D.R.*, New York: Vintage Books, 1955, pp. 23–36.

4　Henry George, *Social Problems*, New York: Doubleday and McClure Company, 1898 (c1883), pp. 228, 232.

5　David Dudley Field and Henry George, "Land and Taxation: A Conversation," *The North American Review*, vol. 141, no. 344 (July, 1885), p. 4. 乔治与菲尔德的这篇对话引起的反响不小，不少地方报纸进行了摘录或转载，多数对乔治的观点持批评态度，参看 "The Exclusive Taxation of Land," *San Marcos Free Press*, July 23, 1885, p. 1.

然不中听。

农民总体上对乔治的理论和主张还不熟悉。很大程度上，这是由于迄至此时乔治的活动区域主要集中在以纽约为中心的东部，以及海外的英伦三岛，而美国农业发展最迅速、农民问题最突出的西部和南方，他几乎从未前往发表过演讲。尽管如此，《进步与贫困》的大名气，还是让乔治的理论传到了西部、南方一些农民的耳中，但其反应多是不以为然。路易斯安那州一份乡村报纸的编辑冷眼看来，《进步与贫困》这本书"不是被严厉地苛责，就是被捧上了天"。他认为乔治对"劳资问题"的观点对"广大无地贫民、小农和小地产者"没有什么好处，因为"在这项粗暴的改革下，富人的代价只是皮毛，农民和小地产者却可能失去全部所有，土地租赁者大可提高租金，不幸的大多数贫困阶级却将发现，他们的劳动仅够食宿之费"。最后，这位编辑尖刻地说道，《进步与贫困》让他想起了"魔鬼"：那个从灵魂出走的污灵"看到家里已打扫干净、装饰一新，就去另外带了七个比自己更邪恶的灵体来住在那里"。[1]《盐湖城先锋报》的一位显然站在西部农民立场上的编辑，对乔治理论的看法则更复杂。他一方面赞同乔治关于关税的"常识"，因这符合该报纸一直以来向"我们的农民"宣讲的内容，他甚至认为应把乔治归入"贸易保护论者"——乔治本人很快将证明这是误判。但另一方面，他又认为乔治的理论"非常含混且自相矛盾"，他不明白既然"农民作为过度征税的对象，应当受到鼓励，那么对他们的土地征以重税，这又算是哪门子的鼓励"。[2]

乔治的一个核心观点是，仅有土地应当被征税，因它不是人的劳动创造

---

1 "Progress and Poverty," *St. Landry Democrat*, May 7, 1881. 报纸原文化用了圣经原文，译文参照《圣经》新世界译本，"马太福音，12 : 45"。路易斯安那州是美国天主教意味最浓的州之一，也是唯一将"县"称作"教区"的州，该编辑显然在用富于宗教暗示意味的语言向读者传递其对乔治理论的看法。

2 "The Common Sense of Taxation," *Salt Lake Herald*, June 23, 1881, p. 4.

的结果。这一点尤其令很多农民无法接受。盐湖城的那位编辑认为"这种道理是站不住脚的",因为这样一来,"范德比尔特和古尔德就不必为政府的维持付出金钱了,他们已变成了穷人,因为他们的大多数钱都已用于投资铁路股票、债券及美国国债"。[1]1885 年 4 月,乔治在印第安纳波利斯做了一场题为"土地财产"的演讲,出席演讲会的印第安纳州州长阿尔伯特·G. 波特也向乔治提出了类似质疑。他将自己的州与乔治所在的纽约州进行对比后指出,范德比尔特的财产中仅有少部分来自地产,而"印第安纳州则可能是除堪萨斯州、内布拉斯加州以外,全国农民数量最多的州,那么如果仅对土地征税,岂不是豁免了范德比尔特,却把税负加在了印第安纳州农民的头上?"乔治对此的回应难说精彩。他说"没有办法对资本家的资本征税",因为他们可以通过提高价格来将税收负担转嫁给"人民"和"大众",而农民却无法转嫁给任何人。[2]按照这样的逻辑,美国农民自 19 世纪 70 年代以来参与的反垄断运动似乎必定行不通了。实际上,农民或农业州的人们对税收平等有他们自己的朴素理解,比如有人就认为从前对茶叶和咖啡所征的重税可能才是"最平等的",因为"所有人都喝茶或咖啡"。[3]

其实,从 19 世纪 70 年代末到 80 年代中期,美国农民对他们的苦难和解决方法一直有自己的理解。尽管土地的数量和品质问题是农民面临的一个关键问题,但让农民走向反抗运动的却是一些更为直接的危机。如果说 70 年代初是铁路运费的高企和铁路公司的垄断促使美国农民加入格兰其,70 年代末他们的最大忧虑则是银行对金融系统的垄断和国家"僵化的货币制度"。[4]于是内战以来长期潜藏的一股反对单一金本位制的反抗传统被激活了,

1　"The Common Sense of Taxation," *Salt Lake Herald*, June 23, 1881, p. 4.

2　"One-sided Competition: Henry George Discusses the Existing Inequalities between Capital and Labor," *Indianapolis Journal*, April 11, 1885, p. 7.

3　"The Common Sense of Taxation," *Salt Lake Herald*, June 23, 1881, p. 4.

4　Matthew Hild, *Greenbackers, Knights of Labor, and Populists: Farmer-Labor Insurgency in the Late-Nineteenth-Century South*, Athens: University of Georgia Press, 2010, p. 21.

西部和南方的农民渐渐达成共识，试图恢复纸币的合法地位，以便让债务缠身的自己看到一丝生活的希望。[1] 从 1876 年到 1884 年，全国绿背党三次推举候选人参加总统选举，其 1880 年"纲领"在第一条便宣称："铸造和发行货币的权利，乃是人民为了共同利益而握有的一项至高无上的主权，"具体来讲，"应当用法定货币取代全国性银行发行的纸币，应废除全国性银行体系，并且，法律对于用金和银来铸造货币都不应加以限制。"[2] 对金本位体制的这种反抗，正是 1896 年将威廉·詹宁斯·布赖恩的支持者引向自由铸银议题的那股力量的先声。但在 80 年代中期，自由铸银尚未成为农民的一项排他性的诉求，各地的格兰其组织仍在继续其针对铁路公司的反垄断的运动，一些州的农民则结成了农民联盟和其他互助性组织。农民对于未来仍持开放态度，乔治的土地和税收理论，只要能够为越来越多的农民所了解并认同，仍有望获得他们的支持。

19 世纪 80 年代前半期，乔治的《社会问题》和《保护主义还是自由贸易？》两书，分别从集中主义和自由主义两个方向对他在《进步与贫困》中提出的问题进行了探索。这十年的后半期，除了零星发表的报刊文章和演讲，乔治没有任何著述出版，他本人的理论体系似已趋近成熟。就政治经济学这个领域来讲，他在进入 90 年代以后出版的著作也几乎没有提出太多新理论。[3]

---

1 关于 19 世纪美国农民如何走向一条通过货币议题解决自身困境的道路，以及格兰其运动与绿背党运动在货币问题上的延续性，参看 Irwin Unger, *The Greenback Era: A Social and Political History of American Finance, 1865–1879*, Princeton: Princeton University Press, 1964, pp. 195, 207; Matthew Hild, *Greenbackers, Knights of Labor, and Populists: Farmer-Labor Insurgency in the Late-Nineteenth-Century South*, Athens: University of Georgia Press, 2010, pp. 22–23.

2 "National Greenback Platform of 1880," in Ellis B. Usher, *The Greenback Movement of 1875–1884 and Wisconsin's Part in It*, Milwaukee: Press of The Meisenheimer Printing Company, 1911, p. 79.

3 1892 年乔治出版了一部对赫伯特·斯宾塞的评论性著作，主要批判后者的"唯物主义"，此外还有一部未完工的《政治经济科学》（*The Science of Political Economy*）在他 1898 年去世后出版。这些著述已没有太多新意，以至于他的传记作者查尔斯·A·巴克也认为，那就像当林肯纪念堂建好以后，为了防止其因地处沼泽而沉降，便大量往其地基中浇注水泥。Charles A. Barker, *Henry George*, New York: Oxford University Press, 1955, pp. 552–553.

原因是在这一时期，乔治开启了他的第一段政治生涯。1886 年，他作为纽约市中央工会下属的独立劳工党的候选人参加纽约市长竞选；1887 年，他作为纽约州联合劳工党的候选人竞选了州务卿一职，并与好友爱德华·麦格林神父共同创立了"反贫困协会"，还创办了政论性刊物《标准》；1888 年，他在纽约为克利夫兰的总统竞选拉票演讲。[1]也是在这一时期，"单一税制"这个词组开始高频率地出现在媒体和公共讨论中，成为乔治经济学和公共政策主张的一个凝练而鲜明的表达。[2]这一系列公共政治的参与的结果，是乔治的理论和观点开始大量被媒体报道，更多地为东部以外的美国农民所知悉，并开始得到他们的理解与同情。

三、农民联盟与亨利·乔治的"蜜月期"

19 世纪 80 年代末，美国农民运动已进入农民联盟时代。这十年的前半期，部分由于良好的气候，部分由于各种"格兰其法"带来的红利，美国农民有过一段短暂的好时光。[3]但到了这十年的末尾，中西部再度遭逢大面积干旱，内战后长期面临的货币短缺问题越来越表现出破坏性，农民渐渐组织起来寻求自保。[4]米尔顿·乔治在中西部，查尔斯·马库恩在南方，分别

---

1 通过参与市长竞选，让"土地问题"进入实际政治过程，并让民众参与对该问题的讨论，也是乔治本人的主观愿望。参看 Henry George, Jr., *The Life of Henry George*, New York: Doubleday and McClure Company, 1900, p. 464.

2 "单一税"这一术语大概从 1888 年上半年开始见诸报端，该词系由《标准》的作者之一托马斯·G. 希尔曼在 1887 年最先提出。乔治对该词的流行是持保留态度的，认为该词并不足以充分概括他的学说，只是表达了他的实践主张。参看 Charles A. Barker, *Henry George*, New York: Oxford University Press, 1955, pp. 508-509; Henry George, Jr., *The Life of Henry George*, New York: Doubleday and McClure Company, 1900, p. 496.

3 John D. Hicks, *The Populist Revolt: A History of the Farmers' Alliance and the People's Party*, Minneapolis: University of Minnesota, 1931c, reprinted in 1981 by Greenwood Press, p. 101.

4 Willard W. Cochrane, *The Development of American Agriculture: A Historical Analysis*, Minneapolis: University of Minnesota Press, 1993, p. 94.

于 1888 年之前完成了两个地区农民联盟的创建工作。各州农民联盟掌握着一些关心农业、为农民发声的出版物，比如马库恩在华盛顿创办的《国民经济学家》是联盟的第一大报，此外重要的还有米尔顿·乔治在芝加哥收购的《西部乡村报》、L. L. 波尔克在北卡罗来纳州创办的《进步农民报》，以及杰伊·伯罗斯在内布拉斯加州办的《联盟报》，等等。这些主要关注农业、农民和乡村事务的报纸，以及中西部和南方的一些地方性报刊，对亨利·乔治及其"单一税制"理念进行了报道和评论，可以说是农民了解乔治学说的主要渠道。

乔治的一些观点也受到了质疑。波特州长提出的那个问题仍悬在人们心头：在股票等非土地财产免税的情况下，"单一税制"究竟有利于富人还是穷人？《联盟报》的一位编辑就提出，"一个百万富翁和一个按日计酬的工人交一样的税，这才是赤裸裸的不平等呢"。[1] 此外，对乔治的理论还产生了三种新的挑战。最直接的质疑指向乔治理论的激进性，乔治对土地作为一种"共同财产"的强调，以及他与英伦三岛激进社会运动的密切联系，很容易地让人将其与社会主义、无政府主义联系起来，将他的学说与"红旗和共产主义"相提并论。[2] 另一种挑战认为乔治有煽动社会阶级仇恨之嫌。有媒体提出，乔治的理论是"打着那些没有土地之人的旗号，去剥夺那些拥有土地之人的土地"，[3] 这无异于"抢彼得的钱去救济保罗"，[4] 是在挑起阶级之间的战争，最终将导致社会的撕裂和极化。第三种质疑则涉及乔治在关税问题上的立场。尽管农民也是消费者，但他们对海外商品的要求并不高，相反地，他们极为依赖关税来保持住国内粮食的价格，因此一般来说农民赞同保护主义政策。因此当他们听说乔治谴责关税，并要"废除"海关制度时，难免感到

1　"Happiness through Taxation," *Alliance*, November 02, 1889.

2　"X on Henry George and Taxation," *Iron County Register*, April 7, 1887.

3　"Henry George's Theory," *Fort Worth Daily Gazette*, May 20, 1887, p. 2.

4　"A Texan Who Sees as Mr. Henry George Sees," *Fort Worth Daily Gazette*, May 20, 1887, p. 2.

担忧。[1]一位读者致信给一份"维护农业利益"的报纸称："自由贸易是不可能的，整个美国没有任何一个正常人——除了亨利·乔治——会主张该政策。"[2]

尽管如此，在更多的场合，农民似乎倾向于在这些话题上为乔治辩护。伊利诺伊州的一位"农民"激动地要求那些"反乔治派"在乔治的著作当中给他指出来——哪一条表明乔治赞同社会主义或共产主义！[3]他坚称乔治"比大多数经济学家都更加清楚而明确地宣示了私有财产的正当性"。[4]来自得克萨斯州的一位农民则澄清：乔治主张的是"国家成为地主，国家从地租中汲取的钱，将用于兴建公共工程"，因此并不会引起拉开阶级的鸿沟。[5]一些农民在更深地理解了乔治的理论后，对他本人也有了更多同情。比如，曾有人提出质疑，称如果按乔治的方案实行"单一土地税"，那么地主可以把税金加在地租上，或者将租金加倍。伊利诺伊州一位署名"农民"的作者对此观点的回应是：这不仅是对乔治理论的无知，也是对基本经济学原理的无知。这位显然具有不俗学识的"农民"指出，所有英国学派的经济学家都确信土地价值税是不能转嫁的——"地租增加一倍，税金也会增加一倍，那样地主就没有利润可赚了"，因此地主是不会贸然提高地租的。他甚至博学地指出"单一税"并不是一个全新的东西，一百年前的法国人米拉波就说过"它比印刷术的发明还重要"。[6]他用自己的话对乔治的理论进行了一番总结，应该说代表了农民对乔治观点的理解程度：

　　乔治先生的主张是什么？简言之，就是对土地价值征税。为什么

---

1 "Henry George," *Austin Weekly Statesman*, November 20, 1890.

2 "Letter from Dr. Mackall," *Midland Journal*, September 28, 1888.

3 "X on Henry George and Taxation," *Iron County Register*, April 7, 1887.

4 "Making Land Property of the State," *Iron County Register*, March 17, 1887.

5 "A Texan Who Sees as Mr. Henry George Sees," *Fort Worth Daily Gazette*, May 20, 1887, p. 2.

6 "Steady Winter - A 'Chestnut' - No Theories - Farmers Quitting the Farm," *Iron County Register*, February 9, 1888.

要这样做？因为税收是一种负担，放在什么东西上面，它就打击什么东西；你只能对两种东西征税：劳动和土地；你想打击对土地的无度占用吗？那就对土地征税；如果想鼓励人们在土地上投入劳动，那就要对所有的劳动产品和"增值性设施"实施免税。这些都是无可辩驳的常识。[1]

农民接受乔治理论的另一个重要表征，是乔治的一些信徒们开始成为农民联盟的领导人物，在中西部尤为明显。这方面最突出的一位便是后来担任堪萨斯州国会众议员、绰号"没袜子"的杰瑞·辛普森。辛普森在19世纪80年代初就已熟读《进步与贫困》，他立刻被书中的"宗教高度和深度"所打动，认为自己找到了"一生的政治福音"。乔治深刻地影响了辛普森的政治观点，后者深信"政府最首要的职责是确保人民享有使用土地的自由"，"谁拥有土地，就拥有人民"。[2] 另一位代表是堪萨斯州平民党的创始人之一玛丽·伊丽莎白·利斯夫人。80年代末，利斯夫人在堪萨斯州同辛普森等农民改革者一起领导了该州的农民联盟，并于1890年成立了堪萨斯州平民党。在1890年这个重要的中期选举年份里，利斯夫人施展高超的公共演讲才华，在全州进行了160多次演讲，为农民联盟在该州取得胜利立下了汗马功劳，辛普森也是在她的帮助下得以进入国会。作为一位争取女性选举权的改革者和人道主义者，"来自人民的圣女贞德"，利斯夫人对乔治理论中强烈的道德关怀不吝赞叹之词："在人类自由对抗人性贪婪的残酷斗争中，亨利·乔治是人类正义的一位无所畏惧的声张者和捍卫者——他有纯洁的灵魂，他是一位为了全世界受压迫者而抗争的一往无前的斗士——他的胜利不

---

1 "Making Land Property of the State," *Iron County Register*, March 17, 1887.

2 Annie L. Diggs, *The Story of Jerry Simpson*, Wichita, KS: Jane Simpson Publisher, 1908, pp. 56–57; John D. Hicks, *The Populist Revolt: A History of the Farmers' Alliance and the People's Party*, Minneapolis: University of Minnesota, 1931c, reprinted in 1981 by Greenwood Press, pp. 161–162; Karel Denis Bicha, "Jerry Simpson: Populist Without Principle," *The Journal of American History*, vol. 54, no. 2 (September, 1967), pp. 291–306.

光属于城市，而是属于全世界受苦的人。"[1] 除了以上两位，农民联盟在各州乃至全国的领导者，如堪萨斯州的改革者安妮·迪格斯夫人、威斯康星州的作家哈姆林·加兰、伊利诺伊州的律师克拉伦斯·达罗等人，也都是"乔治主义者"。[2]

　　大概从 1890 年开始，中西部和南方的一批为农民发声的报纸开始在其版面中开设"单一税专栏"，比如路易斯安那州的《路易斯安那民主党人报》《菲利希亚那前哨报》《科尔法克斯纪事报》，密苏里州的《艾恩县记录报》，堪萨斯州的《巴克斯特斯普林斯新闻报》，南达科他州的《韦辛顿斯普林斯先锋报》以及爱达荷领地的《爱达荷县自由报》等。此外，正在蓬勃发展之中的农民联盟拥有的机关报也增加了，如明尼苏达州农民联盟的机关报《大西部报》，以及堪萨斯州农民联盟的《倡导者报》等。这类机关报即便未开设"单一税专栏"，也常常对该理念加以正面宣传。[3] 这些报纸有时转载乔治及其助手们所编的《标准》上的文章，有时对乔治的"单一税"理论进行条分缕析的通俗化推广；[4] 有时与农民互动，展开关于"单一税"理论的知识问答，有时也刊发一些反驳乔治批评者的论战性文章。[5] 乔治本人固然乐见"单一税"理念在农民中快速传播，但也谈不上兴奋。从理论上讲，他早已声称

1 Brooke Orr Speer, *The People's Joan of Arc: Mary Elizabeth Lease, Gendered Politics and Populist Party Politics in Gilded-Age America*, New York: Peter Lang Publishing, Inc., 2014, pp. 45, 180–181; John D. Hicks, *The Populist Revolt: A History of the Farmers' Alliance and the People's Party*, Minneapolis: University of Minnesota, 1931c, reprinted in 1981 by Greenwood Press, p. 160.

2 Charles Postel, *The Populist Vision*, New York: Oxford University Press, 2007, p. 231.

3 以上只是对设立"单一税专栏"的报纸的一个局部统计，各报纸与农业问题、农民联盟相关的政治背景参见美国国会图书馆的历史报纸数据库"美国编年"（Chronicling America）。https://chroniclingamerica.loc.gov/

4 "Why I Became a Single Taxer," *Iron County Register*, September 01, 1892; "Relieve the Farmer," *Wessington Springs Herald*, January 16, 1891; "A Farmer on Farmers," *Iron County Register*, October 06, 1892. 这类报纸多为地方报，信息相对闭塞，因此常常相互转载，这客观上对"单一税"理念的传播有利。

5 "Some Questions Answered," *Louisiana Democrat*, July 02, 1890; "The Monopoly Value Tax," *Advocate*, March 30, 1892, p. 5.

农民最终会成为他的支持者，也尽量去争取他们的支持，[1] 但农民显然不是他的主要关切对象。除了在纽约的活动，前往英国、欧洲、澳大利亚等地旅行和演讲占去了乔治的大量时间，相形之下，他很少到农民联盟活跃的中西部和南方地区去与农民进行深度交流，然而如果就此说他与这一时期农民的"不满和抗议毫无关系"，[2] 则忽略了两者之间的亲和性和乐于交往的善意。此处仅举一例，1889 年 1 月乔治前往明尼苏达州圣保罗发表演讲，当地的民主党报纸称他是一位"深刻的思想家"，认为他的演讲是"赏心悦目而富于教益的"。[3] 该州农民联盟的灵魂人物伊格内休斯·唐纳利也和乔治相互激赏，有一段称得上佳话的交往。[4]

　　乔治和美国农民在民间和私人层面的密切接触，也渐渐渗透进农民联盟的官方文献中。地方层面上，得克萨斯州农民联盟在 1888 年的大会决议中，就已写入了一条关于"单一税"的条款。[5]1889 年 12 月初，来自南方、北方各州联盟的代表们共聚密苏里州圣路易斯城，召开了一次联合大会，如此多州和领地的农民代表共聚一堂商讨集体行动事宜，这在美国还是头一次。圣路易斯大会的一个重要目标是将南方和北方的农民联盟合并成一个全国性组织，可是双方在诸多问题上存在的分歧最终让这一目标失败了。除了因地域不同而导致的观念和利益差异，南、北联盟的一个根本分歧在于未来斗争的道路：北方在严肃地考虑成立第三党，南方联盟则担心这条

1　纽约社会党领导人之一亚历山大·乔纳斯于 1887 年就看出乔治是想要"搞到农民的选票"，见 "The Socialists Indignant," *Fort Worth Daily Gazette*, August 20, 1887, p. 4. 乔治也的确认为可以利用平民党运动来传播自己的学说，参看 Charles A. Barker, *Henry George*, New York: Oxford University Press, 1955, pp. 599–600.

2　Charles A. Barker, *Henry George*, New York: Oxford University Press, 1955, p. 599.

3　"Henry George's Speech," *St. Paul Daily Globe*, January 17, 1889, p. 4.

4　当地报纸发现唐纳利与乔治相貌酷肖，唐纳利戏称："我的脸略长，是因我的道德素养高些"。唐纳利欣赏乔治的文采和逻辑，但对"单一税"这个"万灵药"持保留态度。参看 "Henry George Talks," *St. Paul Daily Globe*, January 17, 1889, p. 2; Martin Ridge, *Ignatius Donnelly: The Portrait of a Politician*, Chicago: The University of Chicago Press, 1962, p. 256.

5　Charles Postel, *The Populist Vision*, New York: Oxford University Press, 2007, p. 233.

路径将导致南方白人的撕裂，因此主张依托旧党派，即先在民主党内取得支配权，再将其改造成一个为农民发声的党。[1]但圣路易斯大会并非什么都没留下，南方农民联盟的前期领导者查尔斯·马库恩长期构想的国库分库计划就是在这次大会上讨论通过的。[2]此外，南、北联盟还在大会上提出了各自版本的"圣路易斯诉求"，这是 19 世纪 80 年代以来美国农民运动第一次系统性地提出政策主张。[3]南、北"诉求"中都有关于土地问题的条目，南方是如此表述的：

> 我们要求立法禁止外国人拥有土地，国会应制定计划、采取措施，收回所有现由外国人和外国财团持有的土地，现由铁路和其他公司占有的、超过其所用和所需的土地，应由政府收回，交给实际的定居者使用。[4]

北方关于土地问题的条款如下：

> 鉴于在美国的所有类型的公民中，农民人口数量最多，而其他生产群体都已被赋予充分的血液以建设和维持这个国家。因此决议如下：
>
> 公共土地是人民的继承物，只应由实际的定居者占有，应制定法规

1　John D. Hicks, *The Populist Revolt: A History of the Farmers' Alliance and the People's Party*, Minneapolis: University of Minnesota, 1931c, reprinted in 1981 by Greenwood Press, pp. 116, 119–123.

2　"Report of the Committee on the Monetary System," in George Brown Tindall, ed., *A Populist Reader: Selections from the Works of American Populist Leaders*, New York: Harper & Row Publishers, 1966, p. 80.

3　研究者一般认为圣路易斯大会上南、北联盟双方提出的"诉求"大同小异，参看 John D. Hicks, *The Populist Revolt: A History of the Farmers' Alliance and the People's Party*, Minneapolis: University of Minnesota, 1931c, reprinted in 1981 by Greenwood Press, p. 123. 实则二者有一些重要区别。首先，南方"诉求"的条款仅 7 条，北方有 14 条；因此北方"诉求"中，不少内容是南方没有提出的；即使双方共同提到的"诉求"，在排序（通过排序可见其重要性）和文字表达上也有差异。

4　"The St. Louis Demands by the Southern Alliance and Knights of Labor," in George Brown Tindall, ed., *A Populist Reader: Selections from the Works of American Populist Leaders*, New York: Harper & Row Publishers, 1966, p. 76.

制止外国人获得占有美国土地的资格，对所有那些接受了大量赠地，又未能遵守赠地合同条款的铁路公司，应当严加执法。[1]

从以上两文本可见，土地问题在 19 世纪 80 年代末仍是美国农民的一个重要关切，尽管货币问题、税收问题和垄断企业的国有化问题在公共话语中要活跃得多。农民对土地的主要担忧是公共土地的不足，有时这不足表现为价格高昂，这种窘迫局面被归因于铁路公司和外国财团对土地的垄断性占有。[2]乔治的"单一税"既能逼得铁路公司（或外国财团）吐出其大量占有的投机性土地，又能让偏远地区的农民几乎不必缴税，似乎是解决土地稀缺问题的良策。以上两则"诉求"中的措辞固然是自杰斐逊时代以来美国农民重视土地的生产者主义传统的一种延续，但也与乔治的理论有几分暗合，考虑到 80 年代末乔治的理论在农民中的广泛传播和接受度，在"圣路易斯诉求"和乔治的理论之间建立关联，应不算是无中生有。中西部农民代表们在"北方"版本的诉求中，鲜明地把"公共土地"问题排在第一项，这显示出中西部各州比南方更加重视土地问题，也反映了中西部可耕地的稀缺。再考虑到堪萨斯州是北方联盟最活跃的州之一，也可以对辛普森、利斯夫人、迪格斯夫人等"乔治主义者"在北方"诉求"酝酿过程中发挥的作用作一想象。

圣路易斯大会让南、北农民联盟的组织化程度进一步提高，让它们在 1890 年的选举中有了更加鲜明、凝练的政治纲领，最终取得了对农民来说前所未有的政治胜利。在南方的南卡罗来纳、佐治亚和田纳西三州，农民联盟

---

[1] "The St. Louis Demands by the Northern Alliance," in George Brown Tindall, ed., *A Populist Reader: Selections from the Works of American Populist Leaders*, New York: Harper & Row Publishers, 1966, p. 77.

[2] 霍夫斯塔特曾指出平民党人在金融问题上有一种仇外的阴谋论气质，此处可从土地问题的角度作一例证。参见 Richard Hofstadter, *The Age of Reform: From Bryan to F. D. R.*, New York: Vintage Books, 1955, pp. 74–77.

批准的候选人都当选了州长，联盟对至少八个州的州议会实现了控制，国会众议院有了 44 名联盟成员，参议院也有两到三名成员支持联盟的观点。而在北方，尽管竞选是通过仓促组织的第三党进行的，也取得了可观的胜利。堪萨斯州新成立的人民党掌握了州众议院，该党候选人威廉·佩弗当选国会参议员。内布拉斯加州的独立党在州参、众两院都取得了胜利，前一年刚刚成立的南达科他州则选出了一位持独立党观点的国会参议员詹姆斯·凯尔。[1]可是这些胜利对于农民诉求的落实仍是不够的。西北诸州的第三党运动在各州既有的二元政党体制下举步维艰，而南方那些来自农民联盟的、以民主党人身份当选的官员，更是发现自己不得不服从于旧的"政党机器"的指令。两大旧党长期以来早已习惯于依赖其他群体，要把它们改造成"务农者的仆人"，几乎是不可能的事。[2]这些形势使得南方联盟的领导者们也不得不认真开始考虑北方联盟先前倡导的那条成立全国性第三党的道路。

　　1890 年底由南方农民联盟组织召开、全国各州农民联盟及其他社会改革组织共同参加的奥卡拉会议，被认为是 1892 年成立全国性党组织并参加总统选举的人民党的发源地，佛罗里达州的这座小城奥卡拉，也被认为是农民联盟运动中第三党路线倡导者们的"麦加"。[3]堪萨斯州代表团是这次会议上的主角，为了推动第三党的成立，该州农民联盟与南、北达科他州联盟此前已加入南方联盟。辛普森、利斯夫人等乔治主义者，或许也对会议闭幕时发表的"奥卡拉诉求"发挥了直接影响。在这份与前一年"南方"版本的"圣

1　John D. Hicks, *The Populist Revolt: A History of the Farmers' Alliance and the People's Party*, Minneapolis: University of Minnesota, 1931c, reprinted in 1981 by Greenwood Press, pp. 178–181.

2　C. S. Walker, "The Farmers' Movement," *The Annals of the American Academy of Political and Social Science*, vol. 4, no. 5 (March, 1894), pp. 94–102; John D. Hicks, *The Populist Revolt: A History of the Farmers' Alliance and the People's Party*, Minneapolis: University of Minnesota, 1931c, reprinted in 1981 by Greenwood Press, pp. 185, 206.

3　John D. Hicks, *The Populist Revolt: A History of the Farmers' Alliance and the People's Party*, Minneapolis: University of Minnesota, 1931c, reprinted in 1981 by Greenwood Press, p. 207.

路易斯诉求"高度相似的文件中，土地问题条款的顺序和表述方式都没变。[1]
据北达科他州农民联盟主席沃尔特·缪尔回忆，奥卡拉会议上也有大批"单
一税派"参加，且他本人就是一位"单一税支持者"，一直在他自己的州中
宣扬"单一税"的理念。他认为"乡村地区的农民一旦领会了'单一税制'
的精髓，带来的'觉醒'效果将比反奴隶制运动还要惊人，因为前者是没有
地区限制的"，而"亨利·乔治就是那位驾驭着乡村地区不满情绪之风暴的
人"。关于奥卡拉会议，他还透露了一个颇为令人意想不到的信息："假如我
们预计到联盟的成员们并不缺乏对'单一税'知识的透彻掌握，那么一份有
利于'单一税'的决议原本是很有可能在会议上提出的。"[2]

从"圣路易斯诉求"和"奥卡拉诉求"对土地问题的重视，到缪尔等农
民联盟领导者们对"单一税"的推崇，可以看到美国农民对乔治主义的接受
度在 1890 年前后已达到了一个高峰。1890 年 9 月 1 日，在纽约库珀中心[3]的
一场旨在欢迎乔治旅英归国的大众集会上，农民联盟的全国领导者之一哈姆
林·加兰朗诵了一首题为《致亨利·乔治的欢迎词》的诗。[4]这首诗被一些
农业州代表农民的报纸转载，作者是加州的一位乔治主义者弗朗西丝·米尔
恩。这首诗的最后一节，或许可以代表 1890 年前后很多美国农民对乔治的
想象与期盼：

　　一千次，一千次地欢迎您回家！

　　我们的先知朋友！从您旅行的远方。

---

1 "Report of the Committee on Demands," in George Brown Tindall, ed., *A Populist Reader: Selections from the Works of American Populist Leaders*, New York: Harper & Row Publishers, 1966, p. 89.

2 "Farmers and the Single Tax," *The Colfax Chronicle*, May 09, 1891. 同一篇报道可见于 *Wessington Springs Herald*, March 06, 1891; *Idaho County Free Press*, March 20, 1891.

3 该中心的创立者正是 1876 年为农民所支持的绿背党总统候选人彼得·库珀。

4 加兰与平民主义的关系，参见 Jonathan Berliner, "The Landscapes of Hamlin Garland and the American Populists," *American Literary Realism*, vol. 47, no. 3 (Spring, 2015), pp. 219–234.

> 您的帝国之城 [1] 为您敞开大门，
>
> 也欢迎前来旧金山的海港酒庄。
>
> 我的心情悸动、飞升，直到——
>
> 欢乐与爱随阵阵潮水倾注。
>
> 灵魂的领袖啊！向你崇高的使命前行吧，
>
> 我们也会证明，自己尚非一无是处。[2]

四、平民党人对"乔治主义"的幻灭

进入 1891 年，亨利·乔治和"单一税派"仍在继续向农民传播他们的理念。《标准》的文章不断转载于中西部、南方广义上为农民联盟发声的报纸上，为"单一税"理念进行辩护的文章不时地发表于农业地区或平民党人的报纸上，"单一税派"们也时常在南、北农民联盟的年度会议上抛头露面。[3] 鉴于堪萨斯州新当选的国会参议员"没袜子"辛普森正是一位乔治主义者，当他 1891 年走马上任后，乔治本人和他的得力助手路易斯·F.波斯特，也迅速与之建立起联系乃至友谊，以便让"单一税"理念能在国会中多一份支持。[4] 当然，农民仍不是乔治政治关切的重心，而"单一税派"尽管作为一股政治力量活跃在农民当中，却还没法让实现"单一税"的具体步骤

---

1 应指纽约市。

2 Frances Margaret Milne, *For To-day: Poems*, San Francisco: The J. H. Barry Company, 1905, p. 29; "Welcome to Henry George," *Louisiana Democrat*, October 29, 1890.

3 "单一税派"参加了 1891 年 5 月的辛辛那提大会，以及次年 2 月的圣路易斯会议，这两次会议都是通往 1892 年全国人民党提名大会——奥马哈大会的里程碑。此外，"单一税派"还参加了 1890 年堪萨斯州平民党的成立大会。参见 "Henry George and the Farmers," *News-Herald*, June 25, 1891, p. 4.; John D. Hicks, *The Populist Revolt: A History of the Farmers' Alliance and the People's Party*, Minneapolis: University of Minnesota, 1931c, reprinted in 1981 by Greenwood Press, pp. 212, 224; Brooke Orr Speer, *The People's Joan of Arc: Mary Elizabeth Lease, Gendered Politics and Populist Party Politics in Gilded-Age America*, New York: Peter Lang Publishing, Inc., 2014, p. 46.

4 Charles A. Barker, *Henry George*, New York: Oxford University Press, 1955, pp. 600–601.

写入平民党人的政治纲领。[1] 单就美国国内改革而言，乔治及其追随者们此时主要有两大工作重心。其一是在组织上为"单一税制"培育地方性改革力量，乔治尤其视汤姆·L.约翰逊为自己理念的继承人，他对后者政治生涯的规划是：先让约翰逊在国会中积累经验，再扶他登上俄亥俄州州长之位，最后助其竞选美国总统（最早可在1896年！）。[2] 其二，根据1890年9月3日"全国单一税联盟"第一届会议通过的"纲领"，达成"单一税制"的路线其实很简单，就是"废除目前征收的所有税种"，然后"提高土地价值税"。[3] 于是乔治和"单一税派"的主要工作就成了为克利夫兰再次竞选总统铺路搭桥，因为据说克利夫兰是支持削减关税的，而关税是当时最有理由和希望被废除的税种。[4] 这种局势使得乔治对农民的态度多少有几分暧昧，一方面，他积极支持自己中西部的追随者们（多为平民党人）在政治选举中获得提名；另一方面，他又认为平民党人的胜利不过是"昙花一现"，私下称"只要民主党还堪大用，就没必要与平民党人合作"。[5]

农民的生活确已到了非常艰难的时刻。此时西进运动已走到极限，《宅地法》体系下，最偏远、最贫瘠的那一批土地也已分配了出去，与土地分配边际化相伴随的是农业生产严重过剩，导致本已呈下降趋势的农产品价格再难反弹。[6] 农产品批发价格指数在1889年降到了67，为内战后的最低点，农

1 Walter T. K. Nugent, *The Tolerant Populists: Kansas, Populism and Nativism*, Chicago: University of Chicago Press, 1963, p. 65.

2 Charles A. Barker, *Henry George*, New York: Oxford University Press, 1955, p. 603.

3 "The Single Tax Platform, adopted by the National Conference of the Single Tax League of the United States at Cooper Union, New York, September 3, 1890," from the Archive and Historical Research Center of the Henry George School of Social Science. https://hgarchives.org/historical-collections-2/national-single-tax-league-and-party-1890−1934/

4 参看 Henry George, Jr., *The Life of Henry George*, New York: Doubleday and McClure Company, 1900, p. 505.

5 Charles A. Barker, *Henry George*, New York: Oxford University Press, 1955, pp. 600, 603.

6 Carl C. Taylor, *The Farmers' Movement, 1620−1920*, New York: American Book Company, 1953, pp. 285−286.

民购买力到 1890 年也降到一个最低点。[1] 雪上加霜的是，19 世纪 80 年代后期中西部大草原地区还经历了最恶劣的干旱气候。如此的多重打击之下，农民大量破产。从 1889 年到 1893 年，仅在受恶劣气候打击最严重的堪萨斯州，就有超过 1.1 万例抵押贷款被取消抵押品赎回权，为了还债，大批小土地所有者沦为佃农和农业工人。[2] 然而或许正是在这些恶劣境况的刺激下，美国农民运动此时正处于历史上最具爆发力的阶段。此时南、北农民联盟的多数领导者们已认识到，两大旧党无意回应对农民的诉求，因此唯有选择第三党路线。有了奥卡拉会议的铺垫，农民联盟中的第三党支持者于 1891 年 5 月在辛辛那提召开的"全国联合大会"上推动成立全国性第三党。1892 年 2 月的圣路易斯大会上，一个全国性的人民党正式到来。1892 年 7 月，人民党在奥马哈举行了首届全国代表大会，通过了被称为"第二次独立宣言"的"奥马哈政纲"，[3] 并提名詹姆斯·韦弗为党的总统候选人。作为一个商业组织的南方联盟，自此已无可挽回地"流向了政治"。[4] 人民党成立的整个过程中，来自堪萨斯州的几位乔治主义者——辛普森、利斯夫人和迪格斯夫人等，一直是最活跃、贡献最大的推动者。[5]

　　人民党的成立意味着，南方、北方的农民以及全国其他行业的劳动者、改革者，首次作为一个政治团体联合起来对抗旧两党体制。这种态势很容易给人一种团结的印象——实际上"团结"与"和谐"的气氛，也正是农民联盟的头号官方刊物《国民经济学家》所极力渲染的。[6] 然而这只是表象，全

---

　　1 Bureau of Agricultural Economics, United States Department of Agricultural, *Selected Agricultural Outlook Charts for Vocational Agricultural Teachers, 1939*, Washington, D. C., 1938, p. 20.

　　2 Carl C. Taylor, *The Farmers' Movement, 1620–1920*, New York: American Book Company, 1953, p. 285.

　　3 "2d Declaration of Independence," *Great West*, November 04, 1892, p. 6.

　　4 Ibid., p. 269.

　　5 John D. Hicks, *The Populist Revolt: A History of the Farmers' Alliance and the People's Party*, Minneapolis: University of Minnesota, 1931c, reprinted in 1981 by Greenwood Press, pp. 218, 224.

　　6 "The Indianapolis Meeting," *National Economist*, November 28, 1891, p. 162; "Echoes from Indianapolis," *National Economist*, December 5, 1891, p. 177.

国性政党成立的过程，其实也是一个地区差异逐渐暴露、在妥协中不断调整目标的过程。人民党竞选的相关筹备事宜是在 1892 年 2 月的圣路易斯大会上正式敲定的，在此之前，南、北农民联盟一直各自为政。[1] 直到 1891 年底，南方联盟召开印第安纳波利斯年会时，《国民经济学家》仍然强调人民党和农民联盟是两个不同的组织。[2] 另一方面，在南方农民渐渐与北方达成一致，走向第三党道路的过程中，南方联盟本身也发生了分裂。以联盟主席波尔克、佐治亚州众议员汤姆·沃森为首的一派逐渐接受了北方唐纳利等人的影响，后者认为"建构一个非政治组织，就像是造一杆什么都能做、独独不能射击的枪"；[3] 而以前主席马库恩、佐治亚州联盟主席利奥尼达斯·F. 利文斯顿为首的一派，则坚决反对任何分裂南方白人的计划，他们对联盟的定位是一个"保守主义"的商业组织。[4] 南方联盟最终能够走到第三党路线上去，其实是北方领导者们"以议题换路线"的结果——他们支持了南方的国库分库计划。

　　既然决定走第三党路线，人民党的领导者们也深知，要和两大党展开政治竞争，就必须走出农民联盟，去团结尽可能多的选民。人民党这一名称本身已体现了一种争取选民最大化的策略。自 1891 年组建人民党雏形的辛辛那提会议起，平民党人的历次大会就不再局限于农民联盟的成员，用马库恩的话来说，实际上是全国"生产者组织的代表会议"，[5] 参加者一般包括绿背党人、格兰其人、劳工骑士团成员、反垄断改革派、"单一税派"，以及爱德

---

　　1 需要指出的是，从成员数量上来讲，北方联盟从一开始就大大落后于南方联盟，1890 年堪萨斯等州加入南方后更受重创。1892 年圣路易斯大会上，南方代表达 343 人，北方代表仅 49 人。参看 Carl C. Taylor, *The Farmers' Movement, 1620–1920*, New York: American Book Company, 1953, p. 276.

　　2 Carl C. Taylor, *The Farmers' Movement, 1620–1920*, New York: American Book Company, 1953, p. 270.

　　3 John D. Hicks, *The Populist Revolt: A History of the Farmers' Alliance and the People's Party*, Minneapolis: University of Minnesota, 1931c, reprinted in 1981 by Greenwood Press, p. 206.

　　4 Carl C. Taylor, *The Farmers' Movement, 1620–1920*, New York: American Book Company, 1953, p. 270.

　　5 John D. Hicks, *The Populist Revolt: A History of the Farmers' Alliance and the People's Party*, Minneapolis: University of Minnesota, 1931c, reprinted in 1981 by Greenwood Press, p. 208.

华·贝拉米的追随者们，等等。在唐纳利为"奥马哈政纲"撰写的那篇著名"序言"中，言说主体一直是"平凡的人民"、"受苦的人民"、"饱受劫掠的人民"，全文非常小心地避免了任何"农民"的字眼，反倒专门关注了"城市工人，他们被剥夺了组织起来保护自己的权利，从海外引进的赤贫劳动力压低了他们的工资，一支唯利是图的、未经我国法律承认的军队被建立起来朝他们开枪，由是他们迅速沦落到了欧洲的境况"。[1]"政纲"的正文部分强调的也是"劳动者的联合"，肯定地提出"乡村和城市劳工的利益是相同的；他们的敌人也完全一样"。[2]不光在"言辞"上极力照顾到尽可能多的群体，"政纲"中提出的具体诉求也体现了平民党人的深思熟虑。一改在北方版本的"圣路易斯诉求"中连珠炮似的一连提出十数个主张的做法，平民党人这次将其政治议题浓缩为了三项改革——财政、运输和土地问题，而把以往的其他诉求都一股脑儿地划入了一个叫做"情绪表达"的补充部分中。[3]如此一来，竞选的议题不但更加明确而犀利，至少从表面上看也不再仅仅是关乎农民的利益了，当然另一方面"政纲"也更显得中规中矩，不太可能出现"单一税制"这类具体而激进的议题了。

　　"奥马哈政纲"的"序言"典型地体现了理查德·霍夫斯塔特提到的那种关于"两种国民"观念的平民主义风俗学，[4]这里的"两大阶级"是"流浪汉与百万富翁"。但"序言"的风格其实是杂糅的，其中一种就非常契合《进步与贫困》的精神。比如它提到"数以百万人的辛苦劳动的果实，以人类历史上前所未有的规模被公然盗取，去为少部分人筑起巨大的财富"[5]——

---

1 "National People's Party Platform," in George Brown Tindall ed., *A Populist Reader: Selections from the Works of American Populist Leaders*, New York: Harper & Row Publishers, 1966, pp. 90–93.

2 Ibid., p. 93.

3 Ibid., pp. 94–96.

4 Richard Hofstadter, *The Age of Reform: From Bryan to F. D. R.*, New York: Vintage Books, 1955, pp. 60–70.

5 "National People's Party Platform," in George Brown Tindall ed., *A Populist Reader: Selections from the Works of American Populist Leaders*, New York: Harper & Row Publishers, 1966, p. 91.

这是典型的对社会病理的乔治式诊断。"土地"问题能够成为三大核心诉求之一，也表明了农民多年以来的关切与乔治关注的主题是有一致性的。然而文字是常常具有误导性的，1892年之后，平民党人与亨利·乔治已是貌合神离。乔治的政治影响力主要在以纽约为中心的东部，同时由于在乔治的理论中手无寸土的劳工阶级是"单一税制"的最大获利者，因此劳工也被认为是乔治最主要的支持者——事实上乔治与劳工的关系也最为密切。鉴于"东部"和"劳工"正是平民党人最需强化其政治支持的地方，他们也希望凭着农民联盟时期与乔治及"单一税派"的长期友好互动，能够在1892年大选中获得乔治的支持。可是事与愿违，由于深信"自由贸易"原则乃是实现"单一税"理想的必经之途，此时几乎已明确表示支持克利夫兰的亨利·乔治，在总统竞选中与平民党人其实构成了一种竞争关系。如果说作为官方文献的"奥马哈政纲"还能看出农民对乔治理念的若即若离，平民党人掌握的一般媒体，此时却已常常表现出对乔治理念的一些露骨的质疑。

《倡导者报》是平民党人在堪萨斯州的头号机关报，该报在1892年3月下旬接连发表了署名为"乔·C.沃德"的两篇文章，对乔治的"单一税"理念进行了质疑。这位作者提出的质疑角度倒并不新奇，但比较系统化，针对"'单一税派'认为土地价值税是无法转移的"，他针锋相对地提出"除了极少数特例外，'单一税'是最容易转移的"，结果将仍是农民承担最多的税负。为什么？沃德的解释是：

> ……农民将继续到城市里去购买商品和供给：购买机器、杂货，贷款，请律师和医生，等等。为他们提供商品和供给的那些人，正是高价值土地的占有者——"单一税派"称这些人将占税收主体的大头。……然而这些人用以缴税的钱又从哪里来呢？它和如今关税、政府税入的来源一样，都是从作为消费者的男人、女人和小孩来。……

因此结论是：1. 就那些能产生稳定收入的行业所占有的土地而言，"单一税"其实是一种针对消费征收的间接税。2. 拥有土地的农民将同佃农交一样的税。3. 由于农民及其家属构成了全国消费者的 2/5，则除缴纳直接的土地税之外，原本该由城镇里那些高价值土地的使用者缴纳的税款，农民也将承担其中的 2/5。[1]

就平民党人媒体上出现过的对乔治主义的批判意见来说，这可算是分析和表述得最好的一则评论了。它不像学者和政客们那样去质疑乔治的学理逻辑和意识形态，而是几乎完全站在农民的立场上，用通俗的语言讨论"单一税制"与农民的利害关系。因此文章发表后，也被中西部其他州的平民党报刊纷纷转载。[2] 相形之下，《倡导者报》刊载的另一篇站在沃德对立面、为乔治理念做辩护的文章，其论证却稍嫌局促无力，转载者也很少。[3] 当然也不乏其他平民党报纸还在为"单一税制"说好话。直到大选前一个月，《艾恩县记录报》仍在传递一位农民"蔡斯·C.本顿"的观点："现有体制下农民缴纳的税金，比在'单一税制'下多几倍，差额将从那些搞土地投机的人身上出。"[4] 然而，鉴于《倡导者报》在平民主义最活跃的堪萨斯州是第一喉舌，其副主编正是人民党主要推动者之一的迪格斯夫人，该报在 1892 年对乔治理念的态度显然更具代表性。

人民党若即若离，"单一税派"也在渐行渐远。《标准》的编辑和乔治的助手们也在尽其所能，可以说是苦口婆心地继续向西部的农民和"农业工

---

1 "The Single Tax," *Advocate*, March 23, 1892, p. 3.

2 另一篇见 "The Single Tax," *Advocate*, March 30, 1892, p. 2. 转载见 "The Single Tax," *Great West*, April 22, 1892; "The Single Tax," *People's Voice*, April 15, 1892.

3 该文署名 "W. H. T. Wakefield"，见 "The Monopoly Value Tax," *Advocate*, March 30, 1892, p. 5.

4 "A Farmer on Farmers," *Iron County Register*, October 06, 1892. 其他赞成乔治主义的报道还可见于 "The Christianity of Single Tax," *Colfax Chronicle*, September 17, 1892.

人"们宣讲"单一税"理念，以争取他们的支持。[1]一些"单一税派"参加了1892年2月的圣路易斯会议，但与精神振奋的平民党人不一样，他们更多的感受是"惋惜"，认为这次会议"错失了一个黄金机会，未能倡议和支持一项完美的经济制度，也就是理想中的'单一税制'"。[2]乔治本人对1892年平民党人轰轰烈烈的运动评价依然不高，他在《标准》上发文称，尽管这个政党体现了农民"普遍而合理的不满"，它的政治纲领却显得像个"大杂烩"。[3]他自己当然是旗帜鲜明地支持民主党，甚至在大选前还亲自前往中西部为克利夫兰以及正在竞选连任国会众议员的汤姆·约翰逊拉票造势——谁知与农民彻底决裂的时刻就此到来。

1892年，平民党人在总统选举中当然是支持本党候选人韦弗，但在地方选举中，他们也不排斥和两大党中较弱的一个进行融合，在南方一般与共和党融合，在西部则是与民主党。[4]明尼苏达州平民党人原是与本州民主党合作的，可是当该州民主党邀请亨利·乔治前往演讲，得知乔治立场鲜明地支持克利夫兰时，平民党人对乔治的压抑情绪突然惊人地爆发了。该州多家地方报纸转载了一篇面向"明尼苏达农民"、用通俗易懂的短句写成、全文贯穿一股强烈"怒火"的文章:《变节了! 》。粗看上来，文章是在批判民主党，说"它向我们索要选票，原来是为了摧毁我们"；细看下去才知其愤怒的具体原因是民主党"把亨利·乔治请到本州来鼓风造势"，"把乔治的言论当成了金科玉律"，为此该党"脱不了干系"。[5]接下来对乔治的批判当然没有太多新鲜内容，作者甚至弄错了一些基本事实——如称上届国会把乔治的

---

　　1 "Why I Became a Single Taxer," *Iron County Register*, September 01, 1892; "How the Working Farmer Is Crushed," *Standard Extra*, July 11, 1891.

　　2 "The Single Tax," *Advocate*, March 23, 1892, p. 3.

　　3 Charles A. Barker, *Henry George*, New York: Oxford University Press, 1955, p. 603.

　　4 Carl C. Taylor, *The Farmers' Movement, 1620–1920*, New York: American Book Company, 1953, p. 301.

　　5 "Betrayed Itself," *Redwood Gazette*, November 03, 1892. 同一文章还可见于 *Morris Tribune*, November 02, 1892; *Mower County Transcript*, November 02, 1892.

《进步与贫困》全书编入了《国会记录》，实则被编入的只是乔治的另一本书《保护主义还是自由贸易？》的节选本。[1]有意思的是，这篇文章似乎是平民党人第一次讨论"谁是这个亨利·乔治？"、"对于普通人的生活，他究竟赞成什么？"这一类问题，可惜它给出的答案与其说是痛定思痛的反思，毋宁说是一连串歇斯底里，甚至罔顾事实的指控：

> 他是这么一个人——他把所有的精力都用于炮制这样一个观念，该观念将剥夺你们最珍爱的财产，夺去你们年复一年勤恳劳动的成果，你们保护自己的家园、保护你们从荒野里认领回的田亩的权利，将被它给否定掉，而支撑整个国家的必要税收的重担，将架到你们的肩上。
>
> ……
>
> 乔治先生和民主-融合党告诉你们这些心甘情愿在边疆地区忍受贫穷的人们：在这件人类所曾犯下的最肮脏的罪恶里，你们竟是同伙；你们所能声要的最高权利，不过是成为国家的佃农，把你们赖以为生的土地所产生的全年价值，作为地租交出。[2]

虽然背上了骂名，乔治支持的候选人克利夫兰却在年底赢得了大选，平民党的候选人韦弗得到的全国选票不及总票数的 1/10。失败当然是苦涩的，平民党人甚至陷入了一种难以摆脱的悲观绝望之中。《进步农民报》是平民党在全国最重要的喉舌之一，其 12 月的一篇文章中所流露的情绪既像是顾影自怜，又像是物伤其类：

1　"Betrayed Itself," *Redwood Gazette*, November 03, 1892. 时任国会众议员的汤姆·约翰逊和"没袜子"辛普森等人促成了该书被编入《国会记录》，该书的单行本也大量卖出，众议院几乎人手一本，戏称其为"圣乔治"，见 Henry George, Jr., *The Life of Henry George*, New York: Doubleday and McClure Company, 1900, pp. 571–574.

2　"Betrayed Itself," *Redwood Gazette*, November 03, 1892.

美国农民当然生活得不好，除非一年到头吃咸猪肉和豆子能算好。他还得和他的工人分享这些餐食，一般也住在一起。他的妻子或家人负责做饭以及浆洗、焙烤等工作，他们过得甚至比农民还苦。他和工人一起工作时，很可能是最努力的那一个，因为他眼前还一直悬着那笔抵押贷款。他开出的工资跟自己的支出极不相称，因他必须比附近城镇上受关税保护的工厂开出更高的工资，以便吸引工人到无聊的乡村来。他购买所有东西都需支付一笔保护主义的价钱。他衣衫褴褛——起码是周身补丁，茕茕孑立，简直是美国唯一一个不受保护的人。[1]

同时，对于亨利·乔治，农民则感觉受到了背叛，他们对乔治主义的好感已走到尽头。紧接着上面这段悲伤而黯淡的描述，作者语带几分酸楚、几分悲戚地说道："我们自己人争得不可开交的时候，却忽略了乔治先生的'单一税'理论已经在全国落实开来，并且远未达到全盛期。"一旦乔治的理念全面实现，"全部税收将落到土地上来，换句话说，就是落到拥有土地的农民头上，结果只有一个：全国整个农民阶级的破产已在所难免"。[2]

平民党人对亨利·乔治及其理念的这些情绪或观点，是在悲观情绪下想象出来的也好，是感到背叛后的恶意中伤也罢，都足以表明 19 世纪下半叶美国农民运动与"乔治主义"的和睦时期已经结束了。[3]进入 1893 年以后，平民党人的媒体对乔治及其理念的报道呈如下特点。首先，报道的频率大幅下降。[4]其次，1890 年下半年以来常见于平民党人媒体上的"单一税专栏"

---

1 "The Ruin of the American Farmer," *Progressive Farmer*, December 13, 1892, p. 4.

2 Ibid.

3 需强调的是，这里主要指的是"全国层面"的农民运动与乔治的决裂。地方层面上，平民党人与"单一税派"其实仍偶有合作，伊利诺伊、加利福尼亚两州的人民党甚至在 1894 年将"单一税"写入了纲领之中，见 Charles Postel, *The Populist Vision*, New York: Oxford University Press, 2007, pp. 229, 231.

4 一个表征是，在 Chronicling America 上输入 single tax, farmer, Henry George 三个词条，从 1889 年到 1895 年显示出搜到的相关页数量分别为：1889 年，434；1890 年，551；1891 年，467；1892 年，530；1893 年，284；1894 年，438；1895 年，297.

几乎一去无踪影，只是在一些报纸上由一个更加模糊的"税收改革专栏"取而代之。[1]最后一个特点是，平民党人很少再对"单一税"理念发表直接评论，而更愿意为其他人（尤其是经济学家和改革方面的专业人士）提供分析"单一税制"的平台——常常是批判性的分析。一则"税收改革专栏"明言，它的目的在于"呈现每个人的观点"。从 1893 到 1894 两年间，包括《倡导者报》在内的平民党报纸为博尔顿·霍尔、爱德华·A. 罗斯、昆西·A. 格拉斯、约翰·W. 贝尔等学界人士提供了宣讲和论战平台。[2]这些作者有的是"单一税"的支持者，有的是反对者，平民党媒体试图尽量持一种超然的观点，但编辑们为数不多的评论，常常流露出对乔治及其理论的批判性看法。[3]1894 年底，在他本人于 1893 年新创的报纸《代表者报》上，伊格内休斯·唐纳利在对一位"他们所谓的'单一税派'"的来信的回复中，用他惯有的富于表现力的文字表达了也许是平民党人对"乔治主义"的最后致意：

　　凭什么把政府的重担全让农业承担，而对其他财富形式分文不取？这难道不是把农民进一步变成资本的奴隶吗？当财富阶层看到贫穷的苦命人挣扎在这副重担之下，而自己分文不出，他们难道不会狞笑吗？难道这不是邀请囊空如洗的人们去参加穷奢极侈的豪宴吗？像约翰·S. 皮尔斯伯里这样的资本家会支持"单一税"，这难道值得奇怪吗？[4]

1 参看 *Iron County Register*, April 06, April 13, June 15, August 31, 1893; *Colfax Chronicle*, April 08, June 10, 1893.

2 参看 "This Man, Urges That All Taxation Be Placed on Land and Improvements," *Colfax Chronicle*, April 08, 1893; "Stop Taxing Improvements," *Iron County Register*, April 06, 1893; "The Single Tax," *Advocate*, July 25, 1894, p. 2; "Anti-Single-Tax," *Advocate*, August 29, 1894, p. 3.

3 "The Single-Tax," *Advocate*, November 21, 1894, p. 6.

4 "Taxing the Land, and Rendering It Valueless," *Representative*, December 12, 1894. 皮尔斯伯里是唐纳利所在的明尼苏达州商人、政客，担任过该州州长。

五、第三党政治与改革的命运

1896 年威廉·詹宁斯·布赖恩的总统竞选常被视为美国平民主义运动的标志性事件，但实际上 1892 年后这场运动已经在走下坡路了。人民党的选民群体的确有所扩大，尤其在南方，但作为一个全国性政党，两个致命问题限制了它的继续壮大。首先是议题的进一步单一化。经历 1892 年的失利后，该党领导层的决定是继续寻求一个能团结两大党内不满成员的全国性议题——即后来的"白银议题"。[1]于是 1892 年后的平民主义运动几乎完全以"自由铸银"为核心，成了一场"幻影运动"。[2]其次是政党政治引起了新的分裂。由于两大党内白银派最多的是民主党，平民党人自然要寻求与民主党的融合，这导致南方绿背党传统的平民党人纷纷脱党，因民主党正是他们从前在地方选举中的宿敌。此外，为了实现与民主党的融合，人民党还必须对自身进行一番"意识形态裁剪"，磨去自身的激进主义棱角。全国党主席赫尔曼·E. 陶贝内克甚至提出要"抛开奥马哈政纲"，[3]可以想象，最初引发 19 世纪美国农民运动的土地、贫困、税收等问题，在这种形势下就要暂时搁置了，经常被与"社会主义"相提并论的"乔治主义"，更是难以再入平民党人的法眼。

乔治及其"单一税制"的发展也不怎么样。当然，"乔治主义"的生命力直到 21 世纪依然在延续。[4]就此而言，可以说亨利·乔治的思想是具有未

1　政治学家劳伦斯·古德温称之为"孤注一掷的平民主义"，Lawrence Goodwyn, *The Populist Moment: A Short History of the Agrarian Revolt in America*, New York: Oxford University Press, 1978, p. 215.

2　Lawrence Goodwyn, *The Populist Moment: A Short History of the Agrarian Revolt in America*, New York: Oxford University Press, 1978, p. 216.

3　Lawrence Goodwyn, *The Populist Moment: A Short History of the Agrarian Revolt in America*, New York: Oxford University Press, 1978, p. 228.

4　在亨利·乔治社会科学研究所（Henry George School of Social Science）收藏的报刊档案文献中，到 2000 年还在发行的有 2 份，纽约市的《亨利·乔治通讯（高中版）》（*Henry George Newsletter–High School Edition*）、芝加哥市的《伊利诺伊乔治主义者》（*Illinois Georgist*）。

来性和世界性的，[1] 而"平民主义"常被认为代表着相反的东西。[2] 可是乔治带给后世的更多是一种"思想启迪"，而很少催生出有组织的政治运动。实际上，"单一税运动"在整个 19 世纪 90 年代始终没有成气候，进入进步主义时代以后，似乎许多政治改革与社会运动背后都有"单一税"的影子，但"单一税制"本身却从未在美国真正实现过。回顾霍夫斯塔特所说的那个"改革的时代"，尽管乔治本人一直以城市和劳工为核心关注对象，"单一税运动"获得的最真实、最强大的支持却是来自中西部的农民和乡村，因此后世研究者不禁感叹："亨利·乔治在 1892 年与平民党人擦肩而过，很可能是一个错误。"[3]

"土地"是乔治整个理论体系的基础性问题，一定程度上也是 19 世纪下半叶美国农民反抗运动的根源。正是双方关注点的共同性，使得美国农民对乔治的理念从陌生到渐渐熟悉，从怀疑到渐趋认同，直到 1890 年前后双方关系的亲和性达到一个高峰。然而短短两年后，农民对乔治的理念就持一种总体上负面的看法了，到了 1896 年选举，平民党人采用了民主党人的政治纲领后，土地问题几乎已被遗忘。[4] 那以后，随着平民党人渐渐退出历史舞台，同时美国农民的经济处境渐渐改善，土地问题便很少再被讨论了。在为数不多的对美国农民与亨利·乔治的关系有所论述的研究中，关于两者的分道扬镳一般有两种解释。一种认为，在乔治的"单一税"理论下，国家的所有税收将从土地中来，而农民作为天然的土地所有者，从自身经济利益出发必然会反对这样一种制度。另一种解释认为，乔治理论的疑似社会主义的性

---

1 乔治在世界范围内的影响，见 George Raymond Geiger, *The Philosophy of Henry George*, New York: The Macmillan Company, 1933, pp. 385–362.

2 霍夫斯塔特认为平民主义的活动是"倒退性的"，见 Richard Hofstadter, *The Age of Reform: From Bryan to F.D.R.*, New York: Vintage Books, 1955, p. 12.

3 Dominic Candeloro, "The Single Tax Movement and Progressivism, 1880–1920," *The American Journal of Economics and Sociology*, vol. 38, no. 2 (April, 1979), pp. 113–127.

4 1896 年民主党总统竞选纲领中没有提到土地问题。见 *Official Proceedings of the Democratic National Convention,1896*, Logansport, Ind.: Wilson, Humphreys & Co., 1896, pp. 250–256.

质，那种"非美国"的特性，很容易受到通常持保守主义、本土主义观点的美国农民的反对。对第一种意见的回应是：首先，至少从 1888 到 1892 这几年，不少农民联盟的媒体都在试图将乔治的理论推介给农民，《标准》的编辑们也在尽力让农民"理解"他们的主张；其次，在双方相互沟通的努力下，实际上很多农民都表达了对乔治理念的赞同；此外，也不能忽略杰瑞·辛普森、利斯夫人、克拉伦斯·达罗等信奉"乔治主义"的平民党领导者们在农民中的影响。因此，认为 19 世纪美国农民从经济利益出发，就必然会反对乔治的理念，甚至必然会反对一般意义上的社会主义理念，这似乎是一种过于刻板的印象。关于第二种解释，单就本章的研究看来，对乔治的意识形态质疑虽然存在，但更多来自学院派或东部城市地区，中西部和南方的农民对乔治的质疑之处通常是其方案是否具备可操作性，而较少论及其意识形态。可见"经济利益"和"意识形态"解释都是不够的，这两种路径对农民的看法过于静态而刻板，忽略了 19 世纪末这场农民的反抗是一场"运动"。

尤其是在这场运动的末期，它变成了一场"第三党运动"。在今天的美国，第三党路线显然已不是一个达成政治目标的最佳方法，但在 19 世纪后期那样一个"政党不但控制着政治参与，还导引着政府政策流向的时期"，[1] 一个利益群体若无法让自身的疾苦反映在两大党的政治纲领上，那么第三党运动几乎是它可以选择的唯一路径。[2] 当然，美国农民选择走第三党路线也

1　Richard L. McCormick, "The Party Period and Public Policy: An Exploratory Hypothesis," in Richard L. McCormick, *The Party Period and Public Policy: American Politics from the Age of Jackson to the Progressive Era*, New York: Oxford University Press, 1986, p. 200. 艾伦·韦尔将 19 世纪 30 年代中期到 90 年代中期的时段称为美国的"政党时代"，与麦考密克的定义基本相符，见〔英〕艾伦·韦尔：《政党与政党制度》，谢峰译，北京大学出版社，2011，第 300 页。

2　关于 19 世纪下半叶美国由"政党"所主导的政治文化，还可参见 Jean H. Baker, *Affairs of Party: The Political Culture of Northern Democrats in the mid-19th Century*, Ithaca: Cornell University Press, 1983; Stephen Skowronek, *Building a New American State: The Expansion of National Administrative Capacities, 1877–1920*, New York: Cambridge University Press, 1982; Moisej J. Ostrogorski, *Democracy and the Organization of Political Parties, Volume II: The United States*, trans. by Frederick Clarke, New York: The MacMillan Company, 1908; Howard P. Nash, Jr., *Third Parties in American Politics*, Washington, D. C.: Public Affairs Press, 1959; Frederick E. Haynes, *Third Party Movements since the Civil War*, Iowa City: The State Historical Society of Iowa, 1916.

是不断探索、试错，并克服内部阻力后的结果。农民当中（尤其是在南方）有相当一部分力量是不赞成将运动政治化的；19世纪70年代后期到80年代前期绿背党运动的失败，也让很多农民州的领导者对政党路线望而却步。因此，农民联盟在90年代初蜕化为人民党，一方面固然可以理解为农民运动势力壮大了，但另一方面也说明留给农民的路径已经不多了，为了实现他们的政治诉求，他们甘冒成立政党的风险。

政党政治有它固有的运转逻辑。成立第三党，参与政党政治，就意味着这场农民运动的目的、方法、工作重心都要随之改变。[1]政党政治给农民运动带来的方向性改变主要在三个层面。首先是政治纲领和议题的裁剪与钝化。政党的争取对象是所有选民（如果它能做到的话），而非某个特定群体，因此它的政治纲领和具体议题需要投合尽可能多的选民的意愿，而尽量避免极端议题。因此我们看到，"奥马哈纲领"的语言和《进步与贫困》的逻辑是一致的，但整个1892年平民党人却在为自己与相对激进的"单一税派"的关系画界设限，两者之间的关系呈一种若即若离的状态。其次，政党利益与改革事业有时会发生冲突。政党是以赢得选举为宗旨的，选举取胜的根本在于赢得足够多的选民。在美国的两党政治格局中，像人民党这样的第三党要想吸引选民，除了在议题上精心设计，与某个大党建立合作关系是完全有必要的，而不愿妥协的那部分改革力量就会在这个过程中失去。人民党在全国层面与民主党合作，不愿妥协的一部分南方平民党人被迫退出，在州层面与民主党的合作，则使得像利斯夫人这样的领导者黯然离去——如果利斯夫人都可以离开，放弃"单一税派"当然更不在话下。

1　关于政党政治的特点及其对改革运动的要求，参见 Herbert Kitschelt, "Movement Parties," in Richard S. Katz and William J. Crotty, ed., *Handbook of Party Politics*, London: Sage Publications, 2006, pp. 278–290; Richard Hofstadter, *The Age of Reform: From Bryan to F. D. R.*, New York: Vintage Books, 1955, pp. 97–99;〔英〕艾伦·韦尔:《政党与政党制度》，谢峰译，北京大学出版社，2011，第252—255页。

最后，就选民在其中扮演的重要角色来讲，政党政治其实是一种大众政治（相对宫廷政治而言）。政党政治中的发声者，无外乎候选人、助票演讲者、党的媒体，他们其实都是面向大众发表言论的，而这类言论往往具有随意性、夸张性，乃至娱乐性等特点。整个 1892 年，平民党人对乔治及其"单一税制"的言论，哪怕反映在同一份媒介上的，也往往是前后不一。尤其在乔治宣布支持民主党候选人后，中西部的平民党人媒体立刻对他的学说进行了攻击，这使得此前十多年来农民与"单一税派"相互沟通、相互理解的努力几乎化为乌有。政党政治语言的这种流散性和不严肃性，可以通过一个细节表现出来。从 19 世纪 80 年代前期开始，乔治的支持者便在努力让农民"理解"乔治的学说，认为一旦农民弄清"单一税制"的原理，就能被争取过来。可是直到十年后，"理解"似乎仍未实现；并且，似乎农民有时表现出"理解"，转眼又糊涂了。症结在于平民党人是否"理解"乔治的理念，是视政党政治的需要而定的。既然亨利·乔治称"单一税"将有利于农民，农民当然乐见其成；可是当 1892 年底，他们与乔治在政党选举竞争上成了水火不容的对手，他们可以立刻将乔治的理念解释成对财产权的破坏、对民主制的伤害，甚至不吝使用"社会主义"的标签和各种阴谋论的指控。政治话语的这种易变性和不严肃性，对改革事业产生了一种腐蚀性的影响。当持不同意见的人们之间只剩下廉价的咒骂、罔顾事实的指控、不负责任的阴谋论或是肆意的意识形态攻击之时，早先真诚的交流、研究就无济于事了。而改革者通常有更强的道德感，当他们像乔治本人那般充满自尊地保持沉默时，就无人再为改革说话了。

即是说，其实不必等到平民党主席陶贝内克提出放弃"奥马哈政纲"，当 1890 年那些农民领导者们产生走第三党道路的念头时，这场改革运动的悲剧命运已经注定了。富于反讽意味的是，平民党领袖中的那些"乔治主义者"们，正是第三党道路最坚定的倡导者。平民党人政治思想中最有价

值的部分——铁路监管、所得税和建立合作主义的国家-民间财政互助机制
等——或多或少都源自解决"土地问题"的愿望。"土地"也是亨利·乔治
的首要关切，只不过和农民不一样，"土地"对他来说不是需要解决的问题，
而是解决问题的方法。"土地"对农民来说是贫困的根源，对乔治来说却是
消除贫困的方式。19世纪末的美国农民常常认为他们是一个最不受重视的群
体，[1] 亨利·乔治则是一个不受重视的"美国早期最伟大的经济学家"——边
缘群体和边缘人之间本该有更多交流，但历史中难免会留下遗憾。

　　"土地问题"在美国改革中被忘却的影响是深远的。20世纪研究"社
会发展"的学术，总体上已承认农民在传统社会向现代转型过程中的重要
性，以及"农业现代化在发展进程中的战略重要性"，[2] 土地问题在其中的重
要性自不待言。可是作为"现代化理论"的主要产出地的美国，却常被认为
是"例外"于上述结论的。美国被认为没有一个"封建的"历史时期，该国
的土地政策从一开始就是个人主义的，或杰斐逊式的自由主义的，甚至这一
政策是美国民主制的基石之一。正是这样的历史背景，决定了将"土地"视
为一种"共有财产"的观念的"乔治主义"在美国流行不起来，也使得苦于
土地稀缺的美国农民面对"土地问题"却无计可施——除非将土地再平分一
次——而被迫走向铁路监管、个人所得税、货币制度等间接改革方向。进入
20世纪，当科技进步、城市化、合作化经营和立法保护等方面的进展让农民
获得了"均平"，进入一个"黄金时代"，"土地问题"更显得不重要了。[3] 到
了20世纪下半叶，农民在美国人口中已只占相当小的比例，更加依赖于政

---

　　1 1888年，一份西部农业地区的报纸感叹："全国上下农业报纸不少，却找不到一句为农民利益说的
话。"见 "The Farmer in Politics," *Midland Journal*, September 28, 1888.

　　2 〔美〕巴林顿·摩尔：《专制与民主的社会起源：现代世界形成过程中的地主和农民》，王茁、顾洁
译，上海译文出版社，2019（第8版），第468页；〔德〕迪特·森哈斯：《欧洲发展的历史经验》，梅俊杰
译，商务印书馆，2015，第57页。

　　3 参看霍夫斯塔特的论述，Richard Hofstadter, *The Age of Reform: From Bryan to F. D. R.*, New York:
Vintage Books, 1955, pp. 109–120.

府的保护；美国农业已深深嵌入国际市场，这使得农民作为一个资本家的身份比以往更加明确；此外，政治和文化上的多元主义也令相对单一保守的乡村显得无所适从。随着农业和农民生活的变迁，美国的政治文化也发生了变化，"表面上它仍以个人主义、小政府、个人自由等原则为基石，然而一种集体主义的、负责型政府的观点却开始混入原先的自由主义观念"。[1] 今天，这种政治文化的两极化在很多国家都能看到，但其造成的撕裂也许在美国最为严重。回顾历史，如果说一场农民运动都可以放弃"土地问题"的话，美国人也许可以不必执着于某一种可能已经过时的政治文化，而尝试为美国民主寻找到新的"基石"。

* * * * * *

"土地问题"是导致 19 世纪后期美国农民运动的最基本因素之一，同时，"土地"也是 19 世纪后期社会改革家亨利·乔治所提出的"单一税"理论的逻辑起点。1879 年乔治的《进步与贫困》一书出版后，美国农民开始接触乔治的理论，到 19 世纪 80 年代末，通过农民联盟旗下诸多媒体的介绍，以及一些平民党领导者的宣扬，乔治的改革理念得到了相当一些农民和平民党人的支持。但到了 1892 年总统选举，乔治由于支持民主党候选人克利夫兰，与已经组建人民党参与总统竞选的平民党人产生了直接冲突，美国农民开始抛弃乃至批判乔治的理念，此后几乎再未合作过。"乔治主义"与 19 世纪晚期的农民运动并非没有联合的可能，但正是他们从互相接触到擦肩而过的过程，解释了美国农民政治文化的一些独特面向。

---

1 Paul W. Gates, *The Jeffersonian Dream: Studies in the History of American Land Policy and Development*, Albuquerque: University of New Mexico Press, 1996, p. 97.

第七章
工业化时期的农民与政府

今天，美国政府与农业的关系非常密切。农业部是美国行政部门下属最核心的部门之一，这反映了农业在美国国家整体发展中的战略重要性。2018年度，美国农业部的总预算达到了1440亿美元，其中大部分用于保障美国人的食品和营养水平，这体现了美国人对"农业"这一概念的一种现代理解：美国政府通过农业部想要实现的干预已非仅仅针对国家的农业生活，而是要在国民的物质再生产上深度介入和发挥导向作用。但是政府对农业的深度介入，在美国并非一个从开国以来便存在的现象，农业部在美国政府中也并非自来便享有如此重要的地位。事实上，美国农业部迟至内战时期才设立，直到1889年农业部的最高长官也不称"部长"，而是叫"专员"，并且农业专员也不属于内阁成员。直到1889年，农业部长才开始进入内阁，农业事务才成为总统最为关切的政务之一，诺曼·杰伊·科尔曼是第一位升格为内阁成员的农业部长。从那以后，美国政府才开始真正在农业问题上发挥积极的干预作用，才有了20世纪出现的大量农业立法和政策。

美国政府与农业之间关系的这一次转变，是在"镀金时代"美国快速推进工业化对传统农业造成冲击、农业和农民面临种种发展问题的背景下发生的。但该转变的发生并非水到渠成，而是一个曲折而复杂的过程。美国法律和政府机构的制度惯性，长期阻碍着政府在农业中扮演积极角色；美国的思想界和民间，也曾对政府在农业生活中的介入前景忧心忡忡；此外，农民对政府干预的态度，也随经济状况和地域乃至作物品种有着不同的反应。为了推动农业部的入阁，以及政府在农业中进行更大规模的干预，农业改革者们实际上经过了长期艰苦的舆论努力。这些努力最终说服了各方面的保守意见，改变了美国行政部门的格局，加深了美国政府在农业生活中的介入，并通过深刻地改变美国人关于农业与政府之间关系的看法，而触动了人们关于美国政府与个人自由之间关系的认识。以往的研究多数展现了美国政府的这一制度转变，但对于这一转变背后的思想意识过程陈述则较少。

一、内战前美国政府对农业发展的干预

早在殖民地时期，北美就是大西洋贸易圈里的一个重要农作物产地。尤其是南方各殖民地，是烟草、水稻和蓝靛的集中生产地，这些农产品一半以上出售给母国，剩余的卖往欧洲大陆。[1] 对各个殖民地来说，"政府"这个词有着双重意旨，一方面指各殖民地本地的政府，另一方面也指英帝国政府。由于技术条件所限，另一方面也因为英帝国体系内总体重贸易、轻农业的趋向，殖民地时期政府对农业的直接干预很少，基本上只涉及一个问题：制定土地分配的制度。帝国原则上不干预各殖民地的土地制度，只是到了"七年战争"以后，当帝国开始在全球范围内调整其殖民地政策时，才通过土地政策的干预试图达到收紧对殖民地的控制的目的。如英王在 1763 年 10 月 7 日发布的公告中宣称沿阿勒根尼山脊划定一条界线，禁止殖民地居民跨越界线以西去定居。[2] 各殖民地则由于建立时间和背景各不相同，相互之间的土地

---

1 参看〔美〕艾伦·布林克利:《美国史》，邵旭东译，海南出版社，2009，第 73—74 页；〔美〕卡罗尔·帕金、克里斯托弗·米勒等《美国史》上册，葛腾飞、张金兰译，东方出版中心，2013，第 166 页。
2 〔美〕J. T. 施莱以克尔:《美国农业史（1607—1972 年）——我们是怎样兴旺起来的》，高田等译，农业出版社，1981，第 14 页。

制度也各有差异。土地制度问题大体上算是某一地区农业发展的前提，并且包括从殖民地到 19 世纪末美国土地制度的衍变，但本章不计划对其进行专门讨论。本章所讨论的政府农业政策，主要指涉及土地政策及制度之外的各个方面。

即便在独立后美国处在一个共同的邦联政府统治之下，其政府对农业的干预也几乎都体现在土地政策上：也就是于 1784、1785 和 1787 年推出的三部《土地法令》。[1] 从联邦政府成立到内战之前是美国领土向西扩展的时期，此时美国农业大体上处于一种粗放型的发展态势中，以公地出售和分配为核心的土地制度的设立与更新，仍是政府在农业问题上的核心关切。

随着新领地的形成，准州的建立和州的成立，土地法令一直在不断颁布和修订，其复杂性超出常人想象。[2] 联邦层面，在 1796、1800、1820、1832 这几个年份都推出了意义重大的《土地法令》。[3] 但在土地制度以外，共和国早期仍谈不上有太多政府直接干预农业的行动。

政府在国家农业生活中的节制，一定程度上反映了托马斯·杰斐逊所倡导的那种农业观。杰斐逊已经是农业神话的一位代表性人物，他确曾直言不讳地声称"耕种土地的人是道德最高尚，最独立自主的公民"。[4] 从国家发展的角度来讲，杰斐逊也将农业置于关系美国繁荣的"四大支柱"之首。[5] 但在关于政府与农业的关系问题上，杰斐逊却认为应当尽量减少政府的干预。

1　这三部法令统称"土地法令"，被认为是各州对西部土地的处理达成共识的一种体现，但实质上三部法令都各有具体所指，已有研究者对其加以澄清。参见孔庆山：《美国早期土地制度研究：1785—1862》，中山大学出版社，2002，第 76—77 页。

2　从联邦建立到 1950 年，美国政府针对联邦土地颁布的法令达近 5000 项左右，见孔庆山：《美国早期土地制度研究：1785—1862》，中山大学出版社，2002，第 110 页。

3　参看孔庆山：《美国早期土地制度研究：1785—1862》，中山大学出版社，2002，第 109—175 页。

4　〔美〕托马斯·杰斐逊：《弗吉尼亚笔记》，见《杰斐逊选集》，朱曾汶译，商务印书馆，1999，第 274 页。

5　〔美〕托马斯·杰斐逊：《1801 年国情咨文》，见《杰斐逊选集》，朱曾汶译，商务印书馆，1999，第 312 页。

他认为"如果我们何时播种，何时收获，都要由华盛顿管理，那么我们很快就会没有饭吃"。[1] 杰斐逊关于国家尽量克制干预的欲望，让自耕农尽可能保持独立的信念，一方面当然与一种"小政府"下的治国成本的考虑有关。他认为国家的核心职责之一是"不使我们公民增加不必要的负担"，[2] 为此不但军队规模要尽可能缩小，对农业的干预（由于必然涉及政府投入）也应尽量减少。治国成本的最小化，又与实现公民自由的最大化这一目的相关。另一方面，这一信念也是出于对效率的追求，杰斐逊相信只有"权力从一般到个别逐级下放，大量人类事务才能够处理得最好，为全体人民造福"。[3]

当然，即便政府主观上不愿干预农业，客观上对农业的影响也是不可避免的。实际上杰斐逊在其总统任期内就完成了一件对农业产生极大影响的事，那就是1803年对路易斯安那地区的购买。杰斐逊明言他极力促成这桩购买的目的，首先便在于"这个地区土地肥沃，气候适宜，幅域广阔……必将为我们子孙后代供应充足的物资"。[4] 有趣的是，杰斐逊在政治上的对手——联邦党人，也同样认为农业非常重要，但他们关于如何促进农业的方法却大异其趣。亚历山大·汉密尔顿承认"农民从根本上来说比所有其他产业具有优先性，这一点是很有道理的"，但他却并不赞同杰斐逊以及法国重农学派所持的那种观点，即政府不该对经济加以干预，而是主张国家应当大力发展制造业，以便"为剩余的农作物创造国内市场"。[5] 可惜雄心勃勃的汉密尔顿英年早逝，他那些原本可能使得农业大大受益的施政蓝图也未能变为现实。在由杰斐逊、詹姆斯·麦迪逊、詹姆斯·门罗三位总统的任期所组成

1〔美〕托马斯·杰斐逊：《自传》，见《杰斐逊选集》，朱曾汶译，商务印书馆，1999，第101页。

2〔美〕托马斯·杰斐逊：《1802年国情咨文》，见《杰斐逊选集》，朱曾汶译，商务印书馆，1999，第316页。

3〔美〕托马斯·杰斐逊：《自传》，见《杰斐逊选集》，朱曾汶译，商务印书馆，1999，第101页。

4〔美〕托马斯·杰斐逊：《1802年国情咨文》，见《杰斐逊选集》，朱曾汶译，商务印书馆，1999，第318页。

5 Ron Chernow, *Alexander Hamilton*, London: Penguin Books Ltd., 2004, pp. 375-376.

的整个"弗吉尼亚王朝"时期，美国政府依然按照杰斐逊的信念，尽量维持一个较小的规模，除了推出如"1820年密苏里妥协案"这样一些涉及土地制度的法案外，对农业的发展并无过多干预。

　　然而，不管一个政府在国家治理上如何保持"节制"的美德，它若有雄心壮志让国民经济获得发展，总免不了要进行一些积极的施政。1812年战争结束后，随着政局转稳，美国政府也逐渐开始正视自身的职能，制定出一个"经济计划"以满足国内民众的需要。这个计划包括三个方面：一是改革关税制度，以便更好地保护本国制造业；二是重建一个国家银行（即1816年设立的第二个合众国银行），以满足商业界的需要；三是制定一个"内陆改进"方案，即由联邦补贴，强化内陆地区的道路、运河建设，以满足国家经济发展的需求，尤其是为农产品的外运创造条件。[1]1815年，麦迪逊总统提出要"注重建设遍布全国的公路和水路交通，由国家权威保证项目完满实施"。正是在此号召下，当时还是众议员的约翰·卡尔霍恩提出了制定"内陆改进"计划的提案，该提案在国会获得了通过，但却被麦迪逊在其任期的最后一天否决了。[2]麦迪逊的解释是国会无权为内政建设提供经费支持，作为联邦宪法的主要缔造人之一，麦迪逊的这种守法主义是可以被理解的，除此之外，这项否决也反映了共和国早期政府与农业之间的那种尚且谈不上亲密的关系。

　　尽管如此，随着移民的涌入以及与此相关的一种笼统意义上的西进运动的启动，联邦也不得不在内陆公共设施建设上投入一些资金，这些投入所产生的最明显的效果之一，也许就是对美国农业发展的促进。除了追求宅地的农民，西进运动的拓荒者中一般还包含三类人：毛皮猎人、土地投机商和淘

1　这套经济计划后来被参议员亨利·克莱总结为"美国体制"，见 Henry Clay, "The American System, Feb 2, 3, and 6, 1832," in Robert C. Byrd, ed., *The Senate, 1789–1989, Classic Speeches, 1830–1993, Vol. 3*, Washington, D. C.: Government Printing Office, 1994, pp. 79–155.

2　〔美〕艾伦·布林克利：《美国史》，邵旭东译，海南出版社，2009，第222页。

金者。[1] 这三个人群的共同需求是交通运输，因此联邦早期的公共投入大量流向了道路建设。从麦迪逊总统任期到 19 世纪 30 年代末，联邦投入资金修筑了一条"国家公路"，该公路从阿巴拉契亚山脉的坎伯兰峡口出发，一直延伸到伊利诺伊州的万达利亚镇。按当时的技术水平，这条路堪称高速公路。这类道路还包括纳齐兹国道、纳什维尔公路、大河谷公路等。这些公路的价值其实还不在于它们本身的运输能力，更重要之处在于它们将北美地区天然的水路网络联系了起来，再加上一些人工水路建设，如 1825 年竣工的伊利运河，使得 19 世纪二三十年代迎来了一场运输革命，大大降低了农产品外运的成本。1825 年以后，从布法罗运送一吨燕麦到奥尔巴尼的费用，从100 美元降低到了 15 美元，运输时间也从 20 天缩减为了 8 天。[2]

　　整个 19 世纪上半叶，应该说水路运输系统是北美长途货运最为依赖的交通方式。但从 30 年代中期开始，随着铁路技术从英国传来，陆路交通的前景也渐渐展现出来。铁路的优势在于两方面：相比水路，它可以抵达和联通的地域要广阔得多；相比公路，它承载的货物流量要大得多。对于 30 年代崛起的辉格党人来说，内陆改进的意义还不仅仅在于发展农业和内陆经济，它与美国领导者们自建国以来的一种担忧密切相关，即担心随着联邦领土的扩大，民主制将越来越难以在一个超大规模的国土内正常运转。毕竟，出于交通条件的考虑，杰斐逊甚至曾主张北美应当由若干小共和国组成一个国家联盟。[3] 于是到了 40 年代，当辉格党人开始稳定执政后，"内陆改进"携着比以往更加雄心勃勃的铁路建设计划卷土重来。建设铁路的最大难题就是资金，尤其是在人烟稀少的地区，由于投资回报周期很长，铁路公司通常不愿投资，这时就需要政府的投入。1850 年，伊利诺伊州参议员斯蒂芬·阿

---

1 〔美〕卡罗尔·帕金、克里斯托弗·米勒等：《美国史》上册，葛腾飞、张金兰译，东方出版中心，2013，第 561—562 页。
2 同上书，第 573、575 页。
3 同上书，第 577—578 页。

诺德·道格拉斯提出一种方案，即由联邦政府将公共土地赠予土地开发商，开发商再将土地出租或出售给铁路公司，以此为铁路修建募集资金。结果是在整个 50 年代，美国铁轨里程数从 9000 英里增长到了 3 万英里。此外，辉格党领袖亨利·克莱怀有夙愿，想修建一条横跨北美大陆的铁路，1853 年国会也为此项计划拨款 15 万美元，使之进入地形勘测阶段，只是此时克莱已溘然长逝。[1]

由于内战带来的建设中断，第一条大陆铁路直到 1869 年才告竣工。但迄至内战前，美国政府已为农业及一种广义上的西进运动构建起初具规模的基础设施体系，如果说密西西比河以东地区尚且有丰富的天然水路可以依仗，密西西比河以西地区的开发，则主要仰仗政府的政策支持和资金投入。内战前的美国政府，尽管对农业发展发挥了重要作用，但这种作用有几大特点。其一，和当时仍有一定影响的 18 世纪重商主义思想有关，即政府的干预仍被极力限制在一个相对小的规模上，更多的是西进运动中不断涌现的发展问题在催促着政府的干预；其二，和 19 世纪美国政府各分支的结构相关，由于国会掌握的权力远大于行政机构，因此政府干预往往表现为国会立法，行政机构在国家政策形成过程中的主动性尚未充分展现；其三，和一种对美国民主的想象相关，除了纯经济层面的考虑，政府的一个主要关切还在于通过主动地对农业和国家发展加以规划，来保持美国式民主乃至美国式自耕农生活方式的延续。在政府已完成的建设成就中，也还存在一些有待解决的问题，其中突出的一项就是各州间铁路轨道规格的不统一，导致全国性的运输体系还难以成形。有时在两州相接处，甚至需要将货物全部卸下，用马车从一条铁路转运到另一条铁路。[2] 这些难题将留待 19 世纪下半叶去解决。

1〔美〕卡罗尔·帕金、克里斯托弗·米勒等：《美国史》中册，葛腾飞、张金兰译，东方出版中心，2013，第 16 页。

2 同上书，第 16 页。

二、农业部的酝酿与诞生

内战前的美国，大体上处于一个人口和领土不断增加的状态。并且，这里的人口不是因自然繁衍而积累，主要是因移民的大量涌入而增长。此外，自 1820 年"密苏里妥协"以来，随着反奴隶制运动的渐渐起势，南北双方关于走种植园奴隶制还是自由农耕的道路，不仅长期争执不下，最后更发展至水火不容之势。在这样一个边疆不断拓展、社会经济发展路线不甚明朗而全国性市场已逐渐形成的时期，美国农业最需要的是尽可能明晰且因局势变化而可以灵活修订的土地政策，以及一个尽量将全国市场连成一体，甚至与国家对外贸易口岸联通的运输体系。因此可以说，内战前美国政府干预农业的主流，是应对农业在土地政策、交通设施等基础条件上的需要。但与此同时，在美国还存在一些土地政策已相对稳定、交通条件也相对畅通的地区，那里的农业有着一种不同的需要，即对农业技术的需要。当 19 世纪上半叶的美国政府忙于完善国家土地政策和交通体系之时，一些民间团体首先组织起来，去满足农业在技术改进上的需求，但渐渐地这些组织开始发现，农业技术领域也需要政府的介入。

对农业的两大传统部类，种植业和畜牧业来说，技术改进一般涉及三个方面。一是实际劳动过程中的技术提升，这涉及优化种植或畜牧的整体流程，或对具体操作环节上的方法加以改进；二是对劳动工具加以改进，早期畜牧业较少涉及这方面，但就种植业而言，随着英国 18 世纪末的技术革命，耕作、收割、仓储、加工、运输等多环节都已有不少创新；三是对作物或牲畜、禽类品种的改进，这方面改进的周期在传统农业时代一般很长，但近代生物学知识的增长也开始激发一些农学家进行配种实验，于是种子或畜、禽类的优化也大大加速了。上述这诸多方面的技术改进都需要通过一个过程来达到，那就是不断地、长时期地、高频率地开展农业实验。不论是对整体劳动过程进行优化，还是具体作物品种的选育，都需要在一定范围内的农业实验中达成，有时这范围是实验室，有时则是整块的、大面积的农场。

农业实验在北美殖民地很早便已出现。1613 年，詹姆斯敦的早期定居者约翰·罗尔夫便尝试着将奥里诺科河流域的烟草移植到了弗吉尼亚。较晚成立的佐治亚殖民地，则不仅建立了试验性农园，还赞助植物学家前往西印度群岛和中、南美洲探索新作物品种。革命以后，一些农业州的农业精英开始自发地组织起来，成立了一些致力于农业改进的地方性社团，最早一批包括费城农业促进会、南卡罗来纳农业及乡村问题促进会等。其中，费城农业促进会的通讯会员中包括托马斯·杰斐逊和乔治·华盛顿。作为弗吉尼亚州的大农场主，这两位前总统也都是农业实验的积极实践者。尽管杰斐逊不赞成政府对农业过多地干预，但作为一位典型的启蒙时代的博学家，他在私人生活中却非常热衷于将各种新式技术、发明应用于实际生活，他的"蒙蒂塞洛"庄园堪称一个实验型农场，很多新作物、新机械和新耕作方法都在那里得到了试用。华盛顿也是一位农业新技术的积极采用者，他在弗农山庄也进行了大量农业实验，是成功在美洲引进毛驴饲养的第一人。[1]

华盛顿与英国农学家阿瑟·扬和约翰·辛克莱素有通信。此二人是 18 世纪 90 年代有着强烈政府色彩的农业改革组织——英国农业理事会的关键人物。辛克莱曾写信建议华盛顿也在美国成立类似的"农业理事会"，并在各州首府成立"农业学会"。也许是听从了辛克莱的建议，华盛顿在他最后一次总统咨文中强调了"农业的头等重要性"。他提出，鉴于"耕种土地已经日益成为公共权力的目标"，就应建立相应的"促进机构"，并"由公共财政提供支持"。他所设想的"机构"就是辛克莱建议的"理事会"，其职

1 Gladys L. Baker, *Century of Service: The First 100 Years of the United States Department of Agriculture*, Washington, D. C.: Government Printing Office, 1963, pp. 1-2.

责主要是"搜集和传递信息，设立奖金和小笔款项，对发现与改良的精神加以鼓励和资助"。[1]但根据华盛顿的提议起草的提案并未在国会得到表决。民间也不乏关于政府应成立相关农业机构的呼声，马萨诸塞州农学家、在美国首度引进西班牙美利奴绵羊的埃尔卡纳·沃森，便曾在1816年的一封请愿书中要求"全国性政府"对"农业利益加以促进和援助"。但这一次的提议甚至被在任总统麦迪逊直接否决了。[2]国会否定华盛顿的建议，以及麦迪逊否决沃森的提议，其出发点主要是宪政层面的。在共和国早期，尤其是在杰斐逊开启的"弗吉尼亚王朝"治下，对于因政府无节制地扩权而导致的暴政极为敏感，干预或促进农业基本不被认为是政府的职责，尽管这并不表示当时的国家领导者们对农业的重要性缺乏认识。

在美国建立联邦层面的农业管理机构的事业，要等到1836年亨利·莱维特·埃尔斯沃思担任专利局长后才能有所突破。埃尔斯沃思是新英格兰人，本是一位商人兼律师，但在1832年开始担任印第安人事务管理局局长后，他突然被美国中部大草原地区的农业发展前景所深深吸引，并在草原地区的各州购买了大量土地。履职专利局后，埃尔斯沃思迅速着手了一系列旨在提升农业发展水平的工作，尽管曾被质疑有越权之嫌。除了对新式农具这一专利局分内之事格外关注外，埃尔斯沃思在推进农业发展上还开展了两大方面的工作。首先是引进种子。主要通过美国驻各国领事馆，埃尔斯沃思从世界各国大量引进了各种优良种子，并提议"为优质种子和作物的收集、分发设立一个公共基金"。仅1840年一年，通过国会邮政系统发往全国各地的种子便达3万袋之多。其次是进行农业统计，收集农业信息和数据。为此，他在1842年左右成功争取到在专利局下设一个专职农业书记员的职位，并

1 Gladys L. Baker, *Century of Service: The First 100 Years of the United States Department of Agriculture*, Washington, D. C.: Government Printing Office, 1963, pp. 2-3.

2 Ibid., p. 4.

任命曾留学德国的农学家查尔斯·刘易斯·弗莱施曼担任该职。从1839年到1844年，专利局每年提供了非常翔实的年度农业报告，据称已经在国会受到欢迎。1845年埃尔斯沃思卸任专利局长，但农业统计的工作一直延续到1854年才中断。[1]埃尔斯沃思在其任上做的大量工作，可以说让美国国会开始认识到了由政府对农业发展实施干预、引导的重要性，但专利局绝非一个能够承载政府农业干预计划的机构，联邦需要考虑为农业发展成立专门的机构了。

关于联邦层面成立的农业机构将采取何种形式，19世纪上半叶的美国人已有过不少想象。1838年，肯塔基州的一批公民向国会请愿成立"农业和机械技术部"，1840年则有人提出设立"农业和教育部"。1847年，《德鲍商业评论》上的一篇文章则号召成立一个与英国类似的"全国农业理事会"。1849年内政部成立后，也有人建议在该部下设一个农业署。[2]也许很少有人想到，最终是民间对未来的直觉更加精确。正式提出在行政部门中设立一个农业部的，是马里兰州农业学会的主席查尔斯·B.卡尔弗特。他在美国农业学会于1852年成立后推动该组织通过相关决议，从此开始游说国会立法成立农业部，且要求该部负责人进入内阁。但是，19世纪50年代的整个美国都笼罩在地区冲突的危机之下，行政部门的任何一点扩张动向，都很可能被南方以抗议联邦政府扩权为由加以抵制，因此卡尔弗特关于成立农业部的提议迟迟未能进入国会的正式讨论。

曙光直到1860年才出现，时任专利局长的威廉·D.毕晓普提出，诸如搜集种子、进行农业统计等与该部门的其他工作完全不相统属，且工作负担已越来越超出该部门工作人员的承受能力，因此请求国会将农业工作从该部门挪出。毕晓普不久后便卸任了，但他提出的问题令林肯政府不得不考虑应

1　Gladys L. Baker, *Century of Service: The First 100 Years of the United States Department of Agriculture*, Washington, D. C.: Government Printing Office, 1963, pp. 5-7.

2　Ibid., pp. 9-10.

成立怎样一个机构，以便既有的相关农业工作能够延续。新上任的内政部长凯莱布·B.史密斯支持在他的部门下设一个"农业署"，但专利局下属农业处的处长托马斯·G.克莱姆森却主张国会立法成立一个农业部。此时，最先正式提出设立农业部的卡尔弗特已经是国会众议院农业委员会的一名成员，当他得知林肯更倾向于史密斯的意见时，立刻敦促美国农业学会在全国组织农民发起请愿运动，坚决要求成立一个首席长官入阁的农业部。农业部的倡议者们最终获得的是一个妥协后的结果：1862 年 5 月 15 日，林肯签署的国会法案生效，美国农业部正式成立，但其行政长官称"专员"而不称"部长"，也不入内阁。[1]法案中关于农业部职能的描述如下：

> ……农业部专员须在其部门内获取和存储与农业相关的所有信息，这些信息他可以通过书本和通信获得，也可以通过实际操作的科学实验获得（他的部门将留下关于实验的准确记录），或是通过搜集统计数据，以及其他任何在他职权范围内的方式获得；他须尽其所能，搜集新发现的、优质的种子和作物；在必要情况下，他须通过培育这些种子和作物，来评估它们的价值；在必要情况下，他须大批量地培植这些种子和作物，并将它们分发给务农者。[2]

可以看到，1862 年国会批准设立农业部的法案中关于该部门职能的描述，与埃尔斯沃思在专利局长任上的工作重心基本一致，与六十多年前华盛顿所想象的那种"促进机构"的职能也相去不远。不管是对农业数据的搜集和统计，还是对种子的分类与培植，都表明了一种强烈的对农业生产

---

[1] Gladys L. Baker, *Century of Service: The First 100 Years of the United States Department of Agriculture*, Washington, D. C.: Government Printing Office, 1963, pp. 11–12.

[2] Ibid., p. 13.

过程进行科学化管理的趋向，这就指向了对一些现代科学学科知识的运用。在埃尔斯沃思 1841 年的报告中，他提到了一些具体学科，比如化学，在土壤分析和食品加工过程中的重要性。另一个明显有重要价值的学科是统计学，1845 年继任埃尔斯沃思担任专利局长的埃德蒙·伯克在当年的报告中对统计学尤其看重，他建议不论通过各州还是民间自愿社团，"各种统计工作"应当立刻启动。[1]克莱姆森甚至提出，"文明国家"的必要表现之一，就是由政府出面对农业加以奖励、保护和推动。[2]可以想象，让农业生产科学化必然涉及教育，尤其是承担研究和教育双重职能的农业学院的事业。1856 年，美国农业学会通过一项决议，开始游说国家向各州赠予公共土地，以此推动地方农业学院的建设。这个决议就是 1862 年通过的《莫里尔法》的雏形。

　　可是，迄至农业部成立之前，对于这种通过引入专业性和科学成分来丰富政府职能的趋向，政府当中一直有顽固的反对力量。不论是民间发起的要求政府对农业加以赞助的请愿，还是已进入立法机关讨论程序的关于"农业改进"的提案，往往不是受到议员们的强烈反对，就是遭到总统的最终否决。1846 年 7 月 1 日，国会参议院对专利局在农业发展方面的工作进行了评估，进而对政府在农业发展中的角色问题展开了一场讨论，比较典型地反映了 19 世纪上半叶美国政府对农业问题的整体态度。阿肯色州参议员塞维尔认为农业报告"毫无价值"，不过是"一些报纸章节的大杂烩"。参议院领袖卡尔霍恩称这项工作是"政府最大规模的职权滥用"。北卡罗来纳州参议员曼格姆、佛罗里达州参议员韦斯科特等人则称农民对报告"嗤之以鼻，充满鄙夷和轻蔑"。[3]1857 年上任的专利局长约瑟夫·霍尔特，于

1　Gladys L. Baker, *Century of Service: The First 100 Years of the United States Department of Agriculture*, Washington, D. C.: Government Printing Office, 1963, pp. 6, 7.

2　Ibid., p. 11.

3　Ibid., p. 7.

1859 年在华盛顿用国会对该部门农业工作的专项拨款召开了一个会议，会议目的是对以往的工作加以评估和改进，参加者有各州及领地关心农业的公民代表。国会对此事提出了严格批评，议员们认为专项拨款的用途中根本不包括会议等事项，霍尔特被定性为滥用职权，很快引咎辞职。[1]

可见在美国内战以前，政府对农业生产加以改进的主张主要来自行政部门，改造的理念有的来自特定行政官员对农业的反思，有的来自民间自愿组织的诉求，改进的方向是对农业生产各环节施加科学化的管理，专业知识在这个过程中十分重要。可是，政府中来自立法部门的一些力量对这种主张进行了强烈压制，它们反对政府干预农业的主要理由是认为那不仅是政府滥权的表现，还会造成财政资源的浪费，同时也对干预的效果持怀疑态度。反对者的动机是复杂的，这背后既有对早期共和国宪法原则的尊奉，也有对 19 世纪自由放任主义政治经济学下"小政府"原则的习惯性效忠；既有对政府权力扩张导致公民自由遭到侵害的担忧，也有南方各州不顾一切地抗拒联邦权力增长的私心。内战的爆发将国会中来自南方的反对力量消除殆尽，战时形势也让行政部门有了更大的职权，这些条件都大大有益于农业部的最终成立。可是，美国人对于政府究竟应当如何干预农业的方式尚无定论，国会中反对政府在民用事业上过度干涉的力量依然强大，农业部能够在未来农业发展中发挥多大的作用，尚属未定之天。

三、农业部入阁及其发展壮大

首任农业部专员艾萨克·牛顿于 1862 年 7 月走马上任。牛顿是一位林肯式的"自我成就之人"，他受的教育并不多，但凭着自小养成的对农场生

---

1 Gladys L. Baker, *Century of Service: The First 100 Years of the United States Department of Agriculture*, Washington, D. C.: Government Printing Office, 1963, pp. 8-9.

活的熟悉度，他成为首都华盛顿附近一位成功的农场主和乐于创新的农场管理者。他是制乳业的先驱，且为白宫专门供应黄油。牛顿这种勤恳踏实的品格，以及他对农业作为一个生产部类的专业属性的认知，或许是草创之中的农业部得以稳步发展的重要原因。根据国会设立农业部的相关法案的精神，牛顿在上任的首次报告中即提出了该部门的七项施政目标：（1）搜集、整理、出版与农业相关的统计信息；（2）引进优良品种的作物和牲畜；（3）回应农民关于农业的咨询；（4）对农具进行测试；（5）对土壤、谷物、瓜果、农作物、蔬菜和肥料进行化学分析；（6）提供专业的植物学、昆虫学知识；（7）建立农业图书馆和博物馆。[1] 可以看出，这些目标在延续专利局时期工作的基础上又作了不少扩展，为了实现这些目标，农业部自然会在功能建制上有所扩展。牛顿设定的这些目标，也为内战后到19世纪90年代农业部的功能界定和机构设置奠定了基调，从他开始，历任农业部专员都在继续丰富该部门的职能和工作。

　　针对农业信息统计和收集发放种子这两项从前的工作，新的农业部设立了统计处和育种园两个下属机构。有了专门机构后，工作量也大幅增扩。从1863年到1876年，农业部除提供往常的年度报告外，每月也发布月度报告。扩展的多项目标都涉及专门科技和知识，因此在农业部下设置了若干专业部门。此时化学对于农业的重要性已由尤斯图斯·冯·李比希等欧洲人发现，美国农学家也深感要对农民的咨询加以应对、解答，化学知识是最关键的，因此农业部首先设置化学处。随后在牛顿任期内，为防治虫害又设置了昆虫学处。此后又陆续设立了植物学处、微生物处、林业处、兽医处和瓜果处，分工日趋细密。1886年甚至设立了一个鸟类学与哺乳动物学处，外界初看会以为该部门和从前的设置有所重复，但其职能其实是研究"北美鸟类和哺

1　Gladys L. Baker, *Century of Service: The First 100 Years of the United States Department of Agriculture*, Washington, D. C.: Government Printing Office, 1963, p. 14.

乳动物的食物习惯、分布与迁徙同农业之间的关系"。农业部的工作自此已细化到何种程度，由此可见一斑。除这些研究性部门之外，在牛顿任期内，农业部还建立了兼具资料存储和公共教育功能的图书馆和农业博物馆，后者于 20 世纪初并入了史密森学会。[1] 从农业部的设置可以看出，农业部的功能和机构设置很大程度上与现代以来关乎农业的各门科学学科相对应。从研究属性来讲，农业部简直就是一个国家农业科学院。

农业部既是这种与现代科学如此深度相关的机构设置，其人事结构必也由相应的科技人员所组成。农业部的前两任专员，牛顿和霍勒斯·凯普伦，没有接受过大学教育，但两人都曾是成功的农场主，并且非常重视科学研究。从第三任专员弗雷德里克·沃茨开始，历任专员便都与农业科学或学术深有渊源了。沃茨是宾夕法尼亚州立大学的创立人，该大学的前身叫做"宾州农民高等学校"，他尤为重视"农业科学的实际应用"。第四任专员威廉·勒迪克也是一位农业经营者，但曾在俄亥俄州的凯尼恩学院受过高等教育。第五任专员乔治·贝利·洛林拥有哈佛学院的医学学位，并曾推动马萨诸塞农学院的成立，甚至在该校讲授过关于家畜养殖的课程。最后一任专员诺曼·杰·科尔曼也受过高等教育，并曾长期担任中学校长，后来创办了农业报刊《科尔曼乡村世界》，并且是密苏里州园艺学会的创始人兼主席。一把手已然是半个农业专家，农业部的官僚体系所当然地也由清一色的科学家组成。这些专家中，不少成了美国农业发展史上的重要人物，比如统计学家雅各布·理查兹·道奇，从内战后到 1893 年一直担任农业部的统计师。农业部的第一代植物学专家威廉·桑德斯，曾留学爱丁堡大学学习园艺学，他与同样曾受农业部雇佣的奥利弗·凯利，是赫赫有名的农民组织全国格兰其的两位核心创始人。第一任林业处长富兰克林·B. 霍夫也是一位

1　Gladys L. Baker, *Century of Service: The First 100 Years of the United States Department of Agriculture*, Washington, D. C.: Government Printing Office, 1963, pp. 15-23.

科学家，他因在美国最早呼吁政府对森林实施保护而被尊称为"美国森林之父"。此外，毕业于康奈尔大学的兽医师丹尼尔·E.萨蒙曾任农业部下属第一个局——畜牧局的局长，而毕业于密苏里大学的贝弗利·T.加洛韦后来则成了"农业部最为知名的科学家"。[1]

　　从部门首脑到下属官员的这样一种人事构成，使得农业部在美国行政各部门乃至包括立法、司法机关在内的整个联邦政府之中，形成了别具一格的行政风格。这批人出身高等学府，身怀过硬的科学知识或技能，可谓是一群精英。可正是这批"出类拔萃之辈"，却要去推动美国社会生活中一种最传统、最普通、最底层的产业——农业的进步。20世纪美国农业部的一位人事官员对上一个世纪该部门人员构成的评价，很好地描述了内战后农业部的特征：

　　　　……除了少数例外情况，这些人都以相当高的水准投入到了他们的职务之上，对于利用其政治影响力捞取好处却无太大兴趣。由于大多数人来自学院和大学，且这一人数占比在日益上升，他们已将高等教育中的一些理念和理想带进了农业部，将一些与人类福祉和学术自由相关的、通常与大学联系在一起的关切，带到了农业部中来。他们把实验和研究的原则深深植入了农业部，结果是这个部门展现出一种思想开放的、进步主义的面貌，这一点已属公认。[2]

农业部施政风格中这种科学性和学术性，实际上是内战后美国政府与农

1　Gladys L. Baker, *Century of Service: The First 100 Years of the United States Department of Agriculture*, Washington, D. C.: Government Printing Office, 1963, pp. 15-24.

2　Warner W. Stockberger, *Personnel Administration Development in the United States Department of Agriculture, the First Fifty Years*, Washington, D. C.: United States of Department of Agriculture, Office of Personnel, 1947, pp. 5-6.

业关系的总体特征的一个缩影，《哈奇法》集中体现了这样一种关系。《哈奇法》的宗旨是由联邦以赠地的方式给予各州农业试验站以支持，进而让各州农学院的相关课程得以真正开展，如此 1862 年通过的《莫里尔法》也才能真正发挥效用。据称，在美国建立试验站的想法，深受英年早逝的耶鲁大学农学教授约翰·皮特金·诺顿在 19 世纪 40 年代中期的一项提议的影响。三十年后，诺顿的一名学生、同样任教于耶鲁大学的塞缪尔·威廉·约翰逊，在首个农业试验站——康涅狄格州农业试验站中的科研工作和学术热忱，为后来全国各地农业试验站树立了一个典范。农业部最后一任专员科尔曼履职后，大力强调要在农业部和农学院之间建立起稳固的合作关系。鉴于农业试验站实际上构成了农学院知识生产的最关键的引擎，农业部的一项重要政策努力就是敦促联邦在各州设立农业试验站，或对既有的试验站提供财政支持。在这样的背景下，来自密苏里州的众议员威廉·H.哈奇于 1886 年向国会提交了一份相关法案。1887 年 3 月，该法案几乎比较顺利地通过。同年下半年，农业部召集了一次会议，成立了美国农学院和试验站协会。1888年，农业部下成立了试验站局，作为全国试验站的协调机构，首任局长是约翰逊的学生威尔伯·O.阿特沃特。[1] 可见在《哈奇法》的通过和全国农业试验站体系的建立过程中，农业部对科学化的追求起了关键作用。

　　科学化在让农业部职权更加完备、机制建构更加清晰的同时，也在悄然改变着农业部的性质。不论是在专利局时期提供信息统计报告和分发优良种子，还是后来为应对来自农民的各种咨询而建立各专业部处以后，农业部的功能大体都是服务性的。它的工作主要是科学研究和信息搜集，因此尽管它直接受行政部门的领导，但人们几乎不把它当成一个"执法部门"。[2] 这样的局面到 19 世纪 80 年代中期以后有了变化。当时得克萨斯牛瘟肆虐于美国中

---

1 Gladys L. Baker, *Century of Service: The First 100 Years of the United States Department of Agriculture*, Washington, D. C.: Government Printing Office, 1963, pp. 24–25.

2 Ibid., p. 27.

西部各州，欧洲国家对美国牲畜的进口量大幅下降，牧民遭受了严重损失。1883 年 11 月，农业部专员洛林在芝加哥召集牧民代表商讨如何应对这一局面。结果是在 1884 年 3 月通过了一项法案，在农业部下设畜牧局。该法案授权农业部专员任命一位兽医专家担任畜牧局长，"制定相关法律法规以控制传染性疾病"。最初，畜牧局长的职权仍主要是咨询性质的，负责"以其研究发现知会财政部长；提醒运输公司这类疾病的存在；向国会提供一份详细的年度报告"。[1] 然而实际的工作渐渐暴露出，如果畜牧局长无权对已感染的牲畜实行销毁，则很难控制疾病的蔓延。于是，国会于 1886 年再度立法，拨给畜牧局长一笔专款，使他能够酌情"征购"那些已感染的牲畜并销毁之。[2] 畜牧局的成立因此富有"里程碑"的意义，[3] 它标志着农业部开始从一个服务性部门向一个潜在的监管型部门转变，并为进步主义时期的肉类、食品和药品监管提供了先例。

19 世纪 80 年代中期以后，随着基础科学研究部门的建立与完善，与试验站和农学院的密切合作关系的建立，以及监管、执法权的开辟，农业部相比成立之初已经有了长足发展，它已证明自己"对农民和公众是有用的"。[4] 此时，对于那一类主张农业部长官进入内阁，从"专员"升级为"部长"的建议，国会不得不认真考虑了。尽管查尔斯·卡尔弗特在 19 世纪 50 年代推动政府成立农业部时，所设想的就是该部门长官应在内阁中有一席之地，但 1862 年农业部成立时，该方案既已被放弃，多年以内也便无人再提此事。然而到了 70 年代中期，美国农民经历了内战后第一波严重的经济衰退，由前农业部官员奥利弗·凯利和威廉·桑德斯等人领导的格兰其运动在中西部

1 Fred Wilbur Powell, *The Bureau of Animal Industry: Its History, Activities and Organization*, Baltimore: The Johns Hopkins Press, 1927, pp. 10–11.

2 Ibid., p. 12.

3 Gladys L. Baker, *Century of Service: The First 100 Years of the United States Department of Agriculture*, Washington, D. C.: Government Printing Office, 1963, p. 23.

4 Ibid., p. 25.

和南方各州风生水起，农业部长官入阁的话题也再度被提了出来。在 1876
年 11 月 15 日于芝加哥召开的全国格兰其第十次会议上，尽管该组织倾向于
排除政治议题，回归社会和教育社团的本色，但仍提出"美国务农者要求他
们作为政府的一个真正组成要素得到承认，具体方式即设立一个农业部门，
该部门长官须为内阁成员，此人将负责执行由明智的国会制定的一项计划，
该计划须完全覆盖 2000 万农业人的利益……"[1] 格兰其此后历次全国会议的
决议中都包含此一条款，该组织也积极发动其在国会中的成员们努力将这
一条款变成立法，南卡罗来纳州的格兰其成员、众议员 D. 怀亚特·艾肯，
便在 1881 年促成了相关法案在国会进行表决，可惜以微弱票数差距未能通
过。[2] 艾肯并非第一位向国会提出关于农业部长官入阁的议员，早在 1874
年 2 月，艾奥瓦州众议员詹姆斯·威尔逊便向国会众议院提交了相关法案，
但没有进入投票程序。[3] 巧合的是，威尔逊后来在麦金莱、西奥多·罗斯福
和威尔逊三任总统的内阁中担任了 16 年的农业部长，可谓农业部的"三朝
元老"。

　　尽管如此，国会中仍有强大的力量在阻挠农业部长官入阁。1881 年 2
月，艾肯提交的相关法案在众议院内引起的讨论，比较典型地反映了这种阻
力，也侧面表现了美国政治精英们对农业与政府关系的看法。威廉·哈奇
此时已是众议院农业委员会的成员，他引述《宪法》中关于应增进"全民福
祉"的语汇，提出应当接受农业部在内阁中享有一个职位。他指出，其他利
益群体都有某种组织化的体制在政府中照管其福利，唯独农业群体没有，因
此农业"应当在内阁中有一位代表"。但农业委员会主席、纽约州众议员詹

1　John R. Commons and John B. Andrews, eds., *A Documentary History of American Industrial Society, Vol. X, Labor Movement, 1860–1880, Volume 2*, New York: Russell & Russell, 1958, pp. 119–120.

2　Solon Buck, *The Granger Movement: A Study of Agricultural Organization and Its Political, Economic and Social Manifestations, 1870–1880*, Cambridge: Harvard University Press, 1913, pp. 117–118.

3　Gladys L. Baker, *Century of Service: The First 100 Years of the United States Department of Agriculture*, Washington, D. C.: Government Printing Office, 1963, p. 27.

姆斯·W.科弗特代表了国会中的反对意见。他首先是认为此举不够严肃，将令部长职位"变成一种只能用于对某人政治服务加以嘉奖的政治性职位"。此外，科弗特对农业部的前景也并不看好，他说："农业部的工作迟早是要结束的。同时我也看不出来，农民怎么就不能在缺少政府援助的情况下，自己做实验，自己照料自己的事，就像其他行业的人们做的那样。"[1]科弗特的话表明了19世纪80年代初国会仍将农业部定性为一个服务性机构，农业部要想成为一个执法型机构，还需证明自己。

19世纪80年代中期以后，畜牧局等机构的设立已经让农业部的职权大大增加，于是"入阁"的话题再度被提出。部分原因是为了应对当时日趋激烈的劳工运动，1886年2月3日，国会农业委员会拟定提案，筹划建立一个"农业和劳工部"，该法案在1887年初在参、众两院都通过了。可是农业界的代表们强烈反对把农业和劳工利益放在一个部下，时任农业部专员科尔曼也认为此举不妥。的确，经过二十多年的发展，农业部已建立起一套完全针对农业的机构体系，要想再去适应劳工的问题，势必要对现有体系做出伤筋动骨的调整，与其如此，不如考虑就劳工问题单独成立一个部门。正是基于这一考虑，1888年3月7日威廉·哈奇又提出一个法案：让农业部入阁，但不再涉及劳工，法案一个最有争议的内容是将气象服务纳入农业部管辖。1888年9月，该法案进入参议院讨论。支持该法案的有堪萨斯州参议员普雷斯顿·B.普拉姆、密西西比州参议员詹姆斯·Z.乔治。反对者则有康涅狄格州参议员奥维尔·H.普拉特，他提出该部门只对农场主有利，而对农业工人无所助益。新罕布什尔州参议员威廉·E.钱德勒认为农业部入阁将对政府造成巨大变化，因为现有的内阁职位都是与整个国家的政治治理有根本性联系的，相比之下，鼓励农业则非关国家治理的根本。

---

1 Gladys L. Baker, *Century of Service: The First 100 Years of the United States Department of Agriculture*, Washington, D. C.: Government Printing Office, 1963, p. 28.

经过半个月的激烈争论，1888 年 9 月 21 日表决，农业部放弃了气象服务，但该部门行政长官被接受入阁。该法案于 1889 年 2 月克利夫兰总统签署后正式生效。[1]

部门长官被接纳入内阁，对于农业部来说具有划时代的意义。政府的这一举措，无疑是对自内战以来农业部工作成就的肯定，同时也是对农业在美国社会生活中的重要性的确认。19 世纪下半叶是美国工业化狂飙疾进的时期，一般认为在这一时期，农业部门的利益为了工业的发展有所牺牲，这也是格兰其运动、绿背党运动和平民党运动的根本原因。农业部长官入阁，也是美国政府对于连续不断出现的农民反抗潮流做出的一种回应。但光有外界的呼吁也是不够的，农业部的领导者及其官僚人员不断以专业化、科学化的精神来武装农业部的工作，这一点是更具决定性的。专业化和科学化定位最终在 19 世纪 80 年代后期使得农业部的行政权力得到了扩展，使得这个部门破天荒地拥有了执法权，这是国会和舆论界接受农业部长官由"专员"升级为"部长"的根本原因。当然入阁本身并不意味着一个新型的农业部已完全成型，农业部要达到它在 20 世纪的规模和重要地位，要实现在进步主义时期和新政时期所扮演的那种举足轻重的角色，要成为美国政治、社会生活乃至政治文化变迁的重要引擎，还需要进一步以专业化巩固自身。

四、农业部全盛时代的到来

19 世纪 90 年代初是美国平民党运动最为轰轰烈烈的时期，这股第三党力量的迅速兴起，反映了 80 年代末农民的深重苦难。实际上，早在 70 年代，大量中西部农民就开始被迫以高价从投机商和铁路公司那里购买土地。由于

1　以上参看 Gladys L. Baker, *Century of Service: The First 100 Years of the United States Department of Agriculture*, Washington, D. C.: Government Printing Office, 1963, pp. 29-30.

普遍缺少现金，农民的土地常常是以抵押贷款的方式购买的。然而80年代后期，西部地区旱灾、蝗灾频仍，加上得克萨斯牛瘟北传、大平原及以西地区农民的收成大受影响。他们难以清还贷款和利息，结果是抵押权大量被收回，很多人沦为佃农或农业工人，生活陷入极端艰难的境地。这样的背景下，农民通过平民党人之口向政府提出了他们的诉求。在1892年的"奥马哈政纲"中，农民明确提出他们希望政府将铁路收归国有并加以监管，政府发行一种"安全的、足值的、有弹性的全国性货币"，政府征收一种渐进的所得税，政府对外国人占有的土地加以收回，等等。[1]然而尽管表现出了强劲的势头，平民党人想要打破两大党对政治权力的垄断还差得很远，他们不出意料地在1892年总统选举中败北。1893年全球性的经济恐慌给了农民更大的打击，农民此时亟待改善其经济处境，他们变得对两大政党更加不满。可能会丧失大批农民选民的威胁，迫使民主党的改革派开始大量吸收平民党的政治主张，后者几乎很快就在全国政治舞台上销声匿迹了。

　　农民在平民党运动中提出了他们对政府的诉求，这些诉求大多数在半个世纪后几乎都实现了，然而在19世纪90年代，美国政治的结构和功能让它很难真正去满足这些诉求。和历史上的多次类似案例一样，每当民间生发出激进主义之时，政府部门以及背后的既得利益集团总是表现得格外保守，即便从长期来看他们也总会正视这些激进主义背后的社会问题。平民党人对政府提出的问题全都需要单独的立法运动来解决，面对这些问题，尽管此时的农业部已是一个其长官在内阁中享有座席的机构，但仍几乎是无能为力的。不仅如此，一方面似乎正是为了表现政府部门对社会当中激进力量的制衡力，另一方面也是由于1893年经济危机造成的政府部门普遍性的财政吃紧，时任农业部长的尤利乌斯·斯特林·莫顿对农民的这些诉求反应尤为淡

1　"National People's Party Platform," in George Brown Tindall, ed., *A Populist Reader: Selections from the Works of American Populist Leaders*, New York: Harper & Row Publishers, 1966, pp. 93–94.

漠。莫顿的表现当然也与克利夫兰政府整体上的保守主义气质相吻合，但从他后来将自己发行的杂志命名为《保守派》，也可以想见他将给农业部带来怎样的变化。从 1893 年到 1897 年，莫顿任农业部长的时期也许是美国农业改革史上少有的保守时期。仅举一例，1891 年农业部有 1577 名雇员，到 1895 年增加至 2043 名。然而 1891 年度财政支出为 2253262 美元，1895 年度反而降至 2021030 元。支出的缩减尚可以全国财政的紧张作为解释，但莫顿还对农业部的既有工作内容进行了大幅删减，其中最具代表性的就是暂停了持续近六十年的良种搜集和分发业务，理由是该业务耗费大而收益小。此外，莫顿的保守主义还包括收紧试验站的财政，使它们在业务上不再能够便宜行事。[1] 实际上，农业部是最能体现厉行节约和保守主义的"克利夫兰风格"的部门。[2]

但如果就此断言克利夫兰是将一个并不能胜任的人选置于农业部长任上，就太过武断了。莫顿其实是一位"能干的农场主，是植树节的首倡者"。[3] 莫顿对农业部工作的调整，实际上反映了他心中那种坚持政府权力不能过度扩张的传统政治价值。莫顿的传记作者称其一生致力于反对"家长制作风"，主张政府在公共事务上要厉行"最严格的节约"。莫顿尤其反对前任部长杰里迈亚·M. 腊斯克的作风，认为后者虽乐于为农民排忧解难，却对他们对政府的要求失于严格审查，甚至单纯为了给他的农民朋友们的子女解决工作，而在农业部内设置毫无必要的职位，导致人浮于事。莫顿坚决反对这类任命，因此甫一任职就裁撤了大量职务，解聘了一大批人员。其裁汰冗员的决心，在他与下属通信的这样一个片段中可以管窥："我希望这一点是明白无疑的：只要有机会节约简政，你就要欣然去促成，如果你不愿这么做，愿意的人就将取

1　Gladys L. Baker, *Century of Service: The First 100 Years of the United States Department of Agriculture*, Washington, D. C.: Government Printing Office, 1963, pp. 34−35.

2　James C. Olson, *J. Sterling Morton*, Lincoln: University of Nebraska Press, 1942, p. 356.

3　Ibid., p. 349.

代你的位置。"[1] 因此，可以说莫顿代表了美国政府内部对政府干预农业的活动的最后质疑。他们对政府滥权的担忧，对简政节约的主张，都通过莫顿在农业部内作了一次最后的表达。莫顿并非不明白农业的重要性，在他任期内农业部的功能仍在继续扩张，设置了公路局、外国市场科、草本作物处，以及畜牧局下设的乳业处。莫顿卸任后，农业部长的职位上将迎来一位最激进的专业化主义者，以及一段长达十六年的部长任期，无论是农业部，还是美国政府与农业的关系，都将跨入一个新时代。

"塔马老吉"威尔逊是第一位向国会提出应将农业部长官提升至部长级别的国会议员，等到他的这一提议变成现实以后，他又成了任职最久的农业部长，从 1897 年一直到 1913 年与他同姓的民主党总统上台。威尔逊本身即是农学家，19 世纪 70 年代初曾在艾奥瓦农学院担任教授，且兼任该校试验站的站长。当这样一位对农业部专业化和科学化趋向早已形成认同的学者型政客被任命为农业部长，农业部大发展的前景已可以想象。在威尔逊任职期间，在农业部任职的公务人员从 1897 年的 2444 人增加到了 1912 年的 13858 人，同期财政开支从约 363 万增加到了约 2110 多万，农业部行政规模的扩展于此可见一斑。和以往专员与部长们一样，威尔逊任期内的一个重要工作是为满足农民和农业发展的新需要而增设机构，同时由于人员编制的扩大，农业部原下属的一些"处"也提升到了"局"的级别，比如 1901 年新设种植业局、土壤局，林业处升级为林业局（1905 年改为林业保护队），1904 年昆虫处升格为昆虫局，1905 年新设生物监测局。[2]

威尔逊的任期是美国农产品价格持续上涨的时期，哪怕是在 1907 年股票价格下跌的情形下，农产品价格依然坚挺。这一时期的美国农民也结成社

---

1 James C. Olson, *J. Sterling Morton*, Lincoln: University of Nebraska Press, 1942, p. 357.

2 Gladys L. Baker, *Century of Service: The First 100 Years of the United States Department of Agriculture*, Washington, D. C.: Government Printing Office, 1963, p. 41.

团来保护自身利益，但社团的性质和特征与 19 世纪 80 年代的农民联盟已大异其趣。农民对自身产品价格的持续上涨当然是满意的，他们希望这种涨势继续下去，并希望维持一个他们感到满意的最低平均价格水平，如果将来哪一年价格低于这一水平，公共财政就应对农民加以补贴。为此，1902 年成立了美国均平协会，目的正是为了游说政府设定一个农产品最低价。由于农民的经济状况有了显著改善，加之城市化降低了乡村地区的耕地分配压力，以及农业机械化、集约化管理的推行，农民的主要关切已不再是让自己脱离贫困，而是如何营造一个良好的国内外市场，让自己的资本得以发挥更大的效用。为此，同样在 1902 年成立了美国农民教育与合作联合会，简称"农民联合会"。面对农民在新时期的新需求，农业部能做些什么呢？威尔逊和他的助手们仍然要回到农业部长期形成的传统风格中去找答案。

　　农业部既有的部门编制，以及长期形成的用人风格，决定了该部门最擅长的服务仍是科学研究与实验，再将其研究成果应用到农民的生产当中。威尔逊的第二任助理部长，1904 年上任的威利特·M. 海斯，曾在明尼苏达大学任农学教授，也曾在北达科他州农业试验站当站长，履历与部长非常相似。两人在科学研究、农业教育和农场管理等问题上都有相似的见解，因此配合起来也非常默契。20 世纪的最初十年，农业部与州立大学、州立赠地学院、各州农业试验站、农业媒体以及各种民间农业协会之间的合作交流更加频繁了。昆虫局、化学局、畜牧局、土壤局、森林队、生物监测局、气象局、公路局、试验站局和统计处的工作继续深入进行，但此时农业部的一个新创造是推动各大学、学院开展大学推广活动。大学推广运动最早可上溯至 19 世纪 70 年代纽约州的"肖托夸运动"，[1] 旨在为农民（以及城镇居民）提供基础教育或专业技能培训。进步主义时期大学推广运动发展得如火如荼，

---

[1] 参看 John C. Scott, "The Chautauqua Movement: Revolution in Popular Higher Education," in *The Journal of Higher Education*, vol. 70, no. 4 (July–August, 1999), pp. 389–412.

与农业部的推动有很大关系。

　　威斯康星大学的推广运动比较有典型性。1907 年，威斯康星大学校长查尔斯·范海斯从宾夕法尼亚大学请来工程学教授路易斯·E.雷伯担任大学推广部主任，正式启动了该校的推广活动。本着“便捷、机动和高效”的原则，[1] 雷伯将大学推广部的工作分为了四大类，由四个部门负责。首先是函授课程，修完该类课程的学生可获得大学或高中水平的及格证书，同时这一部门也开设无学分的技术课程。第二类是讲座教学，包括一系列各门各类的独立讲座。第三类是辩论和公共讨论课程，其目的是“在所有入学者中间激发起一种针对重大社会、政治问题的机智而活跃的兴趣”。[2] 最后一类是关于综合信息和福利的课程，其形式主要是开展一些涉及政府、卫生、公共福利等领域的社区或社区小组活动。[3] 除了将推广部的工作内容作以上四大部类的划分之外，雷伯还建议从空间上将威斯康星州划分为十一个“推广活动区”，各区皆派驻由一个代表和若干工作人员组成的“区大学推广中心”，以便使得大学的推广活动能够覆盖全州，使尽可能多的人民的知识需求得到满足。“推广区”的构想最终未能完全实现，但全州的确形成了六个以城市为中心的推广基地，这六个城市是密尔沃基、奥什科什、拉克罗斯、苏必利尔、沃索和欧克莱尔。[4] 威斯康星大学农学院此时是全美最具代表性的赠地学院之一，农业基础课程和技能培训也是该校推广运动的一个重头戏。

　　运用科学知识提高生产效率，通过效率的提高对农民生活其间的民主环

---

　　1 Merle Curti and Vernon Carstensen, *The University of Wisconsin: A History, 1848-1925, Volume I*, Madison: The University of Wisconsin Press, 1949, p. 568.

　　2 Ibid., p. 570.

　　3 关于大学推广部工作内容的四大部类，可见于 Merle Curti and Vernon Carstensen, *The University of Wisconsin: A History, 1848-1925, Volume II*, Madison: The University of Wisconsin Press, pp. 568-570; Lorentz H. Adolfson, "A Half-Century of University Extension," *The Wisconsin Magazine of History*, vol. 40, no. 2 (Winter, 1956-1957), pp. 99-100.

　　4 Merle Curti and Vernon Carstensen, *The University of Wisconsin: A History, 1848-1925, Volume II*, Madison: The University of Wisconsin Press, p. 572.

境加以改造和完善，这是 19 世纪的农业部在逾半个世纪的发展过程中已逐渐形成的一种部门文化。到了进步主义时代，通过科学管理促进效率、以效率推进民主这样一种"效率的政治"已颇有成为主流之势，这种注重效率的思想最集中地反映在弗雷德里克·W. 泰勒的"工业管理计划"之上。[1] 可以说，农业部以其长期形成的专业主义、科学主义的行政倾向，通过在政府部门与农学院、试验站等智识机构之间建立联系和开展合作的长期经验，促进了某种进步主义精神的形成。农民自然是农业部这一行政风格的最大受益者，当其经济条件在 20 世纪初有了改善以后，农业部的研究活动和日益强大起来的监管功能，开始为已经很大程度上向资本家转型的美国农民提供智力支持。另一方面，从伍德罗·威尔逊总统上任到"一战"中的机构重组，从 20 年代初保守主义时代的亨利·C. 华莱士部长时期到新政时期的亨利·A. 华莱士部长任期，农业部在经济生活组织方面发挥的作用日益突出，甚至有盖过该部门研究工作的比重之势。1933 年《农业调整法》通过后，农业部已经很大程度上成了一个政治性的部门，美国的农业几乎是不折不扣地在政府的指导下进行了。

* * * * * *

进入 20 世纪以后，美国农业在良种研发、病虫防治、农产品加工技术、农业机械化、资源环境保护、市场营销、合作经营、乡村社区建设等方面渐渐居于世界领先水平。迄至 20 世纪下半叶，美国农业人口逐渐减少至不到总人口的 2%，却稳居世界最大粮食出口国，这一切都得益于政府对农业的有机干预。[2] 这种干预从建国之初就已开始了，但其制度化要从 19 世纪 30

---

1 Samuel Haber, *Efficiency and Uplift: Scientific Management in the Progressive Era, 1890-1920*, Chicago: University of Chicago Press, 1964, p. x.

2 参看〔美〕詹姆斯·L. 诺瓦克、詹姆斯·W. 皮斯、拉里·D. 桑德斯：《美国农业政策：历史变迁与经济分析》，王宇、胡武阳、卢亚娟译，商务印书馆，2021，第 XI 页。

年代专利局的探索开始；到 1862 年农业部成立后，它开始越来越成为政府影响农业的核心机构，结果是 1889 年农业部长官被提升为内阁部长级别；到了 20 世纪上半叶，农业部已经在政府对农业的干预上起主导作用了。

在农业部从酝酿到成立、在它逐渐发展成为美国行政部门中一个举足轻重的机构的这一过程中，美国人关于政府与农业之间关系的认知也在发生变化。尤其是美国政治精英，他们对政府与私人生活的关系的看法，对农业在国家公共生活中的地位的看法都发生了改变。19 世纪初，大多数美国政治家将政府的职能看得非常有限，农业在他们看来根本不在政府职责范围内，因此没有必要为了干预农业而增加政府财政支出，这是一种典型的自由放任主义观念下的政治思想。但农业改革者们的策略是锲而不舍地用他们的科学研究工作，用他们为国家农业安全所提供的专业主义的服务，来证明和强调在政府中为农业发展设立一个行政机构的重要性。这种努力也许是枯燥而耗时长久的，但它首先在内战期间带来了农业部的成立，其后又在 19 世纪 80 年代末促进了农业部地位的提升。农业部以一种专业主义精神在美国政治精英们的传统观念里开辟出了生存空间，同时也在悄然改变着他们的政治观念。到了进步主义时期，农业部的专业主义开始向政府其他部门渗透，渐渐成为美国政府处理与公民民主生活之间关系的一条新思路，这种思路大体上就可以叫做"进步主义"。于是专业主义不再是民主的一种权宜之计，而变成了进步主义时期"以更多的民主解决民主问题"的一条切实可行的路径。

专业主义在进步主义时期改变了美国政府，也改变了美国农业。当农业部的工作方式在全国获得承认后，它开始以更大的功率发挥作用。知识与农业生产之间的化学反应不可思议地发生了，"技术治国论"在农业这个生产部类上被发挥到极致，使得美国农业开始以大幅领先世界其他地区的速率走向现代化，农业生产率被提高到一个其他国家难以企及的高度，同时农民在全国人口中的占比却也下降至令人难以置信的低水平。20 世纪美国农业的发达程度，对那些不具备"技术治国论"智识背景的国家，是连效仿也不可能的——也许只有以色列、荷兰等少数国家具有这样的背景。另一方面，专业主义及其连带效应也改变了美国农民。"自耕农"的神话几乎已属于远古，连 19 世纪末那个饱受工业化伤害的"平民党人"的形象今天似乎也已陌生，20 世纪中叶以后美国农民主要以一种资本家的形态出现，其在国家中的经济地位甚至要超过一般意义上的城市中产阶级，这一点在世界上也许又是例外的。与此同时，美国农民在政治光谱上也不断蓝移。农业部利用专业主义将美国民主打造成了一个农民永远不可能吃大亏的环境，这使得对于美国农民来说，任何变革或激进变动都是不必要的，因此农民在 20 世纪下半叶渐渐发展成为美国政治生活中一股强大的保守力量。农业和农民的这种变迁，对于美国整体政治文化的影响，在 21 世纪的今天已经渐渐显露出来。

第八章
农业生产的现代化变迁

　　19 世纪下半叶美国农业经济腾飞的一个表征，便是农民进行农业生产的样态、方法和模式都焕然一新。在技术上不断更替的新型农业机械加快了务农的效率并提高了省力程度；交通系统尤其是铁路和高速公路网络的扩展，便利了商业农产品的向外运输；科学农场管理技术的出现，帮助农民协调财政和农场规划，促进了利润管理；各种货币与财政方案出台，则致力于保障农业生产的经济利益。有创新精神的农民往往是最初提出这些革新措施的人群，知识分子、商人与政治领导人随后纷纷加入农业专门化革新的行列，逐渐成为较之农民更为积极的生力军。资本向农业生产的介入使得农民与商业社会的结合更加紧密，而当 20 世纪初资本、管理与农业机械化发展到更成熟的阶段后，普通小农从其中获利的可能性却越来越小。农业资本主义化的一个最大结果是，小农因为资金的匮乏而难以与富裕农民、公司企业农场相竞争，后者依靠大量资本保障而运用了所有 19 世纪诞生的农业技术成果，农业繁荣实际上首先在它们身上实现。1860 年到 1930 年的七十年间，从家庭农场到农业综合企业的转型是美国农业社会正在发生的事情，它令农业经济观察家激动不已，令"工厂化"农场管理者斗志昂扬，令无力享有新技术的小农无奈叹息。

一、农业机械化

如果说 19 世纪前五十年美国农业发展的动力是"扩张与适应",那么在后五十年"机械与科学"的影响则更举世瞩目。工业革命为农业生产的几乎所有环节都带来了技术变迁与创新,推动美国农业进入一个"多产的时代"。历史学家确信农业工具的技术进步是最能反映"农业革命"特性的力量,例如韦恩·拉斯穆森就认为,美国农业存在两场革命性的变化,第一场以内战为节点,标志是从人力生产转向畜力生产;第二场以第二次世界大战为节点,标志是从畜力生产转向机器动力生产,以及化学的全面介入。[1]机械化改变的不仅仅是美国农耕的外在图景,它更代表 19 世纪末农产量突飞猛进的关键要素:效率。效率提高从三个方面增加总体农产量——耕种面积增加、单位面积产量增加、单位时间内产量增加。换句话说,美国农业曾经只能依靠增加劳动力和劳动时间来解决的问题,一台机械就能解决,并且能做得更多更好。[2]

在大型公司和研究部门能够针对农业机械进行系统化更新改进之前,农业机械的发明缺乏市场动力,有赖富于创新精神的农民和制造发明家的个人努力。农具的新发明创造总是与农民克服多变环境、气候和不便利的农作程序的朴实愿望相关,绝大多数新农具设计的初衷都是专门为了提高特定作物在特定地理区域的种植产率。

1830—1860 年间,陆续有一些复合的手持机械农具问世,其中包括在很短时间里就广受青睐的钢犁。19 世纪初美国东部乡村普遍使用木制铧式

1　Wayne D. Rasmussen, "The Impact of Technological Change on American Agriculture, 1862–1962," *The Journal of Economic History*, vol. 22, no. 4 (December, 1962), p. 578.

2　Willard W. Cochrane, *The Development of American Agriculture: A Historical Analysis*, Minneapolis: University of Minnesota Press, 1993, p. 200.

犁，但这种犁在草根纠结、土质厚重的中西部草原地带完全无法适应。[1]1837
年伊利诺伊的铁匠约翰·迪尔发明了一种带有打磨光滑的熟铁犁壁的钢犁，
可以轻易地在草原硬质土地上翻出犁沟，同时防止犁刃拖带黏土。在 19 世
纪四五十年代，这款草原犁成为中西部拓荒者不可或缺的工具，迪尔自己成
立的公司每年能卖出 1 万张这种钢犁。到内战前，迪尔的钢犁已在草原上彻
底取代旧式木犁和铸铁犁。[2]而类似约翰·迪尔公司的工厂化农具生产公司
取代了以前的耕犁制造小作坊，耕犁的制造工艺大幅提高。[3]

　　对于草原拓荒者来说，同等重要的还有 19 世纪 60 年代出现的排犁（多
铧犁）。最初排犁有两块犁壁，装有双轮和座位，驾驶者一次可犁出两条犁
沟。此后排犁增加到一整排的多个犁刃，由至少八匹马或骡子拉动。后来还
出现了用滚柱轴承、凹凸盘和优质钢制成的圆盘犁，由于圆盘犁片旋转运
动，既不壅土还能破除碎石，在中西部草原上更加实用。[4]这些发明减轻了
农民在犁地上的繁重劳作，并能更轻松地翻耕土壤。

　　耕犁的进步激励了其他农业阶段机械的改进。在种植领域，宾夕法尼亚
的彭诺克兄弟发明了谷物条播机，让农民不必徒手或用手持撒播机播种。使
用谷物条播机一天能播种 15 英亩的田地，这是内战前一项极为重要的发
明。1857 年，俄亥俄的农民马丁·罗宾斯将另一种简易形态的方形穴播机
公之于世，它可以自动均匀撒播玉米种子到等距的带形行列，进一步节省了
劳力。

　　相比种植，收割需要更大的劳动量，特别是小麦、燕麦等小粒谷物的收
割，长期拖累着农民的收获进程。19 世纪 30 年代以前，好几代人只能用长

　　1 张友伦：《美国农业革命（独立战争—十九世纪末）》，天津人民出版社，1983，第 111 页。

　　2 R. Douglas Hurt, *American Farm Tools from Hand-Power to Steam-Power*, Manhattan: Sunflower University Press, 1982, pp. 15-16.

　　3 张友伦：《美国西进运动探要》，人民出版社，2005，第 253 页。

　　4 Walter Ebeling, *The Fruited Plain: The Story of American Agriculture*, Berkeley: University of California Press, 1979, pp. 37-38.

柄镰刀收割谷物，一个人每天只能收割两三英亩。1831 年，弗吉尼亚的农民发明家赛勒斯·H. 麦考密克设计出一种马拉收割机，其装载的切割刀能割下麦秆，自动落在后面的集穗台上。这种发明让收割从繁重的人工劳动中解放出来，引起了人们的注意。接下来的时日里麦考密克迁移到中西部的芝加哥建厂，一边销售收割机，一边因地制宜继续加以改进。后来他给收割机新添了自动耙麦的功能，一个人操作机器每天能收割 15 英亩，其可靠和高效令农民们啧啧称道，收割机的销量也迅速飙升。[1] 就小粒谷物而言，有学者认为"19 世纪劳动生产率的提高，部分是播种与收割工作的机械化促成的"。[2]

用于打谷的机械也在变得更有效率。从 1830 年至 1850 年，至少有 700 种不同的打谷机被制造出来，其中有的每天能给 500 蒲式耳的小麦脱粒。19 世纪 40 年代，密歇根的海勒姆·摩尔和约翰·哈斯考尔将收割和打谷的功能整合到同一个机器里，制成最早的联合收割机。他们的机器需要 16 匹马牵引，价格对东部大多数农民来说也颇为昂贵，但在西部辽阔的大片田地上却不可或缺。[3] 还有一种能实现打谷、分离稻草、扬谷三种功能的三元联合机，在 19 世纪 50 年代由皮特公司和凯斯公司分别销售，同样笨重而昂贵。在内战期间，买下这些联合机器的人往往充当"巡回操作员"，靠操作自己的机器为他人收割、打谷和扬谷来谋生。[4]

内战的结束是美国农业革命的一个转折点。在西部和北方，得益于工业

1　R. Douglas Hurt, *American Farm Tools from Hand-Power to Steam-Power*, Manhattan: Sunflower University Press, 1982, pp. 42-43.

2　〔美〕早见勇次郎、弗农·W. 拉坦：《美国的农业科学技术》，郑林庄译，见郑林庄选编《美国的农业——过去与现在》，农业出版社，1980，第 59 页。

3　R. Douglas Hurt, *American Farm Tools from Hand-Power to Steam-Power*, Manhattan: Sunflower University Press, 1982, pp. 77-79.

4　Willard W. Cochrane, *The Development of American Agriculture: A Historical Analysis*, Minneapolis: University of Minnesota Press, 1993, pp. 195-196.

革命的深入、产品制造业水平的提高，以及农业教育和科研的扩大，农业机械化进入了快速发展期。相较于内战前各种不同类型农具的发明，内战后的机械化以完善和改进已有机械为主要特征，机械的组装更为精密和复杂，能够运作于更多不同场合。农具公司的工程部门通过集体作业寻找农业机械可改进的部件，以及更稳定高效的动力来源。更加明显的是从接受角度来看，内战后到"一战"前是农业机械大举传播，最终占领大部分农牧场的时期。在机械化的影响下，做农活终于不再是一门苦差事。

内战后，耕犁得到进一步改进，1868年詹姆斯·奥利弗成功制造出冷淬铸铁犁，它比起一般的犁能支撑更长的犁板，也更牢固，但制造成本反而更低。在19世纪70年代，"奥利弗犁"在全国都非常闻名，平均每年能卖出约6万张。[1]同一时期，威廉·莫里森和约翰·莱恩找到一种用钢皮包裹犁的易损部件的方法，帮助中西部农民彻底征服大草原上坚硬、粘滞的草地。[2]另外，带座位的乘式犁在19世纪下半叶已非常普遍，加利福尼亚和红河谷的兴旺农场工人基本采用大型乘式排犁。有了这些机械与半机械工具，农民能够更容易地翻土、松土、犁地，为播种准备好苗床。

内战后初期，谷物条播机仅在中大西洋、宾夕法尼亚和俄亥俄较常见。到1885年，当输种管中加入鞋状开口耙的改进在条播机中得到广泛应用后，全国24个州超过一半以上的小麦产区都用上了这种机器，在密西西比河谷尤为显著。[3]不过，太平洋沿岸种小麦的农民仍更乐意使用固定在马车后部的撒播机，那里土壤肥沃，没有必要使用条播机。对于玉米种植，罗宾斯的简易方形穴播机得到进一步完善，比如用金属尺度索代替链条作为落种的

1 R. Douglas Hurt, *American Farm Tools from Hand-Power to Steam-Power*, Manhattan: Sunflower University Press, 1982, p. 17.

2 Fred A. Shannon, *The Farmer's Last Frontier: Agriculture, 1860–1897*, New York: Holt, Rinehart and Winston, 1961, p. 129.

3 R. Douglas Hurt, *American Farm Tools from Hand-Power to Steam-Power*, Manhattan: Sunflower University Press, 1982, p. 28.

触发机关，用旋转落种装置代替原来的挡板。从 19 世纪 70 年代至 20 世纪初，这些具有新功能的玉米播种机流行于东部。在大草原西缘和大平原东缘的干旱地带，由于降水量不足，农民必须把玉米种子种到深层地下才能保证发芽。一种开沟播种机的问世解决了他们的困难。它装有两片犁板，能切开较深的犁沟，并将翻开的泥土抛到两侧。附在犁板后的载种筒连接上扣链齿轮，沿路倾倒种子至犁沟，尾部的刀辊覆盖好泥土。这种播种机能让整道工序一气呵成，故而受到农民的热烈欢迎，直到"一战"时期都是玉米种植的标准设备。[1]

此外，农民还需要处理玉米地里的杂草问题。1870 年左右，玉米产区的大部分农民都开始使用装有双轮和座位、用三四匹马牵引的标准中耕机来除草，此后中耕机只有部件上的细微改进。19、20 世纪之交，出现了一种用"软心钢"制造耙齿与前铲的中耕机，显著提升了耐久性。另一种圆盘中耕机主要用于应付需要翻开大块泥土或杂草特别高的情况。依靠中耕机，农民除草的效率提升了好几倍，因而可以开垦更大的玉米地。

对于谷物收割而言，内战以来新的改进分为两条路径。第一条是加快捆扎的中间环节的速度，节约时间和劳动成本。内战初期伊利诺伊的威廉·华莱士·马什和他的兄弟查尔斯一起发明了一种结合收割和手动捆扎功能的收割机，它有一个平台，收割下来的谷物被自动置入平台让农民即时捆扎。这种机器可视为自动割捆机出现前的过渡形态。到 1880 年，马什收割机对全国无数农场的小麦捆扎工序产生了革命性的影响，销量上难逢敌手。约翰·F. 阿普尔比的联合自动割捆机紧接着问世，迪林收割机公司和麦考密克公司曾在销售该机器上展开激烈竞争，客观上推动了自动割捆机的更

1〔美〕J. T. 施莱贝克尔:《美国农业史（1607—1972 年）——我们是怎样兴旺起来的》，高田等译，农业出版社，1981，第 188—189 页; R. Douglas Hurt, *American Farm Tools from Hand-Power to Steam-Power*, Manhattan: Sunflower University Press, 1982, pp. 33-34.

新与普及。[1]

　　另一条路径是让收割和打谷同时进行。虽然推垛机、摘穗机、去苞机、剥壳机等加快收割工序的辅助机械不断被发明出来，人们仍然梦想让收割和打谷两样最重要的工序结合起来。联合收割机得到一定改进，采用升降条形割刀、利用链条防止齿轮脱落提高了效率，但未能改变体型笨重的缺陷。[2] 实际上让联合收割机的价值得到充分利用的是公司资本。19 世纪 80 年代北达科他和明尼苏达红河谷地带的兴旺农场用 30 到 40 匹马牵引联合收割机，一天能完成 30 英亩小麦从收割到脱粒的整套流程，被视为小麦生产的奇迹。同一时期在落基山脉以西的地区，特别是在加州，三元联合机也得到了相似的运用。这些实例证明若给予足够投资，联合收割机完全能带来农业产能的爆发。

　　乳品业的机械化相对来说要晚得多。内战后初期出现的除草机、耙草机和翻晒机只影响牧畜干草饲料的准备，而真正让乳品业产生"质的飞跃"的是 19 世纪 80 年代乳油分离器的发明。这一机器通过人工或畜力驱动，分离出来的脱脂牛奶可用于喂养牲畜或做成黄油。90 年代农业科学家斯蒂芬·巴布科克发明了乳脂检测仪，贯彻其"巴氏检测法"的离心力原理，用来测定牛奶中的乳脂含量。[3] 他的机器用起来非常简便，价格也很便宜，既为奶农创收带来福音，也极大地推动了美国乳品业的现代化进程。

　　到 19 世纪末，几乎所有农业生产领域和环节都已实现了不同程度的机械化，这是一个里程碑式的成就。不过，尽管有了上述这些革新，美国的

---

　　1 Fred A. Shannon, *The Farmer's Last Frontier: Agriculture, 1860–1897*, New York: Holt, Rinehart and Winston, 1961, pp. 134–135.

　　2〔美〕J. T. 施莱贝克尔，《美国农业史（1607—1972 年）——我们是怎样兴旺起来的》，高田等译，农业出版社，1981，第 204—205 页。

　　3 Micah Rueber, "Is Milk the Measure of All Things? Babcock Tests, Breed Associations, and Land-Grant Scientists, 1890–1920," in Alan I. Marcus, ed., *Science as Service: Establishing and Reformulating Land-Grant Universities, 1865–1930*, Tuscaloosa: The University of Alabama Press, 2015, pp. 98–100.

农业机械化生产仍依赖牲畜牵引机器。相比没有生命的机器，牛、马和骡子仍被农民视为更珍贵的资产，任何明白事理的农民都会把喂养牲畜当作平时最优先考虑的事宜。最终打破负重牲畜在农场上的"统治"的，是拖拉机的发明。

在拖拉机真正进入农民视野之前，农业生产上除人工外唯一使用的非畜力驱动机械是蒸汽动力机械。蒸汽机作为第一次工业革命的一大动力，确实在很大程度上改变了美国工业生产，内战后也逐渐影响到农业机械。蒸汽动力最适用的是大型打谷机，由于马匹难以拉动如此庞大笨重的机器，也不能保持平稳的脚步（中途变快或变慢都会影响脱粒谷物的质量），蒸汽成为最好的替代品。19 世纪 70 年代打谷机售价极为昂贵，同村乡邻一般共同购买一台打谷机，为了方便将打谷机从一家转移到另一家，便携式蒸汽机就派上了用场。据 1880 年统计局估计，全国 80% 的小麦收成都是通过蒸汽打谷机完成脱粒的。[1]

蒸汽机的缺点也很明显：位置必须固定，移动只能依赖牵引或载具。所以除了可以固定作业的打谷外，开阔田野上的农务很难与蒸汽动力搭调。[2]即使后来的一些蒸汽牵引机车的设计实现了自走的功能，它们也不能证明其价值一定高于畜力。一台蒸汽农业机械耗资不菲，但操作机器还要求更多人手，蒸汽也尚存安全隐患，对于个体农户来说性价比并不那么令人满意，生产蒸汽农业机械的主要公司，如麦考密克公司和凯斯公司也只是将其作为生产线的额外补充。蒸汽拖拉机在 19 世纪 90 年代曾短暂出现，但重达 25 吨的巨兽般身躯让人望而却步。即使在蒸汽拖拉机达到销售顶峰的 1908—

---

1 R. Douglas Hurt, *American Farm Tools from Hand-Power to Steam-Power*, Manhattan: Sunflower University Press, 1982, p. 103.

2 Kevin Hillstrom and Laurie Collier Hillstrom, eds., *Industrial Revolution in America: Agriculture and Meatpacking*, Santa Barbara: ABC-CLIO, 2007, pp. 68–69.

1915 年间，也只有 5% 的农民拥有蒸汽拖拉机。[1]

　　蒸汽机走出了取代畜力的第一步，而此后让农业机械真正迈向工业化的是世纪之交内燃机技术的扩散，如卡车、自走式打谷机和汽油中耕机的使用，最重要的是汽油拖拉机走入寻常农家。汽油拖拉机的运行原理大体上脱胎于蒸汽拖拉机和牵引机车，[2] 最早由艾奥瓦的约翰·弗勒利希于 1892 年制造。他把固定的汽油机安置在牵引机的传动装置上，驱动一台打谷机工作了50 天。虽然整个机器依然巨大，但好在有自动加燃料的功能，在安全性上也有相当保障，对比畜力和蒸汽机更具优势。他的发明被滑铁卢汽油机公司买断，后者迅速将汽油拖拉机投入商业市场。[3]

　　20 世纪的前二十年，农业机械公司争先制造和销售汽油拖拉机，涌现了一批专注高质量的拖拉机制造商，如鲁梅利公司、阿利斯－查默斯、奥利弗集团、凯特皮勒、明尼阿波利斯－莫林公司等。早先制造的拖拉机虽然还比较粗糙，马力也不足，但已然掀起一场农业机械的动力革命。到"一战"时，高粮价、政府的战时农业拨款以及劳动力短缺促成了农民对汽油拖拉机的广泛接受。制造公司在此期间继续改进汽油拖拉机，其中影响最深远的是体积的缩小，尤其是汽车业巨头亨利·福特生产的"福特森"小型拖拉机，具有低成本、四轮驱动、操作简单的优点，对于个体小农户非常适用。20 世纪 20 年代，万国收割机公司（麦考密克的后继公司）生产的"法尔毛"拖拉机用途更广，并且在中耕领域更为出色。另外还有装配线的运用使拖拉机零部件可更换。[4] 基于这些因素的刺激，拖拉机的普及速度呈十倍指数增长：

---

　　1 R. Douglas Hurt, *American Farm Tools from Hand-Power to Steam-Power*, Manhattan: Sunflower University Press, 1982, p. 112.

　　2 Robert C. Williams, *Fordson, Farmall, and Poppin' Johnny: A History of the Farm Tractor and Its Impact on America*, Urbana: University of Illinois Press, 1987, pp. 11–12.

　　3 Ibid., pp. 15–16.

　　4 Kevin Hillstrom and Laurie Collier Hillstrom, eds., *Industrial Revolution in America: Agriculture and Meatpacking*, Santa Barbara: ABC-CLIO, 2007, pp. 77–78.

1910 年全国只有约 1000 台汽油拖拉机，到 1914 年已有 2.5 万台投入使用，1920 年达到 24.6 万台。[1] 利用汽油拖拉机的高效率、高适容性和可移动性，以往不能持续工作的机械的效能都有了客观的提升，农业生产的所有环节普遍加快，就连喷雾、撒粉和施肥也能用上内燃动力，农民能将耕地面积扩到更大，也能更大程度涉入商品粮的生产。这是 20 世纪美国农业完成现代化的一大技术基石。

最后，需要单独讨论南方的农业机械化。南方与北方迥异的经济体制使得农业机械化道路较为坎坷。棉花、烟草和稻米是南方最重要的经济作物，是富庶的种植园经济的基础。内战打破南方旧的奴隶劳动体制后，小型农场数量激增，更适宜分成制佃农的骡子和马被大规模引入生产。[2] 然而无论是在采棉还是摘烟草的环节，因为作业本身复杂到需要人工肉眼判断，加上没有持续的动力系统相助，直到"二战"前都始终难以产生能有效代替人力的机械。不过拖拉机的出现为南方农业机械化带来了转机。稻米、甘蔗、花生和红薯产业在拖拉机的帮助下产量增长巨大，逐渐成为南方更引人注目的高价值产业。"二战"后使棉花业与烟草业彻底摆脱密集劳动局限的摘棉机、烟叶收割机，也都离不开拖拉机的牵引动力。

二、交通运输的改善

农民家庭也许过着孤立封闭的乡村生活，但与农业相关的信息与商品并不孤立。天然的流动属性决定了它们必然要跨越城市与乡村，从一方传递到另一方，农民要把农产品卖出去赚钱，城市要消费加工食品与织品，这条线

1　Willard W. Cochrane, *The Development of American Agriculture: A Historical Analysis*, Minneapolis: University of Minnesota Press, 1993, p. 197.

2　Walter Ebeling, *The Fruited Plain: The Story of American Agriculture*, Berkeley: University of California Press, 1979, p. 131.

路的运行效率决定着农业经济的活力。毫无疑问，19 世纪制约农产品运输，或者说农业商品化程度的，除了农民自身对待商业的态度，便是连接乡村与外界的交通系统。交通运输的改善主要从两种维度上促进农业发展和农民获利：空间维度和技术维度。前者以纵横交错的交通网络的形成与交通运输枢纽深入乡村内部为代表，后者以利于粮食（包括肉类、水果、蔬菜）的专门保鲜运输技术的提高为代表，它们促成了某些特别依赖远距离运输的大型商品农业的繁荣。

（一）公路与铁路系统

19 世纪 60 年代内陆的农产品主要通过内河、湖区和港湾运输到东部，这一方式既繁琐又缓慢，产生的收益非常有限。而铁路系统在当时并不发达，农民若想把剩余农产品运出自己所在的市镇，他们必须长途跋涉到几个镇子交汇处的铁路站点。这一问题在内战后得到相当程度的改观。内战后美国铁路的扩建达到鼎盛，随着横贯大陆铁路的铺设，全国纵横交错的综合铁路网形成。从 1867 年至 1913 年，每年都会新铺下超过 2000 英里铁路。铁路货运系统得到了几次重要的技术更新，比如铁轨变得更有重量，货运车厢变得更宽敞，机车动力变得更强劲。到"一战"前夕，一节货运车厢已能运载 70 吨货物，火车头能拉动多达 100 节车厢，铁路系统已在交通运输领域独占鳌头。[1]1914 年，美国铁路里程已经达到 22 万英里，相当于全世界铁路里程总长度的 1/3，支线已然伸入许多地方乡镇。

铁路交通的早期发展与西部的开发、农民的诉求有着密切的关系。比起货船，火车能更方便快速地运送农产品到农民指定的消费市场，在商业效率上本就符合农民的利益。铁路站点的密布带动了没有内河航道的州，如阿肯

1 Willard W. Cochrane, *The Development of American Agriculture: A Historical Analysis*, Minneapolis: University of Minnesota Press, 1993, p. 220.

色、路易斯安那、艾奥瓦、密苏里、明尼苏达的农业经济。如果没有运送大平原小麦和玉米去往东部城市的火车，那里农民的生存必然更加艰难。伊利诺伊的农民曾驾驶马车运输小麦去芝加哥，到 1880 年他们已完全改用火车运输，甚至没有人再统计货运马车运输小麦量的数据了。[1]

至于 19 世纪七八十年代农民组织抗议的一项中心议题——铁路公司对农民运输农产品的不公平定价，农民曾归咎于西部铁路过度建造和铁路公司的唯利是图。1887 年联邦政府介入铁路改革，通过《州际贸易法》，试图抑制铁路资本与权力滥用的问题。法案要求货运费"合理公正"，并授权一个州际贸易委员会监督铁路公司管理，然而由于委员会缺乏执行力和法案本身措辞上的漏洞，法案未能产生预期效果。[2]直到"一战"前，由于钢铁、煤炭等铁路运输原材料成本的下降，以及 1910 年《曼恩-埃尔金斯法》强制铁路公司遵行州际贸易委员会的定价，货运费才随之降低。[3]对铁路垄断资本的控制则经过漫长的斗争到"罗斯福新政"的政府扩大管制时期，州际贸易委员会被赋予更大定价权和管理权后才逐渐实现。

铁路站点毕竟不可能直接设在每个农场附近，农民依然需要穿过乡村公路前往铁路站点运送农产品。联邦政府于 19 世纪最后十年推出了"好路计划"，随着乡村生活运动的展开，这一计划最终涵盖到更大范畴。[4]1916 年国会通过了《联邦资助公路法》，联邦政府开始大力建设国道系统，到 1930 年国道网络已非常完善。[5]同时，州政府也开始慢慢改善乡村公路的状况。

---

1 〔美〕威廉·克罗农：《自然的大都市：芝加哥与大西部》，黄焰结、程香、王家银译，江苏人民出版社，2018，第 110 页。

2 Kevin Hillstrom and Laurie Collier Hillstrom, eds, *Industrial Revolution in America: Railroads*, Santa Barbara: ABC-CLIO, 2005, pp. 135-136.

3 Ibid., pp. 358-359.

4 Christopher W. Wells, "The Changing Nature of Country Roads: Farmers, Reformers, and the Shifting Uses of Rural Space, 1880-1905," *Agricultural History*, vol. 80, no. 2 (Spring, 2006), pp. 143-160.

5 Willard W. Cochrane, *The Development of American Agriculture: A Historical Analysis*, Minneapolis: University of Minnesota Press, 1993, pp. 223-224.

20世纪初的乡村碎石路常因下雨而积泥，一到春季农民的马车便容易陷在洼坑里。州政府新修建的全天候通车道则让农民可以随时运送农产品到市场而不必担心雨天影响，从而节省时间和单批次货运量。到1920年，全天候通车道已连通美国1/5的农民家庭。

这一时期全天候通车道的实用价值因革命性的内燃交通工具——卡车和汽车在乡村的使用而扩大。1910年后卡车和汽车以其高度灵活性、持续动力和每天可往返30英里的便利性引起了农民的注意，福特公司推出的T型车还有价格低廉的优势。卡车和汽车的销量迅速增长，截至1914年美国乡村共有1.5万辆卡车和34.3万辆汽车，它们代替马车成为农产品运送的标准载具，并且推动了商品果蔬栽培的发展。[1]公共事业振兴署的一份报告指出，驾驶卡车和汽车的农民宁愿去更远的交易中心贩卖农产品，表明他们能够从更广的范围中选择价格相对有利的市场。[2]

（二）冷藏车厢的出现

由于谷仓技术的应用，谷物也许是美国农业市场上更容易销售的农作物，但农民仍希望将其他易腐烂的农产品，包括新鲜蔬菜、水果和肉类，也运到远方城市出售。如果这些农产品不能在适当的时段全部卖出去，剩下的便只能丢弃。农民的就近市集一般没有那么大的需求体量来消解供应，消费和转运者提供的收价也相对较低。因此，在远方城市扩大销售市场才能更直接地解决蔬果肉类的腐烂问题，而不致使农民半年来的劳作成果遭受惨痛损失，而这就需要运输过程中保鲜技术的提高。

1 Walter Ebeling, *The Fruited Plain: The Story of American Agriculture*, Berkeley: University of California Press, 1979, p. 166.

2 Eugene G. McKibben and R. Austin Griffin, *Changes in Farm Power and Equipment: Tractors, Trucks, and Automobiles*, Works Progress Administration, National Research Project Report No. A-9, Philadelphia: Works Progress Administration, 1938, p. 53.

让农民的这一希望成为可能的是食品加工与运输业中的科技进步。直到 19 世纪 70 年代大平原的牧牛只能被活着运输到东海岸的牲畜货场，然后等待屠宰后批发给零售商。对于肉类加工商而言，这一方法在经济上并不实惠，因为牛身上至少一半部位都是不能食用的，此外牧牛在运输途中也容易死亡，每一次运输都是充满经济风险的旅途。有些肉类加工商想出直接运输切割好的加工牛肉的办法，为了防止牛肉在运输中变质，他们大多只能在冬季运输来保证肉质鲜嫩，然而由于季节和距离的限制，该方法仍不够理想。1868 年底特律的一名肉类加工商乔治·哈蒙德设计了一种被称为"车轮上的冰柜"的带轮冷藏车厢，但实用性不高。[1] 几年后，芝加哥的肉类加工商古斯塔夫斯·斯威夫特雇用工程师安德鲁·蔡斯，在哈蒙德的基础上设计了另一种特制的隔热冷藏车厢，头尾各有一个放了冰块和盐的通风隔间，以保证车厢内环境处于持续低温。1878 年他从芝加哥发出十辆联结在一起的冷藏车队开往纽约和波士顿。虽然车队沿途还须经常补充冰块，但能成功把新鲜牛肉运到东部市场，已经为斯威夫特省下了一大笔运输成本。

出于对冷藏车技术的不信任，也出于对投入大量资金的牲畜运输生意的保护，铁路公司对投资这一新发明普遍采取谨慎态度。因此，当斯威夫特在无法找到愿意合作的铁路公司时，便像 19 世纪其他商业大亨一样自寻出路，联合标准石油公司和阿穆尔公司组建自己的冷藏车队和货运火车干线，成为芝加哥的肉类加工"四巨头"。它们很快垄断了大平原养牛牧场的牛肉来源，许多城市的屠宰场因萧条而关闭，芝加哥加工的包装牛肉却在全国建立了难以撼动的霸权。

从 1887 年起，阿穆尔和斯威夫特的公司继续西进。他们发现冷藏车还

1　Kevin Hillstrom and Laurie Collier Hillstrom, eds., *Industrial Revolution in America: Agriculture and Meatpacking*, Santa Barbara: ABC-CLIO, 2007, p. 55.

可以用于其他农产品的运输，比如加州"丰收帝国"的新鲜水果。[1] 像是苹果、柑橘这类水果，如果置于 3.3~4.4 摄氏度的车厢环境便可避免滋生细菌，能够保存更长时间。通过冷藏车在横贯大陆铁路由西向东的运输，加州的新鲜水果不必再滞留本地等待腐烂，而能够越季节供应东海岸大城市市场。在19 世纪 90 年代，加州的水果运输商埃德温·厄尔组建了自己的"大陆水果特快"冷藏车，联合太平洋铁路公司与南太平洋铁路公司也发展起相似的水果冷藏专列。到世纪之交，全国 20% 的鲜果都来自加州，特别是名声在外的柑橘，更是占据近 90% 的全国市场份额。

毫无疑问，就运输与供应的角度来说，冷藏车的发明变革了商品农业，它让易腐的优质农产品出现在每一个大城市的市集上时还能保持新鲜状态，为果蔬产业与牧业带来了巨大活力。不过，作为一项运输工业技术，冷藏车在农民心中有着毁誉参半的评价。加州和佐治亚州的果农固然因扩大了销路、迎来了果园繁荣而心生欢喜，大平原的养牛农户却不能感同身受。随着中心城市肉类加工与转运垄断的建立，冷藏车为肉类加工商带来腾飞，但也最终伤害了牧民的利益。因为当地屠宰场的消失，伊利诺伊和艾奥瓦的牧民发现他们的邻近市场不复存在，现在所有牧民要么将牛运往芝加哥，要么不再养牛，但市场的不稳定让他们经常以低于预期的价格出售牲畜。[2]

（三）商品果蔬栽培与铁路运输

商品果蔬栽培，即在农场大规模栽培一种或多种适应当地气候与水土的季节性果蔬，收成后运输到较远市场出售的产业。商品果蔬农场不同于需要长期投资的果园，也不同于仅供应当地市场的商品蔬菜园，它强调跨区域长

1　William E. O'Connell, Jr., "The Development of the Private Railroad Freight Car, 1830-1966," *The Business History Review*, vol. 44, no. 2 (Summer, 1970), pp. 201-202.

2　〔美〕威廉·克罗农：《自然的大都市：芝加哥与大西部》，黄焰结、程香、王家银译，江苏人民出版社，2018，第 353 页。

途运输的效力，实际上是工业革命，尤其是快速铁路、冷藏车厢和卡车运输业发展的产物。

　　商品果蔬农场约在内战后初期的南方开始壮大起来。南大西洋地区的温暖气候和湿润土壤特别适宜栽培小型果蔬，离东北部果蔬需求量高的城市如纽约、波士顿、费城[1]的路程也不太远，被一些棉花与稻谷种植园主视为绝佳的转产作物。由于果实采收与包装是劳动强度较低的工作，因此他们有丰富的廉价劳动力可用，比如妇女、儿童和移民劳工。许多农场主与自由民重新签订契约，继续运用黑人劳作，后者拥有的作物种植与收获的经验是他们可贵的知识资产。商品果蔬栽培为内战后的南方种植园主带来了生机。例如战前南卡罗来纳杨格岛的一位海岛棉种植园主威廉·杰拉提，因为其园地常年遭受降雨和毛虫侵扰而导致棉花出产贫乏，加之棉花价格的大幅跌落，内战结束时已濒临破产边缘。1868 年他把种植园改成蔬菜农场，开始为纽约市场栽培土豆和甘蓝，终于在经济上站稳了脚跟。[2]战后棉花价格从 1870 年的每磅 11 美分持续下降到 1890 年的每磅不足 6 美分的现实，迫使更多像杰拉提这样的南方种植园主转型成商品果蔬农场主。一位密西西比的菜农回忆说："因为害怕继续种植棉花会让我变穷，从 1875 年起我开始试着种豌豆，先订购了一蒲式耳的种子。"[3]1880 年佐治亚的另一位菜农写道："新的蔬菜产业把棉花——或者任何别的作物——击打得落花流水。"[4]

　　铁路系统的形成让商品果蔬栽培真正繁荣起来。火车的高速让包装好的

---

　　1 有历史学家指出当时东北部城市居民的饮食习惯有所改变，他们开始将大量蔬菜和浆果放进每日菜单，以致形成了庞大的果蔬消费市场，参见 Richard Osborn Cummings, *The American and His Food: A History of Food Habits in the United States*, Chicago: The University of Chicago Press, 1941, pp. 77−78.

　　2 Kelly Kean Sharp, "Sowing Diversity: The Horticultural Roots of Truck Farming in Coastal South Carolina," *Agricultural History*, vol. 94, no. 3 (Summer, 2020), p. 371.

　　3 James L. McCorkle, Jr., "Truck Farming in Arkansas: A Half-Century of Feeding Urban America," *The Arkansas Historical Quarterly*, vol. 58, no. 2 (Summer, 1999), p. 181.

　　4 James L. McCorkle, Jr., "Moving Perishables to Market: Southern Railroads and the Nineteenth-Century Origins of Southern Truck Farming," *Agricultural History*, vol. 66, no. 1 (Winter, 1992), p. 44.

果蔬能在腐烂前运到东北部市场。内战后初期从马里兰的索尔兹伯里开至费城的火车为果蔬运送提供"不停站"的特快服务，虽然收费略高一些，但对马里兰菜农而言显然是能值回票价的选择。铁路系统的现代化建设，比如南北方统一轨道标准、不同干线联通成网络、发车间歇时间缩短、加宽列车之间的连接缝隙以免碰撞等，进一步加快了果蔬运输速度。更为重要的是，铁路向西部乡镇的扩展让中西部乃至远西部的农民也加入了商品果蔬栽培的行列，而横贯大陆铁路较长的路线继而推动了冷藏技术的应用。伊利诺伊州科布登村的果农帕克·厄尔首度尝试在低温条件下运输水果，他制造了一批放置冰块的冷藏木箱，于 1868 年用它装载新鲜草莓成功运到了芝加哥。[1]直到 1872 年，厄尔一直从事着从伊利诺伊南部运输水果到芝加哥的生意，并不断改进其火车冷藏箱。

厄尔的冷藏箱离冷藏车技术仅有一步之遥，在他之后，不断有农民尝试在低温环境下运输商品果蔬。拥有一大片桃园的佐治亚桃农塞缪尔·朗夫曾特制专门运输桃子的冷藏车厢，他从 1875 年起长期运输保质期更长的"埃尔贝塔"商品桃至纽约，桃子在抵达后依然鲜美无损。朗夫不曾为冷藏车申请专利，而是将该技术与邻居分享，开启了佐治亚的"种桃繁荣"。1885 年弗吉尼亚州诺福克发往纽约的浆果、1889 年佛罗里达发往纽约的橙子，都用上了通风的冷藏车厢。[2]19 世纪八九十年代，加州许多运输公司利用芝加哥肉类加工商的新型冷藏车承运果农的特色葡萄、柑橘和桃子到东海岸，成就了加州商品鲜果的全国盛名，也给加州果农带来了可观的经济回报。

铁路公司很快也意识到商品果蔬能带来丰厚收益。例如，19 世纪 80 年

1　F. S. Earle, "Development of the Trucking Interests," *Yearbook of the United States Department of Agriculture 1900*, Washington, D. C.: Government Printing Office, 1901, pp. 444–445.

2　H. G. Herbel, et al., *Before the Interstate Commerce Commission: Perishable Freight Investigation, I.C.C. Docket 10664*, Chicago: Gunthorp, Warren Print Company, 1919, p. 45.

代遭受高空座率打击的伊利诺伊中央铁路公司，自揽收密西西比和路易斯安那的商品果蔬运输生意以来，"获利巨大"。1890 年南方铁路公司受委托运输佐治亚的西瓜，从中赚取了近一百万美元。[1] 不像传统农业，商品果蔬栽培与铁路公司的合作要更愉快些。两者互利互惠，前者享受到快速、安全与稳定的运输工具抵达东部市场，后者受托承运赚取额外收益。能够长期从事远距离商品果蔬运输的大多是拥有大型地产与资金的富裕农民，精于计算是他们从事商业的必要特质，在与铁路公司打交道的过程中很少令自己吃亏。一旦遭遇铁路公司的不公平待遇，他们中的许多人便利用自身资产，仿效肉类加工商联合建立自己的货运干线，甚至一度出现果蔬农联合买断某一小型铁路公司的事例。不少果蔬农也在运输终端城市，如纽约、波士顿、芝加哥、底特律建有储货仓库。可以说，商品果蔬栽培存在着一整条把控在农民自己手中的产业链，足以避免中间商、运输商和铁路公司的任意盘剥。

反过来说，铁路公司如何看待这些大型商品果蔬农呢？在商品果蔬栽培行业的发展当中，农民与铁路公司的利益早已休戚相关，农民的收成好坏直接影响铁路公司的收益多寡。因此，一种也许会令格兰其成员感到诧异的现象出现了：铁路公司开始帮助农民。比如，伊利诺伊中央铁路公司成立了农业部门，专门向果蔬农倡导使用更好的栽培技术。在 19、20 世纪之交，当路易斯安那州的坦吉帕霍阿草莓产区遭受土壤衰竭之苦时，公司农业部门与路易斯安那州立大学的推广部门合作，向栽培草莓的农民推广作物轮作法，帮助他们恢复土壤肥力。[2]1914 年，公司的特派推广员 C. N. 布伦菲尔德还在路易斯安那州立大学的农民学社开设了农业特别讲座。[3] 资本利益关系在

---

　　1 James L. McCorkle, Jr., "Moving Perishables to Market: Southern Railroads and the Nineteenth-Century Origins of Southern Truck Farming," *Agricultural History*, vol. 66, no. 1 (Winter, 1992), pp. 48–49.

　　2 Ibid., pp. 58–59.

　　3 Edwin Clark Forrest, Jr., "The Louisiana Cooperative Extension Service: A Descriptive History of Its Origin and Development. (Volumes I and II)," Ph. D. Dissertation, The Louisiana State University, 1987, p. 50.

铁路公司与商品果蔬农的相处中扮演了举足轻重的角色，这一点，是农民面对商业世界时要么抗衡、要么适应的准则。

三、农业经营模式的革新

1862 年《宅地法》颁布之后，小型家庭农场在拓荒者家庭的西进中成为美国的主要农业经营形式：男人与男孩在田地里耕种或在牧场放牧，女人和女孩留在农舍里做家务，收成时如有必要会全家出动，收下的农作物和养肥的牲畜送到市场上出售。这是一种简单朴素的务农方式，充满了自然、超验的小农理想。然而，19 世纪下半叶农业商品化程度的加深、农业科学与农业机械的传播，让传统的家庭单元经营不再能消受农产品日益激烈的商业竞争。农民家庭发现他们可投入使用的资金匮乏，农产品价格时常大幅波动，一次极端天气就能导致整年辛勤垦殖的作物颗粒无收。工业化农业越发展，小型家庭农场越力不从心。

本节并不打算讨论小型家庭农场的失落，而是将视野放在大型公司农场上。实际上，从后者的经营模式中我们方能一瞥 19 世纪后期至 20 世纪早期美国农场运用新型农业技术——无论是农业科学、农业机械，还是科学农场管理——所能达到的最高成就。它们代表着小型家庭农场之外，移植城市工厂制度为农业所用的新的可能性，代表着美国农业经营的现代化转型方向。

（一）红河谷的大型公司农场

西部的土地投机加剧了土地垄断的过程。这种情况下，个人或公司可以持有几十万甚至是上百万英亩的土地。例如，威廉·斯库利在 1870 年以前就在中西部地区积累了 25 万英亩的土地，直到 1935 年仍然有 1000 多人在他后代的土地上充当租佃农；威廉·查普曼于 1868—1871 年间从加州和内华达购买了 65 万英亩的土地，加上后来购买的"沼泽地"，他所持有的土地超过了 100 万英亩；1886 年，有 29 家外国垄断公司和个人在美国持有共2000 多万英亩的土地，后来的 11 家木材公司持有的土地也超过了 1200 万英亩。[1]

　　土地集中在一定程度上为西部的大规模农业创造了条件。"在联邦土地法的推动下，大土地垄断者吸收了东部的交通运输和工业大公司中涌现出的'大'的新精神，并受到新机器的有效性的启发，决定可以在农场中成功地仿效大企业的实践。"[2]1887 年以前，西部充足的降水也促成了这种尝试。19 世纪 70 年代后期，奥利弗·达尔林普尔在北达科他的红河谷成功经营1.3 万英亩的单个农场的事迹，开始流传于东部。这种大规模的农场经营模式，也于 70 年代末至 80 年代初在西部受到关注和效仿，开启了中西北部的兴旺农场时期。红河谷的小麦带是分布在红河两岸宽约 20~40 英里、长达 300 英里的一个长条状地带，主要位于明尼苏达和达科他境内。1875 年前后，西部铁路公司的一些管理者利用廉价的债券换取了红河谷附近土地，提供资金和农具开垦。其中最具代表性的是北太平洋铁路公司土地代理人詹姆斯·鲍尔购入的大片土地。鲍尔从未当过农民，但有丰富的工商业经验。他由衷地认为公司化经营的成功需要严丝合缝的资本运转与专业、科学的管理，于是，他雇佣小麦种植专家达尔林普尔替其照管农场，后者同意在收益上对半分成。[3]

　　达尔林普尔坐镇大农场的总部，其下每块地可视为分部。收获时由总部指挥农业工人集中劳作，犁地时则要轻松一些，各分部可自行掌握进度。[4]

---

　　1 Fred A. Shannon, *The Farmer's Last Frontier: Agriculture, 1860-1897*, New York: Holt, Rinehart and Winston, 1961, pp. 64-73.

　　2 Ibid., p. 154.

　　3 Stanley N. Murray, "Railroads and the Agricultural Development of the Red River Valley of the North, 1870-1890," *Agricultural History*, vol. 31, no. 4 (October, 1957), pp. 59-61.

　　4 Hiram M. Drache, *The Day of the Bonanza: A History of Bonanza Farming in the Red River Valley of the North*, Fargo: North Dakota Institute for Regional Studies, 1964, p. 96.

当第一个夏天的小麦丰收季到来时，达尔林普尔已在田地里安置好几台铁丝捆扎机，这时农业工人必须集中劳作，他们需要将麦子堆成一个个束堆，以避免雨水破坏。达尔林普尔要求工人直接拖拽麦堆到打谷机那里，而不是像一般做法那样等打谷机开进农场。打完的麦子按每 3 蒲式耳的分量装进麻袋，搬到等候一侧的火车车厢。达尔林普尔只留下一小部分麦子用于来年播种，剩下的 3.2 万蒲式耳全部运到附近的德卢斯市出售。第一季小麦产量达到可观的每英亩 23 至 25 蒲式耳，令达尔林普尔信心大增。他有大量的可用资本，为什么不继续投入呢？在 1877 年和 1878 年，他新买下好几块田地，直到拥有超过 3 万英亩。为了经营好如此大的农场，他又引进更多农业机械和牲畜，分别在播种季和丰收季多雇用 50 至 100 名工人。到 1878 年下半年，共有 38 台播种机、37 台自动割捆机和 10 台蒸汽打谷机供农场使用。[1]

　　资本化经营和企业式管理，是达尔林普尔蒸蒸日上的兴旺农场之所以被称为大型公司农场的醒目标志。比如，他的田产被分为若干农场份地，每份地都要配备住房、谷仓、打铁房和维修间，各由一位经理和至少两名辅助领班照管。1880 年后，达尔林普尔甚至装上了刚发明不久的电话机，方便各农场之间沟通。如果工人不会使用农业机械，一群可靠的专家将向他们解释机械原理，必要时向他们示范。在机械出现故障时，农场的工程师随时待命修理。农场的财政规划，则由达尔林普尔与其雇主詹姆斯·鲍尔商议完成。他们采纳一种复杂的记账系统追踪劳动力和供给品开销，以及每个农业机械的产出量，这对掌控农场经济、最大化资本利润颇为有利。对于市场销售，达尔林普尔则安排了他的一位亲戚在德卢斯做谷物贸易经纪人。这些环环相扣的措施，连同大量劳动力与农业机械的有效使用，保证了兴旺农场的持续繁荣。1885 年前后，达尔林普尔的名声完全能与当时许多知名工业家比肩。[2]

1 Stanley Norman Murray, *The Valley Comes of Age: A History of Agriculture in the Valley of the Red River of the North, 1812-1920*, Fargo: North Dakota Institute for Regional Studies, 1967, pp. 106-107.
2 Ibid., pp. 131-139.

鲍尔如此形容兴旺农场的管理："它有着有史以来最完美和完整的系统，每样事物都有着整齐划一的运行步伐。"[1]

达尔林普尔的农场收益达到每英亩 15 美元，其业绩受到广泛宣传，开启了达科他热潮。资本家买下贬值的铁路债券换取土地，独立小农也蜂拥而至，以获取红河谷剩余的土地和政府土地没有被垄断的部分。这一时期最引人注目的是东部大资本家对兴旺农场的投资和收益。例如，宾夕法尼亚州的格兰丁兄弟用北太平洋铁路公司的债券先后换取了 6.11 万英亩的土地，每英亩投入 9.5 美元，产出小麦 20~24 蒲式耳，以 90 美分的单价卖出，每年的盈利高达 74 万美元。北达科他所有兴旺农场的平均面积约为 7000 英亩，其他兴旺农场的面积大多也在 1.5 万英亩以上。到 1900 年，全美 11560 个大农场中有 80% 位于堪萨斯-达科他一带。这些农场的所有者大都是居住在东部的"幕后地主"，他们一般雇佣专业经理来管理农场，小麦生产的各个环节由大机器和农业工人共同完成。

可以说，兴旺农场代表了资本主义农业的一些特点和模式，大规模的公司化组织、遥领地权、专业管理、机械化生产、收支账目记录、市场委托贸易、地区分销等，所有这些在 19 世纪后期的工业部门中也有使用，证明资本的大规模投入能够带来农业产能的飞跃。达科他热潮和兴旺农场，加速了西部的定居和土地开发，也为 20 世纪初家庭农场的转型提供了参照。[2]

（二）科学管理与"工厂化"农场

务农是一项与环境息息相关的事业。所有农民都有着相似的担忧：雨水

---

1 Hiram M. Drache, *The Day of the Bonanza: A History of Bonanza Farming in the Red River Valley of the North*, Fargo: North Dakota Institute for Regional Studies, pp. 96–97.

2 Fred A. Shannon, *The Farmer's Last Frontier: Agriculture, 1860–1897*, New York: Holt, Rinehart and Winston, 1961, pp. 154–161; Harold E. Briggs, "Early Bonanza Farming in the Red River Valley of the North," *Agricultural History*, vol. 6, no. 1 (January, 1932), pp. 26–37; Gilbert C. Fite, *The Farmers' Frontier, 1865–1900*, New York: Holt, Rinehart and Winston, 1966, pp. 75–112.

太多或太少、气温太高或太低、土壤太潮或太干、风过于强劲等因素是否会影响播种和收成。他们还担心收支：是否有足够的钱购买种子、牲畜和农具；如果雇佣农业工人，会对生活水平造成多大影响；是否还有结余维修谷仓、住房和家具，以及萦绕在数以万计农民心上的——是否能还得清债务；最后，还必须考虑市场，比如是否有必要针对某类农产品价格涨跌调整生产重心。

这些问题的解决，一部分要通过农业科研和机械化，一部分要依赖政府帮扶和干预，还有一部分要靠农民自己学习农场管理技术。这门学问将让农场实践变得可靠和富有成效，为农产品找到最容易创收的销路。红河谷的大型公司农场提供了一种优秀的农场管理案例，但可惜的是普通农民并不具备铁路公司的充足资本。在20世纪初，农业经济学和实用数理教育出现在大学课堂，农业经济学教授根据从乡村广泛搜集来的资料设计出他们认为最行之有效的农场管理方式："制定务实的农场计划，安排具体的农场工作日程，包括作物的轮作和选择，货物囤积的增添，购买、喂养和售卖的必要步骤。"他们参照的对象是取得成功的普通农民而非资本家的大型公司，所以如果掌握恰当的农场管理技术，每一个当家的农民都可以成为"农场企业家"或"农场经理人"。[1]

农场管理技术是纯粹生意导向的。它要求农民对农场的一切行当，包括农作物、牲畜、人工和资金有明确的协调与控制，对市场与风险有所预估，能够未雨绸缪做出符合最佳利益的决策，最终目的即是让农场兴旺发达。从某种意义上来说，农场管理技术是让普通农场成为名副其实的"资本主义农场"不可或缺的一环。

农场管理技术首先要处理的是农民的资金与财政事务。20世纪的第一个十年，当县推广员开始向乡村引介农场管理技术时，这对许多农民来说还是

1　D. H. Doane, "Classroom Work in Farm Management," *Record of the Proceedings of Annual Meeting*, Washington, D. C.: The American Farm Management Association, 1913, pp. 42–43.

一个陌生的知识领域，也许他们最直观的感受来自推广员在整个秋冬季节帮他们厘清农场账目、填写所得税表的努力，"成本核算"成为当时最常提及的内容。资金短缺长期困扰着农民，由于联邦政府货币发行量不足而导致的农民债务问题直到20世纪初仍然十分严重，抵押贷款难以偿还。19世纪下半叶农民组织与平民党代表普遍农民利益提出的几种货币解决方案，包括继续发行绿背纸币、自由铸造银币、建立"国库分库"储存粮价低迷时的农作物，大多受到资本集团的强力反对和阻挠，最终化为空泛的政治口号。

1913年伍德罗·威尔逊总统签署的《联邦储备法》创建了美国联邦储备系统，由中央银行控制货币发行量，监督各商业银行和提供信贷。信贷资格门槛降低后，农民从12家联邦储备银行更容易贷到款。在"一战"期间联邦储备委员会曾特设"棉花借贷基金"，减轻棉农因失去海外市场而承受的经济负担。[1]虽然战后联邦储备系统依然控制在金融巨头手上，农场局联合会的代表甚至指控联邦储备银行"特意制造通货紧缩来危害农民"，"农民觉得美国没有一种能满足他们需求的金融体系，从联邦储备银行借出来的钱只是为了从华尔街再获抵押贷款"。[2]但在1923年农场局联合会的爱德华·H.坎宁安出任联邦储备委员会副主席后，联邦储备银行尤其在利率方面进行了有利于农民利益的调整。

另一方面，1916年通过的《联邦农业贷款法》成立了联邦农业贷款局和合作社性质的联邦土地银行，专门为农民提供长期抵押贷款，旨在帮助小农场与大型企业竞争。1923年补充签署的《农业信贷法》则按照联邦储备银行的规划建立同样的12所联邦中间贷款银行，由它们贷款给农业合作社，后者再转贷给农民，实现短期农业贷款。在"罗斯福新政"的农业信贷

---

1 Carl H. Moore, *The Federal Reserve System: A History of the First 75 Years*, Jefferson: McFarland and Company, 1990, p. 23.

2 Allan H. Meltzer, *A History of the Federal Reserve*, Chicago: University of Chicago Press, 2003, pp. 114-127.

体系建立起来之前，这些措施一定程度上起到了为农民提供生产资金与信贷的作用。[1]

在农业借贷制度逐渐具有吸引力的情况下，农民自身的资金计算与管理便显示出必要性。农场管理研究者向农民辩称，只有核算出农场是否盈利、盈利程度如何，才能确定农场资金是否充足，农民有无必要向银行或合作社贷款，是否需要扩大经营范围，是否需要改换作物，等等。农业经济学家发明了劳动报酬分类来协助农民理解农场财政原理，形成农业经济大局观。"劳动报酬并不是一个复杂的概念……它首先通过农业报酬（农场收入减去支出）计算而来。劳动报酬就是农业报酬减去农场资产利息，也即每年的负债。"所以只要农民能核算清楚农场资金状况，便能为贷款，以及对贷款后的偿还做出适当的规划，也能更方便地预算未来的耕种方案，根据通货紧缩的程度与银行政策确定偿还本息数额的大致范围。在农务方面，这一核算也有助于确定农场益损的具体出处，为未来的农务调整指明方向。在20世纪20年代，农场管理示范员会帮助农民完成这项事宜。[2]

农业经济学家们认为农民过于关心物价的涨跌而忽视了农场的精细管理能产生"间接收益"。艾奥瓦州立学院的乳品学教授乔治·麦凯谈到很多奶农根本就不清楚他们的牧场是否盈利，"在艾奥瓦，会给奶牛做记录从而知道每头牛都产些什么的奶农可能都不足25个"。[3]从1920年起，大多数州都有安排农场管理示范员向农民推广做农场记录的技巧，示范员F. 乔赛亚·蔡斯曾指导一名不懂英语的法裔农民做农场记录，认清他养的羊是他农场亏损的来源。按他的话说，做农场记录的目的是教会农民将农场作为一个"经营

1　徐更生：《美国农业政策》，经济管理出版社，2007，第184—185页。

2　Deborah Fitzgerald, *Every Farm a Factory: The Industrial Ideal in American Agriculture*, New Haven: Yale University Press, 2003, pp. 47–48.

3　Paul Bogush, "The Influence of Scientific Management on Dairy Farming: 1850–1950," Master Thesis, Southern Connecticut State University, 1998, p. 51.

部门"、一个"工厂"来看待。

1923 年，农业经济学家米尔本·L. 威尔逊利用洛克菲勒基金在蒙大拿州建立了一系列名为"航道计划"的示范农场，用真正的农田和农民进行科学化管理，意图重现并超越同处大平原地带的北达科他州当年兴旺农场的辉煌，证明在拯救荒废农场的过程中农场管理技术与农业专家所能展现的重要性。蒙大拿是"一战"后遭受农业萧条打击最严重的州之一，无数战争中临时建成的小麦农场被废弃，这让蒙大拿成为了试验科学农场管理的理想之地。[1] 威尔逊在靠近大瀑布城的三角区选取了七个废弃农场分别试验特定的农作物，组织起一支由银行家、商人、经济学家和农业科学家组成的专家队伍协助自己管理。但事与愿违，经过数年试验后七个农场全部经营失败，原因大多在于遭遇连续暴雨、干旱等恶劣天气和农产品价格周期性下跌，有时还会遇到谷仓烧毁这类不幸的突发事件。总之，天灾人祸让"航道计划"以惨痛亏损告终。但让威尔逊感到一丝欣慰的是，在物价较为稳定、天气较为温和的年份里，科学的农场管理加上机械化的使用，能够取得相对良好的收益。威尔逊从中得出结论：小型家庭农场注定失败，资本投入和机械化的合理分配很有必要。[2]

"航道计划"农场实验的失败与"大萧条"的经济环境有莫大关系，但它至少说明科学的农场管理是有益的，农民们可以吸取"航道计划"的经验教训走向成功。到 1930 年，农民的农业思想变得更加理性，打理好农场"生意"必须要将效率法则、记录与规划、财政统计、管理监督、专家系统、机械化和大规模整体运作等"工厂化农业"观念纳入考虑，"航道计划既是变动观念的反映，也对调整进程产生了影响"。[3]

---

1 Deborah Fitzgerald, *Every Farm a Factory: The Industrial Ideal in American Agriculture*, New Haven: Yale University Press, 2003, pp. 58-59.

2 Ibid., pp. 71-72.

3 Mary Hargreaves, *Dry Farming in the Northern Great Plains: Years of Readjustment, 1920-1990*, Lawrence: University Press of Kansas, 1993, p. 59.

和"航道计划"差不多同一时期，另一种实施科学农场管理的大型农场取得了成功。这些农场有的从小农场发展起来，有的通过合并形成，有的是大型公司一开始就采用新科技与管理方式新建的农场，土地面积通常介于2万至10万英亩之间。它们背后由地产、铁路和银行资本支撑，农场上雇佣的大量工人相互配合并服从科学管理。拖拉机、卡车和联合收割机的普及是创造这种趋势的一部分原因，它们迫使小农场屈从于大农场或合并成大农场，但更显著的原因是农民为了对抗萧条而对工业主义的主动投靠。这对农民来说无异于一曲旧式田园的悲歌，但对农业来说却是激情澎湃的进行曲，家庭农场的终结不过是进步的必要代价，农业综合企业才是未来。

这些大型农场实施城市工厂里的泰勒制，有严格的换班规则，每个人在固定时间有固定的工作安排，所有农业工序围绕大型农业机械完成，时间、营销、财务和农务规划由投资公司选派的专家掌握。蒙大拿的坎贝尔农业集团的大角河小麦农场是当时最著名的科学管理大型农场之一，其总裁托马斯·D.坎贝尔出身于19世纪80年代红河谷的兴旺农场，继承了工业化农业的理想。他为农场购买了难以计数的农业机械和设备，并与机械生产商保持长期交流，协助改进、升级和维修机械。他将雇用的农场工人分为主管、领班、熟练工、非熟练工、厨师、速记员等，在一名经理监督下各司其职。农闲期农场一般会雇用50名工人，农忙期另新增250名，他们负责操作机器、驾驶拖拉机和联合收割机，平时也做一些设备维护工作。上述职位人选都是坎贝尔仔细挑选出来的，他们中有一些是具有特定技术能力的人，还有一些是被吸引来的城市工人，这些人更熟悉工厂管理制度。坎贝尔为农场所做的所有规划，都是为了尽最大可能提高生产效率。工人的专门技术、专家咨询、监督体制和科学管理策略，塑造了坎贝尔"工厂化"农场的典型工业特征。

值得一提的是，到大型农场来应聘的还有不少原本有自己耕地的农民。

他们的家庭农场在 20 世纪二三十年代的萧条中破产后便一蹶不振，家庭成员不得不背井离乡，有的前往城市寻找机会，有的便去资本家的大型农场碰碰运气，就像法伦县维拉德的亨利·西曼一家所做的，六口人全都到坎贝尔的农场里工作，期望能有一天"卷土重来"。[1]他们的经历所代表的正是农业现代化过程中家庭农场的没落，在一场科学管理革命的驱使下，农业生产经由"工厂化"农场的模式向农业综合企业过渡。

＊＊＊＊＊＊

从内战结束到 20 世纪 30 年代的经济萧条，农牧场上以逐渐趋向资本化经营、科学管理、机械化为主线的生产现代化变迁由外至内地改变了传统农业。畜力取代人力，最终又被机器持续动力取代，来自工厂制度的机器大生产为大型农场带来繁荣；农产品销售与交通运输深度结合，在横贯大陆铁路、州际公路与乡村道路网络扩张以及冷藏车厢技术的不断改进过程中，造就了如日方升的资本主义商业化农场；大规模资本和机械的投入，科学的农场管理先在 19 世纪七八十年代红河谷的大型公司农场得到运用，后在 20 世纪二三十年代农业经济学家、农业科学家的推广下，成为像坎贝尔农业集团这样的资本主义企业运作的"工厂化"农场的基本经营模式。根据维拉德·W.科克伦的长时段研究，美国农民本应"凭借辛苦劳动、勤俭节约、农场投资和认真思考实现美好生活"，[2]但到了"一战"后，随着农业萧条的再次来临，这一美好似乎只能在"理性世界"里，通过广泛资本主义化实现了。

1　Deborah Fitzgerald, *Every Farm a Factory: The Industrial Ideal in American Agriculture*, New Haven: Yale University Press, 2003, p. 150.

2　Willard W. Cochrane, *The Development of American Agriculture: A Historical Analysis*, Minneapolis: University of Minnesota Press, 1993, p. 99.

　　诚然，现代化农业的扩张终将让小型家庭农场退出主导美国农业的舞台，但那是一个缓慢的过程，真正明显的变化也是 20 世纪 30 年代以后的事了。在此之前，它们实际上让任何愿意采用新技术的农民都在不同程度上从中受益，即使不是在实际资金收入上受益，至少也是在粮食丰收上受益。农民与资本主义农业生产方式的互动有一种"3A 法则"，即接受、适应与调整（Adopt, Adapt, Adjust）。这一跨越半个世纪的互动结果毫无疑问改变了传统意义上的自耕农，他们从"一无所知"转变为"科学务农"的事实为农业知识进步写下了确切的注脚。

第九章
知识与农业发展

"没有一种知识不是力量。"[1] 当超验主义作家爱默生在 1862 年的演讲中如此宣言时，正值农业知识在美国大规模生产与传播的激扬年代。爱默生曾提到农业知识来源于农学家长年来的实验，但他可能想不到，他所崇尚的"自然"农作生活很快会在现代农业知识所铸就的巨大力量冲击下消逝。19世纪的美国不缺农学家。自建国以来，早期农业精英就本着对农业经济的关心和对农业学术进步的热忱，积极投入到广泛的耕种实验、土壤地质调查和家畜良种培育工作中去。内战结束后，农业科研组织精诚合作，立足于实验科学找到更高效率的农业技术。更为重要的是，它们得到联邦政府、州政府和议会的多方位支持，因而能够在相对没有顾虑的条件下开展科研活动并扩大研究领域。农业研究的涓涓细流逐渐汇聚成现代农业科学的波涛洪流。

为了让现代农业的革新落到实处，掌握知识的农业精英与科研机构不断探索将知识传播给农民的途径。农学家、政府官员、大学教师、改革团体，以及从事农业知识生意的商人，尽皆参与其中。正式与非正式的农业教育、多种类的农业知识传播媒介、展示农业前沿创新的交流平台，还有政府主导下的农业合作推广，在这一时期纷纷登上历史舞台。在 19 世纪末，农民逐

---

1 Ralph Waldo Emerson, *Society and Solitude, Twelve Chapters*, Boston: Houghton, Mifflin and Company, 1892, p. 303.

渐摆脱了过去人们心目中的无知、粗俗形象，他们会查阅农业报刊，会参加农业展会和农民学社，会去观看县上来的推广员在田间示范，也会把子女送到农学院去读书——做农活已经不能离开对科学知识的吸纳，知识的完善与传播也成为美国现代化农业形成路径上的最后连接环。

一、民间的农业知识传播

现今美国农业部执掌着农业知识的推广，这项工作俨然是国家制度的一部分，置于联邦政府的系统化知识管理之下，但在建国初期，传播农业知识的努力首先来自民间而非政府，甚至直接来自农民群体中间。早期有志于传播先进农业知识的热心者大多属于当时的农业精英阶层，包括富裕农场主与种植园士绅。他们的理念源自曾从事作物栽培、农具改进实验和农技改进宣传的建国之父们，如杰斐逊和华盛顿。至于传播农业知识的现实途径，则主要参照欧洲学术共同体的范例。农业学会、农业展会与农业报刊皆是在这一语境下从北美大陆盛行起来的。它们的发展历程与农业工业化的变革始终交织在一起，也在 1862 年后逐渐成为赠地大学与农业试验站的坚定同盟。事实上，农民生活中最常接触的正是这些来自民间的农业知识传播媒介。到 19 世纪晚期，大多数美国农民已习惯于在书桌上放上几本农业报刊，在日历上圈出计划全家出行的农业展会日子，还会偶尔到县城听听农业学会专家的巡回讲座。

（一）农业学会：农业精英的学术理想

农业知识的早期传播与农业精英的活动紧密联系在一起。美国革命后，新成立的共和国急需恢复农业生产，这在以富裕农场主和种植园士绅为主的农业精英群体中培育出了一种理想化的农业进步精神。他们认为，要让农业经济走上正轨，必须让农民掌握欧洲的先进科学种植技术。然而，他们却惊讶地发现当时农民仍沿袭着祖辈的简单务农经验。崇尚天象，即根据月亮的盈缺来决定播种和收割时机，是建国初期农民最显著的特征。土壤肥力的利用也丝毫没有得到重视，这造成农产量始终游离在较低水平。更加令人担忧的是，由于置身于早期共和国的农业神话话语之中，大部分农民根本不在意农业技术的改善问题。对于他们来说，为国家创造更大农业经济价值并不是迫切的事情。他们所使用的唯一参考——农业历书，仍大多是殖民地时期历书的重印版本，几乎不能给予任何有助于技术进步的帮助。

农场主和士绅对这一落后的农业生产境况深感不满。他们开始寻求农业科研合作的可能，期望以自身力量改变现状。1785 年，一名来自马里兰的种植园主约翰·比尔·博德利代表 23 位市民成立了费城农业促进会。该组织的成员并不只有富裕大庄园主，还包括某些城市知识分子，比如费城学院的师生、科学家、文人等。根据学会的成立宣言，其中心目标是"促进美国土地的庄稼产出"。[1]学会定期举行常规会议，成员在会上交换农学意见，针对各自的农业实验展开讨论，结束后委托当地印刷商印制会议报告，并登载成员撰写的关于研究进展或农学观察的论文。为了鼓励科研，学会还设立了一个年度奖项，评选出该年最具前瞻性的农业实验或论文成果，并为获奖成员颁发奖金，该奖项后来也不限于学会成员。[2]

学会资金首先来源于成员交纳的会费，集中用来从大西洋彼岸的科学中心，尤其是伦敦，进口农业器械和农业书籍。1787 年《土地法令》的主要起草人梅纳西·卡特勒在当年访问费城时，发现学会"拥有几乎所有品种的农具模型……每一个心灵手巧的人都可以在这里展示他的发明，并确信他能

1　Alfred Charles True, *A History of Agricultural Education in the United States, 1785–1925*, Washington, D. C.: Government Printing Office, 1929, p. 7.

2　John Hillison and Brad Bryant, "Agricultural Societies as Antecedents of the FFA," *Journal of Southern Agricultural Education Research*, vol. 51, no. 1 (2001), pp. 105–106.

得到特别关注和尊重”。[1]

1800 年以前，除了费城农业促进会以外，较有影响力的还有南卡罗来纳农业及乡村问题促进会、纽约农业、艺术及制造促进会和马萨诸塞农业促进会。它们有着和费城学会相似的使命和职责，特别是颁发奖金和发布会议报告。最初，这些学会的活动仅局限在内部，缺乏与地方上的农民的直接交流。1792 年，马萨诸塞农业促进会开始尝试举行公开会议，以期吸引感兴趣的农民参加。比如在 1812 年的会议之前，学会曾向农民发出一千份邀请函。学会成员请求乡镇商店店员帮忙分发邀请函，同时也鼓励他们成立当地自己的农业学会。[2]19 世纪 20 年代后，一些学会举办的农业展会成为它们与农民直接接触的更有效方式。

许多农业学会设有附属图书馆。在 19 世纪上半叶，每当一个学会建立，必然伴随着附属图书馆的组建，图书馆也成为学会内部最重要的组织设施之一。本质上说，学会图书馆就是一座“社会图书馆”。在美国免费图书馆服务尚未普及之前，“社会图书馆”是自殖民时代以来，传统上文人精英群体最常见的知识性媒介空间。学会的图书馆对交纳会费的会员开放，根据章程收藏成员捐赠的和以学会名义购置的国内外农业科学珍稀文献，允许会员免费阅览以作科研参考之用。据美国农业部汇编的《农业年鉴》，在 1815 年，马萨诸塞农业促进会的附属图书馆藏有 125 卷农业文献。而在内战前夕，纽约州农业学会在奥尔巴尼的图书馆收藏约 2300 本农业书籍，这是当时藏书量最大的农业图书馆。[3]

---

1 William Parker Cutler and Julia Perkins Cutler, eds., *Life, Journal and Correspondence of Rev. Manasseh Cutler, vol. II*, Cincinnati: Robert Clarks and Co., 1888, p. 282.

2 Wayne D. Rasmussen, *Taking the University to the People: Seventy-five Years of Cooperative Extension*, Ames: Iowa State University Press, 1989, p. 18; Edmund de S. Brunner and E. Hsin Pao Yang, *Rural America and the Extension Service: A History and Critique of the Cooperative Agricultural and Home Economics Extension Service*, New York: Bureau of Publications, Columbia University, 1949, p. 3.

3 Charles H. Greathouse, "Development of Agricultural Libraries," *Yearbook of the United States Department of Agriculture, 1899*, Washington, D. C.: Government Printing Office, 1900, pp. 494–498.

农业学会曾在 19 世纪 30 年代后沉寂下去，一部分原因在于当时的农业萧条，但更主要的原因是学会所持理想与现实的冲突。学会要求美国农民能参照欧洲模式建立集约农业，但美洲土地辽阔，农民往往无需精耕细作也能取得可观的收成，他们只需在土地肥力耗尽后迁移到另一块土地继续用原来的方式耕种，这对希望每块土地价值得到充分利用的农业精英来说是一项不小的挑战。在农民们看来，城市农业学会是遥不可及的，不仅仅是地理上的距离遥远，更是心理上的距离遥远。很多情况下，如果说农业学会确实取得了某些意义非凡的农学突破，也几乎被农民忽视了。这逐渐消解了成员的研究积极性，也间接造成了学会内部的财政危机。在 1828 年，只有 8 名成员出席了费城农业促进会的年会。曾经人声鼎沸的年会变得空空荡荡、鸦雀无声，甚至新当选的主席约翰·鲍威尔将该头衔仅视为一种荣誉称号。成员也不再热衷农业实验，会议报告常常只记录了几种可行的农业实验。[1]

不过，到 19 世纪中叶，农业学会重新焕发了活力。带来这一活力的，是政府资助的不断加大。为了推动学会在农民群体中的接受，以及推动农业学术团体的扩展，许多学会试图在乡镇和县城建立分支，也就是通常所说的县级农业学会。相比州级学会，县级学会得到了州政府更多的资助，学会也因此从一个富裕农场主的自助组织转变为了半官方性质的农业学术机构。由于靠近乡村，县级学会方便开垦示范田或试验田，作为农业栽培技术的配套研究基地。这是承自南卡罗来纳农业促进会在 18 世纪晚期的一种实验模式，但是对于新的农业学会，试验田有更多与农民相关的用途，比如在田上试用农业机械，培育更优良的牧畜与农作物，将产出的种子或

---

[1] Simon Baatz, *"Venerate the Plough": A History of the Philadelphia Society for Promoting Agriculture, 1785-1985*, Philadelphia: Philadelphia Society for Promoting Agriculture, 1985, pp. 51-56.

扦插的植物根茎分发给农民，等等。田间产生的研究成果构成了学会发布报告、对外宣传的重点内容。[1]到内战前夕，全国州县的农业学会数量达到了941个；到1868年，据农业部统计，学会数量继续增加到约1350个。这期间农业学会的增长与农业知识及技术的快速进步几乎是共生现象。[2]

知识传播是19世纪中期县级农业学会的一项重要职责。首先，它们也像州级农业学会一样，将田地实验报告、作物培育与牧畜选种的结果以宣讲手册的形式出版，有时也作为州级农业学会刊物的副刊发行，或直接登载在当地农业报刊上，供公众阅读了解。出版工作同样得到了州议会的财政支持，可见政府对农业知识传播的重视。其次，它们经常举办农业讲座。邀请的演讲人大致有两类：使用新型农业技术耕地后心有所得的"科学家农民"，和大学里专长于农业科学的教授。客座演讲人先在州级农业学会发表演讲，然后在全州各县开展教育性质的巡回讲座，着重讨论各种时下热门农业话题，或介绍、讲解先进的科学务农技巧。在赠地大学广泛建立后，学会则多选择与赠地大学合作，邀请农学讲师来开设讲座。[3]一般而言，学会与这些演讲者保持长期书信联系，以便经常性举行讲座活动。

从某种程度上说，美国农业学会的成立标志着农业学会发展的巅峰。1851年6月在马萨诸塞州农业局牵头领导下，来自23个州的政治、文化领域代表齐聚华盛顿特区，正式宣布成立美国农业学会。在内战前，该学会每

---

1 Robert S. (Pat) Allen, "Early American Agricultural Societies and Organizations: Educational Activities and Numerical Growth at Key Periods Until 1900," *Journal of Agricultural & Food Information*, vol. 8, no. 3 (2007), p. 22.

2 Alfred Charles True, *A History of Agricultural Education in the United States, 1785–1925*, Washington, D. C.: Government Printing Office, 1929, p. 23.

3 Robert S. (Pat) Allen, "Early American Agricultural Societies and Organizations: Educational Activities and Numerical Growth at Key Periods Until 1900," *Journal of Agricultural & Food Information*, vol. 8, no. 3 (2007), p. 20.

年都会召集各州代表集中讨论涉及共同利益的农业问题，各代表还需提交农业论文在会场宣读。平日歇会时，学会在全国范围内资助展览和田间实验，出版会议演讲稿，对外宣传纯种家畜、先进农具和收割手段。学会最重要的成果是对国会产生的影响，它们的决议代表了农业精英的观点，国会不能再漠视学会的发声。虽然由于内战将至，美国农业学会于 1860 年宣布解散，但其活动仍让国会意识到需要一个统筹全国农业的机构，进而推动了 1862 年《莫里尔法》的通过和美国农业部的成立。[1]

内战期间，由于州政府减少或停止了财政资助，农业学会的发展再度陷入低迷。这造成的直接结果是学会活动几乎完全停滞。肯塔基州农业学会的报告说："为了让组织存活下去，我们只能一年承办一次展会，给予很少的奖金。"在马里兰，州级农业学会在战争初期就已宣布解散，战争结束后一个新的学会成立，但马里兰州政府与巴尔的摩市政府只愿意资助其举办展会。类似的情况不论在北方还是南方各州都成为常态，1865 年后才逐渐恢复政府资助和学会活动。[2]

内战后的农业学会通过举办展会而继续在农业知识传播上施加影响力，但更主要的是它们与政府的结合更为紧密。随着 1862 年美国农业部的成立，许多州的农业学会实际上转变为州农业局的主体。[3] 还有一些学会成员选择加入赠地大学和农业试验站，依托正式机构从事农业科研。不过更多数的情况，是学会成员转而加入从学会分离出来的农民俱乐部，后者不再是严格意义上的农业学术共同体，而只是一个封闭性的农业精英社交空间。

1　Roy V. Scott, *The Reluctant Farmer: The Rise of Agricultural Extension to 1914*, Urbana: University of Illinois Press, 1970, pp. 13–14.

2　"State Reports of Agriculture," *Report of the Commissioner of Agriculture for the Year 1867*, Washington, D. C.: Government Printing Office, 1868, p. 334.

3　Edward Wiest, *Agricultural Organization in the United States*, Lexington: University of Kentucky, 1923, p. 353.

（二）农业展会：知识盛会与狂欢节日

举办农业展会是农业学会最重要的活动之一，也是其与广大农民建立直接联系的最主要途径。殖民地时期北美曾出现农业展会的雏形，那时只是简单的农用产品"展销市集"，农民前往市集换购基本农具与耕牛、驮马等农用家畜。这样的市集数量不多，主要集中在新泽西、卡罗来纳、康涅狄格、弗吉尼亚和马里兰农业经济相对繁荣的地带。从 1812 年开始，马萨诸塞州伯克希尔农业学会的埃尔卡纳·沃森开始在匹兹菲尔德举办正式的大型农业展会，从此农业展会成为美国许多州县延续至今的传统年度盛会。作为展示农业科学最新成就的"民间节日"，农业展会以其兼具教育性、社会性与娱乐性的特征，在农民生活中占据了不容忽视的位置。

埃尔卡纳·沃森举办展会的初衷是推广西班牙的美利奴绵羊——一种产绒量和羊毛质地都高过普通美洲绵羊的品种。在 1810 年，他别出心裁地鼓励伯克希尔县的农民带着他们自己的牧畜来广场上比赛。在会场上，他让争强好胜的农民与他辩论，在他们的牧畜与美利奴绵羊之间分个高下，结果农民们对品质出彩的"欧洲羊"留下了深刻印象。这次展示所呈现出的农民团结、欢快交流农业问题的氛围令沃森非常满意，因而决定在接下来的年份以伯克希尔农业学会的名义继续举办展会。从 1811 年至 1816 年，沃森亲自组织了六次农业展会。对此，他在其著作中展望："一些年后，当不再需要用娱乐来引导人们接受真正符合他们利益的知识时……书本和科学将会变成唯一重要的东西。"[1]

在沃森的目标真正能够实现之前，他的农业展会自然要贯彻吸引农民参加的策略。比如，他安排由一场狂欢游行拉开展会序幕，队伍里有乐队、农业学会代表成员、当地工匠、骑警、装上犁的耕牛，等等。为了吸引农妇参

---

[1] Elkanah Watson, *History of Agricultural Societies, on the Modern Berkshire System*, Albany: D. Steele, 1820, p. 182.

加，沃森从 1813 年开始在展会上举办农业舞会、茶会、农业诗朗诵和剥玉米竞赛。这些活动没有固定场所，每次展会需要租用教堂、大厅和果园。[1]

在展会上，沃森对所有参展农产品和牧畜进行评选，为优胜者举行盛大的颁奖典礼，奖品有雕刻获奖证明的银盘和奖杯。[2] 这让展会不单单是展销，更多了创新性的竞赛气氛。参展的农民获得了展示自己务农成果的机会，他们也可以在展览区就各自的作物、牧畜当面交流经验，交换农业知识，从而在不经意间理解到"科学务农"的优越。正是在此种氛围的烘托下，农业展会成为了 19 世纪美国各地农民普遍参与、以农业信息交换和农业知识展示为宗旨的盛大节日。[3]

沃森无疑推动了农业展会的发扬光大。从 19 世纪 20 年代开始，一些其他组织也开始举办农业展会，并把举办场地挪到更靠近乡村的县城地段，方便农民参加。[4] 新的展会引进了竞赛形式，例如犁地比赛，观众可以一睹最新发明的高效耕犁的风采。由于重新恢复了传统农业市集的商业因素，就像马萨诸塞农业促进会允许商家在布莱顿的耕牛展会上开设销售摊位那样，主办方能够拥有更多预算用于布置会场与宣传，也能为农产品竞赛提供更丰厚的现金奖励。[5] 学会的一次报告提到，这些竞赛让农民更加了解优秀的牧畜品种，也提升了获胜品种的市场吸引力。[6]

---

1 Fred Kniffen, "The American Agricultural Fair: The Pattern," *Annals of the Association of American Geographers*, vol. 39, no. 4 (December, 1949), p. 268.

2 Mark A. Mastromarino, "Elkanah Watson and the Early Agricultural Fairs, 1790–1860," *Historical Journal of Massachusetts*, vol. 17, no. 2 (Summer, 1989), pp. 108–110.

3 Robert D. von Bernuth, "The Role of Agricultural Fairs in Agricultural Innovation," in Julie A. Avery, ed., *Agricultural Fairs in America: Tradition, Education, Celebration*, East Lansing: Michigan State University Museum, 2000, p. 52.

4 Wayne Caldwell Neely, *The American Agricultural Fairs*, New York: Columbia University Press, 1935, pp. 63–65.

5 Mark A. Mastromarino, "Elkanah Watson and the Early Agricultural Fairs, 1790–1860," *Historical Journal of Massachusetts*, vol. 17, no. 2 (Summer, 1989), pp. 113–114.

6 John Lowell, "Trustees Account of the Cattle Show, and Exhibition of Manufactures, on the 12th and 13th of October, 1819, at Brighton," *Massachusetts Agricultural Repository and Journal*, vol. 6 (1821), p. 19.

在州府，八月前后还会举行更大型的展会，称为"州农业展会"，以区别于地方上的"县农业展会"。主办方会集中展示该年最为前沿的农业科学成果，以及更科学高效的耕种技术发现。第一场州农业展会于1841年9月在纽约州的锡拉丘兹举行，为期两天，取得了巨大成功。展会吸引了1万到1.5万人参加，场面盛况为社会观察家称道。该展会还为参加农民提供了农业系列讲座和教育课程，让展会在农民间声名鹊起，参加展会几乎成了许多农民家庭每年最为期待的进城活动。1849年，密歇根农业学会举办了中西部的第一场州农业展会，场地选在底特律郊外的一座农场，该展会首次加入了农业艺术展。[1]50年代，农业展会西扩到艾奥瓦州和明尼苏达州。虽然西部的展会模式只是东部的简单再现，但在功能上却是纯粹教育性的，摊贩和杂耍表演者均被拒绝进入会场。[2]

在内战前夕，绝大多数农业展会都能从州政府那里获得拨款，展会的运作则常由州农业局监督，但在某些州，如俄亥俄、堪萨斯和印第安纳，展会由州农业局直接组织。内战后随着农业机械的重要性逐渐提高，农业展会也开始囊括农业机械的展览。对于许多农民来说，农业展会是他们近距离接触、感受和试用农业机械的最好机会。此外，展会也开始展示更多由学会培育、采集的优良家畜物种和作物种子，而在农产品竞赛中获奖的作物，特别是玉米和小麦，将会在橱窗中公开展出。获奖的牧畜则由驯养人牵着在会场轮流亮相，巡场一周。农业学者、作家和农学教师也在邀请之列，他们将担任农产品竞赛的评委，并通过演讲向参会农民隆重介绍新的农业技术进展。农业出版物，包括众多农业报刊也在展会上拥有了摊位，出版社的展销团队

---

1 Julie A. Avery, "Early County Fair: Community Arts Agencies of Their Time," in Julie A. Avery, ed., *Agricultural Fairs in America: Tradition, Education, Celebration*, East Lansing: Michigan State University Museum, 2000, p. 59.

2 Fred Kniffen, "The American Agricultural Fair: The Pattern," *Annals of the Association of American Geographers*, vol. 39, no. 4 (December, 1949), p. 271.

以此向农民推介自己的刊物，并提供现场订阅服务。[1]

到 1870 年左右，农业展会在数量和规模上达到了新的高度，但却出现了两个难以回避的问题：第一，时常有州议员质疑资助展会的必要性，要求议会撤资；第二，展会逐渐偏向纯粹娱乐性质，例如有些展会引入了赛马项目和巡回嘉年华，反而分散了参会农民对农业技术的注意力。对于展会应侧重教育还是娱乐，一些农业学会有所争议。密歇根农业展会的主办方曾不无担心地表示，竞速赛转移了人们对其他农业教育内容的关注。[2] 有人认为，《莫里尔法》颁布后政府更加重视正规的高等农业教育，如赠地大学和农学院的建设，而削减了对私人农业展会的关注与拨款。另外，农业科学知识变得愈加复杂，简单的集中展览农产品、牧畜或农具已难以再让农民清楚理解新型农作方式的原理。实际上，农民已经有其他更能达到效果的途径接受农业知识教育，比如参加农民学社和阅读农业报刊，参加展会不再是学习农业知识的唯一选项。

总之，在 1870 年农业展会显现出的娱乐化倾向削弱了其知识传播的功能。不少展会中，传统的傍晚讲习会濒临消失，本应在大会开幕时发表的农业知识讲话改成在赛马会开场时发表的政治讲话，犁地比赛和农业展览受到冷落，反而是新开的棒球比赛吸引更多农民观赏。尤其在东北部，一些展会似乎具有了狂欢节的所有要素，甚至裹入了群体赌博、酒会等具有道德争议的活动。农业展会的这一转变，映衬着农业学会主办方因商业压力而向农民访客娱乐趣味的妥协。

艾奥瓦州农业展会是其中一个较有代表性的例子。在 1880 年左右，艾奥瓦州农业展会还是一个以农业展览为中心的纯粹的教育性展会，但主办展

1　Wayne Caldwell Neely, *The American Agricultural Fairs*, New York: Columbia University Press, 1935, pp. 91–92.

2　Fred Kniffen, "The American Agricultural Fair: The Pattern," *Annals of the Association of American Geographers*, vol. 39, no. 4 (December, 1949), p. 271.

会的艾奥瓦州农业学会同样也在为更注重教育还是娱乐的问题而苦恼不堪。此时，展会的举办地艾奥瓦州府得梅因遭遇了经济萧条，同时芝加哥肉类加工公司的垄断和铁路公司的挟制使艾奥瓦西部养牛市场遭受另一次严重打击，随即农民联盟掀起反抗风暴。在内忧外患之下，得梅因的市政府要求艾奥瓦州农业展会重塑农民的信心。面对这些挑战，艾奥瓦州农业学会不得不增加展会的娱乐活动，引入了赛马、动物表演、热气球升空和跳伞项目。展会主理人曾表示要保证"每个人都能在展会上玩得开心、吃得舒服、得到教导"，但同时承认增加娱乐就是为了重新盈利。[1] 在 19 世纪 90 年代，艾奥瓦州农业学会因展会的巨大开支与 1893 年芝加哥世界博览会的游客分流，陷入了严重的财政负债。

这一切驱使艾奥瓦州农业展会完全转向适应大众乐趣。事实上，这一转变为改革者所欢迎，就像《艾奥瓦州记录报》的一篇社论所说："现在的展会如果局限于只是牛马的秀场、纯粹的农业展示和竞赛中的任何一种，它都不会成功。让展会成为大型市集，以及满足所有艾奥瓦人现实兴趣的大博览会吧。"[2] 1900 年，州议会解散了艾奥瓦州农业学会，将举办州农业展会的工作交给州农业厅负责，后者以其充足的资金重新修缮了展会场地，并建立起新的大型游乐区和集市区。1901 年的展会吸引了众多前来感受新场地的农民游客，结果州农业部不仅还清了原先学会欠下的债务，还将农业展会打造成了得梅因新的城市标签。但同样随之而去的，还有现代农业知识曾经在展会上的重要地位。

艾奥瓦州农业展会只是 19 世纪末 20 世纪初美国众多农业展会的其中一例，它们的共同趋势是由教育性转向娱乐性，其农业知识传播的功能逐渐弱化到被农民的狂欢节功能所取代。

---

1 Thomas Leslie, *Iowa State Fair: Country Comes to Town*, New York: Princeton Architectural Press, 2007, p. 53.

2 "The State Fair," *Iowa State Register*, September 1, 1889, p. 4.

（三）农业报刊：知识与信息的纸上传递

农业报刊是指专门为农民创办，向农民推介农业知识、提供务农建议的刊物。农业报刊肇兴于内战之前，内战后在乡村广泛传播，及至19、20世纪之交已走入千万家农户，成为农民劳作与生活中不可或缺的读物。[1] 作为19世纪下半叶最为重要的农业知识传播媒介，农业报刊致力于向农民介绍城市中产生的现代农业科学、机械和栽培技术。20世纪初美国农业部的一份文件甚至总结道："看起来，农业报刊是一种对美国农业具有主导性影响的因素……是迄今为止最有效的农业推广渠道。"[2] 但是，农业报刊并非一开始就有服务农民乃至改造乡村的愿景，它们的转变是其不断适应农业专业化的结果。

和农业展会一样，美国第一份农业报刊也是农业学会工作的产物。1819年，马里兰州农业学会的理事约翰·斯图尔特·斯金纳在巴尔的摩创办了《美国农民》。他在创刊辞中谈道："《美国农民》的伟大目标和骄傲在于从每个农产业分支与来源渠道中收集信息，让读者能够学到各种经过验证的最佳耕种方法。"[3] 斯金纳创办农业报刊的初衷很可能出自其钻研农学多年而具有的天然责任感。他本人就是一名牧畜繁殖领域的研究者，而《美国农民》则是他将理论付诸实践的实验平台，因此其发行主要基于学问而非商业盈利，这也能从1834年斯金纳因经营不善转卖《美国农民》的事实中得到佐证。[4] 斯金纳此后继续从事农业研究，直到1845年开始和《纽约论坛

---

1 Carl F. Kaestle, "Seeing the Sites: Readers, Publishers, and Local Print Cultures in 1880," in Carl F. Kaestle and Janice A. Radway, ed., *A History of the Book in America, Volume 4: Print in Motion, the Expansion of Publishing and Reading in the United States, 1880–1940*, Chapel Hill: The University of North Carolina Press, 2009, pp. 38–39; "Appendix: TABLE C4," in James F. Evans and Rodolfo N. Salcedo, *Communications in Agriculture: The American Farm Press*, Ames: Iowa State University Press, 1974, p. 175.

2 C. Beaman Smith and H. K. Atwood, "The Relation of Agricultural Extension Agencies to Farm Practices," in Bureau of Plant Industry, United States Department of Agriculture, *Circular No. 117*, Washington, D. C.: Government Printing Office, 1913, pp. 18, 25.

3 "To the Public," *American Farmer*, April 2, 1819, p. 5.

4 Albert Lowther Demaree, *The American Agricultural Press, 1819–1860*, New York: Columbia University Press, 1941, pp. 5–25.

报》的霍勒斯·格里利合作主编《农业月刊》，希望通过探讨立法、教育、合作、自助方面的话题促进农场上的"工农业协调共处"。[1]根据斯金纳的宣言，该刊目的不仅是要协助农民们快速适应新的务农方式，更要让美国农业生产变得更加理性，让农民们能"在科学之光的照耀下兴旺起来，并获得快乐"。[2]

虽然《美国农民》经营时间不长而且订阅量十分有限，但在当时美国农学界颇有影响。它不仅背靠马里兰州农业学会，得到学会成员持续供稿，还获得了杰斐逊、麦迪逊、皮克林等政坛要员的赞助。在19世纪20年代，《美国农民》成为农业科学化运动的一大论战平台，从而激发了接下来的农业报刊出版浪潮。东部大型城市的农业学会最先活跃起来，资助创办了一批具有地域影响力的农业报刊，典型的如《纽约农民报》和《庄稼人》，发行范围涵盖整个东北部老农业区。纽约州很快成了盛产农业报刊的大本营，在这里创立的农业报刊几乎占了全国的半壁江山。紧随着纽约，农业报刊出版社在密西西比河谷建立起来，包括《犁地男孩》、《杰纳西农民》和《农民展示窗》。进入40年代，中西部随着西迁来的拓荒者家庭逐渐增多和农牧场面积迅速扩大，也拥有了专供中西部、宣扬因地制宜的农业报刊，重要的如在芝加哥创办的《草原农民报》和在杰克逊创办的《密歇根农民》。到内战前夕，农业报刊的种子已撒播到了全国各州，短短四十年间就有上百种大大小小的农业报刊面世。

《美国农民》在两方面为后来的农业报刊奠定了基础。其一是基本内容框架。《美国农民》封面标语写道："《美国农民》精选农业经济与农业进步

---

1 William Edward Ogilvie, *Pioneer Agricultural Journalists: Brief Biographical Sketches of Some of the Early Editors in the Field of Agricultural Journalism*, Chicago: Arthur G. Leonard, 1927, p. 9; Harold T. Pinkett, "*The American Farmer*: A Pioneer Agricultural Journal, 1819–1834," *Agricultural History*, vol. 24, no. 3 (July, 1950), pp. 146–151.

2 "British Agricultural Dissertation Applicable to American Husbandry," *Monthly Journal of Agriculture*, July, 1845, p. 10.

的原创文章，并附有图画与乡村产品的价格趋势。"农业文章和农产品价格的内容组合构成了后来农业报刊沿袭多年的基本框架。从 19 世纪 30 年代至 20 世纪初，农业报刊虽然追加了不少新的版面、设计和内容形式，但宣传新型农业技术的文章和农产品交换物价表仍是"核心配置"。其二是科学务农的主题。农业报刊主编以斯金纳严谨的科学观为指引，依照《美国农民》的文章先例，向自身所处地区的农民推荐深耕法、轮作法等优越的耕作方式，并提倡为农牧场做日常收支和工作记录，鼓励发展多元化种植。

然而从接受角度来说，内战前的农业报刊却并称不上成功。它们虽然开启了推广科学务农的大门，奠基了未来农业报刊的样貌，却并未对广大农民产生实质性影响，传统的务农观念仍统治着乡村。事实上，内战前大多不愿意订阅农业报刊，因而农业报刊创办虽多，却也有约半数遭严重亏损而停印。即使是 1860 年左右仍在运营的农业报刊，也因销量低迷而陷入挣扎，刊上经常出现如"救救我们，帮忙多推荐本刊给亲戚朋友"的恳求标语。

既然农业报刊出版商秉持农业振兴的理念而有意帮助农民，为何难以得到农民的积极回应呢？首先，出版商必然要面临一个无法回避的难题：农民的阅读态度。传统上，农民是敌视"照书务农"（即参照农业书刊来指导农务的做法）的。他们有许多袭自祖辈的、根深蒂固的农耕经验，而书本上讲的"外行人"的肤浅学问远不如这些经验可靠。[1]《美国农民》的一位编辑曾抱怨说："他们既不愿意自己拿一本来读读，也不愿在碰巧听到别人读时相信里面哪怕一丁点儿内容。"[2]

其次，农业报刊矛盾、模糊的身份定位也妨碍了农民对其的接受。它们并非像农业出版商宣传的那样是纯粹的知识"教导者"，有时会带有城市上

1　Roy V. Scott, *The Reluctant Farmer: The Rise of Agricultural Extension to 1914*, Urbana: University of Illinois Press, 1970, p. 3.

2　"Agricultural Improvement," *American Farmer*, vol. 13, 1831, pp. 359–360.

层精英的意识形态。这在某种程度上源于农业神话的影响。农业出版商除了传授知识外，更希望做的就是纠正农业神话与农民所处现实之间的偏差，恢复农民对自身身份的骄傲。[1]但农业出版商过于执着保卫农业神话，导致更在乎农民恢复骄傲的结果而非过程。结果，他们常常用空泛的、口号式的话语充斥着报刊文章："只要不欠债，农民就是真正意义上自由与独立的人"，"用了我们的方法，可以确保农民最基本的繁荣"，而谈到具体农耕办法时却时常含糊其辞或浅尝辄止。[2]

内战是农业报刊变革的分水岭，变革始于出版商及编辑的自我反思，而促成变革的最主要原因是美国农业专业化进入了空前的提速期。现代农业科学与农业机械发明为农业报刊提供了知识来源，农学院与农业试验站的报告则提供了采编渠道。农业报刊开始转变为城乡之间传播农业知识的服务媒介。报刊编辑部开始扩大队伍，建立起更多分工明确的部门，分别调配人员从各个农业科研机构采集信息。编辑撰写文章更加务实，目的是将外界农业专业化的全部信息与最新成果提供给农民。最终在内战后初期，农业报刊中旧的个人主导力量让位给更大体量的团队力量，专题内容取代个人风格，客观中立而没有偏向性的报道成为公认标准。更重要的是，出版商开始接受在刊物上投放农业用具和机械的广告，并提供相应的购买渠道，将其作为农业知识与信息传播的一部分。

为了将农业期刊打造成"服务性质"的知识信息手册，农业出版商的当务之急是破除农民对"照书务农"的偏见。他们发现，简单粗暴地宣扬"照书务农"的优越性，远不如用农民自己的白话习惯来讲述科学知识来得实际。内战结束以来农业报刊的一项创举完美诠释了他们的上述认识，那就是

1　Richard Hofstadter, *The Age of Reform: From Bryan to F. D. R.*, New York: Vintage Books, 1955, pp. 33–36.

2　"The Prospects of Western Farmers," *Prairie Farmer*, January 1, 1843, p. 2.

对农学院、农业试验站报告的通俗化改写。具体而言，报刊编辑们会从各个农学院和试验站报告中分门别类地筛选出重点，再重新润色，改写成农民习惯的通俗语句。他们往往以"某试验站近期做了一项实验"为开头撰写文章，介绍实验背后蕴含的优越农业技术。

比如，1891年《西部乡村报》上有一篇题为"青贮法"[1]的文章，介绍了1890年5月伊利诺伊大学农业试验站通讯简报上的母牛幼崽喂养实验。原报告用长达24页的晦涩文字记录了实验人员分别用新鲜饲料和青贮饲料喂养两批母牛幼崽的过程。虽然原报告也给出了实验总结，但只是复杂的喂食数据对比，而且充斥着营养学的专业解读，诸如食物中硬蛋白对肌肉发育的功效、水分过量对动物器官的损耗反应、牛类的新陈代谢机制等。[2]然而在《西部乡村报》编辑的改写下，整个实验过程被浓缩为一句话，实验结果分析被浓缩为一小段，使之更加符合农民的阅读期待。接下来，编辑用了更长篇幅来讲解使用青贮饲料的好处，并在解释原理时尽可能运用直白的字句。[3]这样，原来的实验报告便被转述成了对"青贮法"的推广介绍。此类通俗化改写在19世纪后期的农业报刊上随处可见，它们更能吸引农民读者的注意，以致一些农民读后大感兴趣，写信给编辑询问可从哪里购买试验站报告。[4]

农业报刊需要准确而迅速地公布最新农业数据、趋势和资讯，以方便农民了解商业市场。许多编辑都观察到了农业急剧商业化的现象，建议农民要自己多研究市场动态，学会预测物价走势。[5]农业报刊一般有四个内容版

1〔英〕麦克德纳：《青贮饲料的生物化学》，动物营养研究会、农业部畜牧局饲料机械处译，北京农业大学出版社，1988，第1—14页。

2 "The Comparative Value of Corn-Fodder and Ensilage in Feeding Yearling Heifers," *Bulletin no. 9*, University of Illinois, Agricultural Experiment Station, May, 1890, pp. 302–327.

3 "Ensilage," *Western Rural*, 12 December, 1891, p. 802.

4 例如："Letters and Answers," *Western Rural*, November 28, 1891, p. 763; "Letters and Answers," *Western Rural*, December 5, 1891, p. 779.

5 Adam Ward Rome, "American Farmers as Entrepreneurs, 1870–1900," *Agricultural History*, vol. 56, no. 1 (January, 1982), pp. 38–46.

面为此目的服务：第一是开篇的社论，主要介绍近期农业整体形势，如和农民有关的新政策、农产品税率、铁路运输、包裹邮递等，方便农民参考后结合自身条件调整生产；[1] 第二是家畜和农产品的市场价格表，附带编辑给出的物价走势预测和营销建议，帮助农民计算出售农作物的最佳时机；[2] 第三是最新农业用品的介绍，编辑要讲解不同公司品牌的农业机械的优劣势，推荐新的农药化肥、杀虫药剂等，并提供使用方法；第四是当地农业活动信息的整合，包括镇上举办的农业展会、火车站的作物种子巡回展示、村上的农业机械试用，农民可以据此制定参加计划。

最后，报刊编辑还会借助农民自身的例子来推广农业知识。他们知道许多农民仍抗拒农业科学家的建议，但乐意从邻居那里学习一些亲身试验过的农活窍门，因此在自己的文章中也会举出一些声称"来源于农民"的实验事例，并巧妙地融入实验报告的科学证据，在拉近与农民距离的条件下说明某项农业技术的优势。从 19 世纪 70 年代起，大部分报刊还刊登"读者来信"，不仅为农民提供交流农作经验的平台，也利于编辑筛选出最符合需要的信件予以公示。一般而言，编辑会刊出部分精心筛选的提问信并分别作答，这些信件与编辑立场相符，或至少推荐了编辑认可的农业器具与耕种技巧。有时，编辑也会提前公布某一问题，请读者围绕问题讨论，这给了编辑更多筛选的可能性。[3] 例如，1880 年《美国农学家》有一期刊登了读者讨论铁丝网使用问题的一系列来信：有些农民称自己养的马被铁丝网扎伤并刺进了骨头。编辑们在充分考虑实际普适性后，选择了一位名为路易斯·沃鲁斯的农

---

1 John J. Fry, *The Farm Press, Reform, and Rural Change, 1895–1920*, New York: Routledge, 2005, pp. 16–17.

2 James F. Evans and Rodolfo N. Salcedo, *Communications in Agriculture: The American Farm Press*, Ames: Iowa State University Press, 1974, p. 38.

3 John J. Fry, *The Farm Press, Reform, and Rural Change, 1895–1920*, New York: Routledge, 2005, pp. 20–22.

民的解决办法——他推荐用一种新的铁丝网，这种铁丝网又尖又直，但"不会伤及任何动物身上要害"。[1]

通过以上这些措施，内战后的农业报刊从农业教育的正面舞台退居幕后，找到了适合自身的角色定位，也借此成为了为农民最信赖的农业知识媒介。20世纪初《农刊》的一位编辑威廉·W.波尔克曾不无骄傲地宣布："人们对'照书务农'的嘲笑几乎消失了。"[2]的确，到世纪之交，现代农业科学、新型农业机械和农场管理方式已在农民之间得到大范围运用，农业报刊功不可没。那么，农业报刊究竟在多大程度上推动了农民对现代化的接受？从这一点上说，当然不能将乡村的巨变完全归功于农业报刊，然而农业报刊的确是那个年代里唯一面向农民群体大规模传播农业知识的平台。它们在知识生产者与农民之间搭建起一座交流的"论坛"，让他们就乡村生活应如何改变的问题展开探讨，这是当时其他任何社会力量都难以完成的工作。可以说在美国农业与乡村现代化历程中，农业期刊即使称不上最核心的变革力量，也至少起到了穿针引线的关键作用。[3]

二、农业教育的实施

19世纪下半叶被普遍认为是美国"教育民主化"的时代。如果教育应为全体公民享有，那么农民也不能例外。1862年《莫里尔法》创建的赠地大学的里程碑意义便在于此。它让农业这一关乎基本生存的"草根"教育领域，正式进入了高等学院教育的大雅之堂。赠地大学有许多别称，但"人民的学院"这一称号最能代表其农业教育造福人民的宗旨。

---

1 "Barbed Fences - What Correspondents Say," *American Agriculturist*, May, 1880, p. 180.

2 "Some Observations," *Farm Journal*, January, 1907, p. 22.

3 John J. Fry, *The Farm Press, Reform, and Rural Change, 1895–1920*, New York: Routledge, 2005, p. 24.

教育是为了启迪人的心智。农业教育"授人以渔"的重要性，正如查尔斯·狄更斯所言："赋予农民耕种的最好土地，在于他头脑的围栏之内。"[1]当刚成年的农村青年在父亲的鼓动下来到农学院，他背负的使命不只是自我价值的实现，还有帮助家乡农业走出困苦。他不仅要学习"科学务农"技术，更要在农业教育的理论框架里学会"科学地"思考。

（一）农业教育的早期尝试

1821 年，一位哈佛学院的毕业生罗伯特·哈洛韦尔·加德纳在缅因州的加德纳市创办了美国第一所教授农业课程的职业教育学校，历史上称作"加德纳学园"[2]。根据写给州议会的请愿书，加德纳学园希望"为想运用科学种田的农民提供必要的职业知识课程"。[3]这位加德纳是该城市建立者西尔维斯特·加德纳博士的孙子，他在从祖父手中继承地产后，发现此处是修建校舍的完美地带。加德纳"并非一个务实的农民，但对促进农业发展兴趣盎然"。[4]为此，他从达特茅斯学院、霍巴特学院、汉密尔顿学院等高等学府聘请来教授开设农业课程，其中就包括被誉为"缅因农业之父"的农学家伊齐基尔·霍姆斯和著名农业化学家本杰明·黑尔。1823 年夏天，加德纳学园正式开始行课，该年有 20 名学者在学园讲授为期三年的农业课程，1824 年学园又添加了冬季课程，内容有数学、调查、簿记、力学、化学和自然科学。这些学科被认为有助于未来农民建立科学务农意识和采纳科学的农场管理方

---

1 Charles Dickens, "Farm and College," *All the Year Round, a Weekly Journal*, vol. 20 (October, 1868), p. 414.

2 Lyceum 一词又译"吕西昂"，此处为使用方便，取其直观意译"学园"。

3 Robert Hallowell Gardiner, et. al., "Petition to the legislature of the State of Maine, for the Incorporation of the Gardiner Lyceum," January 22, 1822, quoted from *Journal of the Franklin Institute*, vol. 140, no. 1, (July, 1895), p. 278.

4 S. L. Boardman, "The School at Gardiner, Maine," in L. H. Bailey, ed., *Cyclopedia of American Agriculture, A Popular Survey of Agricultural Conditions, Practices and Ideals in The United States and Canada, Vol. IV—Farm and Community*, New York: The MacMillan Company, 1909, p. 367.

法。在 1825 年，学园招收了 125 名学生。

　　虽然加德纳从一开始就意图将学园建成一个"州属"而非小地方的农业学校，但其想法并未得到州议会的认可。在缺乏财政与政策支持的条件下，随着人们兴趣减退，加德纳学园延续到 1832 年宣告关闭。纵然如此，加德纳学园依然被视为早期农业教育的成功起点。相比之下，康涅狄格州德比市的乔赛亚·霍尔布鲁克 1824 年在自家农场上创办的农业研讨班，仅开设一年便告终结。[1]

　　就像加德纳学园一样，内战前的其他农业学校，几乎都依靠有识之士的慈善之举而成立。1832 年在波士顿湾的汤普森岛，一所名称冠有"收容所"的农业学校开始招收 10 至 14 岁失去单亲或双亲的贫困男童入学。学校建立的初衷，是波士顿的城市精英们不忍心看到这些孩子在街头无所事事地游荡，于是想教会他们务农——一个被视为高尚且对社会有用的职业技能，主要为避免他们走上犯罪之路。[2] 课程以农业、园艺和种植的基础实用技术为中心，教师另外还传授关于土壤、种子和植被的简单知识。1837 年《新英格兰农民报》的编辑曾到该学校参观，盛赞其"不仅给了无依无靠、容易走入歧途的孩子一个家，还给他们提供了农业实用教育"。[3] 作家纳撒尼尔·霍桑在游览汤普森岛后，把这群就读于农业学校的男孩描述成"晒得黝黑的小小农夫"，而且"他们随时准备投入到理想的务农生涯中去"。[4]

　　另一个例子是 1845 年在康涅狄格建立的克里姆山农业学校。学校的创

1　Alfred Charles True, *A History of Agricultural Education in the United States, 1785-1925*, Washington, D. C.: Government Printing Office, 1929, p. 37.

2　Trisha Posey, "'Little Tanned Agriculturalists': The Boston Asylum and Farm School for Indigent Boys," *Massachusetts Historical Review*, vol. 16 (2014), pp. 55-56.

3　"Report," *New England Farmer*, February 7, 1838, p. 284.

4　Trisha Posey, "'Little Tanned Agriculturalists': The Boston Asylum and Farm School for Indigent Boys," *Massachusetts Historical Review*, vol. 16 (2014), p. 60.

建者塞缪尔·戈尔德和西奥多·戈尔德是一对"农民科学家"父子。儿子西奥多在耶鲁学院修习农学，毕业后便一直活跃在康涅狄格的农业教育前线，包括为建立康涅狄格州农业学会与康涅狄格州农业局而奔走，父亲塞缪尔则身体力行地献身于农学课堂的讲台。在克里姆山农业学校建立之初，课程就主要集中在训练科学务农上，教师常常在实地上指导耕田、翻土、饲养家畜、植树的科学方法，在教室里教学生如何对土壤和肥料进行化学分析。克里姆山农业学校是早期较为成功的私立农业教育机构，它在持续办学的 12 年里吸引了大量新英格兰的年轻农民，甚至是从欧洲和南美洲慕名而来的学生。但 1867 年塞缪尔逝世后，学校重组为下设农业系的综合院校。[1]

在 19 世纪 40 年代，除了致力于基础农业实践教育的农业学校，一批教授农业科学与农业经济高等知识的"农业学院"也在私人赞助下相继问世。例如俄亥俄州的农民学院和俄亥俄农学院、纽约州的奥罗拉农业学院、宾夕法尼亚州的芒特艾里农学院，等等。依照这些私立农学院的教学手册来看，它们试图兼顾农业实践和农业理论的教导。俄亥俄的农民学院有四年学制，根据其课程安排，低年级学生需要学习实地务农技巧，中年级要接受生理学、营养学、土地测绘、田地规划、农业化学、农业建筑学等农业相关学科的教导，而到高年级则更强调人文学科如历史、哲学、语言学和神学的熏陶，意在培养学生的独立思考与自我提升能力。[2]然而，这些学院几乎都没有能坚持办下来，至多是出台了课程计划草案，或者请到少数学者开设过数学期的课程，在办学寥寥几年后便难以为继。

以上仅是早期私人赞助农业教育的其中一些典型案例，内战前在纽约

1　L. H. Bailey, "Beginnings in Education by Means of Agricultural Subject-Matter," in L. H. Bailey, ed., *Cyclopedia of American Agriculture, A Popular Survey of Agricultural Conditions, Practices and Ideals in The United States and Canada, Vol. IV—Farm and Community*, New York: The MacMillan Company, 1909, p. 369.

2　Ibid., p. 372.

州的怀茨伯勒、康涅狄格州的德比、宾夕法尼亚州的布里斯托尔、马萨诸塞州的纽伯利、布斯和北安普顿等地也曾出现过农业学校，但开办时间都非常短暂。实际上，内战前建立专门的农业教育学校并非社会活动家们的主流意愿，更大的呼声是要求在现存高等学院下设置农学系或农学教授席位。较早的比如康涅狄格州哈特福德的三一学院，曾在 1824 年左右建立过农业系，霍雷肖·希科克担任系里的第一位农学教授。1825 年校董事会宣称："因为农业是生活和生存的主要来源，而且农业知识对于人类几乎所有行业都高度有益，农业系的设立就是让它成为教育的重要组成。"[1] 马萨诸塞州的阿默斯特学院于 1852 年在科学系下设科学农学教授席位，由约翰·A.纳什出任，但他实际上并未真正授课。[2] 该系于 1857 年被正式撤销，可能是因为没有多少来这所著名文理学院读书的中产阶级学生愿意修读农学，这直接导致专长农学的教师的离开，如动植物学家威廉·史密斯·克拉克于 1864 年从阿默斯特学院转到马萨诸塞农学院。

　　私立农业学校总是短命，有人认为原因在于农民对读书不感兴趣，或者在农学与古典课程教师之间的长期矛盾，但更大的原因或许如宾夕法尼亚农学院 1862 年的报告所说："学院财政吃紧，董事会筹资困难，在此情况下很多团体多半会陷入绝望。"[3] 资金，这项任何智识机构都赖以生存的要素，成为孤军奋战的私立农业学校难以逾越的鸿沟。

---

1 L. H. Bailey, "Beginnings in Education by Means of Agricultural Subject-Matter," in L. H. Bailey, ed., *Cyclopedia of American Agriculture, A Popular Survey of Agricultural Conditions, Practices and Ideals in The United States and Canada, Vol. IV—Farm and Community*, New York: The MacMillan Company, 1909, p. 368.

2 Edward Hitchcock, *Reminiscences of Amherst College, Historical, Scientific, Biographical, and Autobiographical: Also, of Other and Wider Life Experiences*, Northampton: Bridgman & Childs, 1863, p. 52.

3 A Committee Appointed by the Board of Trustees, *The Agricultural College of Pennsylvania: Embracing a Succinct History of Agricultural Education in Europe and America, Together with the Circumstances of the Origin, Rise and Progress of the Agricultural College of Pennsylvania*, Philadelphia: William S. Young, Printer, 1862, pp. 35-36.

（二）赠地大学的教育方案

赠地大学的创建至少反映了两重含义。首先，它是美国高等教育民主化的一项表征。曾经高等教育仅对精英开放，现在随着教育机会均等思想的传播，以及联邦政府教育拨款的扩大，赠地大学具备了资本和理论条件为农工劳动者安排农业与技工专业课程，高等教育开始向中下层民众开放。在最初成立时，赠地大学就采取"免试入学制"，毕竟在过去农民和工人都是无法符合高等院校的入学资格的；其次，它表现了高等教育中新的实用主义理念。"作为大学的大学"是学术阵营的一种宣言，其智识价值通过学术著作和研究而展现。但归根结底，这一理解将知识最终定义为"有用的"。约翰·杜威认为必须经过行动才能获得知识，因此教育也需要强调实用的"工具理性"。赠地大学开展农工教育正是从古典学科的理论探索走向实用主义的现实关照的一种路径。[1]

1862 年《莫里尔法》颁布后建立起的第一批赠地大学，包括开设农业课程的综合州立大学、私立农学院和新建的州立农学院，至少部分程度上摆脱了内战前私人农业学校的资金短缺困扰。学院董事会可以放开手脚策划人才引进和投资项目，而教学委员会更可以无所顾忌地安排农业高等教育的课程方案。至 1873 年，24 所赠地大学的入学人数达 2600 人，约占全美大学生总人数的 13%。

《莫里尔法》并没有给出具体的实施方案，只有一点是明确的：获得赠地的院校必须教授农业、工艺和军事。那么，它们应该教给学生怎样的农业知识？要如何给出具体的农业教育课程？各州的赠地大学需要根据实际情况自行把握。当时美国各大学院的领导人意识到，欧洲的农学院不足以成为参考对象，因为欧洲的集约型农业与农业科学手段不适用于美国特殊的地理环

---

1 李素敏：《美国赠地学院发展研究》，河北大学出版社，2004，第 14—15 页。

境。至少在最早的几年里，新成立的赠地大学的校长只能派团队到密歇根农学院观察其教学情况并做下笔记。[1]

密歇根农学院是第一批赠地大学中较为完好地履行《莫里尔法》要求和实施农业教育的模范。从某种程度上说，它是多数赠地大学运作参照的原型，许多从该学院毕业的学生最后到其他赠地大学任教，也将密歇根农学院已经试验过的教学方法带了过去。该学院成立于 1855 年，1857 年开始招收第一批学生，在《莫里尔法》通过后，密歇根是第七个接受法案赠地拨款的州，密歇根农学院也顺理成章成为早期的赠地大学。

直到 1885 年，农学系都是密歇根农学院的唯一系部，甚至在工程、家政、兽医和艺术的系部建成后，农学依然在学院占有最大规模的设备与资源。为了解决生源短缺问题，学院对学生只有很低的入学要求，他们只需通过算术、地理、语法、拼写、阅读和书法的简单考试即可入学，但相应的是大部分学生也必须在正式入学前参加预科班，以掌握高等教育的基本学习技能。最开始学院只有 6 名教授，在面对刚从公共学校毕业、能力参差不齐的新生时，他们必须随时调整体系本就不完备的教学纲领。农学是一个尚且年轻的学科，教授们也不确定什么才是最好的农学教育方案，他们只能根据自身专长补充教学选题，因此学生一周通常要额外修习 15~17 个和教授研究兴趣相关的课目，加上每周 25 节正课，学生的课业任务非常艰巨。

在 1861 年，学院终于获得授予四年制学生科学学士学位的权力，四年制的农学教学课程也终于得以完善。[2]该年的课程设置如下：

---

1 Edward Danforth Eddy, Jr., *College for Our Land and Time: The Land-Grant Idea in American Education*, Westport: Greenwood Press, 1973, p. 51.

2 Alfred Charles True, *A History of Agricultural Education in the United States, 1785–1925*, Washington, D. C.: Government Printing Office, 1929, p. 130.

表4　密歇根农学院教学课程（1861年）

		预科	一年级	二年级	三年级	四年级
上半期		高等算术	几何	物理	绘画与乡村工程	分析化学
		物理与数理地理学	气象学	蔬菜生理学与园艺学	地质学	动物生理学
		英语语法	历史	修辞	精神哲学	政治经济学
下半期		代数	三角学与土地测绘	土木工程	天文学	农业化学
		自然哲学	基础化学	植物学	动物学	昆虫学
		修辞	英语文学与簿记	园艺学	道德哲学	兽医与家畜经济学
				矿物学		农业与地理植物学
				归纳逻辑		农业科技
						家政与乡村经济

资料来源：W. J. Beal, *History of the Michigan Agricultural College and Biographical Sketches of Trustees and Professors*, East Lansing: Agricultural College, 1913, pp. 138–139.

　　该课程安排只是一个概览或者说指南，不过仍可以看出，课程大体上涉及农业生产的各个环节，包括种植、施肥、除虫、家畜照料与农牧场管理。不少课程似乎是农学与其他人文或科学学科的混搭，但突出了其他学科的理论对农业生产的实用性指导。另外，课程着重体现了"科学务农"的精神，计划让学生了解土壤与动植物生长的机理，学会用科学方法更好地利用土壤肥力，最大限度地掌握生产时机和农场的综合运作，以实现学生的最终目标：农产效率的提升和农民增收。

　　学院的农学教授越来越感觉到实用主义教育的重要性，因而逐渐加大了室外教学的范畴与力度。一天至少1/3的时间里，学生须在田地、马厩、青贮窖、饲养圈、温室、花园或果园里上课。这些"田间地"皆从属于供学院师生教学与科研的"室外农业教研室"体系。密歇根农学院在成立之初就建有教学田，这是一大块附属于学校的土地，有些农民称其为"模范田"，实际是一种误解。密歇根农学院的一位实用农学教授，同时也身兼教学田管理者的尤金·达文波特熟知人们的这一误解，他曾表示："来访的朋友们可能会忘记，学院的真正工作是发明、探索原理和应用，而不是制造一堆模范。"[1] 无论如何，教学田是密歇根农学院和其他很多赠地大学农业教育最重要的设施，它让学生有机会在田上观察和实际操作科学务农技术。

学院也有室内的实验室，主要用于农业化学、动物生理学、蔬菜生理学和兽医学的实验观察。化学反应实验、畜类、昆虫和果蔬根茎的解剖以及养蜂都在实验室进行。实验室不只是教学用，教授一般会鼓励学生按照自己的想法重复实验，或让学生自行选择动植物观察，培养他们的自主学习和思考能力。不过教授在课堂上会介绍他认为最前沿的科学方法，以期学生毕业后能将这些知识带回家乡。实验室"在高等教育世界里给了农业一个高贵地位"。[2]

当然，密歇根农学院是少数较为成功履行《莫里尔法》高等农业教育要求的学府，这也得益于 1860 年以前学院的早期探索。其他很多赠地大学受制于旧传统或师资局限，并没有太集中于农业教育。例如得克萨斯农工学院倚重军事训练，薄弱的农学系仅有一位神学博士卡莱尔·P. B. 马丁，他被形容为"想在什么都长不出的贫瘠土地上种出一个桃园"的"几乎不懂种植"的老师。[3] 在堪萨斯州农学院，19 世纪 60 年代只有一位并不太关注农业的地质学教授本杰明·F. 马奇独自支撑。[4] 佛罗里达州农学院甚至将农业和古典文学放在一起设立了一个古怪的教授席位——"农学、园艺和希腊语教授"。[5]

---

1 W. J. Beal, *History of the Michigan Agricultural College and Biographical Sketches of Trustees and Professors*, East Lansing: Agricultural College, 1913, p. 181.

2 Edward Danforth Eddy, Jr., *College for Our Land and Time: The Land-Grant Idea in American Education*, Westport: Greenwood Press, 1973, p. 58.

3 Susan R. Richardson, "'An Elephant in the Hands of the State': Creating the Texas Land-Grant College," in Roger L. Geiger, ed., *The Land-Grant Colleges and the Reshaping of American Higher Education*, New Brunswick: Transaction Publishers, 2013, p. 131.

4 John D. Waters, *Columbian History of the Kansas State Agricultural College, Located at Manhattan, Kansas*, Topeka: E.H. Snow, State Printer. 1893, pp. 18–21.

5 Earl D. Ross, *Democracy's College: The Land-Grant Movement in the Formative Stage*, Ames: Iowa State College Press, 1942, p. 87.

尽管如此，绝大部分受惠于《莫里尔法》的赠地大学还是最终建设起来了。1871 年，来自英国牛津、受邀到康奈尔大学任教的历史学教授戈德温·史密斯在其写给校长安德鲁·怀特的信中，鼓励他和其他新学院董事会不要受传统限制，要着力于构建美国自己的教育模式：

> 我太了解旧世界和新世界之间的区别了。至少唯一我可以给你的建议是：在不忽视欧洲教育经验的情况下独立行事，不模仿也不敌对，保持不受我们的教育体制和理念影响。在我们这边学术教育问题和历史事件、政治斗争搅和在一起，而在你们那边所幸它们并未结伴而行……我要说的是，让你们的实用教育适应美国生活的实际需要，它肯定是整体（体制）的基础。对于全面文化培养，就取那些对人民最重要和最有吸引力的科目。[1]

康奈尔大学在安德鲁·怀特的领导下成为发展适用于美国土壤的实用教育的又一典范，务农的实用教育被提升为学院的重心，因为校董事会认识到农业对美国快速扩张的经济生活的意义，这反映在怀特校长走访全美和英国几乎竭其所能地寻找胜任的农学家来构建他理想的农学系上。1874 年农学家艾萨克·罗伯茨受怀特校长邀请来任教时，康奈尔大学农学系分别专长于农业化学、植物学和兽医的三位教授只能间歇地在学院授课，而正统农业科学的教育处于"令人沮丧的绝境"。怀特校长在其自传中提到罗伯茨教授"是兼具实用与理论精神的人，他作为教授和指导员的二十年间极大地促进了这个州和国家的农业"，他为康奈尔农学教育"最终带来了曙光"。[2] 在罗伯茨以强

1　*The Cornell University, Account of the Proceedings at the Inauguration, October 7th, 1868*, Ithaca: University Press, 1869, p. 13.

2　Andrew Dickson White, *Autobiography of Andrew Dickson White, Volume I*, New York: Century Co., 1906, pp. 369–370.

硬手段迫使校董事会为教学田修缮拨款，重新整理混乱的农业项目后，康奈尔的农学系迎来飞跃式发展，更多农学教授慕名前来应聘。[1]在此之后，康奈尔大学更成为了运作农民学社和农业试验站的先锋。

19世纪的最后二十年见证了赠地大学就读人数快速上升。据统计，仅1884—1889年间赠地大学的学生人数就增长了50%，教职人员增长了30%。[2]这一飞跃，一方面源于美国公民教育意识和经济水平的提高，另一方面源于1890年《莫里尔法》新授权了24所赠地大学，尤其是西部某些州，如亚利桑那、爱达荷、怀俄明、犹他、蒙大拿，新院校填补了这些地区农业高等教育的长期空白。

赠地大学的农业课程在这二十年发生了变化，随着农业专业化程度的提高，学院内部农学教育专业区分也越来越细致。比如，密歇根农学院就划分出畜牧学、乳品学、林学、种植学、牧马学、养禽学、农业工程学、土壤科学、园艺学几种独立分支。学生一般会从中选择一门主修，在其他分支中选课辅修。1880年赠地大学所开农学课一般是3~5种；到1910年，许多大学的农学课细分到数量超过120种。[3]最为显著的是农业工程学和农业教育学成为新的重要科目，它们为新形势下的现实需要而设立。19世纪末20世纪初普通中学引入了农业课，在农学院毕业生群中广招农业教师。农业机械的普及程度前所未有地提高了，西部大平原的大型农业工程也开始出现。学校领导人认识到不应限制农民的未来职业选择，一个农民的儿子来修读农学，并不意味着他学成后要继续做农民，他未来可以做一个中学农业教师、农业科研人员、农业机械公司改良师、农业机械维修员或灌溉水利工程师，同样

---

1 Nathan M. Sorber, "Farmers, Scientists, and Officers of Industry: The Formation and Reformation of Land-Grant Colleges in the Northeastern United States, 1862–1906," Ph. D. Dissertation, The Pennsylvania State University, 2011, p. 97.

2 Edward Danforth Eddy, Jr., *College for Our Land and Time: The Land-Grant Idea in American Education*, Westport: Greenwood Press, 1973, pp. 85–86.

3 Ibid., pp. 119–120.

能帮助美国农业成长。

学生对高等农学教育的接受程度显然更高了，农学第一次成为大学里的热门专业。在某些情况下，学生主动提出的教育需求更成为赠地大学设置新农学科目的直接动因。例如，艾萨克·罗伯茨教授就曾提到，康奈尔大学设置养禽学科目的动因首先是一名学生的建议：

> 大约 1888 年，一个年轻学生找到我，问为什么我们学院没有教养禽的系部，我立即回答我一点不懂养鸡业，如果真的有一个养鸡户来读书，我也没办法指导他。我见过很多经历了鸡瘟的人，结果他们就像坐在蛋上的掉毛母鸡一样。我的心情非常复杂。最后他鼓起勇气，说他了解一点养鸡业，想来试试身手。他认为学院应该要教禽类文化，并格外激动地描述了禽类养殖教育的方式和可能的结果。最终勾起了我的兴趣。我让他草拟一个养禽科目的计划，当他交给我时，我感觉这个计划非常详尽，于是便修改后上交了……[1]

后来他们在旧谷仓的荒废林地里建起一座鸡舍，20 世纪最初几年禽类学家乔治·C.沃森来到康奈尔后，农学系正式开设养禽科目。

19 世纪 90 年代出现的农业萧条促使许多大学开始设立农业经济学专业。这门专业研究农业生产的经济学应用，内容包括农场经营管理、农业与土地政策以及与农产品关系密切的经济要素如供给、需求、价格、市场、运销、分配、消费和国际贸易。1902—1903 年经济理论家亨利·C.泰勒在威斯康星大学麦迪逊分校开设了 14 节农业经济学课，随后成为赠地大学的第一位农业经济学教授。1903 年他得到校董事会允许在威斯康星大学创建独立的农

1　Isaac Phillips Roberts, *Autobiography of a Farm Boy*, Albany: J. B. Lyon Company, 1916, pp. 216-217.

业经济学系，最终于 1909 年正式建成，其间他还在 1905 年撰写了美国第一本农业经济学教材。[1]同一时期教授农业经济学课的，还有哈佛大学的托马斯·N.卡弗和艾奥瓦农学院的爱德华·G.诺尔斯。到 20 世纪 20 年代，农业经济学已成为各大赠地大学中能与传统农业科学比肩的另一显学。

伴随着农学专业化提高的还有教学制度的专业化。到 1900 年左右，在发展势头良好的赠地大学，每个教授开始只教自己专长的一门科目。教授的专业化程度还从学术出版的风靡反映出来——从 1895 年至 1907 年，赠地大学的农学教授出版农学著作接近 300 部，是以往出版著作总数的 3 倍。[2]另外，实验室制度也得到进一步完善，学校购置了更多数量和更多类别的农业实验设备，并且修订了实验室管理细则，使农业教学更加方便。

（三）大学的农业短期课：农民学社

给农民上课，教农民如何正确地、科学地种地，在 19 世纪下半叶的美国并非新鲜事。远在农民接受高等教育的时代之前，向农民分享农业科学新成就的短期课程已然出现。"短期"意思是只持续一至两天，所以不会占用农民的耕作时间，他们无需到大学接受全日制教育也能学到农业技术。

内战前，农业学会举办的系列讲座和农业展会上的演讲可看作是农业短期课的原始形式。马萨诸塞州议会农业学会从 1839 年起曾在议会大厅每周举行公开会议讨论农业问题，邀请普通农民前来旁听。这一举动在当时很有影响，直到 1867 年马萨诸塞州农业局会议取而代之。19 世纪 40 年代，纽约州农业学会组织过深入乡村各个地点的巡回讲座，俄亥俄州某些县农业学

1　Sidney H. Evans, Donald R. McDowell, and Ridgely A. Mw' Min, "Development of Agricultural Economic Programs at the 1890 Land-GrantInstitutions," in Ralph D. Christy and Lionel Williamson, *A Century of Service Land-Grant Colleges and Universities, 1890–1990*, New Brunswick: Transaction Publishers, 1992, pp. 29–30.

2　Edward Danforth Eddy, Jr., *College for Our Land and Time: The Land-Grant Idea in American Education*, Westport: Greenwood Press, 1973, p. 87.

会也曾短暂举办巡回讲座，农业学校的教师和当地农业科学家受邀向农民宣讲科学农业，但这一形式受制于经济压力和人员短缺，难以延续。[1] 这些形式的短期课被统一称作"农民学社"，后来也被大学与政府采纳作为正式称呼。1852 年马萨诸塞州农业局成立时规定的一项职责就是要前往州内各农业区发表关于农业科学实践的演讲，两年后秘书查尔斯·弗林特在报告中表示："有理由相信，农民学社从某种程度上能满足农业教育的需要。"这是"农民学社"首次在正式文件中被提到。[2]

19 世纪 60 年代以来，大学接过兴办农民学社的旗帜。特别是《莫里尔法》要求赠地大学把农业知识带给农民时，也为高等教育构建了一种新的理念基础：除了吸引农民来到城市里的学院上课以外，大学还应反过来走出"象牙塔"，到乡村直接给农民上课，向他们传授实用的农业知识。于是，农民学社的形式便很快为赠地大学采纳。耶鲁大学谢菲尔德科学院的约翰·A. 波特教授于 1860 年为农民创办了农业讲座，整个 19 世纪 70 年代堪萨斯州农学院、艾奥瓦农学院和伊利诺伊工业大学都在董事会年会中讨论了创办农民学社的可能。[3]

密歇根农学院的曼利·迈尔斯教授曾提出建立一个学院主导的农民学社方案，但 1875 年他离职前往伊利诺伊工业大学任教。同一年，农业化学教授罗伯特·凯兹向院长西奥菲勒斯·阿博特申请接手并完善了迈尔斯的计划，提议学院应当在冬季农闲月到乡村向不能或不愿来读大学的农民开设短期学社。很快，由罗伯特·凯兹教授、威廉·J. 比尔教授和罗拉·C. 卡彭特教授组成的委员会从密歇根州农业局得到允许，得以在 1876—1877 年冬

1　L. H. Bailey, *Farmers' Institutes: History and Status in the United States and Canada*, Washington, D. C.: Government Printing Office, 1900, p. 5.

2　Alfred Charles True, *A History of Agricultural Extension Work in the United States, 1785–1923*, Washington, D. C.: Government Printing Office, 1928, p. 6.

3　Ibid., pp. 8–11.

季试行农民学社的方案。[1]他们和州农业局派来的五名农学家组成两个团队，分别前往两座村落开课。课程分为两部分：教授讲课与话题讨论。

作为委员会主席，凯兹教授受托在农业报刊上发表了计划，目的是为农民学社做宣传，除了让农民踊跃参加外，还传达这样一个意思：农民学社是州农业局授权的正式公益课程，准备讲课的教授也是真正的专业人士，他们为帮助农民改善务农技巧而来，是值得信赖的。[2]在凯兹教授的方案中，农民学社具有三大特点：其一，每次课程开课时间为两天，内容简短集中，直截了当绝不拖沓，以免引起反感；其二，课程对参与人没有任何限制，所有农民皆可参加，农民的妻子儿女也得到了特别邀请；其三，虽然每年只有六次课程，但讲课和讨论内容将被完整记录下来，随后登在《密歇根州农业局年度报告》中。从实际情况来看，关于农民学社的内容几乎占据报告书总页数的一半，这既是一种天然的宣传，也对错过课程的农民有利。[3]

凯兹教授的农民学社受到了广大农民的欢迎和盛赞，让农学家与农民面对面接触的这一短期课程从偶然的安排变成了长期的制度。从1876年到1896年，密歇根的农民学社活动保持着稳定开办状态，学社数量逐渐增长到七十余个。1896年开始在冬季季末新开一个为期四天的学社，这被称为"农民综合学社"。[4]其中一个举办地阿勒根的当地杂志《阿勒根刊》曾报道，农民"对接收到的新视野心存感激，而且惊喜地发现农学院教授不是一群'拘泥死板'的书呆子，而是非常谦逊、非常注重实际的人，他们不拘小节，但

---

1 W. J. Beal, *History of the Michigan Agricultural College and Biographical Sketches of Trustees and Professors*, East Lansing: Agricultural College, 1913, p. 158.

2 Eugene Douglas Dawson, "The Rise and Development of Farmers' Institutes in Michigan in Relationship with Michigan Agricultural College from 1876-1889," Ph. D. Dissertation, Michigan State University, 1974, pp. 47-48.

3 Ibid., pp. 51-53.

4 W. J. Beal, *History of the Michigan Agricultural College and Biographical Sketches of Trustees and Professors*, East Lansing: Agricultural College, 1913, p. 159.

头脑里装着符合他们身份的知识"。[1]

康奈尔大学的农民学社是另一个声名远扬的成功例子，它标志着农民学社模式走向成熟。1877年艾萨克·罗伯茨教授向校董事会提出建立农民学社的设想，不过直到1886年才正式开设了第一次农民学社。罗伯茨向学校邮寄名单中有记录的约一百位农民发出邀请信，而最后共有两百多人到康奈尔参加了为期一周的学社。[2]

至少在罗伯茨眼中，农民学社的开设"对农业和大学而言都是非常好的事情"。他在写给纽约州众议员丹尼尔·P. 威特的信中说：

> 1874年2月我来到康奈尔后，很快发现这个州的农民对农学院毫无兴趣。最早待在康奈尔的阴郁日子自然让我的思想和精神回归到艾奥瓦的暖阳草原寻找光明和帮助。我曾和美国第一个农民学社有积极的联系……当我来到康奈尔时这一切都记忆犹新，我自然而然地想到设立一个农民学社也许能吸引纽约农民对学校的注意，尤其是如果能在康奈尔大学举行的话……[3]

和密歇根农学院不同，康奈尔大学的农民学社设置在学校内的大型演讲厅和农业系大厅，夜晚的课程安排在校图书馆会议室。在课程间歇，农业系成员还会带领参加者参观实验室。农学教授需要为课程提前做好发言准备，并且要写一段真诚、谦逊的陈述印在讲义上，课程期间分发给参加者。他们讲课的要旨是将在学校做的农业课题研究"转述"成农民可以在田间实际运

1　Quoted from Madison Kuhn, *Michigan State: The First Hundred Years, 1855–1955*, East Lansing: Michigan State University Press, 1955, pp. 139–140.

2　Gould P. Colman, "Pioneering in Agricultural Education: Cornell University, 1867–1890," *Agricultural History*, vol. 36, no. 4 (October, 1962), p. 204.

3　Quoted from Ruby Green Smith, *The People's College: A History of the New York State Extension Service in Cornell University and the State, 1876–1948*, Ithaca: Cornell University Press, 1949, p. 17.

用的务农手段。

康奈尔大学新上任的校长查尔斯·K. 亚当斯对农业教育的普及非常热心。他在康奈尔第一次农民学社的开幕讲话中呼吁人们给科学农业知识的载体更多支持，其中自然也包括对农民学社的支持。[1] 他的声音没有被忽视。从 1887 年起纽约州农业学会展开与康奈尔大学的合作，将农民学社带到纽约州的地方县城。学社也得到了州议会的正式承认，并给予了财政拨款。在只有 85 名农民参加康奈尔第一次农民学社的 25 年后，1909 年的农民学社参加人数接近 15 万。[2]

州农业局的财政拨款对农民学社工作至关重要。密歇根农学院、艾奥瓦农学院、康奈尔大学、伊利诺伊工业大学和威斯康星大学的农民学社能稳步发展有赖于州农业局的鼎力相助，包括人员和资金的协助，但对于另一些较晚成立的赠地大学来说，就没有那么幸运了。普渡大学校长爱默生·E. 怀特面对的是一个固执己见的印第安纳州农业局，他于 1877 年向农业局建议开办农民学社，遭后者直接拒绝。直到 1882 年农学教授查尔斯·英格索尔在递交给州农业局的报告中痛陈印第安纳的农业发展滞后于邻近的密歇根、伊利诺伊和俄亥俄，是因为山地农民没有那些州如火如荼的农民学社，州农业局才勉强同意试办四个学社，但随着英格索尔教授远赴科罗拉多农学院任教，该计划被搁置。最后要到 1888 年州议会向农业局拨款，而且迫于农民反叛的压力，农业局才和普渡大学提出合作重启农民学社。[3]

无论是像密歇根农学院这样的先行者，还是像康奈尔大学这样的后起之

1　Charles Kendall Adams, *A Plea for Scientific Agriculture*, Ithaca: Andrus & Church, 1886, p. 16.

2　Ruby Green Smith, *The People's College: A History of the New York State Extension Service in Cornell University and the State, 1876–1948*, Ithaca: Cornell University Press, 1949, p. 24.

3　Roger James Wood, "Science, Education, and the Political Economy in Indiana: A History of the School of Agriculture, Agricultural Experiment Station, and Department of Agricultural Extension at Purdue University to 1945," Ph. D. Dissertation, Purdue University, pp. 81, 110.

秀，抑或是像普渡大学这样争取组建农民学社多年最终成功的院校，自19世纪80年代以来大部分州的赠地大学都开始意识到农民学社的重要性。农民学社逐渐形成一个全国性的教育运动。艾奥瓦、俄亥俄、明尼苏达、缅因、密苏里、密西西比和纽约在19世纪80年代扩建了农民学社，其他州的农民学社则在90年代开花结果。到1900年每个州都有了一系列农民学社，其中至少一半州的学社由赠地大学主办，农学教授到乡村讲课、与农民攀谈讨论的踪影随处可见。据观察，20世纪初全国每年平均有200万人参加农民学社，在学社讲课的教职人员约1000人，而邀请的乡村讲谈人差不多有3000人。在制度化之后，各州赠地大学和农业局甚至于1896年在威斯康星的沃特敦成立了一个美国农民学社工作者协会，每年开会讨论如何促进农民学社工作的问题。美国农业部也在这一时期设置了一名农民学社专员，由宾夕法尼亚农学院的荣休农学教授约翰·汉密尔顿担任。[1]

　　全国绝大部分农民学社都遵循这所著名赠地大学创造的标准模式。学社一般持续2~3天，每天包括2~3场讲习会，分为上午场、下午场和傍晚场。开幕时会有主办方领导人或其他邀请的名人发表讲话，接下来是几位演讲者，通常是学院教授或农业局专家，轮番上台讲课，每人主讲一个农业话题，时间控制在30分钟以内，所以要求精练和实用，使农民掌握后可以回家直接运用。为了辅助讲课和调动观众兴趣，一些演讲人也携带道具，如黑板、幻灯片、农业器械、建筑模型等用来向观众直观地展示自己所讲主题。演讲人讲完后是观众提问和分享经验的时间，这往往是学院教授最喜闻乐见的部分，因为他们经常能从农民那里听到对某一技术、方法有趣的改进建议。每天中午的午餐时间里，农民和演讲人可以继续互相交流。傍晚场的讲

---

　　1 L. H. Bailey, "Farmers' Institutes," in L. H. Bailey, ed., *Cyclopedia of American Agriculture, A Popular Survey of Agricultural Conditions, Practices and Ideals in The United States and Canada, vol. IV—Farm and Community*, New York: The MacMillan Company, 1909, p. 461.

习话题比白天的要更轻松，常有一些娱乐成分，比如教授分享他们原来的留学经历，或者讲讲自己在教学时遇到的趣闻。学社地点通常是城镇大厅和法院，但有时也设在格兰其的会所、教堂或果园。至于时间，北方的农民学社一般在冬季举行，而南方的学社常开始于夏季末尾——农民刚刚种下玉米，准备开始摘棉的时节。[1]

农民学社可被视为 20 世纪初美国农业部合作推广体制的过渡形式。它是政府正式主导构建农业推广之前，高等教育和智识机构履行农业推广职责的一种自我探索。它将学院的研究和教学人才、农业实践的最新成就与农民本身置于同一空间，在高强度的短期课程中给予农民一场知识盛宴，最终证明是行之有效的，让许多曾经对科学持怀疑态度的农民终于相信务农需要科学，至少前来听课对他们没有任何害处。对于农学院来说，农民学社的目的很明确，即传播知识，让农民认识和了解农学院，从而吸引农民入学。虽然农民学社缺乏全国统一的领导指挥，各个赠地大学和州农业局各自为政，但这一形式为后来的县推广员工作创造了有价值的先例。

（四）赠地大学的困难

1862 年《莫里尔法》有一个大致的指示方向，它要求赠地大学聘请农学教授开设农业实用技术的课程，这位教授必须具有广博的农业知识，通晓农业科学内部各领域的理论，并且也要具有领导全体教职工开展教学计划的能力。可惜的是，在赠地大学成立初期能够担当起如此重任的、有能力的农学师资人才少之又少。1860 年以前美国不存在有组织的农业科学培训，早期的农学家在德意志各邦的大学接受培训，能取得德意志高等科学学府的博士学位是表明其掌握了精密农学知识的标志，这让他们得以在业界获同行认

---

1 Roy V. Scott, *The Reluctant Farmer: The Rise of Agricultural Extension to 1914*, Urbana: University of Illinois Press, 1970, pp. 93–94.

可。不过，能有德国留学经历的高水平农学家毕竟稀缺，这样的人才可遇不可求，是各大院校领导人为发展农学系的争抢对象。

在偶尔能找到的留学归来人才之外，赠地大学和农学院聘请长期任职的农学教师主要有两个来源：第一，在古典式学院接受教育的科学家，不一定是专门的农业科学家，很多情况下是化学家、生物学家和兽医专家；第二，专注于农业科学并已在地区范围内名声斐然的实干农民。问题在于，前者对实地的田间务农知之甚微，更不了解农作物与牧畜的某些古怪习性；后者虽然拥有实地经验，但普遍缺少教学能力。此外，除了个别学者，《莫里尔法》要求的农学"通才"几乎不存在，绝大部分农学研究者只聚焦于自身狭窄的领域。

极为优秀的农学家自然会得到学院领导人的邀请和尊重，但不是所有农学教授都有密歇根农学院的曼利·迈尔斯或者康奈尔大学的艾萨克·罗伯茨那样的待遇。大学校内传统的古典学科教授普遍对农学没有好感，农学教授在学校处处受限，受校董事会排挤。赠地大学引入工农业教育甚至招来一片批评之声，认为它们会摧毁传统的学术教育。[1]当农业化学家塞缪尔·威廉·约翰逊于1855年从欧洲回到耶鲁大学任教时，他发现耶鲁虽然设立了农学教授席位，但其实校内风气完全不利于农学学科的建制。甚至他在向校董事会申请建立一支25名农学家组成的团队时，也不得不小心翼翼地回避提到"农业"字眼。[2]同样，艾萨克·罗伯茨也提到1874年来到康奈尔大学时，他们全家受到冷遇："那时候，康奈尔大学系部古典教育出身的教师认为农业不配与传统科目平起平坐，于是我们被冷落在一边，我们感觉自己与这里的气氛格格不入。"[3]

早期在农学院供职的农学教授往往需要超量工作。很多情况下，他们要

1　张斌贤：《美国高等教育变革》，教育科学出版社，2017，第105页。

2　J. G. Horsfall, "Introduction: How Johnson Related Science to Society," in Peter R. Day, ed., *How Crops Grow: A Century Later*, New Haven: Connecticut Agricultural Experiment Station, 1969, p. 3.

3　Isaac Phillips Roberts, *Autobiography of a Farm Boy*, Albany: J. B. Lyon Company, 1916, p.177.

独自运作整个农学系部，同时负责管理教学楼和教学田。例如在 19 世纪 70 年代晚些时候，堪萨斯州农学院的爱德华·M.斯凯尔顿教授除了要教本专业的农学课，还要负责生理学、自然地理学、家政学和美国历史的课程，他对此甚为不满。[1]

就算赠地大学能够解决内部矛盾和农业系领导的师资问题，它们还需要面对来自社会层面的压力，尤其是 19 世纪七八十年代农民群体普遍的漠视与反对，一如民间农业学会和农业报刊曾面对的处境。学院里农学学科的羸弱地位是农民产生偏见的一个重要原因。有些农民认为现行的农学院浪费了政府拨款，只是为找不到工作的人提供闲职。另一些农民认为农学院没能完成 1862 年《莫里尔法》的要求，学院课程强调文艺与哲学，无论是对农业发展还是"农民涌向城市"问题都毫无帮助。[2]1870 年伊利诺伊农民大会的发言人谴责伊利诺伊工业大学的课程完全没有考虑到农民的实际需求，赢得了与会者的掌声。恼怒的农民表示：

学院不会让男孩子去那里只学习这样的农工课程而不选修别的专业。如果一个人在打铁上有特别的天赋能力，看在上帝的份上就让他做个铁匠吧。形而上学，那是什么？从亚里士多德至今所有形而上学家的白痴努力想表达的实质，用十页纸就能说清。

赠地大学和州立农学院的"恶名"就这样由农民传播开来，他们给学院的定位就是招摇行骗者，在那里学不到有价值的东西。[3]

1 Roy V. Scott, *The Reluctant Farmer: The Rise of Agricultural Extension to 1914*, Urbana: University of Illinois Press, 1970, p. 32.

2 Alan I. Marcus, "The Ivory Silo: Farmer-Agricultural College Tensions in the 1870s and 1880s," *Agricultural History*, vol. 60, no. 2 (Spring, 1986), p. 22.

3 Roy V. Scott, *The Reluctant Farmer: The Rise of Agricultural Extension to 1914*, Urbana: University of Illinois Press, 1970, p. 29.

虽然赠地大学希望协调好农业教育与通识教育的平衡，但并没有清晰的目标。早年许多缺乏经验的赠地大学领导人无论是对来报名的农民学生，还是对突然安置在学院里的农学学科，都缺乏客观的理解，他们甚至以为农民更需要的是古典通识教育。被新罕布什尔农工学院选为第一位教授的伊齐基尔·戴蒙德便是其中的代表。虽然他为学院的农业教育做出了一些实践贡献，如协助学院建立教学田和农业设施完备的教学楼，但在规划农民学生教育方面仍保持着传统性的考量。[1]1869年他以校董事会成员身份向州议会报告说：

> 大多数学生来自乡下，他们只接受了大致等同于我们免费公立学校所能提供的一点思想训练，远落后于大城市分年级学校给予的思想教育……如果教年轻人写作、雄辩、商业算术、簿记和绘画不算是实用教育，那么我们最好给"实用"这个词发明点新的意思。"产业阶级的博雅教育"要求我们比一般文化走得更远一些，它力图让一个人拥有比身为劳动者更多的能力……因此他需要那些比自己专业的简单知识更广阔范畴的教育。[2]

为了回应外界的批评，一些赠地大学在保留通识教育核心的前提下建立了一种看似美好却不切实际的学生劳动制度。该制度要求学生每天在课堂学习之外还要参加和务农相关的有偿劳动，有时是在田里挖沟渠或者测绘土地，有时是打扫鸡舍猪圈这种简单的农务劳动。[3]在制度的制定者看来，这

1　Joseph B. Walker, *Memorial Sketch of the Life and Character of Ezekiel Webster Dimond*, Worcester: Edward A. Jenks, State Printer, 1877, pp. 12–18.

2　*Report of the Trustees of the New Hampshire College of Agriculture and Mechanic Arts, to the Legislature, June Session, 1869*, Manchester: John Clark, State Printer, 1869, pp. 38–39.

3　W. J. Beal, *History of the Michigan Agricultural College and Biographical Sketches of Trustees and Professors*, East Lansing: Agricultural College, 1913, p. 194.

样的劳动能让学生进行实际的务农训练，就好比学会正确使用锄头、铲子和
耙子以使他们在未来能针对不同质地的土壤选用不同类型的工具，也知道如
何使用能达到最大效果。1871 年密歇根农学院的目录里曾宣称："要求每位
学生在田间或花园干的三小时劳动，让他们熟悉工具和农业原则，也有助于
养成劳动习惯。"[1] 但在社会观察家看来，学生劳动制度的施行仍是变相的重
理论不重实践的教育方针。劳动与课堂教学内容完全分离，劳动只被监督而
不被示范，最后只会是学生的额外繁重负担。比如，堪萨斯州农学院的学生
常常感觉"这种强制劳动还比不上老家的父亲交给他做的事情有用"，[2] 以致
许多人想尽办法欺骗教导员逃避劳动。甚至不少教授也对此反感，因为这让
他们多了监督学生劳动的责任。[3]

　　赠地大学面对的以上种种困难，大体上是由农学专业体制不够完善导致
的。客观上，虽然农学学科已出现专业内部复杂化的趋向，但在 19 世纪 70
年代仍是一个着重于理论而与田间实践脱节的领域，无论是教师问题还是教
学问题，都源于农学未能完全独立的现状。农学研究找不到获得实验验证的
正式机构，这是《莫里尔法》颁布三十年后赠地大学和农学院仍难以为社会
充分认可的最大原因。农学学科的声誉、对生源的吸引力、在学院内部的立
足以及其本身社会职责的履行，其实都仰赖学科专业化的建设，正如农业
史学家韦恩·拉斯穆森所说："如果农学院要想生存下去并对国家有所贡献，
它们必须在授课上做得更多。但要等到试验站建立，通过实验提供了课程所
需的基本知识，学院级别的农业课程才成为可能。"[4] 重要的是，试验站科研

---

1 Edward Danforth Eddy, Jr., *College for Our Land and Time: The Land-Grant Idea in American Education*, Westport: Greenwood Press, 1973, p. 63.

2 Kansas State Agricultural College, *Hand-book of the Kansas State Agricultural College*, Manhattan: Printed at the Office of the Nationalist, 1874, p. 20.

3 W. J. Beal, *History of the Michigan Agricultural College and Biographical Sketches of Trustees and Professors*, East Lansing: Agricultural College, 1913, p. 71.

4 Wayne D. Rasmussen, *Taking the University to the People: Seventy-five Years of Cooperative Extension*, Ames: Iowa State University Press, 1989, pp. 25–26.

工作能够解决教师短缺与知识结构单一的问题，让农业教育从农业科研中吸取养分，再形成教研的二元有机综合体，农业教育才有机会走出空中楼阁的困境。

三、农业科研与试验

从严格意义上讲，"农业科研"是一个制度性的概念，是农业科学主义主导下的一整套关于策略、流程、人员资格限制的实践。"农业试验"则不然，它具有流动性和分散性，每一个热心农业进步的科学爱好者、科学家和农民都能自由进行。在美国，"农业试验"至少开端于18世纪下半叶，欧洲自然科学的启蒙运动随着科学机构的跨大西洋交际在美国扎下深根。早期共和国时期的各种农业学会采取现金奖励的形式推动农业试验，逐渐产生"农业科研"的整体学术环境。1887年的《哈奇法》，按照艾伦·I.马库斯的说法，是通过设置农业试验站的方式让美国"农业科研"获得一种"合法性"的。虽然仍有不少亟待解决的制度问题，但法案结束了美国科学家对受政府资助的独立农业科研机构的探寻，开始在更大层面上发挥"科学促进产业"的理想力量。

（一）欧洲经验与美国现代农业科研的开端

农业科学本身的属性尤其适合国际合作。经验证据表明，对农业科学具有决定性意义的不是农业科学家的报告和论文，而是他们之间的学术对话和更复杂的关于农业科学框架如何建构的探讨。而且，农业科学家关注的基本生态环境，如土壤、气候、植被等并不受制于国界，他们相信对当地环境样本的采集、观察和实验能构成农业科学的认知工具。他们会旅行到不同地区，在各地农业学会和试验田上寻找能融会贯通解释元理论的证据。就像其他学科一样，农业科学家也寻求科学分析的标准化，土地测量、数据解读和客观性被视为农业研究通向现代科学的行业普遍适用的规范。如果不同国家或地区的农业科学家之间有机会交换研究理论、数据和分析结果，将有助于各自农业科学专业性的进步。

美国现代农业科研的起点便需要置于这一国际科学合作的语境当中来看待。1887 年《哈奇法》给予各州赠地大学国库拨款以建立下属的农业试验站，标志着美国农业科研的制度化变革。农业试验站使得农业科研从分散走向集中，在试验站工作的农业科学家既具有正规合作的特性，也具有独立研究精神。但是，这一变革不是凭空出现的，它是农业科研助益社会以及通过跨国交流促进科研进程的国际共识的一部分。在 19 世纪下半叶，美国的农业研究者时常前往欧洲特别是德意志地区接受科学训练，期待找到可靠的农业科研方法来解开自己的科学疑问。由此，欧洲人和美国人之间的农学理念交流便使美国农业知识生产与进步获得了更广泛的国际视野。《哈奇法》的通过加剧了这一势头，最终掀开了美国现代农业科研的序幕。

这场变革的肇始要从一位耶鲁大学学生约翰·皮特金·诺顿的苏格兰之行说起。诺顿是一个富裕农民家的儿子，他的父亲希望他做一名受过教育的农民，于是送他去纽约和波士顿读书。1840 年他进入耶鲁大学，在化学教授本杰明·西利曼的私人实验室里工作。1844 年，诺顿展现出对"分析科学的农业应用"的强烈兴趣和理解能力，令西利曼大为赏识，并建议他出国深造。通过西利曼的关系，他于同年来到苏格兰爱丁堡，成为西利曼的旧相识、杜伦大学土壤和肥料研究专家詹姆斯·约翰斯顿的实验室助手，并在那里根据约翰斯顿要求进行燕麦的环境反应实验。诺顿既跟随约翰斯顿学到了大量关于商品肥料的实用研究方法，也从各个角度了解到这位导师一手建立起来的苏格兰农业化学协会，惊叹于该协会如此良好的有序运作。在随同约翰斯顿到苏格兰农业区的巡游中，他还见识到了农民愿意与协会合作的积极响应，这使他相信协会能像约翰斯顿所说的那样，实现农业化学的实用价值——用各种不同的科学理论与方法解决苏格兰农业生产的地方难题。1845年他曾写信给纽约的农业报刊《庄稼人》，谈及把苏格兰实用农业科研机构移植到美国的想法：

> 无论如何，苏格兰农业化学协会已经向我们展现了协力合作、技巧和耐心所能达到的效果。鉴于此，我推荐我的同胞们都对此留意。我并不是说我们有绝对必要建立一个完全相同的机构；形式相对不重要，坚定的信念与精神才是不可或缺的。现在我们国家似乎在规划农学院的大规模组建，我建议每个农学院都应设置一个专门用于农业化学研究和农业知识传播的关联分部。只有通过这种机制才能推动农业化学的快速进展。直到这些机构建立起来，广大农民才能从我们已拥有的知识中受益。[1]

带着将课堂的农学教育与实验室的农学科研相结合的理想，诺顿于1846年回到耶鲁。一年后，他成为耶鲁新建的应用化学学院的农学教师。在这里，他得以运用从苏格兰农业化学协会中习得的经验，比如鼓励农民呈递土壤和肥料样本，针对每个样本撰写研究报告反馈给他们。他也尽其所能地为农业报刊长期供稿和编写农学教科书来推广"科学务农"实践、普及农业化学知识。然而，他所设想的学校附属科研机构——"实验室学校"却始终只存在于蓝图中。他认为农业教育和科研应是两个相互配合但又各自独立的机构，分别配置全职教师和全职科研人员，然而由于资金赞助的缺乏和农民经验主义的盛行，这一计划窒碍难行。[2]耶鲁大学董事会和康涅狄格州议会均

1　"Mr. Norton's Letters – no. IX," *The Cultivator*, vol. 2 (April, 1845), p. 121.

2　H. C. Knoblauch, et al., *State Agricultural Experiment Stations: A History of Research Policy and Procedure*, Washington, D. C.: Government Printing Office, 1962, pp. 12–14.

不愿意向诺顿提供资助，他的实验室计划在财政困难里风雨飘摇。[1]

诺顿于1852年突然去世，未能见证美国第一所高等农业教育机构的建立，但他的理想激励了下一代。一如约翰斯顿的做法，诺顿也要求他的学生依靠实验室分析结果做实证研究，并强调研究对普通农民的实用价值。这一理念影响了他的许多学生，比如成为未来农业报刊主编、致力于向农民传达农业科研成果的奥林奇·贾德和梅森·C.韦尔德。[2]他的另一位学生塞缪尔·威廉·约翰逊则扛起了他的未竟事业。在19世纪下半期，约翰逊将一生都付诸美国农业科研的制度化探索。其中，他在德意志地区所吸收的经验将起到巨大作用。

约翰逊敏锐地发现，"最近德意志地区，尤其是萨克森，建立了许多所谓的试验站或者说试验农场。它们与实验室相联结，唯一目标是促进农业科学"。[3] 1853年，当他完成了在耶鲁的学业后，旋即奔赴德意志，在莱比锡大学化学教授奥托·埃德曼的模范实验室开始了留学生涯。

1854年2月，约翰逊曾到小镇默肯附近刚建成两年的试验站，也是德国第一座农业试验站参观。这座试验站的运行类似苏格兰农业化学协会，专注于土壤和肥料的实用研究，但拥有更大的包括两位全德知名化学家在内的科研团队，并附有120英亩的试验田，所以在试验站工作的农业科学家可以兼顾到室内实验和田间实验。与苏格兰的例子最显著的不同是，它得到了萨克森议会的资助。[4]

德意志地区是欧洲农业科学的重镇，也是农业科研制度化的先遣阵地。

---

1 Margaret W. Rossiter, *The Emergence of Agricultural Science: Justus Liebig and the Americans, 1840-1880*, New Haven: Yale University Press, 1975, pp. 109-110, 114.

2 Ibid., p. 113.

3 Samuel W. Johnson, "On the Relations that Exist between Science and Agriculture," *Transactions of the New York Agricultural Society*, vol. 15 (1855), p. 80.

4 Mark R. Finlay, "The German Agricultural Experiment Stations and the Beginnings of American Agricultural Research," *Agricultural History*, vol. 62, no. 2 (Spring, 1988), p. 43.

在 19 世纪 40 年代，德意志远近闻名的农业化学家、有机化学的奠基人尤斯图斯·冯·李比希就强调农业科学需要机构建设和国际合作，他的儿子和学生直接参与了默肯农业试验站的成立与运转。该试验站继承了李比希在英国洛桑的私人试验站的研究框架，李比希曾在那里和英国学生一起成功试验出可溶的过磷酸钙化肥。虽然诺顿强烈反对李比希在植物蛋白质、肥料等方面轻描淡写的论断及其傲慢态度，但他的土壤研究本质上无疑源于后者的第三版《农业与生理学的化学应用》与有机化学理论。到 1862 年，李比希和他的同僚、学生们已在德意志各邦建有 15 个农业试验站，德语逐渐成为农业科学的权威语言，德意志地区培养的农业科学家被认为站在农业科学的理论前沿。正是在这一共识下，德意志地区的农业试验站成为各国效仿的对象。[1]

美国也不例外。塞缪尔·约翰逊认识到默肯农业试验站优于苏格兰农业化学协会的地方，即他的导师诺顿所期望的：一个在组织上与农业教育院校分离，拥有政府特许令和财政资助的纯粹农业科研机构，这样农业科学家便不会像爱丁堡的约翰斯顿一样受教育责任制约而疲于奔命，从而专心攻克科学难题。受其鼓舞，约翰逊立即将萨克森的资助法令条款翻译成英文寄给纽约的另一份著名农业报刊《乡村绅士》，希望得到编辑和同行的赞同。[2]

两个月后，约翰逊获得机会到慕尼黑投入李比希门下参加为期一年的学习。他可能很早就读过李比希的著作，而且他到欧洲留学的最初计划便是跟从李比希做农业实验。虽然此时的李比希因精力与专注力大不如前，已不

1　Mark R. Finlay, "Transnational Exchanges of Agricultural Scientific Thought from the Morrill Act through the Hatch Act," in Alan I. Marcus, ed., *Science as Service: Establishing and Reformulating Land-Grant Universities, 1865–1930*, Tuscaloosa: The University of Alabama Press, 2015, pp. 36–39.

2　H. C. Knoblauch, et al., *State Agricultural Experiment Stations: A History of Research Policy and Procedure*, Washington, D. C.: Government Printing Office, 1962, p. 17.

再经常投入科研工作，并深陷同反对者派系斗争的泥潭，但约翰逊安静独立的性格使他仍能坚持进行农学实验，这段时光也成为他一生最重要的转折点。他对粘酸中碱性化合物的研究回应了李比希当初在吉森大学的思考，但又不至于走入其反对者诟病的绝对化误区。他孜孜不倦地阅读李比希和其他科学家，特别是埃米尔·沃尔夫、让·巴蒂斯特·布森戈和尤利乌斯·阿道夫·斯托克哈德的论文，翻译了李比希针对默肯养牛实验回复沃尔夫的信以及李比希最近写的农业教科书的一部分，发表在《乡村绅士》上。他还继续为各个农业报刊撰写农业科学系列文章，介绍土壤和植被研究对农业发展的实用价值、石膏肥料的效果和植物氮的来源。[1] 在慕尼黑所受的一切科学训练构成了约翰逊未来从事尖端农业科研的资本，也让他更清楚意识到在美国建立农业试验站的必要性。

1855 年，约翰逊返回耶鲁大学，开始计划按照德意志的模式启动耶鲁的农业试验站项目。此时诺顿已经去世，他的另一位早些年从德意志留学归来的学生约翰·A. 波特继续掌管分析实验室。1856 年波特联合西利曼以及绝大部分哲学艺术系的科学教授向耶鲁申请建立农业院系，要求专门修建一座农业实验室大楼和一片试验田。受惠于约瑟夫·谢菲尔德的慷慨捐款，这所以他名字命名的耶鲁附属院校——谢菲尔德科学院最终建立起来，而农业化学是创校三大专业之一。

约翰逊是新创建的谢菲尔德科学院首先邀请来工作的农业科学家之一。他在成为科学院分析实验室的农业化学教授后，便不遗余力地向学生、康涅狄格的农业学会、农业报刊和科学社团介绍欧洲农业科学的最新成果。他在内战期间撰写了两本农学教科书，并翻译和评论欧洲农业科学家的著作，包括指出原来的导师李比希过于简单化的理论谬误。借助李比希的反例，他告

---

1 Margaret W. Rossiter, *The Emergence of Agricultural Science: Justus Liebig and the Americans, 1840–1880*, New Haven: Yale University Press, 1975, p. 132.

诚同行们：李比希以逻辑推演代替实践论证的方法是站不住脚的，农业科研既需要实验，也需要实地应用观察。[1]

1862 年《莫里尔法》推动了获国家资助的农工学院广泛建立，也相应加强了对农业实验的高标准要求。新的赠地大学（包括谢菲尔德科学院）都建有实验室和试验田，这些设施已经成为建立农业试验站的先决条件。[2] 在约翰逊的呼吁下，康涅狄格州农业局于 1866 年成立，约翰逊被聘请为首席农业专家。在任期里，约翰逊和他的学生展开对商品肥料造假的反制工作，这引起农业局和州议会的重视。州议会于 1869 年通过了一项消费者保护法令，允许化学家检查肥料包装以确定其真实性。到 1875 年，在奥林奇·贾德的斡旋和注资下，法令扩大到在农业局下设立农业试验站，地点在米德尔顿的卫斯理大学贾德大厅，由卫斯理大学的化学教授、约翰逊此前在谢菲尔德的一名学生威尔伯·O. 阿特沃特主管。根据法令，试验站需负责"农业调查、实验和有用知识的传播"。[3]

两年后，州议会最终决定将试验站从米德尔顿迁移到纽黑文，置于约翰逊的管理之下，这座试验站成为全美第一座农业试验站。它忠实地反映了诺顿和约翰逊的理想——第一，它由州政府特许和资助；第二，农业科研是其唯一功能；第三，与农学院配合但相互分离。诺顿和约翰逊在欧洲观察到的试验站运作经验以及农业科研经验得到了充分运用。此外，阿特沃特也从德国留学带回来了新的经验。他到访过莱比锡和柏林，参观了萨克森与普鲁士许多新的农业试验站。他在报告中讲到，特别是在对待造假肥料问题上，德

1 Margaret W. Rossiter, *The Emergence of Agricultural Science: Justus Liebig and the Americans, 1840–1880*, New Haven: Yale University Press, 1975, pp. 142–143.

2 Norwood Allen Kerr, *The Legacy: A Centennial History of theState Agricultural Experiment Stations, 1887–1987*, Columbia: University of Missouri, 1987, pp. 10–11.

3 H. C. Knoblauch, et al., *State Agricultural Experiment Stations: A History of Research Policy and Procedure*, Washington, D. C.: Government Printing Office, 1962, p. 22.

国试验站并非像约翰逊所做的那样——检测，而是研究更复杂的动植物营养与生长的自我学习机理，即从根本原理上破解造假肥料的难题。

约翰逊在试验站工作了 24 年。他利用其知识财富、职位和试验站资源，训练了大量下一代农业试验站领袖。1887 年的《哈奇法》是给予他付出努力的最终肯定。几乎每个州的赠地大学都在政府资助下建立了农业试验站，而其中许多试验站的架构和规章参考了约翰逊的设计。美国农业的繁荣很大程度上依托于 1887 年后农业试验站的成就，但不可否认的是，1840 年以来赴欧洲农业实验室的美国留学生带回的欧洲农业科研成果与经验，造就了美国现代农业科研的开端。[1]

在美国，李比希是这场变革的一个关键人物，因其学术著作的出版、重印、引用和广泛阅读而在农学界声名鹊起。但他对美国的农学研究贡献不仅仅如此，无论是他直接指导还是间接影响而培养的大量美国留学生，在回国后都超出预想地成为促进美国现代农业科研的中坚力量。然而他更为重要的理念，也是曾遭到更多阻碍的，则是农业试验站理念。直到 19 世纪 70 年代，美国农民和政府都不认为农业试验站是促进农业进步的必要机构。但正如诺顿、约翰逊、波特、阿特沃特等人的实际行动所证明的，政府资助的独立的农业试验站既是对农业教育的补充，也是通过理论结合实践帮助农民解决生产困难的最适合路径。

与康涅狄格农业试验站同一时间出现的几所其他州的试验站也有着"德国渊源"。例如 1853 年从海德堡大学毕业的尤金·W. 希尔加德，在华盛顿、密歇根、密西西比和加利福尼亚推广德国式农业科研体系，特别是在加州大学农业试验站的建立中扮演了重要角色。马萨诸塞农学院于 1882 年建立农业试验站，主席查尔斯·A. 格斯曼运用其在哥廷根大学学到的方法管理试

---

1 Margaret W. Rossiter, *The Emergence of Agricultural Science: Justus Liebig and the Americans, 1840–1880*, New Haven: Yale University Press, 1975, p. 171.

验站。萨克森哈雷大学毕业的查尔斯·W.西尔弗成为伊利诺伊工业大学农业试验站的先驱。[1] 即使在 19 世纪 70 年代之后，前往德国留学学习农业科研经验的"国际合作"仍没有断绝，德国依然是农业科学中心。乔治·查普曼·卡德维尔、斯蒂芬·巴布科克和阿尔弗雷德·查尔斯·特鲁这样的农业科研领导者继续从德国汲取经验，为美国农业科研服务。

（二）农业试验站的科研活动

1887 年《哈奇法》为农业试验站提供每年 1.5 万美元联邦拨款，象征着美国现代农业科研建制的分水岭。农业试验站开始以州内农民处境为基础进行问题导向和商品导向的农业科研，并为农业教育和推广提供知识储备。[2]

但是，《哈奇法》的通过并不意味着农业科研在美国的最终胜利，亦没有为农业科学家明确农业科研的应有形式和意义。纵然法案解决了财政问题，1887 年后最初的农业试验站仍然前路漫漫。法案制定者意图一举破除农业科学家的教学责任桎梏，但模糊的措辞混淆了科研的初衷。绝大部分农业试验站在行政上附属于赠地大学的关系，造成试验站被置于大学不加区分的通行管理之下，以致大学董事会成员常常兼任试验站管理委员会成员，而大学教授兼任试验站科研人员的情况亦屡见不鲜。农业科研似乎又回到了原点：科学家现在除了要履行《哈奇法》赋予的职责完成农业实验，还要在大学里做全职教师，教学和科研的界限并没有像康涅狄格试验站先驱们想象的那么分明。[3]1902 年怀俄明大学的园艺学教授伯特·C.巴法姆曾言，"一个

1　Louis A. Ferleger, *Planting the Seeds of Research: How America's Ultimate Investment Transformed Agriculture*, London: Anthem Press, 2020, p. 63.

2　Irvin M. May, Jr., "Research in Land-Grant Universities: The Agricultural Experiment Station," in Trudy Huskamp Peterson, ed., *Farmers, Bureaucrats and Middlemen: Historical Perspectives on American Agriculture*, Washington, D. C.: Howard University Press, 1980, p. 178.

3　A. C. True and V. A. Clark, *The Agricultural Experiment Stations in the United States*, Washington, D. C.: Government Printing Office, 1900, pp. 47-48.

每天要上五或六个小时课的人，很难还有剩余精力去做专门研究"。[1]

令试验站工作雪上加霜的是，科研人员失望地发现赢得农民的好感异常艰难。他们承诺解决农民耕种和放牧中遇到的实际问题，但却没法给予农民要求的答案：小米、玉米和牧畜哪个能带来最丰盛的收益？如何防治动植物疾病虫害？喂养牧畜何种饲料才能提高肉质或奶质？农民不理解为什么农业科学家没有立刻给出的答案，但实际上，科学家需要经年累月的调查和实验才能得出严谨的结论，更何况初期的科研人员和设备寥寥无几，实验进展更加缓慢。

几乎每个农业试验站创建之初的工作都包括收集州内农业资源的数据，调查本地植株、昆虫、土壤和气候，再根据上述调查结果试验肥料撒播、作物种植和家畜喂养，通常要在过程中做化学分析。其中，商品化肥和种子质量检测的繁琐工作一般是试验站的义务——继承自塞缪尔·约翰逊时代的一项基础工作。早期的育苗研究意味着测试出本地最适宜的作物品种，后来发展成专门的农艺学。在园艺领域，简单的物种实验也发展为培育与选摘、果园管理和水果保鲜的实验。牧畜方面则从饮食起居惯性实验扩大到基因配种和兽疾控制的研究。无论如何，时间都是验证研究的必要条件，也难怪农民会质疑试验站是否真能帮他们解决当下的问题。一些农学家建议科研人员只进行简单的检测，例如替没有时间和财力的个体农户检验作物品种，为其出具效益报告。这一建议得到了不少科研人员的认同。到 1900 年，全国至少有 28 个试验站为农民检验种子、土壤、饲料和粮食样本。这成为一些试验站的盈利手段。[2] 但问题是，农民总是幻想科学家做一次简单的土壤样本化验，就能告诉他们用哪种肥料最好，而事实上，农业科学从来不是如

1 Johanna Nel, "The University of Wyoming's Role in the Historical Development of Adult Education in Wyoming, 1886–1918," Ph. D. Dissertation, University of Wyoming, 1986, p. 226.

2 Norwood Allen Kerr, *The Legacy: A Centennial History of the State Agricultural Experiment Stations, 1887–1987*, Columbia: University of Missouri, 1987, p. 31.

此简单。

有些来参观的农民访客对科研人员怀有刻板印象，认为他们的工作格外轻松，只需要播下种子或养一圈牛羊，耐心观察即可。为了回应农民的误解，科研人员曾向全州各乡发放试验站培育的种子和研制的化肥。西弗吉尼亚大学试验站连续三年通过校董事会寄发小麦和草莓种子并附带种植指南给农民，虽然结果并不如意：708 份小麦种子样本中只有 1 份是按指南播种的，85% 的农民没有给出任何反馈。农民对试验站的不信任和对农业科研的不熟悉，导致这项劳力伤财的事业最终于 1890 年被取消。[1]

试验站期望减少农民误解的另一方式是通过发行科研工作的通讯简报和年度报告向农民"传播实用信息"。年度报告的内容除了全年科研工作总结外，还包括管理、人员分配和财政收支情况的陈述。报告印量一般在一千份左右，一般只会向教育机构、其他农业试验站和图书馆分销。通讯简报通常每三个月发行一期，内容是此期间所做实验的过程记录，附带科研人员对实验结果的解读，另外还有野外环境与自然资源的调查分析，大体上算是一种汇编。通讯简报的发行量比起年度报告要大得多，有时能达到上万份，面向全国发行。在《哈奇法》规定下，试验站出版物可以使用乡村免费邮递系统，然而正如许多农业报刊出版商所指出的，试验站出版物过于专业、读来枯燥乏味的文字仍难以引起农民注意。[2]当然，农业试验站也踊跃地做出改变的尝试，比如，纽约州的农业试验站与农学院合作设立"农业信息专员"职位，负责为刊登在农业报刊上的通讯材料做通俗化改写的初筛准备工作。[3]

《哈奇法》要求规划的试验站田地在用于日常研究以外，主要被当作展

1　John A. Myers, "Conclusion," *Bulletin No. 7 of the West Virginia Agricultural Experiment Station*, Charleston: Moses W. Donnally, Public Printer, 1890, pp. 223-224.

2　Alfred Charles True, *A History of Agricultural Experimentation and Researchin the United States, 1607-1925*, Washington, D. C.: Government Printing Office, 1937, pp. 163-164.

3　James F. Evans and Rodolfo N. Salcedo, *Communications in Agriculture: The American Farm Press*, Ames: Iowa State University Press, 1974, pp. 17-18.

示农业技术的"模范田",甚至在非正式的描述语境下,"模范田"被人们视作试验站本身。[1]这块田地被一分为二,一部分用来试验种植各个品种的农作物,另一部分用来展示不同的土壤处理方式和轮作方式。不管从哪方面来说,田地的科研用途都非常局限,因此试验站不得不在校外较远的地方购置或租用实验用地(有的获自慈善家的馈赠),分调一部分人员过去常驻,并在当地招募一名田地主管。在试验站官方文件中这些校外实验用地被称为"分站"。自法案颁布至19世纪末,全国至少有12个州的试验站设有分站。在分站的科研人员可进行长期的土壤调查、作物多样性和肥料研究,分站与主站所处地域相异的气候条件有助于他们进行对比分析。有些面积较大、跨越多样地貌和气候区的州倾向于更多地在分站开展研究,例如加利福尼亚全州设有8座分站,是世纪之交体系最为完善的农业试验站之一。[2]但在另外一些州,阻碍田间实验的反而是气候。在俄克拉何马的斯蒂尔沃特,亚热带气候造成的夏季长时间干旱与炎热,七月份的龙卷风,让耕种实验非常困难。试验站主管亨利·E.奥尔沃德在1894年报告中提到,他们80英亩的试验田和共50英亩的果园、葡萄园、苗圃与花园上的实验因长期的恶劣天气而全部付之东流。[3]

另一方面,资金匮乏限制了有些州农业试验站的工作,它们只能转向实用性研究来克服此问题。乔治·华盛顿·卡弗是亚拉巴马州塔斯基吉学院的农业试验站主管,作为黑人农学家,他和试验站同僚很少能从州议会获得拨款,《哈奇法》给予的三年6000美元款项也差点被议会强征去修建农业高中。为了以节省开支的基调帮助农民创收,卡弗尽量减少对昂贵农具和肥料

---

1 Charles E. Rosenberg, "Science, Technology, and Economic Growth: The Case of the Agricultural Experiment Station Scientist, 1975–1914," *Agricultural History*, vol. 45, no. 1 (January, 1971), p. 2.

2 Norwood Allen Kerr, *The Legacy: A Centennial History of the State Agricultural Experiment Stations, 1887–1987*, Columbia: University of Missouri, 1987, p. 33.

3 Francis Richard Gilmore, "A Historical Study of the Oklahoma Agricultural Experiment Station," Ph. D. Dissertation, Oklahoma State University, 1967, p. 37.

进行测试，着重利用自然资源，他认为这对亚拉巴马贫困的黑人佃农更加实用。从 1897 年至 1916 年，卡弗在贫瘠土地上进行肥料和轮作实验，试图为农民找到既能恢复土壤肥力又有商品价值的农作物，最后确定了三种最适合本地种植的农作物：豇豆、红薯和花生。事实证明卡弗的实验结果是正确的，这三种农作物本身明显的土地增肥效果和营养含量给贫困农民带来了福音，他们不必再依赖昂贵的商品肥料也能靠种地自给自足，终于摆脱了贫穷。[1]

　　从一开始联邦政府就认识到《哈奇法》的局限和农业试验站所面临的艰难处境，决定从国家层面提供协助。1888 年见证了隶属于美国农业部的农业试验站局的成立。它是各州农业试验站的信息交换与政策规划中心，负责协助州农业试验站的发展与运作。第一任局长威尔伯·阿特沃特严格遵守法案和农业部的要求，他清楚知道该局的具体目标是为各试验站提供书籍与技术咨询服务，在试验站之间起联络作用。为此从 1889 年到 1913 年，试验站局发行了 256 份公报和 118 份通告，寄给各试验站，以共享各自农业科研的最新进展，另外还出版了《农业试验站记录》作为官方刊物，汇编国内外试验站的报告。[2]阿特沃特相信这些做法有助于各试验站找到解决农业技术难题的长效方案而非暂时手段。[3]1891 年阿特沃特卸任后，其接班人艾布拉姆·哈里斯和阿尔弗雷德·查尔斯·特鲁也基本按照阿特沃特定下的规范管理该局。虽然试验站局在某些问题上与试验站主管意见相左，但最终妥协的是前者，正如 1896 年它在佐治亚农业试验站设立分站问题上的态度转变。[4]

　　1　Linda O. Hines, "George W. Carver and the Tuskegee Agricultural Experiment Station," *Agricultural History*, vol. 53, no. 1 (January, 1979), pp. 78–81.

　　2　Lou Ferleger, "Uplifting American Agriculture: Experiment Station Scientists and the Office of Experiment Stations in the Early Years After the Hatch Act," *Agricultural History*, vol. 64, no. 2 (Spring, 1990), p. 7.

　　3　Norwood Allen Kerr, *The Legacy: A Centennial History of the State Agricultural Experiment Stations, 1887–1987*, Columbia: University of Missouri, 1987, pp. 38–39.

　　4　Jane M. Porter, "Experiment Stations in the South, 1877–1940," *Agricultural History*, vol. 53, no. 1 (January, 1979), p. 86.

进入 20 世纪后，由于农学专业标准的定义与实施、专门化研究生教育的扩大、实验研究的独立，农业科学专业化程度大幅度提高。一位观察家认为，"科学将让耕田变成最有吸引力和高贵的职业之一"。[1]相伴随的还有农业试验站配备的日渐成熟。除了农学家和化学家，能提供相关领域专业意见的生物学家、动物健康专家、植物学家、蔬菜病理学家、细菌学家和昆虫学家也加入了试验站科研人员行列。到 1906 年《亚当斯法》颁布时，全国农业试验站共有 845 名科研人员，比十五年前翻了一番，而世纪之交新上任的科研人员往往受过更全面和精细的农学训练。[2]《亚当斯法》的颁布更加解放了农业试验站的沉重负担。它的意义不仅仅是增加了拨款，国会对"原创性研究"的强调让科研人员可以撇开一切不相干的事务，集中于新知识的发掘。终于，科研人员从农学教学和推广任务中得到释放，他们仍会进行教学和推广工作，只不过不再过多参与，科研工作不再被繁杂事务挤占。

原创性的研究多种多样，每个试验站的研究重点皆取决于地域特性或科研人员专长。阿尔弗雷德·查尔斯·特鲁将农业研究分为物理、化学、植物、动物、昆虫、地质、气象、园艺、森林、农作物、畜牧、兽医、农产品加工、工程 14 类。科研人员要做的就是在其中找到促进农产量的科学办法，试验新的农业技术以取代产能低下的旧传统，以及设计或改进更适应本地环境的农具。[3]为了让农民免受伪劣农用品之害，肥料、饲料和种子检验被保留了下来。上述变化，被认为是农业试验站研究工作从"理论科学"与"基础科学"转向"应用科学"的结果。更确切地说，是农业科学家在回答"试

---

1 David B. Danbom, "The Agricultural Experiment Station and Professionalization: Scientists' Goals for Agriculture," *Agricultural History*, vol. 60, no. 2 (Spring, 1986), p. 250.

2 Norwood Allen Kerr, *The Legacy: A Centennial History of the State Agricultural Experiment Stations, 1887-1987*, Columbia: University of Missouri, 1987, p. 48.

3 Alfred Charles True, *A History of Agricultural Experimentation and Research in the United States, 1607-1925*, Washington, D. C.: Government Printing Office, 1937, p. 142.

验站宗旨应是促进农业学问增长还是服务人民基本需要"的终极问题上找到的折中方案。

"一战"在相当程度上影响到农业试验站的研究。1914年世界大战在欧洲爆发，三年后美国加入战争。为供应美国与盟友军队充足的粮食，所有试验站科研人员都需要将眼光放到加速作物生长的实验中去。许多农业科学家被抽调到军队中服役，领导人则要加入战时动员委员会，战时农业试验站的工作实际上是在资金和人力皆极度匮乏的困难中进行的。而战争结束后农学院又迎来新生入学的井喷，农业科学家首先要补填教育岗位的缺口。[1] 直到1920年，随着专业素质更强的年轻一代科学家涌入和老一代科学家退休，农业试验站恢复到正常工作，农业科研也走进了"新的世代"——一个农业科学知识迸发、农民更加尊重科学与科学家的世代。

四、合作推广体系的构建

1914年，伍德罗·威尔逊总统在签署《史密斯-利弗法》时，将该法案的出台称为政府实行的"最重要、最广泛的成人教育措施之一"。法案将当时美国民间、教育与科研领域已经存在的农业知识推广方法整合进一个受联邦政府支持的"合作推广体系"。它的使命是协助"在美国人中传播有关农业和家政的实用知识，并鼓励他们加以运用"。[2] 合作推广体系并非意在解决农业教育和科研成果与农民分隔两端的问题。实际上我们已经看到，农业知识传播的活动早在北美殖民地时期就已出现，在19世纪下半叶由赠地大学和州农业局的农民学社发扬光大。合作推广体系真正意图解决的是知识传播

1　Norwood Allen Kerr, *The Legacy: A Centennial History of the State Agricultural Experiment Stations, 1887–1987*, Columbia: University of Missouri, 1987, p. 62.

2　Wayne D. Rasmussen, *Taking the University to the People: Seventy-five Years of Cooperative Extension*, Ames: Iowa State University Press, 1989, p. vii.

活动的混乱、重复与效率低下的问题。

（一）农业推广制度化的前奏

19、20 世纪之交的赠地大学领导人极不情愿地承认，大学传播农业知识给普通农民的宏伟蓝图大体上失败了。他们意识到了农民学社的局限——单纯的知识介绍很难达到改变农民整体务农习惯与认知的程度。而比起广大农业人口，能到大学接受农业高等教育的只是其中一小群乡村青年，在教育开放的趋势下，这些青年学成后并不一定会再回到农场。校领导更不愿意寄希望于农业报刊和展会等民间媒介，因此，如何大规模并且有条理地将普通农民训练成"科学务农者"仍是有待教育机构和农业部探讨的棘手问题。

农民学社提供了大学接触农民的一种非正式途径，农业试验站提供了协助农民务农的特殊手段，但要与农民建立密切的功能性关系，"教农民学会自助"，大学必须建立正式的农业推广制度。19 世纪末 20 世纪初的赠地大学进行过不少尝试，除发展农民学社外，还开办函授课程和肖托夸阅读课程，其中农业知识占有不小的比重。艾奥瓦州立学院的佩里·G. 霍尔登教授曾想出一个"奇招"：他于 1904 年从铁路公司包下两辆特别列车，驶进艾奥瓦农耕区推广优质谷种。呼啸的火车在每个乡村社区都会停下，随着好奇的农民聚拢进来，讲解员开始热情地介绍他们的谷种，其他服务人员随即向人群分发样品和书籍。1904—1905 年霍尔登的"谷种福音列车"沿途停靠了1235 次，向超过 14 万人进行了推广。这种新奇的"铁路教育推广"方式很快传遍其他各州，为众多农学院与铁路公司模仿。[1]

1　Edward Danforth Eddy, Jr., *College for Our Land and Time: The Land-Grant Idea in American Education*, Westport: Greenwood Press, 1973, pp. 129, 132; Roy V. Scott, "American Railroads and Agricultural Extension, 1900–1914: A Study in RailwayDevelopmental Techniques," *The Business History Review*, vol. 39, no. 1 (Spring, 1965), pp. 81–84.

1905 年利伯蒂·海德·贝利观察到：

> 整个赠地大学事业都被强烈的传教士般的精神所鼓舞。这一事业已经彻底走向民主大众，大学做出的大量努力旨在通过推广宣传将赠地事业送进人们的家。推广工作即将成为大学工作重要的组成部分。虽然它可能不是教学方案的其中一项，但具有大学课程的特征。依我看来，农学院的冬季课程和短期课程是纯粹推广性的，我不会把它们看作是大学工作。[1]

赠地大学为稳步扩展农业推广工作，纷纷开始任命或组织常规性的推广领导班子。贝利所在的康奈尔大学是最早的先行者，开始于 1895 年；接着，加州大学在 1897 年，密歇根农学院在 1898 年，伊利诺伊大学在 1901 年，普渡大学和俄亥俄州立大学在 1905 年，艾奥瓦州立学院在 1906 年，也都创建了农业推广相关的职务；到 1910 年已有 35 所赠地大学进行着有组织的推广服务。[2] 其他机构，包括渴望向农民传播新技术的农业试验站、县城与乡村学校、农业学会对此也渐渐燃起兴趣。建立更加系统化的农业推广机构的需求随之出现。[3]

方案初创时，几乎所有农学院的推广安排都是杂乱无章的。许多教师被迫参与数种推广，推广似乎成为沉重的负担。怀俄明大学的例子表明，农学系教师不仅要上课，还要在试验站做研究、写报告、开讲座、参加农民学

---

1 Liberty Hyde Bailey, "To What Extent Should the Degrees in Land-Grant Colleges be Severely Technical and Scientific," *Proceedings of the Nineteenth Annual Convention of the Association of American Agricultural Colleges and Experiment Stations*, Washington, D. C.: Government Printing Office, 1906, p. 100.

2 Edward Danforth Eddy, Jr., *College for Our Land and Time: The Land-Grant Idea in American Education*, Westport: Greenwood Press, 1973, p. 130.

3 Edmund de S. Brunner and E. Hsin Pao Yang, *Rural America and the Extension Service: A History and Critique of the Cooperative Agricultural and Home Economics Extension Service*, New York: Bureau of Publications, Columbia University, 1949, p. 6.

社、回复大量函授课程信件。[1]高等教育的领导人并非不清楚个中艰辛,他们要求的改革首先从美国农学院与试验站协会开始。1905年该协会组建了一个"推广工作委员会",由罗得岛州立学院院长凯尼恩·巴特菲尔德担任主席。巴特菲尔德高瞻远瞩,提出各大学应尽快建立一个独立的"农业推广部门",系里教师将教导"那些不能来学院的人",既要教种植,也要教税务和市场——那些"有关农业的经济、政府和社会问题",乡村将会是大学"最富饶的工作领域"。[2]1906年美国农业部负责调查农民学社事业的专员约翰·汉密尔顿写信给特鲁,说明农业推广部门可以接管并系统化运作学校杂乱的全部推广工作。

正如推广工作委员会的报告所说:"学院应该去农民的家和社区——他们可不会到我们这儿来。"1907年全国至少新增了39所农学院响应号召而展开农业推广,到1912年有43所农学院建立了农业推广部门。[3]每一个想方设法走近农民的农学院领导人都希望用好手中的教学资源,就像把学校的农业课程和试验田搬到乡下去一样。

但是,也有时人提出质疑。纽约州立学院的艾萨克·罗伯茨教授早在1900年就表示:

> 恐怕我们还没有完全实现我们如此想要的。简报、学社、讲座,都有不错的影响力,但即使把它们加起来都没能全然解决引导农民兴趣的难题……受过训练的人亲自探访就能打破农民的偏见吗?就能保证农民

1　Johanna Nel, "The University of Wyoming's Role in the Historical Development of Adult Education in Wyoming, 1886–1918," Ph. D. Dissertation, University of Wyoming, 1986, p. 350.

2　Alfred Charles True, *A History of Agricultural Extension Work in the United States, 1785–1923*, Washington, D. C.: Government Printing Office, 1928, p. 48.

3　Roy V. Scott, *The Reluctant Farmer: The Rise of Agricultural Extension to 1914*, Urbana: University of Illinois Press, 1970, pp. 167–168.

对一个专为他们而生的教育有更充分的了解吗？还是有其他更迅速、更令人满意的办法呢？[1]

　　一个无法忽视的事实是，大部分赠地大学的推广只是在口头上告诉农民更好更科学的务农方法，而不是在农民自己的田地上向他们示范该怎么做。示范工作是后来县推广员制度的基本要义。不过在1914年《史密斯－利弗法》实施前，一些学院的推广项目已经非常接近县推广员制度的概念。比如，1906年夏天康奈尔大学乳业系的一位教员走访印第安纳州各地农场，常花上较长的时间待在一个村指导农民提高制乳技术。1907年，纽约、宾夕法尼亚和密歇根的农学院都雇用了全职推广员到乡村推广制乳技术。同一年，罗得岛州立学院发起一项"异乡客运动"，由学院派出推广员到村落里挨家挨户敲门，与农民面对面谈论农业话题，并时不时地举行乡邻聚会探讨大家共同关心的农业问题。1913年，密西西比农工学院给一名研究生提供汽车和各类农业设备，让他驾车到乡间向农民示范如何喷洒农药、修剪树木和检测牛奶。[2]

　　最具里程碑意义的是西曼·A.纳普在南方的合作示范工作。纳普曾是一名"进步农民"，在艾奥瓦州立学院先后做过农学教授和院长，掌握了丰富的农业科学知识。1898年后他还加入美国农业部，两次作为专员到东亚寻找更好的栽培稻品种，并调查当地土壤、气候与水稻种植的关系。因此1902年当农业部计划重振南方农业时，纳普便顺理成章成为"促进南方农业特别专员"职位的最佳人选。[3]

　　1 Isaac Philips Roberts, "University Extension Methods for the Promotion of Agricultural Knowledge," in R. K. Bliss, et al., eds., *The Spirit and Philosophy of Extension Work: As Recorded in Significant Papers*, Washington, D. C.: published jointly by the Graduate School, United States Department of Agriculture and the Epsilon Sigma Phi, National Honorary Extension Fraternity, 1952, p. 32.

　　2 Roy V. Scott, *The Reluctant Farmer: The Rise of Agricultural Extension to 1914*, Urbana: University of Illinois Press, 1970, pp. 163−164.

　　3 Edmund de S. Brunner and E. Hsin Pao Yang, *Rural America and the Extension Service: A History and Critique of the Cooperative Agricultural and Home Economics Extension Service*, New York: Bureau of Publications, Columbia University, 1949, p. 9.

在路易斯安那和得克萨斯的政府示范田，农民坚称政府展示的新方法肯定不会在他们自己的田里管用，因为他们没有政府的庞大资源和优良的养殖环境，这让纳普深刻认识到必须采纳新的推广方法。他提出在乡村社区找一块示范田，让农民以其本身财力自主耕种，但政府为其未来的潜在损失做全盘担保。得克萨斯特勒尔附近的 70 英亩波特社区示范田是他规划的第一个项目。在纳普的监督和指导下，1903 年底这位农民说他比往年用老方法耕种时多收入了 700 美元。纳普的评论忠实地总结了示范的好处："一个人听到别人说，可能会怀疑；看到别人做，可能还有些怀疑；而他自己做出来了，那么肯定不会再怀疑了。"[1]

当住在特勒尔周边的农民为波特社区示范田的成功而欢欣鼓舞时，政府却为南方严重的棉铃象鼻虫肆掠而一筹莫展。这群具有超强繁殖能力的可怕害虫于 1892 年越过墨西哥边境而来，1903 年进入得克萨斯南部。它们摧毁棉田，不仅破坏种子还连同破坏周围的棉纤维，大量棉农陷入恐慌。在实行作物留置权制度的得克萨斯棉产区，棉铃象鼻虫造成的经济损失极为严重，上百户无法再获得贷款的分成制佃农只能选择逃亡。农业部要求棉农促进棉花早熟，提倡深耕、野草控制和焚烧旧秆，但农民反应冷淡。1904 年，农业部认为纳普在波特社区示范田的方法有利于传播新的植棉方式，遂紧急请求他出马来指导南方农民。这一回，纳普在棉花示范田采用了合作策略，从农民学社雇用了 24 名专家作为"县推广员"，带着他的指示方案分别前往得克萨斯和路易斯安那的示范田协助农民。至该年年底，超过 7000 位农民参与其中，他们被称为推广的"合作者"。[2]

纳普首推的县推广员制度取得了良好的效果，于是迅速传播到其他南方

1 Edward Danforth Eddy, Jr., *College for Our Land and Time: The Land-Grant Idea in American Education*, Westport: Greenwood Press, 1973, p. 133.

2 Joseph Cannon Bailey, *Seaman A. Knapp: Schoolmaster of American Agriculture*, New York: Columbia University Press, 1945, pp. 177–181.

州。他从农业部种植局得到 4 万美元拨款以扩大示范工作。此时合作推广只是单纯的政府行为，农业教育和科研行业尚未被容纳进来，但在 1906 年，纳普的项目引起了约翰·D. 洛克菲勒的通识教育委员会的注意，后者在 1906—1914 年逐年给予"农民合作示范工作"8 万至 18 万美元的巨额资助。在北方，北美谷物交易所协会的种子改良委员会，拿出 100 万美元资助了上百个县雇用农业推广员。到 1914 年，北方和西部的 27 个州已有 230 名县推广员。[1]至此，由政府主导建立合作推广体系的时机已经成熟，美国农业部、赠地大学、农业试验站和农民都将被纳入这一体系中。

（二）县推广员的工作

1914 年《史密斯－利弗法》的颁布，标志着美国农业合作推广体系的最终确立。法案并非创造了新的推广工作，而是将现存的推广工作整合成一个体系，减少其中重复、效率低下的成分，给予推广工作稳定的财政保障，并设立制度化的管理机构。法案针对的是包括 1862 年、1890 年两批次在内的全部赠地大学。除伊利诺伊大学外，其他所有赠地大学都接受了政府的推广工作备忘录。

联邦政府不鼓励赠地大学将法案拨发资金用于农民学社（尽管并不反对大学继续施行农民学社），取而代之的是希望它们组织永久性的县推广员制度。推广员名义上属于院校和农业部联合雇用，实际上由院校和州政府从农学教员、农业科研人员和农业部雇员中任命。[2]县推广员一般是真正做过农活的农民出身并充分掌握科学农业知识与技术的人，他们对推广工作充满自信与热情，也了解农民的思想、情感与需求。一位学者形容县推广员是"学

1　Edward Danforth Eddy, Jr., *College for Our Land and Time: The Land-Grant Idea in American Education*, Westport: Greenwood Press, 1973, p. 134.

2　Wayne D. Rasmussen, *Taking the University to the People: Seventy-five Years of Cooperative Extension*, Ames: Iowa State University Press, 1989, p. 50.

院在县里的声音、眼睛和耳朵"。[1]具体而言，县推广员的职责，一是将农学院、农业试验站和农业部的最新农业知识与成果带给农民；二是向农民示范如何将这些知识运用到个人务农实践中；三是探访各个农场，与农民交谈，引起他们对更具收益性的作物或牧畜的兴趣；四是向农业机构汇报当地需要关注的务农问题。[2]

在《史密斯–利弗法》出台后初期，县推广员的工作几乎完全强调农业生产。他们会在田间示范如何检验谷种、宰杀家禽、给公猪注射疫苗、修建青贮窖、修建防范牛蜱的药浴池等有助于提高生产效率的活动。[3]农业经济知识也在他们的宣传普及范围内，如农产品营销、信贷和债务方面的知识，毕竟农产量的提高并不是解决农民问题的全部，他们需要教会农民掌握农产品销售市场从而让他们能自己支配经济回报，也需要教会农妇管理好家庭财政收支，期望以此引领乡村家庭走向富裕。在美国农业部看来，《史密斯–利弗法》颁布后的前三年奠定了未来走向成功的合作推广体系的运作原则与模式。在这一体系下，联邦、州和县三方力量通力合作，上百万农夫、农妇和农家儿童积极参与，而农学院、农业试验站、农业学会、农业报刊都为巨大的合作推广体系做出了自身的贡献。

"一战"是县推广员制度面对的一次考验。战争带给全国各地的县推广员一个共同的目标：保障后方的粮食供应。如果说农业试验站在"一战"中遭受人员的抽调而举步维艰，县推广员的工作则因得到《食品生产法》的紧急拨款而锐气益壮。统计表明，战争期间县推广员人数猛增近1000余人，

1　Edmund de S. Brunner and E. Hsin Pao Yang, *Rural America and the Extension Service: A History and Critique of the Cooperative Agricultural and Home Economics Extension Service*, New York: Bureau of Publications, Columbia University, 1949, p. 15.

2　H. W. Hockbaum, *The County Agent at Work*, [Publication Not Noted], 1932, p. 1.

3　Edward Danforth Eddy, Jr., *College for Our Land and Time: The Land-Grant Idea in American Education*, Westport: Greenwood Press, 1973, p. 179.

约 2400 个县拥有推广员服务。为满足战时状态下的本国与盟国急迫的食品需求，在"充足食物将赢得战争"的口号下，县推广员着重于促进基本粮食的增产与保存上。20 世纪初美国人日常最主要的饮食所需是小麦制成品，为了最大化小麦产量，县推广员努力教会农民更优越的小麦种植方法，指导农民仔细地进行谷种检测。此外，他们还承担了一项尤为重要的工作，即监管小麦种植面积的分配。在走访每一个农场后，他们会向县政府的粮食生产委员会汇报何处需要增加面积才足够产出全县粮食指标。通过耕地的补充分配，小麦种植面积大幅上涨。在艾奥瓦州的灵戈尔德县，冬小麦和春小麦面积都增加了两倍有余。[1] 从 1913 年到 1919 年，全国小麦种植面积从 4700 万英亩增到 7400 万英亩。[2] 同样的方法也运用在扩大玉米、大麦、燕麦和黑麦的种植上。

有了开源，还需要节流。这个工作一般由县推广员和家政示范员合作完成。他们鼓励农妇在家中减少食用小麦和白糖，开辟"战时菜园"种植甜菜和高粱作为代替，新鲜牛奶则用黄油和奶酪代替。他们向农妇示范如何储存谷物，并与家政示范员合作推广食品保鲜和防腐技术。[3] 艾奥瓦州比尤纳维斯塔县的家政示范员伯莎·奈特，在 1918 年指导格兰其妇女制造罐头牛肉、泡菜、果冻和果酱，腌制各类水果和蔬菜，还组织了 4 个女孩制罐俱乐部。[4] 另一位不知名的南方女推广员，在 1916—1917 年大力推广用玉米、黄豆、黑麦、花生、土豆、红薯制成的面粉代替小麦粉，她教会当地其他推广员和

1 Gladys Baker, *The County Agent*, Chicago: The University of Chicago Press, 1939, pp. 40-42; David B. Danbom, "The Agricultural Extension System and the First World War," *The Historian*, vol. 41, no. 2 (February, 1979), pp. 316-317; Wayne D. Rasmussen, *Taking the University to the People: Seventy-five Years of Cooperative Extension*, Ames: Iowa State University Press, 1989, p. 72.

2 刘晓光：《美国赠地院校和农业服务体系的产生与成长——基于制度分析的视角》，南京农业大学博士学位论文，2010 年，第 137 页。

3 Gladys Baker, *The County Agent*, Chicago: The University of Chicago Press, 1939, p. 43.

4 Dorothy Schwieder, "The Iowa State College Cooperative Extension Service Through Two World Wars," *Agricultural History*, vol. 64, no. 2 (Spring, 1990), p. 223.

家政示范员自制她的混合面粉，后者帮助她传播这一方法。[1] 在佛罗里达农工学院，15 名黑人家政推广员向黑人妇女传授罐头加工的技巧，其组织的制罐中心一度招收了 1600 名学员。[2]

在"一战"结束时，合作推广的组织体系的规模已经扩大，良好的声誉已经建立，它培养起了农民与推广员的亲密合作关系，推广员作为曾经的"爱国者"和后勤"英雄"，获得了许多农民的信任。战后的农业遭受了经济萧条的打击，农产品价格于 1920 年急剧下跌，促使农民寻求社区合作来渡过难关。为此，他们常常向县推广员咨询建立供销合作社的建议。在农民和推广员的共同努力下，一些诸如"土豆种植者社""牛奶生产者社""牧畜交易社"的合作社如雨后春笋般出现。县推广员往往充当合作社管理人的角色，用他们在战争中的经验负责农场供给品的买卖，在农民前来买与卖的期间，他们指导农民规范农业生产流程以适应市场需要，强调农民加深了解市场供求关系中效益大而非产量高的农产品。在 20 世纪 20 年代，这一风潮促成了农场局的繁荣，最后联邦和州属的农场局联合会应运而生，而县推广员始终是各种农场局顾问团青睐的指导者。合作推广与农场局携手并进，在乡村变成了常见的现象，以致到 1930 年"人们分不清农场局和推广工作的区别了"。[3] 合作推广体系已然成长为巨大而活跃的社会力量。

* * * * * *

马库斯认为美国农业科学的发展是其获取"合法性"的过程，《哈奇法》

1　Alfred Charles True, *A History of Agricultural Extension Work in the United States, 1785–1923*, Washington, D. C.: Government Printing Office, 1928, p. 146.

2　Wayne D. Rasmussen, *Taking the University to the People: Seventy-five Years of Cooperative Extension*, Ames: Iowa State University Press, 1989, p. 74.

3　Edward Danforth Eddy, Jr., *College for Our Land and Time: The Land-Grant Idea in American Education*, Westport: Greenwood Press, 1973, pp. 181–184.

是这一过程的中间点，该论断同样适用于农业教育和农业推广。如果整体考察农业知识生产与传播在 19 世纪至 20 世纪 20 年代的历史，则可以更加清楚地看到，农业科研、教育和推广不仅在寻求"合法性"，同时也致力于寻求"合理性"。"合法性"意味着政府的支持和农民的赞同，"合理性"则意味着农业知识应做到真正"经世致用"，合乎农业生产中的自证逻辑，经得住时间的考验。农业知识的载体，无论是教育、科研还是推广，都存在从分散走向统一、从民间走向政府、从临时走向固定以及从随意走向正式的历史过程。致力于组织农业教育、科研和推广的活动家，也从热心或者有抱负的"有识之士"变成了职业人群。这一过程中赠地大学、农业试验站以及各类相关机构的自我探索，也许比联邦政府立法给予的"制度建构"更为重要——它们根据法案宏观、模糊的指导性措辞不断试错，最终找到一条帮助农民吸收农业知识的真正可行之路。在 20 世纪二三十年代，所有关乎农业知识的长期性实践，开始被构建成当今美国人所熟悉的"农业教育-科研-推广"相互配合的农业知识体系。

此外，农业知识的教育、研究与推广和农民的农场经营之间是一种互相成就的关系，农民对新的现代化农业知识的逐渐接受，打破了（或至少修正了）杰斐逊主义的"自耕农传统"及其农民神圣独立性的想象。到 19 世纪末 20 世纪初，不仅政府、学者、书刊出版行业与教育科研机构中的许多人认为农民需要外界帮助，而且农民自己也开始意识到这一他们曾嗤之以鼻的需求。直到此时，农民才真正打破传统的务农思维，拥抱现代主义。

结　语

通过以上对美国农业传统和社会转型的全面梳理，我们能够重新审视围绕 19 世纪美国农业、农村和农民问题而引发的诸多争议，进而获得更为客观、公允的判断。首先是美国早期农业，主要指北方的自耕农为主的农业生产的性质问题；其次是南方奴隶制种植园是否属于资本主义经济形式；再次是如何看待西进运动中先锋农民，尤其是农业妇女的艰苦生活和孤立无助；第四是如何评价 19 世纪八九十年代美国农民的抗议运动和改革诉求；第五是如何解释美国农民运动对于土地问题的漠视；第六是联邦和各州政府在美国农业转型过程中发挥了什么样的作用；第七是知识、科技和教育对于改善农民处境、发展农业经济以及美国农业的资本主义转型起到了哪些作用。通过各章的讨论，我们期望能加深对上述问题的理解。然而，由于大部分问题都可能引发争议，我们的判断和观点也不一定总能获得所有读者的认可，但至少为这些关系到人类社会发展和现代化转型问题的深化研究提供了契机。

我们的研究以广大农村为主要场景，主线是 19 世纪美国农民的状况，他们的生产、生活、家庭、社区、知识、信仰、道德和理念，等等。但在这条明线之外还存在着一条伏线，即内战前后的两次工业革命及其带动下的城市化进程。除了阶段性成果中有关美国劳工问题和城市问题的研究论文之外，在最终成果中，科学技术的进步、城市化规模的扩大，以及工业化和城市化带来的阶级矛盾、贫富分化、环境污染等因素构成了对美国农业、农村和农民研究的隐性参考框架。在工业化和城市化转型的大背景下观察农民问题，就不能忽略工业的进步程度和城市环境的变化。事实上，工业与农业之间、农村与城市之间、农民与城市居民之间的相互作用、相互影响一直都存在着。农民对传统的坚守和自身地位的自信往往与早期工业化带来的环境破坏、阶级对立、贫富分化、资本垄断等负面因素密切相关；农民对农业传统和自身地位的动摇也自然会受到工业关系的进步、城市环境的改善、城市机会的增多和文化生活的丰富等积极因素的影响。与建国初期杰斐逊等先哲对城市生活的真心厌恶不同的是，内战之后神化农业传统、怀念自耕农理想以及不断抒发着乡愁的社会精英们大多选择居住在城市中，思乡情结只是他们越来越丰富的城市文化生活的补充，农业报刊中对农村生活的美化和对农业价值的肯定留不住为众多就业机会和多姿多彩的城市文化所吸引的农村青年男女。当大多数农场主都不愿他们的女儿嫁给农民时，农民作为一个阶级的整体命运走向衰落几乎是必然的。当然，这一总体趋势并不能排除少数怀有理想主义和对农村生活情有独钟的农民的长期坚守，但这种道德和兴趣支撑的人生选择很难传宗接代，主导现代化转型的理性主义终将胜出勉力支撑的道德传统，农民的悲剧命运也就注定了。

　　本课题没有局限于对美国农业、农村和农民情况的泛泛介绍，而是借助了现代化研究的理论和范式，关注于美国社会从传统到现代的社会转型。研究中既运用了冲击-反应模式，以工业化、城市化冲击和农民对这些冲击做出的反应为主线，又坚持了农民本位，以农民的价值取向和利益诉求为出发点，从农民的角度去理解他们的艰苦劳作、孤立无助以及遭受的铁路、银行等新型资本的剥削和欺压，理解他们在工业化时代的遭遇与他们的自耕农理想之间的落差，理解他们朴素的社会公正观念。要知道，在19世纪推动现代化转型的进步观念与大多数人追求的公正、平等的社会理想是存在不小的距离的。在美国历史上，进步与公正是"一种对立统一关系、一对矛盾组合。公正有益于社会稳定，暗示着一种静态关系；而进步意味着打破原来的稳定体系，是动态的。历史上很多进步是通过牺牲公正而取得的；但需要追问的是，牺牲公正的进步是否还有意义"。[1] 具体到 19 世纪的美国农民身上，如果我们拿后期西进运动中农民家庭的孤苦无依和铁路、银行巨头欺压下中西部农民的艰难困苦，对比一下早期克雷夫科尔笔下那位知足、乐观的"美国农民"，巴克利船长笔下沃兹沃斯一家的体面、正派、友善、自信，我们可能很难断言科技的进步、经济的发展真的能够增进人们的幸福指数。当自耕农的宁静生活被打破之后，他们面临的是捉摸不定的未来，并且再也无法回头。这就是现代化带给人类的宿命。因此，我们在观察和评判工业化转型前后美国农民的状况时，应该以辩证的眼光，对很多农民的不幸遭遇给予更多的理解之同情。

同样需要加以思辨的还有 19 世纪后期平民党运动中农民的改革诉求。在对平民党运动的评价中，学者们通常会认为，尽管平民党运动到 19 世纪 90 年代末就已经式微，农民在民主、共和两大政党之外发展第三党的努力也随着人民党在 1896 年大选中的失败而销声匿迹，但广大农民在运动中提出的改革诉求，诸如通过政府干预限制垄断企业的势力、通过国库分库计划减少农业生产的季节性压力、通过货币改革给农民提供更方便的信贷，等等，大多都在后来的进步主义改革和罗斯福新政中得到实现。从这一角度看，以平民主义为核心的农民运动对美国的历史发展充满积极意义。但霍夫斯塔特却以敏锐的眼光看到平民主义危险的一面。在其经典著作《改革的时代》中，霍氏毫不掩饰他对平民主义甚至进步主义传统的深度怀疑。他在分析平民主义运动和进步主义运动的性质时写道："我个人的兴趣被吸引到平民主义和进步主义一边——尤其是平民主义——看上去很强烈地预示着我们时代的性情古怪的伪保守主义。一路走来，沿途某处的大部分平民主义-进步主

---

1 参见拙著《进步与公正：美国早期的共和实验及其在工业化时代遭遇的挑战》，中国社会科学出版社，2020，第6页。

义传统已经变质，变得既不开明又坏脾气。"尽管这种转变主要发生在 1917
年甚至 1930 年以后，但霍夫斯塔特还是想追本溯源，将探索的笔触伸向 19
世纪后期的那场运动，或者称为改革运动。他指出："美国生活中的一些趋
向，诸如孤立主义以及经常与之裹挟在一起的极端民族主义，对欧洲乃至
欧洲人的仇视，带有种族和宗教色彩的本土仇外情绪，对大公司、行业工
会以及知识分子和东部沿海地区及其文化的怨恨，所有这一切，不仅可以
从改革的对立面中找到，而且经常奇怪地与改革捆绑在一起。"[1] 如果联系到
本世纪的特朗普现象，我们会对美国历史上农民改革运动的两面性有着更真
切的理解。

除了农民的联合与政府的干预之外，解决农民困境的有效方式还要靠科
技的应用和知识的更新。中国人有句老话："要致富，先修路。"对 19 世纪
的美国农民来说同样适用。早期农民的交通和运输主要靠水系——从大西洋
沿海到内陆的河流湖泊，都是农民运送农产品的主要通道，这种状况一直延
续到内战以后。内战期间动工的太平洋铁路系统开启了美国的铁路时代，也
在很大程度上改变了美国农民的命运。其后几十年，随着蒸汽机和汽油动力
机械的发明和运用，在铁路系统不断完善的同时，各种公路网络将农民的农
场与铁路的站点连接起来，将农业生产真正纳入全国的市场体系之中，成为
资本主义经济的一部分。差不多同步发展的还有各种农业机械的应用，不仅
大大提高了生产力，也将农民从繁重的农业劳动中解放出来。

真正改变美国农民命运的是教育、知识和信息。农业学会推动了各种农
业实用知识的传播，农业展览促进了农民之间的信息交流，也给枯燥的农村
生活带来了乐趣，而赠地大学以及与之相关的各种大学体系的完善给农民提
供了更多受教育的机会，让他们的人生有了更多的选择。面对工业化、城市

1 Richard Hofstadter, *The Age of Reform: From Bryan to F. D. R.*, New York: Vintage Books, 1955, pp. 20-21.

化大势，农民不能一味痴迷于自耕农传统和过去的辉煌，指望回到过去封闭的自耕农状态，也不可能再造农业神话。对接受了良好教育的广大农村男女来说，理性的选择有两条，要不就离开农村到城市工作、生活，要不就继续以农场为根基，利用现代化的交通条件随时享用城市中绚丽多彩的生活。

我们的研究的下限大致在 20 世纪 20 年代，而对美国农业和农民的另一场考验还是 20 世纪 30 年代的大萧条，因此，关系到美国农民状况的很多问题还有待于进一步讨论和解决。即使对 19 世纪农民状况的研究，很多方面还是粗线条的，也难免挂一漏万。也有很多与美国农民状况有关的议题还涉及不多或者没有触及，譬如农业移民的种族、文化分野、西海岸和夏威夷的亚洲农业移民、内战后南方农民的租佃制，以及美国农业在全球市场中的地位，等等，需要更多的研究人员付出更大的努力。

参考文献

一、基本史料

（一）档案

A. P. Hungate Memoir Notebook, Part II.

Bulletin No. 7 of the West Virginia Agricultural Experiment Station. Charleston: Moses W. Donnally, Public Printer, 1890.

Bureau of Agricultural Economics, United States Department of Agriculture. *The Advantages of Farm Life*. Washington, D. C., March, 1924.

Bureau of Agricultural Economics, United States Department of Agricultural. *Selected Agricultural Outlook Charts for Vocational Agricultural Teachers, 1939*. Washington, D. C., 1938.

Bureau of Plant Industry, United States Department of Agriculture. *Circular No. 117*. Washington, D. C.: Government Printing Office, 1913.

Bureau of the Census, U. S. Department of Commerce. *Historical Statistics of the United States: Colonial Times to 1970*. Washington, D. C.: Government Printing Office, 1975.

Congressional Record, 51th Congress, 1st Session, February 18, 24, 1890.

Congressional Record, 51th Congress, 1st Session, Vol. 21, Part 1−8.

Macune, Charles W. "The Farmers Alliance." Dolph Briscoe Center for American History, The University of Texas at Austin, 1920.

Report of the Commission on Country Life. New York: Sturgis & Walton Company, 1917 (Original published March, 1911).

Report of the Commissioner of Agriculture for the Year 1867. Washington, D. C.: Government Printing Office, 1868.

Report of the Trustees of the New Hampshire College of Agriculture and Mechanic Arts, to the Legislature, June Session, 1869. Manchester: John Clark, State Printer, 1869.

U. S. Department of Agriculture. *Annual Report, 1862*. Washington, D. C.: Government Printing Office, 1862.

United States Department of Agriculture. *Economic Needs of Farm Women, Report no. 106*. Washington, D. C.: Government Printing Office, 1915.

Yearbook of the United States Department of Agriculture, 1900. Washington, D. C.: Government Printing Office, 1901.

Yearbook of the United States Department of Agriculture, 1899. Washington, D. C.: Government Printing Office, 1900.

（二）报纸

"A Farmer on Farmers." *Iron County Register*, October 06, 1892.

"A Texan Who Sees as Mr. Henry George Sees." *Fort Worth Daily Gazette*, May 20, 1887.

"A Voice from Mississippi." *Dallas Mercury*, March 18, 1887.

"Agricultural Improvement." *American Farmer*, Vol. 13, 1831.

"An Abortive Movement." *New York Times*, December 10, 1890.

"Annual Address by President C. W. Macune, of the F. A. and C. U. of A." *National Economist*, December 14, 1889.

"Anti-Single-Tax." *Advocate*, August 29, 1894.

"Barbed Fences-What Correspondents Say." *American Agriculturist*, May, 1880.

"Betrayed Itself." *Redwood Gazette*, November 03, 1892.

"British Agricultural Dissertation Applicable to American Husbandry." *Monthly Journal of Agriculture*, July, 1845.

"Colored Farmers' Alliance." *National Economist*, December 14, 1889.

"Corrected and Explained." *National Economist*, January 4, 1890.

"Correspondence." *Rural Citizen*, September 17, 1885.

"Echoes from Indianapolis." *National Economist*, December 5, 1891.

"Ensilage." *Western Rural*, December 12, 1891.

"Eureka! Key to the Solution of the Industrial Problem of the Age." *National Economist*, December 28, 1889.

"Farmers and the Single Tax." *Colfax Chronicle*, May 09, 1891.

"From the Northwest." *National Economist*, October 19, 1889.

"Grand State Alliance of Texas." *Dallas Mercury*, August 13, 1886.

"Happiness through Taxation." *Alliance*, November 02, 1889.

"Henry George and the Farmers." *News-Herald*, June 25, 1891.

"Henry George Talks." *St. Paul Daily Globe*, January 17, 1889.

"Henry George." *Austin Weekly Statesman*, November 20, 1890.

"Henry George's Speech." *St. Paul Daily Globe*, January 17, 1889.

"Henry George's Theory." *Fort Worth Daily Gazette*, May 20, 1887.

"How It Is Being Received." *National Economist*, February 8, 1890.

"Indorsed by the Colored Alliance." *National Economist*, June 7, 1890.

"Interesting Correspondence." *Dallas Mercury*, November 5, 1886.

"Is The Alliance Political?" *Dallas Mercury*, November 5, 1886.

"Letter from Dr. Mackall." *Midland Journal*, September 28, 1888.

"Letters and Answers." *Western Rural*, December 5, 1891.

"Letters and Answers." *Western Rural*, November 28, 1891.

"Making Land Property of the State." *Iron County Register*, March 17, 1887.

"Mr. Norton's Letters – no. IX." *The Cultivator*, Vol. 2, April, 1845.

"National Alliance." *Southern Mercury*, January 3, 1889.

"National Citizens Alliance." *National Economist*, December 13, 1890.

"National Executive Committee, People's Party." *National Economist*, April 2, 1892.

"National Farmers Alliance Proceedings (Continued)." *Western Rural and American Stockman*, March 30, 1889.

"Nonsense for Argument." *National Economist*, August 8, 1890.

"One-sided Competition: Henry George Discusses the Existing Inequalities between Capital and Labor." *Indianapolis Journal*, April 11, 1885.

"Overproduction." *National Economist*, November 2, 1889.

"Politics and The Alliance." *Dallas Mercury*, October 22, 1886.

"Progress and Poverty." *St. Landry Democrat*, May 7, 1881.

"Reform Papers of the United States." *National Economist*, July 16, 1892.

"Relieve the Farmer." *Wessington Springs Herald*, January 16, 1891.

"Report." *New England Farmer*, February 7, 1838.

"S. O. Daws, to Alliance Men, in *Ft. Worth Gazette*." *Rural Citizen*, May 20, 1886.

"Second Declaration of American Independence." *National Economist*, March 12, 1892.

"Some Observations." *Farm Journal*, January, 1907.

"Some Questions Answered." *Louisiana Democrat*, July 02, 1890.

"Speech of Ben Terrell." *National Economist*, March 30, 1889.

"St. Louis Convention." *National Economist*, March 5, 1892.

"Steady Winter - A 'Chestnut' - No Theories - Farmers Quitting the Farm." *Iron County Register*, February 9, 1888.

"Stop Taxing Improvements." *Iron County Register*, April 06, 1893.

"Taxing the Land, and Rendering It Valueless." *Representative*, December 12, 1894.

"The Alliance State Exchange." *National Economist*, July 27, 1889.

"The Amended Demands." *National Economist*, December 13, 1890.

"The Christianity of Single Tax." *Colfax Chronicle*, September 17, 1892.

"The Colored Alliance." *Progressive Farmer*, December 23, 1890.

"The Colored Alliance: Annual Address of the National Superintendent." *National Economist*, December 27, 1890.

"The Common Sense of Taxation." *Salt Lake Herald*, June 23, 1881.

"The Conference." *National Economist*, March 5, 1892.

"The Duty of Populists." *Southern Mercury*, November 17, 1892.

"The Exclusive Taxation of Land." *San Marcos Free Press*, July 23, 1885.

"The Farmer in Politics." *Midland Journal*, September 28, 1888.

"The Farmers' Alliance, A Brief History of This Great Order." *Southern Mercury*, August 22, 1895.

"The Farmers' Movement." *Chicago Daily Tribune*, January 26, 1874.

"The Indianapolis Meeting." *National Economist*, November 28, 1891.

"The Minority Protest." *Dallas Morning News*, August 8, 1886.

"The Monopoly Value Tax." *Advocate*, March 30, 1892.

"The National Alliance." *Southern Mercury*, December 13, 1888.

"The National Farmers' Alliance and Co-operative Union of America." *National Economist*, March 14, 1889.

"The National Meeting." *National Economist*, December 21, 1889.

"The Press and the Sub-Treasury Plan." *National Economist*, March 22, 1890.

"The Prospects of Western Farmers." *Prairie Farmer*, January 1, 1843.

"The Reform Press." *National Economist*, January 25, 1890.

"The Result." *National Economist*, November 15, 1890.

"The Ruin of the American Farmer." *Progressive Farmer*, December 13, 1892.

"The Single Tax." *Advocate*, July 25, 1894.

"The Single Tax." *Advocate*, March 23, 1892.

"The Single Tax." *Advocate*, March 30, 1892.

"The Single Tax." *Great West*, April 22, 1892.

"The Single Tax." *People's Voice*, April 15, 1892.

"The Single-Tax." *Advocate*, November 21, 1894.

"The Socialists Indignant." *Fort Worth Daily Gazette*, August 20, 1887.

"The St. Louis Meeting." *National Economist*, November 16, 1889.

"The State Fair." *Iowa State Register*, September 1, 1889.

"The Sub-Treasury Cheap Money Plan." *Century Illustrated Magazine*, Vol. 42, No. 5, September, 1891.

"Theory and Practicc of Non-partisanship." *Gunton's Magazine of American Economics and Political Science*, October, 1897.

"This Man, Urges That All Taxation Be Placed on Land and Improvements." *Colfax Chronicle*, April 08, 1893.

"To the Public." *American Farmer*, April 2, 1819.

"Waco Meeting, Proceedings of the Great Alliance Conference." *Southern Mercury*, April 30, 1891.

"Welcome to Henry George." *Louisiana Democrat*, October 29, 1890.

"Wertham." *Rural Citizen*, November 26, 1885.

"What are We Organized for?" *Rural Citizen*, May 15, 1884.

"Which, Partisan or Non-Partisan?" *Outlook*, Vol. 69, No. 7, October, 1901.

"Why I Became a Single Taxer." *Iron County Register*, September 01, 1892.

"X on Henry George and Taxation." *Iron County Register*, April 7, 1887.

Colfax Chronicle, April 08, June 10, 1893.

Idaho County Free Press, March 20, 1891.

Iron County Register, April 06, April 13, June 15, August 31, 1893.

National Economist, July 6, 1889; July 5, 1890.

Outlook, January 13, 20, 1894.

Wessington Springs Herald, March 06, 1891.

（三）会议记录

Account of the Proceedings at the Inauguration, October 7th, 1868, The Cornell University, Ithaca: University Press, 1869.

Journal of Proceedings of the 10th Session of the National Grange of the Patrons of Husbandry, at the Palmer House, Chicago, Louisville: Printed by John P. Morton, 1876.

Journal of Proceedings of the 11th Session of the National Grange of the Patrons of Husbandry, at the Grand Hotel, Cincinnati, Louisville: Printed by John P. Morton & Co., 1877.

Journal of Proceedings of the 12th Session of the National Grange of the Patrons of Husbandry, at the House of Delegates, Richmond, Philadelphia: J. A. Wagenseller, 1878.

Official Proceedings of the Democratic National Convention, 1896, Logansport, Ind.: Wilson, Humphreys & Co., 1896.

Proceedings of the 11th Regular Annual Meeting of the Texas Farmers Alliances, held at Dallas, Commencing August 19, 1890, Dallas: Robt T. Bibb, Printer, 1891.

Proceedings of the 13th Regular Session of the General Assembly of the Knights of Labor of America, held at Atlanta, Georgia, 1889.

Proceedings of the 7th Session of the National Grange of the Patrons of Husbandry, New York: S. W. Green, Printer, 1874.

Proceedings of the Annual Session of the Farmers and Laborers Union of America, 1889, held at St. Louis, Missouri, Washington, D. C.: The National Economist Print, 1890.

Proceedings of the Annual Session of the Supreme Council of the National Farmers Alliance and Industrial Union, held at Ocala, Florida, December 2−8, 1890, Washington, D. C.: The National Economist Publishing Co., 1891.

Proceedings of the Farmers' State Alliance of Texas, 1886, held at Cleburne, Dallas: Dallas Mercury.

Proceedings of the Inter-State Convention of Farmers, 1887, Atlanta: J. P. Harrison & co.

Proceedings of the Inter-State Convention of Farmers, held at Atlanta, Georgia, August 16−18, 1887, Atlanta: Jas. P. Harrison & Co., Printers.

Proceedings of the National Farmer's Alliance and Co-operative Union of America, Regular Session at Shreveport, Louisiana, October 12−14, 1887, Mercury Print.

Proceedings of the National Farmers' Alliance at Its 7th Annual Meeting, held at Minneapolis, October 4, 1887, Beatrice, NE: Express Publishing Company, Printers.

Proceedings of the Nineteenth Annual Convention of the Association of American Agricultural Colleges and Experiment Stations, Washington, D. C.: Government Printing Office, 1906.

Record of the Proceedings of Annual Meeting, Washington, D. C.: The American Farm Management Association, 1913.

（四）时人出版物

A Committee Appointed by the Board of Trustees. *The Agricultural College of Pennsylvania: Embracing a Succinct History of Agricultural Education in Europe and America, Together with the Circumstances of the Origin, Rise and Progress of the Agricultural College of Pennsylvania*. Philadelphia: William S. Young, Printer, 1862.

A Compilation of the Message and Papers of the Presidents, Vol. IX. New York: Bureau of National Literature, Inc., 1897.

Adams, Charles Kendall. *A Plea for Scientific Agriculture*. Ithaca: Andrus & Church, 1886.

Adams, H. C. "The Rights of Farmers' Wives and Daughters." *Wisconsin State Horticultural Society Transactions*, Vol. 18, February, 1886.

Allen, Leonard L. *History of New York State Grange*. Watertown, NY.: Hungerford-Holbrook Co., 1934.

Allerton, E. P. "Dairy Factory System—A Blessing to the Farmer's Wife." *Fourth Annual Report of the Wisconsin Dairymen's Association*, Vol. 3, December, 1875.

Appleton's Annual Cyclopedia and Register of Important Events of the Year 1890. New York: D. Appleton and Company, 1891.

Ashby, N. B. *The Riddle of the Sphinx*. Chicago: Mercantile Publishing and Advertising Co., 1892.

Atkeson, Thomas Clark. *Outlines of Grange History*. Washington, D. C.: The National Farm News, 1928.

Atkeson, Thomas Clark. *Semi-Centennial History of the Patrons of Husbandry*. New York: Orange Judd Company, 1916.

Ayres, D. C. "The Farm and the Farmer's Wife." *Transactions of the Northern Wisconsin Agricultural and Mechanical Association*, Vol. 6, February, 1879.

Bailey, L. H., ed. *Cyclopedia of American Agriculture, A Popular Survey of Agricultural Conditions, Practices and Ideals in The United States and Canada, Vol. IV—Farm and Community*. New York: The MacMillan Company, 1909.

Barclay, Captain. *Agricultural Tour in the United States and Upper Canada*. Edinburgh: William Blackwood & Sons, 1842.

Beal, W. J. *History of the Michigan Agricultural College and Biographical Sketches of Trustees and Professors*. East Lansing: Agricultural College, 1913.

Bentley, Arthur F. *The Condition of the Western Farmer: As Illustrated by the Economic History of a Nebraska Township*. Baltimore: The Johns Hopkins Press, 1893.

Blood, F. G. *Handbook and History of the Farmer's Alliance and Industrial Union*. Washington, D. C., 1893.

Bolingbroke, Henry St. John. *A Dissertation upon Parties*. London: printed by H. Haines, 1735.

Bolingbroke, Henry St. John. *The Idea of a Patriot King*. In David Mallet, ed., *Letters*. London: Printed for A. Millar, 1749.

Brown, James S. *Partisan Politic: The Evil and Remedy*. Philadelphia: J. B. Lippincott Company, 1897.

Bryan, J. E. *The Farmers' Alliance: Its Origin, Progress and Purposes*. Fayetteville, Ark., 1891.

Bryce, James. *The American Commonwealth, Vol. II*. New York: The Macmillan Company, 1913.

Buchanan, Joseph R. *The Story of a Labor Agitator*. New York: The Outlook Company, 1903.

Buel, Jesse. *Farmer's Companion, or Essays on the Principles and Practice of American Husbandry*. Boston: Marsh, Capen, Lyon, and Webb, 1840.

Chamberlain, H. R. "Farmers' Alliance and Other Political Parties." *The Chautauqua: A Monthly Magazine*, Vol. 13, No. 3, June, 1891.

Chamberlain, H. R. *The Farmers' Alliance: What it Aims to Accomplish*. New York: The Minerva Publishing Company, 1891.

Clark, Charles C. P. *The "Machine" Abolished and the People Restored to Power*. New York: G. P. Putnam, 1900.

Colby, Clara Bewick. "Farmers' Wives." *Transactions of the Wisconsin State Agricultural Society*, Vol. 19, February, 1881.

Coulter, John Lee. "Organizations among the Farmers of the United States." *Yale Review*, Vol. 18, November, 1909.

Creveceur, J. Hector St. John de. *Letters from an American Farmer*. New York: E. P. Dutton & Co., 1912.

Cutler, William Parker, and Julia Perkins Cutler, eds. *Life, Journal and Correspondence of Rev. Manasseh Cutler, vol. II*. Cincinnati: Robert Clarks and Co., 1888.

Dennett, Fannie B. "The Proper Advancement of Woman." *Transactions of the Wisconsin State Agricultural Society*, Vol. 13, January, 1875.

Dickens, Charles. "Farm and College." *All the Year Round, a Weekly Journal*, Vol. 20, October, 1868.

Diggs, Annie L. "The Farmers' Alliance and Some of Its Leaders." *The Arena*, Vol. 5, No. 29 (April, 1892).

Diggs, Annie L. *The Story of Jerry Simpson*, Wichita, KS: Jane Simpson Publisher, 1908.

Drew, Frank M. "The Present Farmers' Movement." *Political Science Quarterly*, Vol. 6, No. 2, June, 1891.

Dunning, N. A., ed. *The Farmers' Alliance History and Agricultural Digest*. Washington, D. C.: Alliance Publishing Company, 1891.

Emerson, Ralph Waldo. *Society and Solitude, Twelve Chapters*. Boston: Houghton, Mifflin and Company, 1892.

Field, David Dudley, and Henry George. "Land and Taxation: A Conversation." *The North American Review*, Vol. 141, No. 344, July, 1885.

Foster, Florence J. "The Grange and the Co-Operative Enterprises in New England." *The*

Annual of American Academy of Political and Social Science, Vol. 4, March, 1894.

Gardiner, Robert Hallowell, et. al. "Petition to the Legislature of the State of Maine, for the Incorporation of the Gardiner Lyceum." January 22, 1822, quoted from *Journal of the Franklin Institute*, Vol. 140, No. 1, July, 1895.

Garland, Hamlin. *A Son of the Middle Border*. New York: The Macmillan Company, 1920.

Garvin, William L. *History of the Grand State Farmers' Alliance of Texas*. Jacksboro: Printed by J. N. Rogers & Co., 1885.

Garvin, William L., and S. O. Daws. *History of the National Farmers' Alliance and Cooperative Union of America*. Jacksboro: J. N. Rogers & Co., 1887.

George, Henry. *Our Land and Land Policy: National and State*. San Francisco: White & Bauer, W. E. Loomis, 1871.

George, Henry. *Progress and Poverty: An Inquiry into the Cause of Industrial Depressions and of Increase of Want with Increase of Wealth, The Remedy*. New York: Doubleday and McClure Company, 1898.

George, Henry. *Protection or Free Trade: An Examination of the Tariff Question with Especial Regard to the Interests of Labor*. New York: Doubleday and McClure Company, 1898.

George, Henry. *Social Problems*. New York: Doubleday and McClure Company, 1898.

George, Henry. *The Land Question: What It Involves, and How Alone It Can Be Settled*. New York: Doubleday and McClure Company, 1898.

Golden Jubilee History: Ohio State Grange, 1872–1922. Salem, Ohio: Lyle Printing Co., 1922.

Herbel, H. G., et al. *Before the Interstate Commerce Commission: Perishable Freight Investigation, I.C.C. Docket 10664*. Chicago: Gunthorp, Warren Print Company, 1919.

History of the Alliance Movement. National Farmers' Alliance, Chicago, 1882.

Hitchcock, Edward. *Reminiscences of Amherst College, Historical, Scientific, Biographical, and Autobiographical: Also, of Other and Wider Life Experiences*. Northampton: Bridgman & Childs, 1863.

Holmes, George K. "Insanity of Farm Women." *Wages of Farm Labor*, Bulletin 99, November, 1912.

Industrial Struggle: A History of the Alliance Movement and its Work. Chicago: published by the Western Rural, 1893.

Ingersoll, Oliver R. *Declaration of Purposes of the Patrons of Husbandry: An Authentic History of Its Inception, Additions, Alterations, Completion, and Promulgation*. New York: Press of Wm. M. Halsted, 1885.

Jelley, Symmes M. *The Voice of Labor*. Chicago: Royal Publishing House, 1891.

Johnson, Samuel W. "On the Relations that Exist between Science and Agriculture." *Transactions of the New York Agricultural Society*, Vol. 15, 1855.

Johnston, R. F. "Home Work for Women." *Report of the Secretary of the State Board of Agriculture of the State of Michigan*, Vol. 23, October, 1884.

Jones, Samuel M. "The Non-Partisan in Politics." *The Independent: A Weekly Magazine*, Vol. 55, No. 2855, August, 1903.

Kansas State Agricultural College. *Hand-book of the Kansas State Agricultural College*. Manhattan: Printed at the Office of the Nationalist, 1874.

Kelley, Oliver Hudson. *Origin and Progress of the Order of the Patrons of Husbandry in the United States*. Philadelphia: J. A. Wagenseller, Publisher, 1875.

Lauterbach, Edward. "Non-Partisan Politics." *Gunton's Magazine of American Economics and Political Science*, January, 1896.

Lowell, John. "Trustees Account of the Cattle Show, and Exhibition of Manufactures, on the 12th and 13th of October, 1819, at Brighton." *Massachusetts Agricultural Repository and Journal*, Vol. 6, 1821.

Manning, Joseph Columbus. *Fadeout of Populism: Presenting, in Connection, the Political Combat between the Pot and the Kettle*. New York: T. A. Hebbons Publisher, 1928.

Marshall, Josiah T. *The Farmers and Emigrants Complete Guide, or A Hand Book*. Cincinnati: Applegate & Co., 1857.

Martin, Edward Winslow. *History of the Grange Movement; or, The Farmer's War against Monopolies*. Chicago: National Publishing Company, 1874.

Milne, Frances Margaret. *For To-day: Poems*. San Francisco: The J. H. Barry Company, 1905.

Moffett, Samuel E. *Suggestions on Government*. Chicago: Rand, McNally & Company, 1894.

Morgan, W. Scott. *History of the Wheel and Alliance, and the Impending Revolution*. St. Louis: C. B. Woodward Company, 1891.

Morgan, W. Scott. *History of the Wheel and Alliance, and the Impending Revolution*. Fort Scott, Kansas: J. H. Rice & Sons, Printers and Publishers, 1889.

Ogilvie, William Edward. *Pioneer Agricultural Journalists: Brief Biographical Sketches of Some of the Early Editors in the Field of Agricultural Journalism*. Chicago: Arthur G. Leonard, 1927.

Orr, Hector, ed. *The Native American: A Gift for the People*. Philadelphia, 1845.

Otken, Charles H. *The Ills of the South, or Related Causes Hostile to the General Prosperity of the Southern People*. New York: G. P. Putnam's Sons, 1894.

Pedder, D. C. *Henry George and His Gospel*. London: A. C. Fifield E. C., 1908.

Periam, Jonathan. *The Groundswell: A History of the Origin, Aims, and Progress of the Farmers' Movement*. Cincinnati: E. Hannaford & Company, 1874.

Pierson, Charles W. "The Outcome of the Granger Movement." *Popular Science Monthly*, Vol. 32, January, 1888.

Pierson, Charles W. "The Rise of the Granger Movement." *Popular Science Monthly*, December, 1887.

Populist Hand-book for Kansas; A Compilation from Official Sources of Some Facts for Use in Succeeding Political Campaigns. Indianapolis: Vincent Bros. Pub. Co., 1891.

Post, Louis F. *The Prophet of San Francisco*. Chicago: L. S. Dickey, 1904.

Powell, Fred Wilbur. *The Bureau of Animal Industry: Its History, Activities and Organization*. Baltimore: The Johns Hopkins Press, 1927.

Rightmire, W. F. "The Alliance Movement in Kansas-Origin of the People's Party." *Transactions of the Kansas State Historical Society, 1905–1906*, Vol. 9, January, 1906.

Roberts, Isaac Phillips. *Autobiography of a Farm Boy*. Albany: J. B. Lyon Company, 1916.

Rogers, Frederick. *Labour, Life and Literature: Some Memories of Sixty Years*. London: Smith, Elder & Co., 1913.

Severance, Juliet H. "Farmers' Wives." *Transactions of the Wisconsin State Agricultural Society*, Vol. 24, February, 1886.

Sharp, George. *City Life and Its Amelioration*. Boston: Richard G. Badger, 1915.

Singleton, Arthur. *Letters from the South and West*. Boston: Richardson and Lord, 1824.

Smalley, E. V. "The Isolation of Life on the Prairie Farms." *Atlantic Monthly*, Vol. 72, 1893.

Stickney, Albert. *The Political Problem*. New York: Harper & Brothers, 1890.

Stockberger, Warner W. *Personnel Administration Development in the United States Department of Agriculture, the First Fifty Years*. Washington, D. C.: United States of Department of Agriculture, Office of Personnel, 1947.

Stowe, Harriet Beecher. *Oldtown Folks*. Boston: Houghton Mifflin and Company, 1891.

Tracy, Frank B. "Rise and Doom of the Populist Party." *Forum*, Vol. 16, October, 1893.

Trowbridge, J. L. "Relations of Women to the Labor and Duties of Agriculture." *Fourth Annual Report of the Wisconsin Dairymen's Association*, Vol. 3, December, 1875.

Trowbridge, J. T. *The South: A Tour of its Battlefields and Ruined Cities*, Hartford: Published by L. Stebbins, 1866.

True, A. C., and V. A. Clark. *The Agricultural Experiment Stations in the United States*. Washington, D. C.: Government Printing Office, 1900.

Turpin, Edna Henry Lee, ed. *The New South and Other Addresses by Henry Woodfin Grady*, New York: Charles E. Merrill Co., 1904.

Walker, Charles S. "The Farmers' Movement." *Annals of the American Academy of Political and Social Science*, Vol. 4, No. 5, March, 1894.

Walker, Joseph B. *Memorial Sketch of the Life and Character of Ezekiel Webster Dimond*. Worcester: Edward A. Jenks, State Printer, 1877.

Wardall, Alonzo. "The Situation in the Northwest." In N. A. Dunning, ed., *The Farmers' Alliance History and Agricultural Digest*, Washington, D. C.: Alliance Publishing Company, 1891.

Waters, John D. *Columbian History of the Kansas State Agricultural College, Located at Manhattan, Kansas*. Topeka: E. H. Snow, State Printer. 1893.

Watson, Elkanah. *History of Agricultural Societies, on the Modern Berkshire System*. Albany: D. Steele, 1820.

White, Andrew Dickson. *Autobiography of Andrew Dickson White, Volume I*. New York: Century Co., 1906.

Winthrop, Robert C. *American Agriculture: An Address Delivered Before the Bristol County Agricultural Society*, Boston: John Wilson & Son, 1853.

二、研究性论著

（一）英文专著

Aldrich, John H. *Why Parties? A Second Look*. Chicago: The University of Chicago Press, 2011.

Ali, Omar H. *In the Lion's Mouth: Black Populism in the New South, 1886–1900*. Jackson: University Press of Mississippi, 2010.

Argersinger, Peter H. *The Limits of Agrarian Radicalism: Western Populism and American Politics*. Lawrence: University Press of Kansas, 1995.

Arnett, Alex Mathews. *The Populist Movement in Georgia: A View of the "Agrarian Crusade" in the Light of Solid-South Politics*. New York: Columbia University Press, 1922.

Atack, Jereme. *To Their Own Soil: Agriculture in the Antebellum North*. Ames: Iowa State University Press, 1987.

Avery, Julie A. ed. *Agricultural Fairs in America: Tradition, Education, Celebration*. East Lansing: Michigan State University Museum, 2000.

Baatz, Simon. *"Venerate the Plough": A History of the Philadelphia Society for Promoting Agriculture, 1785–1985*. Philadelphia: Philadelphia Society for Promoting Agriculture, 1985.

Bailey, Joseph Cannon. *Seaman A. Knapp: Schoolmaster of American Agriculture*. New York: Columbia University Press, 1945.

Bailey, L. H. *Farmers' Institutes: History and Status in the United States and Canada*.

Washington, D. C.: Government Printing Office, 1900.

Baker, Gladys L. *Century of Service: The First 100 Years of the United States Department of Agriculture*. Washington, D. C.: Government Printing Office, 1963.

Baker, Gladys. *The County Agent*. Chicago: The University of Chicago Press, 1939.

Baker, Jean H. *Affairs of Party: The Political Culture of Northern Democrats in the mid-19th Century*. Ithaca: Cornell University Press, 1983.

Barker, Charles A. *Henry George*. New York: Oxford University Press, 1955.

Barnes, Donna A. *Farmers in Rebellion: The Rise and Fall of the Southern Farmers Alliance and People's Party in Texas*. Austin: University of Texas Press, 1984.

Barry, Francis S. *The Scandal of Reform: The Grand Failures of New York's Political Crusaders and the Death of Nonpartisanship*. New Brunswick: Rutgers University Press, 2009.

Beaton, Bradu J., and B. R. McManus, eds. *The Agrarian Tradition in American Society: A Focus on the People and the Land in an Era of Changing Values*. Knoxville, TN: A Bicentennial Forum, The Institute of Agriculture, The University of Tennessee, 1976.

Beckert, Sven. *Empire of Cotton: A Global History*. New York: Alfred A. Knopf, 2015.

Bensel, Richard Franklin. *The Political Economy of American Industria-lization*. New York: Cambridge University Press, 2000.

Billington, Ray Allen, and Martin Ridge. *Westward Expansion: A History of the American Frontier*. Albuquerque: University of New Mexico Press, 2001.

Bliss, R. K., et al., eds. *The Spirit and Philosophy of Extension Work: As Recorded in Significant Papers*. Washington, D. C.: published jointly by the Graduate School, United States Department of Agriculture and the Epsilon Sigma Phi, National Honorary Extension Fraternity, 1952.

Bogue, Allan. *Money at Interest: The Farm Mortgage on the Middle Border*. Lincoln: University of Nebraska Press, 1955.

Brunner, Edmund de S., and E. Hsin Pao Yang. *Rural America and the Extension Service: A History and Critique of the Cooperative Agricultural and Home Economics Extension Service*. New York: Bureau of Publications, Columbia University, 1949.

Bryson, Phillip J. *The Economics of Henry George: History's Rehabilitation of America's Greatest Early Economist*. New York: Palgrave MacMillan, 2011.

Buck, Solon. *The Granger Movement: A Study of Agricultural Organization and Its Political, Economic and Social Manifestations, 1870-1880*. Cambridge: Harvard University Press, 1913.

Byrd, Robert C., ed. *The Senate, 1789-1989, Classic Speeches, 1830-1993*, Vol. 3. Washington, D. C.: Government Printing Office, 1994.

Carrier, Lyman. *The Beginnings of Agriculture in America*. New York: McGraw-Hill Book

Company, Inc., 1923,

Carver, Thomas Nixon, complied. *Selected Readings in Rural Economics*. Boston: Ginn and Company, 1916.

Chandler, Alfred D., Jr. *The Visible Hand: Managerial Revolution in American Business*. Cambridge: Harvard University Press, 1977.

Chernow, Ron. *Alexander Hamilton*. London: Penguin Books Ltd, 2004.

Christy, Ralph D., and Lionel Williamson. *A Century of Service Land-Grant Colleges and Universities, 1890－1990*. New Brunswick: Transaction Publishers, 1992.

Clanton, O. Gene. *Kansas Populism: Ideas and Men*. Lawrence: University Press of Kansas, 1969.

Clanton, O. Gene. *Populism: The Humane Preference in America, 1890－1900*. Boston: Twayne Publishers, 1991.

Clark, Christopher. *The Roots of Rural Capitalism: Western Massachusetts, 1780－1860*. Ithaca: Cornell University Press, 1990.

Clinton, Catherine. *The Plantation Mistress: Woman's World in the Old South*. New York: Pantheon, 1982.

Cochrane, Willard W. *The Development of American Agriculture: A Historical Analysis*. Minneapolis: University of Minnesota Press, 1993.

Commons, John R., and John B. Andrews, eds. *A Documentary History of American Industrial Society, Vol. X, Labor Movement, 1860－1880, Volume 2*. New York: Russell & Russell, 1958.

Commons, John R., et. al., eds. *A Documentary History of American Industrial Society, Vol. IX*. Cleveland: The Arthur H. Clark Company, 1910.

Commons, John Rogers, et al. *History of Labour in the United States, Vol. II*. New York: The Macmillan Company, 1918.

Conlogue, William. *Working the Garden: American Writers and the Industrialization of Agriculture*. Chapel Hill: The University of North Carolina Press, 2001.

Cott, Nancy F. *The Bonds of Womanhood: "Woman's Sphere" in New England, 1780－1835*. New Haven: Yale University Press, 1997.

Cowan, Ruth Schwartz. *More Work for Mother: The Ironies of Household Technology from the Open Hearth to the Microwave*. New York: Basic Books, 1983.

Cummings, Richard Osborn. *The American and His Food: A History of Food Habits in the United States*. Chicago: The University of Chicago Press, 1941.

Curti, Merle, and Vernon Carstensen. *The University of Wisconsin: A History, 1848－1925*. Madison: The University of Wisconsin Press, 1949.

Danbom, David B. *Born in the Country: A History of Rural America*. Baltimore: The Johns Hopkins University Press, 1995.

Danhof, Clarence H. *Change in Agriculture: The Northern United States, 1820 1870*. Cambridge, MA: Harvard University Press, 1969.

Daniels, George, and Mark Rose, eds. *Energy and Transport*. Beverly Hills: Sage Publications, 1982.

Day, Peter R., ed. *How Crops Grow: A Century Later*. New Haven: Connecticut Agricultural Experiment Station, 1969.

Demaree, Albert Lowther. *The American Agricultural Press, 1819–1860*. New York: Columbia University Press, 1941.

Dick, Everett. *The Sod-house Frontier, 1854–1890: A Social History of the Northern Plains from the Creation of Kansas & Nebraska to the Admission of the Dakotas*. New York: D. Appleton-Century Co., 1937.

Drache, Hiram M. *The Day of the Bonanza: A History of Bonanza Farming in the Red River Valley of the North*. Fargo: North Dakota Institute for Regional Studies, 1964.

Dubofsky, Melvyn, and Foster Rhea Dulles. *Labor in America: A History*. Wheeling, IL: Harlan Davidson, Inc., 2010 (Eighth Edition).

Ebeling, Walter. *The Fruited Plain: The Story of American Agriculture*. Berkeley: University of California Press, 1979.

Eddy, Edward Danforth, Jr. *College for Our Land and Time: The Land-Grant Idea in American Education*. Westport: Greenwood Press, 1973.

Evans, James F., and Rodolfo N. Salcedo. *Communications in Agriculture: The American Farm Press*. Ames: Iowa State University Press, 1974.

Fairbanks, Carol, and Sara Brooks Sundberg. *Farm Women on the Prairie Frontier: A Sourcebook for Canada and the United States*. Metuchen: Scarecrow Press, 1983.

Faragher, John Mack. *Women and Men on the Overland Trail*. New Haven: Yale University Press, 1979.

Farmer, Alan. *Britain and the American Colonies, 1740–89*. London: Hodder Education, 2008.

Farmers in a Changing World, *U. S. Department of Agriculture Year-book*. Washington, D. C.: United States Government Printing Office, 1940.

Ferleger, Lou, ed. *Agriculture and National Development: Views on the Nineteenth Century*. Ames: Iowa State University Press, 1990.

Ferleger, Louis A. *Planting the Seeds of Research: How America's Ultimate Investment Transformed Agriculture*. London: Anthem Press, 2020.

Fink, Deborah. *Agrarian Women: Wives and Mothers in Rural Nebraska, 1880−1940*. Chapel Hill: The University of North Carolina Press, 1992.

Fink, Deborah. *Open Country, Iowa: Rural Women, Tradition and Change*. Albany: State University of New York Press, 1986.

Fite, Gilbert C. *The Farmers' Frontier, 1865−1900*. New York: Holt, Rinehart and Winston, 1966.

Fitzgerald, Deborah. *Every Farm a Factory: The Industrial Ideal in American Agriculture*. New Haven: Yale University Press, 2003.

Flesseltine, William B. *Third-Party Movements in the United States*. Princeton: Van Nostrand, 1962.

Formisano, Ronald P. *The Birth of Mass Political Parties: Michigan, 1827−1861*. Princeton: Princeton University Press, 1971.

Formisano, Ronald P. *The Transformation of Political Culture: Massachusetts Parties, 1790s−1840s*. New York: Oxford University Press, 1983.

Fry, John J. *The Farm Press, Reform, and Rural Change, 1895−1920*. New York: Routledge, 2005.

Gaither, Gerald H. *Blacks and the Populist Revolt: Ballots and Bigotry in the "New South"*. Tuscaloosa: University of Alabama Press, 1977.

Galpin, Charles Josiah. *Rural Life*. New York: The Century Co., 1920.

Gardner, Charles M. *The Grange, Friend of the Farmer*. Washington, D. C.: National Grange, 1949.

Gates, Paul W. *The Farmer's Age: Agriculture, 1815−1860*. New York: Routledge, 2015.

Gates, Paul W. *The Jeffersonian Dream: Studies in the History of American Land Policy and Development*. Albuquerque: University of New Mexico Press, 1996.

Geiger, George Raymond. *The Philosophy of Henry George*. New York: The Macmillan Company, 1933.

Geiger, Roger L., ed. *The Land-Grant Colleges and the Reshaping of American Higher Education*. New Brunswick: Transaction Publishers, 2013.

Gelber, Scott M. *The University and the People: Envisioning American Higher Education in an Era of Populist Protest*. Madison: University of Wisconsin Press, 2011.

Genovese, Eugene D. *The Political Economy of Slavery: Studies in the Economy & Society of the Slavery South*. Middletown, CT: Wesleyan University Press, 1989.

George, Henry, Jr. *The Life of Henry George*. New York: Doubleday and McClure Company, 1900.

Ginzberg, Lori D. *Women and the Work of Benevolence: Morality, Politics, and Class in the*

19th-Century United State. New Haven: Yale University Press, 1990.

Gjerde, Jon. *From Peasants to Farmers: The Migration from Balestrand, Norway, to the Upper Middle West.* Cambridge: Cambridge University Press, 1985.

Goodwyn, Lawrence. *Democratic Promise: The Populist Moment in America.* New York: Oxford University Press, 1976.

Goodwyn, Lawrence. *The Populist Moment: A Short History of the Agrarian Revolt in America.* New York: Oxford University Press, 1978.

Green, Donald J. *Third-Party Matters: Politics, Presidents, and Third Parties in American History.* Santa Barbara: Praeger, 2010.

Griffiths, David B. *Populism in the Western United States, 1890−1900.* Lewiston: Edwin Mellen Press, 1992.

Haber, Samuel. *Efficiency and Uplift: Scientific Management in the Progressive Era, 1890−1920.* Chicago: University of Chicago Press, 1964.

Hahn, Steven, and Jonathan Prude, eds. *The Countryside in the Age of Capitalist Transformation: Essays in the Social History of Rural America.* Chapel Hill: University of North Carolina Press, 1985.

Hair, William Ivy. *Bourbonism and Agrarian Protest: Louisiana Politics, 1877−1900.* Baton Rouge: Louisiana State University Press, 1969.

Hammond, M. B. *The Cotton Industry: An Essay in American Economic History.* Ithaca: Press of Andrus & Church, 1897.

Handy-Marchello, Barbara. *Women of the Northern Plains: Gender & Settlement on the Homestead Frontier, 1870−1930.* St. Paul: Minnesota Historical Society Press, 2005.

Hargreaves, Mary. *Dry Farming in the Northern Great Plains: Years of Readjustment, 1920−1990.* Lawrence: University Press of Kansas, 1993.

Haynes, Fred Emory. *James Baird Weaver.* Iowa City: The State Historical Society of Iowa, 1919.

Haynes, Frederick Emory. *Third Party Movements Since the Civil War.* Iowa City: The State Historical Society of Iowa, 1916.

Hays, Samuel P. *The Response to Industrialism, 1885−1914.* Chicago: University of Chicago Press, 1995.

Hewitt, Nancy A. *Women's Activism and Social Change: Rochester, New York, 1822−1872.* Ithaca: Cornell University Press, 1984.

Hicks, John D. *The Populist Revolt: A History of the Farmers' Alliance and the People's Party.* Minneapolis: University of Minnesota Press, 1931.

Hild, Matthew. *Greenbackers, Knights of Labor, and Populists: Farmer-Labor Insurgency in the Late-Nineteenth-Century South*. Athens: University of Georgia Press, 2010.

Hillquit, Morris. *History of Socialism in the United States*. New York: Funk & Wagnalls Company, 1906

Hillstrom, Kevin, and Laurie Collier Hillstrom, eds. *Industrial Revolution in America: Railroads*. Santa Barbara: ABC-CLIO, 2005.

Hillstrom, Kevin, and Laurie Collier Hillstrom, eds. *Industrial Revolution in America: Agriculture and Meatpacking*. Santa Barbara: ABC-CLIO, 2007.

Hoadley, John F. *Origins of American Political Parties, 1789–1803*. Lexington: University Press of Kentucky, 1986.

Hofstadter, Richard. *The Age of Reform: From Bryan to F.D.R.* New York: Vintage Books, 1955.

Hofstadter, Richard. *The Idea of a Party System: The Rise of Legitimate Opposition in the United States, 1780–1840*. Berkeley: University of California Press, 1969.

Holyoake, George Jacob. *The History of the Rochdale Pioneers*. London: Swan Sonnenschein & Co., 1893.

Hurt, R. Douglas. *American Farm Tools from Hand-Power to Steam-Power*. Manhattan: Sunflower University Press, 1982.

Isett, Christopher, and Stephen Miller. *The Social History of Agriculture: From the Origins to the Current Crisis*. New York: Rowman & Littlefield, 2017.

Jeffrey, Julie Roy. *Frontier Women: The Trans-Mississippi West, 1840–1880*. New York: Hill and Wang, 1979.

Jellison, Katherine. *Entitled to Power: Farm Women and Technology, 1913–1963*. Chapel Hill: University of North Carolina Press, 1993.

Jensen, Joan M. *With These Hands: Women Working on the Land*. Old Westbury: Feminist Press, 1981.

Jensen, Joan. *Loosening the Bonds: Mid-Atlantic Farm Women, 1750–1850*. New Haven: Yale University Press, 1986.

Juster, Norton. *So Sweet to Labor: Rural Women in America, 1865–1895*. New York: The Viking Press, 1979.

Kaestle, Carl F., and Janice A. Radway, eds. *A History of the Book in America, Volume 4: Print in Motion, the Expansion of Publishing and Reading in the United States, 1880–1940*. Chapel Hill: The University of North Carolina Press, 2009.

Katz, Richard S., and William J. Crotty, eds. *Handbook of Party Politics*. London: Sage Publications, 2006.

Kerr, Norwood Allen. *The Legacy: A Centennial History of the State Agricultural Experiment*

Stations, 1887–1987. Columbia: University of Missouri, 1987.

Kleinberg, S. Jay. *Women in the United States, 1830–1945*. London: Macmillan Press LTD, 1999.

Knapp, Joseph G. *The Rise of American Cooperative Enterprise: 1680–1920*. Danville: The Interstate Printers & Publishers, Inc., 1969.

Knoblauch, H. C., et al. *State Agricultural Experiment Stations: A History of Research Policy and Procedure*. Washington, D. C.: Government Printing Office, 1962.

Kuhn, Madison. *Michigan State: The First Hundred Years, 1855–1955*. East Lansing: Michigan State University Press, 1955.

Larson, Robert W. *Populism in the Mountain West*. Albuquerque: University of New Mexico Press, 1986.

Lawson, Russell M., and Benjamin A. Lawson, eds. *Poverty in America: An Encyclopedia*. Westport: Greenwood Press, 2008.

Leslie, Thomas. *Iowa State Fair: Country Comes to Town*. New York: Princeton Architectural Press, 2007.

Malin, James Claude. *The Grassland of North America: Prolegomena to its History*. Lawrence, Kans.: privately printed, 1947.

Marcus, Alan I., ed. *Science as Service: Establishing and Reformulating Land-Grant Universities, 1865–1930*. Tuscaloosa: The University of Alabama Press, 2015.

Marti, Donald B. *Women of the Grange: Mutuality and Sisterhood in Rural America, 1866–1920*. New York: Greenwood Press, 1991.

McCormick, Richard L. *The Party Period and Public Policy: American Politics from the Age of Jackson to the Progressive Era*. New York: Oxford University Press, 1989.

McGerr, Michael E. *The Decline of Popular Politics: The American North, 1865–1928*. New York: Oxford University Press, 1986.

McKibben, Eugene G., and R. Austin Griffin. *Changes in Farm Power and Equipment: Tractors, Trucks, and Automobiles, Works Progress Administration, National Research Project Report No. A–9*. Philadelphia: Works Progress Administration, 1938.

McMath, Robert C., Jr. *American Populism: A Social History, 1877–1898*. New York: Hill and Wang, 1992.

McMath, Robert C., Jr. *Populist Vanguard: A History of the Southern Farmers' Alliance*. Chapel Hill: The University of North Carolina Press, 1975.

McMurry, Sally. *Families and Farmhouses in Nineteenth-Century America: Vernacular Design and Social Change*. New York: Oxford University Press, 1988.

McMurry, Sally. *Pennsylvania Farming: A History in Landscapes*. Pittsburgh, PA: University of Pittsburgh Press, 2017.

McMurry, Sally. *Transforming Rural Life: Dairying Families and Agricultural Change, 1820–1885*. Baltimore: Johns Hopkins University Press, 1995.

Meltzer, Allan H. *A History of the Federal Reserve*. Chicago: University of Chicago Press, 2003.

Mieczkowski, Yanek. *The Routledge Historical Atlas of Presidential Election*. New York: Routledge, 2001.

Miller, George H. *Railroads and the Granger Laws*. Madison: University of Wisconsin Press, 1971.

Miller, Robert Worth. *Populist Cartoons: An Illustrated History of the Third-Party Movement in the 1890s*. Kirksville, MO: Truman State University Press, 2011.

Moore, Carl H. *The Federal Reserve System: A History of the First 75 Years*. Jefferson: McFarland and Company, 1990.

Moynihan, Ruth Barnes, Susan Hodge Armitage, Christiane Fischer Dichamp, eds. *So Much to be Done: Women Settlers on the Mining and Ranching Frontier*. Lincoln: University of Nebraska Press, 1998.

Müller, Jan-Werner. *What Is Populism?* Philadelphia: University of Pennsylvania Press, 2016.

Murray, Stanley Norman. *The Valley Comes of Age: A History of Agriculture in the Valley of the Red River of the North, 1812–1920*. Fargo: North Dakota Institute for Regional Studies, 1967.

Myres, Sandra L. *Westering Women and the Frontier Experience, 1800–1915*. Albuquerque: University of New Mexico Press, 1982.

Nash, Gary B., et al. *The American People: Creating a Nation and a Society*. New York: Harper Collins College Publishers, 1994.

Nash, Howard P., Jr. *Third Parties in American Politics*. Washington, D. C.: Public Affairs Press, 1959.

Neely, Wayne Caldwell. *The American Agricultural Fairs*. New York: Columbia University Press, 1935.

Noblin, Stuart. *Leonidas La Fayette Polk, Agrarian Crusader*. Chapel Hill: University of North Carolina Press, 1949.

Nordin, D. Sven. *Rich Harvest: A History of the Grange, 1867–1900*. Jackson: University Press of Mississippi, 1974.

Nugent, Walter T. K. *The Tolerant Populists: Kansas, Populism and Nativism*. Chicago: University of Chicago Press, 1963.

Olsen, Christopher J. *Political Culture and Secession in Mississippi: Masculinity, Honor, and the Antiparty Tradition,* 1830−1860. New York: Oxford University Press, 2000.

Olson, James C. *J. Sterling Morton*. Lincoln: University of Nebraska Press, 1942.

Ostcrud, Nancy Grey. *Bonds of Community: The Lives of Farm Women in Nineteenth Century New York*. Ithaca, NY: Cornell University Press, 1991.

Ostrogorski, Moisej J. *Democracy and the Organization of Political Parties, Volume II: The United States*, trans. by Frederick Clarke. New York: The MacMillan Company, 1908.

Parsons, Stanley B. *The Populist Context: Rural Versus Urban Power on a Great Plains Frontier*. West Port: Greenwood Press, 1973.

Peterson, Trudy Huskamp, ed. *Farmers, Bureaucrats and Middlemen: Historical Perspectives on American Agriculture*. Washington, D. C.: Howard University Press, 1980.

Pollack, Norman C., ed. *The Populist Mind*. Indianapolis and New York: The Bobbs-Merrill Company, Inc., 1967.

Pollack, Norman. *The Populist Response to Industrial America: Midwestern Populist Thought*. Cambridge, MA: Harvard University Press, 1962.

Post, Charles. *The American Road to Capitalism*. Leiden and Boston: Brill, 2011.

Postel, Charles. *The Populist Vision*. New York: Oxford University Press, 2007.

Prude, Jonathan. *The Coming of the Industrial Order: Town and Factory Life in Rural Massachusetts, 1810−1860*. Cambridge: Cambridge University Press, 1983.

Ranney, Austin. *Curing the Mischiefs of Faction: Party Reform in America*. Berkeley: University of California Press, 1975.

Ransom, Roger L., and Richard Sutch. *One Kind of Freedom: The Economic Consequences of Emancipation*. New York: Cambridge University Press, 2001.

Rasmussen, Wayne D. *Taking the University to the People: Seventy-five Years of Cooperative Extension*. Ames: Iowa State University Press, 1989.

Reidy, Joseph P. *From Slavery to Agrarian Capitalism in Cotton Plantation South: Central Georgia, 1800−1880*. Chapel Hill and London: The University of North Carolina Press, 1992.

Ridge, Martin. *Ignatius Donnelly: The Portrait of a Politician*. Chicago: The University of Chicago Press, 1962.

Riley, Glenda. *The Female Frontier: A Comparative View of Women on the Prairie and the Plains*. Lawrence: University Press of Kansas, 1988.

Ross, Dorothy. *The Origins of American Social Science*. New York: Cambridge University Press, 1991.

Ross, Earl D. *Democracy's College: The Land-Grant Movement in the Formative Stage*. Ames: Iowa State College Press, 1942.

Rossiter, Margaret W. *The Emergence of Agricultural Science: Justus Liebig and the*

Americans, 1840–1880. New Haven: Yale University Press, 1975.

Sachs, Carolyn E. *Gendered Fields: Rural Women, Agriculture, and Environment*. Boulder, CO: Westview Press, 1996.

Sachs, Carolyn E. *The Invisible Farmers: Women in Agricultural Production*. Totowa: Rowman and Allanheld, 1983.

Saloutos, Theodore. *Farmers' Movement in the South, 1865–1933*. Berkeley: University of California Press, 1960.

Sanders, Elizabeth. *Roots of Reform: Farmers, Workers, and the American State, 1877–1917*. Chicago: University of Chicago Press, 1999.

Sartori, Giovanni. *Parties and Party Systems: A Framework for Analysis*. Colchester: The ECPR Press, 2005.

Schlissel, Lillina. *Women's Diaries of the Westward Journey*. New York: Schocken Books, 1982.

Schwartz, Michael. *Radical Protest and Social Structure: The Southern Farmers' Alliance and Cotton Tenancy, 1880–1890*. New York: Academic Press, 1976.

Scott, Roy V. *The Agrarian Movement in Illinois 1880–1896*. Urbana: The University of Illinois Press, 1962.

Scott, Roy V. *The Reluctant Farmer: The Rise of Agricultural Extension to 1914*. Urbana: University of Illinois Press, 1970.

Shannon, Fred A. *The Farmer's Last Frontier: Agriculture, 1860–1897*. New York: Holt, Rinehart and Winston, 1961.

Silbey, Joel H. *The American Political Nation, 1838–1893*. Stanford: Stanford University Press, 1991.

Skowronek, Stephen. *Building a New American State: The Expansion of National Administrative Capacities, 1877–1920*. New York: Cambridge University Press, 1982.

Smith, Ruby Green. *The People's College: A History of the New York State Extension Service in Cornell University and the State, 1876–1948*. Ithaca: Cornell University Press, 1949.

Speer, Brooke Orr. *The People's Joan of Arc: Mary Elizabeth Lease, Gendered Politics and Populist Party Politics in Gilded-Age America*. New York: Peter Lang Publishing, Inc., 2014.

Taylor, Carl C. *The Farmers' Movement, 1620–1920*. New York: American Book Company, 1953.

Taylor, Carl C., et al. *Rural Life in the United States*. New York: A. A. Knopf, 1949.

Tilly, Louise, and Joan Scott. *Women, Work, and Family*. New York: Holt Rinehart, and Winston, 1978.

Tindall, George Brown, ed. *A Populist Reader: Selections from the Works of American Populist Leaders*. New York: Harper & Row Publishers, 1966.

True, Alfred Charles. *A History of Agricultural Education in the United States, 1785−1925*. Washington, D. C.: Government Printing Office, 1929.

Turner, Frederick Jackson. *The Frontier in American History*. New York: H. Holt and Company, 1920.

Unger, Irwin. *The Greenback Era: A Social and Political History of American Finance, 1865−1879*. Princeton: Princeton University Press, 1964.

Usher, Ellis B. *The Greenback Movement of 1875−1884 and Wisconsin's Part in It*. Milwaukee: Press of The Meisenheimer Printing Company, 1911.

Vogeler, Ingolf. *The Myth of the Family Farm: Agribusiness Dominance of U. S. Agriculture*. Buolder, CO: Westview Press, 1981.

Voss-Hubbard, Mark. *Beyond Party: Cultures of Antipartisanship in Northern Politics Before the Civil War*. Baltimore: The Johns Hopkins University Press, 2002.

Webb, Walter Prescott. *The Great Plains*. Boston: Ginn and Company, 1931.

White, Richard. *"It's Your Misfortune and None of My Own": A New History of the American West*. Norman: University of Oklahoma Press, 1991.

Wiest, Edward. *Agricultural Organization in the United States*. Lexington: University of Kentucky, 1923.

Williams, Robert C. *Fordson, Farmall, and Poppin' Johnny: A History of the Farm Tractor and Its Impact on America*. Urbana: University of Illinois Press, 1987.

Wood, Gordon S. *Empire of Liberty: A History of the Early Republic, 1789−1815*. Oxford: Oxford University Press, 2009.

Wood, Gordon S. *Revolutionary Characters: What Made the Founders Different*. New York: The Penguin Press, 2006.

Woods, Thomas A. *Knights of the Plow: Oliver H. Kelley and the Origins of the Grange in Republican Ideology*. Ames: Iowa State University Press, 1991.

Woodward, C. Vann. *Origins of the New South, 1877−1913*. Baton Rouge: Louisiana State University Press, 1971.

Yellin, Jean Fagan, and John C. Van Horne, eds. *The Abolitionist Sisterhood: Women's Political Culture in Antebellum America*. Ithaca: Cornell University Press, 1994.

Youngdale, James M. *Populism: A Psychohistorical Perspective*. Port Washington: Kennikat Press Corp, 1975.

（二）英文文章

Adolfson, Lorentz H. "A Half-Century of University Extension." *The Wisconsin Magazine of*

History, Vol. 40, No. 2, Winter, 1956-1957.

Allen, Robert S. "Early American Agricultural Societies and Organizations: Educational Activities and Numerical Growth at Key Periods Until 1900." *Journal of Agricultural & Food Information*, Vol. 8, No. 3, 2007.

Andelson, Robert V. "Henry George and the Reconstruction of Capitalism: An Address." *The American Journal of Economics and Sociology*, Vol. 52, No. 4, October, 1993.

Ankarloo, Bengt. "Agriculture and Women's Work: Directions of Change in the West, 1700-1900." *Journal of Family History*, Vol. 4, 1979.

Argersinger, Peter H. "Road to a Republican Waterloo, The Farmers' Alliance and the Election of 1890 in Kansas." *Kansas Historical Quarterly*, Vol. 34, No. 4, Winter, 1967.

Baum, Dale, and Robert A. Calvert. "Texas Patrons of Husbandry: Geography, Social Contexts, and Voting Behavior." *Agricultural History*, Vol. 63, No. 4, Autumn, 1989.

Berliner, Jonathan. "The Landscapes of Hamlin Garland and the American Populists." *American Literary Realism*, Vol. 47, No. 3, Spring, 2015.

Bicha, Karel Denis. "Jerry Simpson: Populist Without Principle." *The Journal of American History*, Vol. 54, No. 2, September, 1967.

Bidwell, Percy W. "The Agricultural Revolution in New England." *American Historical Review*, Vol. 26, No. 4, July, 1921.

Blake, Warren Barton. "Introduction." In J. Hector St. John de Creveceur, *Letters from an American Farmer*, New York: E. P. Dutton & Co., 1912.

Bloomberg, Kristin Mapel. "Women and Rural Social Reform in the 1870s and 1880s: Clara Bewick Colby's 'Farmers' Wives'." *Agricultural History*, Vol. 89, No. 3, Summer, 2015.

Bogue, Allan G. "Farming in the Prairie Peninsula, 1830-1890." *The Journal of Economic History*, Vol. 23, No. 1, March, 1963.

Bonaparte, T. H. "Henry George's Impact at Home and Abroad: He Won the Workers of Marx's Adopted Country but through Leninism Marxism Has Won Half the World." *The American Journal of Economics and Sociology*, Vol. 46, No. 1, January, 1987.

Briggs, Harold E. "Early Bonanza Farming in the Red River Valley of the North." *Agricultural History*, Vol. 6, No. 1, January, 1932.

Bromberg, Alan B. "'The Worst Muddle Ever Seen in N.C. Politics': The Farmers' Alliance, the Subtreasury, and Zeb Vance." *The North Carolina Historical Review*, Vol. 56, No. 1, January, 1979.

Candeloro, Dominic. "The Single Tax Movement and Progressivism, 1880-1920." *The American Journal of Economics and Sociology*, Vol. 38, No. 2, April, 1979.

Carman, Harry J., and Rexford G. Tugwell. "The Significance of American Agricultural

History." *Agricultural History*, Vol. 12, No. 2, April, 1938.

Cerny, George. "Cooperation in the Midwest in the Granger Era, 1869－1875." *Agricultural History*, Vol. 37, No. 4, October, 1963.

Collier, Charles. "Henry George's System of Political Economy." *History of Political Economy*, Vol. 11, No. 1, Spring, 1979.

Colman, Gould P. "Pioneering in Agricultural Education: Cornell University, 1867－1890." *Agricultural History*, Vol. 36, No. 4, October, 1962.

Danbom, David B. "The Agricultural Experiment Station and Professiona-lization: Scientists' Goals for Agriculture." *Agricultural History*, Vol. 60, No. 2, Spring, 1986.

Danbom, David B. "The Agricultural Extension System and the First World War." *The Historian*, Vol. 41, No. 2, February, 1979.

Danbom, David B. Review on Katherine Jellison, *Entitled to Power: Farm Women and Technology, 1913－1963. Agricultural History*, Vol. 68, No. 2, Spring, 1994.

Easterby, J. H. "The Granger Movement in South Carolina." *The Proceedings of the South Carolina Historical Association*, 1931.

Elkins, F. Clark. "State Politics and the Agricultural Wheel." *The Arkansas Historical Quarterly*, Vol. 38, No. 3, Autumn, 1979.

Emerick, C. F. "An Analysis of Agricultural Discontent in the United States, II." *Political Science Quarterly*, Vol. 11, No. 4, December, 1896.

Farmer, Hallie. "The Economic Background of Frontier Populism." *The Mississippi Valley Historical Review*, Vol. 10, No. 4, March, 1924.

Farmer, Hallie. "The Economic Background of Southern Populism." *The South Atlantic Quarterly*, Vol. 29, January, 1930.

Farmer, Hallie. "The Railroads and Frontier Populism." *The Mississippi Valley Historical Review*, Vol. 13, No. 3, December, 1926.

Feldman, Shelley, and Rick Welsh. "Feminist Knowledge Claims, Local Knowledge, and Gender Divisions of Agricultural Labor: Constructing a Successor Science." *Rural Sociology*, Vol. 60, No. 1, March, 1995.

Ferleger, Lou. "Uplifting American Agriculture: Experiment Station Scientists and the Office of Experiment Stations in the Early Years After the Hatch Act." *Agricultural History*, Vol. 64, No. 2, Spring, 1990.

Fink, Deborah. " 'Not to Intrude' : A Danish Perspective on Gender and Class in Nineteenth-Century Dairying." *Agricultural History*, Vol. 83, No. 4, Fall, 2009.

Finlay, Mark R. "The German Agricultural Experiment Stations and the Beginnings of American Agricultural Research." *Agricultural History*, Vol. 62, No. 2, Spring, 1988.

Fite, Gilbert C. "Great Plains Farming: A Century of Change and Adjust-ment." *Agricultural History*, Vol. 51, No. 1, Agriculture in the Great Plains, 1876–1936: A Symposium, January, 1977.

Fite, Gilbert C. "Some Farmers' Accounts of Hardship on the Frontier." *Minnesota History*, Vol. 37, No. 5, March, 1961.

Foner, Eric. "Why Is There No Socialism in the United States?" *History Workshop*, No. 17, Spring, 1984.

Formisano, Ronald P. "Political Character, Antipartyism and the Second Party System." *American Quarterly*, Vol. 21, No. 4, Winter, 1969.

Formisano, Ronald P. "The Party Period Revisited." *The Journal of American History*, Vol. 86, No. 1, June, 1999.

Fox-Genovese, Elizabeth. "Women in Agriculture during the Nineteenth Century." In Lou Ferleger, ed., *Agriculture and National Development: Views on the Nineteenth Century*, Ames: Iowa State University Press, 1990.

Garwood, Saunders B. "Florida State Grange." *The Florida Historical Society Quarterly*, Vol. 47, No. 2, October, 1968.

Gordon, Lynn D. Review on Karen J. Blair, *The Politics of Domesticity: Women, Evangelism and Temperance in Nineteenth-Century America*, and on Barbara Leslie Epstein, *The Clubwoman as Feminist: True Womanhood Redefined 1868–1914. Signs: Journal of Women in Culture and Society*, Vol. 7, No. 4, July, 1982.

Harrington, W. P. "The Populist Party in Kansas." *Collections of the Kansas State Historical Society*, Vol. 16, January, 1923.

Harris, Katherine. "Sex Roles and Work Patterns among Homesteading Families in Northeastern Colorado, 1873–1920." *Frontiers: A Journal of Women Studies*, Vol. 7, No. 3, 1984.

Hendrickson, Kenneth E. Jr. "Some Political Aspects of the Populist Movement in South Dakota." *North Dakota History*, Vol. 34, No. 1, Winter, 1967.

Henretta, James A. "Families and Farms: *Mentalité* in Pre-Industrial America." *The William and Mary Quarterly*, Vol. 35, No. 1, January, 1978.

Hicks, John D. "The Birth of the Populist Party." *Minnesota History*, Vol. 9, No. 3, September, 1928.

Hicks, John D. "The Sub-Treasury: A Forgotten Plan for the Relief of Agriculture." *The Mississippi Valley Historical Review*, Vol. 15, No. 3, December, 1928.

Hillison, John, and Brad Bryant. "Agricultural Societies as Antecedents of the FFA." *Journal of Southern Agricultural Education Research*, Vol. 51, No. 1, 2001.

Hines, Linda O. "George W. Carver and the Tuskegee Agricultural Experiment Station."

Agricultural History, Vol. 53, No. 1, January, 1979.

Horsfall, J. G. "Introduction: How Johnson Related Science to Society." In Peter R. Day, ed., *How Crops Grow: A Century Later*, New Haven: Connecticut Agricultural Experiment Station, 1969.

Hudson, Michael. "Henry George's Political Critics." *The American Journal of Economics and Sociology*, Vol. 67, No. 1, January, 2008.

Hutchinson, William T. "An Appraisal of Walter Prescott Webb's *The Great Plains*: A Study in Institutions and Environment." *American Journal of Sociology*, Vol. 46, No. 6, May, 1941.

Johnstone, Paul H. "Old Ideals Versus New Ideas in Farm Life." In *Farmers in a Changing World*, *U. S. Department of Agriculture Year-book*, Washington, D. C.: United States Government Printing Office, 1940.

Kline, Ronald R. "Ideology and Social Surveys: Reinterpreting the Effects of 'Laborsaving' Technology on American Farm Women." *Technology and Culture*, Vol. 38, No. 2, April, 1997.

Kniffen, Fred. "The American Agricultural Fair: The Pattern." *Annals of the Association of American Geographers*, Vol. 39, No. 4, December, 1949.

Kulikoff, Allan. "The Transition to Capitalism in Rural America." *The William and Mary Quarterly*, Vol. 46, No. 1, January, 1989.

Larsen, Esther Louise, and Pehr Kalm. "Pehr Kalm's Description of Maize, How It Is Planted and Cultivated in North America, together with the Many Uses of This Crop Plant." *Agricultural History*, Vol. 9, No. 2, April, 1935.

Larson, Olaf F., and Thomas B. Jones. "The Unpublished Data from Roosevelt's Commission on Country Life." *Agricultural History*, Vol. 50, No. 4, October, 1976.

Leasher, Evelyn. Review on Katherine Jellison, *Entitled to Power: Farm Women and Technology, 1913–1963. Michigan Historical Review*, Vol. 21, No. 2, Fall, 1995.

Lemon, James T. "Early Americans and Their Social Environment." *Journal of Historical Geography*, Vol. 6, No. 2, April, 1980.

Leonard, Gerald. "The Ironies of Partyism and Antipartyism: Origins of Partisan Political Culture in Jacksonian Illinois." *Illinois Historical Journal*, Vol. 87, No. 1, Spring, 1994.

Lightfoot, B. B. "The Human Party: Populism in Comanche County, 1886." *West Texas Historical Association Year Book*, Vol. 31, October, 1955.

Marcus, Alan I. "The Ivory Silo: Farmer-Agricultural College Tensions in the 1870s and 1880s." *Agricultural History*, Vol. 60, No. 2, Spring, 1986.

Mastromarino, Mark A. "Elkanah Watson and the Early Agricultural Fairs, 1790–1860." *Historical Journal of Massachusetts*, Vol. 17, No. 2, Summer, 1989.

Mayo, Edward L. "Republicanism, Antipartyism, and Jacksonian Party Politics: A View from the Nation's Capital." *American Quarterly*, Vol. 31, No. 1, Spring, 1979.

McCorkle, James L., Jr. "Moving Perishables to Market: Southern Railroads and the Nineteenth-Century Origins of Southern Truck Farming." *Agricultural History*, Vol. 66, No. 1, Winter, 1992.

McCorkle, James L., Jr. "Truck Farming in Arkansas: A Half-Century of Feeding Urban America." *The Arkansas Historical Quarterly*, Vol. 58, No. 2, Summer, 1999.

McMath, Robert C., Jr., Peter H. Argersinger, Connie L. Lester, Michael F. Magliari, and Walter Nugent. "*Agricultural History* Roundtable on Populism." *Agricultural History*, Vol. 82, No. 1, Winter, 2008.

Merrill, Michael. "Cash is Good to Eat: Self-Sufficiency and Exchange in the Rural Economy of the United States." *Radical History Review*, 1977.

Murray, Stanley N. "Railroads and the Agricultural Development of the Red River Valley of the North, 1870－1890." *Agricultural History*, Vol. 31, No. 4, October, 1957.

Nixon, Herman Clarence. "The Cleavage within the Farmers' Alliance Movement." *The Mississippi Valley Historical Review*, Vol. 15, No. 1, June, 1928.

Nordin, Dennis S. "A Revisionist Interpretation of the Patrons of Husbandry, 1867－1900." *The Historian*, Vol. 32, No. 4, August, 1970.

Nunnally, Patrick. "From Churns to Butter Factories: The Industrialization of Iowa's Dairying, 1860－1900." *Annals of Iowa*, Vol. 49, Winter, 1989.

O'Connell, William E. Jr. "The Development of the Private Railroad Freight Car, 1830－1966." *The Business History Review*, Vol. 44, No. 2, Summer, 1970.

Osnes, Larry G. "The Birth of a Party: The Cincinnati Populist Convention of 1891." *Great Plains Journal*, Vol. 10, No. 1, Fall, 1970.

Ostler, Jeffrey. "Why the Populist Party Was Strong in Kansas and Nebraska but Weak in Iowa." *Western Historical Quarterly*, Vol. 23, No. 4, November, 1992.

Patterson-Black, Sheryll. "Women Homesteaders on the Great Plains Frontier." *Frontiers: A Journal of Women Studies*, Vol. 1, No. 2, Spring, 1976.

Pinkett, Harold T. "*The American Farmer*: A Pioneer Agricultural Journal, 1819－1834." *Agricultural History*, Vol. 24, No. 3, July, 1950.

Porter, Jane M. "Experiment Stations in the South, 1877－1940." *Agricultural History*, Vol. 53, No. 1, January, 1979.

Posey, Trisha. "'Little Tanned Agriculturalists': The Boston Asylum and Farm School for Indigent Boys." *Massachusetts Historical Review*, Vol. 16, 2014.

Ransom, Roger L., and Richard Sutch. "Debt Peonage in the Cotton South After the Civil War." *The Journal of Economic History*, Vol. 32, No. 3, September, 1972.

Rasmussen, Wayne D. "The Impact of Technological Change on American Agriculture, 1862–1962." *The Journal of Economic History*, Vol. 22, No. 4, December, 1962.

Rome, Adam Ward. "American Farmers as Entrepreneurs, 1870–1900." *Agricultural History*, Vol. 56, No. 1, January, 1982.

Rosenberg, Charles E. "Science, Technology, and Economic Growth: The Case of the Agricultural Experiment Station Scientist, 1975–1914." *Agricultural History*, Vol. 45, No. 1, January, 1971.

Rothenberg, Winifred B. "Market, Values and Capitalism: A Discourse on Method." *Journal of Economic History*, Vol. 44, No. 1, March, 1984.

Rothenberg, Winifred B. "The Market and Massachusetts Farmers, 1750–1855." *Journal of Economic History*, Vol. 41, No. 2, June, 1981.

Rundell, Walter, Jr. "A Dedication to the Memory of Walter Prescott Webb." *Arizona and the West*, Vol. 5, No. 1, Spring, 1963.

Saloutos, Theodore. "The Agricultural Problem and Nineteenth-Century Industrialism." *Agricultural History*, Vol. 22, No. 3, July, 1948.

Saloutos, Theodore. "The Grange in the South, 1870–1877." *The Journal of Southern History*, Vol. 19, No. 4, November, 1953.

Schmidt, Louis Bernard. "The Agricultural History of Iowa as a Field of Research." *Agricultural History*, Vol. 13, No. 4, October, 1939.

Schwartz, Michael H. "An Estimate of the Size of the Southern Farmers' Alliance 1884–1890." *Agricultural History*, Vol. 51, No. 4, October, 1977.

Schwieder, Dorothy. "The Iowa State College Cooperative Extension Service through Two World Wars." *Agricultural History*, Vol. 64, No. 2, Spring, 1990.

Scott, John C. "The Chautauqua Movement: Revolution in Popular Higher Education." *The Journal of Higher Education*, Vol. 70, No. 4, July - August, 1999.

Scott, Roy V. "American Railroads and Agricultural Extension, 1900–1914: A Study in Railway Developmental Techniques." *The Business History Review*, Vol. 39, No. 1, Spring, 1965.

Selinger, Jeffrey S. "Rethinking the Development of Legitimate Party Opposition in the United States, 1793–1828." *Political Science Quarterly*, Vol. 127, No. 2, Summer, 2012.

Sellers, James L. "The Economic Incidence of the Civil War in the South." *The Mississippi Valley Historical Review*, Vol. 14, No. 2, September, 1927.

Sharp, Kelly Kean. "Sowing Diversity: The Horticultural Roots of Truck Farming in Coastal South Carolina." *Agricultural History*, Vol. 94, No. 3, Summer, 2020.

Smith, Ralph. "'Macuneism' or the Farmers of Texas in Business." *Journal of Southern History*, Vol. 13, No. 2, May, 1947.

Stansell, Christine. "Women on the Great Plains, 1865-1890." *Women's Studies*, Vol. 4, 1976.

Stevens, S. K. "The Election of 1896 in Pennsylvania." *Pennsylvania History*, Vol. 4, No. 2, April, 1937.

Tindall, George B. "Populism: A Semantic Identity Crisis." *The Virginia Quarterly Review*, Vol. 48, No. 4, Autumn, 1972.

Tolley, Howard R. "Some Essentials of a Good Agricultural Policy." In *Farmers in a Changing World, U. S. Department of Agriculture Year-book*, Washington, D. C.: United States Government Printing Office, 1940.

Tryon, Warren S. "Agriculture and Politics in South Dakota, 1889 to 1900." *South Dakota Historical Collections*, Vol. 13, 1926.

Turner, Frederick Jackson. "The Significance of the Frontier in American History." In Frederick Jackson Turner, *The Frontier in American History*, New York: H. Holt and Company, 1920.

Turner, James. "Understanding the Populists." *The Journal of American History*, Vol. 67, No. 2, September, 1980.

Tweton, D. Jerome. "Considering Why Populism Succeeded in South Dakota and Failed in North Dakota." *South Dakota History*, Vol. 22, No. 4, Winter, 1992.

Voss-Hubbard, Mark. "The 'Third Party Tradition' Reconsidered: Third Parties and American Public Life, 1830-1900." *The Journal of American History*, Vol. 86, No. 1, June, 1999.

Wallace, Michael. "Changing Concepts of Party in the United States: New York, 1815-1828." *The American Historical Review*, Vol. 74, No. 2, December, 1968.

Wells, Christopher W. "The Changing Nature of Country Roads: Farmers, Reformers, and the Shifting Uses of Rural Space, 1880-1905." *Agricultural History*, Vol. 80, No. 2, Spring, 2006.

Wells, Christopher W. "The Changing Nature of Country Roads: Farmers, Reformers, and the Shifting Uses of Rural Space, 1880-1905." *Agricultural History*, Vol. 80, No. 2, Spring, 2006.

Wilentz, Sean. "The Mirage: The Long and Tragical History of Post-partisanship, from Washington to Obama." *The New Republic*, Vol. 242, No. 17, November, 2011.

Woodman, Harold D. "Post-Civil War Southern Agriculture and the Law." *Agricultural History*, Vol. 53, No. 1, Southern Agriculture Since the Civil War: A Symposium, January, 1979.

（三）英文学位论文

Bogush, Paul. "The Influence of Scientific Management on Dairy Farming: 1850-1950." Master Thesis, Southern Connecticut State University, 1998.

Burns, Stewart. "The Populist Movement and the Cooperative Common-wealth: The Politics of Non-Reformist Reform." Ph. D. Dissertation, University of California-Santa Cruz, 1984.

Dawson, Eugene Douglas. "The Rise and Development of Farmers' Institutes in Michigan in Relationship with Michigan Agricultural College from 1876–1889." Ph. D. Dissertation, Michigan State University, 1974.

Forrest, Edwin Clark, Jr. "The Louisiana Cooperative Extension Service: A Descriptive History of Its Origin and Development." Ph. D. Dissertation, The Louisiana State University, 1987.

Gilmore, Francis Richard. "A Historical Study of the Oklahoma Agricultural Experiment Station." Ph. D. Dissertation, Oklahoma State University, 1967.

Goodwyn, Lawrence. "The Origin and Development of American Populism." Ph. D. Dissertation, The University of Texas-Austin, 1971.

Merrill, Michael, "Self-Sufficiency and Exchange in Early America: Theory, Structure, Ideology." Ph. D. Dissertation, Columbia University, 1986.

Nel, Johanna. "The University of Wyoming's Role in the Historical Devel-opment of Adult Education in Wyoming, 1886–1918." Ph. D. Dissertation, University of Wyoming, 1986.

Self, Lois Scoggins. "Agrarian Chautauqua: The Lecture System of the Southern Farmers' Alliance Movement." Ph. D. Dissertation, The University of Wisconsin-Madison, 1981.

Sorber, Nathan M. "Farmers, Scientists, and Officers of Industry: The Formation and Reformation of Land-Grant Colleges in the Northeastern United States, 1862–1906." Ph. D. Dissertation, The Pennsylvania State University, 2011.

Wood, Roger James. "Science, Education, and the Political Economy in Indiana: A History of the School of Agriculture, Agricultural Experiment Station, and Department of Agricultural Extension at Purdue University to 1945." Ph. D. Dissertation, Purdue University, 1993.

（四）中文研究及译著

〔德〕W. 桑巴特:《为什么美国没有社会主义？》，赖海榕译，社会科学文献出版社，2003。

〔德〕迪特·森哈斯:《欧洲发展的历史经验》，梅俊杰译，商务印书馆，2015。

〔德〕马克思:《资本论》第二卷，中共中央马克思恩格斯列宁斯大林著作编译局译，人民出版社，2004。

〔法〕托克维尔:《论美国的民主》，董果良译，商务印书馆，1989。

〔美〕艾伦·布林克利:《美国史》，邵旭东译，海南出版社，2009。

〔美〕巴林顿·摩尔:《专制与民主的社会起源：现代世界形成过程中的地主和农民》，王茁、顾洁译，上海译文出版社，2019（第8版）。

〔美〕查尔斯·比尔德、玛丽·比尔德:《美国文明的兴起》下卷,于干译,商务印书馆,2012。

〔美〕戈登·伍德:《美国革命的激进主义》,傅国英译,北京大学出版社,1997。

〔美〕卡尔·桑德堡:《林肯传》,云京译,北京三联书店,1978。

〔美〕卡罗尔·帕金、克里斯托弗·米勒等:《美国史》上册,葛腾飞、张金兰译,东方出版中心,2013。

〔美〕J. T. 施莱贝克尔:《美国农业史(1607—1972 年)——我们是怎样兴旺起来的》,高田等译,农业出版社,1981。

〔美〕S. E. 莫里森等:《美利坚合众国的成长》下卷,南开大学历史系美国史研究室译,天津人民出版社,1980。

〔美〕斯坦利·L.恩格尔曼、罗伯特·E.高尔曼:《剑桥美国经济史:漫长的 19 世纪》,王珏等译,中国人民大学出版社,2008。

〔美〕托马斯·杰斐逊:《1801 年国情咨文》,载于《杰斐逊选集》,朱曾汶译,商务印书馆,1999。

〔美〕威廉·克罗农:《自然的大都市:芝加哥与大西部》,黄焰结、程香、王家银译,江苏人民出版社,2018。

〔美〕亚历山大·汉密尔顿等:《联邦党人文集》,张晓庆译,中国社会科学出版社,2009。

〔美〕约翰·霍普·富兰克林:《美国黑人史》,张冰姿等译,商务印书馆,1988。

〔美〕早见勇次郎、弗农·W.拉坦:《美国的农业科学技术》,郑林庄译,见郑林庄选编《美国的农业——过去与现在》,农业出版社,1980。

〔美〕詹姆斯·L.诺瓦克、詹姆斯·W.皮斯、拉里·D.桑德斯:《美国农业政策:历史变迁与经济分析》,王宇、胡武阳、卢亚娟译,商务印书馆,2021。

〔意〕G.萨托利:《政党与政党体制》,王明进译,商务印书馆,2006。

〔英〕艾伦·韦尔:《政党与政党制度》,谢峰译,北京大学出版社,2011。

〔英〕保罗·塔格特:《民粹主义》,袁明旭译,吉林人民出版社,2005。

〔英〕狄更斯:《游美札记》,张谷若译,上海译文出版社,1982。

〔英〕麦克德纳:《青贮饲料的生物化学》,动物营养研究会、农业部畜牧局饲料机械处译,北京农业大学出版社,1988。

安然:《从平民主义的兴衰看美国社会矛盾的化解》,《史学月刊》2014 年第 2 期。

陈奕平:《农业人口外迁与美国的城市化》,《美国研究》1990 年第 3 期。

陈奕平:《试论十九世纪美国工业革命与农业革命的关系》,《历史教学》1989 年第 2 期。

何顺果:《美国"棉花王国"史:南部社会经济结构探索》,中国社会科学出版社,1995。

何顺果:《美国边疆史:西部开发模式研究》,北京大学出版社,1992。

黄仁伟:《论美国人民党运动的历史地位》,《世界历史》1989 年第 1 期。

霍震、杨慧萍:《美国内战后至二十世纪初期的南部种植园制度》,《世界历史》1982 年第 4 期。

孔庆山:《美国早期土地制度研究:1785—1862》,中山大学出版社,2002。

李存训:《美国南北战争后农业迅速发展的特点与原因》,《世界历史》1981 年第 4 期。

李素敏:《美国赠地学院发展研究》,河北大学出版社,2004。

林广:《论美国平民党运动的两重性》,《历史教学问题》1993 年第 1 期。

刘晓光:《美国赠地院校和农业服务体系的产生与成长——基于制度分析的视角》,南京农业大学博士学位论文,2010 年。

孟海泉:《内战后美国南部的农业机械化与农业体制变革》,《美国研究》2007 年第 4 期。

孟海泉:《内战后美国南部植棉业中的借贷制度》,《世界历史》1999 年第 1 期。

孟海泉:《内战以后美国南部租佃制的形成》,《世界历史》2009 年第 1 期。

潘润涵、何顺果:《近代农业资本主义发展的"美国式道路"》,《世界历史》1981 年第 1 期。

吴浩:《"美国式道路"还是"普鲁士道路"?——内战后美国南部农业发展道路的历史考察》,《史学理论研究》2010 年第 4 期。

吴浩:《借贷制度与美国南部约曼自耕农经济的转型》,《北大史学》第 14 辑(2009 年)。

吴浩:《失去的机会:1886 年美国"南部宅地法"与黑人获取土地的失败》,《史学月刊》2015 年第 2 期。

吴于廑:《历史上农耕世界对工业世界的孕育》,《世界历史》1987 年第 2 期。

吴于廑:《世界历史上的农本与重商》,《历史研究》1984 年第 1 期。

徐更生:《美国农业政策》,经济管理出版社,2007。

许镇梅:《美国平民主义研究的百年起伏》,《史学月刊》2019 年第 4 期。

原祖杰:《对美国平民党运动的再思考》,《美国研究》2009 年第 4 期。

原祖杰:《进步与公正:美国早期的共和实验及其在工业化时代遭遇的挑战》,中国社会科学出版社,2020。

原祖杰:《在工业化的阴影里:19 世纪后期美国农民的困境与抗议》,《北大史学》第 15 辑(2010 年)。

张斌贤:《美国高等教育变革》,教育科学出版社,2017。

张友伦:《美国农业革命(独立战争—十九世纪末)》,天津人民出版社,1983。

张友伦:《美国农业资本主义发展道路初探》,《世界历史》1982 年第 2 期。

张友伦:《美国西进运动探要》,人民出版社,2005。

索 引

（按汉语拼音字母为序）

M

马蒂，唐纳德·B.（Donald B. Marti），《格兰其妇女》（*Women of the Grange*）9

马丁，卡莱尔·P. B.（Carlisle P. B. Martin）430

马丁，罗斯科（Roscoe Martin），《得克萨斯人民党》（*The People's Party in Texas*）8

马丁，马里昂（Marion Martin）238

马丁，乔·A.（Joe A. Martin）19

马库恩，查尔斯·W.（Charles W. Macune）198

马库恩商业体系（Macune Business System）200

马库斯，艾伦·I.（Alan I. Marcus）445

马奇，本杰明·F.（Benjamin F. Mudge）430

马萨诸塞农学院（Massachusetts Agricultural College）360，426，452

马萨诸塞农业促进会（Massachusetts Society for Promoting Agriculture）407，412

马萨诸塞州议会农业学会（Massachusetts Legislative Agricultural Society）434

马什，威廉·华莱士（William Wallace Marsh）380

马歇尔，阿尔弗雷德（Alfred Marshall）311

迈尔斯，曼利（Manly Miles）435，441

麦格林，爱德华（Edward McGlynn）317

麦凯，乔治（George McKay）399

麦考密克，赛勒斯·H.（Cyrus H. McCormick）378

麦克道尔，弗朗西斯（Francis McDowell）154

麦克拉肯，艾萨克（Issac McCracken）188，212

麦克莱昂斯，汉娜（Hannah McK. Lyons）141

麦克马思，小罗伯特·C.（Robert C. McMath, Jr.）204

麦克默里，萨莉（Sally McMurry）28，114，132，135

《曼恩－埃尔金斯法》（Mann-Elkins Act）386

芒恩诉伊利诺伊州案（Munn *v.* Illinois）176

芒特艾里农学院（Mount Airy Agricultural College）425

"没袜子"的杰瑞·辛普森（Sockless Jerry Simpson）88，320，327，335，340

梅里尔，迈克尔（Michael Merrill）13

梅里亚姆，查尔斯·E.（Charles E. Merriam）8

《美国谷仓塔与贸易报》（*American Elevator and Grain Trade*）261

美国均平协会（American Society of Equity）370

《美国农民》（*American Farmer*）416—418

美国农民教育与合作联合会（Farmers' Educational and Cooperative Union of America），简称"农民联合会"（Farmers' Union）370

美国农民学社工作者协会（American Association of Farmers' Institute Workers）439

美国农民与劳动者联合会（Farmers and Laborers' Union of America）212

后 记

出于对人类现代化过程中不同社会群体所经历的命运变化的长期关注，也是为了向笔者在中国和美国读书时期蒙其栽培的美国劳工史和农业史专家张友伦教授和希·博尔曼（Hy Berman）教授两位业师致敬，近年来我们将工业化影响下美国下层民众，尤其是工人、农民的遭遇作为研究重点，从社会文化史的角度观察一些社会弱势群体的工作和生活，组织了一系列学术研讨会，也得到学界同仁的多方支持。2016 年和 2018 年，我们申报的有关美国工业化转型中的农业、农村和农民问题研究的一般项目和重大项目先后获得国家哲学社会科学基金的立项支持，我们的研究也由点到面地全面铺开。2021 年，我们完成的"美国工业化转型时期农民状况研究"课题以"优秀"等级获得结项，转年又在学校领导和同事们的鼓励下申报了《国家哲学社会科学成果文库》，并在 2022 年 11 月得到入选通知。所有这一切的成就都离不开从国家到学校各种资源和各位领导的支持，离不开学界、期刊界、出版界同行朋友的关怀和帮助。

由于这项研究是围绕国家社科课题而展开和完成的，笔者的几位同事和学生，包括许镇梅、王禹、武玉红和刘松蠢都参与了该课题，撰写了部分章节的内容，曹怡然、李小宇也参与了资料搜集工作。全书由原祖杰、许镇梅统一校对和审订。这里首先要向本课题所有参与者表示感谢，没有他们的努力和付出，本课题很难顺利完成。从项目申报到立项后的开题、结项和成果文库的申报，本书得到学界和期刊界同行以及四川大学各级领导的大力支持与帮助：美国史学界王旭教授、王希教授、王晓德教授、李剑鸣教授、梁茂信教授、王立新教授以及来川大讲学的朱莉·格润（Julie Greene）教授等同行专家在不同场合为本课题提供了咨询和建议；姚乐野副校长、傅其林、张洪松、刘孝利等社科处领导，学院科研秘书姜丽和世界史系吕和应主任为项目和文库申报提供了多方支持；期刊界同行朋友张耀铭、朱剑、仲伟民、王学典、刘京希、徐再荣、焦兵、姜胜利、周祥森、尹选波、韩召颖、周学军等对前期成果多有指导。内子周薇薇从项目申报到成果出版的各个阶段都在默默地付出，为本研究的顺利完成提供了后勤保证。我的同事和朋友徐跃教授专门联系了原商务印书馆总经理于殿利先生，并在于先生的安排下获得馆内张艳丽和安晓露两位老师的帮助；这里需要特别感谢的是张艳丽老师，对于处理和解决文库成果申报和出版过程中不断出现的各种技术性和学术性问题，张老师都表现出极大的耐心和专业素养，为本书顺利出版提供了基本保障。从项目结题到文库评选，先后收到 12 位匿名评审专家提出的修改意见，对于减少失误、提升质量起到关键作用，在此一并感谢！由于疫情原因和修改时间的限制，书中还存在很多不足之处，文责均由本人承担。

原祖杰，2023 年 1 月